政府与非营利组织会计理论与实务

主编 ◎ 邓九生　汪长英　杨从印

華中科技大學出版社
http://www.hustp.com
中国·武汉

图书在版编目(CIP)数据

政府与非营利组织会计理论与实务/邓九生,汪长英,杨从印主编.—武汉:华中科技大学出版社,2021.8
ISBN 978-7-5680-7376-9

Ⅰ.①政… Ⅱ.①邓… ②汪… ③杨… Ⅲ.①单位预算会计-高等学校-教材 Ⅳ.①F810.6

中国版本图书馆 CIP 数据核字(2021)第 172089 号

政府与非营利组织会计理论与实务　　邓九生　汪长英　杨从印　主编
Zhengfu yu Feiyingli Zuzhi Kuaiji Lilun yu Shiwu

策划编辑:袁　冲
责任编辑:史永霞
封面设计:孢　子
责任监印:徐　露
出版发行:华中科技大学出版社(中国·武汉)　电话:(027)81321913
武汉市东湖新技术开发区华工科技园　邮编:430223
录　　排:武汉创易图文工作室
印　　刷:武汉开心印印刷有限公司
开　　本:787mm×1092mm　1/16
印　　张:33.25
字　　数:894 千字
版　　次:2021 年 8 月第 1 版第 1 次印刷
定　　价:89.00 元

前言

政府与非营利组织会计是现代会计的重要分支，与企业会计一样具有同等重要地位。近年来我国政府会计改革进入了一个全新的发展阶段，本书根据我国政府会计改革的总体思想，总结了我国政府会计改革的最新进展，梳理了我国政府会计的组成体系，充分体现了我国政府会计特色；同时，也较详细地介绍了西方国家政府与非营利组织会计理论与实践，形成了中外融合的较全面的政府与非营利组织会计知识体系。通过本书的学习，读者可以更深刻地理解我国政府与非营利组织财务活动的特点，可以较系统地掌握我国政府会计的原理、实务。本书有利于读者了解国际政府与非营利组织会计的现状，培养较宽广的政府与非营利组织会计的国际视野。

本书特点主要体现在以下几个方面：

1. 覆盖较全面，讲解较深入。本书首先介绍了政府与非营利组织会计的基本理论，然后详细介绍了我国财政总预算会计、行政事业单位会计和民间非营利组织会计，同时还较详细地介绍了西方国家的政府与非营利组织会计，特别是美国的政府会计发展情况，体系较完整，覆盖较全面。在内容深度方面，特别注意对有关财政总预算会计、行政事业单位会计的最新准则、制度与指南内容进行深入讲解；在我国民间非营利组织及西方国家政府与非营利组织会计方面，也力求较深入地介绍。

2. 理论与实务相结合。近年来我国政府与非营利组织会计已形成了一套基本理论，这套基本理论对实务处理具有很好的指导意义，并且随着实践的发展也将不断地向前发展；在西方，尤其是美国的政府与非营利组织会计理论已非常成熟。为更好地理解与掌握财政总预算会计、行政事业单位会计和民间非营利组织会计以及西方国家政府与非营利组织会计，本书在各部分内容安排上特别注重理论与实务的紧密结合。

3. 充分体现我国政府会计特征。我国当前的政府会计（如行政事业单位会计）具有“双系统、双功能、双报告”的显著特点，对于行政事业单位发生的经济业务，单位会计核算应当同时在财务会计和预算会计系统中“平行处理”。因此，本书在对行政事业单位会计的介绍中，注意将有关财务会计和预算会计两方面的知识结合起来同时进行介绍，避免内容分散。这样既有利于准确、完整地理解与掌握相关知识，也充分体现了我国政府会计特征，尤其是“平行处理”的特点。

本书主要供高等院校会计学专业、公共管理学专业和其他经济管理类专业的本科学生学习和使用，也可供高等院校会计学专业、公共管理学专业和其他经济管理类专业的硕士研究生，如会计专业硕士（MPAcc）、工商管理硕士（MBA）、公共管理硕士（MPA）使用。在职财会人员尤其是在职政府与非营利组织会计人员在业余专业进修提高时也可使用本书。

本书主要由中国地质大学（武汉）经济管理学院邓九生副教授编写，中国地质大学（武汉）经济管理学院汪长英副教授、中国地质大学(武汉)财务处处长杨从印教授也参与了编写工作。本书分三部分,共20章,其中邓九生副教授负责撰写第1章至第7章、第12章至第18章、第20章,汪长英副教授撰写了第10章、第11章和第19章,杨从印教授撰写了第8章和第9章。邓九生副教授对全书进行审阅及定稿。

由于作者的学识和时间限制,本书难免会存在错误和疏漏,恳请广大读者批评和指正,可发送电子邮件至作者邮箱:Dengjs@cug.eud.cn,也可以联系QQ:109899087。

本书配有教学课件,欢迎教师和学生使用。

邓九生

2021年1月18日

于中国地质大学(武汉)经济管理学院

目录

第一部分　政府与非营利组织会计基础

第二部分　我国政府会计与民间非营利组织会计

第三部分　西方政府与非营利组织会计

第一部分

政府与非营利组织会计基础

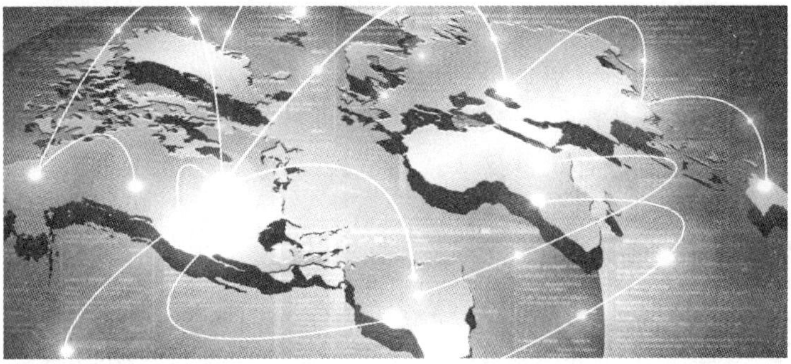

第1章 政府与非营利组织会计基本理论

【导读】

根据现代会计理论，会计学有两大分支——企业会计和政府与非营利组织会计，尽管近年来随着政府会计理论研究的深入，在政府与非营利组织会计中引入了一些企业会计理论与方法，但由于企业同政府与非营利组织的运营目的有本质区别，这直接导致了企业会计和政府与非营利组织会计仍有诸多差异。因此，在学习与掌握政府与非营利组织会计时，需要掌握一些重要概念、基本理论等内容。

【学习重点】

政府与非营利组织的概念、特征与类型；政府会计、民间非营利组织会计的概念；我国政府会计的特点、组成体系；政府会计目标与民间非营利组织会计目标；我国政府与非营利组织会计的基本假设、会计基础、会计信息质量要求；我国政府与非营利组织会计要素。

【学习难点】

对政府与非营利组织的概念、特征与类型的理解与掌握；对我国政府会计的特点与组成体系的理解与掌握；政府会计中不同会计基础计量重点的比较及其运用；我国政府会计要素设置的原因与具体分类。

第一节　政府与非营利组织会计相关概念、特征与组成

一、政府与非营利组织

(一)政府组织

现代社会组织按照其价值导向、性质及功能可分为政府、企业和第三部门。政府以公共权力为基础，以谋求社会公共利益为己任，依法管理社会公共事务，提供公共物品，维护公共秩序，组织社会价值的分配。关于政府含义，不同的学科有不同的认识。从公共管理学的角度看，政府(government)是指与企业相对应的，以提供公共服务为主要职能的组织系统，有广义和狭义两个层面的含义。广义的政府是指行使国家权力的所有机关，包括立法、行政和司法机关。在

我国立法机关是各级人民代表大会及其所属机构；行政机关是指从国务院到省、自治区、直辖市以及下属的市、地、县、乡的各级人民政府及其所属机构；司法机关是公安、司法、检察机关。狭义的政府是指按照立法、司法、行政三权分立原则建立起来的国家权力的执行机关，即国家行政机关，包括中央和地方行政机关。从经济学意义来讲，政府是指管理和使用公共经济资源、履行政府职能的组织体系。经济学意义上的政府除包括全部政府权力机构以外，还包括公立非营利组织。原因在于随着政府公共职能的发展，政府的公共服务范围拓宽，政府的职能从对社会活动的管理服务扩展到提供对社会有益的公益服务。政府通过出资设立公立非营利组织（如我国的事业单位）向社会提供公益服务。虽然公立非营利组织不享有公共权力，不是典型的政府机构，但是它们履行的职责是政府公共职能的组成部分，提供公益服务时使用和消耗的是公共经济资源。政府具有以下特点：

（1）以公共利益为宗旨，不以营利为目的。政府在运行过程中，其主要目的与动机是谋求社会的公共利益，一切行为的出发点都是在维护公平和正义，创建和谐社会，不以营利为目的。

（2）政府以管理社会公共事务、维护和实现公共利益为基本职责。政府存在的目的在于管理社会公共事务和维护社会公共利益。所谓社会公共事务，具体而言是指在一个社会中，企业和个人家庭所不愿做也不能做，但又是对整个经济和社会的发展也对社会全体公民基本生活来说必不可少的事务，公共性是其最基本而突出的特点。

（3）经济资源取得的无偿性。政府最大的经济资源来源于政府的税收和政府性收费。税收的基本特征之一是无偿性，纳税人缴纳税金与其接受政府组织提供的服务之间没有对价关系。对政府性收费而言，虽然交费人缴纳的政府收费与其接受政府组织提供的服务有直接关系，但实际上政府性收费一般与政府组织提供服务的消耗补偿没有关系，交费人交费与其接受政府组织提供的服务不属于等价交换的交易行为。这是因为政府性收费要么远远低于服务成本，要么与服务成本无关。

（4）经济资源运用的限定性。与企业不同的是政府对经济资源的筹集、分配和使用受到出资者和社会公众的限制。在接受捐赠的情况下，政府组织还可能需要按照捐赠者的具体要求使用经济资源。政府对经济资源运用的限定性，主要是通过制定和执行各种涉及政府经济资源使用的法律法规来实现的，具有独特的控制程序。

（5）政府目标不易计量且责任多元化。公众对公共产品或公共服务的多层次性、多样化、整体性的利益需求导致政府目标大多是模糊、分散且不易计量的。政府不能像企业那样以利润作为衡量组织和员工绩效的标准。因而要求其必须承担包括政治责任、法律责任、工作责任、道义责任在内的所有公共责任，具有多元化特征。

（二）非营利组织

1. 对非营利组织的界定

非营利组织（nonprofit organization，NPO）有时亦称为第三部门（the third sector），与政府部门（第一部门）和企业界的私有部门（第二部门），形成三种影响社会的主要力量，在社会经济生活中扮演着重要的角色。不同国家或政府组织对非营利组织的界定不尽一致。

美国法律通过组织是否具有免税资格来认定非营利组织，并认为只有满足免税条件的组织在法律上才能被认为是非营利组织。

英国认为必须同时满足六个条件才能被认为是非营利组织：①该组织为公众而非私人利益

设立;②该组织雇用一些志愿服务、不领薪酬的人员;③领薪酬的人员放弃应有的报酬(如接受比一般行情低的薪酬);④盈余不得分配给会员;⑤不领薪酬的理事负责管理该组织的日常事务;⑥其资金来自不同的组织。

日本法律则规定,非营利组织是指不以营利为目的,并且其收入不得用于分发给成员的社会组织,但非营利并不意味着不能参加营利性经营活动,而是必须把各种收入用于公益事业。

联合国是根据非营利组织资金来源来界定非营利组织的,并规定,如果一个组织一半以上的收入不是来自以市场价格出售的商品和服务,而是来自其成员缴纳的费用和支持者的捐赠,它才是非营利组织。

我国现行的法律、法规体系,并没有对非营利组织进行界定。但根据财政部颁布的《民间非营利组织会计制度》(财会〔2004〕7 号)的规定,适用本制度的民间非营利组织应当同时具备以下特征:①该组织不以营利为宗旨和目的;②资源提供者向该组织投入资源不取得经济回报;③资源提供者不享有该组织的所有权。

2. 非营利组织的分类

非营利组织分为公立非营利组织和民间非营利组织两大类。

西方国家的公立非营利组织相对较少,且在会计规范方面主要参照政府会计准则,所以西方国家比较注重对民间非营利组织的界定。我国的公立非营利组织由政府出资兴办,在我国通常称为事业单位,其会计核算纳入政府会计的范畴。因此,我国的非营利组织通常指民间非营利组织,包括依照国家法律、行政法规登记的社会团体、基金会、民办非企业单位和寺院、宫观、清真寺、教堂等。

我国《社会团体登记管理条例》规定,社会团体是指中国公民自愿组成,为实现会员共同意愿,按照其章程开展活动的非营利性社会组织。国家机关以外的组织可以作为单位会员加入社会团体。我国的《基金会管理条例》规定,基金会是指利用自然人、法人或者其他组织捐赠的财产,以从事公益事业为目的,按照条例的规定成立的非营利性法人。基金会分为面向公众募捐的基金会(简称"公募基金会")和不得面向公众募捐的基金会(简称"非公募基金会")。基金会应当根据章程规定的宗旨和公益活动的业务范围使用其财产;捐赠协议明确了具体使用方式的捐赠,根据捐赠协议的约定使用。我国《民办非企业单位登记管理暂行条例》规定,民办非企业单位是指企业事业单位、社会团体和其他社会力量以及公民个人利用非国有资产举办的、从事非营利性社会服务活动的社会组织。民办非企业单位不得设立分支机构。民办非企业单位开展章程规定的活动,按照国家有关规定取得的合法收入,必须用于章程规定的业务活动。我国《宗教事务条例》规定,宗教团体、宗教院校、宗教活动场所是非营利性组织,其财产和收入应当用于与其宗旨相符的活动以及公益慈善事业,不得用于分配。任何组织或者个人捐资修建宗教活动场所,不享有该宗教活动场所的所有权、使用权,不得从该宗教活动场所获得经济收益。

联合国国际标准产业分类体系把非营利组织划分为 3 大类 15 小类,它们是:①教育,包括小学教育、中学教育、成人教育及其他;②医疗和社会工作,包括医疗保健、兽医和社会工作;③其他社区服务和个人服务,包括环境卫生、商会和专业组织、工会、其他会员组织(包括宗教和政治组织)、娱乐机构、新闻机构、图书馆、博物馆及文化机构、运动和休闲。

欧共体经济活动产业分类体系曾把非营利组织划分为 5 类:①教育,包括高等教育、中小学教育、职业教育和护理教育；②研究与开发；③医疗与卫生，包括医院、诊所，其他医疗机构，牙医和兽医；④其他公众服务，包括社会工作、慈善机构、专业组织、雇主协会、工会、宗教组织和学会、旅行社；⑤休闲与文化，包括娱乐机构、图书馆、档案馆、博物馆、体育组织、动物园等。

美国约翰·霍普金斯大学非营利组织比较研究中心设计了一个非营利组织国际分类体系，把非营利组织分成12个大类，具体如下：①文化与休闲；②教育与科学研究；③卫生；④社会服务；⑤环境；⑥发展与住房；⑦法律；⑧慈善中介与志愿行为促进；⑨国际性活动；⑩宗教活动和组织；⑪商会、专业协会、工会；⑫其他。

3. 非营利组织的特点

非营利组织的特点和政府组织的特征有很多相似之处。民间非营利组织的特征主要表现为：①非营利性，即民间非营利组织在运营中不追求利润，这是其显著特征。②非政府性。民间非营利组织不属于政府单位，其内部成员不由政府任免。民间非营利组织具有一定的竞争性，其活动尤其是经费来源不具有强制性，只能采取各种竞争性手段来获取必要的社会资源并提供竞争性的公共物品。③志愿参与性。民间非营利组织的运转除需要一部分受薪人员专职工作外，还需要较多的志愿者参与。④活动内容的多元性。民间非营利组织涉及的领域非常广泛，其活动领域是多元的，在科技、教育、文体、传媒、健康和福利、宗教、基金会等领域都会广泛涉及。

二、政府会计与民间非营利组织会计

(一)政府会计

1. 政府会计概念

政府会计(government accounting)主要用于确认、计量、记录和报告政府及其组成主体(包括政府所属的行政事业单位等)财务收支活动及其受托责任的履行情况。它以货币为主要计量单位，对政府财政资金和非财政资金活动的过程和结果进行完整、连续、系统的反映和监督，借以加强政府的预算管理和财务管理，提高公共经济资源使用效益。政府会计活动是政府财务管理活动的重要组成部分。

2. 政府会计改革与我国政府会计特点

1)政府会计改革

政府会计改革，指的是要求政府依据独立或权威机构制定的会计准则，编制采用权责发生制的合并财务报表，以向纳税人提供可理解的、反映政府受托责任履行情况的财务报告，提高政府财政透明度。之所以要进行政府会计改革，是因为改革者们相信，预算是反映政府财务状况的主要文件，但不是唯一，收付实现制是必要的，但不是充分的。预算表明意图，但预算承诺实现情况怎样？这还需要以事实为依据的年末财务报告进行反映。由此，现代政府会计的实务应远不止于财务记录，而应有助于推动政府财务管理，现代政府会计范围也应从财务会计延伸扩展到财务报告，使得所有利益相关者知道或必须知道政府的财务状况。这些理念使得全球政府会计改革很快蔓延。

20世纪70年代美国民间会计师事务所、政府官员和学者率先进行了政府会计改革的研究，从而形成了目前的联邦政府会计以及州和地方政府会计。接着，政府会计改革发展到加拿大、澳大利亚和新西兰，在20世纪90年代蔓延到英国。在来自这些国家的理念和建议的影响下，世界银行、国际货币基金组织（IMF）和联合国开发计划署（UNDP）等国际组织开始向发展中国家和东欧市场经济转轨国家推荐英美模式。这一模式已经传播到了西欧，法国已成为政府会计改革的典范。

我国以往的政府会计是以收付实现制为基础的政府预算会计，这种会计制度适应了财政预算管理的要求，其在宏观经济决策和财政资金运行管理过程中发挥了重要基础性作用。但政府预算会计偏重于财政预算管理需要，在会计核算内容方面范围较窄，在财务报告方面主要提供财政资金的收到执行结果，因而其具有以下缺陷：

(1)无法准确、完整地反映政府资产负债情况，不利于加强资产负债管理；

(2)无法全面客观地反映政府运行成本，不利于科学地评价政府会计主体的运营绩效和受托责任的履行情况；

(3)不同部门、单位的会计信息可比性不高，通过汇总、调整编制的政府财务报告信息质量较低。

自2005年以来，来自政府、实务界和理论界的专家、学者纷纷呼吁并大力推进政府会计改革。特别是财政部自2010年至2015年之间重新修订了适用于政府组织的基本会计制度，使得我国政府会计核算进入一个新的阶段。具体修订情况如下：

(1)2010年，作为政府会计改革的试点，财政部制定了《医院会计制度》(自2012年1月在全国施行)、《基层医疗卫生机构会计制度》(自2011年7月在全国施行)；

(2)2012年财政部制定了《事业单位会计准则》和《事业单位会计制度》(两者均自2013年1月施行)；

(3)2013年财政部制定了《行政单位会计制度》《高等学校会计制度》《中小学校会计制度》《科学事业单位会计制度》和《彩票机构会计制度》(均自2014年1月施行)；

(4)2015年财政部制定了《财政总预算会计制度》(自2016年1月施行)。

通过这一阶段的会计制度修订，我国政府会计核算表现出以下特点：

(1)实行双重会计目标，既反映会计主体的预算执行情况，又反映会计主体的财务状况。

(2)采用双分录的会计核算方法，即分别采用收付实现制和权责发生制对大部分非货币性资产项目和主要负债项目进行双分录会计处理，以同时提供预算会计信息和财务会计信息。

(3)一定程度上拓宽了资产负债的核算范围。

(4)对固定资产和无形资产进行计提折旧和摊销。

(5)将基建会计账纳入行政事业单位会计核算系统中。

(6)一定程度上改进了原有会计报表。

2014年12月，国务院批转财政部《权责发生制政府综合财务报告制度改革方案》(简称《改革方案》)，要求建立健全政府会计核算体系，对政府会计改革提出了具体任务：①建立健全政府会计核算体系；②建立健全政府财务报告体系；③建立健全政府财务报告审计和公开机制；④建立健全政府财务报告分析应用体系。按照《改革方案》规定的路线图和时间表，我国的政府会计改革将于2020年完成，我国政府会计核算进入了一个新的历史时期。随着政府会计改革的进行，《改革方案》已经开始实施，我国先后制定实施了一系列的政府会计准则和制度。2015年起财政部制定实施的政府会计准则、制度、指南与办法如表1-1所示。

表 1-1　2015 年起财政部制定实施的政府会计准则、制度、指南与办法

准则、制度、指南或办法	颁布时间	实施时间
《政府会计准则——基本准则》（财政部令第 78 号）	2015 年 10 月 23 日	自 2017 年 1 月 1 日起施行
《政府财务报告编制办法（试行）》（财库〔2015〕212 号）	2015 年 11 月 16 日	2017 年 1 月 1 日—2019 年 12 月 12 日
《政府部门财务报告编制操作指南（试行）》（财库〔2015〕223 号）	2015 年 12 月 2 日	2017 年 1 月 1 日—2018 年 3 月 1 日
《政府综合财务报告编制操作指南（试行）》（财库〔2015〕224 号）	2015 年 12 月 2 日	2015 年 12 月 2 日—2018 年 3 月 1 日
《政府会计准则第 1 号——存货》（财会〔2016〕12 号）	2016 年 7 月 6 日	自 2017 年 1 月 1 日起施行
《政府会计准则第 2 号——投资》（财会〔2016〕12 号）	2016 年 7 月 6 日	自 2017 年 1 月 1 日起施行
《政府会计准则第 3 号——固定资产》（财会〔2016〕12 号）	2016 年 7 月 6 日	自 2017 年 1 月 1 日起施行
《政府会计准则第 4 号——无形资产》（财会〔2016〕12 号）	2016 年 7 月 6 日	自 2017 年 1 月 1 日起施行
《政府会计准则第 5 号——公共基础设施》（财会〔2017〕11 号）	2017 年 4 月 17 日	自 2018 年 1 月 1 日起施行
《政府会计准则第 6 号——政府储备物资》（财会〔2017〕23 号）	2017 年 7 月 28 日	自 2018 年 1 月 1 日起施行
《政府会计准则第 7 号——会计调整》（财会〔2018〕28 号）	2018 年 10 月 21 日	自 2019 年 1 月 1 日起施行
《政府会计准则第 8 号——负债》（财会〔2018〕31 号）	2018 年 11 月 9 日	自 2019 年 1 月 1 日起施行
《政府会计准则第 9 号——财务报表编制和列报》（财会〔2018〕37 号）	2018 年 12 月 26 日	自 2019 年 1 月 1 日起施行
《政府会计准则第 10 号——政府和社会资本合作项目合同》（财会〔2019〕23 号）	2019 年 12 月 17 日	自 2021 年 1 月 1 日起施行
《政府会计制度——行政事业单位会计科目和报表》（财会〔2017〕25 号）	2017 年 10 月 24 日	自 2019 年 1 月 1 日起施行
《政府部门财务报告编制操作指南（试行）》（财库〔2018〕29 号）	2018 年 3 月 1 日	2018 年 3 月 1 日—2020 年 1 月 1 日
《政府综合财务报告编制操作指南（试行）》（财库〔2018〕30 号）	2018 年 3 月 1 日	2018 年 3 月 1 日—2020 年 1 月 1 日

续表

准则、制度、指南或办法	颁布时间	实施时间
《政府会计准则制度解释第 1 号》(财会〔2019〕13 号)	2019 年 7 月 16 日	自 2019 年 1 月 1 日起施行
《政府会计准则制度解释第 2 号》(财会〔2019〕24 号)	2019 年 12 月 17 日	第 1～8 项自 2020 年 1 月 1 日起施行;第 9 项适用于 2019 年度及以后期间的财务报表;第 10 项、11 项自 2019 年 1 月 1 日起施行
《政府财务报告编制办法(试行)》(财库〔2019〕56 号)	2019 年 12 月 12 日	自 2020 年 1 月 1 日起施行
《政府部门财务报告编制操作指南(试行)》(财库〔2019〕57 号)	2019 年 12 月 12 日	自 2020 年 1 月 1 日起施行
《政府综合财务报告编制操作指南(试行)》(财库〔2019〕58 号)	2019 年 12 月 12 日	自 2020 年 1 月 1 日起施行
《事业单位成本核算基本指引》(财会〔2019〕25 号)	2019 年 12 月 17 日	自 2021 年 1 月 1 日起施行

注:根据财政部会计司、国库司网站整理。

2)我国政府会计的特点

经过 2015 年以来我国政府会计的深入改革,我国政府会计更具有鲜明特征:

第一,在会计核算模式方面,实行了"双功能、双基础、双报告"。所谓"双功能"是指在政府会计系统中既有财务会计功能,也有预算会计功能,政府会计中既有财务会计五要素——资产、负债、净资产、收入和费用,也有预算会计要素——预算收入、预算支出、预算结余。所谓"双基础"是指对于行政事业单位发生的经济业务,将可能既在财务会计中按权责发生制进行会计处理,也在预算会计中按收付实现制进行会计处理。但并不意味着每笔业务都要同时在财务会计和预算会计中进行会计处理。所谓"双报告"是指在会计期末,既要根据财务会计账务处理结果编制财务会计报告,还要根据预算会计编制决算报告。两种报告既相互分离又相互衔接,这种衔接主要是通过编制"本期预算结余与本期盈余差异调节表",以揭示本年盈余数和本年预算结余数二者之间内在联系来实现的。

第二,财务会计功能进一步增强。这主要表现在增加了收入和费用两个财务会计要素。增加了应收款项和应付款项的核算内容,如对于应收账款,增加因出租资产、出售物资等应收款项;对于应付账款,增加了因开展工程建设等而应付的偿还期在 1 年以内(含 1 年)的款项。对长期股权投资采用权益法核算。另外还允许确认自行开发形成的无形资产的成本,允许对固定资产、公共基础设施、保障性住房和无形资产计提折旧费用。

第三,进一步扩大了资产负债的核算范围,增加了"公共基础设施""政府储备物资""文物文化资产""保障性住房""受托代理资产",以全面反映核算单位控制的各类资产;增加了"应收股利""应收利息""加工物资""在途物资""待摊费用""长期待摊费用""长期股权投资""长期债券投资""工程物资""应付利息""应交增值税""预提费用""预计负债""受托代理负债"等科目,以全面反映单位的资产状况和所承担的现时义务。

第四，改进了预算会计功能，在预算会计中增加了“债务预算收入”“债务还本支出”“投资支出”。

第五，整合了基建会计核算。单位对基本建设投资不再单独建账，有利于提高单位会计信息完整性。主要表现在：①设置“工程物资”，核算单位为在建工程准备的各种物资的成本，包括工程用材料、设备的成本。并在该科目下设置了“库存材料”“库存设备”明细科目。②设置“在建工程”，核算单位在建的信息系统工程、公共基础设施项目工程、保障性住房项目工程的实际成本。并在该科目下设置了“建筑安装工程投资”“设备投资”“待摊投资”“待核算基建支出”“基建转出投资”等明细科目。

第六，完善了报表体系和结构。设置了四个主要财务会计报表，即资产负债表（月、年度）、收入费用表（月、年度）、净资产变动表（年度）、现金流量表（年度）（自行选编）。设置了三个预算会计报表：预算收入表（年度）、预算结转结余表（年度）、财政拨款预算收入支出表（年度）。另外要求提供会计报表附注。这样使得政府会计报表体系更加完善。

3. 我国政府会计组成体系

我国政府会计是在我国预算会计的基础上发展起来的，政府会计组成体系受我国国家预算组成体系的影响。

1）我国国家预算的组成体系

国家预算，也称政府预算，是指经法定程序审核批准的具有法律效力的政府年度财政收支计划。国家预算由中央预算和地方预算组成。地方预算由各省、自治区、直辖市总预算组成。国家预算可以从纵向和横向两方面了解。

从纵向来看，我国政府预算是与国家政权的分级管理相适应的。凡是一级政权都应有一级财政，有一级财政就要相应建立一级预算。《中华人民共和国宪法》规定，国家机构由全国人民代表大会、国务院、地方各级人民代表大会和各级人民政府组成。国家预算与政权结构相适应，其由中央预算和地方预算组成，预算管理实行分级分税体制，同时结合我国行政区域的划分，《中华人民共和国预算法》（以下简称《预算法》）规定：国家实行一级政府一级预算，设立中央，省、自治区、直辖市，设区的市、自治州，县、自治县、不设区的市、市辖区，乡、民族乡、镇五级预算。我国国家预算的纵向体系如图 1-1 所示。

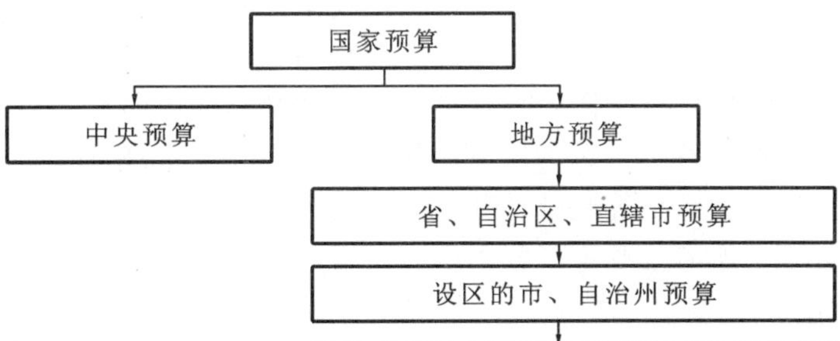

图 1-1　我国国家预算的纵向体系

从横向看，一级预算具体可分为总预算、本级预算和单位预算。地方各级总预算由本级预算和汇总的下一级总预算组成。下一级只有本级预算的，下一级总预算即指下一级的本级预算；没有下一级预算的，总预算即指本级预算。本级预算由各部门单位预算组成，部门单位预算由各级主管部门所属行政事业单位预算汇编而成。行政事业单位预算是经批准的各级政府机关及所属行政事业单位在某一预算年度内的收入与支出计划，是国家预算的重要组成部分，是处理政府财政与行政事业单位预算资金缴拨的基本依据。一级预算的横向体系如图 1-2 所示。

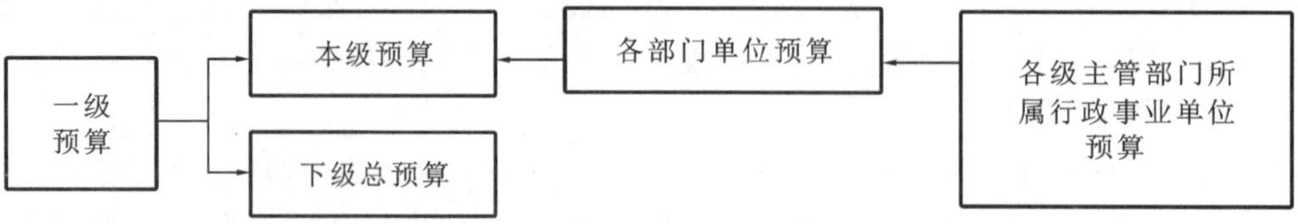

图 1-2　一级预算的横向体系

2）政府预算会计组成体系

根据我国国家预算的纵向和横向组成体系，我国政府预算会计分为财政总预算会计和单位预算会计。

我国财政总预算会计包括从中央到地方的最多五级的财政总预算会计，即包括中央财政总预算会计、省（自治区、直辖市）总预算会计、市（自治州）总预算会计、县（自治县、不设区的市、市辖区）总预算会计和乡（民族乡、镇）总预算会计。各级总预算会计设置在各级政府的财政部门。目前财政总预算会计遵循《财政总预算会计制度》（财库〔2015〕192 号）。

我国单位预算会计是反映和监督一级政府所属单位的预算执行情况及单位财政财务状况的会计，其会计核算主体是各级各类行政事业预算单位，包括主管会计单位（一级预算单位）、二级会计单位（二级预算单位）、基层会计单位（基层预算单位）。单位预算会计信息经过合并形成部门预算会计信息，部门预算会计信息经过合并形成一级政府整体预算会计信息，下一级政府预算会计信息合并形成上级政府预算会计信息。单位预算会计遵循政府会计准则系列规范和《政府会计制度——行政事业单位会计科目和报表》的规定。

国家的预算管理是一个严密的体系，除了财政部、行政事业单位执行政府预算外，预算资金的征解、收纳等环节还需要其他相关部门的参与。比如预算资金的收纳、入库、划分和留解，并不是由财政部门直接进行的，它们还需要由国库、税收征管等部门参与进行。所以，在我国还有国库会计、税收征解会计。另外，我国还有以特定资金为核算主体的预算会计，如“三峡工程库区移民资金”“农业综合开发资金”“国家物资储备资金”“社会保险基金”“住房公积金”“社会保障基金财政专户”等，这些以特定资金为主体的预算会计，也是我国政府会计的重要补充。它们都主要采用收付实现制为会计核算基础，同时也适当引入了一定的权责发生制以便对各种特定资金业务进行会计处理。所有这些都是我国政府预算会计的有机组成部分。

3）政府财务会计

2017 年颁布的《政府会计制度——行政事业单位会计科目和报表》（财会〔2017〕25 号）要求全国所有行政事业单位从 2019 年 1 月 1 日起在会计核算中，同时进行财务会计和预算会计的平行处理。由此，我国政府财务会计在全国所有行政事业单位的会计核算中正式引入。所谓政府财务会计是指以权责发生制为基础对行政事业单位发生的各项经济业务和事项进行会计核算，反映和监督行政事业单位财务状况、运行情况、运行成本和现金流量等信息的会计。它和政府单位预算会计一起都属于政府单位会计，有同样的会计核算主体，即各级各类行政事业单位，包括主管会计单位(一级预算单位)、二级会计单位(二级预算单位)、基层会计单位(基层预算单位)。对于行政事业单位发生的每项经济业务,一般要在政府财务会计中进行处理,同时还要判断是否应纳入预算会计中进行处理。

总之,目前我国政府会计体系组成如图 1-3 所示。

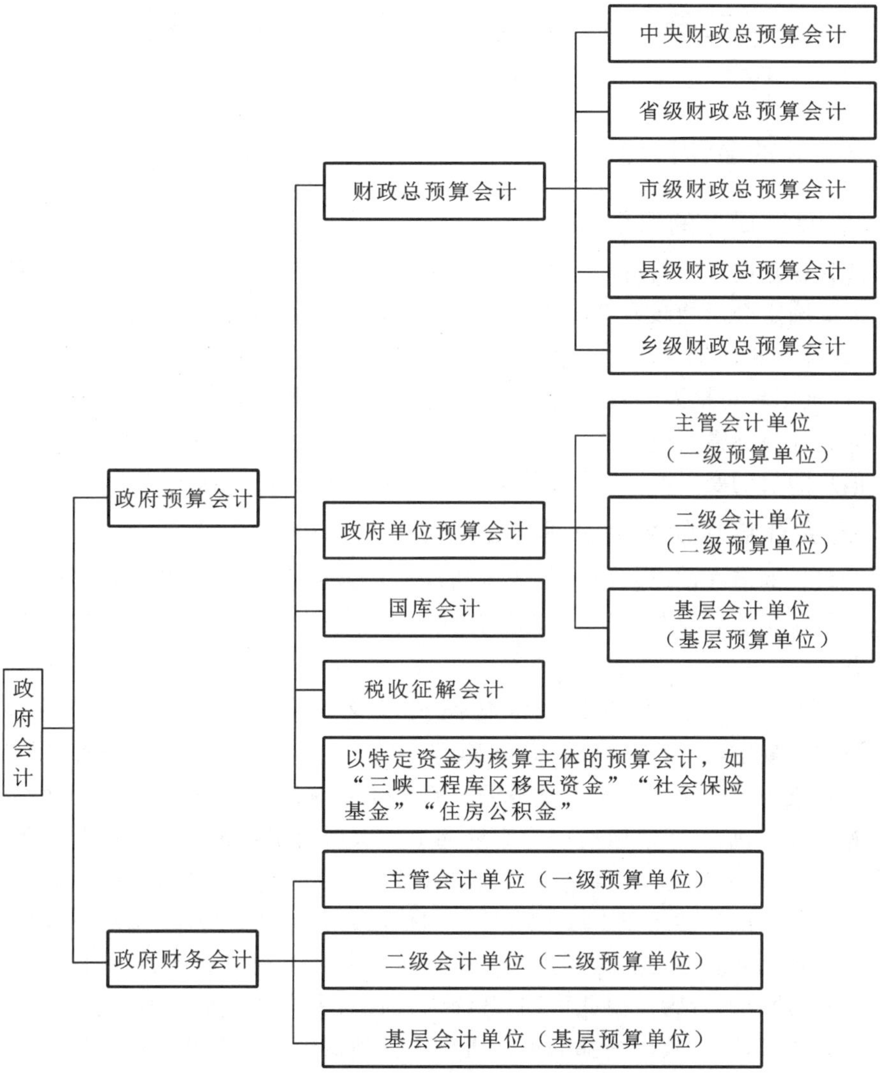

图 1-3　我国政府会计体系构成

(二)民间非营利组织会计

民间非营利组织会计是指核算、反映和监督民间非营利组织会计经济活动过程及其结果的专业会计。民间非营利组织会计的会计主体主要是:

(1)社会团体,包括学会、协会、商会、联合会等。

(2)基金会,包括面向公众募捐的基金分和不得面向公众募捐的基金会。

(3)民办非企业单位,包括民办的学校、图书馆、博物馆、研究所、医院、福利院等各种民办非企业单位。

(4)宗教团体、宗教院校、宗教活动场所,包括佛教协会、道教协会、伊斯兰教协会、天主教爱国会、基督教协会、天主教主教团、基督教三自爱国运动委员会、佛学院、伊斯兰教学院、道教学院、基督教学院、天主教学院、寺院、宫观、清真寺、教堂等。

第二节　政府与非营利组织会计目标

一、政府会计的会计目标

(一)政府会计目标的概念

政府会计目标是向政府会计信息使用者提供对其有用的关于政府会计主体的会计信息。政府会计目标的确定会影响政府会计提供的会计报告的范围和内容,进而影响会计报表体系的设置、会计要素确认和计量等会计核算框架的设计。政府会计目标是政府会计的重要理论内容,是政府会计准则理论框架的首要问题,也是政府会计实务工作中的高层次指导思想。

确立政府会计目标需要解决三个问题:一是会计信息使用者包括哪些;二是会计信息使用者使用会计信息的目的及需要;三是为了满足使用者的需要,应当提供哪些会计信息。

(二)政府会计信息使用者及其信息需求

政府会计报告的潜在使用者应包括政府活动所涉及的所有利益相关者。政府组织运营过程中所涉及的利益相关者极其广泛,可以分为政府会计报告主体内部会计信息使用者和外部会计信息使用者。

1.政府会计报告主体内部会计信息使用者及其会计信息需求

我国《预算法》规定,全国人民代表大会及其常务委员会对中央和地方预算、决算进行监督;县级以上地方各级人民代表大会及其常务委员会对本级和下级预算、决算进行监督;各级政府监督下级政府的预算执行;下级政府应当定期向上一级政府报告预算执行情况。各级政府财政部门负责监督本级各部门及其所属各单位预算管理有关工作,并向本级政府和上一级政府财政部门报告预算执行情况。县级以上政府审计部门依法对预算执行、决算实行审计监督。政府各部门负责监督检查所属各单位的预算执行,及时向本级政府财政部门反映本部门预算执行情况,依法纠正违反预算的行为。由此可知,各级人民代表大会及其常务委员会、各级政府及其所属单位的负责人或管理者、政府内部的审计机构或其他监督机构以及政府单位的职工或职工代表,都是政府会计报告主体内部的会计信息使用者,其中人民代表大会作为我国的权力机关,是政府会计信息的最主要使用者。从广义政府讲,上述政府会计信息使用者都是政府组织内部的会计信息使用者。

这些会计信息使用者对政府会计信息的需求内容是多种多样的,如为了做出对政府预算的批准或修改决策,需要了解政府对预算资金的筹集和分配使用情况;为了做出对政府举债政策及税赋政策的决策,需要了解政府掌控的资金情况和各种经济资源情况;为了做出对负有相关经济责任的政府领导的任免决策,需要了解政府或政府单位在经济责任方面各种受托责任的履行情况;为了评价政府下级政府或政府单位使用财政资金的合规性和绩效,需要了解下级政府或政府单位财政资金的用途和使用绩效。随着我国国家治理能力现代化建设的加强,政府会计报告主体内部会计信息使用者还需要了解政府及政府单位的财务状况、偿债能力和支付能力，需要了解政府单位提供公共服务的项目、数量及成本费用信息，以有效做出项目决策或评价政府单位提供公共服务的绩效。

2.政府会计报告主体外部会计信息使用者及其会计信息需求

社会公众、媒体、服务接受者、投资者和债权人、投资评估机构，以及其他政府和国际性组织等都是政府活动所涉及的利益相关者，都可能是政府会计报告主体外部会计信息使用者或潜在使用者。在现代国家治理中，政府预算作为区别于企业预算的社会公共预算，是受民众之托、代表民众理财的公共选择行为，是服务于社会公共需要的公共预算。政府预算的最终目的是要保障广大纳税人或人民大众财政利益最大化。因此作为社会公众一方面应尽纳税义务，同时也有知情权，即有权利知道政府提供公共服务状况以及政府对社会公众所托付的各种责任和义务的履行情况。而媒体作为广大社会公众的代言人，也常常对政府会计信息进行分析报道，实现媒体监督。而服务接受者则需要通过政府会计信息了解政府提供公共服务的数量、质量和成本信息以及持续提供公共服务的能力。投资者和债权人需要根据政府的财务信息和相关信息来做出是否与政府继续合作的经济决策，如政府国债或地方政府债券的持有人或潜在购买者必然会关注政府偿债能力。投资评估机构作为政府财务信息的使用者，需要政府财务信息以对其进行财务信用评价，从而有助于投资者和债权人降低融资成本或减少投资风险。国际货币基金组织、世界银行等国际组织也需要使用政府会计信息以对政府的绩效进行评价。

（三）政府会计目标

正是由于上述众多的政府会计信息使用者及其对政府会计信息的多种多样需求，我国《财政总预算会计制度》(财库〔2015〕192 号)第六条规定，总会计的核算目标是向会计信息使用者提供政府财政预算执行情况、财务状况等会计信息，反映政府财政受托责任履行情况。我国《政府会计准则——基本准则》第五条规定：“决算报告的目标是向决算报告使用者提供与政府预算执行情况有关的信息，综合反映政府会计主体预算收支的年度执行结果，有助于决算报告使用者进行监督和管理，并为编制后续年度预算提供参考和依据。”“财务报告的目标是向财务报告使用者提供与政府的财务状况、运行情况(含运行成本)和现金流量等有关信息，反映政府会计主体公共受托责任履行情况，有助于财务报告使用者作出决策或者进行监督和管理。”

二、民间非营利组织会计目标

（一）民间非营利组织会计信息使用者及其信息需求

民间非营利组织会计信息使用者主要有捐赠人、会员、服务对象、债权人、监管和审计部门、单位管理层、社会公众及其他利益相关者。

民间非营利组织的资金大多来自捐赠人的捐赠和政府补助等，如基金会、宫观、教堂等。捐赠人需要了解其所捐资产和资金的使用情况，对于那些对捐赠资产有规定用途或时间的捐赠者而言更是如此。就大多数社团而言，其资金则主要来自会员交纳的会费。会员希望社团将会费用于行业发展、行业管理、行业服务并向会员提供相应服务。从这个角度看，社团对收取的会费负有受托责任，应向会员报告有关会费收取及其使用情况的详细信息，反映其受托责任的履行情况并建立社团与会员之间的互信，促进社团事业的有序发展。对于大多数民办非企业单位，在获取相关资金的同时，也要向社会公众、资金提供者等提供相关服务。如非营利民办学校接受捐赠人捐赠发展教育事业，收到学生的学费对办学成本适当补偿等，资金捐赠人、学生家长和其他社会公众都需要了解学校的资金运用情况、教育成本情况以及运营效率和教育效果，并评价学费定价是否合理等。根据国家相关法律规定，民间非营利组织可以向外借债，因此债权人也是民间非营利组织的重要的会计信息使用者之一。债权人主要关注其借款对象及潜在借款对象的财务风险和资金安全性，评判借款人的偿债能力。民间非营利组织的监管部门主要包括登记机关及业务主管单位等。这些部门和单位需要了解和掌握民间非营利组织的财务状况、营运情况及会计信息，以了解并掌握行业发展情况，并做出相应决定。单位管理者则更是需要全面掌握单位的会计信息，掌握单位财务状况、营运情况及现金流量情况等具体内容和结果。社会公众及其他利益相关者也希望通过民间非营利组织会计及其他相关信息的披露及时了解其关注和关心的问题，从中获得决策判断所需要的信息。

（二）民间非营利组织会计目标

我国《民间非营利组织会计制度》规定："会计核算所提供的信息应当能够满足会计信息使用者（如捐赠人、会员、监管者等）的需要。""财务会计报告是反映民间非营利组织财务状况、业务活动情况和现金流量等的书面文件。"由此表明我国民间非营利组织会计的目标，是向会计信息使用者提供有用的会计信息，反映其受托责任履行情况，满足会计信息使用者经济决策和监督管理需要。

第三节　政府与非营利组织会计的基本假设与会计基础

政府会计工作所处的经济环境十分复杂，受很多不确定因素的影响，而会计基本假设是政府会计确认、计量和报告的前提，是对会计核算所处时间、空间环境等所作的合理假定。会计假设是进行会计活动的必要前提条件。会计基础（basic accountancy）是指会计事项的记账基础，是会计确认的某种标准方式，是会计主体对其收入和支出、费用的确认标准。对会计基础的不同选择，决定着会计主体取得收入和发生支出在会计期间的配比情况，并直接影响到会计主体的工作业绩和财务成果。会计基础是一种计量标准，它不可能脱离会计体系整体而发挥作用。

一、政府与非营利组织会计的基本假设

2015 年我国颁布的《政府会计准则——基本准则》规定，政府会计主体应当对其自身发生的经济业务或者事项进行会计核算；政府会计核算应当以政府会计主体持续运行为前提；应当划分会计期间，分期结算账目，按规定编制决算报告和财务报告；政府会计核算应当以人民币作为记账本位币；政府会计核算应当采用借贷记账法记账。这表明政府会计的基本假设包括四个方面。

（一）会计主体假设

会计主体是指政府会计工作的空间范围。明确会计主体，可以明确提供会计信息的特定边界范围。在我国，政府财政总预算会计的主体是各级政府，而不是各级政府财政部门，因为财政总预算会计各项收支的收取和分配，是各级政府职权范围，财政部门只能代表政府执行预算。政府单位会计主体是各级各类行政事业单位，目前我国各级各类行政事业单位通过编制单位决

算以及部门决算方式，向人民代表大会提供单位或部门预算执行情况的信息。各级各类行政事业单位还应当编制单位财务报告，并在此基础上编制政府部门财务报告和政府整体财务报告。此外在我国还有以某种资金为核算范围的会计主体，即基金会计主体。基金会计主体要求为基金建立自我平衡的会计要素及账户体系，对基金主体范围内的资金进行各个会计要素的全面、单独记账及报告。基金会计主体也是一种单位成本会计主体。

上述情况表明，我国的政府会计主体具有层次性，首先是政府单位会计主体，其要求以该单位管理的经济资源为对象，报告本单位的预算执行情况和全部经济资源的存量及变动情况。其次是政府部门会计主体，要求以本部门全部所属单位管理的经济资源为对象，报告本部门预算执行情况和全部经济资源的存量及变动情况。政府部门的会计报告由所属单位的会计报告汇总而成，不必以政府部门为记账主体。最后是政府整体会计主体，其要求以本级政府全部所属部门管理的经济资源为对象，报告本级政府预算执行情况和全部经济资源的存量及变动情况。一级政府整体的会计报告由本级政府财政部门及各个政府主管部门的会计报告合并而成，不必以政府整体为记账主体。

另外，政府会计主体还可以分为记账主体和报告主体。记账主体是进行会计记录记账时采用的立场和对记账对象范围的界定，报告主体是在提供会计报告时报告采用的立场和对报告对象范围的界定。在多数情况下，记账主体和报告主体范围一致，我们将这种会计主体称为单一会计主体。但也存在不重合的情况，这主要发生在政府单位内部存在两个以上资金的会计主体；或是政府会计以政府部门为报告主体，而这种报告主体内部则存在多个所属的单位会计主体；或是政府会计以政府整体为报告主体时，会出现报告主体内含有多个所属部门会计主体或基金会计主体。这种在一个会计报告主体内含有两个以上记账主体或子报告主体的会计主体，称为复合会计主体。政府部门会计主体和政府整体会计主体都属于复合会计主体。

我国民间非营利组织会计主体是相应的法人组织。

(二)持续运行假设

我国《政府会计准则——基本准则》第七条规定，政府会计核算应当以政府会计主体持续运行为前提。所谓持续运行是指政府会计主体的业务活动能够持续不断地进行下去。政府会计应以各级政府财政以及行政事业单位的业务活动能够持续不断地进行下去作为组织正常会计核算的基本假设，而不将会计核算建立在非正常核算的财政财务清算的基础之上。尽管一级政府以及行政事业单位也会根据社会经济发展的客观需要进行划转或撤并，但在相应财政财务清算活动尚未开始之前，一级政府财政以及行政事业单位仍然应当按照持续运行的假设对相应的财政财务收支业务及其相关业务进行会计核算。

我国《民间非营利组织会计核算制度》也规定：民间非营利组织会计核算应当以民间非营利组织的持续经营为前提。

(三)会计分期

会计分期是指将政府与非营利组织会计主体持续运行的时间人为地划分为时间阶段，以便分阶段结算账目，编制会计报表。政府会计期间分为年度、半年度、季度和月份。为及时提供预算执行情况和财务状况的信息，政府会计还可以根据需要提供旬报，供政府有关方面及时了解信息。目前，我国各级政府在每年第一季度召开的人民代表大会上，财政部门都需要代表政府做上一年度预算执行情况的年度报告。中央政府和大多数地方政府在每年下半年还需要向人民代表大会提供当年上半年预算执行情况的报告。

(四)货币计量

货币计量是指政府与非营利组织在对经济活动进行会计核算时,将采用某种统一的货币作为本位币进行会计处理。这里的货币计量又包含两个方面的子假设:一是假设政府与非营利组织的经济活动都可以以某种货币计量单位进行计量,因为只有货币才具备可加总性,才能够将各种经济活动综合地反映出来;二是假设这种用于计量的本位币的币值在可以预见的未来是稳定的,不会出现恶性通货膨胀现象。正是由于这两个假设,才可以保证政府与非营利组织的会计核算得以在正常的基础上进行。我国政府与非营利组织的会计核算一般采用人民币作为记账本位币,以“元”作为计量单位。如果发生外币业务,应当按照中国人民银行公布的人民币外汇汇率折算为人民币。对于业务收支以外币为主的行政事业单位,也可以选定某种外币作为记账本位币。但在编制会计报告时,应当按照编报日期的人民币外汇汇率折算为人民币反映。

二、政府与非营利组织会计的会计基础

(一)政府会计的会计基础

1. 会计基础类型

会计基础是指会计事项的记账基础,是会计确认的某种标准方式,是政府与非营利组织的收入和支出、费用的确认的标准。对会计基础的不同选择,决定政府与非营利组织取得收入和发生支出在会计期间的配比。目前主要的会计基础有两大类:收付实现制和权责发生制。

收付实现制,又称现金制,是指会计主体对各项收入和费用的认定是以款项(包括现金和银行存款)的实际收付作为标准。凡属本期实际收到款项的收入和支付款项的费用,不管其是否应归属于本期,都应作为本期的收入和费用入账;反之,凡本期未实际收到的款项收入和未付出款项的支出,即使应归属于本期,也不应作为本期的收入和费用入账。采用这种会计基础进行会计处理,本期的收入和费用缺乏合理的配比,所计算的财务结果也不够正确,因此对于企业单位不宜采用收付实现制,这种会计基础主要适用于行政事业单位。

权责发生制,又称应收应付制、应计制,是指以权责发生为基础来确定本期收入和费用,而不是以款项的实际收付作为记账基础。凡是应属本期的收入和费用,不管其款项是否收付,均作为本期的收入和费用入账;反之,凡不属于本期的收入和费用,即使已收到款项或付出款项,都不应作为本期的收入和费用入账。在权责发生制下,每届会计期末,应对各项跨期收支作出调整,以使各个期间的收入和费用实现合理的配比,所计量的财务成果也比较正确。因此,企业单位会计核算一般采用权责发生制。在行政事业单位经营中,也采用权责发生制。

事实上,在会计上还存在着一个会计确认基础区间,这个区间的范围从完全的收付实现制基础这一端到完全的权责发生制基础这一端。在这两端之间,有很多变化,这些变化实际上是对完全的收付实现制基础和完全的权责发生制基础的修正。概括起来,具体可分为四种会计基础,即收付实现制、修正的收付实现制、修正的权责发生制和权责发生制。在这里修正的收付实现制或修正的权责发生制是对原有的收付实现制或权责发生制的某种修正或偏离。国际会计师联合会认为修正的权责发生制是从财务报表中去掉长期性项目,使财务报表主要报告货币性资产和货币性负债,以反映主体未来对资金的需求。修正的收付实现制则是在财务报表中包括有关主体在会计年度结束后的短期内会导致现金收入或现金付出的交易或事项的信息,使财务

报表主要报告主体在报告期内流动的或短期的财务资源及其变动情况。表 1-2 反映的是不同会计基础的计量重点的比较。

表 1-2　不同会计基础的计量重点的比较

会计基础	计量重点	说明
收付实现制	现金资源及其变动	核算现金资源的存量及其变动，包括货币资产，现金的收入、支出和结余
修正的收付实现制	当期财务资源及其变动	核算包括现金资源以及报告日后能够在短期收回的款项和短期内需要付出的款项。包括货币资产和应收款项、应付款项，净当期财务资源(包括现金和约当现金结余)、现金收入(不含收到的非本期短期应收款项)和短期应收收入、现金支出(不含支付的非本期短期应付支出)和短期应付支出
修正的权责发生制	总财务资源及其变动	核算包括当期财务资源以及报告日后能够在长期收回的款项和在报告期间承担义务导致长期需要付出的款项。包括货币资产、应收款项和其他可以转化为现金的长期金融性资产、应付款项和长期负债，净总财务资源；总财务资源增加引起的收入，总财务资源减少引起的支出和费用
权责发生制	经济资源及其变动	提供关于资产、负债、收入费用和净资产的全面信息。从财产角度看，经济资源包括总财务资源的全部金融性质资产以及各种非金融性质资产

2.国外政府会计的会计基础选择运用的基本情况

20 世纪 70 年代末 80 年代初开始，西方一些发达国家发起了旨在推行以结果为导向、聚焦绩效管理的“新公共管理”运动，从而推动了许多国家的政府会计改革，其中以新西兰、澳大利亚、英国、加拿大和美国等为代表。这场改革的核心内容是将政府会计核算制度由收付实现制改为权责发生制。综合归纳各国的改革实践，在会计基础的选择运用上主要有以下三种方式：

(1)以新西兰、澳大利亚和英国为代表的“一步到位”式：政府会计基础由收付实现制直接改为权责发生制。这些国家对政府的活动采用了与企业相同的核算方法，在政府部门管理中实行成本、固定资产折旧等一系列会计核算方法，同时，政府的预算编制、财政报告也采用权责发生制方式记录、编报。

(2)以加拿大为代表的“分步到位”式：部门会计和预算管理采用权责发生制，政府预算编制、财务报告采用收付实现制的模式。这些国家政府会计基础的改革沿着“收付实现制—修正的收付实现制—修正的权责发生制—权责发生制”的轨道运行，一步步实施改革。

(3)以美国为代表的“逐步扩展”式：政府财务报告、部门管理采用权责发生制，预算编制采用收付实现制的模式。根据实际情况先对部分收支、资产、负债科目实行权责发生制，然后再逐步扩展到其他的政府会计科目。在这种模式下，政府财政报告虽然采用权责发生制，但报告所反映的政府控制、运用资源等内容，建立在完整的统计、分析系统上，并不完全通过预算编制取得，部门管理上引进企业的管理模式。而预算编制采用收付实现制，以反映本财政年度内资金来源及政府运用资金的情况。

国外改革的经验表明，许多政府会计已实行权责发生制的国家，并没有完全抛弃收付实现制。在实际应用上也没有一个国家采用的是纯粹的某一种会计基础，而是以某一种会计基础为主，并对其他会计基础进行某些修正应用。

3. 目前我国政府会计的会计基础的选择应用情况

当前我国政府会计总的来说分为政府预算会计和政府财务会计，实行了“双功能、双基础、双报告”的会计核算模式。这里的“双基础”，是指我国政府预算会计包括财政总预算会计和单位预算会计，主要采用收付实现制进行会计核算；而政府单位的财务会计则主要采用权责发生制进行会计核算。具体应用情况如下：

(1)财政总预算会计。在财政总预算会计中，会计核算的内容主要为各级政府的财政资金的收、支、余，以及所形成的资产、负债、净资产，因此主要采用收付实现制对日常资金活动进行会计核算，但也有少数业务的核算采用修正的收付实现制。如对在库款报解整理期和决算清理期内收到的应属于上年度收入的款项和收回的不应在上年度列支的“在途款”，采用的就是修正的收付实现制。目前我国财政总预算会计在较多地方引入了修正的权责发生制的会计核算方法。如“应付国库集中支付结余”，是由于政策性因素或用款进度等原因导致预算单位在当年未支用的预算资金，如果这笔资金经批准可以结转下一年度支付使用，则财政总预算会计需要在本年度采用权责发生制方法将其进行列支的会计处理。除此之外，为了加强对一级政府财务状况的反映，财政总预算会计还对一些长期应收款项或股权投资、长期负债项目引入了平行记账的会计处理方式，即对这类业务同时按收付实现制和修正的权责发生制进行会计处理。这些业务内容有应收地方政府债券转贷款、应收主权外债转贷款、股权投资、应付长期政府债券、借入款项、应付地方政府债券转贷款、应付主权外债转贷款等。正因为以上情况，在我国财政总预算会计的报表中，资产负债表实际上是基于收付实现制和修正的权责发生制编制的；收入支出表、预算执行情况表和资金收支情况表则主要是基于收付实现制进行编制的。

(2)政府单位会计。在我国政府单位会计中，目前包括政府单位财务会计和政府单位预算会计，即“双功能”，也就是说要通过这两种会计方法实现对政府单位的同一经济业务同时在财务会计中按权责发生制进行处理和在预算会计中按收付实现制进行会计处理。期末按权责发生制提供财务会计报表和按收付实现制提供预算会计报表。目前我国政府会计制度规定，政府单位应按权责发生制提供的会计报表包括资产负债表（月报、年报）、收入费用表（月报、年报）、净资产变动表（年报）、现金流量表（年报，自行选编）。按收付实现制提供的预算会计报表包括预算收入表（年报）、预算结转结余表（年报）、财政拨款预算收入支出表（年报）以及附注。

(二)我国民间非营利组织会计的会计基础

我国《民间非营利组织会计制度》规定，“会计核算应当以权责发生制为基础”。民间非营利组织会计以外部信息使用者为主要服务对象，需要反映其受托责任履行情况，以对民间非营利组织的运营业绩进行评价与考核，所以民间非营利组织会计要求以权责发生制为会计确认基础。

第四节　政府与非营利组织会计的会计信息质量要求

政府与非营利组织的会计信息质量直接关系到决策者的决策及其后果，是保证信息使用者作出正确决策的基本前提和条件。会计信息失真所带来的经济后果是十分严重的。

一、我国政府会计信息质量要求

根据我国《政府会计准则——基本准则》规定，我国政府会计信息质量应当符合以下要求：

(1)真实可靠性，是指政府会计主体应当以实际发生的经济业务或者事项为依据进行会计核算，如实反映各项会计要素的情况和结果，保证会计信息真实可靠。

(2)完整性，是指政府会计主体应当将发生的各项经济业务或者事项统一纳入会计核算，确保会计信息能够全面反映政府会计主体预算执行情况和财务状况、运行情况、现金流量等。

(3)相关性，是指政府会计主体提供的会计信息，应当与反映政府会计主体公共受托责任履行情况以及报告使用者决策或者监督、管理的需要相关，有助于报告使用者对政府会计主体过去、现在或者未来的情况作出评价或者预测。

(4)及时性，是指政府会计主体对已经发生的经济业务或者事项，应当及时进行会计核算，不得提前或者延后。

(5)一致性，是指同一政府会计主体不同时期发生的相同或者相似的经济业务或者事项，应当采用一致的会计政策，不得随意变更。确需变更的，应当将变更的内容、理由及其影响在附注中予以说明。

(6)可比性，即不同政府会计主体发生的相同或者相似的经济业务或者事项，应当采用一致的会计政策，确保政府会计信息口径一致，相互可比。

(7)可理解性，是指政府会计主体提供的会计信息应当清晰明了，便于报告使用者理解和使用。

(8)实质重于形式，是指政府会计主体应当按照经济业务或者事项的经济实质进行会计核算，不限于以经济业务或者事项的法律形式为依据。

二、我国民间非营利组织会计信息质量要求

我国民间非营利组织会计也有与政府会计类似的会计信息质量要求，但因其主要采用权责发生制的会计基础，因而又与政府会计信息质量要求略有不同。我国《民间非营利组织会计制度》规定民间非营利组织在会计核算时，应当遵循以下基本原则：

(1)真实性原则，即要求会计核算应当以实际发生的交易或者事项为依据，如实反映民间非营利组织的财务状况、业务活动情况和现金流量等信息。

(2)相关性原则，即要求会计核算所提供的信息应当能够满足会计信息使用者(如捐赠人、会员、监管者等)的需要。

(3)实质重于形式，即要求会计核算应当按照交易或者事项的实质进行，而不应当仅仅按照它们的法律形式作为其依据。

(4)一致性原则，即要求会计政策前后各期应当保持一致，不得随意变更。如有必要变更，应当在会计报表附注中披露变更的内容和理由、变更的累积影响数，以及累积影响数不能合理确定的理由等。

(5)可比性原则，即要求会计核算应当按照规定的会计处理方法进行，会计信息应当口径一致、相互可比。

(6)及时性原则，即要求会计核算应当及时进行，不得提前或延后。

(7)清晰性原则,即要求会计核算和编制的财务会计报告应当清晰明了,便于理解和使用。

(8)配比性原则,即要求在会计核算中,所发生的费用应当与其相关的收入相配比,同一会计期间内的各项收入和与其相关的费用,应当在该会计期间内确认。

(9)谨慎性原则,会计核算应当遵循谨慎性原则。

(10)合理划分应当计入当期费用的支出和应当予以资本化的支出的原则。

(11)重要性原则,即在会计核算时,对资产、负债、净资产、收入、费用等有较大影响,并进而影响财务会计报告使用者据以作出合理判断的重要会计事项,必须按照规定的会计方法和程序进行处理,并在财务会计报告中予以充分披露;对于非重要的会计事项,在不影响会计信息真实性和不至于误导会计信息使用者作出正确判断的前提下,可适当简化处理。

第五节　政府与非营利组织会计的会计要素

政府与非营利组织会计的对象是政府与非营利组织会计核算和监督的内容。政府与非营利组织会计要素是对政府与非营利组织会计对象的具体分类,也是政府与非营利组织会计报表的构成要素。我国政府与非营利组织会计要素分为政府会计要素和民间非营利组织会计要素。

一、我国政府会计要素

我国政府会计要素又分为财政总预算会计(以下简称“总会计”)要素、政府预算会计要素和政府财务会计要素。

(一)我国财政总预算会计要素

根据我国《财政总预算会计制度》(财库〔2015〕192 号)的规定,我国总预算会计的要素主要有资产、负债、净资产、收入、支出。相关含义如下:

1. 资产

资产是指政府财政占有或控制的,能以货币计量的经济资源。

总会计核算的资产按照流动性,分为流动资产和非流动资产。流动资产是指预计在 1 年内(含 1 年)变现的资产;非流动资产是指流动资产以外的资产。我国总会计核算的资产具体包括财政存款、有价证券、应收股利、借出款项、暂付及应收款项、预拨经费、应收转贷款和股权投资等。总会计对符合资产定义的经济资源,应当在取得对其相关的权利,并且能够可靠地进行货币计量时确认,并应当按照取得或发生时实际金额进行计量。符合资产定义并确认的资产项目,应当列入资产负债表。

2. 负债

负债是指政府财政承担的能以货币计量、需以资产偿付的债务。

总会计核算的负债按照流动性,分为流动负债和非流动负债。流动负债是指预计在 1 年内(含 1 年)偿还的负债;非流动负债是指流动负债以外的负债。我国总会计核算的负债具体包括应付国库集中支付结余、暂收及应付款项、应付政府债券、借入款项、应付转贷款、其他负债、应付代管资金等。总会计对符合负债定义的债务,应当在对其承担偿还责任,并且能够可靠地进行货币计量时确认,并应当按照承担的相关合同金额或实际发生金额进行计量。符合负债定义并确认的负债项目，应当列入资产负债表。政府财政承担或有责任（偿债责任需要通过未来不确定事项的发生或不发生予以证实）的负债，不列入资产负债表，但应当在报表附注中披露。

3. 净资产

净资产是指政府财政资产减去负债的差额。

我国总会计核算的净资产包括一般公共预算结转结余、政府性基金预算结转结余、国有资本经营预算结转结余、财政专户管理资金结余、专用基金结余、预算稳定调节基金、预算周转金、资产基金和待偿债净资产。各项结转结余应每年结算一次。

4. 收入

收入是指政府财政为实现政府职能，根据法律法规等所筹集的资金。

总会计核算的收入包括一般公共预算本级收入、政府性基金预算本级收入、国有资本经营预算本级收入、财政专户管理资金收入、专用基金收入、转移性收入、债务收入、债务转贷收入等。总会计对于各项收入的账务处理必须以审核无误的国库入库凭证、预算收入日报表和其他合法凭证为依据。发现错误，应当按照相关规定及时通知有关单位共同更正。对于已缴入国库和财政专户的收入退库（付），要严格把关，强化监督。凡不属于国家规定的退库（付）项目，一律不得冲退收入。属于国家规定的退库（付）事项，具体退库（付）程序按财政部的有关规定办理。

5. 支出

支出是指政府财政为实现政府职能，对财政资金的分配和使用。

总会计核算的支出包括一般公共预算本级支出、政府性基金预算本级支出、国有资本经营预算本级支出、财政专户管理资金支出、专用基金支出、转移性支出、债务还本支出、债务转贷支出等。一般公共预算本级支出、政府性基金预算本级支出、国有资本经营预算本级支出一般应当按照实际支付的金额入账，年末可采用权责发生制将国库集中支付结余列支入账。从本级预算支出中安排提取的专用基金，按照实际提取金额列支入账。财政专户管理资金支出、专用基金支出应当按照实际支付的金额入账。转移性支出应当按照财政体制的规定或实际发生的金额入账。债务转贷支出应当按照实际转贷的金额入账。债务还本支出应当按照实际偿还的金额入账。地方各级财政部门除国库集中支付结余外，不得采用权责发生制列支。权责发生制列支只限于年末采用，平时不得采用。

（二）我国政府单位财务会计要素

我国《政府会计准则——基本准则》（财政部令第 78 号）对我国政府会计财务会计要素进行了如下定义。

1. 资产

资产是指政府会计主体过去的经济业务或者事项形成的，由政府会计主体控制的，预期能够产生服务潜力或者带来经济利益流入的经济资源。服务潜力是指政府会计主体利用资产提供公共产品和服务以履行政府职能的潜在能力。经济利益流入表现为现金及现金等价物的流入，或者现金及现金等价物流出的减少。符合资产定义的经济资源，在同时满足以下条件时，确认为资产：①与该经济资源相关的服务潜力很可能实现或者经济利益很可能流入政府会计主体；②该经济资源的成本或者价值能够可靠地计量。

政府会计主体的资产按照流动性，分为流动资产和非流动资产。流动资产是指预计在 1 年内（含 1 年）耗用或者可以变现的资产，包括货币资金、短期投资、应收及预付款项、存货等。非流动资产是指流动资产以外的资产,包括固定资产、在建工程、无形资产、长期投资、公共基础设施、政府储备资产、文物文化资产、保障性住房和自然资源资产等。

2. 负债

负债是指政府会计主体过去的经济业务或者事项形成的,预期会导致经济资源流出政府会计主体的现时义务。现时义务是指政府会计主体在现行条件下已承担的义务。未来发生的经济业务或者事项形成的义务不属于现时义务,不应当确认为负债。符合负债定义的义务,在同时满足以下条件时,确认为负债:①履行该义务很可能导致含有服务潜力或者经济利益的经济资源流出政府会计主体;②该义务的金额能够可靠地计量。

政府会计主体的负债按照流动性,分为流动负债和非流动负债。流动负债是指预计在 1 年内(含 1 年)偿还的负债,包括应付及预收款项、应付职工薪酬、应缴款项等。非流动负债是指流动负债以外的负债,包括长期应付款、应付政府债券和政府依法担保形成的债务等。

3. 净资产

净资产是指政府会计主体资产扣除负债后的净额。净资产金额取决于资产和负债的计量。政府会计主体的净资产包括本期盈余、累计盈余、无偿调拨净资产、权益法调整、以前年度盈余调整、本年盈余分配、专项基金等。净资产项目应当列入资产负债表。

4. 收入

收入是指报告期内导致政府会计主体净资产增加的、含有服务潜力或者经济利益的经济资源的流入。收入的确认应当同时满足以下条件:①与收入相关的含有服务潜力或者经济利益的经济资源很可能流入政府会计主体;②含有服务潜力或者经济利益的经济资源流入会导致政府会计主体资产增加或者负债减少;③流入金额能够可靠地计量。符合收入定义和收入确认条件的项目,应当列入收入费用表。

5. 费用

费用是指报告期内导致政府会计主体净资产减少的、含有服务潜力或者经济利益的经济资源的流出。费用的确认应当同时满足以下条件:①与费用相关的含有服务潜力或者经济利益的经济资源很可能流出政府会计主体;②含有服务潜力或者经济利益的经济资源流出会导致政府会计主体资产减少或者负债增加;③流出金额能够可靠地计量。符合费用定义和费用确认条件的项目,应当列入收入费用表。

(三)我国政府单位预算会计要素

我国《政府会计准则——基本准则》(财政部令第 78 号)对我国政府会计预算会计要素进行了定义,这里的预算会计要素就是政府单位预算会计要素。

1. 预算收入

预算收入是指政府会计主体在预算年度内依法取得的并纳入预算管理的现金流入。预算收入一般在实际收到时予以确认,以实际收到的金额计量。政府会计主体的预算收入来源有很多,如财政拨款预算收入、非同级财政拨款预算收入、事业预算收入、经营预算收入、上级补助预算收入、附属单位上缴预算收入、债务预算收入、投资预算收益、其他预算收入等。

2. 预算支出

预算支出是指政府会计主体在预算年度内依法发生并纳入预算管理的现金流出。预算支出一般在实际支付时予以确认,以实际支付的金额计量。政府会计主体的预算支出主要有行政支出(适用于行政单位)、事业支出(适用于事业单位)、上缴上级支出、对附属单位补助支出、经营支出、投资支出、债务还本支出、其他支出。

3. 预算结余

预算结余是指政府会计主体预算年度内预算收入扣除预算支出后的资金余额,以及历年滚存的资金余额。预算结余包括结余资金和结转资金。结余资金是指年度预算执行终了,预算收入实际完成数扣除预算支出和结转资金后剩余的资金。结转资金是指预算安排项目的支出年终尚未执行完毕或者因故未执行,且下年需要按原用途继续使用的资金。政府会计主体的预算结余包括资金结存、财政拨款结转、财政拨款结余、非财政拨款结转、非财政拨款结余、经营结余、专用结余、其他结余、非财政拨款结余分配等。

二、我国民间非营利组织会计要素

我国民间非营利组织会计要素包括资产、负债、净资产、收入、费用。我国《民间非营利组织会计制度》(财会〔2004〕7 号)对民间非营利组织会计要素定义如下。

1. 资产

资产是指过去的交易或者事项形成并由民间非营利组织拥有或者控制的资源,该资源预期会给民间非营利组织带来经济利益或者服务潜力。资产应当按其流动性分为流动资产、长期投资、固定资产、无形资产和受托代理资产等。

2. 负债

负债是指过去的交易或者事项形成的现时义务,履行该义务预期会导致含有经济利益或者服务潜力的资源流出民间非营利组织。负债应当按其流动性分为流动负债、长期负债和受托代理负债等。

3. 净资产

民间非营利组织的净资产是指资产减去负债后的余额。

净资产应当按照其是否受到限制,分为限定性净资产和非限定性净资产等。如果资产或者资产所产生的经济利益(如资产的投资收益和利息等)的使用受到资产提供者或者国家有关法律、行政法规所设置的时间限制或(和)用途限制,则由此形成的净资产即为限定性净资产;国家有关法律、行政法规对净资产的使用直接设置限制的,该受限制的净资产亦为限定性净资产;除此之外的其他净资产,即为非限定性净资产。这里的时间限制,是指资产提供者或者国家有关法律、行政法规要求民间非营利组织在收到资产后的特定时期之内或特定日期之后使用该项资产,或者对资产的使用设置了永久限制。这里的用途限制,是指资产提供者或者国家有关法律、行政法规要求民间非营利组织将收到的资产用于某一特定的用途。

民间非营利组织的董事会、理事会或类似权力机构也可以对净资产的使用作限定性决策、决议或拨款限额等,这属于民间非营利组织内部管理上对资产使用所作的限制。

4. 收入

收入是指民间非营利组织开展业务活动取得的、导致本期净资产增加的经济利益或者服务潜力的流入。收入应当按照其来源分为捐赠收入、会费收入、提供服务收入、政府补助收入、投资收益、商品销售收入等主要业务活动收入和其他收入等。对于民间非营利组织接受的劳务捐赠,不予确认,但应当在会计报表附注中作相关披露。

5. 费用

费用是指民间非营利组织为开展业务活动所发生的、导致本期净资产减少的经济利益或者服务潜力的流出。费用应当按照其功能分为业务活动成本、管理费用、筹资费用和其他费用等。民间非营利组织发生的业务活动成本、管理费用、筹资费用和其他费用,应当在发生时按其发生额计入当期费用。

第六节　政府与非营利组织会计的基本规范体系

会计规范可以理解为调节社会经济活动中会计与财务关系的法律、行政规章、条例、准则和制度的总称。

一、我国政府与非营利组织会计的基本规范体系

我国政府与非营利组织现行会计规范主要包括财务会计法律法规、会计准则、会计制度、准则制度解释、操作指南等五个部分。

(一)财务会计法律法规

财务会计法律法规是政府与非营利组织会计最高层次规范,由财务会计法律和财务会计行政法规组成。

财务会计法律是调整社会经济活动中财务、会计关系的法律总称。在我国规范政府与非营利组织会计的法律主要有《预算法》和《中华人民共和国会计法》(以下简称《会计法》)。其中《预算法》是规范政府与非营利组织财务活动行为的基本法律,各级政府、政府单位及非营利事业单位都必须按《预算法》的规定组织财务收支活动,并接受立法机构的监督。《会计法》是规范会计活动行为的基本法律,是其他会计法规的"母法",任何会计规范都必须以《会计法》为准绳,不能与之抵触或与之相违背。

行政法规是根据经济活动的需要,以行政规章、条例、制度和规定等形式颁布的一种社会经济行为规范,既是根据法律制定和颁布的一种规范,也是法律规定的具体化。关于政府与非营利组织会计的行政法规很多,概括起来主要有三类:

一是由政府或政府主管部门根据法律规章制定和颁布的法律实施细则,如国务院颁布的《中华人民共和国预算法实施条例》《中华人民共和国政府采购法实施条例》等。

二是由政府或政府主管部门根据法律制定的相关规定、方案、办法等,如《权责发生制政府综合财务报告制度改革方案》《新型农村社会养老保险基金会计核算暂行办法》《政府财务报告编制办法(试行)》等。

三是其他行政规章、财务制度、会计制度,如《行政事业单位内部控制规范》《行政单位财务规则》《事业单位财务规则》《高等学校财务制度》《医院财务制度》等。

(二)会计准则与准则解释

会计准则(accounting standards)是指会计职业界或会计人员在长期的会计实践活动中形成的、被普遍认可和广泛采用的会计惯例或规例,包括会计观念、会计方法、会计程序和会计实务处理规则等,也称为公认会计原则(generally accepted accounting principles,GAAP)。会计

准则是财务会计规范的重要组成部分，是财务会计法律的具体化，它具有指导财务会计实务、可操作性强的特点。会计准则可以由以会计职业组织为主的民间机构负责制定，也可以由政府主管部门负责制定，还可以由政府主管部门和会计机构联合制定。由于会计准则制定机构不同，会计准则的性质和作用也不一样。以会计职业组织为主的民间机构制定的会计准则通常称为规范型会计准则，它属于自律性的会计规范，具有指导性作用，但不具有法律约束力；由政府主管部门制定的会计准则通常称为法规型会计准则，它属于他律性的会计规范，具有强制性。由政府主管部门和会计职业机构共同制定的会计准则介于规范型和法规型之间，但在会计实务中通常要求必须严格执行，所以它实际上起"准法规"的作用。

为了规范政府会计核算，编制权责发生制的政府财务报告，保证会计信息质量，我国从2015年起先后颁布了一系列的政府会计准则、应用指南或操作指南、基本指引以及准则解释，详细情况见表1-1。

(三)会计制度与衔接(补充)规定

会计制度规范会计主体经济业务或事项的确认、计量、记录和报告方法，为会计操作提供了指引。会计制度的主要内容包括会计总体要求、会计要素的确认和计量方法、会计科目的名称和编号、会计科目的使用说明、会计报表的格式与编制方法等。

目前，我国政府与非营利组织会计采用"准则"加"制度"模式。财政部颁布的政府会计制度包括《财政总预算会计制度》(2015)、《政府会计制度——行政事业单位会计科目和报表》(财会〔2017〕25号)(以下简称《政府会计制度》)。《政府会计制度》要求所有行政事业单位于2019年1月1日起施行，同时废止了原有的所有行政事业单位的会计制度。随后还颁布了一系列的衔接或补充规定，如《关于地质勘察事业单位执行〈政府会计制度——行政事业单位会计科目和报表〉的衔接规定》《关于测绘事业单位执行〈政府会计制度——行政事业单位会计科目和报表〉的衔接规定》《关于高等学校执行〈政府会计制度——行政事业单位会计科目和报表〉的衔接规定》《关于科学事业单位执行〈政府会计制度——行政事业单位会计科目和报表〉的衔接规定》《关于高等学校执行〈政府会计制度——行政事业单位会计科目和报表〉的补充规定》《关于基层医疗卫生机构执行〈政府会计制度——行政事业单位会计科目和报表〉的补充规定》等。

二、国外政府与非营利组织会计规范体系

各国的政治体制和经济体制不同，对政府与非营利组织会计与财务报告的规范情况也不一样。但不论是什么体制的国家，政府与非营利组织会计与财务报告的规范体系基本上都包括法律规章和公认会计原则这两个层次。

(一)法律规章

法律规章是各国政府与非营利组织会计与财务报告最早的主要规范，各个国家都颁布了针对政府及非营利组织的法律、法规。如美国联邦的财务法规有《预算与会计法》《反赤字法》《国会预算与扣押管理法》《联邦管理者财务一体化法》等。州和地方政府也颁布了财务法规、制度。

(二)公认会计原则

公认会计原则是由相关机构制定，会计实务界普遍接受，权威机构认可的一系列会计惯例、准则和规则的总称。在国外，政府与非营利组织为了筹集资金，其财务报告一般都要经过注册会计师审计，并提供给使用者。所以相关机构的会计准则只有获得权威机构认可，才能成为公

认会计原则。如美国州和地方政府的会计准则先后由政府会计理事会(NCGA)和政府会计准则委员会(GASB)等机构制定,美国注册会计师协会(AICPA)也制定了有关州和地方政府的审计指南。GASB成立前,财务会计准则委员会(FASB)也曾制定过有关州和地方政府方面的会计准则。关于美国非营利组织公认会计原则,FASB也出版了专集。

复习思考题

1.政府组织的含义是什么?政府具有哪些特点?

2.什么是非营利组织?非营利组织是如何分类的?

3.政府会计的含义是什么?我国政府会计改革的基本情况是怎样的?我国政府会计的特点有哪些?

4.我国政府会计的组成体系是怎样的?

5.政府会计信息使用者有哪些?他们有哪些政府会计信息需求?我国政府会计目标是什么?

6.我国政府会计的基本假设有哪些?会计基础是什么?我国民间非营利组织会计的会计基础是什么?

7.我国政府与非营利组织会计的会计信息质量要求有哪些?

8.我国政府与非营利组织会计的会计要素是如何设置的?为什么?

9.我国政府与非营利组织会计的基本规范体系是怎样的?

第2章 国家预算与预算管理

【导读】

本章内容为政府与非营利组织会计中与国家预算有关的基础知识，主要介绍：国家预算的含义、原则与分类；国家预算的编制、审批、执行和决算；预算管理体制的含义和内容；我国现行的预算管理体制；国库集中收付制度的概念与内容。这些内容是理解和掌握我国总预算会计和单位预算会计的基础性知识。

【学习重点】

国家预算的含义与分类；国家预算的执行；分税制；国库单一账户体系与国库集中支付的方式。

【学习难点】

分税制；国库集中支付的方式与程序。

第一节 国家预算

一、国家预算的含义、原则与分类

(一)国家预算的含义

国家预算也称为政府预算，是指经过法定程序审核批准的具有法律效力的政府年度财政收支计划。国家预算是国家有计划地筹集、分配和管理财政资金的重要工具，是调节社会经济生活的主要财政机制，是国家财政管理的主导环节。预算由预算收入和预算支出组成，政府的全部收入和支出都应纳入预算，不再设立预算外资金项目。经过国家权力机构的审批后生效的国家预算反映国家和政府活动的范围、方向和政策，是国家的重要立法文件，体现着国家权力机构和全体公民对政府财政活动的监督。

国家预算由中央预算和地方预算组成，地方预算由各省、自治区、直辖市总预算组成。地方各级总预算由本级政府预算和汇总的下一级总预算组成。没有下一级预算的，总预算即为本级预算。地方各级政府预算由本级各部门(含直属单位)的预算组成。各部门预算由本部门所属各单位预算组成。单位预算是指列入部门预算的国家机关、社会团体和其他单位的收支预算。

1991 年 10 月 21 日国务院发布了《国家预算管理条例》,1995 年 1 月 1 日起我国施行了《预算法》,其后经过几次修订。新的《预算法》是于 2018 年 12 月进行修订的。

(二)国家预算的原则

国家预算的原则是一国预算立法、编制及执行等阶段所必须遵循的原则。它随着社会经济和预算制度的发展而不断发展。目前为世界大多数国家所接受的预算原则,主要有以下几项。

(1)公开性原则。国家预算反映国家和政府活动的范围、方向和政策,与全体公民切身利益息息相关,因此,国家预算的内容及其执行情况必须采取一定的形式公布,让民众了解财政收支情况,也便于公众监督和有利于预算效率的提高。

(2)可靠性原则。政府在编制预算时,应认真收集各种相关资料,依据社会经济发展的趋势,运用科学的计算方法,做出准确切实的预测,力求数据指标的科学性,不得假定、估算,更不能编造,要谋求预算稳定可靠。

(3)完整性原则。国家预算必须完整,包括全部法定收支项目,不能少列收支,或造假账、预算外另列预算,要使收支计划能完整地反映实际收支内容,保证该列入国家预算的一切财政收支都反映在国家预算中。

(4)统一性原则。在分级财政体制中,各级政府都设有本级财政部门,也有相应的预算,这些预算都是国家预算的组成部分,所有地方政府预算连同中央政府预算一起共同组成统一的国家预算。这就要求设立统一的预算科目,每个科目都要严格统一口径、程序进行计算和填列。

(5)年度性原则。各级政府预算的编制和实现必须按法定财政年度编制,要反映全年的财政收支活动,不允许将不属于本财政年度收支的内容列入本年度的国家预算之中。

(三)国家预算的分类

最初国家预算很简单,政府把财政收支数字按一定程序填入特定的表格,国家预算就形成。因此通常将国家预算称为政府收支一览表。随着社会经济生活和财政活动逐步复杂化、预算政策多样化、预算制度复杂化,预算出现了更多的形式。依据不同的标准,国家预算有不同的类别。

1. 按预算编制的形式分类

按预算编制的形式分类,国家预算可分为单式预算和复式预算。

单式预算是指将政府年度内的全部预算收支编制在一个收支对照表中,不区分各类预算收支的经济性质。这种编制形式,结构简单,方法简便,能明确地反映预算的全貌,便于立法机关的审议批准和社会公众了解。单式预算与国家职能的简化、财政活动范围的狭小相适应,符合公众对财政计划的透明、公开、简单的要求。缺点是不加区分地把不同性质的财政收支项目编制在一个预算内,不能真实反映预算收支平衡结果,不利于财政部门对不同性质的财政收支分别进行管理,不利于政府对财政收支活动进行经济分析和比较,特别是各种性质的不同收支之间没有对应关系,难以具体反映预算赤字和盈余的成因及性质。

复式预算是指国家将年度内的全部预算收支按照收入来源和支出性质,分别编成两个或两个以上的预算。复式预算的典型形式是双重预算:经常预算和资本预算(也称为普通预算和特别预算、经费预算和投资预算等)。如日本等国家预算分为经常预算(或经费预算)和资本预算(或特别预算)。虽然各国使用的复式预算名称和具体项目不尽相同,但从内容上看,经常预算主要包括政府一般行政支出，如政府日常活动的经费支出以及一般性的拨款等。在一般情况下，经常预算应保持收支平衡并有结余，结余额转入资本预算。资本预算主要包括政府的各项资本性支出，如政府对国营企业的投资、对公共工程项目的投资、战略物资储备、政府贷款以及偿还国债等支出。政府的资本预算收入来源，主要包括经常预算转来的结余额、国债收入等。

《预算法》总则规定，国家预算实行复式预算，包括一般公共预算、政府性基金预算、国有资本经营预算、社会保险基金预算。四种预算应当保持完整、独立，后三种预算应当与一般公共预算相衔接。我国实行一级政府一级预算，全国预算由中央预算和地方预算组成，地方预算由各省、自治区、直辖市总预算组成，地方各级总预算由本级预算和汇总的下一级总预算组成。

复式预算是政府干预经济的产物。20 世纪 30 年代，世界性的经济大危机之后，政府开始干预经济，并随着经济的发展干预的范围越来越广。相应地，政府开支加大，正常收入已不能满足支出需要，不得不依靠举债。后来在凯恩斯赤字财政政策理论的影响下，举债成为政府的常事且数量也越来越大。债务不同于其他财政收入，它要还本付息。这就要求债务收入应安排那些可以带来收益的项目，以保证债务的归还。因而有必要将政府的支出划分为一般性支出和有收益资本性支出。复式预算便应运而生了。

复式预算与单式预算相比具有以下特点：一是政府一般行政上的经常性支出以经常性财政收入（主要是税收收入）来供应，并保持相对稳定，目的是保证国家行政管理职能的连续性；二是投资或资本性支出应以经常预算的结余来供应，不足部分可通过举债来解决；三是对于临时性的特殊需要，可以通过开征临时性税种，设立特别预算来解决。

2. 按预算编制的方法分类

按预算编制的方法分类，国家预算可以分为零基预算和增量预算。

零基预算（zero-base budget）是对新的预算年度财政收支计划指标的确定，不考虑以前年度的收支执行情况，而是以“零”为基础，结合经济发展情况及财力可能，从根本上重新评估各项收支的必要性及其所需金额的一种预算形式。零基预算制度要求政府各部门在申请经费时，不应受以往既定计划的束缚，政府部门的任何支出应如同新年度的支出一样，从起点开始计划，对所有的计划项目和行动应从产出或业绩与成本的角度进行系统的评价和重新审查。

增量预算是指预算年度的财政收支计划指标的确定，是以上年度财政收支执行数为基础，再考虑新的年度国家社会经济发展需要加以调整确定。因此，增量预算与以前的财政收支的执行情况及新财政年度国家经济发展趋势密切相关。增量预算的最大特点是保持了国家预算的连续性，但是随着财政收支规模的不断扩大，这种方法可能会导致当期预算的不科学、预算调整过多以及约束性差等一系列问题。

3. 按预算分级管理的要求分类

按预算分级管理的要求划分，国家预算可以分为中央预算和地方预算。

中央预算是指中央政府预算，比如中央一般公共预算，包括中央各部门（含直属单位）的预算和中央对地方的税收返还、转移支付预算。中央一般公共预算收入包括中央本级收入和地方向中央上解收入。中央一般公共预算支出包括中央本级支出、中央对地方的税收返还和转移支付。

地方预算由地方各级政府预算组成，地方各级政府一般公共预算收入包括本级收入、上级政府对本级政府税收返还和转移支付、下级政府的上解收入。地方各级政府一般公共预算支出包括地方本级支出、对上级政府的上解支出、对下级政府的税收返还和转移支付。

4.按预算支出分类汇总依据不同分类

按预算支出分类汇总依据不同分类,国家预算可以分为功能预算和部门预算。

功能预算是一种不分组织单位和开支对象,而是按政府的概括目标或职能对开支进行分类的预算方法。其优点是便于了解政府在行使各职能方面的财政支出是多少,缺点是部门没有一本完整的预算,各部门预算只反映预算内的收支,不反映预算外的资金,从而不能全面反映部门财政收支状况。

部门预算是由政府各部门编制,经财政部门审核后报立法机关审议通过,反映部门所有收入和支出的预算,即一个部门一本预算。部门预算的收支分类是按政府组成结构来进行的,即先按部门进行分类,然后在部门内部按所属预算单位进行分类。这种分类方式可以明确政府各部门的收支规模和财政权力,可以完整地反映政府的活动范围和方向,增强了预算的透明度和调控能力。部门预算是市场经济国家普遍采用的预算编制方法。

二、国家预算的编制、审批、执行和决算

预算的基本程序有四个阶段——编制、审批、执行和决算,这四个阶段构成了一个预算周期。在预算形成和执行的过程中,财政部门是预算编制、预算拨款和预算监督管理的政府职能机构。

(一)国家预算的编制和审批

国家预算的编制是政府预算周期的起点,各级政府预算在各级政府的领导下,由各级财政部门负责组织编制。

各级预算应当根据年度经济社会发展目标、国家宏观调控总体要求和跨年度预算平衡的需要,参考上一年度预算执行情况、有关支出绩效评价结果和本年度收支预测,按照规定程序征求各方面意见后进行编制。凡涉及增加或减少财政收入或支出的,应当在预算批准前提出并在预算草案中做出相应的安排。

按照2015年实行的《预算法》,中央一般公共预算中必需的部门资金,可以通过举借国内和国外债务等方式筹措,举借的债务应控制适当规模,保持合理的结构。地方各级预算按照量入为出、收支平衡的原则编制,除《预算法》另有规定外,不列赤字。

经国务院批准的省、自治区、直辖市的预算中必需的建设投资的部分资金,可以在国务院确定的限额内,通过发行地方政府债券举借债务的方式筹措。举借债务的规模,由国务院报全国人民代表大会或全国人民代表大会常务委员会批准。举借的债务应当有偿还计划和稳定的偿还资金来源,只能用于公益性资本支出,不得用于经常性支出。除以上情况外,地方政府及其所属部门不得以任何方式举借债务。各级预算支出应当依照《预算法》规定,按其功能和经济性质分类编辑。

国家预算草案形成后,必须经过法律程序审核批准,才构成正式的国家预算计划。国家预算的审批权限属于各级立法机构,在我国即各级人民代表大会。按照现行《预算法》的规定,中央预算由全国人民代表大会审批,地方各级预算由本级人民代表大会审批。经过立法程序审核批准后的国家预算即为正式的国家预算,产生法律效力,成为年度预算活动的法定依据。这一国家预算将由财政部门逐级下达,由各级政府和预算执行机构遵照执行。

(二)国家预算的执行与决算

1.国家预算的执行

国家预算的执行是指各级政府依照立法机构批准的预算方案,组织筹集预算收入、安排和

使用预算支出的活动与过程。预算执行是预算目标的实现过程，也是整个预算工作程序的重要环节，其包括组织预算收入、拨付预算支出及预算调整等多项内容，这些都必须按照法律规定的程序进行。在我国，各级预算由本级政府组织执行，具体工作由本级财政部门负责。各部门、各单位是本部门、本单位的预算执行主体，负责本部门、本单位的预算执行，并对执行结果负责。

1)组织预算收入

预算收入的组织是预算收入的实现过程。在我国，税务机关、财政机关和海关等部门是政府预算收入的征收部门，因而也是预算收入的主要执行部门。在收入征收的过程中，执行部门必须依据国家相关的法律法规，及时、足额地征收应征收的预算收入，不得随意增收或减收，并将所征得的收入及时、足额地缴入国库，不得截留、占用或挪用预算收入。另外，有预算收入上缴任务的部门和单位，必须依照法规的规定，将上缴的预算资金及时、足额地上缴国库。国库对组织的财政收入要及时收纳、划分和报解，按规定办理收入退库。

2)拨付预算支出

预算支出的拨付是支出目标的实现过程。预算管理部门和政府所属的相关公共部门是支出执行主体。财政部门要按预算计划、规定用途、工作进度和交易合同等发出支出命令，国库要根据财政部门支付命令及时、足额拨款，以保证政府部门履行其职能。

3)预算调整

预算调整是指经过批准的各级政府预算，在执行过程中因实际情况发生变化改变原预算安排的行为。

在预算执行过程中出现以下情况之一的，应当进行预算调整：需要增加或减少预算总支出的；需要调入预算稳定调节基金的；需要调减预算安排的重点支出数额的；需要增加举借债务数额的。在预算执行中，各级政府对于必须进行的预算调整，应当编制预算调整方案。预算调整方案应当说明预算调整的理由、项目和数额。

在预算执行中，由于发生自然灾害等突发事件，必须及时增加预算支出的，应当先动用预备费；预备费不足的，各级政府可以先安排支出，属于预算调整的，列入预算调整方案。

中央预算调整方案应当提请全国人民代表大会常务委员会审查和批准。地方各级预算的调整方案应当提请本级人民代表大会常务委员会审查和批准。未经批准，不得调整预算。经批准的预算调整方案，各级政府应当严格执行。

2. 国家预算的决算

国家决算是指经过法定程序批准的年度政府预算执行结果的会计报告，包括报表和方案说明两部分。尚未经过法定程序批准的年度政府预算执行结果的会计报告称作决算草案。

第二节　我国现行的预算管理体制

一、预算管理体制的含义和内容

(一)预算管理体制的含义

预算管理体制是处理中央和地方以及地方各级政府之间财政关系的基本制度。预算管理的核心是各级预算主体的独立自主程度以及集权和分权关系问题。预算管理体制是国家预算编制、执行、决算以及实施预算监督的制度依据和法律依据，是财政管理体制的主导环节。

(二)预算管理体制的内容

预算管理体制的根本任务是通过划分预算收支范围和规定预算管理权限，促使各级政府明确各自的责、权、利，发挥各级政府理财的积极性，促进国民经济和社会发展。

(1)预算管理主体和级次的规定。国家预算管理级次的规定与一国的政权机构和行政区划存在密切关系。我国的政权机构分为五级，相应的预算管理主体也分为中央、省、市、县、乡五级。

(2)国家预算管理权限的划分。预算管理权限是指国家预算方针政策、预算管理法律法规的制定权、解释权和修订权；国家预决算的编制审批权；预算执行、调整和监督权等。

(3)预算收支范围的划分。这是指中央和地方政府之间划分收支范围以及确定划分收支范围的方法等问题的总称。预算收支范围的划分反映了各级预算活动的范围和财力分配的大小，是正确处理中央和地方之间分配关系的重要方面。

(4)预算调节制度方法。预算收支范围的划分并不能完全解决各级政府财政收支的均衡问题，因而须在既定的预算收支范围划分的基础上进行收支水平的调节，这种调节称为转移支付制度。具体来说，政府间财政转移支付制度实质上是存在于政府间的一种再分配形式。它是以各级政府之间所存在的财政能力差距为基础，以实现各地公共服务水平均等化为主旨而实行的一种财政资金转移或财政平衡制度。

二、我国现行的预算管理体制

我国现行的预算管理体制是分级预算管理体制，其基本内容是：根据中央政府和地方政府的不同职能划分支出范围，按税种来划分中央收入和地方收入；分别设置机构，分别征税；中央预算通过转移支付制度实现对地方预算的调剂和控制。

(一)分税制

分税制是按一定方法将各税种的归属权、管理权、立法权等划分给各级政府的一种财税管理体制，将国家的全部税种在上下级政府之间进行划分，以此来确定中央财政和地方财政的收入范围。我国的分税制尚在进一步完善之中。分税制的主要内容如下。

1. 中央与地方的事权和支出划分

依据现行中央政府与地方政府事权的划分，中央财政主要承担国家安全、外交和中央国家机关运转所需经费，调整国民经济结构、协调地区发展、实施宏观调控所需的支出以及由中央直接管理的事业发展支出。如国防费、外交和外援支出、中央级行政管理费、中央统管的基本建设投资等。地方财政主要承担本地区政权机关运转所需支出以及本地区经济、事业发展所需支出。包括地方行政管理费、公检法支出、支农支出、城市维护和建设经费及地方文化、教育、卫生等各项事业费等。

2. 中央与地方收入的划分

根据事权与财权相结合的原则，按税种划分中央和地方的收入，将维护国家权益、实施宏观调控所必需的税种划分为中央税；将同经济发展直接相关的主要税种划分为中央与地方共享税；将适合地方的税种划分为地方税，并充实地方税种，增加地方税收收入。如关税和消费税可以作为中央固定收入，房产税可作为地方固定收入，增值税可以作为中央和地方共享收入等。

（二）转移支付制度

国家实行财政转移支付制度以推进地区间基本公共服务均等化为主要目标。财政转移支付包括中央对地方的转移支付和地方上级政府对下级政府的转移支付，以均衡地区间的基本财力、由下级政府统筹安排使用的一般性转移支付为主体。按照法律、行政法规和国务院的规定，可以设立专项转移支付，用于办理特定事项。市场机制能够有效调节的事项不得设立专项转移支付。

按现行财政体制安排，中央政府仅与省级政府进行收支划分和转移支付，中央本级收入中有相当大一部分用于对地方税收返还和转移支付，形成地方财政收入来源；省以下财政体制由各地省级政府在中央指导下，结合本地实际情况确定。目前大部分地区按照分税制的要求，划分了省级以下各级政府的收支范围，并建立了较为规范的省对下转移支付体系。

第三节　国库集中收付制度

一、国库集中收付制度的概念

国库集中收付制度是指建立国库单一账户体系，将所有财政性资金都纳入国库单一账户管理的制度。即将政府所有财政资金，包括存放在国库的财政资金和存放在财政专户的其他财政资金，集中在国库或国库指定的代理银行开设账户中；所有财政收入直接缴入国库或财政专户，所有财政支出直接通过国库单一账户体系，按照不同支付类型，采用财政直接支付或授权支付的方法将资金支付到商品或货物供应者或用款单位。

实行国库单一账户管理制度意味着所有财政收入将直接缴入国库，而不通过有关部门或单位设置的收入过渡账户；从支出方面讲，意味着财政资金将在实际使用时，从国库账户直接划入供货商或劳务提供者，而不通过有关部门或单位设置的财政资金管理账户。实行国库单一账户管理制度，对于从根本上解决有关部门滥设过渡账户，随意截留和挪用财政资金，以及由于财政资金分散管理而形成的财政资金使用效率和效益不高、财政宏观调控能力不强等问题，都具有重要的现实意义。

二、国库集中收付制度改革进程

2001年财政部、中国人民银行出台《国库集中收付改革试点方案》，国库集中收付开始了“先试点后推广、先中央后地方”的改革进程，改革以建立国库单一账户体系为基础，将所有财政性资金都纳入国库单一账户体系管理，收入直接缴入国库或财政专户，支出通过国库单一账户体系支付到商品或货物供应者或用款单位。

国库集中收付制度改革大致经历了三个阶段。第一阶段是以《国库集中收付改革试点方案》在中央六部委试行为起点，在“一个方案两个办法”的指导下，改革从中央到地方、从局部到全国逐步推广。第二阶段是2011年以后以《财政部关于进一步推进地方国库集中收付制度改革的指导意见》为指引，省及省以下政府加快非税收收入（也称为非税收入）等预算外资金纳入预算管理和地方财政专户清理整顿的步伐。第三阶段是 2013 年《财政专户管理办法》实施至今，改革进入了财政专户的全面清理和国库集中收付的扩围阶段。

三、国库集中收付制度

(一)国库

1. 国库的概念

国库是国家金库的简称，负责保管、管理国家的财政资金。国库出纳业务是政府财政收支活动的重要环节和有机组成部分，国库既是政府财政的出纳中心，也是参与组织和执行国家预算的管理机关。

2. 国库的设置

根据《中华人民共和国国家金库条例实施细则》，国家金库机构，按照国家统一领导、分级管理的财政体制设立，原则上一级财政设立一级国库。国库设总库、分库、中心支库和支库。中国人民银行总行经理总库；各省、自治区、直辖市分行经理分库；省辖市、自治州和成立一级财政的地区，由市、地(州)分、支行经理中心支库；县(市)支行(城市区办事处)经理支库。计划单列市分行应设置分库。凡直接向总库办理库款报解的，其国库业务受总库领导，其余的由省分库领导。市辖区建立一级财政的，应设置同级国库。乡(镇)财政建立后，乡(镇)国库机构的设立和管理办法，由财政部和中国人民银行另行规定。在不设中国人民银行机构的地方，国库业务由中国人民银行委托当地专业银行办理。

3. 国库的职责

(1)准确及时地收纳预算收入。各级国库应及时将各级政府的预算收入收纳入库，并按不同的预算级次和预算收入科目进行划分，及时办理各级财政库款的留解，以保证各级财政资金的运用。

(2)按照财政制度和银行的开户管理办法，为各级财政机关开立账户；根据财政机关填发的付款凭证，办理同级财政库款的支拨。

(3)对各级财政库款和预算收入进行会计核算，按期向上级国库、同级财政和征收机关报送国库报表，反映预算收支情况；定期与财政、征收机关对账，保证数字准确一致。

(4)协助财政、税务机关组织预算收入及时缴库。

(5)组织管理和检查指导下级国库和国库经收处的工作，总结交流工作经验，及时解决工作中存在的问题。

(6)办理政府交办的与国库有关的其他工作。

4. 国库支付执行机构

财政国库管理机构在财政部层面称为国库司，在地方财政层面称为国库处、国库科等，负责本级财政预算资金的调度、账户管理与会计核算。为适应国库集中收付制度改革的需要，各级财政国库管理机构还应当设置专门的国库支付执行机构。目前，在中央层面，国库支付执行机构也称为国库支付中心；在各级地方层面，有的称为国库支付局，有的也称为国库支付中心。其职责是审核、监督财政资金，按规定办理财政资金拨付，向财政国库管理机构报告财政资金的支付情况，与央行国库、代理银行进行资金清算。

(二)建立国库单一账户体系

国库单一账户体系,由财政部门开设的银行账户、财政部门为预算单位开设的银行账户和特设银行账户组成。

1. 财政部门开设的银行账户

(1)国库存款账户,即在中国人民银行开设的国库单一账户。该账户为国库存款账户,用于记录、核算和反映纳入预算管理的财政收入和支出活动,并用于与财政部门在商业银行开设的财政零余额账户以及财政部门为预算单位在商业银行开设的预算单位零余额账户进行清算,实现支付。

(2)财政部门零余额账户,即在商业银行开设的财政零余额账户,简称财政零余额账户,用于财政直接支付以及与国库单一账户进行清算。该账户为过渡性的账户。代理银行在根据财政部门开具的支付指令向有关货品或劳务的供应商支付款项,并按日向国库单一账户申请清算后,该账户的余额即为零,因此,称为财政零余额账户。

(3)财政专户。该账户在商业银行开设,用于记录、核算和反映实行财政专户管理的资金收入和支出,并用于财政专户管理资金日常收支清算。

2. 财政部门为预算单位开设的银行账户

(1)预算单位零余额账户。该账户主要是财政部门为预算单位在商业银行开设的零余额账户。该账户用于财政授权支付,以及与国库单一账户进行清算。该账户为过渡性账户,是预算单位的一个授权支付用款额度。代理银行在根据预算单位开具的支付指令向有关货品或劳务的供应商支付款项,并按日向国库单一账户申请清算后,该账户的余额即为零,因此,称为预算单位财政零余额账户。

(2)财政汇缴零余额账户。该账户也可简称为财政汇缴专户,是财政部门为预算单位在商业银行开设的零余额账户。该账户用于反映预算单位作为执收单位收取的应当汇缴财政国库或财政专户的财政性资金收入。由于执收单位收取的相关收费等财政性资金收入应当在汇总缴入财政汇缴零余额账户后的当日即转入财政国库存款或财政专户,财政汇缴零余额账户每日汇缴后的余额为零,因此称为零余额账户。

3. 特设银行账户

该账户是指经国务院和省级人民政府批准或授权财政部门开设的特殊过渡性专户。该账户用于核算和反映预算单位的特殊专项支出活动,并用于与国库单一账户进行清算。一般情况下,该账户为实存资金账户。

在以上的相关账户中,财政部门零余额账户和财政汇缴零余额账户的性质为专用存款账户。预算单位零余额账户的性质为基本存款账户或专用存款账户。预算单位未开立基本存款账户或原基本存款账户在国库集中支付改革后已经按财政部门要求撤销的,经同级财政部门批准,预算单位零余额账户可作为基本存款账户;除此以外,预算单位零余额账户作为专用存款账户。

根据相关规定,财政部门原则上只能为预算单位开立一个预算单位零余额账户,为执收单位开立一个财政汇缴零余额账户。财政部门在同一家代理银行原则上只能开立一个财政部门零余额账户。财政部门零余额账户和预算单位零余额账户的用款额度具有与人民币存款相同的支付结算功能。财政部门零余额账户可办理转账结算业务,但不得提取现金。预算单位零余额账户可以办理转账、汇兑、委托收款和提取现金等支付业务。

(三)国库集中收付的方式与程序

1. 收入收缴方式与程序

在国库集中收付制度下，财政性收入的收缴主要采用直接缴库和集中汇缴两种方式。

1)直接缴库

采用直接缴库方式时，由缴款单位或缴款人按有关法律、法规的规定，直接将应缴收入缴入国库单一账户或财政资金专户，不再设立各类过渡性账户。直接缴库的税收收入，由纳税人或税务代理人申报，经征收机关审核无误后，开具缴款书，送交纳税人开户银行，纳税人的开户银行将税款缴入国库单一账户，再由国库向财政部门和征收机关出具缴款报告。非税收入的收缴程序略有不同，基本程序是：由行政事业单位向缴款义务人下达收款通知，然后由缴款人将款项缴入财政委托的代理银行，代理银行将款项划转财政专户，或与国库单一账户进行清算，再由国库向财政部门和行政事业机关报告缴款情况。收入直接缴库流程如图 2-1 所示。

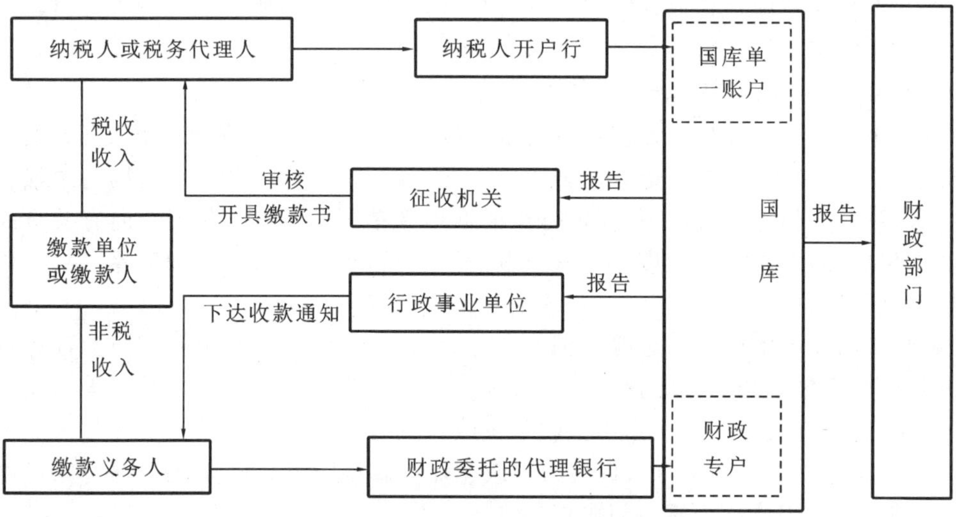

图 2-1　收入直接缴库流程示意图

2)集中汇缴

由征收机关(或有关法定单位)按有关法律、法规的规定，将所收的应缴收入汇总缴入国库单一账户。在这种方式下，小额零散税收收入，由征收机关开具汇总缴款书缴入国库单一账户；非税收收入中的现金缴款，比照集中汇缴方式缴入国库单一账户或财政资金专户。

2. 支出的类型、拨款方式与程序

1)支出的类型

财政支出总体上分为购买性支出和转移性支出。根据支付管理需要，具体分为四种：①工资支出，即预算单位的工资性支出；②购买支出，即预算单位除工资支出、零星支出之外购买服务、货物、工程项目等支出；③零星支出，预算单位购买支出中的日常小额部分，即除《政府采购品目分类表》所列品目以外的支出，或列入《政府采购品目分类表》所列品目，但未达到规定数额的支出；④转移支出，即拨付给预算单位或下级财政部门，未指明具体用途的支出，包括拨付企业补贴和未指明具体用途的资金、中央对地方的一般性转移支付等。

2)支付的方式

按照不同的支付主体,对不同类型的支出,分别实行财政直接支付和财政授权支付。

(1)财政直接支付:由财政部门开具支付令,通过国库单一账户体系,直接将财政资金支付到收款人(即商品和劳务供应者,下同)或用款单位账户。实行财政直接支付的支出包括:工资支出、购买支出,以及中央对地方的专项转移支付、拨付企业大型工程项目或大型设备采购的资金等,直接支付到收款人;转移支出(中央对地方专项转移支出除外),包括中央对地方的一般性转移支付中的税收返还、原体制补助、过渡期转移支付、结算补助等支出,对企业的补贴和未指明购买内容的某些专项支出等,支付到用款单位(包括下级财政部门和预算单位)。

(2)财政授权支付:预算单位根据财政授权,自行开具支付令,通过国库单一账户体系将资金支付到收款人账户。实行财政授权支付的支出包括未实行财政直接支付的购买支出和零星支出。

财政直接支付和财政授权支付的具体支出项目,由财政部门在确定部门预算或制定改革试点的具体实施办法中列出。

3)支付的程序

(1)财政直接支付程序。预算单位按照批复的部门预算和资金使用计划,向财政国库支付执行机构提出支付申请,财政国库支付执行机构根据批复的部门预算和资金使用计划及相关要求对支付申请审核无误后,向代理银行发出支付令,并通知中国人民银行国库部门,通过代理银行进入全国银行清算系统实时清算,财政资金从国库单一账户划拨到收款人的银行账户。划拨方式的财政直接支付程序如图 2-2 所示。

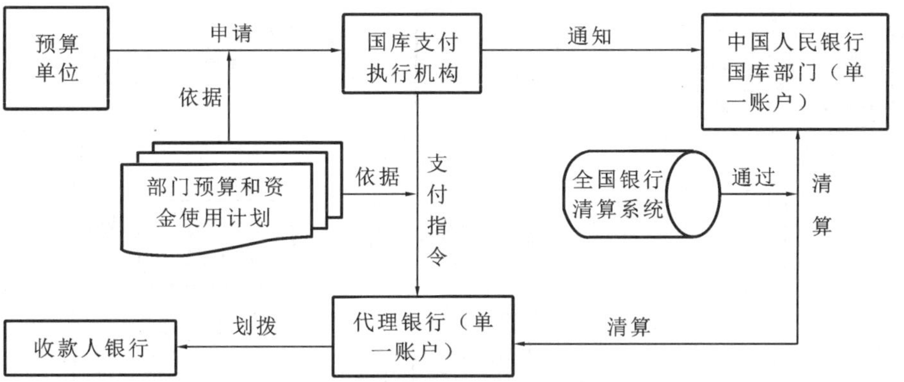

图 2-2　财政直接支付方式一:划拨

财政直接支付主要通过转账方式进行,也可以采取“国库支票”支付。财政国库支付执行机构根据预算单位的要求签发支票,并将签发给收款人的支票交给预算单位,由预算单位转给收款人。收款人持支票到其开户银行入账,收款人开户银行再与代理银行进行清算。每日营业终了前由国库单一账户与代理银行进行清算。签发国库支票方式的财政直接支付程序如图 2-3 所示。

工资性支付涉及的各预算单位人员编制、工资标准、开支数额等,分别由编制部门、人事部门和财政部门核定。

支付对象为预算单位和下级财政部门的支出,由财政部门按照预算执行进度将资金从国库

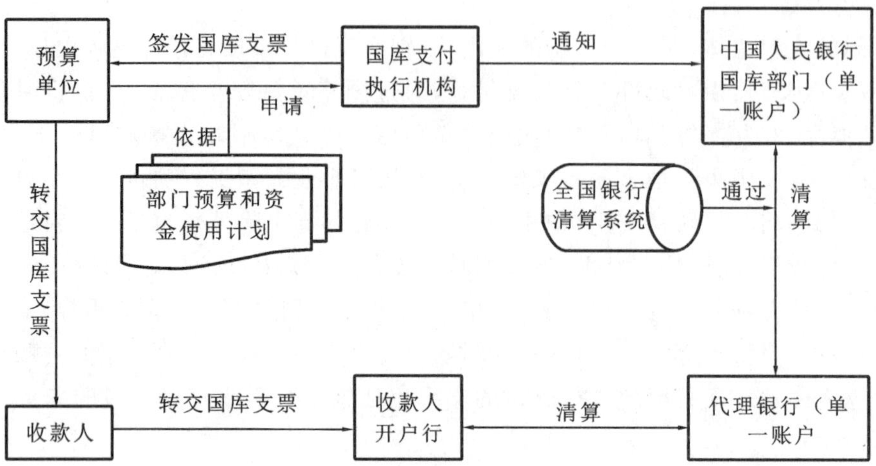

图 2-3　财政直接支付方式二:国库支票

单一账户直接拨付到预算单位或下级财政部门账户。

(2)财政授权支付程序。预算单位按照批复的部门预算和资金使用计划,向财政国库支付执行机构申请授权支付的月度用款限额,财政国库支付执行机构将批准后的限额通知代理银行和预算单位,并通知中国人民银行国库部门。预算单位在月度用款限额内,自行开具支付令,通过财政国库支付执行机构转由代理银行向收款人付款,并与国库单一账户清算。财政授权支付程序如图 2-4 所示。

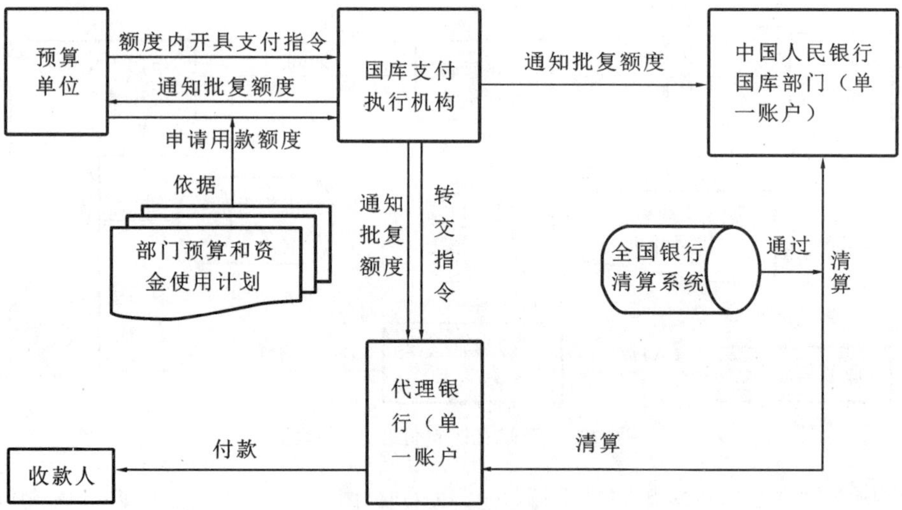

图 2-4　财政授权支付

上述财政直接支付和财政授权支付流程,以现代化银行支付系统和财政信息管理系统的国库管理操作系统为基础。在这些系统尚未建立和完善时,财政国库支付执行机构或预算单位的支付令通过人工操作转到代理银行,代理银行通过现行银行清算系统向收款人付款,并在每天轧账前,与国库单一账户进行清算。

预算外资金的支付,逐步比照上述程序实施。

复习思考题

1. 什么是国家预算？国家预算是如何分类的？
2. 国家预算执行的基本过程是什么？
3. 我国国库是如何设置的？国库职责有哪些？
4. 什么是国库集中收付制度？我国国库单一账户体系是怎样的？
5. 国库集中收付的方式有哪些？

第二部分

我国政府会计与民间非营利组织会计

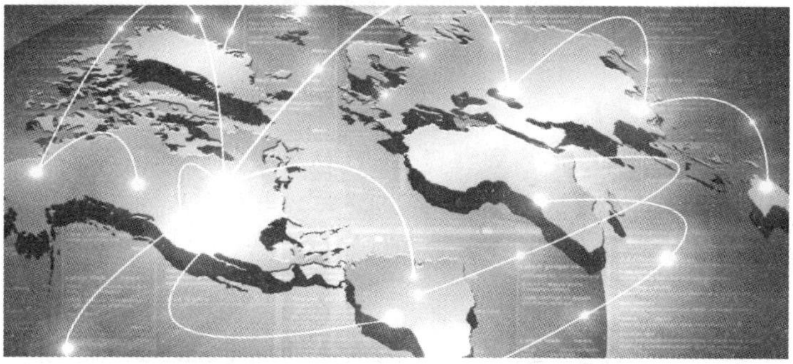

第3章 财政总预算会计概述

【导读】

本章介绍我国财政总预算会计概念、特征与应用范围；财政总预算会计的会计基础与会计科目。

【学习重点】

我国财政总预算会计概念、特征与会计科目。

【学习难点】

熟悉财政总预算会计科目。

第一节　财政总预算会计概念、特征与应用范围

一、财政总预算会计概念与特征

（一）财政总预算会计的概念

财政总预算会计是各级政府财政核算、反映、监督政府财政预算资金以及其他财政资金活动的专业会计，是政府会计的一个分支，在政府预算会计体系中居于主导地位。通常将财政总预算会计简称为总会计。

（二）财政总预算会计的特征

1. 财政总预算会计的核算主体是一级政府

财政总预算会计以一级政府作为核算主体，如中央政府、省政府、市政府、县政府、乡（镇）政府。财政总预算会计反映的信息是以一级政府作为特定空间范围的。各级政府的财政总预算是相对独立完整的，相应的财政总预算会计信息也是相对独立完整的。如税收是我国政府重要的财政收入，在分税制下，我国税收收入分为中央税收入、地方税收入和中央地方共享收入，因此财政总预算会计反映的是属于本级政府取得的税收收入，而不是上级政府或下级政府取得的税收收入，也不是财政部门取得的税收收入。

财政总预算会计设在各级政府的财政部门，由其负责核算本级政府财政预算收支情况。如

我国财政部，负责核算中央政府财政预算收支情况，地方政府的财政部门如财政厅、财政局等负责核算本级政府财政预算收支情况。各级政府财政部门应当根据工作需要，配备一定数量的专职会计人员，负责总会计工作，并保持相对稳定。

2.财政总预算会计的核算对象是财政总预算资金的运动

财政总预算会计的核算对象是财政总预算资金的运动，具体包括财政总预算资金的收入、支出及其结余等内容。由于财政总预算只对所取得的财政资金进行分配，因此，财政总预算会计中没有诸如库存现金、库存材料、固定资产、专利权、土地使用权、保障性住房、政府储备物资、公共基础设施等实物资产和无形资产的核算内容。由财政资金分配使用而形成的这些实物资产相应在单位会计中核算。又由于财政总预算会计围绕财政资金的收入和分配业务进行，因此，财政总预算会计也没有成本核算内容。目前与单位成本或费用相关的内容，在单位会计中安排处理；与一级政府成本或费用相关的内容，在权责发生制综合财务报告中安排处理。

3.财政总预算会计核算主要依据是财政总预算的编制形式和收支分类

目前，我国政府财政总预算采用复式预算的编制形式，分为一般公共预算、政府性基金预算、国有资本经营预算和社会保险基金预算四类，各种类的预算相对独立完整。为如实反映各种类预算执行情况，需要对这些类别财政总预算核算其相对独立完整的收支内容。根据《财政总预算会计制度》，我国财政总预算会计目前需要对一般公共预算资金预算、政府性基金预算资金预算、国有资本经营预算资金预算的执行情况进行会计核算；在有关种类的预算发生资金调剂使用时，如将部分政府性基金预算的资金转入一般公共预算时，尽管一级政府的财力总数并没有发生变化，但财政总预算会计仍需要分别在有关种类的预算中核算收入和支出。有关社会保险基金预算资金的会计核算执行的是《社会保险基金会计制度》，通过社会保险基金会计进行核算反映。

财政总预算收支分类反映政府财政总预算收支的内容，具体表现为财政总预算收支科目。财政总预算收支科目是财政总预算会计设置会计核算科目的直接依据。在政府财政总预算与财政总预算会计关系上，政府财政总预算的编制形式和内容总体决定了财政总预算会计的形式和内容。在一定意义上，财政总预算会计附属于财政总预算，财政总预算的编制形式和内容发生了变化，财政总预算会计随之发生相应变化。

4.财政总预算会计核算的内容是政府总预算执行情况及其结果

经人民代表大会审查批准的政府财政总预算具有法律效力，相关各方面应当依法组织执行。政府财政总预算具有预测性，而财政总预算会计则可以反映财政总预算的实际执行情况和结果。政府财政总预算的执行情况由财政总预算会计予以记录和反映。将财政总预算会计予以记录和反映的年末收支预算执行情况与年初经批准的政府财政总预算的收支预算数据进行比较，是考核政府年度财政总预算执行情况的常用方法。

但财政总预算会计核算的内容除了财政总预算资金的收入、支出及其结余外，还有国库存款、财政专户存款、与上级往来、与下级往来、应收地方政府债券转贷款、应付长期政府债券等资产和负债的内容。因此财政总预算会计核算的内容与财政总预算的内容并不完全一致，前者比后者内容要广泛一些。再有财政总预算会计中资产减去负债后余额为净资产，其内容与财政总预算收入减去财政总预算支出后的余额即财政总预算结余也不完全一致。从这个意义上说，财政总预算会计和财政总预算又是两个不同的学科，两者都具有独立的内容和方法。

5.财政总预算会计对部分经济业务采用“双轨制”“双分录”会计记录方法

在财政总预算会计中,“双轨制”或“双分录”会计记录方法广泛用于政府债券发行、政府债券转贷、政府债券还本、政府股权投资、应收股利、政府借入主权外债、借入主权外债转贷款、政府偿还主权外债等业务。“双轨制”或“双分录”会计记录方法实际上在财政总预算会计中对部分经济业务的会计处理引入了权责发生制,使其与收付实现制配合,以更好地反映一级政府主体的资产、负债、收入和支出等多层次会计信息,从而有利于加强政府财政管理,满足相关各方对会计信息的需求。

二、财政总预算会计应用范围

我国《财政总预算会计制度》适用于中央,省、自治区、直辖市,设区的市、自治州,县、自治县、不设区的市、市辖区,乡、民族乡、镇等各级政府财政部门的总会计。

第二节　财政总预算会计的会计基础与会计科目

一、财政总预算会计的会计基础

我国《财政总预算会计制度》规定:“总会计的会计核算一般采用收付实现制,部分经济业务或者事项应当按照规定采用权责发生制核算。”财政总预算会计以收付实现制为主要确认基础,适当引入权责发生制确认基础,兼顾了预算管理和经济管理的需要。

我国《财政总预算会计制度》还规定:“总会计核算的资产,应当按照取得或发生时实际金额进行计量。”“总会计核算的负债,应当按照承担的相关合同金额或实际发生金额进行计量。”因此,财政总预算会计的资产、负债以历史成本为主要计量属性。

二、财政总预算会计科目

财政总预算会计科目是对财政总预算会计要素做进一步分类的一种方法。它是财政总预算会计设置账户、核算和归集经济业务的依据,也是汇总和检查财政总预算资金活动情况及其结果的依据。按照财政总预算会计要素的类别,财政总预算会计科目可分为资产、负债、净资产、收入和支出5类。根据《财政总预算会计制度》,财政总预算会计共设置会计科目59个,其中,资产类15个,负债类11个,净资产类9个,收入类12个,支出类12个。各级财政总预算会计统一适用的会计科目如表3-1所示。

各级总会计应当按照下列规定运用会计科目:

(1)应当对有关法律、法规允许进行的经济活动,按照《财政总预算会计制度》的规定使用会计科目进行核算;不得以《财政总预算会计制度》规定的会计科目及使用说明作为进行有关经济活动的依据。

(2)应当按照《财政总预算会计制度》的规定设置和使用会计科目,不需使用的总账科目可以不用;在不影响会计处理和编报会计报表的前提下,各级总会计可以根据实际情况自行增设《财政总预算会计制度》规定以外的明细科目,或者自行减少、合并《财政总预算会计制度》规定的明细科目。

(3)应当使用《财政总预算会计制度》统一规定的会计科目编号,不得随意打乱重编。

表 3-1　各级财政总预算会计统一适用的会计科目

序号	科目编号	会计科目名称	序号	科目编号	会计科目名称
一、资产类			三、净资产类		
1	1001	国库存款	27	3001	一般公共预算结转结余
2	1003	国库现金管理存款	28	3002	政府性基金预算结转结余
3	1004	其他财政存款	29	3003	国有资本经营预算结转结余
4	1005	财政零余额账户存款	30	3005	财政专户管理资金结余
5	1006	有价证券	31	3007	专用基金结余
6	1007	在途款	32	3031	预算稳定调节基金
7	1011	预拨经费	33	3033	预算周转金
8	1021	借出款项	34	3081	资产基金
9	1022	应收股利		308101	应收地方政府债券转贷款
10	1031	与下级往来		308102	应收主权外债转贷款
11	1036	其他应收款		308103	股权投资
12	1041	应收地方政府债券转贷款		308104	应收股利
13	1045	应收主权外债转贷款	35	3082	待偿债净资产
14	1071	股权投资		308201	应付短期政府债券
15	1081	待发国债		308202	应付长期政府债券
二、负债类				308203	借入款项
16	2001	应付短期政府债券		308204	应付地方政府债券转贷款
17	2011	应付国库集中支付结余		308205	应付主权外债转贷款
18	2012	与上级往来		308206	其他负债
19	2015	其他应付款	四、收入类		
20	2017	应付代管资金	36	4001	一般公共预算本级收入
21	2021	应付长期政府债券	37	4002	政府性基金预算本级收入
22	2022	借入款项	38	4003	国有资本经营预算本级收入
23	2026	应付地方政府债券转贷款	39	4005	财政专户管理资金收入
24	2027	应付主权外债转贷款	40	4007	专用基金收入
25	2045	其他负债	41	4011	补助收入
26	2091	已结报支出	42	4012	上解收入

续表

序号	科目编号	会计科目名称	序号	科目编号	会计科目名称
43	4013	地区间援助收入	51	5005	财政专户管理资金支出
44	4021	调入资金	52	5007	专用基金支出
45	4031	动用预算稳定调节基金	53	5011	补助支出
46	4041	债务收入	54	5012	上解支出
47	4042	债务转贷收入	55	5013	地区间援助支出
五、支出类			56	5021	调出资金
48	5001	一般公共预算本级支出	57	5031	安排预算稳定调节基金
49	5002	政府性基金预算本级支出	58	5041	债务还本支出
50	5003	国有资本经营预算本级支出	59	5042	债务转贷支出

复习思考题

1. 什么是财政总预算会计？财政总预算会计的特征有哪些？
2. 财政总预算会计的净资产类会计科目有哪些？
3. 财政总预算会计的收入类会计科目有哪些？
4. 财政总预算会计的支出类会计科目有哪些？

第4章 财政总预算会计的资产

【导读】

本章介绍我国财政总预算会计的各类资产概念与核算方法，具体包括财政存款、有价证券、在途款、预拨经费、借出款项、应收股利、与下级往来、暂付及应收款项、应收转贷款和股权投资等资产的概念与核算方法。

【学习重点】

财政存款、在途款、应收股利与股权投资、应收转贷款等业务的会计核算。

【学习难点】

应收股利与股权投资、应收转贷款。重点理解有关应收地方政府债券转贷款、借入主权外债转贷款、政府股权投资及相关应收股利等业务中的"双轨制"或"双分录"会计记录方法。

第一节 财政存款

一、财政存款的概念与管理要求

(一)财政存款概念

财政存款是指政府财政部门代表政府管理的国库存款、国库现金管理存款以及其他财政存款等。财政存款的支配权属于同级政府财政部门，并由总会计负责管理，统一在国库或选定的银行开立存款账户，统一收付，不得透支，不得提取现金。

(二)财政存款的管理要求

财政总预算会计在管理财政存款的过程中，应当遵循以下管理要求：

(1)集中资金，统一调度。各种应由财政部门掌管的资金，都应纳入财政总预算会计的存款账户，由财政总预算会计统一收纳、支拨和管理。这样有利于财政总预算会计统一调度财政资金，提高财政资金的使用效率。

(2)严控国库存款的开户。财政部门的预算资金除财政部有明确规定外，一律由总预算会计统一在中国人民银行或指定的银行开立存款账户，不得在国家规定之外将预算资金或其他财政资金任意转存其他金融机构。这样有利于财政总预算会计加强对财政资金的管理。

(3)根据核定的年度预算或季度分月计划拨付资金。财政总预算会计应当根据人民代表大会的年度预算和单位季度分月用款计划拨付财政资金,不得办理超预算、无计划的拨款。这样有利于保证政府财政总预算的执行,发挥总预算会计的监督职能。

(4)转账结算,不提现金。财政总预算会计的各种资金拨付凭证,只能用于转账业务,不得用于从国库中提取现金。这样有利于保护国库存款的安全。

(5)在存款余额内支取,不能透支。财政总预算会计只能在国库存款和其他财政存款账户的余额内办理支付,不能办理超余额的支付。这样有利于确保财政收支平衡。

二、财政存款的核算

财政存款主要包括国库存款、国库现金管理存款和其他财政存款。

(一)国库存款的核算

国库存款是指政府财政存放在国库单一账户的款项。为核算国库存款业务,财政总预算会计应设置"国库存款"总账科目。该科目期末借方余额,反映国库存款的结存数。国库存款业务主要账务处理如下所述。

(1)国库存款增加的业务,主要有收到本级财政预算收入、收到上级财政补助收入、收到下级财政上解收入等。财政总预算会计在收到预算收入时,应根据国库报出来的"预算收入日报表"和有关财政结算凭证等入账,借记"国库存款",贷记有关预算收入科目。当日收入数为负数时,以红字记入(采用计算机记账的,用负数反映)。收到国库存款利息收入时,借记"国库存款",贷记"一般公共预算本级收入"科目。收到缴入国库的来源不清的款项时,借记"国库存款",贷记"其他应付款"等科目。

(2)国库存款减少的业务,主要有财政总预算会计办理库款拨付、上解上级财政支出、对下级财政补助支出等。在财政总预算会计办理库款拨付、上解上级财政款项、对下级财政进行补助时,应根据"预算支出结算清单""财政直接支付申请划款凭证""财政授权支付申请划款凭证"和有关财政结算凭证入账。按照实际支付的金额,借记有关支出科目,贷记"国库存款"。

【例题 4-1】 某市财政总预算会计收到中国人民银行国库提出来的"预算收入日报表"等凭证,当日共收到财政预算收入 421 300 元。其中一般公共预算本级收入 273 600 元,政府性基金预算本级收入 59 800 元,国有资本经营预算本级收入 25 900 元;上级政府财政补助收入 52 000 元;下级政府上解收入 10 000 元。财政总预算会计编制的会计分录如下:

科目	借方	贷方
借:国库存款	421 300	
贷:一般公共预算本级收入		273 600
政府性基金预算本级收入		59 800
国有资本经营预算本级收入		25 900
补助收入		52 000
上解收入		10 000

【例题 4-2】 某市财政总预算会计收到财政国库支付执行机构报来的预算支出结算清单,财政国库支付执行机构以财政直接支付的方式,通过财政零余额账户支付有关预算单位的属于一般公共预算本级支出的款项 69 000 元,属于政府性基金预算本级支出款项 36 000 元,属于国

有资本经营预算本级支出款项 51 000 元；有关预算单位通过授权支付方式以预算单位零余额账户支付属于政府性基金预算本级支出 26 000 元。财政总预算会计还通过财政国库账户向上级政府上解款项 45 000 元。财政总预算会计经与中国人民银行提出来的财政直接支付申请划款凭证、财政授权支付申请划款凭证及其他有关凭证核对无误。财政总预算会计应编制如下会计分录：

借：一般公共预算本级支出　　69 000
　　政府性基金预算本级支出　　62 000
　　国有资本经营预算本级支出　　51 000
　　上解支出　　45 000
　　贷：国库存款　　227 000

(二)国库现金管理存款的核算

国库现金管理存款是指政府财政实行国库现金管理业务存放在商业银行的款项。国库现金管理是指在确保国库现金安全和资金支付需要前提下，为提高财政资金效益，运用金融工具有效运作库款的管理活动。国库现金管理与国库存款计付利息的方法相关。这是因为按照现行国库存款计付利息的相关方法，国库存款计付利息利率按现行中国人民银行规定的单位活期存款利率计付。因此，国库存款的利息远低于商业银行定期存款的利息。为核算国库现金管理存款业务，财政总预算会计应设置"国库现金管理存款"总账科目。该科目借方登记增加额，贷方登记减少额，期末借方余额反映政府财政实行国库现金管理业务持有的存款。主要账务处理业务为：

(1)将库款转存商业银行时，按照存入商业银行的金额，借记"国库现金管理存款"科目，贷记"国库存款"科目。

(2)国库现金管理存款收回国库时，按照实际收回的金额，借记"国库存款"科目，按原存入商业银行的存款本金金额，贷记"国库现金管理存款"科目，按两者的差额，贷记"一般公共预算本级收入"科目。

【例题 4-3】 某省财政总预算会计根据国库现金管理的有关规定，将库款 9 000 000 元转存商业银行。转存期满后，国库现金管理存款收回国库，实际收到金额 9 108 000 元。财政总预算会计应编制的会计分录为：

(1)将库款转存商业银行时：

借：国库现金管理存款　　9 000 000
　　贷：国库存款　　9 000 000

(2)国库现金管理存款收回国库：

借：国库存款　　9 108 000
　　贷：国库现金管理存款　　9 000 000
　　　　一般公共预算本级收入　　108 000

(三)其他财政存款的核算

其他财政存款是政府财政未列入"国库存款""国库现金管理存款"科目反映的各项存款，主要包括未设国库的乡镇财政在专业银行的预算资金存款、由财政部指定存入专业银行的专用基金存款、经批准开设的特设账户存款、未纳入预算并实行财政专户管理的资金存款等。

为核算其他财政存款业务，财政总预算会计应设置"其他财政存款"总账科目。该科目借方登记增加额，贷方登记减少额，期末借方余额反映政府财政实行其他财政存款业务持有的存款。该科目应当按照资金性质和存款银行等进行明细核算。其他财政存款业务账务处理如下：

(1)财政专户收到款项时，按实际收到的金额，借记"其他财政存款"，贷记有关科目。

(2)其他财政存款产生利息收入时，除规定作为专户资金收入外，其他利息收入都应缴入国库纳入一般公共预算管理。在取得其他财政存款利息时，按实际获得的利息金额，根据以下情况分别处理：

①按规定作为专户资金收入的，借记"其他财政存款"科目，贷记"应付代管资金"或有关收入科目。

②按规定应缴入国库的，借记"其他财政存款"科目，贷记"其他应付款"科目。将其他财政存款利息收入缴入国库时，借记"其他应付款"科目，贷记"其他财政存款"；同时，借记"国库存款"科目，贷记"一般公共预算本级收入"科目。

③其他财政存款减少时，按实际支付的金额，借记有关科目，贷记"其他财政存款"科目。

【例题 4-4】 某市财政发生如下业务：

(1)收到按规定实行财政专户管理的教育收费共计 526 000 元。同日，通过财政专户向有关教育单位拨付教育收费款 232 000 元。

借：其他财政存款	526 000	
贷：财政专户管理资金收入		526 000
借：财政专户管理资金支出	232 000	
贷：其他财政存款		232 000

(2)根据中央专项资金特设账户代理银行转来的收款凭证，收到中央专项资金 162 000 元。

借：其他财政存款—中央专项资金	162 000	
贷：与上级往来		162 000

(财政总预算会计收到上级专项转移支付资金时，先做与上级往来处理，年终根据相关文件再转入补助收入。)

(四)财政零余额账户存款的核算

"财政零余额账户存款"科目核算财政国库支付执行机构在代理银行办理财政直接支付的业务。财政国库支付执行机构未单设的地区不使用该科目。该科目贷方登记财政国库支付执行机构当天发生的财政直接支付资金数，借方登记当天国库单一账户存款划入的冲销数。本科目当日资金结算后一般应无余额。

财政国库支付执行机构(国库支付中心)的重要职责之一，是办理财政资金的支付业务，其会计核算执行《财政总预算会计制度》，结合财政国库支付执行机构业务活动的特点，需要设置以下两个特殊总账科目："财政零余额账户存款""已结报支出"科目。财政国库支付执行机构会计是财政总预算会计的延伸。

"财政零余额账户存款"的主要账务处理如下：

(1)财政国库支付执行机构为预算单位直接支付款项时，借记有关预算支出科目，贷记本科目。

(2)财政国库支付执行机构每日将按部门分"类""款""项"汇总的预算支出结算清单等结算

单与中国人民银行国库划款凭证核对无误后，送总会计结算资金，按照结算的金额，借记本科目，贷记“已结报支出”科目。

【例题 4-5】 某市财政国库支付执行机构某日发生如下业务：

(1)某市属中学以财政直接支付方式，从财政零余额账户支付职工工资 80 000 元。其会计分录为：

借：一般公共预算本级支出　　80 000
　贷：财政零余额账户存款　　80 000

(2)该市交通局以财政直接支付方式，从财政零余额账户支付公路养护费 50 000 元。其会计分录为：

借：政府基金预算本级支出　　50 000
　贷：财政零余额账户存款　　50 000

(代理银行应当按照财政国库支付执行机构开出的支付指令及时通过财政部门零余额账户存款以垫付资金的方式向有关方面支付资金。)

(3)汇总编制当日预算支出结算清单，其中当日财政直接支付的资金数额为 130 000 元。将预算支出结算清单与中国人民银行国库划款凭证核对无误后，送财政总预算会计结算资金。其会计分录如下：

借：财政零余额账户存款　　130 000
　贷：已结报支出—财政直接支付　　130 000

(财政国库应于每日终了前通过财政部门零余额存款账户向有关代理银行偿还其垫付的资金。)

第二节　有价证券和借出款项

一、有价证券

(一)有价证券的概念与管理要求

有价证券是指政府按有关规定取得并持有的政府债券。

政府财政可以采用发行政府债券方式筹集财政资金，也可以通过购买债券方式对财政资金进行管理。财政总预算会计管理有价证券的要求为：①只能用各项财政结余(包括一般公共预算结余和政府性基金预算结余)购买国家指定的有价证券；②购入有价证券时，支付的资金不能列入预算支出核算；③当期取得的有价证券的兑付利息及转让有价证券取得的收入与账面成本的差额，应按购入有价证券时的资金来源分别作为一般公共预算本级收入或政府性基金预算本级收入等入账；④购入的有价证券应视同货币一样妥善保管。

(二)有价证券的核算

为核算有价证券业务，财政总预算会计应设置“有价证券”总账科目。该科目应当按照有价证券种类和资金性质进行明细核算。本科目期末借方余额反映政府财政持有的有价证券金额。有价证券的主要账务处理如下：

(1)购入有价证券时,按照实际支付的金额,借记“有价证券”科目,贷记“国库存款”“其他财政存款”等科目。

(2)转让或到期兑付有价证券时,按照实际收到的金额,借记“国库存款”“其他财政存款”等科目,按照该有价证券的账面余额,贷记“有价证券”科目,按其差额,贷记“一般公共预算本级收入”等科目。

【例题 4-6】 某市财政用暂时闲置的一般公共预算结余资金 70 000 元购买政府债券。6 个月后将购买的该政府债券转让,收到款项合计 71 050 元。财政总预算会计应编制如下分录:

(1)购买政府债券时:

借:有价证券　　70 000

　　贷:国库存款　　70 000

(2)转让政府债券时:

借:国库存款——一般预算存款　　71 050

　　贷:有价证券—某公债　　70 000

　　　　一般公共预算本级收入　　1 050

二、借出款项

(一)借出款项的概念

借出款项是指政府财政按照对外借款管理相关规定借给预算单位临时急需的,并需按期收回的款项。

在财政国库集中支付制度下,财政部门借给所属预算单位临时急需的款项,既可以采用财政直接支付方式为所属预算单位支付财政资金,也可以采用财政授权支付方式向所属预算单位零余额账户拨付使用额度供其使用。

(二)借出款项的管理

由于借出款项属于没有支出预算的款项支付,容易被扩大使用范围,从而造成对支出预算限制的突破,所以对借出款项要严格限制借出范围。目前规定,借出款项的对象只限于本级政府财政预算管理的一级预算单位(不含企业);借出款项仅限于临时性资金周转或者为了应对社会影响较大的突发事件的临时急需垫款,且借款期不超过一年,年终一般应当进行清理,不得长期挂账。借出款项不收利息。对逾期不归还借出款项的单位,可通过扣减其预算拨款等方式确保及时收回借款。

(三)借出款项的核算

为核算借出款项业务,财政总预算会计应设置“借出款项”总账科目,并应当按照借款单位等进行明细核算。本科目期末借方余额反映政府财政借给预算单位尚未收回的款项。借出款项的主要账务处理如下:

(1)将款项借出时,按照实际支付的金额,借记“借出款项”科目,贷记“国库存款”等科目。

(2)收回借款时,按照实际收到的金额,借记“国库存款”等科目,贷记“借出款项”科目。

借出款项易于与预拨经费、其他应收款混淆,因此确认借出款项时需要同时满足四个条件:没有纳入预算(包括下期预算);经过借款审批程序;签订借款协议;有明确的借款金额、还款期限和还款资金来源。

【例题 4-7】 某市财政因某所属预算单位临时急需资金，借给该单位一般公共预算款项 50 000 元，期限 15 天。到期后市财政收回该借出款 50 000 元。财政总预算会计应编制如下会计分录：

(1)借出款项时：

借：借出款项　　50 000

　贷：国库存款　　50 000

(2)到期收回借出款项时：

借：国库存款　　50 000

　贷：借出款项　　50 000

第三节　预拨经费和其他应收款

一、预拨经费

预拨经费是指财政部门预拨给预算单位但尚未列为预算支出的款项。预拨经费是在财政实拨资金方式下的业务内容。在财政国库集中支付方式下，没有预拨经费的业务内容。

为核算预拨经费业务，财政总预算会计应设置“预拨经费”总账科目，该科目应当按照预拨经费种类、预算单位等进行明细核算。拨出款项时，借记“预拨经费”科目，贷记“国库存款”科目。转列支出或收回预拨款项时，借记“一般公共预算本级支出”“政府性基金预算本级支出”“国库存款”等科目，贷记“预拨经费”科目。“预拨经费”科目借方余额反映政府财政年末尚未转列支出或尚待收回的预拨经费数。

【例题 4-8】 某政府财政根据资金使用计划，向某预算单位预拨下月一般公共预算经费 150 000 元，并于次月将其转为一般公共预算本级支出。

(1)预拨经费款项时：

借：预拨经费—某预算单位　　150 000

　贷：国库存款　　150 000

(2)次月转列支出时：

借：一般公共预算本级支出　　150 000

　贷：预拨经费—某预算单位　　150 000

(在国库集中支付制度下，各级财政部门可以通过向预算单位下达预算单位零余额账户用款额度以满足其对财政资金的需求。)

二、其他应收款

(一)其他应收款概念

其他应收款是指政府财政临时发生的其他应收、暂付、垫付款项。项目单位拖欠外国政府和国际金融组织贷款本息和相关费用导致相关政府财政履行担保责任，代偿的贷款本息费，也属于政府财政的其他应收款。

(二)其他应收款的会计核算

作为其他应收款进行核算的主要业务有:财政部门对预算单位临时拨付的待批准预算款项(不属于按规定可以列入预算支出的部分)财政部门为下级财政部门或用款单位垫付的转贷款还款;财政部门对承担政府重要商品储备任务的企业拨付的预付待结算补贴款。为核算其他应收款业务,财政总预算会计应设置“其他应收款”总账科目。该科目应当按照资金性质、债务单位等进行明细核算,应及时清理结算。年终,原则上应无余额。主要账务处理如下:

(1)发生其他应收款项时,借记“其他应收款”科目,贷记“国库存款”“其他财政存款”等科目。

(2)收回或转作预算支出时,借记“国库存款”“其他财政存款”或有关支出科目,贷记“其他应收款”科目。

(3)政府财政对使用外国政府和国际金融组织贷款资金的项目单位履行担保责任,代偿贷款本息费时,借记“其他应收款”科目,贷记“国库存款”“其他财政存款”等科目。政府财政行使追索权,收回项目单位贷款本息费时,借记“国库存款”“其他财政存款”等科目,贷记“其他应收款”科目。政府财政最终未收回项目单位贷款本息费,经核准列支时,借记“一般公共预算本级支出”等科目,贷记“其他应收款”科目。

【例题 4-9】 某市财政部门发生如下经济业务:市某高中学校房屋需要抢修,财政部门同意临时拨款 70 万元,款项已支付到该中学银行账户;经财政部门批准,动用市财政预备费作为对该中学的追加预算;该中学房屋修理工程完工,退回工程结余资金 2 万元。该市财政总会计进行会计处理如下:

(1)向中学拨款时:

借:其他应收款—某中学房屋修理款　　700 000

　贷:国库存款　　700 000

(2)追加预算时:

借:一般公共预算本级支出—教育支出　　700 000

　贷:其他应收款—某中学房屋修理款　　700 000

(3)收到中学退回资金时:

借:国库存款　　20 000

　贷:一般公共预算本级支出—教育支出　　20 000

【例题 4-10】 某省财政代所属某市财政发行一批地方政府债券。该批地方政府债券由该市财政负责偿付本息,但由省财政负责统一办理。该批地方政府债券到期时市财政未及时上缴利息 35 000 元,省财政为其垫付利息。1 个月后,该市财政向省财政偿还了垫付的市政府债券利息 35 000 元。省财政总预算会计编制如下会计分录:

(1)为所属市财政垫付地方政府债券利息:

借:其他应收款—某市地方政府债券利息　　35 000

　贷:国库存款　　35 000

(2)收到所属市财政偿还的地方政府债券利息:

借:国库存款　　35 000

　贷:其他应收款—某市地方政府债券利息　　35 000

第四节　与下级往来和在途款

一、与下级往来

(一)与下级往来的概念及形成原因

与下级往来是本级政府财政与下级政府财政的往来待结算款项。上下级政府财政之间的债权债务关系主要有两种情况。一是上下级财政之间的资金借贷关系。下级财政如果在一定期间出现了收支不平衡,可以向上级财政申请短期借款;上级财政也可以向有结余的下级财政借入款项。二是上下级财政由于体制补助、上解产生的结算关系。根据财政体制安排,下级政府财政取得的税收收入需要按一定比例上解上级政府财政;上级政府财政需要对下级政府财政进行税收返还,或对下级政府财政进行专项补助。

(二)与下级往来的核算

为核算与下级往来业务,财政总预算会计应设置“与下级往来”总账科目。该科目应当按照下级政府财政、资金性质等进行明细核算。该科目期末借方余额反映下级政府财政欠本级政府财政的款项;期末贷方余额反映本级政府财政欠下级政府财政的款项。与下级往来的主要账务处理如下:

(1)借给下级政府财政款项时,借记“与下级往来”,贷记“国库存款”科目。

(2)体制结算中应当由下级政府财政上交的收入数,借记“与下级往来”,贷记“上解收入”科目。

(3)借款收回、转作补助支出或体制结算应当补助下级政府财政的支出,借记“国库存款”“补助支出”等有关科目,贷记“与下级往来”。

(4)发生上解多交应当退回的,按照应当退回的金额,借记“上解收入”科目,贷记“与下级往来”。

(5)发生补助多补应当退回的,按照应当退回的金额,借记“与下级往来”,贷记“补助支出”科目。

【例题 4-11】 某市级政府财政与所属县级政府财政发生资金借贷关系。本级政府财政的会计核算如下:

(1)借给县级政府财政一般公共预算资金 500 000 元。

借:与下级往来—某县政府财政(一般公共预算资金借款)　　500 000

　　贷:国库存款　　500 000

(2)县级政府财政归还一般公共预算资金 480 000 元。

借:国库存款　　480 000

　　贷:与下级往来—某县政府财政(一般公共预算资金借款)　　480 000

(3)经批准将县级政府财政所借款项余额 20 000 元转为一般公共预算补助。

借:补助支出——一般公共预算补助支出　　20 000

　　贷:与下级往来—某县政府财政(一般公共预算资金借款)　　20 000

【例题 4-12】 年终，某省级政府财政与所属某市级政府财政进行体制结算。省级政府财政的会计核算如下：

(1)按照财政体制的规定，省级政府财政尚未拨付市级政府财政的一般公共预算补助的资金 450 000 元。

借：补助支出——一般公共预算补助支出　　450 000

　　贷：与下级往来—某市级政府财政(一般公共预算资金结算) 450 000

(2)按照财政体制的规定，省级政府财政尚未收到市级政府财政的一般公共预算上解的资金 800 000 元。

借：与下级往来—某市级政府财政(一般公共预算资金结算)　800 000

　　贷：上解收入——一般公共预算上解收入　　800 000

(3)省财政发现，上月市财政部门上解的一笔专项上解款多付了 100 000 元，通知市财政部门后，商定先转作往来款，待年终结算时再处理。

借：上解收入——一般公共预算上解收入　　100 000

　　贷：与下级往来—应退某市上解款　　100 000

(4)经过年终体制结算，"与下级往来—某市级政府财政"科目存在借方余额 350 000 元，"与下级往来—应退某市上解款"科目贷方余额 100 000 元。省级政府财政收到市级政府财政上解结算款 250 000 元。

借：国库存款　　250 000

　　与下级往来—应退某市上解款　　100 000

　　贷：与下级往来—某市级政府财政(一般公共预算资金结算) 350 000

二、在途款

(一)在途款概念与形成原因

在途款是指在规定的决算清理期和库款报解整理期内发生的需要通过"在途款"科目过渡处理的属于上年度收入、支出等业务的资金数。

为清理和核实一年的财政收支，保证属于当年的财政收支能全部反映到当年的财政决算中，保证国库与财政决算相吻合，政府财政应设置过渡期，称为"决算清理期"，国库应设置的过渡期称为"库款报解整理期"，这一期间为十天。在决算清理期和库款报解整理期内收到的属于上年度的预算收入或收回的属于上年度的拨款和支出，视为在途款，应列入上一财政年度决算中。财政总预算会计对年终决算清理期内发生的会计事项，应当划清会计年度。属于上年度的会计事项，记入上年度会计账；属于新年度的会计事项，记入新年度会计账。

(二)在途款的会计核算

为核算在途款业务，财政总预算会计应设置"在途款"总账科目。决算清理期和库款报解整理期内收到属于上年度收入时，在上年度账务中，借记"在途款"科目，贷记有关收入科目；收回属于上年度拨款或支出时，在上年度账务中，借记"在途款"科目，贷记"预拨经费"或有关支出科目。冲转在途款时，在本年度账务中，借记"国库存款"科目，贷记"在途款"科目。"在途款"科目期末借方余额反映政府财政持有的在途款。

【例题 4-13】 某政府财政在决算清理期和库款报解整理期内收到国库报送的预算收入日

报表，列示收到属于上一年度的一般公共预算本级收入120 000元。

（1）上年账：

借：在途款　　120 000

　　贷：一般公共预算本级收入　　120 000

（2）本年账：

借：国库存款　　120 000

　　贷：在途款　　120 000

（通过在途款的过渡，一般公共预算本级收入的增加归入了上一财政年度，国库款的增加归入了本财政年度。）

第五节　应收转贷款与待发国债

应收转贷款是政府财政将借入的资金转贷给下级政府财政的款项，包括应收地方政府债券转贷款与应收主权外债转贷款。根据《预算法》的规定，中央政府财政、省级政府财政可以举债筹措资金，省级以下政府财政不允许直接举借债务，但可以通过上级政府财政转贷的形式取得债务资金。待发国债是指为弥补中央财政预算收支差额，中央财政预计发行国债与实际发行国债之间的差额。

一、应收地方政府债券转贷款

应收地方政府债券转贷款是指本级政府财政转贷给下级政府财政的地方政府债券资金的本金及其产生的利息。

为了核算应收地方政府债券转贷款业务，财政总预算会计应设置“应收地方政府债券转贷款”总账科目。该科目下应当设置“应收地方政府一般债券转贷款”和“应收地方政府专项债券转贷款”明细科目，其下分别设置“应收本金”和“应收利息”两个明细科目，并按照转贷对象进行明细核算。本科目期末借方余额反映政府财政应收未收的地方政府债券转贷款本金和利息。

本级政府财政转贷给下级政府财政地方政府债券款项时，应当采用“双轨制”或“双分录”的会计记录方法，即按收付实现制确认债务转贷支出，同时，按权责发生制确认应收地方政府债券转贷款。本级政府财政收回地方政府债券转贷款款项时，不形成本级政府财政收入，而是形成应向地方政府债券投资者偿付债券本息的负债。应收地方政府债券转贷款的主要业务处理如下：

（1）向下级政府财政转贷地方政府债券资金时，按照转贷的金额，借记“债务转贷支出”科目，贷记“国库存款”科目；根据债务管理部门转来的相关资料，按照到期应收回的转贷本金金额，借记“应收地方政府债券转贷款”，贷记“资产基金—应收地方政府债券转贷款”科目。

（2）期末确认地方政府债券转贷款的应收利息时，根据债务管理部门计算出的转贷款本期应收未收利息金额，借记“应收地方政府债券转贷款”，贷记“资产基金—应收地方政府债券转贷款”科目。

（3）收回下级政府财政偿还的转贷款本息时，按照收回的金额，借记“国库存款”等科目，贷记“其他应付款”或“其他应收款”科目；根据债务管理部门转来的相关资料，按照收回的转贷款本金及已确认的应收利息金额，借记“资产基金—应收地方政府债券转贷款”科目，贷记“应收地方政府债券转贷款”。

(4)扣缴下级政府财政的转贷款本息时，按照扣缴的金额，借记“与下级往来”科目，贷记“其他应付款”或“其他应收款”科目；根据债务管理部门转来的相关资料，按照扣缴的转贷款本金及已确认的应收利息金额，借记“资产基金—应收地方政府债券转贷款”科目，贷记“应收地方政府债券转贷款”。

【例题 4-14】 20×2 年，某省财政部门为下属市级财政部门发行和转贷地方政府一般债券的业务如下：①省财政部门 7 月 1 日发行面额为 14 亿元的地方政府债券，该债券为期 3 年，到期一次还本付息，年利率为 5%，已经收到全部足额发行收入，并支付债券发行费用 1 000 万元；②省财政将地方政府债券 14 亿元转贷给下属市财政并通知承担债券发行费用；③每年末，省财政会计对该地方政府债券计提应付利息；④该地方政府债券到期，省财政向中央财政偿还地方政府债券本金 14 亿元、利息 2.1 亿元；⑤省财政收到市财政补缴的地方政府债券本金 12 亿元、利息 1.75 亿元；⑥年终结算，省财政部门扣缴了为市级财政部门垫付的地方政府债券本金 2 亿元、利息 3 000 万元。则省级财政会计处理如下：

(1)省财政收到发行地方政府债券资金，并支付发行费用。

借：国库存款　　1 400 000 000

　　贷：债务收入—地方政府债务收入——般债务收入—地方政府一般债务收入

　　　　1 400 000 000

同时：

借：待偿债净资产—应付长期政府债券　　1 400 000 000

　　贷：应付长期政府债券—应付地方政府一般债券—应付本金

　　　　1 400 000 000

借：一般公共预算本级支出—债务发行费用支出—地方政府一般债务发行费用支出

　　　　10 000 000

　　贷：国库存款　　10 000 000

(2)省财政部门向下属市财政部门转贷并通知承担债券发行费用。

借：债务转贷支出—地方政府一般债券转贷支出—某市 1 400 000 000

　　贷：一般公共预算本级支出—债务发行费用支出—地方政府一般债务发行费用支出

　　　　10 000 000

　　　　国库存款　　1 390 000 000

同时：

借：应收地方政府债券转贷款—应收地方政府债券转贷款—应收本金—某市

　　　　1 400 000 000

　　贷：资产基金—应收地方政府债券转贷款　　1 400 000 000

(3)当年末，省财政部门计提该地方政府债券的应付利息。

借：待偿债净资产—应付长期政府债券　　35 000 000

　　贷：应付长期政府债券—应付地方政府一般债券—应付利息

　　　　35 000 000

借:应收地方政府债券转贷款—应收地方政府债券转贷款—应收利息—某市
35 000 000
　　贷:资产基金—应收地方政府债券转贷款　35 000 000

(4)到期时,省财政向中央财政偿还该地方政府债券本金、利息。

借:其他应收款—地方政府债券还本　1 400 000 000
　　其他应收款—地方政府债券还息　210 000 000
　　贷:国库存款　1 610 000 000

同时:

借:应付长期政府债券—应付地方政府一般债券—应付本金
1 400 000 000
　　应付长期政府债券—应付地方政府一般债券—应付利息
210 000 000
　　贷:待偿债净资产—应付长期政府债券　1 610 000 000

(5)省财政收到市财政缴还的部分债券本金与利息。

借:国库存款　1 375 000 000
　　贷:其他应收款—地方政府债券还本—某市　1 200 000 000
　　　　其他应收款—地方政府债券还息—某市　175 000 000

同时:

借:资产基金—应收地方政府债券转贷款　1 375 000 000
　　贷:应收地方政府债券转贷款—应收地方政府债券转贷款—本金—某市
1 200 000 000
　　　　应收地方政府债券转贷款—应收地方政府债券转贷款—应收利息—某市
175 000 000

(6)年终结算,省财政部门扣缴了为市级财政部门垫付的地方政府债券本金与利息。

借:与下级往来　230 000 000
　　贷:其他应收款—地方政府债券还本　200 000 000
　　　　其他应收款—地方政府债券还息　30 000 000

同时:

借:资产基金—应收地方政府债券转贷款　230 000 000
　　贷:应收地方政府债券转贷款—应收地方政府债券转贷款—本金—某市
200 000 000
　　　　应收地方政府债券转贷款—应收地方政府债券转贷款—应收利息—某市
30 000 000

二、应收主权外债转贷款

应收主权外债转贷款是指本级政府财政转贷给下级政府财政的外国政府和国际金融组织贷款等主权外债资金的本金及其产生的利息。

为核算应收主权外债转贷款业务,财政总预算会计应设置“应收主权外债转贷款”总账科目。该科目下应当设置“应收本金”和“应收利息”两个明细科目,并按照转贷对象进行明细核算。本科目期末借方余额反映政府财政应收未收的主权外债转贷款本金和利息。

应收主权外债转贷款的主要账务处理如下：

(1)本级政府财政向下级政府财政转贷主权外债资金，且主权外债最终还款责任由下级政府财政承担的，相关账务处理如下：

①本级政府财政支付转贷资金时，根据转贷资金支付相关资料，借记“债务转贷支出”科目，贷记“其他财政存款”科目；根据债务管理部门转来的相关资料，按照实际持有的债权金额，借记“应收主权外债转贷款”，贷记“资产基金—应收主权外债转贷款”科目。

②外方将贷款资金直接支付给用款单位或供应商时，本级政府财政根据转贷资金支付相关资料，借记“债务转贷支出”科目，贷记“债务收入”或“债务转贷收入”科目；根据债务管理部门转来的相关资料，按照实际持有的债权金额，借记“应收主权外债转贷款”，贷记“资产基金—应收主权外债转贷款”科目；同时，借记“待偿债净资产”科目，贷记“借入款项”或“应付主权外债转贷款”科目。

(2)期末确认主权外债转贷款的应收利息时，根据债务管理部门计算出转贷款的本期应收未收利息金额，借记“应收主权外债转贷款”，贷记“资产基金—应收主权外债转贷款”科目。

(3)收回转贷给下级政府财政主权外债的本息时，按照收回的金额，借记“其他财政存款”科目，贷记“其他应付款”或“其他应收款”科目；根据债务管理部门转来的相关资料，按照实际收回的转贷款本金及已确认的应收利息金额，借记“资产基金—应收主权外债转贷款”科目，贷记“应收主权外债转贷款”。

(4)扣缴下级政府财政的转贷款本息时，按照扣缴的金额，借记“与下级往来”科目，贷记“其他应付款”或“其他应收款”科目；根据债务管理部门转来的相关资料，按照扣缴的转贷款本金及已确认的应收利息金额，借记“资产基金—应收主权外债转贷款”科目，贷记“应收主权外债转贷款”。

【例题 4-15】 某省通过财政部直接转贷获得某国际组织的项目贷款，该贷款中央财政只承担担保责任，该贷款由省及省级以下政府财政部门承担本息费的责任，并将该贷款纳入本级政府收支预算。该贷款期限 5 年，年利率 4%，每年 6 月份付息一次，外方将贷款资金转入财政部门财政存款账户，该贷款的项目管理费用为贷款金额的 0.4%，由省级财政国外贷款管理机构使用。该贷款的部分业务如下：①中央财政部门 7 月 1 日收到贷款资金 20 亿元，并将该贷款全部支付给省财政部门；②省财政部门收到该贷款并将提取的项目管理费用转入国外贷款管理机构银行账户；③省财政部门将其中 10 亿元贷款转贷给所属市级政府财政，并向其发出扣除项目管理费用的通知单，项目贷款已拨付所属市财政部门外债存款专户；④每年年末，相关各级政府财政会计对借入贷款计提利息；⑤第二年 7 月，省财政收到中央财政下达的该项目贷款付息通知，贷款利息 8 000 万元，汇兑费用 200 万元，省财政已按比例向所属市下达利息分割单，所属市已按期交付利息费用，省财政随后向中央财政支付该项目贷款利息费用；⑥该项目贷款到期，省财政尚未收到所属市转贷本金和最后一期利息，但省财政向中央财政支付该项目全部贷款本金和利息；⑦中央财政部门全额归还该项目贷款本息。编制中央、省级财政会计分录。

(1)中央财政部门 7 月 1 日收到贷款资金，并将其支付给省财政，中央财政会计处理为：

借：其他财政存款—外债资金存款	2 000 000 000	
贷：其他应付款		2 000 000 000
借：其他应付款	2 000 000 000	
贷：其他财政存款—外债资金存款		2 000 000 000

(2)省财政部门收到该项目贷款,并提取管理费用。

借:其他财政存款—外债资金存款　　2 000 000 000

　贷:债务收入—地方政府债务收入——一般债务收入—地方政府向国际组织借款收入

　　2 000 000 000

同时:

借:待偿债净资产—借入款项　　2 000 000 000

　贷:借入款项—借入国际金融组织款项—应付本金　　2 000 000 000

借:一般公共预算本级支出—债务付息支出—地方政府一般债务付息支出—地方政府向国际组织借款付息支出　　8 000 000

　贷:其他财政存款—外债资金存款　　8 000 000

(3)省财政部门将10亿元贷款转贷给所属市级政府财政,并向其发出扣除项目管理费用的通知单,项目贷款已拨付所属市财政部门外债存款专户。

借:债务转贷支出—转移支出—地方政府向国际组织借款转贷支出

　　1 000 000 000

　贷:其他财政存款—外债资金存款　　996 000 000

　　一般公共预算本级支出—债务付息支出—地方政府一般债务付息支出—地方政府向国际组织借款付息支出　　4 000 000

同时:

借:应收主权外债转贷款—应收本金—某市　　1 000 000 000

　贷:资产基金—应收主权外债转贷款　　1 000 000 000

(4)第一年年末,省级政府财政会计对借入贷款计提利息。

借:应收主权外债转贷款—应收利息—某市　　20 000 000

　贷:资产基金—应收主权外债转贷款　　20 000 000

借:待偿债净资产—借入款项　　20 000 000

　贷:借入款项—借入国际金融组织贷款—应付利息　　20 000 000

(5)第二年7月,省财政向中央财政交付项目贷款利息与费用,省财政已按比例向所属市下达利息分割单,并收到所属市按期交付的利息费用。中央与省财政会计分录如下:

①省财政收到利息与费用:

借:其他财政存款—外债资金存款　　41 000 000

　贷:其他应付款　　41 000 000

(1 000 000 000×4%+2 000 000÷2)

②向中央支付款项:

借:其他应付款　　41 000 000

　一般公共预算本级支出—债务付息支出—地方政府一般债务付息支出—地方政府向国际组织借款付息支出　　41 000 000

　贷:其他财政存款—外债资金存款　　82 000 000

同时:

借:资产基金—应收主权外债转贷款　　20 000 000

　贷:应收主权外债转贷款—应收利息—某市　　20 000 000

借：借入款项—借入国际金融组织贷款—应付利息　　20 000 000
　　贷：待偿债净资产—借入款项　　20 000 000

(6)贷款到期，省财政尚未收到所属市转贷本金和最后一期利息，但省财政向中央财政支付该项目全部贷款本金和利息。

①计提利息：

借：应收主权外债转贷款—应收利息—某市　　20 000 000
　　贷：资产基金—应收主权外债转贷款　　20 000 000

②向中央财政支付全部贷款本金和利息：

借：其他应收款—某市　　1 020 000 000
　　债务还本支出—地方政府一般债务还本支出—地方政府向国际组织借款还本支出　　1 000 000 000
　　一般公共预算本级支出—债务付息支出—地方政府一般债务付息支出—地方政府向国际组织借款付息支出　　20 000 000
　　贷：其他财政存款—外债资金存款　　2 040 000 000

同时：

借：待偿债净资产—借入款项　　2 000 000 000
　　贷：借入款项—借入国际金融组织款项—应付本金　　2 000 000 000

借：与下级往来　　1 020 000 000
　　贷：其他应收款—某市　　1 020 000 000

同时：

借：资产基金—应收主权外债转贷款　　1 020 000 000
　　贷：应收主权外债转贷款—应收利息—某市　　20 000 000
　　　　应收主权外债转贷款—应收本金—某市　　1 000 000 000

(7)中央财政部门全额归还该项目贷款本息。

借：其他财政存款—外债资金存款　　2 040 000 000
　　贷：其他应付款　　2 040 000 000

借：其他应付款　　2 040 000 000
　　贷：其他财政存款—外债资金存款　　2 040 000 000

三、待发国债

待发国债是指为弥补中央财政预算收支差额，中央财政预计发行国债与实际发行国债之间的差额。

为核算待发国债业务，财政总预算会计应当设置“待发国债”总账科目。年度终了，当实际发行国债收入用于债务还本支出后，小于为弥补中央财政预算收支差额中央财政预计发行国债时，按两者的差额，借记“待发国债”科目，贷记相关科目；实际发行国债收入用于债务还本支出后，大于为弥补中央财政预算收支差额中央财政预计发行国债时，按两者的差额，借记相关科目，贷记“待发国债”科目。该科目期末借方余额反映中央财政尚未使用的国债发行额度。

【例题 4-16】 年度终了，经计算，中央财政实际发行国债收入用于债务还本支出后，大于为弥补中央财政预算收支差额中央财政预计发行国债，两者的差额为 600 000 元。中央财政总预算会计应编制如下会计分录：

借：应付长期政府债券　　600 000

　贷：待发国债　　600 000

第六节　股权投资与应收股利

一、股权投资

股权投资是指政府持有的各类股权投资，包括国际金融组织股权投资、投资基金股权投资和企业股权投资等。

为核算股权投资业务，财政总预算会计应当设置“股权投资”总账科目。该科目应当按照“国际金融组织股权投资”“投资基金股权投资”“企业股权投资”设置一级明细科目，在一级明细科目下，可根据管理需要，按照被投资主体进行明细核算。对每一被投资主体还可按“投资成本”“收益转增投资”“损益调整”“其他权益变动”进行明细核算。股权投资一般采用权益法进行核算。

股权投资的账务处理主要有以下几种情况。

（一）国际金融组织股权投资

1. 国际金融组织股权投资业务简介

中国作为国际金融组织如世界银行、国际货币基金组织、亚洲开发银行、亚洲基础设施投资银行等的成员及股东，要按照组织规章对国际金融组织认缴股本（或基金份额）。中国对国际金融组织认缴的股本由中央政府财政直接出资，出资形成的股权投资资产由中央政府财政会计进行核算。对国际金融组织股权投资的资金，纳入中央政府财政的一般公共预算。

2. 对国际金融组织股权投资的会计核算

（1）政府财政代表政府认缴国际金融组织股本时，按照实际支付的金额，借记“一般公共预算本级支出”等科目，贷记“国库存款”科目；根据股权投资确认相关资料，按照确定的股权投资成本，借记“股权投资”科目，贷记“资产基金—股权投资”科目。

（2）从国际金融组织撤出股本时，按照收回的金额，借记“国库存款”科目，贷记“一般公共预算本级支出”科目；根据股权投资清算相关资料，按照实际撤出的股本，借记“资产基金—股权投资”科目，贷记“股权投资”科目。

【例题 4-17】　中央财政代表中央政府向亚洲基础设施投资银行投入股本金折合人民币 60 000 000 000 元，中央财政总预算会计编制会计分录：

借：一般公共预算本级支出—外交支出—国际组织—国际组织股金及基金

　　60 000 000 000

　贷：国库存款　　60 000 000 000

借：股权投资—国际金融组织股权投资—亚洲基础设施投资银行

　　60 000 000 000

　贷：资产基金—股权投资　　60 000 000 000

(二)投资基金股权投资

1. 政府投资基金业务简介

政府投资基金是政府用财政资金单独出资或与社会资本共同出资，旨在引导社会各类资本投资经济社会发展的重点领域和薄弱环节，或支持相关产业或领域的发展，采用股权式设立的基金。

政府投资基金的设立一般都有期限，政府在基金期满清算时收回对基金的投资。各级政府设立或参股的政府投资基金由本级政府的财政部门通过安排一般公共预算、政府基金预算、国有资本经营预算资金出资，对政府投资基金的会计核算由各级出资政府的财政会计进行。政府财政按照投资的比例享有基金的所有者权益。

2. 政府投资基金的会计核算

(1)政府财政对投资基金进行股权投资时，按照实际支付的金额，借记“一般公共预算本级支出”等科目，贷记“国库存款”等科目；根据股权投资确认相关资料，按照实际支付的金额，借记“股权投资”(投资成本)，按照确定的在被投资基金中占有的权益金额与实际支付金额的差额，借记或贷记“股权投资”(其他权益变动)，按照确定的在被投资基金中占有的权益金额，贷记“资产基金—股权投资”科目。

(2)年末，根据政府财政在被投资基金当期净利润或净亏损中占有的份额，借记或贷记“股权投资”(损益调整)，贷记或借记“资产基金—股权投资”科目。

(3)政府财政将归属财政的收益留作基金滚动使用时，借记“股权投资”(收益转增投资)，贷记“股权投资”(损益调整)。

(4)被投资基金宣告发放现金股利或利润时，按照应上缴政府财政的部分，借记“应收股利”科目，贷记“资产基金—应收股利”科目；同时按照相同的金额，借记“资产基金—股权投资”科目，贷记“股权投资”(损益调整)。

(5)被投资基金发生除净损益以外的其他权益变动时，按照政府财政持股比例计算应享有的部分，借记或贷记“股权投资”(其他权益变动)，贷记或借记“资产基金—股权投资”科目。

(6)投资基金存续期满、清算或政府财政从投资基金退出需收回出资时，政府财政按照实际收回的资金，借记“国库存款”等科目，按照收回的原实际出资部分，贷记“一般公共预算本级支出”等科目，按照超出原实际出资的部分，贷记“一般公共预算本级收入”等科目；根据股权投资清算相关资料，按照因收回股权投资而减少在被投资基金中占有的权益金额，借记“资产基金—股权投资”科目，贷记“股权投资”。

【例题 4-18】 20×5 年 1 月 1 日，某市财政部门使用一般公共预算资金出资设立创新创业引导基金(属于节能环保支出)，财政出资 3 亿元，占基金的全部股份的 30%，基金协议规定各出资方按出资比例享有基金所有者权益。第一年末该基金获得净利润 1.5 亿元；20×6 年 4 月分配上年利润 1 亿元，该市财政将所分得股利全部转增股本；20×6 年 10 月，该基金接受捐赠 1 亿元，20×6 年末，该基金获得净利润 3 亿元。20×7 年分配上年利润 2 亿元，全部为现金股利。20×8 年 3 月收到上年现金股利，20×8 年获得净利润 1.5 亿元。20×9 年初按所占基金股份的 15%撤资 3 亿元，款项已入国库。

(1)20×5 年 1 月 1 日投资创新创业基金。

借：一般公共预算本级支出—节能环保支出—可再生能源　　300 000 000

　贷：国库存款　　300 000 000

借:股权投资—投资基金股权投资—可再生能源—投资成本
300 000 000
　贷:资产基金—股权投资　300 000 000

(2)20×5 年 12 月 31 日投资创新创业基金获得净利润 1.5 亿元,某市财政会计处理为:

借:股权投资—投资基金股权投资—可再生能源—损益调整
45 000 000
　贷:资产基金—股权投资　45 000 000

(3)20×6 年 4 月分配上年利润,该市财政将所分得股利全部转增股本。

借:股权投资—投资基金股权投资—可再生能源—收益转增投资
30 000 000
　贷:股权投资—投资基金股权投资—可再生能源—损益调整
　30 000 000

(4)20×6 年 10 月,该基金接受捐赠 1 亿元。

借:股权投资—投资基金股权投资—可再生能源—其他权益变动
30 000 000
　贷:资产基金—股权投资　30 000 000

(5)20×6 年末,该基金获得净利润 3 亿元。

借:股权投资—投资基金股权投资—可再生能源—损益调整
90 000 000
　贷:资产基金—股权投资　90 000 000

(6)20×7 年分配上年利润 2 亿元现金股利。

借:应收股利　60 000 000
　贷:资产基金—应收股利　60 000 000

借:资产基金—股权投资　60 000 000
　贷:股权投资—投资基金股权投资—可再生能源—损益调整
　60 000 000

(7)20×8 年 3 月收到上年现金股利。

借:资产基金—应收股利　60 000 000
　贷:应收股利　60 000 000

借:国库存款　60 000 000
　贷:一般公共预算本级收入—非税收收入—国有资本经营收入—股利、利息收入—其他股利、利息收入　60 000 000

(8)20×8 年获得净利润 1.5 亿元。

借:股权投资—投资基金股权投资—可再生能源—损益调整
45 000 000
　贷:资产基金—股权投资　45 000 000

(9)20×9 年初按所占基金股份的 15%撤资 3 亿元。

借:国库存款　300 000 000
　贷:一般公共预算本级支出—节能环保支出—可再生能源
　150 000 000

一般公共预算本级收入—非税收收入—国有资本经营收入—产权转让收入—其他产权转让收入 150 000 000

借:资产基金—股权投资 225 000 000

贷:股权投资—投资基金股权投资—可再生能源—投资成本 150 000 000

股权投资—投资基金股权投资—可再生能源—损益调整 45 000 000

股权投资—投资基金股权投资—可再生能源—其他权益调整 15 000 000

股权投资—投资基金股权投资—可再生能源—其他权益调整 15 000 000

(三)企业股权投资

企业股权投资的账务处理,根据管理条件和管理需要,参照投资基金股权投资的账务处理。

二、应收股利

应收股利是指政府因持有股权投资应当收取的现金股利或利润。

为核算应收股利业务,财政总预算会计应设置"应收股利"科目。该科目应当按照被投资主体进行明细核算。该科目期末借方余额反映政府尚未收回的现金股利或利润。应收股利的主要账务处理如下:

(1)持有股权投资期间被投资主体宣告发放现金股利或利润的,按应上缴政府财政的部分,借记"应收股利",贷记"资产基金—应收股利"科目;按照相同的金额,借记"资产基金—股权投资"科目,贷记"股权投资(损益调整)"科目。

(2)实际收到现金股利或利润,借记"国库存款"等科目,贷记有关收入科目;按照相同的金额,借记"资产基金—应收股利"科目,贷记"应收股利"。

【例题 4-19】 20×2 年,某省政府财政部门发生如下业务:

(1)某国有企业宣告发放现金股利 200 000 元,该省政府财政按持股比例应分得 160 000 元。省财政总预算会计编制会计分录:

借:应收股利—某国企 160 000

贷:资产基金—应收股利 160 000

借:资产基金—股权投资 160 000

贷:股权投资—企业股权投资—损益调整 160 000

(2)1 个月后,某国企支付现金股利 200 000 元,省财政部门同时收到相应的股利资金 160 000 元,根据相关规定,该部分现金股利纳入该省财政的国有资本经营预算。省财政部门编制会计分录:

借:资产基金—应收股利 160 000

贷:应收股利—某国企 160 000

借:国库存款 160 000

贷:国有资本经营预算本级收入 160 000

复习思考题

1. 什么是财政存款？财政存款的管理要求有哪些？
2. 什么是借出款项？借出款项和预拨经费、其他应收款如何区别？
3. 与下级往来和在途款形成的原因是什么？
4. 应收地方政府债务转贷款的会计核算内容主要包括哪些方面？
5. 应收主权外债转贷款的会计核算内容主要包括哪些方面？
6. 什么是股权投资？股权投资的会计核算内容主要包括哪些方面？

练习题

练习一

一、目的：练习财政存款业务的会计核算。

二、资料：

(1)某政府财政收到国库报送的预算收入日报表，列示本日一般公共预算本级收入为 400 000 元，政府性基金预算本级收入为 150 000 元，国有资本经营预算本级收入为 100 000 元，上级政府财政补助收入为 200 000 元，下级政府财政上解收入为 90 000 元。

(2)某市政府实行国库现金管理业务，本期存款量为 45 000 000 元，存款期限 10 个月，某商业银行通过定期存款业务招投标系统中标，中标年利率为 4.65%。

(3)某县政府财政在工商银行某支行开设专户，统一管理教育收费收入。根据教育行政部门开出的“非税收入一般缴款书”和开户银行入账凭证，学生学费共计 2 900 000 元已经缴入专户。

(4)有关预算单位通过财政授权方式从预算单位零余额账户中支付属于公共财政预算支出的款项共计 3 000 元。

练习二

一、目的：练习有价证券和借出款项会计核算。

二、资料：

(1)某市政府用一般公共预算结余资金 15 000 000 元购买中央政府发行的 2017 年记账式附息(十二期)国债，该国债票面年利率为 3.62%，2019 年 6 月 15 日到期还本并支付最后一期利息。

(2)某县政府财政根据借款管理的有关规定，借给所属教育局临时用款 180 000 元，作为学校教学楼改造用款。

练习三

一、目的：练习预拨经费和其他应收款会计核算。

二、资料：

(1)某市政府根据资金使用计划，向所属预算单位预拨下月一般公共预算经费 300 000 元，并在下月初列支。

(2)某省政府财政为某项目单位的国际金融组织贷款承担担保责任。贷款到期时，某项目单位拖欠的国际金融组织贷款，省本级政府财政履行担保责任，通过国库账户支付贷款本息 3 000 000 元。3 个月后，省本级政府财政行使追索权，收回某项目单位拖欠的国际金融组织贷款本息 1 900 000 元，最终未收回款项 1 100 000 元经核准列支。

练习四

一、目的：练习与下级往来和在途款会计核算。

二、资料：

(1)同意甲县财政申请，临时借用一般公共预算款项 180 000 元。

(2)在财政体制结算中，年终计算出所属乙县财政应上解本市财政一般公共预算款项 650 000 元。

(3)在财政体制结算中，将借给甲县款项 180 000 元转作对该县的补助支出。

(4)收到所属乙县应上解的一般公共预算款项 650 000 元。

(5)在库款报解整理期内收到国库报来的预算收入日报表及其附件，列示所属上年度的一般预算收入 80 000 元。

(6)在决算清理期内财政局收到国库报来的收回上年度单位拨款 30 000 元。

练习五

一、目的：练习应收转贷款与待发国债会计核算。

二、资料：

(1)向所属某市财政转贷地方政府债券资金本金 1 000 000 元。

(2)期末确认地方政府债券转贷款的应收利息时，根据债务管理部门计算出来的转贷款本期应收未收利息金额 2 500 元。

(3)收回下级政府财政偿还的转贷本息共 1 025 000 元。

(4)甲省政府财政将向某国际金融组织贷款的一部分资金计 550 000 元转贷给所属某市政府财政，用以具体落实在该市范围内的相应建设项目。

(5)根据贷款约定，甲省政府财政每年应向市政府收取主权外债转贷款的利息为 6 600 元，并按时收到。

(6)甲省政府主权外债转贷款到期，所属市政府财政未按时偿还贷款本金，省政府财政予以扣缴。

(7)年终，经计算，中央财政实际发行国债收入用于债务还本支出后，小于为弥补中央财政预算收支差额中央财政预计发行国债，两者的差额为 500 000 元。

练习六

一、目的：练习股权投资与应收股利会计核算。

二、资料：

(1)某省财政 1 月 1 日使用国有资本经营预算资金向省创新创业投资引导基金拨付款项 100 000 元，作为对该基金公司的股权投资。

(2)当年末，基金公司报告实现投资收益，省财政确认相应收益 5 000 元。

(3)省财政将一部分基金公司的投资收益 2 000 元留作基金滚动使用。

(4)第二年 3 月，基金公司宣告现金股利，省财政确认相应收益 600 元。

(5)第二年省财政收到基金公司宣告现金股利 600 元，该股利收入纳入省财政一般公共预算本级收入。

(6)第三年该创新创业投资引导基金接受捐赠 10 000 元。

第5章 财政总预算会计的负债

【导读】

本章介绍我国财政总预算会计的各种负债概念与核算方法，具体包括应付国库集中支付结余、暂收及应付款项、借入款项、应付政府债券、应付转贷款、其他负债、应付代管资金等负债的概念与核算方法。

【学习重点】

应付国库集中支付结余、与上级往来、借入款项、应付短期政府债券、应付长期政府债券、应付地方政府债券转贷款、应付主权外债转贷款等。

【学习难点】

借入款项、应付短期政府债券、应付长期政府债券、应付地方政府债券转贷款、应付主权外债转贷款。

负债是指政府财政承担的能以货币计量、需以资产偿付的债务。总会计核算的负债按照流动性，分为流动负债和非流动负债。流动负债是指预计在1年内(含1年)偿还的负债；非流动负债是指流动负债以外的负债。总会计核算的负债具体包括应付国库集中支付结余、暂收及应付款项、借入款项、应付政府债券、应付转贷款、其他负债、应付代管资金等。总会计对符合负债定义的债务，应当在对其承担偿还责任，并且能够可靠地进行货币计量时确认。符合负债定义并确认的负债项目，应当列入资产负债表。政府财政承担或有责任(偿债责任需要通过未来不确定事项的发生或不发生予以证实)的负债，不列入资产负债表，但应当在报表附注中披露。总会计核算的负债，应当按照承担的相关合同金额或实际发生金额进行计量。

第一节　应付国库集中支付结余、暂收及应付款项、借入款项

一、应付国库集中支付结余

应付国库集中支付结余是指国库集中支付中，按照财政部门批复的部门预算，当年未支付而需结转下一年度支付的款项采用权责发生制列支后形成的债务。

国库集中支付结余是预算单位国库集中支付预算指标数与实际支出数的差额，是预算单位尚未使用的预算资金额度。如果预算单位经批准的可使用预算资金额度由于政策性因素或用款进度等原因在当年未支用，而需要结转下一年支付使用，此时财政总预算会计需要采用权责发生制基础确认一项支出，同时确认一项应付国库集中支付结余负债。第二年实际使用时，财政总预算会计转销应付国库集中支付结余负债。

为核算应付国库集中支付结余业务，财政总预算会计应设置“应付国库集中支付结余”总账科目。并应当根据管理需要，按照政府收支分类科目等进行相应明细核算。该科目采用权责发生制核算政府财政列支的预算单位尚未使用的国库集中支付结余资金。该科目期末贷方余额反映政府财政尚未支付的国库集中支付结余。

应付国库集中支付结余的主要账务处理如下：

(1)年末，对当年形成的国库集中支付结余采用权责发生制列支时，借记有关支出科目，贷记“应付国库集中支付结余”。

(2)以后年度实际支付国库集中支付结余资金时，分以下情况处理：

①按原结转预算科目支出的，借记“应付国库集中支付结余”，贷记“国库存款”科目。

②调整支出预算科目的，应当按原结转预算科目作冲销处理，借记“应付国库集中支付结余”，贷记有关支出科目。同时，按实际支出预算科目作列支账务处理，借记有关支出科目，贷记“国库存款”科目。

【例题 5-1】 某预算单位当年一般公共预算用款额度为 7 900 000 元，当年通过国库集中支付的数额为 5 500 000 元。

(1)年末，政府财政需要采用权责发生制列支的数额为 2 400 000 元。

借：一般公共预算本级支出　　　　2 400 000

　　贷：应付国库集中支付结余　　　　2 400 000

(2)下年初，运用恢复的预算额度为预算单位支付相关费用 2 400 000 元。

借：应付国库集中支付结余　　　　2 400 000

　　贷：国库存款　　　　2 400 000

二、暂收及应付款项

暂收及应付款项是指政府财政业务活动中形成的债务，包括与上级往来和其他应付款等。暂收及应付款项应当及时清理结算。

(一)与上级往来

与上级往来业务和与下级往来业务相对应，它也是由于上下级财政之间因财政资金借款周转或年终财政体制结算发生的应上解或应补助财政资金的业务而引起的。

为核算与上级往来业务，财政总预算会计应设置“与上级往来”总账科目。该科目核算本级政府财政与上级政府财政的往来待结算款项，既核算本级政府财政与上级政府财政之间的债务，也核算本级政府财政与上级政府财政之间的债权。该科目应当按照往来款项的类别和项目等进行明细核算。该科目期末贷方余额反映本级政府财政欠上级政府财政的款项；借方余额反映上级政府财政欠本级政府财政的款项。

与上级往来的主要账务处理如下：

(1)本级政府财政从上级政府财政借入款或体制结算中发生应上交上级政府财政款项时，借记“国库存款”“上解支出”等科目，贷记“与上级往来”。

(2)本级政府财政归还借款、转作上级补助收入或体制结算中应由上级补给款项时，借记“与上级往来”，贷记“国库存款”“补助收入”等科目。

【例题 5-2】 某政府财政与上级政府财政发生资金借贷关系和进行体制结算。本级政府财政的会计核算如下：

(1)从上级政府财政借款。

①从上级政府财政借入一般公共预算资金 800 000 元。

借：国库存款　　800 000
　贷：与上级往来——一般公共预算资金借款　　800 000

②归还上级政府财政借入一般公共预算资金 500 000 元。

借：与上级往来——一般公共预算资金借款　　500 000
　贷：国库存款　　500 000

③经上级政府财政同意，将借款余额 300 000 元转为对本级政府财政的一般公共预算补助。

借：与上级往来——一般公共预算资金借款　　300 000
　贷：补助收入——一般公共预算补助收入　　300 000

(2)年终体制结算。

①年终，按体制规定，本级政府财政尚未支付的一般公共预算上解款的金额为 200 000 元。

借：上解支出——一般公共预算上解支出　　200 000
　贷：与上级往来——一般公共预算资金结算　　200 000

②年终，经过体制结算，“与上级往来——一般公共预算资金结算”科目存在贷方余额。本级政府财政支付上级政府财政一般公共预算结算款。

借：与上级往来——一般公共预算资金结算　　200 000
　贷：国库存款　　200 000

(二)其他应付款

其他应付款是指政府财政临时发生的暂收、应付和收到的不明性质款项以及税务机关代征入库的社会保险费、项目单位使用并承担还款责任的外国政府和国际金融组织贷款。

为核算其他应付款业务，财政总预算会计应当设置“其他应付款”总账科目。该科目应当按照债权单位或资金来源等进行明细核算。该科目期末贷方余额反映政府财政尚未结清的其他应付款项。

其他应付款的主要账务处理如下：

(1)收到暂存款项时，借记“国库存款”“其他财政存款”等科目，贷记“其他应付款”。

(2)将暂存款项清理退还或转作收入时，借记“其他应付款”，贷记“国库存款”“其他财政存款”或有关收入科目。

(3)社会保险费代征入库时，借记“国库存款”科目，贷记“其他应付款”。社会保险费国库缴存社保基金财政专户时，借记“其他应付款”，贷记“国库存款”科目。

(4)收到项目单位承担还款责任的外国政府和国际金融组织贷款资金时，借记“其他财政存款”科目，贷记“其他应付款”；付给项目单位时，借记“其他应付款”，贷记“其他财政存款”科目。收到项目单位偿还贷款资金时，借记“其他财政存款”科目，贷记“其他应付款”；付给外国政府和国际金融组织项目单位还款资金时，借记“其他应付款”，贷记“其他财政存款”科目。

【例题 5-3】 某省财政发生如下业务：

(1)收到甲单位性质不明的缴款 12 000 元。经查明有 10 000 元属于误入，予以退回。其余转作政府性基金预算本级收入。

收到款项时：

借：国库存款　　12 000

　　贷：其他应付款—甲单位　　12 000

予以退回：

借：其他应付款—甲单位　　12 000

　　贷：国库存款　　10 000

　　　　政府性基金预算本级收入　　2 000

(2)收到所属市财政缴来的转贷省政府债券按年付息资金 20 000 元，准备按规定向投资者支付。省财政在上年末对该债券确认了应收利息 10 000 元。

收到利息时：

借：国库存款　　20 000

　　贷：其他应付款　　20 000

同时

借：资产基金—应收地方政府债券转贷款　　10 000

　　贷：应收地方政府债券转贷款—应收地方政府一般债券转贷款—应收利息

　　10 000

支付利息时：

借：其他应付款　　20 000

　　贷：国库存款　　20 000

三、借入款项

借入款项是指政府财政部门以政府名义向外国政府、国际金融组织等借入的款项，以及通过经国务院批准的其他方式借款形成的负债。

为核算借入款项业务，财政总预算会计应设置“借入款项”总账科目。该科目下应当设置“应付本金”“应付利息”明细科目，分别对借入款项的应付本金和利息进行明细核算，还应当按照债权人进行明细核算。债务管理部门应当设置相应的辅助账，详细记录每笔借入款项的期限、借入日期、偿还及付息情况等。本科目期末贷方余额反映本级政府财政尚未偿还的借入款项本金和利息。

借入款项的主要账务处理如下。

(1)借入主权外债的账务处理如下。

①本级政府财政收到借入的主权外债资金时，借记“其他财政存款”科目，贷记“债务收入”科目；根据债务管理部门转来的相关资料，按照实际承担的债务金额，借记“待偿债净资产—借入款项”科目，贷记“借入款项”。

②本级政府财政借入主权外债，且由外方将贷款资金直接支付给用款单位或供应商时，应根据以下情况分别处理：

a. 本级政府财政承担还款责任，贷款资金由本级政府财政同级部门（单位）使用的，本级政府财政部门根据贷款资金支付相关资料，借记“一般公共预算本级支出”等科目，贷记“债务收入”科目；根据债务管理部门转来的相关资料，按照实际承担的债务金额，借记“待偿债净资产—借入款项”科目，贷记“借入款项”。

b. 本级政府财政承担还款责任，贷款资金由下级政府财政同级部门（单位）使用的，本级政府财政部门根据贷款资金支付相关资料及预算指标文件，借记“补助支出”科目，贷记“债务收入”科目；根据债务管理部门转来的相关资料，按照实际承担的债务金额，借记“待偿债净资产—借入款项”科目，贷记“借入款项”。

c. 下级政府财政承担还款责任，贷款资金由下级政府财政同级部门（单位）使用的，本级政府财政部门根据贷款资金支付相关资料，借记“债务转贷支出”科目，贷记“债务收入”科目；根据债务管理部门转来的相关资料，按照实际承担的债务金额，借记“待偿债净资产—借入款项”科目，贷记“借入款项”；同时，借记“应收主权外债转贷款”科目，贷记“资产基金—应收主权外债转贷款”科目。

③期末确认借入主权外债的应付利息时，根据债务管理部门计算出的本期应付未付利息金额，借记“待偿债净资产—借入款项”科目，贷记“借入款项”。

④偿还本级政府财政承担的借入主权外债本金时，借记“债务还本支出”科目，贷记“国库存款”“其他财政存款”等科目；根据债务管理部门转来的相关资料，按照实际偿还的本金金额，借记“借入款项”，贷记“待偿债净资产—借入款项”科目。

⑤偿还本级政府财政承担的借入主权外债利息时，借记“一般公共预算本级支出”等科目，贷记“国库存款”“其他财政存款”等科目；实际偿还利息金额中属于已确认的应付利息部分，还应根据债务管理部门转来的相关资料，借记“借入款项”，贷记“待偿债净资产—借入款项”科目。

⑥偿还下级政府财政承担的借入主权外债的本息时，借记“其他应付款”或“其他应收款”科目，贷记“国库存款”“其他财政存款”等科目；根据债务管理部门转来的相关资料，按照实际偿还的本金及已确认的应付利息金额，借记“借入款项”，贷记“待偿债净资产—借入款项”科目。

⑦被上级政府财政扣缴借入主权外债的本息时，借记“其他应收款”科目，贷记“与上级往来”科目；根据债务管理部门转来的相关资料，按照实际扣缴的本金及已确认的应付利息金额，借记“借入款项”，贷记“待偿债净资产—借入款项”科目。列报支出时，对应由本级政府财政承担的还本支出，借记“债务还本支出”科目，贷记“其他应收款”科目；对应由本级政府财政承担的利息支出，借记“一般公共预算本级支出”等科目，贷记“其他应收款”科目。

⑧债权人豁免本级政府财政承担偿还责任的借入主权外债本息时，根据债务管理部门转来的相关资料，按照被豁免的本金及已确认的应付利息金额，借记“借入款项”，贷记“待偿债净资产—借入款项”科目。

债权人豁免下级政府财政承担偿还责任的借入主权外债本息时，根据债务管理部门转来的相关资料，按照被豁免的本金及已确认的应付利息金额，借记“借入款项”，贷记“待偿债净资产—借入款项”科目；同时，借记“资产基金—应收主权外债转贷款”科目，贷记“应收主权外债转贷款”科目。

（2）其他借入款项账务处理参照本科目使用说明中借入主权外债业务的账务处理。

【例题 5-4】 20×7 年 1 月 1 日，某省财政通过中央政府直接转贷获得国际金融组织的项目贷款 1.5 亿元，期限 3 年，分期付息，年利率为 1%，以一般公共预算资金偿还，该贷款采用外方将贷款直接支付给项目实施单位方式。假设贷款项目实施后，外方向项目实施单位将款项一次性拨款到位。具体业务如下：①省财政部门将该项目贷款额度的 0.5 亿元以财政拨款方式拨给所属 A 事业单位，0.6 亿元转贷给省属甲企业，贷款额度的 0.4 亿元转贷给所属某市；②所属某市将转贷款额度的 0.4 亿元以财政拨款方式给市属 B 事业单位；③每年末各级财政部门计提贷款利息并如期支付利息；④20×9 年 12 月 31 日该贷款到期，省财政收到下级财政偿还本息，并向国际金融组织偿还本息。

要求：根据上述业务，编制省、市各级财政会计进行业务处理的会计分录。

(1)根据对省属甲企业的外方付款资料，省财政只登记备查账。因为省财政对省属甲企业的外债不承担偿还责任，而且相应款项未经过省财政的存款账户，所以省财政会计对此付款不记正式账。

(2)根据对省属 A 事业单位的外方付款记账，省财政会计记账：

借：一般公共预算本级支出　　50 000 000

　　贷：债务收入—地方政府债务收入—地方政府向国际组织借款收入　　50 000 000

借：待偿债净资产—借入款项　　50 000 000

　　贷：借入款项—借入国际金融组织贷款—应付本金　　50 000 000

(3)根据对某市属 B 事业单位的外方付款记账：

①省财政会计记账：

借：债务转贷支出　　40 000 000

　　贷：债务收入—地方政府债务收入—地方政府向国际组织借款收入　　40 000 000

同时：

借：待偿债净资产—借入款项　　40 000 000

　　贷：借入款项—借入国际金融组织贷款—应付本金　　40 000 000

借：应收主权外债转贷款—应收本金—某市　　40 000 000

　　贷：资产基金—应收主权外债转贷款　　40 000 000

②市财政会计记账：

借：一般公共预算本级支出　　40 000 000

　　贷：债务转贷收入—地方政府债务收入—地方政府向国际组织借款收入　　40 000 000

借：待偿债净资产—应付主权外债转贷款　　40 000 000

　　贷：应付主权外债转贷款—应付本金　　40 000 000

(4)各级财政计提并支付利息。

①省财政会计记账：

计提时：

借：待偿债净资产—借入款项　　500 000

　　贷：借入款项—借入国际金融组织贷款—应付利息　　500 000

借:应收主权外债转贷款—应收利息　　400 000
　贷:资产基金—应收主权外债转贷款　　400 000
收到所属市交付的利息:
借:国库存款　　400 000
　贷:其他应付款—应付国际金融组织贷款利息　　400 000
支付时:
借:一般公共预算本级支出—债务付息支出—地方政府一般债务付息支出
　　500 000
　其他应付款—应付国际金融组织贷款利息　　400 000
　贷:国库存款　　900 000
同时:
借:借入款项—借入国际金融组织贷款—应付利息　　500 000
　贷:待偿债净资产—借入款项　　500 000
借:资产基金—应收主权外债转贷款　　400 000
　贷:应收主权外债转贷款—应收利息　　400 000
②市财政会计计提并支付利息:
借:待偿债净资产—应付主权外债转贷款　　400 000
　贷:应付主权外债转贷款—应付利息　　400 000
借:一般公共预算本级支出—债务付息支出—地方政府一般债务付息支出
　　400 000
　贷:国库存款　　400 000
借:应付主权外债转贷款—应付利息　　400 000
　贷:待偿债净资产—应付主权外债转贷款　　400 000
(5)贷款到期,向国际金融组织偿还本金。
①省财政会计记账:
收到所属市借款本金:
借:国库存款　　40 000 000
　贷:其他应付款—应付国际金融组织贷款本金　　40 000 000
归还所有本金时:
借:债务还本支出—地方政府债务还本支出—地方政府一般债务还本支出—地方政府向国际组织借款还本支出　　50 000 000
　其他应付款—应付国际金融组织贷款本金　　40 000 000
　贷:国库存款　　90 000 000
同时:
借:资产基金—应收主权外债转贷款　　40 000 000
　贷:应收主权外债转贷款—应收本金　　40 000 000
借:借入款项—借入国际金融组织贷款—应付本金　　50 000 000
　贷:待偿债净资产—借入款项　　50 000 000

②市财政会计记账：

借：债务还本支出—地方政府债务还本支出—地方政府一般债务还本支出—地方政府向国际组织借款还本支出　　40 000 000

　贷：国库存款　　40 000 000

同时：

借：应付主权外债转贷款—借入国际金融组织贷款—应付本金　　40 000 000

　贷：待偿债净资产—应付主权外债转贷款　　40 000 000

第二节　应付政府债券

一、国债简介

国债是指国家或政府以债务人的身份，采取信用的方式，从国内国外取得的债务。它是国家财政收入的一种特殊形式，是政府调节经济的一种重要手段。国债的类型较多，可根据不同的标准进行分类，主要有以下几种分类。①按举债的形式可分为国家借款和发行债券。②按债务主体可分为中央政府国债和地方政府国债。③按偿还期限可分为短期国债和长期国债。④按发行地域可分为内债和外债。内债是向本国境内的居民或单位发行的国债；外债是在国外举借的债务。⑤按国债利率的形式可分为固定利率国债和浮动利率国债。⑥按是否可流通可分为上市国债和不上市国债。⑦以发行凭证为标准，国债又可分为凭证式国债和记账式国债。凭证式国债是指国家不印刷实物券，而是用填制"国库券收款凭证"的方式发行的国债，具有类似储蓄又优于储蓄的特点，通常被称为"储蓄式国债"。这种国债是以储蓄为目的的个人投资者理想的投资方式，具有安全性好，以及保管、兑现方便的特点。记账式国债利用账户通过计算机系统完成国债发行、兑付的全过程，又被称为"无纸化国债"，可记名、挂失，具有安全性好、发行成本低、发行时间短、交易手续简便等特点。

二、政府债券的概念与种类

政府债券是国债的重要形式，是政府为筹集资金而向出资者出具并承诺在一定时期支付利息和偿还本金的债务凭证。政府债券如果按期限可分为短期政府债券和长期政府债券；按发行主体可分为中央政府债券、地方政府债券等。其中，地方政府债券按照预算管理方式，分为一般债券和专项债券两大类。地方政府一般债券是指省、自治区、直辖市政府为没有收益的公益性项目发行的、约定一定期限内主要以一般公共预算收入还本付息的政府债券。地方政府专项债券是指省、自治区、直辖市政府为有一定收益的公益性项目发行的、约定一定期限内以公益性项目对应的政府性基金或专项收入还本付息的政府债券。目前，地方政府一般债券和专项债券都采用记账式固定利率附息形式。

（一）应付短期政府债券

应付短期政府债券是政府财政部门以政府名义发行的期限不超过 1 年（含 1 年）的国债和

地方政府债券的应付本金和利息,包括中央政府财政发行的短期国债和省级地方政府发行的短期地方政府债券。

为核算应付短期政府债券业务,财政总预算会计应设置“应付短期政府债券”总账科目。该科目下应当设置“应付国债”“应付地方政府一般债券”“应付地方政府专项债券”等一级明细科目,在一级明细科目下,再分别设置“应付本金”“应付利息”明细科目,分别核算政府债券的应付本金和利息。该科目期末贷方余额反映政府财政尚未偿还的短期政府债券本金和利息。债务管理部门应当设置相应的辅助账,详细记录每期政府债券金额、种类、期限、发行日、到期日、票面利率、偿还本金及付息情况等。

应付短期政府债券的主要账务处理如下:

(1)实际收到短期政府债券发行收入时,按照实际收到的金额,借记“国库存款”科目,按照短期政府债券实际发行额,贷记“债务收入”科目,按照发行收入和发行额的差额,借记或贷记有关支出科目;根据债券发行确认文件等相关债券管理资料,按照到期应付的短期政府债券本金金额,借记“待偿债净资产—应付短期政府债券”科目,贷记“应付短期政府债券”。

(2)期末确认短期政府债券的应付利息时,根据债务管理部门计算出的本期应付未付利息金额,借记“待偿债净资产—应付短期政府债券”科目,贷记“应付短期政府债券”。

(3)实际支付本级政府财政承担的短期政府债券利息时,借记“一般公共预算本级支出”或“政府性基金预算本级支出”科目,贷记“国库存款”等科目;实际支付利息金额中属于已确认的应付利息部分,还应根据债券兑付确认文件等相关债券管理资料,借记“应付短期政府债券”,贷记“待偿债净资产—应付短期政府债券”科目。

(4)实际偿还本级政府财政承担的短期政府债券本金时,借记“债务还本支出”科目,贷记“国库存款”等科目;根据债券兑付确认文件等相关债券管理资料,借记“应付短期政府债券”,贷记“待偿债净资产—应付短期政府债券”科目。

(5)省级财政部门采用定向承销方式发行短期地方政府债券置换存量债务时,根据债权债务确认相关资料,按照置换本级政府存量债务的额度,借记“债务还本支出”科目,贷记“债务收入”科目;根据债务管理部门转来的相关资料,按照置换本级政府存量债务的额度,借记“待偿债净资产—应付短期政府债券”科目,贷记“应付短期政府债券”。

应付短期政府债券业务应当采用“双轨制”或“双分录”会计记录方法。

【例题 5-5】 某省财政厅经政府批准于 20×7 年 7 月 1 日,发行为期 9 个月的一般债券 2 000 万元,发行 9 个月的专项债券 3 000 万元,支付债券印刷费、发行费等 300 万元,债券利息按月计息并支付,月利率 3.5‰。20×8 年 3 月 31 日偿还到期一般债券本金 2 000 万元,20×8 年 4 月 30 日采用定向承销方式发行短期政府专项债券置换存量债务 3 000 万元。要求该省政府财政总预算会计编制短期债券发行、按月计息、付息和到期债券归还等相关会计分录。

(1)20×7 年 7 月 1 日发行政府债券。

借:国库存款　　50 000 000

　贷:债务收入—地方政府债券收入—一般债务收入—地方政府一般债务收入

　　　20 000 000

　　债务收入—地方政府债券收入—专项债务收入—×××专项债券收入

　　　30 000 000

借:一般公共预算本级支出—债券发行费用支出—地方政府一般债券发行费用支出
1 200 000

政府性基金预算本级支出—地方政府专项债券发行费用支出
1 800 000

贷:国库存款 3 000 000

同时:

借:待偿债净资产—应付地方政府债券 50 000 000

贷:应付短期政府债券—应付地方政府一般债券—应付本金
20 000 000

应付短期政府债券—应付地方政府专项债券—应付本金
30 000 000

(2)按月计息并支付。

借:待偿债净资产—应付短期政府债券 175 000

贷:应付短期政府债券—应付地方政府一般债券—应付利息 70 000

应付短期政府债券—应付地方政府专项债券—应付利息 105 000

借:一般公共预算本级支出—债务付息支出—地方政府一般债券付息支出
70 000

政府性基金预算本级支出—债务付息支出—地方政府专项债券付息支出
105 000

贷:国库存款 175 000

借:应付短期政府债券—应付地方政府一般债券—应付利息 70 000

应付短期政府债券—应付地方政府专项债券—应付利息 105 000

贷:待偿债净资产—应付短期政府债券 175 000

(3)20×8 年 3 月 31 日偿还到期一般债券本金。

借:债务还本支出—地方政府一般债务还本支出—地方政府一般债券还本支出
20 000 000

贷:国库存款 20 000 000

借:应付短期政府债券—应付地方政府一般债券—应付本金
20 000 000

贷:待偿债净资产—应付短期政府债券 20 000 000

(4)20×8 年 4 月 30 日置换存量债务。

借:债务还本支出—地方政府专项债务还本支出—×××债券还本支出
30 000 000

贷:债务收入—地方政府债务收入—专项债务收入—×××专项债券收入
30 000 000

借:待偿债净资产—应付短期政府债券 30 000 000

贷:应付短期政府债券—应付地方政府专项债券—应付本金
30 000 000

(二)应付长期政府债券

应付长期政府债券是指政府财政部门以政府名义发行的期限超过1年的应付国债和地方政府债券。

为核算长期政府债券业务,财政总预算会计应设置“应付长期政府债券”总账科目。该科目下应当设置“应付国债”“应付地方政府一般债券”“应付地方政府专项债券”等一级明细科目,在一级明细科目下,再分别设置“应付本金”“应付利息”明细科目,分别核算政府债券的应付本金和利息。债务管理部门应当设置相应的辅助账,详细记录每期政府债券金额、种类、期限、发行日、到期日、票面利率、偿还本金及付息情况等。该科目期末贷方余额反映政府财政尚未偿还的长期政府债券本金和利息。

应付长期政府债券的主要账务处理内容如下:

(1)实际收到长期政府债券发行收入时,按照实际收到的金额,借记“国库存款”科目,按照长期政府债券实际发行额,贷记“债务收入”科目,按照发行收入和发行额的差额,借记或贷记有关支出科目;根据债券发行确认文件等相关债券管理资料,按照到期应付的长期政府债券本金金额,借记“待偿债净资产—应付长期政府债券”科目,贷记“应付长期政府债券”。

(2)期末确认长期政府债券的应付利息时,根据债务管理部门计算出的本期应付未付利息金额,借记“待偿债净资产—应付长期政府债券”科目,贷记“应付长期政府债券”。

(3)实际支付本级政府财政承担的长期政府债券利息时,借记“一般公共预算本级支出”或“政府性基金预算本级支出”科目,贷记“国库存款”等科目;实际支付利息金额中属于已确认的应付利息部分,还应根据债券兑付确认文件等相关债券管理资料,借记“应付长期政府债券”,贷记“待偿债净资产—应付长期政府债券”科目。

(4)实际偿还本级政府财政承担的长期政府债券本金时,借记“债务还本支出”科目,贷记“国库存款”等科目;根据债券兑付确认文件等相关债券管理资料,借记“应付长期政府债券”,贷记“待偿债净资产—应付长期政府债券”科目。

(5)本级政府财政偿还下级政府财政承担的地方政府债券本息时,借记“其他应付款”或“其他应收款”科目,贷记“国库存款”科目;根据债券兑付确认文件等相关债券管理资料,按照实际偿还的长期政府债券本金及已确认的应付利息金额,借记“应付长期政府债券”,贷记“待偿债净资产—应付长期政府债券”科目。

(6)省级财政部门采用定向承销方式发行长期地方政府债券置换存量债务时,根据债权债务确认相关资料,按照置换本级政府存量债务的额度,借记“债务还本支出”科目,按照置换下级政府存量债务的额度,借记“债务转贷支出”科目,按照置换存量债务的总额度,贷记“债务收入”科目;根据债务管理部门转来的相关资料,按照置换存量债务的总额度,借记“待偿债净资产—应付长期政府债券”科目,贷记“应付长期政府债券”。同时,按照置换下级政府存量债务额度,借记“应收地方政府债券转贷款”科目,贷记“资产基金—应收地方政府债券转贷款”科目。

应付长期政府债券业务也应当采用“双轨制”或“双分录”会计记录方法。

【例题5-6】 中央财政部门有关国债的部分经济业务如下:

(1)20×4年10月10日起发行总额120亿元的5年期电子式储蓄国债,该期国债的票面年利率为5.41%,20×4年10月10日起计息,按年付息,每年10月10日支付利息。20×9年10月10日偿还本金并支付最后一年利息。该国债发行完毕,支付银行代理发行费用1 000万元,实际收到发行国债的资金 119.9 亿元。

(2)每年 10 月 10 日支付利息 6.492 亿元。

(3)国债到期兑付国债本金及利息，发生兑付费用 500 万元。

要求：编制中央财政会计对上述业务的财务处理的会计分录。

(1)20×4 年 10 月 10 日发行国债。

借：国库存款　　11 990 000 000

　　一般公共预算本级支出—债券发行费用支出—中央政府国内债务付息支出　　10 000 000

　　贷：债务收入—应付长期政府债券　　12 000 000 000

借：待偿债净资产—应付长期政府债券　　12 000 000 000

　　贷：应付长期政府债券—应付国债—应付本金　　12 000 000 000

(2)20×4 年期末确认应付利息。

借：待偿债净资产—应付长期政府债券　　126 233 333

　　贷：应付长期政府债券—应付国债—应付利息　　126 233 333

(3)每年 10 月 10 日支付利息 6.492 亿元。

借：一般公共预算本级支出—债务付息支出—中央政府国内债务付息支出　　649 200 000

　　贷：国库存款　　649 200 000

借：应付长期政府债券—应付国债—应付利息　　126 233 333

　　贷：待偿债净资产—应付长期政府债券　　126 233 333

(4)国债到期兑付国债本金及利息，发生兑付费用 500 万元。

借：一般公共预算本级支出—债务付息支出—中央政府国内债务付息支出　　649 200 000

　　贷：国库存款　　649 200 000

借：债务还本支出—中央政府国内债务还本支出　　12 000 000 000

　　贷：国库存款　　12 000 000 000

借：应付长期政府债券—应付国债—应付利息　　126 233 333

　　应付长期政府债券—应付国债—应付本金　　12 000 000 000

　　贷：待偿债净资产—应付长期政府债券　　12 126 233 333

借：一般公共预算本级支出—债券发行费用支出—中央政府国内债务付息支出　　5 000 000

　　贷：国库存款　　5 000 000

第三节　应付转贷款

应付转贷款是指地方政府财政向上级政府财政借入转贷资金而形成的负债，包括应付地方政府债券转贷款和应付主权外债转贷款等。

一、应付地方政府债券转贷款

应付地方政府债券转贷款是指地方政府财政从上级政府财政借入地方政府债券转贷资金而形成的负债。在业务内容上，地方政府财政从上级政府财政借入地方政府债券转贷资金时，上级政府财政形成应收地方政府债券转贷款，本级政府财政形成应付地方政府债券转贷款，二者相对应。

为核算应付地方政府债券转贷款业务，财政总预算会计应设置“应付地方政府债券转贷款”总账科目，核算地方政府财政从上级政府财政借入的地方政府债券转贷款的本金和利息。该科目下应当设置“应付地方政府一般债券转贷款”和“应付地方政府专项债券转贷款”一级明细科目，在一级明细科目下再分别设置“应付本金”和“应付利息”两个明细科目，分别对应付本金和利息进行明细核算。该科目期末贷方余额反映本级政府财政尚未偿还的地方政府债券转贷款的本金和利息。应付地方政府债券转贷款的主要账务处理如下：

(1)收到上级政府财政转贷的地方政府债券资金时，借记“国库存款”科目，贷记“债务转贷收入”科目；根据债务管理部门转来的相关资料，按照到期应偿还的转贷款本金金额，借记“待偿债净资产—应付地方政府债券转贷款”科目，贷记“应付地方政府债券转贷款”。

(2)期末确认地方政府债券转贷款的应付利息时，根据债务管理部门计算出的本期应付未付利息金额，借记“待偿债净资产—应付地方政府债券转贷款”科目，贷记“应付地方政府债券转贷款”。

(3)偿还本级政府财政承担的地方政府债券转贷款本金时，借记“债务还本支出”科目，贷记“国库存款”等科目；根据债务管理部门转来的相关资料，按照实际偿还的本金金额，借记“应付地方政府债券转贷款”，贷记“待偿债净资产—应付地方政府债券转贷款”科目。

(4)偿还本级政府财政承担的地方政府债券转贷款的利息时，借记“一般公共预算本级支出”或“政府性基金预算本级支出”科目，贷记“国库存款”等科目；实际支付利息金额中属于已确认的应付利息部分，还应根据债务管理部门转来的相关资料，借记“应付地方政府债券转贷款”，贷记“待偿债净资产—应付地方政府债券转贷款”科目。

(5)偿还下级政府财政承担的地方政府债券转贷款的本息时，借记“其他应付款”或“其他应收款”科目，贷记“国库存款”等科目；根据债务管理部门转来的相关资料，按照实际偿还的本金及已确认的应付利息金额，借记“应付地方政府债券转贷款”，贷记“待偿债净资产—应付地方政府债券转贷款”科目。

(6)被上级政府财政扣缴地方政府债券转贷款本息时，借记“其他应收款”科目，贷记“与上级往来”科目；根据债务管理部门转来的相关资料，按照实际扣缴的本金及已确认的应付利息金额，借记“应付地方政府债券转贷款”，贷记“待偿债净资产—应付地方政府债券转贷款”科目。列报支出时，对本级政府财政承担的还本支出，借记“债务还本支出”科目，贷记“其他应收款”科目；对本级政府财政承担的利息支出，借记“一般公共预算本级支出”或“政府性基金预算本级支出”科目，贷记“其他应收款”科目。

(7)采用定向承销方式发行地方政府债券置换存量债务时，省级以下(不含省级)财政部门根据上级财政部门提供的债权债务确认相关资料，按照置换本级政府存量债务的额度，借记“债务还本支出”科目，按照置换下级政府存量债务的额度，借记“债务转贷支出”科目，按照置换存量债务的总额度，贷记“债务转贷收入”科目；根据债务管理部门转来的相关资料，按照置换存量债务的总额度，借记“待偿债净资产—应付地方政府债券转贷款”科目，贷记“应付地方政府债券转贷款”。同时，按照置换下级政府存量债务额度，借记“应收地方政府债券转贷款”科目，贷记“资产基金—应收地方政府债券转贷款”科目。

【例题 5-7】 某省财政部门为下属市级财政部门发行和转贷地方政府一般债券的业务如下。①省财政部门 7 月 1 日发行面额为 14 亿元的地方政府债券，该债券为期 3 年，到期一次还本付息，年利率为 5%，已经收到全部足额发行收入，并支付债券发行费用 1 000 万元；省财政将地方政府债券 14 亿元转贷给下属市财政并通知承担债券发行费用。②每年末，省财政会计对该地方政府债券计提应付利息，市财政确认相应承担应付利息。③每年 7 月 1 日市财政支付所承担的应付利息。④该地方政府债券到期，省财政应交还地方政府债券本金 14 亿元，利息 2.1 亿元；市财政向省财政缴还地方政府债券本金 12 亿元、利息 1.75 亿元。⑤年终结算，省财政部门扣缴了为市级财政部门垫付的地方政府债券本金 2 亿元、利息 3 500 万元。则市级财政会计处理如下：

(1)市财政收到发行地方政府债券资金，并支付发行费用。

借：国库存款　　1 400 000 000

　贷：债务转贷收入—转移性收入—地方政府一般债务转贷收入—地方政府一般债券转贷收入　　1 400 000 000

借：一般公共预算本级支出—债务发行费用支出—地方政府一般债务发行费用支出　　10 000 000

　贷：国库存款　　10 000 000

同时：

借：待偿债净资产—应付地方政府债券转贷款　　1 400 000 000

　贷：应付地方政府债券转贷款—应付地方政府一般债券转贷款—应付本金　　1 400 000 000

(2)每年末，省财政会计对该地方政府债券计提应付利息，市财政确认相应承担应付利息。

第一年末：

借：待偿债净资产—应付地方政府债券转贷款　　35 000 000

　贷：应付地方政府债券转贷款—应付地方政府一般债券转贷款—应付利息　　35 000 000

第二、三年末：

借：待偿债净资产—应付地方政府债券转贷款　　70 000 000

　贷：应付地方政府债券转贷款—应付地方政府一般债券转贷款—应付利息　　70 000 000

(3)到期时，市财政向省财政缴还地方政府债券本金 12 亿元、利息 1.75 亿元。

借：债务还本支出—地方政府一般债务还本支出—地方政府一般债券还本支出　　1 200 000 000

　一般公共预算本级支出—债务付息支出—地方政府一般债务付息支出—地方政府一般债券付息支出　　175 000 000

　贷：国库存款　　1 375 000 000

同时：

借:应付地方政府债券转贷款—应付地方政府一般债券转贷款—应付本金　　1 200 000 000

　应付地方政府债券转贷款—应付地方政府一般债券转贷款—应付利息　　175 000 000

　贷:待偿债净资产—应付地方政府债券转贷款　　1 375 000 000

(4)年终结算,省财政扣缴了为市级财政部门垫付的地方政府债券本金与利息。

借:其他应收款—地方政府债券还本　　200 000 000

　其他应收款—地方政府债券付息　　35 000 000

　贷:与上级往来　　235 000 000

同时：

借:应付地方政府债券转贷款—应付地方政府一般债券转贷款—应付本金　　200 000 000

　贷:待偿债净资产—应付地方政府债券转贷款　　200 000 000

(5)市财政将被扣缴的地方政府债券本金、利息转列支。

借:债务还本支出—地方政府一般债务还本支出—地方政府一般债券还本支出　　200 000 000

　一般公共预算本级支出—债务付息支出—地方政府一般债务付息支出—地方政府一般债券付息支出　　35 000 000

　贷:其他应收款—地方政府债券还本　　200 000 000

　　其他应收款—地方政府债券付息　　35 000 000

【例题 5-8】 某省财政发行用于置换该省(市)属于城市基础设施配套费形成的到期存量债务的 6 年期地方政府专项债券 15 亿元。其中,省需要置换存量债务 10 亿元,下属某市需要置换存量债务 5 亿元。发债资金已经支付给省(市)存量债务的债权人。要求根据上述业务,编制该省、市财政会计记录的会计分录。

(1)省财政会计分录：

借:债务还本支出—地方政府专项债务还本支出—城市基础设施配套费债务还本支出　　1 000 000 000

　债务转贷支出—转移性支出—城市基础设施配套费债务转贷支出　　500 000 000

　贷:债务收入—地方政府债务收入—专项债务收入—城市基础设施配套费债务收入　　1 500 000 000

同时：

借:待偿债净资产—应付长期政府债券　　1 500 000 000

　贷:应付长期政府债券—应付长期政府专项债券—应付本金　　1 500 000 000

借:应收地方政府债券转贷款—应收地方政府专项债券转贷款—应收本金—某市　　500 000 000

　贷:资产基金—应收地方政府债券转贷款　　500 000 000

(2)市财政会计分录：

借:债务还本支出—地方政府专项债务还本支出—城市基础设施配套费债务还本支出　500 000 000

　贷:债务转贷收入—转移性收入—地方政府专项债务转贷收入—城市基础设施配套费债务转贷收入　500 000 000

同时：

借:待偿债净资产—应付地方政府债券转贷款　500 000 000

　贷:应付地方政府债券转贷款—应付地方政府专项债券转贷款—应付本金　500 000 000

二、应付主权外债转贷款

应付主权外债转贷款是指本级政府财政从上级政府财政借入主权外债转贷款资金而形成的负债。在业务内容上,应付主权外债转贷款与应收主权外债转贷款相对应。

为核算应付主权外债转贷款业务,财政总预算会计应设置“应付主权外债转贷款”总账科目。该科目核算本级政府财政从上级政府财政借入的主权外债转贷款的本金和利息。该科目下应当设置“应付本金”和“应付利息”两个明细科目,分别对应付本金和利息进行明细核算。该科目期末贷方余额反映本级政府财政尚未偿还的主权外债转贷款本金和利息。

应付主权外债转贷款的主要账务处理如下：

(1)收到上级政府财政转贷的主权外债资金时,借记“其他财政存款”科目,贷记“债务转贷收入”科目;根据债务管理部门转来的相关资料,按照实际承担的债务金额,借记“待偿债净资产—应付主权外债转贷款”科目,贷记“应付主权外债转贷款”。

(2)从上级政府财政借入主权外债转贷款,且由外方将贷款资金直接支付给用款单位或供应商时,应根据以下情况分别处理：

①本级政府财政承担还款责任,贷款资金由本级政府财政同级部门(单位)使用的,本级政府财政根据贷款资金支付相关资料,借记“一般公共预算本级支出”等科目,贷记“债务转贷收入”科目;根据债务管理部门转来的相关资料,按照实际承担的债务金额,借记“待偿债净资产—应付主权外债转贷款”科目,贷记“应付主权外债转贷款”。

②本级政府财政承担还款责任,贷款资金由下级政府财政同级部门(单位)使用的,本级政府财政部门根据贷款资金支付相关资料及预算指标文件,借记“补助支出”科目,贷记“债务转贷收入”科目;根据债务管理部门转来的相关资料,按照实际承担的债务金额,借记“待偿债净资产—应付主权外债转贷款”科目,贷记“应付主权外债转贷款”。

③下级政府财政承担还款责任,贷款资金由下级政府财政同级部门(单位)使用的,本级政府财政部门根据贷款资金支付相关资料,借记“债务转贷支出”科目,贷记“债务转贷收入”;根据债务管理部门转来的相关资料,按照实际承担的债务金额,借记“待偿债净资产—应付主权外债转贷款”科目,贷记“应付主权外债转贷款”;同时,借记“应收主权外债转贷款”科目,贷记“资产基金—应收主权外债转贷款”科目。

(3)期末确认主权外债转贷款的应付利息时,按照债务管理部门计算出的本期应付未付利息金额，借记“待偿债净资产—应付主权外债转贷款”科目，贷记“应付主权外债转贷款”。

(4)偿还本级政府财政承担的借入主权外债转贷款的本金时，借记“债务还本支出”科目，贷记“其他财政存款”等科目；根据债务管理部门转来的相关资料，按照实际偿还的本金金额，借记“应付主权外债转贷款”，贷记“待偿债净资产—应付主权外债转贷款”科目。

(5)偿还本级政府财政承担的借入主权外债转贷款的利息时，借记“一般公共预算本级支出”等科目，贷记“其他财政存款”等科目；实际偿还利息金额中属于已确认的应付利息部分，还应根据债务管理部门转来的相关资料，借记“应付主权外债转贷款”，贷记“待偿债净资产—应付主权外债转贷款”科目。

(6)偿还下级政府财政承担的借入主权外债转贷款的本息时，借记“其他应付款”或“其他应收款”科目，贷记“其他财政存款”等科目；根据债务管理部门转来的相关资料，按照实际偿还的本金及已确认的应付利息金额，借记“应付主权外债转贷款”，贷记“待偿债净资产—应付主权外债转贷款”科目。

(7)被上级政府财政扣缴借入主权外债转贷款的本息时，借记“其他应收款”科目，贷记“与上级往来”科目；根据债务管理部门转来的相关资料，按照被扣缴的本金及已确认的应付利息金额，借记“应付主权外债转贷款”，贷记“待偿债净资产—应付主权外债转贷款”科目。列报支出时，对本级政府财政承担的还本支出，借记“债务还本支出”科目，贷记“其他应收款”科目；对本级政府财政承担的利息支出，借记“一般公共预算本级支出”等科目，贷记“其他应收款”科目。

(8)上级政府财政豁免主权外债转贷款本息时，根据以下情况分别处理：

①豁免本级政府财政承担偿还责任的主权外债转贷款本息时，根据债务管理部门转来的相关资料，按照豁免转贷款的本金及已确认的应付利息金额，借记“应付主权外债转贷款”，贷记“待偿债净资产—应付主权外债转贷款”科目。

②豁免下级政府财政承担偿还责任的主权外债转贷款本息时，根据债务管理部门转来的相关资料，按照豁免转贷款的本金及已确认的应付利息金额，借记“应付主权外债转贷款”，贷记“待偿债净资产—应付主权外债转贷款”科目；同时，借记“资产基金—应收主权外债转贷款”科目，贷记“应收主权外债转贷款”科目。

【例题 5-9】 某省通过财政部直接转贷获得某国际组织的项目贷款，该贷款中央财政只承担担保责任，该贷款由省及省级以下政府财政部门承担本息费的责任，并将该贷款纳入本级政府收支预算。该贷款期限 5 年，年利率 4%，每年 6 月份付息一次，外方将贷款资金转入财政部门财政存款账户，该贷款的项目管理费用为贷款金额的 0.4%，由省级财政国外贷款管理机构使用。该贷款的部分业务如下：①省财政部门收到该贷款资金 20 亿元并将提取的项目管理费用转入国外贷款管理机构银行账户；②省财政部门将其中 10 亿元贷款转贷给所属市级政府财政，并向其发出扣除项目管理费用的通知单，项目贷款已拨付所属市财政部门外债存款专户；③每年年末，相关各级政府财政会计对借入贷款计提利息；④第二年 7 月，省财政收到中央财政下达的该项目贷款付息通知，贷款利息 8 000 万元，汇兑费用 200 万元，省财政已按比例向所属市下达利息分割单，所属市已按期交付利息费用；⑤该项目贷款到期，省财政扣缴尚未收到所属市转贷本金和最后一期利息。编制所属市财政会计分录。

(1)市财政部门收到该项目贷款，并支付管理费用。

借:其他财政存款—外债资金存款　　996 000 000

　一般公共预算本级支出—债务付息支出—地方政府一般债务付息支出—地方政府向国际金融组织借款付息支出　　4 000 000

　贷:债务转贷收入—转移性收入—地方政府一般债务转贷收入—地方政府向国际组织借款转贷收入　　1 000 000 000

同时:

借:待偿债净资产—应付主权外债转贷款　　1 000 000 000

　贷:应付主权外债转贷款—应付本金　　1 000 000 000

(2)第一年年末,市级政府财政会计对借入贷款计提利息。

借:待偿债净资产—应付主权外债转贷款　　20 000 000

　贷:应付主权外债转贷款—借入国际金融组织贷款—应付利息　　20 000 000

(3)第二年7月,省财政向中央财政支付项目贷款利息与费用,省财政已按比例向所属市下达利息分割单,并收到所属市按期交付的利息费用。市财政会计分录如下:

借:一般公共预算本级支出—债务付息支出—地方政府一般债务付息支出—地方政府向国际金融组织借款付息支出　　41 000 000

　贷:其他财政存款—外债资金存款　　41 000 000

(1 000 000 000×4%+2 000 000÷2)

同时:

借:应付主权外债转贷款—借入国际金融组织贷款—应付利息　　20 000 000

　贷:待偿债净资产—应付主权外债转贷款　　20 000 000

(4)贷款到期,省财政扣缴尚未收到所属市转贷本金和最后一期利息。

借:其他应收款—借入主权外债转贷款本金　　1 000 000 000

　其他应收款—借入主权外债转贷款利息　　20 000 000

　贷:与上级往来　　1 020 000 000

同时:

借:应付主权外债转贷款—借入国际金融组织贷款—应付利息　　20 000 000

　应付主权外债转贷款—借入国际金融组织贷款—应付本金　　1 000 000 000

　贷:待偿债净资产—应付主权外债转贷款　　1 020 000 000

(5)市财政将被扣缴的地方政府债券本金、利息转列支。

借:债务还本支出—地方政府一般债务还本支出—地方政府向国际组织借款还本支出　　1 000 000 000

　一般公共预算本级支出—债务付息支出—地方政府一般债务付息支出—地方政府向国际组织借款付息支出　　20 000 000

贷：其他应收款—借入主权外债转贷款本金　　　　1 000 000 000
　　其他应收款—借入主权外债转贷款利息　　　　　20 000 000

第四节　其他负债和应付代管资金

一、其他负债

其他负债是指政府财政因有关政策明确要求其承担支出责任的事项而形成的应付未付款项。

为核算其他负债业务，财政总预算会计应当设置“其他负债”总账科目。本科目应当按照债权单位和项目等进行明细核算。本科目贷方余额反映政府财政承担的尚未支付的其他负债余额。

其他负债的主要账务处理如下：

(1)有关政策已明确政府财政承担的支出责任，按照确定应承担的负债金额，借记“待偿债净资产”科目，贷记“其他负债”。

(2)实际偿还负债时，借记有关支出等科目，贷记“国库存款”等科目，同时，按照相同的金额，借记“其他负债”，贷记“待偿债净资产”科目。

二、应付代管资金

应付代管资金是指政府财政代为管理的，使用权属于被代管主体的资金。为核算应付代管资金业务，财政总预算会计应当设置“应付代管资金”总账科目，该科目应当根据管理需要进行相关明细核算。本科目期末贷方余额反映政府财政尚未支付的代管资金。

应付代管资金的主要账务处理如下：

(1)收到代管资金时，借记“其他财政存款”等科目，贷记“应付代管资金”科目。

(2)支付代管资金时，借记“应付代管资金”科目，贷记“其他财政存款”等科目。

(3)代管资金产生的利息收入按照相关规定仍属于代管资金的，借记“其他财政存款”等科目，贷记“应付代管资金”科目。

【例题 5-10】　某省财政代管一项社会公益基金，现收到社会捐赠款项 36 000 元，存入财政专户。次日有关预算单位使用这笔捐赠款 20 000 元。

(1)收到款项时：

借：其他财政存款　　　　36 000
　　贷：应付代管资金—某社会公益金　　　　36 000

(2)使用捐赠款时：

借：应付代管资金—某社会公益金　　　　20 000
　　贷：其他财政存款　　　　20 000

复习思考题

1. 什么是财政总预算会计负债？财政总预算会计的负债主要有哪些内容？哪些负债业务要进行双分录会计处理？

2. 什么是国库集中支付结余？应付国库集中支付结余是如何核算的？

3. 什么是借入款项？借入款项业务的核算要点是怎样的？

4. 什么是应付长期政府债券？应付长期政府债券的核算要点是怎样的？

5. 什么是应付主权外债转贷款？应付主权外债转贷款的核算要点是怎样的？其与应收主权外债转贷款有什么关系？

练习题

练习一

一、目的：练习应付国库集中支付结余业务的会计核算。

二、资料：年末，省某部门的专业活动尚在进行中。由于用款进度的原因，当年未实现支出 5 300 元，形成国库集中支付结余。资金性质为一般公共预算资金。省财政经分析后决定，该笔资金 5 300 元在次年继续用于相关专业活动。

练习二

一、目的：练习与上级往来业务的会计核算。

二、资料：

(1)根据财政体制结算规定计算出本级财政应向上级财政上解的预算款共 60 000 元。其中一般公共预算款项 40 000 元，政府性基金预算款项 20 000 元。本级财政以国库存款上缴了该笔款项。

(2)根据财政体制结算规定计算出本级财政应获得上级财政补助的一般公共预算款项 21 500 元。

(3)收到与上级往来的款项 21 500 元。

练习三

一、目的：练习应付长期政府债券业务的会计核算。

二、资料：

(1)发行一批 5 年期记账式固定利率附息地方政府一般债券，计划发行面值 10 000 000 元，每年支付一次利息，到期偿还本金并支付最后 1 年利息。该期债券采用单一价格招标方式，标的为利率，各中标承销团成员按债券面值承销。经招标程序确定的债券票面利率为 2.52%，实际发行债券面值金额为 10 000 000 元，实际收到债券发行收入 10 000 000 元，经确认的到期应付债券本金金额为 10 000 000 元，债券实际发行额为 10 000 000 元。该债券发行后上市交易。

(2)省财政向相关债券承销团成员按承销债券面值的 0.1% 支付债券发行手续费共计 10 000 元。

(3)4 个月后到达期末，该期债券计算 4 个月的应付利息 84 000 元。

(4)1 年后该债券到达付息日，省财政支付 1 年的到期债券利息 252 000 元。

(5)5 年后该期债券到达还本付息日,省财政按债券面值偿还本金 10 000 000 元,并支付最后 1 年的到期债券利息。

练习四

一、目的:练习应付主权外债转贷款业务的会计核算。

二、资料:某省财政向某国际金融组织贷款 6 000 000 元,用于该省范围内的公共基础设施建设。该省政府将相应贷款的一部分资金 3 000 000 元转贷给所属某市政府,用以具体落实在该市范围内的相应建设项目。根据约定,相应贷款的期限为 4 年,每年的贷款利息为 33 000 元,该市政府应按期向省政府偿付贷款本息。请为该市财政进行相应的会计处理。

第6章 财政总预算会计的收入

【导读】

本章介绍我国财政总预算会计的各种收入概念与核算方法。具体包括一般公共预算本级收入、政府性基金预算本级收入、国有资本经营预算本级收入、财政专户管理资金收入、专用基金收入、转移性收入、债务收入、债务转贷收入等概念与核算方法。这里要注意三点:①专用基金收入和政府性基金预算收入的关系。与政府性基金预算收入相比,专用基金收入是由财政部门按规定设置或取得并单独管理的资金,而政府性基金预算收入是按规定取得并纳入预算管理的基金;政府性基金预算收入要按照预算级次解缴国库,而专用基金收入则开立专户储存。②专用基金收入和财政专户管理资金收入的关系。两类资金收入都存入财政部门在商业银行开设的财政专户中进行管理,都是财政非预算资金。③转移性收入、债务收入、债务转贷收入等在财政总预算会计中是与一般公共预算本级收入等收入类别并列进行专门核算管理的,但在《2020年政府收支分类科目》(本书也简称《政府收支分类科目》)中三者并没有独立出来,而是分别属于一般公共预算本级收入、政府性基金预算本级收入和国有资本经营预算本级收入中二级或三级预算收入科目的内容。

【学习重点】

一般公共预算本级收入、政府性基金预算本级收入、国有资本经营预算本级收入、转移性收入、债务收入、债务转贷收入等。

【学习难点】

债务收入、债务转贷收入是本章的学习难点,学习过程中重点注意:①"双分录"的会计处理;②上级财政为下级财政举借债务时,上下级财政会计各自的会计处理过程,尤其要注意不同的债务承担责任情况下不同的会计处理方法。

第一节 收入概述

在财政总预算会计中,收入是指政府财政为实现政府职能,根据法律法规等所筹集的资金。财政总预算会计核算的收入包括一般公共预算本级收入、政府性基金预算本级收入、国有资本经营预算本级收入、财政专户管理资金收入、专用基金收入、转移性收入、债务收入、债务转贷收入等。

在财政总预算会计中各类收入一般以收付实现制为基础进行会计确认，少数收入类别采用修正的收付实现制进行会计确认。具体情况如下：

(1)一般公共预算本级收入、政府性基金预算本级收入、国有资本经营预算本级收入、财政专户管理资金收入和专用基金收入应当按照实际收到的金额入账。

(2)转移性收入应当按照财政体制的规定或实际发生的金额入账。债务收入应当按照实际发行额或借入的金额入账，债务转贷收入应当按照实际收到的转贷金额入账。

(3)已建乡(镇)国库的地区，乡(镇)财政的本级收入以乡(镇)国库收到数为准。县(含县本级)以上各级财政的各项预算收入(含固定收入与共享收入)以缴入基层国库数额为准。

(4)未建乡(镇)国库的地区，乡(镇)财政的本级收入以乡(镇)总会计收到县级财政返回数额为准。

总会计应当加强各项收入的管理，严格会计核算手续。对于各项收入的账务处理必须以审核无误的国库入库凭证、预算收入日报表和其他合法凭证为依据。发现错误，应当按照相关规定及时通知有关单位共同更正。对于已缴入国库和财政专户的收入退库(付)，要严格把关，强化监督。凡不属于国家规定的退库(付)项目，一律不得冲退收入。属于国家规定的退库(付)事项，具体退库(付)程序按财政部的有关规定办理。

第二节　一般公共预算本级收入

一、一般公共预算本级收入的概念与内容

一般公共预算是对以税收为主体的财政收入，安排用于保障和改善民生、推动经济社会发展、维护国家安全、维持国家机构正常运转等方面的收支预算。一般公共预算本级收入是指政府财政筹集的纳入本级一般公共预算管理的税收收入和非税收入(也称为非税收收入)，不包括在《2020 年政府收支分类科目》中有关一般公共预算收入科目所包含的债务收入、转移性收入的内容，这部分内容在财政总预算会计中将进行单独核算管理。按照《2020 年政府收支分类科目》，一般公共预算收入科目分设类、款、项、目四级，各级科目逐级递进，内容也逐级细化。

(一)税收收入

税收收入是政府以征税方式取得的一般公共预算本级收入。在《2020 年政府收支分类科目》中，该类级科目下设有款级科目：增值税、消费税、企业所得税、企业所得税退税、个人所得税、资源税、城市维护建设税、房产税、印花税、城镇土地使用税、土地增值税、车船税、车辆购置税、关税、耕地占用税、契税、烟叶税、环境保护税、其他税收收入等共 19 种税收收入。在税收收入类级科目下，税款滞纳金和罚款收入、退税等通过单独设置科目予以反映。

(二)非税收收入

非税收收入是指各级政府及其所属部门和单位依法利用行政权力、政府信誉、国家资源、国有资产或提供特定公共服务征收、收取、提取、募集的除税收、政府债务和转移性收入以外的财

政收入。在《2020 年政府收支分类科目》中，该类级科目下设有款级科目如下：

1. 专项收入

专项收入反映一般公共预算管理的有专项用途的非税收入。在《2020 年政府收支分类科目》中，该款级科目又具体包括若干项目级科目，如教育费附加收入、铀产品出售收入、三峡库区移民专项收入、地方教育附加收入、文化事业建设费收入、教育资金收入、水利建设专项收入、农田水利建设资金收入等共 14 项专项收入。

2. 行政事业性收费收入

行政事业性收费收入反映依据法律、行政法规、国务院有关规定、国务院财政部门会同价格主管部门共同发布的规章或者规定，以及省、自治区、直辖市的地方性法规、政府规章或者规定，省、自治区、直辖市人民政府财政部门会同价格主管部门共同发布的规定所收取的各项收费收入。在《2020 年政府收支分类科目》中，该款级科目又具体包括若干方面的项目级科目，如公安、法院、外交、商贸、财政、税务、海关、审计、国管局、科技、保密、市场监管、广播电视、应急管理、档案、港澳办、贸促会、人防办、中直管理局、文化和旅游、教育、行政事业性收费收入、公办幼儿园、体育、发展与改革、统计、自然资源、建设、知识产权、生态环境、铁路、交通运输、工业和信息产业、农业农村、林业草原、水利、卫生健康、药品监管、民政、人力资源和社会保障、证监会、银行保险、仲裁委、学校、监察、外文局、国资委以及其他方面的行政事业收费。

3. 罚没收入

罚没收入反映执法机关依法收缴的罚款（罚金）、没收款、赃款、没收物资、赃物的变价款收入。在《2020 年政府收支分类科目》中，该款级科目又具体包括如下四个项目级科目：一般罚没收入（包括公安、检察院、法院、新闻出版、税务部门、海关、药品监督等）、缉私罚没收入、缉毒罚没收入、罚没收入退库等。

4. 国有资本经营收入

国有资本经营收入反映各级人民政府及其部门、机构履行出资人职责的企业（即一级企业）上缴的国有资本收益。在《2020 年政府收支分类科目》中，该款级科目又具体包括如下项目级科目：利润收入、股利股息收入、产权转让收入、清算收入、国有资本经营收入退库、国有企业计划亏损补贴、烟草企业上缴专项收入、其他国有资本经营收入。

5. 国有资源（资产）有偿使用收入

国有资源（资产）有偿使用收入反映有偿转让国有资源（资产）使用费而取得的收入。该收入包括海域使用金收入、场地和矿区使用费收入、特种矿产品出售收入、专项储备物资销售收入、利息收入、非经营性国有资产收入、出租国有经营权有偿出让和转让收入、无居民海岛使用金收入、铁路资产变现收入、矿产资源专项收入、排污权出让收入、水资源费收入等。

6. 捐赠收入

捐赠收入反映《财政部关于加强非税收入管理的通知》（财综〔2004〕53 号）的规定，以政府名义接受的捐赠收入。该收入主要包括国外捐赠收入和国内捐赠收入。

7. 政府住房基金收入

政府住房基金收入反映按《住房公积金管理条例》等规定收取的政府住房基金收入。该收入主要包括上缴管理费用、计提公共租赁住房资金、公共租赁住房租金收入、配建商业设施租售收入、其他政府住房基金收入。

8. 其他收入

这部分收入是指除上述各款收入以外的其他收入，主要包括主管部门集中收入、免税商品特许经营费收入、基本建设收入、差别电价收入、债务管理收入、南水北调工程基金收入和其他收入。

二、一般公共预算本级收入的核算

为进行一般公共预算本级收入的核算，财政总预算会计设置了“一般公共预算本级收入”总账科目。该科目应当根据《2020年政府收支分类科目》中“一般公共预算收入科目”规定进行明细核算。平时收到款项时，根据当日预算收入日报表所列一般公共预算本级收入数，借记“国库存款”等科目，贷记“一般公共预算本级收入”科目。平时该科目贷方余额反映一般公共预算本级收入的累计数。年终转账时，将“一般公共预算本级收入”贷方余额全数转入“一般公共预算结转结余”科目，借记“一般公共预算本级收入”科目，贷记“一般公共预算结转结余”科目。结转后，该科目无余额。

在没有设置国库的乡镇财政部门收到征收机构报来的交到县级国库的预算收入报告时，应按交到国库的金额登记备查账；在县财政部门将预算收入返还，并将资金拨付到乡镇财政部门的财政存款账户时，乡镇财政会计才按收到的预算收入数，借记“其他财政存款”科目，贷记“一般公共预算本级收入”“政府性基金预算本级收入”等科目及其明细账。

在一般公共预算本级收入中，有些属于“负收入”，即在收入发生时，不是将财政资金缴入国库，而是将财政资金从国库中支付给相应的企业单位等。这些负收入主要包括采用“先征后退”方式，以及对实行国家限价政策企业的政策性亏损补贴。这时发生了预算收入退库，财政会计须按退库金额，用红字借记“国库存款”科目，贷记“一般公共预算本级收入”科目。

对于已经记入收入科目，但发现错误入库的预算收入，财政会计要及时做预算收入退回的账务处理，借记“一般公共预算本级收入”“政府性基金预算本级收入”等科目，贷记“国库存款”科目。

【例题6-1】 某省财政会计收到同级国库报来的预算收入日报表(见表6-1)，经审核后按照日报表的预算收入金额登记收入账簿。

表6-1　预算收入日报表　　　　级次：省级

预算科目				本日收入
类	款	项	目	金额(单位：元)
税收收入	增值税	国内增值税	国有企业增值税	15 800 000
	企业所得税	国有冶金工业所得税		9 000 000
	消费税	国内消费税	国有企业消费税	6 000 000
非税收收入	专项收入	教育费附加收入	教育费附加收入	5 000 000
	行政事业性收费收入	公安行政事业性收费收入	外国人签证费	800 000
	罚没收入	一般罚没收入	卫生罚没收入	100 000
	国有资本经营收入	利润收入	金融企业利润收入	28 000 000
合计				64 700 000

省财政进行账务处理分录如下：

借：国库存款　30 800 000

　贷：一般公共预算本级收入—税收收入—增值税—国内增值税—国有企业增值税　15 800 000

　　一般公共预算本级收入—税收收入—企业所得税—国有冶金工业所得税　9 000 000

　　一般公共预算本级收入—税收收入—消费税—国内消费税—国有企业消费税　6 000 000

借：国库存款　33 900 000

　贷：一般公共预算本级收入—非税收收入—专项收入—教育费附加收入—教育费附加收入　5 000 000

　　一般公共预算本级收入—非税收收入—行政事业性收费收入—公安行政事业性收费收入—外国人签证费　800 000

　　一般公共预算本级收入—非税收收入—罚没收入——般罚没收入—卫生罚没收入　100 000

　　一般公共预算本级收入—非税收收入—国有资本经营收入—利润收入—金融企业利润收入　28 000 000

【例题 6-2】 某镇没有设置同级财政对应国库，某日镇财政收到所属国有企业缴付的增值税 20 万元，所得税 30 万元，将税款交付县国库。县国库则将该镇财政收入报解给县财政部门；县财政部门将该镇的财政收入返还，拨付到该镇的财政存款账户。要求编制该县、镇财政进行账务处理时的会计分录。

(1)镇财政所将征收的税款交付县国库时，镇财政会计按交县国库的收入数登记备查账。

(2)县财政部门收到国库报来的财政收入时：

借：国库存款　500 000

　贷：一般公共预算本级收入—某镇—税收收入—增值税—国内增值税—国有企业增值税　200 000

　　一般公共预算本级收入—某镇—税收收入—企业所得税—联营企业所得税　300 000

(3)县财政部门将镇财政收入返还镇财政时：

借：一般公共预算本级收入—某镇—税收收入—增值税—国内增值税—国有企业增值税　200 000

　一般公共预算本级收入—某镇—税收收入—企业所得税—联营企业所得税　300 000

　贷：国库存款　500 000

(4)镇财政部门收到返还镇财政收入时：

借：其他财政存款　500 000

　贷：一般公共预算本级收入—税收收入—增值税—国内增值税—国有企业增值税　200 000

一般公共预算本级收入—税收收入—企业所得税—联营企业所得税
300 000

【例题 6-3】 某省财政收到同级国库报来的预算收入日报表(见表 6-2),经审核后按照日报表的预算收入金额登记收入账簿。

表 6-2　预算收入日报表　　级次:省

预算科目				本日收入
类	款	项	目	金额(单位:元)
税收收入	企业所得税退税	私营企业退税		—5 200 000
非税收收入	国有资本经营收入	国有企业计划亏损补贴	农业企业计划亏损补贴	—180 000
合计				—5 380 000

该省财政账务处理如下:

借:国库存款　—5 380 000

　贷:一般公共预算本级收入—税收收入—企业所得税退税—私营企业退税
—5 200 000

　一般公共预算本级收入—非税收收入—国有资本经营收入—国有企业计划亏损补贴
—180 000

【例题 6-4】 某市财政年终“一般公共预算本级收入”总账科目贷方余额为 3 690 000 元,财政总预算会计将其全数转入“一般公共预算结转结余”总账科目。财政总预算会计应进行如下会计处理,结清了所有一般公共预算本级收入明细账余额。

借:一般公共预算本级收入　3 690 000

　贷:一般公共预算结转结余　3 690 000

第三节　政府性基金预算本级收入

一、政府性基金预算本级收入的概念与内容

政府性基金收入是各级政府及其所属部门根据法律、行政法规规定并经国务院或财政批准,向公民、法人和其他组织征收的政府性基金,以及参照政府性基金管理或纳入基金预算、具有特定用途的财政资金。

根据《2020 年政府收支分类科目》,政府性基金预算收入分设类、款、项、目四级科目,其中有三个类级科目:“非税收入”“债务收入”“转移性收入”。在财政总预算会计下的“政府性基金预算本级收入”科目只核算“非税收入”类级科目下的内容,对于“债务收入”和“转移性收入”两个类级科目的内容,将单独进行核算。《2020 年政府收支分类科目》中的“政府性基金收入”款级科目下核算的项级科目内容有 28 项,主要有农网还贷资金收入、铁路建设基金收入、民航发展基金收入、港口建设费收入、旅游发展基金收入、国家电影事业发展专项资金收入、海南省高等级公路车辆通行附加费收入、国有土地收益基金收入、农业土地开发资金收入、大中型水库移民后期扶持基金收入、大中型水库库区基金收入、三峡水库库区基金收入、彩票公益金收入、城

市基础设施配套费收入、车辆通行费、废弃电器电子产品处理基金收入、污水处理费收入、彩票发行机构和彩票销售机构的业务费用、其他政府性基金收入等。

专项债券对应项目专项收入，是指地方政府专项债券对应项目形成的、可用于偿还专项债券本息的经营收入。该款级科目下面目前设有港口建设费专项债务对应项目、国家电影事业发展专项资金专项债务对应项目、国有土地使用权出让金专项债务对应项目、农业土地开发资金专项债务对应项目、大中型水库库区基金专项债务对应项目等 12 项专项收入。

二、政府性基金预算本级收入的核算

为核算政府财政筹集的纳入本级政府性基金预算管理的非税收入，财政总预算会计设置“政府性基金预算本级收入”总账科目，用来核算政府财政筹集的纳入本级政府性基金预算管理的非税收入。该科目应当根据《2020 年政府收支分类科目》中“政府性基金预算收入科目”规定进行明细核算。政府性基金预算本级收入的主要账务处理如下：

（1）收到款项时，根据当日预算收入日报表所列政府性基金预算本级收入数，借记“国库存款”等科目，贷记“政府性基金预算本级收入”科目。

（2）年终转账时，“政府性基金预算本级收入”科目贷方余额全数转入“政府性基金预算结转结余”科目，借记“政府性基金预算本级收入”科目，贷记“政府性基金预算结转结余”科目。结转后，“政府性基金预算本级收入”科目无余额。

政府性基金实行中央一级审批制度，遵循统一领导、分级管理的原则。各级财政部门是政府性基金管理的职能部门。政府性基金收支纳入政府性基金预算管理。政府性基金预算编制遵循“以收定支、专款专用、收支平衡、结余结转下年安排使用”的原则。

【例题 6-5】 某市财政收到同级国库报来的预算收入日报表（见表 6-3），经审核后按照日报表的预算收入金额登记收入账簿。

表 6-3　预算收入日报表　　　　级次：市

预算科目				本日收入
类	款	项	目	金额（单位：元）
非税收入	政府性基金收入	国有土地收益基金收入		300 000 000
		车辆通行费		3 180 000
	专项债券对应项目专项收入	港口建设费专项债务对应项目专项收入		50 600 000
合计				353 780 000

该市财政账务处理如下：

借：国库存款　　353 780 000

　贷：政府性基金预算本级收入—非税收入—政府性基金收入—国有土地收益基金收入　　300 000 000

　　政府性基金预算本级收入—非税收入—政府性基金收入—车辆通行费　　3 180 000

　　政府性基金预算本级收入—非税收入—专项债券对应项目专项收入—港口建设

费专项债务对应项目专项收入　　　　　　　　　　50 600 000

【例题 6-6】 某市财政年终“政府性基金预算本级收入”总账科目贷方余额为 1 796 800 元。财政总预算会计将其全数转入“政府性基金预算结转结余”总账科目。财政总预算会计应进行如下会计处理，结清所有政府性基金预算本级收入明细账余额。

借：政府性基金预算本级收入　　　　　　　　　　1 796 800

　　贷：政府性基金预算结转结余　　　　　　　　　　1 796 800

第四节　国有资本经营预算本级收入

一、国有资本经营预算本级收入的概念与内容

国有资本经营收入是指各级政府及其部门、机构履行出资人职责的企业（即一级企业）上缴的国有资本收益。国有资本经营预算本级收入是指政府财政筹集的纳入本级国有资本经营预算管理的非税收入。

根据《2020 年政府收支分类科目》，国有资本经营预算收入分设类、款、项、目四级科目，其中有两个类级科目：“非税收入”和“转移性收入”。在财政总预算会计下的“国有资本经营预算本级收入”科目只核算“非税收入”类级科目下的内容，对于“转移性收入”类级科目的内容，将单独进行核算。而在“非税收入”类级科目下目前只有“国有资本经营收入”款级科目。主要内容有：

（1）利润收入，是指中国人民银行、国有独资企业等按规定上缴国家的利润。如烟草企业利润收入、石油石化企业利润收入、电力企业利润收入、煤炭企业利润收入、钢铁企业利润收入、化工企业利润收入、运输企业利润收入、投资服务企业利润收入、邮政企业利润收入、地质勘查企业利润收入、教育文化广播企业利润收入等。

（2）股利、股息收入，是指国有控股、参股企业国有股权（股份）上缴的股利、股息收入。如国有控股公司、国有参股公司、金融企业、其他国有资本经营预算企业等的股利、股息收入。

（3）产权转让收入，是指国有资产（含国有股权）转让或出售收入。它主要包括因国有股减持、国有股权或股份转让、国有独资企业产权转让、金融企业产权转让、其他国有资本经营预算企业产权转让等情况产生的收入。

（4）清算收入，是指国有独资企业清算收入（扣除清算费用）以及国有控股、参股企业国有股权（股份）分享的公司清算收入（扣除清算费用）。它主要包括国有股权或股份清算收入、国有独资企业清算收入、其他国有资本经营预算企业清算收入等。

（5）其他国有资本经营预算收入，是指除以上内容以外的其他国有资本经营预算收入。

二、国有资本经营预算本级收入的核算

为核算国有资本经营预算本级收入业务，财政总预算会计设置“国有资本经营预算本级收入”总账科目，该科目应当根据《2020 年政府收支分类科目》中“国有资本经营预算收入科目”规定进行明细核算。平时在收到款项时，应根据当日预算收入日报表所列国有资本经营预算本级收入数，借记“国库存款”等科目，贷记“国有资本经营预算本级收入”科目。该科目平时贷方余

额反映国有资本经营预算本级收入的累计数，年终转账时，该科目贷方余额全数转入“国有资本经营预算结转结余”科目，借记“国有资本经营预算本级收入”科目，贷记“国有资本经营预算结转结余”科目。结转后，“国有资本经营预算本级收入”科目无余额。

【例题 6-7】 某市财政收到同级国库报来的预算收入日报表（见表 6-4），经审核后按照日报表的预算收入金额登记收入账簿。

表 6-4 预算收入日报表 级次：市

预算科目				本日收入
类	款	项	目	金额（单位：元）
非税收收入	国有资本经营收入	利润收入	金融企业利润收入	58 000 000
		股利、股息收入	国有控股公司股利、股息收入	280 000
合计				58 280 000

该市财政账务处理如下：

借：国库存款　　58 280 000

　贷：国有资本经营预算本级收入—非税收收入—国有资本经营收入—利润收入—金融企业利润收入　　58 000 000

　　国有资本经营预算本级收入—非税收收入—国有资本经营收入—股利、股息收入—国有控股公司股利、股息收入　　280 000

【例题 6-8】 某省财政年终“国有资本经营预算本级收入”总账科目贷方余额为 6 775 000 元。财政总预算会计将其全数转入“国有资本经营预算结转结余”总账科目。财政总预算会计应进行如下会计处理，结清所有国有资本经营预算本级收入明细账余额。

借：国有资本经营预算本级收入　　6 775 000

　贷：国有资本经营预算结转结余　　6 775 000

第五节　财政专户管理资金收入和专用基金收入

一、财政专户管理资金收入

财政专户管理资金收入是指政府财政纳入财政专户管理的教育收费等资金收入。缴入财政专户管理的教育收费，是纳入财政管理的非预算资金，相应款项缴入财政部门在商业银行开设的财政专户中，而不是缴入财政部门在人民银行开设的国库中。财政专户管理资金收入应当按实际收到的金额入账。在 2015 年以前教育收费、彩票发行和销售机构业务费用的资金，称作“预算外资金”，现在教育收费改称“财政专户管理资金”，彩票发行和销售机构业务费用的资金现纳入政府性基金预算管理，资金也从财政专户转入国库。

为进行财政专户管理资金收入业务的核算，财政总预算会计设置“财政专户管理资金收入”总账科目。该科目应当按照《2020 年政府收支分类科目》中收入分类科目规定进行明细核算。同时，根据管理需要，按部门（单位）等进行明细核算。平时，财政部门收到财政专户管理资金时，借记“其他财政存款”科目，贷记“财政专户管理资金收入”科目。本科目平时贷方余额反映财政专户管理资金收入的累计数。年终转账时，本科目贷方余额全数转入“财政专户管理资金结余”科目，借记“财政专户管理资金收入”科目，贷记“财政专户管理资金结余”科目。结转后，本科目无余额。

【例题 6-9】 某省财政设置的财政专户收到某高校缴来的本年度学生学费 528 000 元，款项已缴入财政专户。

借：其他财政存款　　528 000

　贷：财政专户管理资金收入—教育行政事业收费收入—某高校　　528 000

【例题 6-10】 某市财政年终“财政专户管理资金收入”总账科目贷方余额为 3 780 000 元，财政总预算会计将其全数转入“财政专户管理资金结余”总账科目。财政总预算会计应进行如下会计处理，结清所有财政专户管理资金收入明细账余额。

借：财政专户管理资金收入　　3 780 000

　贷：财政专户管理资金结余　　3 780 000

二、专用基金收入

专用基金收入是指政府财政按照法律法规和国务院、财政部规定设置或取得的粮食风险基金等专用基金收入。专用基金的来源有两部分：大部分来源于一般公共预算的安排；少部分来源于专用基金在银行存款及专用基金使用周转过程中产生的资金增值等。

专用基金收入必须专款专用，不能随意改变用途。在管理要求上需要做到先收后支，量入为出。专用基金收入的款项一般要求进行专户存储，存入财政部门按规定在有关银行开设的财政专户。专用基金收入应当按实际收到的金额入账。

为核算专用基金收入业务，财政总预算会计应设置“专用基金收入”总账科目。该科目应当按照专用基金的种类进行明细核算。该科目平时贷方余额反映取得专用基金收入的累计数。主要业务内容有：

(1)通过预算支出安排取得专用基金收入转入财政专户的，借记“其他财政存款”科目，贷记“专用基金收入”科目；同时，借记“一般公共预算本级支出”等科目，贷记“国库存款”“补助收入”等科目。退回专用基金收入时，借记“专用基金收入”科目，贷记“其他财政存款”科目。

(2)通过预算支出安排取得专用基金收入仍存在国库的，借记“一般公共预算本级支出”等科目，贷记“专用基金收入”科目。

(3)年终转账时，“专用基金收入”科目贷方余额全数转入“专用基金结余”科目，借记“专用基金收入”科目，贷记“专用基金结余”科目。结转后，“专用基金收入”科目无余额。

【例题 6-11】 某省财政通过本级一般公共预算安排取得粮食风险基金 85 000 元。相应款项已从财政国库转入粮食风险基金财政专户。省财政总预算会计应编制如下会计分录：

借：一般公共预算本级支出　　85 000

　贷：国库存款　　85 000

同时：

借：其他财政存款　　85 000

　贷：专用基金收入—粮食风险基金　　85 000

【例题 6-12】 某省财政年终“专用基金收入”总账科目贷方余额为 1 260 000 元，财政总预算会计将其全数转入“专用基金结余”总账科目。财政总预算会计应进行如下会计处理，结清所有专用基金收入明细账余额。

借：专用基金收入　　1 260 000

　贷：专用基金结余　　1 260 000

粮食风险基金收入主要来源于上级政府的专项拨款以及本级政府的预算安排，除此之外，粮食风险基金银行存款的利息收入应当增加粮食风险基金的本金，不能挪作他用。建立粮食风险基金，对于防范国家粮食风险具有重要意义。粮食风险基金主要用于对种粮农民进行直接补贴等方面。

第六节　转移性收入

一、转移性收入的概念与种类

转移性收入不是由政府直接从社会筹集的，而是指在各级政府财政之间进行资金调拨以及在本级政府财政不同类型资金之间调剂所形成的收入，包括补助收入、上解收入、调入资金和地区间援助收入等。按《2020年政府收支分类科目》，转移性收入是与税收收入、非税收入、债务收入相并列的一个收入种类，是分别属于一般公共预算收入、政府性基金预算收入、国有资本经营预算收入和社会保险基金预算收入的类级科目。

（一）一般公共预算收入中的转移性收入

根据政府预算管理的需要，一般公共预算收入中的转移性收入的内容有时有所调整。根据《2020年政府收支分类科目》，一般公共预算收入中的转移性收入的种类主要有：

（1）返还性收入，反映下级政府收到上级政府的返还性收入。如所得税基数返还、成品油税费改革税收返还、增值税税收返还、消费税税收返还、增值税“五五分享”税收返还、其他返还性收入。

（2）一般性转移支付收入，反映政府间一般性转移支付收入。如体制补助收入、均衡性转移支付收入、县级基本财力保障机制奖补资金收入、结算补助收入、资源枯竭型成本转移支付补助收入、企业事业单位划转补助收入、革命老区转移支付收入、民族地区转移支付收入、边境地区转移支付收入、贫困地区转移支付收入、公共安全共同财政事权转移支付收入、教育共同财政事权转移支付收入、科学技术共同财政事权转移支付收入等。

（3）专项转移支付收入，反映政府间专项转移支付收入，包括一般公共服务、外交、国防、公共安全、教育、科学技术、文化旅游体育与传媒、社会保障和就业、卫生健康、节能环保、城乡社区、农林水、交通运输、资源勘探信息等、商业服务业等、金融、自然资源海洋气象等、住房保障、粮油物资储备、灾害防治及应急管理和其他方面的专项转移支付收入。

（4）上解收入，反映上级政府收到下级政府的上解收入，包括体制上解收入、专项上解收入等。

（5）上年结余收入，反映各类资金的上年结余。

（6）调入资金，反映不同预算资金之间的调入收入，包括调入一般公共预算资金。

(7)债务转贷收入,反映下级政府收到的上级政府转贷的一般债务收入,主要是指地方政府一般债券转贷收入。

(8)接受其他地区援助收入,反映受援政府接受的可统筹使用的各类援助、捐赠等资金收入。

(9)动用预算稳定调节基金,反映用于弥补收支缺口的预算稳定调节基金。

(二)政府性基金预算收入中的转移性收入

根据政府预算管理的需要,政府性基金预算收入中的转移性收入中内容有时有所调整。根据《2020 年政府收支分类科目》,在政府性基金预算收入中的转移性收入的种类主要有:

(1)政府性基金转移收入,反映政府性基金转移收入,包括政府性基金补助收入、政府性基金上解收入。

(2)上年结余收入,反映各类资金的上年结余,如政府性基金预算的上年结余收入。

(3)调入资金,反映不同性质资金之间的调入收入,如调入政府性基金预算资金。

(4)债务转贷收入,反映下级政府收到的上级政府转贷的一般债务收入,主要是指地方政府专项债券转贷收入。

(三)国有资本经营预算收入中的转移性收入

根据《2020 年政府收支分类科目》,在国有资本经营预算收入中的"转移性收入"类级科目下只设有"国有资本经营预算转移支付收入"一个款级科目,其下设有两个项级科目:

(1)国有资本经营预算转移支付收入,反映下级政府收到上级政府的国有资本经营预算转移支付收入

(2)国有资本经营预算上解收入,上级政府收到下级政府国家资本经营预算上解收入。

要说明的是,尽管在《2020 年政府收支分类科目》中将转移性收入同债务收入、税收收入和非税收入并列作为类级预算科目,但在《财政总预算会计制度》中,是将各种性质下的转移性收入进一步分为补助收入、上解收入、调入资金、地区间援助收入、债务转贷收入进行详细核算的。动用预算稳定调节基金不是财政总预算会计的转移性收入的内容,但属于《2020 年政府收支分类科目》中的转移性收入。

二、转移性收入的核算

(一)补助收入

补助收入是指上级政府财政按照财政体制规定或因专项需要补助给本级政府财政的款项,包括上级税收返还、转移支付等。补助收入对应核算《2020 年政府收支分类科目》中的返还性收入、一般性转移支付收入、专项转移支付收入、政府性基金转移收入、国有资本经营预算转移支付收入等科目的内容。

根据财政总预算会计制度的要求,补助收入应当按照财政体制的规定或实际发生的金额入账,分别采用收付实现制和权责发生制基础确认。日常收到上级政府财政拨入的税收返还等形式的预算补助款时,以收付实现制为基础确认;当补助收入的数额可以可靠估计时,应当以权责发生制为基础在发生时确认,主要包括两种情况:一是年终与上级政府结算时,应当根据预算文件,按照尚未收到的补助金额确认补助收入;二是实行特设专户管理的专项转移支付,应当根据上级政府财政下达的预算文件的数额确认补助收入,这与"与上级往来"业务相联系。

为核算补助收入业务，财政总预算会计设置“补助收入”总账科目。该科目下应当按照不同的资金性质设置“一般公共预算补助收入”“政府性基金预算补助收入”等明细科目。该科目平时贷方余额反映补助收入的累计数。补助收入的主要账务处理如下：

(1)收到上级政府财政拨入的补助款时，借记“国库存款”“其他财政存款”等科目，贷记“补助收入”。

(2)专项转移支付资金实行特设专户管理的，政府财政应当根据上级政府财政下达的预算文件确认补助收入。年度当中收到资金时，借记“其他财政存款”科目，贷记“与上级往来”等科目；年度终了，根据专项转移支付资金预算文件，借记“与上级往来”科目，贷记“补助收入”。

(3)从“与上级往来”科目转入“补助收入”时，借记“与上级往来”科目，贷记“补助收入”。

(4)有主权外债业务的财政部门，贷款资金由本级政府财政同级部门(单位)使用，且贷款的最终还款责任由上级政府财政承担的，本级政府财政部门收到贷款资金时，借记“其他财政存款”科目，贷记“补助收入”；外方将贷款资金直接支付给供应商或用款单位时，借记“一般公共预算本级支出”，贷记“补助收入”。

(5)年终与上级政府财政结算时，根据预算文件，按照尚未收到的补助款金额，借记“与上级往来”科目，贷记“补助收入”。退还或核减补助收入时，借记“补助收入”，贷记“国库存款”“与上级往来”等科目。

(6)年终转账时，“补助收入”贷方余额应根据不同资金性质分别转入对应的结转结余科目，借记“补助收入”，贷记“一般公共预算结转结余”“政府性基金预算结转结余”等科目。结转后，“补助收入”无余额。

【例题 6-13】 某市财政收到人民银行国库报来的预算收入日报表(见表 6-5、表 6-6)，当日经审核后按照日报表的预算收入金额登记收入账簿。

表 6-5　一般公共预算收入日报表　　级次：市

预算科目				本日收入
类	款	项	目	金额(单位：元)
转移性收入	返还性收入	消费税税收返还收入		180 000
	一般性转移支付收入	体制补助收入		100 000
	专项转移支付收入	教育		250 000
合计				530 000

表 6-6　政府性基金预算收入日报表　　级次：市

预算科目				本日收入
类	款	项	目	金额(单位：元)
转移性收入	政府性基金转移收入	政府性基金补助收入		320 000
合计				320 000

该市财政账务处理如下：

借：国库存款　　850 000

　贷：补助收入——一般公共预算补助收入—返还性收入—消费税税收返还收入

　　　180 000

补助收入——一般公共预算补助收入——一般性转移支付收入—体制补助收入 100 000

补助收入——一般公共预算补助收入—专项转移支付收入—教育 250 000

补助收入—政府性基金预算补助收入—政府性基金转移收入—政府性基金补助收入 320 000

【例题 6-14】 根据财政体制结算，计算应得上级省财政的补助收入 750 000 元。具体为"转移性收入——一般性转移支付收入—结算补助收入"350 000 元，"转移性收入—政府性基金转移收入—政府性基金补助收入" 400 000 元。市总预算会计应编制如下会计分录：

借：与上级往来 750 000

贷：补助收入——一般公共预算补助收入——一般性转移支付收入—结算补助收入 350 000

补助收入—政府性基金预算补助收入—政府性基金转移收入—政府性基金补助收入 400 000

【例题 6-15】 某市财政年终"补助收入"总账科目贷方余额为 659 000 元。其中，属于一般公共预算资金的补助收入为 500 000 元，属于政府性基金预算资金的补助收入为 159 000 元。财政总预算会计将其分别转入"一般公共预算结转结余""政府性基金预算结转结余"总账科目。财政总预算会计编制如下会计分录，并结清相关明细科目。

借：补助收入 659 000

贷：一般公共预算结转结余 500 000

政府性基金预算结转结余 159 000

(二)上解收入

上解收入核算按照体制规定由下级政府财政上交给本级政府财政的款项，包括体制上解收入(体制上解款)、专项上解收入、政府性基金上解收入和国有资本经营预算上解收入。体制上解款是指按财政体制规定由下级政府财政上交本级政府财政的上解收入，专项上解收入是指收到下级政府的专项上解收入，政府性基金上解收入反映本级政府收到下级政府性基金上解收入。

为核算上解收入业务，财政总预算会计设置"上解收入"总账科目。该科目下应当按照不同资金性质设置"一般公共预算上解收入""政府性基金预算上解收入"等明细科目。同时，还应当按照上解地区进行明细核算。该科目平时贷方余额反映上解收入的累计数。

根据财政总预算会计制度的要求，上解收入应分别采用收付实现制和权责发生制为基础确认。日常收到下级政府财政的体制上解款时，以收付实现制为基础确认；年终与下级政府结算时，上解收入的数额可以可靠估计时，上解收入应当按权责发生制为基础确认，这时与"与下级往来"业务相联系。上解收入的主要账务处理如下：

(1)收到下级政府财政的上解款时，借记"国库存款"等科目，贷记"上解收入"科目。

(2)年终与下级政府财政结算时，根据预算文件，按照尚未收到的上解款金额，借记"与下级往来"科目，贷记"上解收入"科目。退还或核减上解收入时，借记"上解收入"科目，贷记"国库存款""与下级往来"等科目。

（3）年终转账时，“上解收入”科目贷方余额应根据不同资金性质分别转入对应的结转结余科目，借记“上解收入”科目，贷记“一般公共预算结转结余”“政府性基金预算结转结余”等科目。结转后，“上解收入”科目无余额。

【例题 6-16】 某省财政收到人民银行国库报来的预算收入日报表（见表 6-7、表 6-8），当日经审核后按照日报表的预算收入金额登记收入账簿。

表 6-7　一般公共预算收入日报表　　级次：省

预算科目				本日收入
类	款	项	目	金额（单位：元）
转移性收入	上解收入	体制上解收入		80 000
		专项上解收入		100 000
合计				180 000

表 6-8　政府性基金预算收入日报表　　级次：省

预算科目				本日收入
类	款	项	目	金额（单位：元）
转移性收入	政府性基金转移收入	政府性基金上解收入		30 000
合计				30 000

该省财政账务处理如下：

借：国库存款　　210 000

　贷：上解收入——一般公共预算上解收入—体制上解收入　　80 000

　　上解收入——一般公共预算上解收入—专项上解收入　　100 000

　　上解收入—政府性基金预算上解收入　　30 000

【例题 6-17】 根据财政体制结算，确认应收下级某市财政的上解收入 250 000 元。具体是：“转移性收入—上解收入—体制上解收入”150 000 元；“转移性收入—政府性基金转移收入—政府性基金上解收入”100 000 元。该省财政会计编制如下会计分录。

借：与下级往来　　250 000

　贷：上解收入——一般公共预算上解收入—体制上解收入　　150 000

　　上解收入—政府性基金预算上解收入　　100 000

【例题 6-18】 年终，“上解收入”科目贷方余额 653 000 元，其中一般公共预算上解收入贷方余额为 513 000 元，政府性基金预算上解收入贷方余额为 140 000 元。省财政总预算会计按资金性质分别将其转入“一般公共预算结转结余”“政府性基金预算结转结余”科目。该省财政会计应进行如下处理，并结清相关明细科目。

借：上解收入——一般公共预算上解收入　　513 000

　上解收入—政府性基金预算上解收入　　140 000

　贷：一般公共预算结转结余　　513 000

　　政府性基金预算结转结余　　140 000

（三）调入资金

调入资金是指政府财政为平衡某类预算收支，从其他类型预算资金及其他渠道调入的资金。调入资金可以发生在一般公共预算中,也可以发生在政府性基金预算中。调入资金的目的是平衡一般公共预算或政府性基金预算。如果一般公共预算发生缺口,为平衡一般公共预算,可以考虑从政府性基金预算、国有资本经营预算中调入一部分资金,形成一般公共预算调入资金,在被调出方形成调出资金。政府性基金的情况也是如此。

为核算调入资金业务,财政总预算会计设置"调入资金"总账科目。该科目核算政府财政为平衡某类预算收支,从其他类型预算资金及其他渠道调入的资金。该科目下应当按照不同资金性质设置"一般公共预算调入资金""政府性基金预算调入资金"等明细科目。该科目平时贷方余额反映调入资金的累计数。

调入资金的主要账务处理如下:

(1)从其他类型预算资金及其他渠道调入一般公共预算时,按照调入的资金金额,借记"调出资金—政府性基金预算调出资金""调出资金—国有资本经营预算调出资金""国库存款"等科目,贷记"调入资金——一般公共预算调入资金"。

(2)从其他类型预算资金及其他渠道调入政府性基金预算时,按照调入的资金金额,借记"调出资金——一般公共预算调出资金""国库存款"等科目,贷记"调入资金—政府性基金预算调入资金"。

(3)年终转账时,调入资金贷方余额分别转入相应的结转结余科目,借记"调入资金"科目,贷记"一般公共预算结转结余""政府性基金预算结转结余"等科目。结转后,"调入资金"科目无余额。

【例题 6-19】 为平衡一般预算,经批准某市财政从政府性基金预算中调入资金 100 000 元,从国有资本经营预算中调入资金 350 000 元。财政总预算会计应编制如下会计分录:

借:调出资金—政府性基金预算调出资金　　100 000
　　调出资金—国有资本经营预算调出资金　　350 000
　　贷:调入资金——一般公共预算调入资金　　450 000

【例题 6-20】 年终,"调入资金"总账科目的贷方余额 390 000 元。具体情况为:"调入资金——一般公共预算调入资金"200 000 元,"调入资金—政府性基金预算调入资金"190 000 元。市财政总预算会计进行如下结转会计处理,结转后相关明细科目没有余额。

借:调入资金——一般公共预算调入资金　　200 000
　　调入资金—政府性基金预算调入资金　　190 000
　　贷:一般公共预算结转结余　　200 000
　　　　政府性基金预算结转结余　　190 000

(四)地区间援助收入

地区间援助收入是指受援方政府财政收到援助方政府财政转来的可统筹使用的各类援助、捐赠等资金收入。该收入是以受援方政府名义接收的,援助方政府安排且没有限定用途的公共预算援助资金,其使用主体是受援方政府财政部门,其他部门不得使用。

为核算地区间援助收入业务,财政总预算会计设置"地区间援助收入"总账科目,该科目应当按照援助地区及管理需要进行相应的明细核算,该科目平时贷方余额反映地区间援助收入的累计数。平时收到援助方政府财政转来的资金时,借记"国库存款"科目,贷记"地区间援助收入"科目。年终转账时,"地区间援助收入"科目贷方余额全数转入"一般公共预算结转结余"科目，借记“地区间援助收入”科目，贷记“一般公共预算结转结余”科目。结转后，“地区间援助收入”科目无余额。

【例题 6-21】 某市财政收到人民银行国库报来的预算收入日报表（见表 6-9），当日经审核后按照日报表的预算收入金额登记收入账簿。

表 6-9 一般公共预算收入日报表 级次：市

预算科目				本日收入
类	款	项	目	金额（单位：元）
转移性收入	接受其他地区援助收入			750 000
合计				750 000

该市财政做如下会计分录：

借：国库存款　　750 000

　　贷：地区间援助收入—接受其他地区援助收入—某市　　750 000

【例题 6-22】 年终，将“地区间援助收入”总账科目贷方余额 360 000 元转入“一般公共预算结转结余”总账科目，同时结清明细科目。市财政总预算会计应编制的会计分录为：

借：地区间援助收入　　360 000

　　贷：一般公共预算结转结余　　360 000

（五）动用预算稳定调节基金

动用预算稳定调节基金反映用于弥补收支缺口的预算稳定调节基金。根据《2020 年政府收支分类科目》，“动用预算稳定调节基金”是一般公共预算收入下“转移性收入”类级科目下的款级科目。

为核算动用预算稳定调节基金业务，财政总预算会计设置“动用预算稳定调节基金”科目，以核算政府财政为弥补本年度预算资金的不足，调用的预算稳定调节基金。该科目平时贷方余额反映动用预算稳定调节基金的累计数。平时调用预算稳定调节基金时，借记“预算稳定调节基金”科目，贷记“动用预算稳定调节基金”科目。年终转账时，“动用预算稳定调节基金”科目贷方余额全数转入“一般公共预算结转结余”科目，借记“动用预算稳定调节基金”科目，贷记“一般公共预算结转结余”科目。结转后，“动用预算稳定调节基金”科目无余额。

【例题 6-23】 某市财政发生财政短缺，决定调用预算稳定调节基金 26 000 元，相应的预算科目为“转移性收入—动用预算稳定调节基金”。财政总预算会计账务处理如下：

借：预算稳定调节基金　　26 000

　　贷：动用预算稳定调节基金　　26 000

【例题 6-24】 年终，“动用预算稳定调节基金”科目贷方余额 15 000 元，市财政总预算会计按资金性质分别将其转入“一般公共预算结转结余”总账科目，并结清相关明细科目。该市财政会计应进行如下处理：

借：动用预算稳定调节基金　　15 000

　　贷：一般公共预算结转结余　　15 000

第七节　债务收入和债务转贷收入

一、债务收入的概念与分类

债务收入是指政府财政根据法律法规等规定，通过发行债券、向外国政府和国际金融组织借款等方式筹集的纳入预算管理的资金收入。债务收入形成政府可以安排使用的公共资金，并被列入政府公共财政预算，因此，债务收入与税收收入、非税收入等并列为政府一般公共预算收入、政府性基金预算收入的资金来源或收入种类。目前，中央政府的一般公共预算可以编制赤字预算，即一般公共预算收不抵支的差额，可以通过发行政府债务弥补。地方各级政府预算按照量入为出、收支平衡的原则编制，不列赤字。经国务院批准，省、自治区、直辖市政府可以在国务院确定的限额内，通过发行地方政府债券举债。举债的债务列入本级预算调整方案，报本级人民代表大会常务委员会批准。

按《2020 年政府收支分类科目》，债务收入是与税收收入、非税收入、转移性收入等相并列的类级科目。财政总预算会计核算的债务收入，包括《2020 年政府收支分类科目》中一般公共预算收入中的债务收入和政府性基金预算收入中的债务收入。

1. 一般公共预算收入中的债务收入

一般公共预算收入中的债务收入包括中央政府债务收入和地方政府债务收入两大类。

(1)中央政府债务收入。中央政府债务收入又包括中央政府国内债务收入和中央政府国外债务收入两项级科目内容。前者反映中央政府从国内取得的债务收入；后者反映中央政府从国外或境外取得的债务收入，其又包括中央政府境外发行主权债券收入、中央政府向外国政府借款收入、中央政府向国际组织借款收入、中央政府其他国外借款收入。

(2)地方政府债务收入。地方政府债务收入主要反映地方政府取得的一般债务收入。具体包括地方政府一般债券收入、地方政府向国外政府借款收入、地方政府向国际组织借款收入、地方政府其他国外借款收入。

2. 政府性基金预算收入中的债务收入

政府性基金预算收入中的债务收入主要指地方政府举借的专项债务收入。根据《2020 年政府收支分类科目》，目前主要具体包括海南省高等级公路车辆通行费附加债务收入、港口建设费债务收入、国家电影事业发展专项资金债务收入、国有土地使用权出让金债务收入、农业土地开发资金债务收入、大中型水库库区基金债务收入、城市基础设施配套费债务收入、小型水库移民扶助基金债务收入、国家重大水利工程建设基金债务收入、车辆通行费债务收入、污水处理费债务收入、土地储备专项债务收入、政府收费公路专项债务收入、棚户区改造专项债务收入、其他地方自行试点项目收益专项债券收入、其他政府性基金债务收入等 16 种专项债务收入。

二、债务收入的核算

为核算债务收入业务，财政总预算会计设置“债务收入”总账科目。该科目核算政府财政按照国家法律、国务院规定以发行债券等方式取得的，以及向外国政府、国际金融组织等机构借款取得的纳入预算管理的债务收入，该科目应当按照《2020 年政府收支分类科目》中“债务收入”

科目的规定进行明细核算。该科目平时贷方余额反映债务收入的累计数。债务收入应当按照实际发行额或借入的金额入账。主要账务处理如下：

(1)省级以上政府财政收到政府债券发行收入时，按照实际收到的金额，借记“国库存款”科目，按照政府债券实际发行额，贷记“债务收入”科目，按照发行收入和发行额的差额，借记或贷记有关支出科目；根据债务管理部门转来的债券发行确认文件等相关资料，按照到期应付的政府债券本金金额，借记“待偿债净资产—应付短期政府债券/应付长期政府债券”科目，贷记“应付短期政府债券”“应付长期政府债券”等科目。

(2)政府财政向外国政府、国际金融组织等机构借款时，按照借入的金额，借记“国库存款”“其他财政存款”等科目，贷记“债务收入”科目；根据债务管理部门转来的相关资料，按照实际承担的债务金额，借记“待偿债净资产—借入款项”科目，贷记“借入款项”科目。

(3)本级政府财政借入主权外债，且由外方将贷款资金直接支付给用款单位或供应商时，应根据以下情况分别处理：

①本级政府财政承担还款责任，贷款资金由本级政府财政同级部门(单位)使用的，本级政府财政根据贷款资金支付相关资料，借记“一般公共预算本级支出”科目，贷记“债务收入”科目；根据债务管理部门转来的相关资料，按照实际承担的债务金额，借记“待偿债净资产—借入款项”科目，贷记“借入款项”科目。

②本级政府财政承担还款责任，贷款资金由下级政府财政同级部门(单位)使用的，本级政府财政根据贷款资金支付相关资料及预算指标文件，借记“补助支出”科目，贷记“债务收入”科目；根据债务管理部门转来的相关资料，按照实际承担的债务金额，借记“待偿债净资产—借入款项”科目，贷记“借入款项”科目。

③下级政府财政承担还款责任，贷款资金由下级政府财政同级部门(单位)使用的，本级政府财政根据贷款资金支付相关资料，借记“债务转贷支出”科目，贷记“债务收入”科目；根据债务管理部门转来的相关资料，按照实际承担的债务金额，借记“待偿债净资产—借入款项”科目，贷记“借入款项”科目；同时，借记“应收主权外债转贷款”科目，贷记“资产基金—应收主权外债转贷款”科目。

(4)年终转账时，“债务收入”科目下“专项债务收入”明细科目的贷方余额应按照对应的政府性基金种类分别转入“政府性基金预算结转结余”相应明细科目，借记“债务收入”科目(专项债务收入明细科目)，贷记“政府性基金预算结转结余”科目；“债务收入”科目下其他明细科目的贷方余额全数转入“一般公共预算结转结余”科目，借记“债务收入”科目(其他明细科目)，贷记“一般公共预算结转结余”科目。结转后，“债务收入”科目无余额。

【例题 6-25】 中央财政部门有关国债的部分经济业务如下：20×4 年 10 月 10 日起发行总额 120 亿元的 5 年期电子式储蓄国债，该期国债的票面年利率为 5.41%，20×4 年 10 月 10 日起息，按年付息，每年 10 月 10 日支付利息。20×9 年 10 月 10 日偿还本金并支付最后一年利息。该国债发行完毕，支付银行代理发行费用 1 000 万元，实际收到发行国债的资金 119.9 亿元。

在 20×4 年 10 月 10 日发行国债时，中央政府财政编制如下会计分录：

借：国库存款　　11 990 000 000

一般公共预算本级支出—债券发行费用支出—中央政府国内债务付息支出

10 000 000

贷:债务收入—应付长期政府债券　　12 000000 000

借:待偿债净资产—应付长期政府债券　　12 000 000 000

贷:应付长期政府债券—应付国债—应付本金　　12 000 000 000

【例题 6-26】 20×7 年 1 月 1 日,某省财政通过中央政府直接转贷获得国际金融组织的项目贷款 1.5 亿元,期限 3 年,分期付息,年利率为 0.1%,以一般公共预算资金偿还,该贷款采用外方将贷款直接支付给项目实施单位方式。假设贷款项目实施后,外方将款项一次性拨款到项目实施单位。具体业务如下:①省财政部门将该项目贷款额度的 0.5 亿元以财政拨款方式拨给所属 A 事业单位,0.6 亿元转贷给省属甲企业,贷款额度的 0.4 亿元转贷给所属某市;②所属某市将转贷款额度的 0.4 亿元以财政拨款方式给市属 B 事业单位。

(1)根据对省属甲企业的外方付款资料,省财政只登记备查账。因为省财政对省属甲企业的外债不承担偿还责任,而且相应款项未经过省财政的存款账户,所以省财政会计对此付款不记正式账。

(2)根据对省属 A 事业单位的外方付款记账,省财政会计记账:

借:一般公共预算本级支出　　50 000 000

贷:债务收入—地方政府债务收入—地方政府向国际组织借款收入　　50 000 000

借:待偿债净资产—借入款项　　50 000 000

贷:借入款项—借入国际金融组织贷款—应付本金　　50 000 000

(3)根据对某市属 B 事业单位的外方付款记账,省财政会计记账:

借:债务转贷支出　　40 000 000

贷:债务收入—地方政府债务收入—地方政府向国际组织借款收入　　40 000 000

同时:

借:待偿债净资产—借入款项　　40 000 000

贷:借入款项—借入国际金融组织贷款—应付本金　　40 000 000

借:应收主权外债转贷款—应收本金—某市　　40 000 000

贷:资产基金—应收主权外债转贷款　　40 000 000

【例题 6-27】 某省财政年终“债务收入”总账科目贷方余额为 22 600 000 元,其中,“地方政府债务收入——般债务收入—地方政府向国际组织借款收入”12 000 000 元,“地方政府债务收入—专项债务收入—国有土地使用权出让金债务收入”10 600 000 元。该省财政总预算会计将其全数结转至“一般公共预算结转结余”“政府性基金预算结转结余”总账科目,并结清相关明细科目。有关会计分录如下:

借:债务收入—地方政府债务收入——般债务收入—地方政府向国际组织借款收入　　12 000 000

债务收入—地方政府债务收入—专项债务收入—国有土地使用权出让金债务收入　　10 600 000

贷:一般公共预算结转结余　　12 000 000

政府性基金预算结转结余　　10 600 000

三、债务转贷收入的核算

债务转贷收入是指本级政府财政收到的上级政府财政转贷的债务收入。为核算债务转贷收入业务，财政总预算会计设置“债务转贷收入”总账科目。该科目核算省级以下（不含省级）政府财政收到上级政府财政转贷的债务收入。该科目下应当设置“地方政府一般债务转贷收入”“地方政府专项债务转贷收入”明细科目。该科目平时贷方余额反映债务转贷收入的累计数。

债务转贷收入的主要账务处理如下：

（1）省级以下（不含省级）政府财政收到地方政府债券转贷收入时，按照实际收到的金额，借记“国库存款”科目，贷记“债务转贷收入”科目；根据债务管理部门转来的相关资料，按照到期应偿还的转贷款本金金额，借记“待偿债净资产—应付地方政府债券转贷款”科目，贷记“应付地方政府债券转贷款”科目。

（2）省级以下（不含省级）政府财政收到主权外债转贷收入的具体账务处理如下：

①本级财政收到主权外债转贷资金时，借记“其他财政存款”科目，贷记“债务转贷收入”科目；根据债务管理部门转来的相关资料，按照实际承担的债务金额，借记“待偿债净资产—应付主权外债转贷款”科目，贷记“应付主权外债转贷款”科目。

②从上级政府财政借入主权外债转贷款，且由外方将贷款资金直接支付给用款单位或供应商时，应根据以下情况分别处理：

a. 本级政府财政承担还款责任，贷款资金由本级政府财政同级部门（单位）使用的，本级政府财政根据贷款资金支付相关资料，借记“一般公共预算本级支出”科目，贷记“债务转贷收入”科目；根据债务管理部门转来的相关资料，按照实际承担的债务金额，借记“待偿债净资产—应付主权外债转贷款”科目，贷记“应付主权外债转贷款”科目。

b. 本级政府财政承担还款责任，贷款资金由下级政府财政同级部门（单位）使用的，本级政府财政根据贷款资金支付相关资料及预算文件，借记“补助支出”科目，贷记“债务转贷收入”科目；根据债务管理部门转来的相关资料，按照实际承担的债务金额，借记“待偿债净资产—应付主权外债转贷款”科目，贷记“应付主权外债转贷款”科目。

c. 下级政府财政承担还款责任，贷款资金由下级政府财政同级部门（单位）使用的，本级政府财政根据转贷资金支付相关资料，借记“债务转贷支出”科目，贷记“债务转贷收入”科目；根据债务管理部门转来的相关资料，按照实际承担的债务金额，借记“待偿债净资产—应付主权外债转贷款”科目，贷记“应付主权外债转贷款”科目；同时，借记“应收主权外债转贷款”科目，贷记“资产基金—应收主权外债转贷款”科目。下级政府财政根据贷款资金支付相关资料，借记“一般公共预算本级支出”科目，贷记“债务转贷收入”科目；根据债务管理部门转来的相关资料，按照实际承担的债务金额，借记“待偿债净资产—应付主权外债转贷款”科目，贷记“应付主权外债转贷款”科目。

（3）年终转账时，“债务转贷收入”科目下“地方政府一般债务转贷收入”明细科目的贷方余额全数转入“一般公共预算结转结余”科目，借记“债务转贷收入”科目，贷记“一般公共预算结转结余”科目。“债务转贷收入”科目下“地方政府专项债务转贷收入”明细科目的贷方余额按照对应的政府性基金种类分别转入“政府性基金预算结转结余”相应明细科目，借记“债务转贷收入”科目，贷记“政府性基金预算结转结余”科目。结转后，“债务转贷收入”科目无余额。

【例题 6-28】 某省通过财政部直接转贷获得某国际组织的项目贷款，该贷款中央财政只承担担保责任，该贷款由省及省级以下政府财政部门承担本息费的责任，并将该贷款纳入本级政府收支预算。该贷款期限5年，年利率4%，每年6月份付息一次，外方将贷款资金转入财政部门财政存款账户，该贷款的项目管理费用为贷款金额的0.4%，由省级财政国外贷款管理机构使用。该贷款的部分业务如下：①省财政部门收到该贷款资金20亿，并将提取的项目管理费用转入国外贷款管理机构银行账户；②省财政部门将其中10亿贷款转贷给所属市级政府财政，并向其发出扣除项目管理费用的通知单，项目贷款已拨付所属市财政部门外债存款专户；③每年年末，相关各级政府财政会计对借入贷款计提利息。请编制所属市财政会计分录。

(1)市财政部门收到该项目贷款，并支付管理费用。

借：其他财政存款—外债资金存款　　996 000 000

　一般公共预算本级支出—债务付息支出—地方政府一般债务付息支出—地方政府向国际金融组织借款付息支出　　4 000 000

　贷：债务转贷收入—转移性收入—地方政府一般债务转贷收入—地方政府向国际组织借款转贷收入　　1 000 000 000

同时：

借：待偿债净资产—应付主权外债转贷款　　1 000 000 000

　贷：应付主权外债转贷款—应付本金　　1 000 000 000

(2)第一年年末，市级政府财政会计对借入贷款计提利息。

借：待偿债净资产—应付主权外债转贷款　　20 000 000

　贷：应付主权外债转贷款—借入国际金融组织贷款—应付利息　　20 000 000

(3)第二年7月，省财政向中央财政支付项目贷款利息与费用，省财政已按比例向所属市下达利息分割单，并收到所属市已按期交付利息与费用。市财政会计分录如下：

借：一般公共预算本级支出—债务付息支出—地方政府一般债务付息支出—地方政府向国际金融组织借款付息支出　　41 000 000

　贷：其他财政存款—外债资金存款　　41 000 000

(1 000 000 000×4%+2 000 000÷2)

同时：

借：应付主权外债转贷款—借入国际金融组织贷款—应付利息　　20 000 000

　贷：待偿债净资产—应付主权外债转贷款　　20 000 000

【例题6-29】 某省财政年终“债务转贷收入”总账科目贷方余额为536 000元，其中，“地方政府一般债务转贷收入—地方政府一般债券转贷收入”320 000元，“地方政府专项债务转贷收入—城市基础设施配套费债务转贷收入”216 000元。该省财政总预算会计将其全数结转至“一般公共预算结转结余”“政府性基金预算结转结余”总账科目，并结清相关明细科目。有关会计分录如下：

借：债务转贷收入—地方政府一般债务转贷收入—地方政府一般债券转贷收入　　320 000

　债务转贷收入—地方政府专项债务转贷收入—城市基础设施配套费债务转贷收入　　216 000

贷：一般公共预算结转结余　　320 000

政府性基金预算结转结余　　216 000

复习思考题

1. 什么是一般公共预算本级收入？一般公共预算本级收入的内容是怎样的？一般公共预算本级收入会计处理的要点有哪些？

2. 什么是政府性基金预算本级收入？政府性基金预算本级收入的内容是怎样的？政府性基金预算本级收入会计处理的要点有哪些？

3. 什么是国有资本经营预算本级收入？国有资本经营预算本级收入的内容是怎样的？国有资本经营预算本级收入会计处理的要点有哪些？

4. 什么是专用基金收入？专用基金收入核算要点是怎样的？

5. 什么是转移性收入？转移性收入是如何分类的？

6. 什么是补助收入？补助收入的主要账务处理内容是怎样的？

7. 什么是上解收入？上解收入的主要账务处理内容是怎样的？

8. 什么是调入资金？调入资金的主要账务处理内容是怎样的？

9. 什么是地区援助收入？地区援助收入的主要账务处理内容是怎样的？

10. 什么是动用预算稳定调节基金？动用预算稳定调节基金的主要账务处理内容是怎样的？

11. 什么是债务收入？债务收入是如何分类的？债务收入的主要账务处理内容有哪些？

12. 什么是债务转贷收入？债务转贷收入的主要账务处理内容有哪些？

练习题

练习一

一、目的：练习一般公共预算本级收入的会计核算。

二、资料：某省财政总预算会计20×1年发生如下业务：

(1)3月5日收到中国人民银行国库报来的“一般公共预算本级收入日报表”以及所附收入凭证，列示当日一般公共预算本级收入5 600 000元。其中，“税收收入—增值税—国内增值税”2 600 000元，“税收收入—企业所得税—国有冶金工业所得税”3 000 000元。

(2)7月10日收到中国人民银行国库报来的“一般公共预算本级收入日报表”以及所附收入凭证，列示当日一般公共预算本级收入2 900 000元。其中，“非税收收入—专项收入—教育费附加收入—教育费附加收入”2 000 000元，“非税收收入—行政事业性收费收入—公安行政事业性收费收入—驾驶许可考试费”900 000元。

(3)11月20日收到中国人民银行国库报来的“一般公共预算本级收入日报表”以及所附收入凭证，列示当日一般公共预算本级收入6 000 000元。其中，“非税收收入—国有资本经营收入—利润收入—金融企业利润收入”3 500 000元，“非税收收入—国有资本经营收入—股利、利息收入—其他股利、股息收入”2 500 000元。

(4)年终，将“一般公共预算本级收入”科目的贷方余额790 000元全数转入“一般公共预算结转结余”。

练习二

一、目的：练习政府性基金预算本级收入业务的会计核算。

二、资料：某市财政总预算会计20×1年发生如下业务：

(1)10月5日收到中国人民银行国库报来的“预算收入日报表”以及所附收入凭证，列示当日政府性基金预算本级收入1 350 000元。其中，“非税收收入—政府性基金收入—农网还贷资金收入”1 200 000元，“非税收收入—政府性基金收入—彩票发行机构和彩票销售机构的业务费”150 000元。

(2)年终，将“政府性基金预算本级收入”科目的贷方余额986 000元全数转入“政府性基金预算结转结余”。

练习三

一、目的：练习国有资本经营预算本级收入业务的会计核算。

二、资料：某市财政总预算会计20×1年发生如下业务：

(1)5月5日收到中国人民银行国库报来的“预算收入日报表”以及所附收入凭证，列示当日国有资本经营预算本级收入2 150 000元。其中，“非税收收入—国有资本经营收入—利润收入—电力企业利润收入”2 000 000元，“非税收收入—国有资本经营收入—股利、股息收入—国有控股公司股利、股息收入”150 000元。

(2)年终，将“国有资本经营预算本级收入”科目的贷方余额376 000元全数转入“国有资本经营预算结转结余”。

练习四

一、目的：练习专用基金收入业务的会计核算。

二、资料：某省财政20×1年发生如下专用基金业务：

(1)从中央财政取得粮食风险基金560 000元，相应款项已存入粮食风险基金财政专户。

(2)本级一般公共预算支出中安排专用基金320 000元，以增加粮食风险基金的数额，相应款项已从财政国库转入粮食风险基金财政专户。

(3)年终，将“专用基金收入”科目的贷方余额72 000元全数转入“专用基金结转结余”。

练习五

一、目的：练习转移性收入业务的会计核算。

二、资料：某市财政20×1年发生如下业务：

(1)6月5日收到中国人民银行国库报来的“预算收入日报表”以及所附收入凭证，列示当日收到省一般公共预算转移性收入550 000元。其中，“转移性收入—返还性收入—消费税税收返还收入”320 000元，“转移性收入——一般性转移支付收入—体制补助收入”230 000元。

(2)7月15日收到中国人民银行国库报来的“预算收入日报表”以及所附收入凭证，列示当日收到省政府“转移性收入—政府性基金转移收入—政府性基金补助收入”650 000元。

(3)根据财政体制结算，计算应得上级省财政的补助收入360 000元。具体为：“转移性收入——一般性转移支付收入—均衡性转移支付收入”360 000元。

(4)年终，将“补助收入”科目贷方余额750 000元(其中属于一般公共预算的补助收入560 000元，属于政府性基金预算的补助收入190 000)转入“一般公共预算结转结余”“政府性基金预算结转结余”。

练习六

一、目的：练习上解收入业务的会计核算。

二、资料：某省财政 20×1 年发生如下业务：

(1)4 月 15 日收到中国人民银行国库报来的“预算收入日报表”以及所附收入凭证，列示当日收到所属市一般公共预算转移性收入 260 000 元。其中，“转移性收入—上解收入—专项上解收入”150 000 元，“转移性收入—上解收入—体制上解收入”110 000 元。

(2)6 月 15 日收到中国人民银行国库报来的“预算收入日报表”以及所附收入凭证，列示当日收到所属市政府性基金预算转移性收入 630 000 元。具体是“转移性收入—政府性基金转移收入—政府性基金上解收入”630 000 元。

(3)年终，将“上解收入”科目贷方余额 470 000 元(其中属于一般公共预算的上解收入 400 000 元，属于政府性基金预算的上解收入 70 000 元)转入“一般公共预算结转结余”“政府性基金预算结转结余”。

练习七

一、目的：练习调入资金、地区援助收入、动用预算稳定调节基金业务会计核算。

二、资料：某市财政 20×1 年发生如下业务：

(1)为平衡一般预算，经批准从政府性基金预算中调入资金 260 000 元。

(2)为弥补车辆通行费收入不足，从公益性项目单位调入用于偿付专项债务本金的资金 50 000 元，款项已存入财政国库。

(3)收到乙市财政转来的可统筹使用的援助资金 250 000 元。

(4)年终发生财政短收，决定调用预算稳定调节基金 35 000 元。

(5)年终，将“调入资金”贷方余额 200 000 元转入“政府性基金预算结转结余”，将“地区间援助收入”贷方余额 250 000 元转入“一般公共预算结转结余”。

练习八

一、目的：练习债务收入和债务转贷收入业务会计核算。

二、资料：有如下业务：

(1)某省财政发行一批 2 年期记账式固定利率附息地方政府专项债券，计划发行面值为 800 000 元，每年支付利息一次，到期偿还本金并支付最后 1 年利息。经招投标程序确定的债券票面利率为 2.25%，实际发行债券面值金额为 800 000 元，实际收到债券发行收入 800 000 元，经确认的到期应付本金为 800 000 元，债券实际发行额为 800 000 元。该债券发行后上市交易。

(2)年终该省财政“债务收入”总账科目贷方余额为 1 200 000 元，其中“地方政府债务收入——般收入”700 000 元，“地方政府债务收入—专项债务收入”500 000 元。省财政会计进行年终结转。

(3)某市实际收到来自省财政的债务转贷收入 2 000 000 元。年终，该市“债务转贷收入——地方政府一般债务转贷收入”科目的贷方余额为 1 300 000 元。该市财政进行年终结转。

第7章 财政总预算会计的支出

【导读】

本章介绍我国政府预算各类支出的分类、财政总预算会计的各种支出概念与核算方法。具体包括政府预算支出的分类及财政预算本级支出、转移性支出、财政专户管理资金支出和专用基金支出、债务还本支出和债务转贷支出等概念与核算方法。这里要提示的是，转移性支出、债务还本支出、债务转贷支出等在财政总预算会计中是与一般公共预算本级支出等支出类别并列进行核算管理的，但在《2020年政府收支分类科目》中三者并没有独立出来，而是分别属于一般公共预算本级支出、政府性基金预算本级支出和国有资本经营预算本级支出中二级或三级预算收入科目的内容。

【学习重点】

我国政府预算各类支出的分类、一般公共预算本级支出、政府性基金预算本级支出、国有资本经营预算本级支出、转移性支出、债务还本支出、债务转贷支出等。

【学习难点】

转移性支出、债务还本支出、债务转贷支出等；政府预算支出分类科目和财政总预算会计支出科目的对应关系。

第一节 政府预算支出的分类

根据《2020年政府收支分类科目》，政府预算支出应按功能和经济用途两方面进行分类，支出的经济分类又分为政府预算支出的经济分类和部门预算支出的经济分类两类。不同的分类采用不同的预算科目，以满足预算管理的需要。预算支出的功能分类科目有类、款、项三级，实际上是对政府职能或功能做更细致的区分，以更好地反映政府为履行职能而做了什么。而政府预算支出的经济分类主要是集中反映支出的用途，侧重于反映政府是怎么做的，可以理解为政府为履行其职能消耗了哪些经济或财务资源；部门预算支出的经济分类，着重明确支出的责任主体，主要反映某类机构为履行职能消耗了哪些经济或财务资源。政府预算支出的具体分类常随着情况的变化而调整，目前基本分类情况如下：

一、支出功能分类

(一)一般公共预算支出功能分类

按照《2020年政府收支分类科目》,一般公共预算支出功能分类科目包括类、款、项三级,其中类、款级科目内容具体如下：

1. 一般公共服务支出

一般公共服务支出反映政府提供一般公共服务的支出。该类级科目下又具体包括人大事务、政协事务、政府办公厅(室)及相关机构事务、发展与改革事务、统计信息事务、财政事务、税收事务、审计事务、海关事务、人力资源事务、纪检监察事务、商贸事务、知识产权事务、民族事务、港澳台事务、档案事务、民主党派及工商联事务、群众团体事务、党委办公厅(室)及相关机构事务、组织事务、宣传事务、统战事务、对外联络事务、其他共产党事务、网信事务、市场监督管理事务、其他一般公共服务支出。

2. 外交支出

外交支出反映政府外交事务支出。人大、政协、政府及所属各部门(除国家领导人、外交部门)的出国费、招待费列相关功能科目,不在本科目反映。它包括外交管理事务、驻外机构、对外援助、国际组织、对外合作与交流、对外宣传、边界勘界联检、国际发展合作、其他外交支出。

3. 国防支出

国防支出反映政府用于国防方面的支出。它包括现役部队、国防科研事业、专项工程、国防动员、其他国防支出。

4. 公共安全支出

公共安全支出反映政府维护社会公共安全方面的支出。它包括武装警察部队、公安、国家安全、检察、法院、司法、监狱、强制隔离戒毒、国家保密、其他公共安全支出。

5. 教育支出

教育支出反映政府教育事务支出。它包括教育管理事务、普通教育、职业教育、成人教育、广播电视教育、留学教育、特殊教育、进修及培训、教育附加安排的支出,以及其他教育支出。

6. 科学技术支出

科学技术支出反映科学技术方面的支出。它包括科学技术管理事务、基础研究、应用研究、技术研究与开发、科技条件与服务、社会科学、科学技术普及、科技交流与合作、科技重大项目、其他科学技术支出。

7. 文化旅游体育与传媒支出

文化旅游体育与传媒支出反映政府在文化、旅游、文物、体育、广播电视、电影、新闻出版等方面的支出。它包括文化和旅游、文物、体育、新闻出版电影、广播电视、其他文化旅游体育与传媒支出。

8. 社会保障和就业支出

社会保障和就业支出反映政府在社会保障与就业方面的支出。它包括人力资源和社会保障管理事务、民政管理事务、补充全国社会保障基金、行政事业单位养老支出、企业改革补助、就业补助、抚恤、退役安置、社会福利、残疾人事业、红十字事业、最低生活保障、临时救助、特困人员救助供养、补充道路交通事故社会救助基金、其他生活救助、财政对基本养老保险基金的补助、财政对其他社会保险基金的补助、退役军人管理事务、财政代缴社会保险费支出、其他社会保障和就业支出。

9.卫生健康支出

卫生健康支出反映政府卫生健康方面的支出。它包括卫生健康管理事务、公立医院、基层医疗卫生机构、公共卫生、中医药、计划生育事务、行政事业单位医疗、财政对基本医疗保险基金的补助、医疗救助、优抚对象医疗、医疗保障管理事务、老龄卫生健康事务、其他卫生健康支出。

10.节能环保支出

节能环保支出反映政府节能环保支出。它包括环境保护管理事务、环境监测与监察、污染防治、自然生态保护、天然林保护、退耕还林还草、风沙荒漠治理、退牧还草、已垦草原退耕还草、能源节约利用、污染减排、可再生能源、循环经济、能源管理事务、其他节能环保支出。

11.城乡社区支出

城乡社区支出反映政府城乡社区事务支出。它包括城乡社区管理事务、城乡社区规划与管理、城乡社区公共设施、城乡社区环境卫生、建设市场管理与监督、其他城乡社区支出。

12.农林水支出

农林水支出反映政府农林水事务支出。它包括农业农村、林业和草原、水利、扶贫、农村综合改革、普惠金融发展支出、目标价格补贴、其他农林水支出。

13.交通运输支出

交通运输支出反映交通运输和邮政业方面的支出。它包括公路水路运输、铁路运输、民用航空运输、成品油价格改革对交通运输的补贴、邮政业支出、车辆购置税支出、其他交通运输支出。

14.资源勘探工业信息等支出

资源勘探工业信息等支出反映用于资源勘探、制造业、建筑业、工业信息等方面的支出。它包括资源勘探开发、制造业、建筑业、工业和信息产业监管、国有资产监管、支持中小企业发展和管理支出、其他资源勘探工业信息等支出。

15.商业服务业等支出

商业服务业等支出反映商业服务业等方面的支出。它包括商业流通事务、涉外发展服务支出、其他商业服务业等支出。

16.金融支出

金融支出反映金融方面的支出。它包括金融部门行政支出、金融部门监督支出、金融发展支出、金融调控支出、其他金融支出。

17.援助其他地区支出

援助其他地区支出反映援助方政府安排并管理的对其他地区各类援助、捐赠等资金支出。它包括一般公共服务、教育、文化体育与传媒、医疗卫生、节能环保、农业、交通运输、住房保障、其他支出。

18.自然资源海洋气象等支出

自然资源海洋气象等支出反映政府用于自然资源、海洋、测绘、气象等公益服务事业方面的支出。它包括自然资源事务、气象事务、其他自然资源海洋气象等支出。

19. 住房保障支出

住房保障支出反映政府用于住房方面的支出。它包括保障性安居工程支出、住房改革支出、城乡社区住宅。

20. 粮油物资储备支出

粮油物资储备支出反映政府用于粮油物资储备方面的支出。它包括粮油事务、物资事务、能源储备、粮油储备、重要商品储备等支出。

21. 灾害防治及应急管理支出

灾害防治及应急管理支出反映政府用于自然灾害防治、安全生产监管及应急管理等方面的支出。它包括应急管理事务、消防事务、森林消防事务、煤矿安全、地震事务、自然灾害防治、自然灾害救灾及恢复重建支出、其他灾害防治及应急管理支出。

22. 预备费

该功能科目反映预算中安排的预备费。

23. 其他支出

其他支出反映不能划归到上述功能科目的其他政府支出。它包括年初预留、其他支出。

24. 转移性支出

转移性支出反映政府的转移支付以及不同性质资金之间的调拨支出。它包括返还性支出、一般性转移支付、专项转移支付、上解支出、调出资金、年终结余、债务转贷支出、援助其他地区支出、安排预算稳定调节基金、补充预算周转金。

25. 债务还本支出

债务还本支出反映归还债务本金所发生的支出。它包括中央政府国内债务还本支出、中央政府国外债务还本支出、地方政府一般债务还本支出。

26. 债务付息支出

债务付息支出反映用于归还债务利息所发生的支出。它包括中央政府国内债务付息支出、中央政府国外债务付息支出、地方政府一般债务付息支出。

27. 债务发行费用支出

债务发行费用支出反映用于发行兑付费用的支出。它包括中央政府国内债务发行费用支出、中央政府国外债务发行费用支出、地方政府一般债务发行费用支出。

(二)政府性基金预算支出功能分类

按照《2020 年政府收支分类科目》,政府性基金预算支出功能分类科目包括类、款、项三级,其中类、款级科目内容具体如下：

1. 科学技术支出

科学技术支出反映科学技术方面的支出。它包括核电站乏燃料处理处置基金支出。

2. 文化旅游体育与传媒支出

文化旅游体育与传媒支出反映政府在文化、旅游、文物、体育、广播电视、电影、新闻出版等方面的支出。它包括国家电影事业发展专项资金安排的支出、旅游发展基金支出、国家电影事业发展专项资金对应专项债务收入安排的支出。

3. 社会保障和就业支出

社会保障和就业支出反映政府在社会保障与就业方面的支出。它包括大中型水库移民后期扶持基金支出、小型水库移民扶助基金安排的支出、小型水库移民扶助基金对应专项债务收入安排的支出。

4. 节能环保支出

节能环保支出反映政府节能环保支出。它包括可再生能源电价附加收入安排的支出、废弃电器电子产品处理基金支出。

5. 城乡社区支出

城乡社区支出反映政府城乡社区事务支出。它包括国有土地使用权出让收入安排的支出、国有土地收益基金安排的支出、农业土地开发资金安排的支出、城市基础设施配套费安排的支出、污水处理费安排的支出、土地储备专项债券收入安排的支出、棚户区改造专项债券收入安排的支出、城市基础设施配套费对应专项债务收入安排的支出、污水处理费对应专项债务收入安排的支出、国有土地使用权出让收入对应专项债务收入安排的支出。

6. 农林水支出

农林水支出反映政府农林水事务支出。它包括大中型水库库区基金安排的支出、三峡水库库区基金支出、国家重大水利工程建设基金安排的支出、大中型水库库区基金对应专项债务收入安排的支出、国家重大水利工程建设基金对应专项债务收入安排的支出。

7. 交通运输支出

交通运输支出反映交通运输和邮政业方面的支出。它包括海南省高等级公路车辆通行附加费安排的支出、车辆通行费安排的支出、港口建设费安排的支出、铁路建设基金支出、船舶油污损害赔偿基金支出、民航发展基金支出、海南省高等级公路车辆通行附加费对应专项债务收入安排的支出、政府收费公路专项债券收入安排的支出、车辆通行费对应专项债务收入安排的支出、港口建设费对应专项债务收入安排的支出。

8. 资源勘探工业信息等支出

资源勘探工业信息等支出反映用于资源勘探、制造业、建筑业、工业信息等方面的支出。它包括农网还贷资金支出。

9. 金融支出

金融支出反映政府在金融方面的支出。它包括金融调控支出。

10. 其他支出

其他支出反映不能划分到上述功能科目的其他政府支出。它包括其他政府性基金及对应专项债务收入安排的支出、彩票发行销售机构业务费安排的支出、彩票公益金安排的支出。

11. 转移性支出

转移性支出反映政府的转移支付以及不同性质资金之间的调拨支出。它包括政府性基金转移支付、调出资金、年终结余、债务转贷支出。

12. 债务还本支出

债务还本支出反映归还债务本金所发生的支出。它包括地方政府专项债务还本支出。

13. 债务付息支出

债务付息支出反映用于归还债务利息所发生的支出。它包括地方政府专项债务付息支出。

14. 债务发行费用支出

债务发行费用支出反映用于债务发行兑付费用的支出。它包括地方政府专项债务发行费用支出。

(三)国有资本经营预算支出功能分类

按照《2020年政府收支分类科目》,国有资本经营预算支出功能分类科目包括类、款、项三级,其中类、款级科目内容具体如下:

1. 社会保障和就业支出

社会保障和就业支出反映政府在社会保障与就业方面的支出。它包括补充全国社会保障基金。

2. 国有资本经营预算支出

国有资本经营预算支出反映用国有资本经营预算收入安排的支出。它包括解决历史遗留问题及改革成本支出、国有企业资本金注入、国有企业政策性补贴、金融国有资本经营预算支出、其他国有资本经营预算支出。

3. 转移性支出

转移性支出反映政府的转移支出以及不同性质资金之间的调拨支出。它包括国有资本经营预算转移支付、调出资金。

二、支出经济分类

按照《2020年政府收支分类科目》,支出的经济分类又分为政府预算支出的经济分类和部门预算支出的经济分类。它包括类、款两级科目,具体如下:

(一)政府预算支出的经济分类

1. 机关工资福利支出

机关工资福利支出反映机关和参照公务员法管理的事业单位(以下简称参公事业单位)在职职工和编制外长期聘用人员的各类劳动报酬,以及为上述人员缴纳的各项社会保险费等。它包括工资奖金津补贴、社会保障缴费、住房公积金、其他工资福利支出。

2. 机关商品和服务支出

机关商品和服务支出反映机关和参公事业单位购买商品和服务的各类支出,不包括用于购置固定资产、战略性和应急性物资储备等资本性支出。它包括办公经费、会议费、培训费、专用材料购置费、委托业务费、公务接待费、因公出国(境)费用、公务用车运行维护费、维修(护)费、其他商品和服务支出。

3. 机关资本性支出(一)

机关资本性支出(一)反映机关和参公事业单位资本性支出。切块由发展改革部门安排的基本建设支出中机关和参公事业单位资本性支出不在此科目中反映。它具体包括房屋建筑物购建、基础设施建设、公务用车购置、土地征迁补偿和安置支出、设备购置、大型修缮、其他资本性支出。

4. 机关资本性支出(二)

机关资本性支出(二)反映切块由发展改革部门安排的基本建设支出中机关和参公事业单位资本性支出。它具体包括房屋建筑物购建、基础设施建设、公务用车购置、设备购置、大型修缮、其他资本性支出。

5. 对事业单位经常性补助

对事业单位经常性补助反映对事业单位(不含参公事业单位)的经常性补助支出。它包括工资福利支出、商品和服务支出、其他对事业单位补助。

6. 对事业单位资本性补助

对事业单位资本性补助反映对事业单位(不含参公事业单位)的资本性补助支出。它包括资本性支出(一)、资本性支出(二)。

7. 对企业补助

对企业补助反映政府对各类企业的补助支出。对企业资本性支出不在此科目反映。它包括费用补贴、利息补贴、其他对企业补助。

8. 对企业资本性支出

对企业资本性支出反映政府对各类企业的资本性支出。它包括对企业资本性支出(一)、对企业资本性支出(二)。

9. 对个人和家庭的补助

对个人和家庭的补助反映政府用于对个人和家庭的补助支出。它包括社会福利和救助、助学金、个人农业生产补贴、离退休费、其他对个人和家庭补助。

10. 对社会保障基金补助

对社会保障基金补助反映政府对社会保险基金的补助以及补充全国社会保障基金的支出。它包括对社会保险基金补助、补充全国社会保障基金。

11. 债务利息及费用支出

债务利息及费用支出反映政府债务利息及费用支出。它包括国内债务付息、国外债务付息、国内债务发行费用、国外债务发行费用。

12. 债务还本支出

债务还本支出反映政府债务还本支出。它包括国内债务还本支出、国外债务还本支出。

13. 转移性支出

转移性支出反映政府间和不同性质预算间的转移性支出。它包括上下级政府间转移性支出、援助其他地区支出、债务转贷支出、调出资金、安排预算稳定调节基金、补充预算周转金。

14. 预备费及预留

该类科目具体包括预备费和预留。

15. 其他支出

其他支出反映不能划分到上述经济分类科目的其他支出。它包括赠予、国家赔偿费用支出、对民间非营利组织和群众性自治组织补贴、其他支出。

(二)部门预算支出的经济分类

按照《2020年政府收支分类科目》,部门预算支出的经济分类科目包括类、款两级,具体情况如下:

1. 工资福利支出

工资福利支出反映单位开支的在职职工和编制外长期聘用人员的各类劳动报酬,以及为上述人员缴纳的各项社会保险费等。它包括基本工资、津贴补贴、奖金、伙食补助费、绩效工资、机关事业单位基本养老保险缴费、职业年金缴费、职工基本医疗保险缴费、公务员医疗补助缴费、其他社会保障缴费、住房公积金、医疗费、其他工资福利支出。

2. 商品和服务支出

商品和服务支出反映单位购买商品和服务的支出，不包括用于购置固定资产、战略性和应急性物资储备等资本性支出。它包括办公费、印刷费、咨询费、手续费、水费、电费、邮电费、取暖费、物业管理费、差旅费、因公出国(境)费用、维修(护)费、租赁费、会议费、培训费、公务接待费、专用材料费、被装购置费、专用燃料费、劳务费、委托业务费、工会经费、福利费、公务用车运行维护费、其他交通费用、税金及附加费用、其他商品和服务支出。

3. 对个人和家庭的补助

对个人和家庭的补助反映政府用于对个人和家庭的补助支出。它包括离休费、退休费、退职(役)费、抚恤金、生活补助、救济费、医疗费补助、助学金、奖励金、个人农业生产补贴、代缴社会保险费、其他对个人和家庭的补助。

4. 债务利息及费用支出

债务利息及费用支出反映单位的债务利息及费用支出。它包括国内债务付息、国外债务付息、国内债务发行费用、国外债务发行费用。

5. 资本性支出(基本建设)

资本性支出(基本建设)反映切块由发展改革部门安排的基本建设支出，对企业补助支出不在此科目中反映。它具体包括房屋建筑物购建、办公设备购置、专用设备购置、基础设施建设、大型修缮、信息网络及软件购置更新、物资储备、公务用车购置、其他交通工具购置、文物和陈列品购置、无形资产购置、其他基本建设支出。

6. 资本性支出

资本性支出反映各单位安排的资本性支出。切块由发展改革部门安排的基本建设支出不在此科目中反映。它包括房屋建筑物购建、办公设备购置、专用设备购置、基础设施建设、大型修缮、信息网络及软件购置更新、物资储备、土地补偿、安置补助、地上附着物和青苗补偿、拆迁补偿、公务用车购置、其他交通工具购置、文物和陈列品购置、无形资产购置、其他资本性支出。

7. 对企业补助(基本建设)

对企业补助(基本建设)反映切块由发展改革部门安排的基本建设支出中对企业补助支出。它包括资本金注入、其他对企业补助。

8. 对企业补助

对企业补助反映政府对各类企业的补助支出。切块由发展改革部门安排的基本建设支出中对企业补助支出不在此科目反映。它包括资本金注入、政府投资基金股权投资、费用补贴、利息补贴、其他对企业补助。

9. 对社会保障基金补助

对社会保障基金补助反映政府对社会保险基金的补助以及补充全国社会保障基金的支出。它包括对社会保险基金补助、补充全国社会保障基金。

10. 其他支出

其他支出反映不能划分到上述经济分类科目的其他支出。它包括赠予、国家赔偿费用支出、对民间非营利组织和群众性自治组织补贴、其他支出。

三、政府预算支出分类科目与财政总预算会计中各项支出科目的关系

根据《财政总预算会计制度》，财政总预算会计各支出科目的核算内容并不同《2020年政府收支分类科目》中的预算支出科目一一对应。二者之间的关系如下：

首先，在财政总预算会计中将各类转移性支出款级科目内容统一进行核算。《2020年政府收支分类科目》中的一般公共预算支出功能分类、政府性基金预算支出功能分类、国有资本经营预算支出功能分类都包含有转移性支出款级预算科目。这些不同类的转移性支出，在财政总预算会计中分别按"补助支出""上解支出""调出资金""债务转贷支出""地区间援助支出"等会计支出科目统一进行核算。也就是说将转移性支出科目的内容从一般公共预算支出、政府性基金预算支出、国有资本经营预算支出中独立出来，并对其分开进行详细核算。

其次，在财政总预算会计中将各债务性支出款级科目内容统一进行核算。根据《2020年政府收支分类科目》，在一般公共预算支出功能分类和政府性基金预算支出功能分类中都包含有债务还本支出、债务付息支出、债务发行费用支出等款级预算科目，而在财政总预算会计中将这两类预算中的债务性支出款级科目分别按"债务还本支出""一般公共预算本级支出"或"政府性基金预算本级支出"等会计科目统一进行核算。也就是说将各债务性支出科目的内容从一般公共预算支出、政府性基金预算支出中独立出来进行专门核算。

第二节　财政预算本级支出

为核算财政预算本级支出业务，财政总预算会计设置了包括"一般公共预算本级支出""政府性基金预算本级支出""国有资本经营预算本级支出""债务还本支出"四个总账科目。"债务还本支出"的会计核算内容将在第四节学习。

一、财政预算本级支出的确认

一般情况下，预算支出的确认需要满足三个条件：①支出的资金纳入批准的本期财政支出预算；②支出的资金属于消耗(除了转贷支出以外预计不收回)的资金；③能够列入预算支出的金额是确定的。但在国库集中支付方式下，财政预算支出的确认与财政拨款的方式有关。当前财政拨款的方式仍有三种：财政直接支付方式、财政授权支付方式和实拨资金支付方式。不同的财政拨款方式使用财政资金拨款支出的确认不同。

(一)财政直接支付方式下财政预算本级支出确认

财政直接支付方式是指财政部门按照预算和用款分期计划，在期初将预算单位可以申请财政直接支付的额度下达给预算单位。预算单位在使用财政资金时，向财政部门提出财政直接支付申请，所申请支付的金额不得超过财政直接支付剩余额度。因此，在财政直接支付方式下，财政资金并没有实际拨给预算单位，而是根据预算的申请直接付给向预算单位提供商品或服务的收款人。所以财政会计在对预算单位下达财政直接支付额度时，并不确认预算支出，而是在国库和财政零余额账户之间进行结算时，按照当日国库向财政零余额账户付出的财政资金金额确认预算支出。但在经费包干的管理方式下，预算年度末财政部门可将预算单位尚未使用的预算

额度确认为预算支出，在下年度实际使用时不再确认为支出。

总之，在财政直接支付方式下，财政会计对大部分拨款以收付实现制为基础确认预算支出，对于年末尚未从国库拨出的当期预算拨款以权责发生制为基础确认预算支出。

（二）财政授权支付方式下财政预算本级支出确认

财政授权支付方式是指财政部门按照预算和用款分期计划，在期初将预算单位可以申请授权支付的额度下达给预算单位和预算单位零余额账户的代理银行。预算单位在使用财政资金时，直接向预算单位零余额账户的代理银行下达支付指令。预算单位零余额账户的代理银行收到支付指令后，按授权支付指令的要求向指定的收款人转账付款。预算单位还可以下达授权支付指令从预算单位零余额账户提取现金，用于单位用款的现金支付。每日，财政会计在国库和预算单位零余额账户之间进行结算，将当日通过预算单位零余额账户付出的款项通过银行系统从国库拨至预算单位零余额账户。因此，在财政授权支付方式下，财政预算本级支出的确认和财政直接支付方式相同。

（三）实拨资金支付方式下财政预算本级支出确认

实拨资金支付方式是指财政部门按照预算和用款分期计划，在期初将拨给单位的财政资金通过银行转账系统拨付到预算单位的开户银行账户上。预算单位在使用财政资金时，直接从其开户银行的银行账户上转账支付资金或提取现金。因此，在实拨资金支付方式下，在财政资金在预算年度末全部按照预算拨给预算单位后，财政会计就按照拨款预算数全额确认预算支出。因此，在该种方式下，全部预算支出是以收付实现制为基础确认的。

二、一般公共预算本级支出

（一）一般公共预算本级支出的概念

一般公共预算本级支出是指政府财政管理的由本级政府使用的列入一般公共预算的支出，主要包括《2020年政府收支分类科目》中一般公共预算支出功能分类科目所包含的内容，但其中的转移性支出、债务还本支出、债务付息支出、债务发行费用支出等款级科目内容除外。这部分内容在财政总预算会计中是单独进行核算管理的。

（二）一般公共预算本级支出的核算

为进行一般公共预算本级支出业务核算，财政总预算会计设置“一般公共预算本级支出”总账科目。该科目应当根据《2020年政府收支分类科目》中支出功能分类科目设置明细科目，同时根据管理需要，按照支出经济分类科目、部门等进行明细核算。该科目平时借方余额反映一般公共预算本级支出的累计数。一般公共预算本级支出的主要账务处理有：

(1)实际发生一般公共预算本级支出时，借记“一般公共预算本级支出”科目，贷记“国库存款”“其他财政存款”等科目。

(2)年度终了，对纳入国库集中支付管理的、当年未支付而需结转下一年度支付的款项（国库集中支付结余），采用权责发生制确认支出时，借记“一般公共预算本级支出”科目，贷记“应付国库集中支付结余”科目。

(3)年终转账时，“一般公共预算本级支出”科目借方余额应全数转入“一般公共预算结转结余”科目，借记“一般公共预算结转结余”科目，贷记“一般公共预算本级支出”科目。结转后，“一般公共预算本级支出”科目无余额。

【例题 7-1】 某县财政部门采用实拨资金支付方式向事业单位拨付工资款，按照预算向向阳小学拨付经费 200 万元，向东山综合医院拨付经费 80 万元。该县财政部门会计编制如下会计分录。

借：一般公共预算本级支出—卫生健康支出—公立医院—综合医院—对事业单位经常性补助—工资福利支出　　800 000

　　一般公共预算本级支出—教育支出—普通教育—小学教育—对事业单位经常性补助—工资福利支出　　2 000 000

　　贷：国库存款　　2 800 000

【例题 7-2】 某省财政部门采用财政授权支付方式为预算单位支付使用经费。财政会计按照代理财政零余额账户和预算单位零余额账户的某工商银行与国库进行日结算报送的预算支出结算清单（见表 7-1）的金额进行支出的账务处理。要求编制该省财政会计对该业务的处理分录。

表 7-1　预算支出结算清单

代理银行：工商银行×××分行

列支日期：20××年×月×日　　　　单位：元

基层单位名称	支出功能分类科目名称（项）	支出经济分类科目名称（款）	本日列支金额
			财政授权支付
科技厅	行政运行	办公经费	54 632
	机关服务	公务用车购置	798 000
某应用研究所	机构运行	工资福利	1 700 000
	高技术研究	离退休费	1 050 000
某科技学院	高等教育	商品和服务支出	37 000
合计			3 639 632

省财政会计进行账务处理分录如下：

借：一般公共预算本级支出—科学技术支出—科学技术事务管理—行政运行—机关商品和服务支出　　54 632

　　一般公共预算本级支出—科学技术支出—科学技术事务管理—机关服务—机关资本性支出（一）　　798 000

　　一般公共预算本级支出—科学技术支出—科学技术事务管理—机构运行—对事业单位经常性补助—工资福利支出　　1 700 000

　　一般公共预算本级支出—科学技术支出—应用研究—高技术研究—对个人和家庭的补助—离退休费　　1 050 000

　　一般公共预算本级支出—教育支出—普通教育—高等教育—对事业单位经常性补助—商品和服务支出　　37 000

　　贷：国库存款　　3 639 632

【例题 7-3】 某省财政部门年末与省属某理工大学核对结算财政拨款的全年预算数和国库集中支付数。财政会计根据预算支出结算清单（见表 7-2）对该大学年末尚未使用的本年财政预算拨款金额进行支出的账务处理。请为该省财政会计编制会计分录。

表 7-2　预算支出结算清单

填报单位:某理工大学　　　　单位:万元

支出功能分类科目名称(项)	单位填报数			财政核定数		
	全年下达预算指标	全年用款数	年末尚未使用数	全年下达预算指标	全年用款数	年末尚未使用数
	①	②	③=①-②	④	⑤	⑥=④-⑤
高等教育	7 700	6 986	714	7 700	6 986	714
干部教育	350	315	35	350	315	35
合计	8 050	7 301	749	8 050	7 301	749

借:一般公共预算本级支出—教育支出—普通教育—高等教育　7 140 000

　一般公共预算本级支出—教育支出—进修及培训—干部教育　350 000

　贷:应付国库集中支付结余—某理工大学　7 490 000

【例题 7-4】 某市财政年终"一般公共预算本级支出"总账科目借方余额为 1 325 000 元,财政总预算会计将其全数转入"一般公共预算结转结余"总账科目。要求编制会计分录。

借:一般公共预算结转结余　1 325 000

　贷:一般公共预算本级支出　1 325 000

三、政府性基金预算本级支出

(一)政府性基金预算本级支出的概念

政府性基金预算本级支出是指政府财政管理的由本级政府使用的列入政府性基金预算的支出,主要包括《2020 年政府收支分类科目》中政府性基金预算支出功能分类科目所包含的内容,但其中的转移性支出、债务还本支出、债务付息支出、债务发行费用支出等款级科目内容除外。这部分内容在财政总预算会计中是单独进行核算管理的。

(二)政府性基金预算本级支出的核算

为进行政府性基金预算本级支出业务核算,财政总预算会计设置"政府性基金预算本级支出"总账科目。该科目应当根据《2020 年政府收支分类科目》中支出功能分类科目设置明细科目,同时根据管理需要,按照支出经济分类科目、部门等进行明细核算。该科目平时借方余额反映政府性基金预算本级支出的累计数。政府性基金预算本级支出的主要账务处理有:

(1)实际发生政府性基金预算本级支出时,借记"政府性基金预算本级支出"科目,贷记"国库存款"科目。

(2)年度终了,对纳入国库集中支付管理的、当年未支付而需结转下一年度支付的款项(国库集中支付结余),采用权责发生制确认支出时,借记"政府性基金预算本级支出"科目,贷记"应付国库集中支付结余"科目。

(3)年终转账时,"政府性基金预算本级支出"科目借方余额应全数转入"政府性基金预算结转结余”科目，借记“政府性基金预算结转结余”科目，贷记“政府性基金预算本级支出”科目。结转后，该科目无余额。

【例题 7-5】 某市财政总预算会计收到财政国库支付执行机构提供的预算支出结算清单，财政国库支付执行机构采用财政直接支付方式，通过财政零余额账户支付有关预算单位的属于政府性基金预算本级支出的款项共计 25 607 000 元。具体情况见表 7-3。

表 7-3 预算支出结算清单

列支日期：20××年×月×日　　　　单位：元

支出功能分类科目名称（类）	支出功能分类科目名称（款）	支出功能分类科目名称（项）	本日列支金额
			财政直接支付
城乡社区支出	国有土地使用权出让收入及对应专项债务收入安排支出	城市建设支出	23 652 000
交通运输支出	民航发展基金支出	民航节能减排	1 326 000
资源勘探工业信息等支出	农网还贷资金支出	地方农网还贷资金支出（利息）	629 000
合计			25 607 000

借：政府性基金预算本级支出—城乡社区支出—国有土地使用权出让收入及对应专项债务收入安排支出—城市建设支出　23 652 000

政府性基金预算本级支出—交通运输支出—民航发展基金支出—民航节能减排　1 326 000

政府性基金预算本级支出—资源勘探工业信息等支出—农网还贷资金支出—地方农网还贷资金支出（利息）　629 000

贷：国库存款　25 607 000

【例题 7-6】 某市年终“政府性基金预算本级支出”总账科目借方余额为 329 000 元，财政总预算会计将其全数转入“政府性基金预算结转结余”总账科目。财政总预算会计应编制的会计分录如下：

借：政府性基金预算结转结余　329 000

　贷：政府性基金预算本级支出　329 000

四、国有资本经营预算本级支出

（一）国有资本经营预算本级支出的概念

国有资本经营预算本级支出是指政府财政管理的由本级政府使用的列入国有资本经营预算的支出，主要包括《2020 年政府收支分类科目》中国有资本经营预算支出功能分类科目所包含的社会保障和就业支出、国有资本经营预算支出，其中的转移性支出除外。这部分内容在财政总预算会计中是单独进行核算管理的。

（二）国有资本经营预算本级支出的核算

为进行国有资本经营预算本级支出业务核算，财政总预算会计设置“国有资本经营预算本级支出"总账科目。该科目应当根据《2020年政府收支分类科目》中支出功能分类科目设置明细科目，同时根据管理需要，按照支出经济分类科目、部门等进行明细核算。该科目平时借方余额反映国有资本经营预算本级支出的累计数。国有资本经营预算本级支出的主要账务处理如下：

(1)实际发生国有资本经营预算本级支出时，借记"国有资本经营预算本级支出"科目，贷记"国库存款"科目。

(2)年度终了，对纳入国库集中支付管理的、当年未支付而需结转下一年度支付的款项(国库集中支付结余)，采用权责发生制确认支出时，借记"国有资本经营预算本级支出"科目，贷记"应付国库集中支付结余"科目。

(3)年终转账时，"国有资本经营预算本级支出"科目借方余额应全数转入"国有资本经营预算结转结余"科目，借记"国有资本经营预算结转结余"科目，贷记"国有资本经营预算本级支出"科目。结转后，该科目无余额。

【例题 7-7】 某省财政部门按照国有资本经营预算向省属企业拨款 0.15 亿元，用于生态环境保护支出。

借：国有资本经营预算本级支出—国有资本经营预算支出—国有企业资本金注入—生态环境保护支出　　15 000 000

　　贷：国库存款　　15 000 000

【例题 7-8】 某市财政年终"国有资本经营预算本级支出"总账科目借方余额为 3 225 000 元，财政总预算会计将其全数转入"国有资本经营预算结转结余"总账科目。要求编制会计分录。

借：国有资本经营预算结转结余　　3 225 000

　　贷：国有资本经营预算本级支出　　3 225 000

第三节　转移性支出

转移性支出是指在各级政府财政之间进行资金调拨以及在本级政府财政不同类型资金之间进行调剂所形成的支出，包括补助支出、上解支出、调出资金、地区间援助支出等。根据《2020年政府收支分类科目》，转移性支出有不同功能性质的转移支付，包括一般公共预算支出中的转移性支付、政府性基金预算支出中的转移性支付和国有资本经营预算支出中的转移性支付。另外，转移性支出还是政府预算支出经济分类科目。

一、转移性支出的主要内容

(一)一般公共预算支出中的转移性支付

1. 返还性支出

返还性支出反映上级政府对下级政府的税收返还和其他返还性支出。它包括所得税基数返还支出、成品油税费改革税收返还支出、增值税税收返还支出、消费税税收返还支出、增值税"五五分享"税收返还支出、其他返还性支出。

2. 一般性转移支付

一般性转移支付反映政府间一般性转移支付。它包括体制补助支出、均衡性转移支付支出、县级基本财力保障机制奖补资金支出、结算补助支出、资源枯竭型城市转移支付补助支出、企业事业单位划转补助支出、产粮(油)大县奖励资金支出、重点生态功能区转移支付支出、固定数额补助支出、革命老区民族地区边境地区贫困地区的转移支付支出、各类共同财政事权转移支付支出(包括一般公共服务、外交、国防、公共安全、教育、科学技术、文化旅游体育与传媒、社会保障和就业、医疗卫生、节能环保、城乡社区、农林水、交通运输、资源勘探信息等、商业服务业等、金融、自然资源海洋气象等、住房保障、粮油物资储备、灾害防治及应急管理、其他)、其他一般性转移支付支出。

3. 专项转移支付

专项转移支付反映政府间专项转移支付。它包括一般公共服务、外交、国防、公共安全、教育、科学技术、文化旅游体育与传媒、社会保障和就业、卫生健康、节能环保、城乡社区、农林水、交通运输、资源勘探信息等、商业服务业等、金融、自然资源海洋气象等、住房保障、粮油物资储备、灾害防治及应急管理、其他支出。

4. 上解支出

上解支出反映下级政府对上级政府的上解收入。它包括体制上解支出和专项上解支出。

5. 调出资金

调出资金反映不同预算资金之间的调出支出。

6. 年终结余

年终结余反映政府收支总预算年终结余。它包括一般公共预算年终结余,这反映一般公共预算收支形成的结余,年终应全部转入预算稳定调节基金。

7. 债务转贷支出

债务转贷支出反映向下级政府转贷的债务支出。它包括地方政府一般债券转贷支出、地方政府向外国政府借款转贷支出、地方政府向国际组织借款转贷支出、地方政府其他一般债务转贷支出。本预算科目的内容在财政总预算会计中通过设置“债务转贷支出”总账科目及其明细科目专门进行会计核算。

8. 援助其他地区支出

援助其他地区支出反映援助方政府安排的由受援方政府统筹使用的各类援助、捐赠等资金支出。该科目反映的是以受援方政府名义接收的、援助方政府安排且没有限定用途的公共预算援助资金。该款级科目的使用主体为各级财政部门,其他部门不得使用;反映的内容为一般公共预算资金,其他性质的资金不在本科目反映。援助方政府按照国家统一要求安排的对口援助西藏、新疆、青海藏区的支出,统一在219类“援助其他地区支出”列支,不在本科目反映。

9. 安排预算稳定调节基金

安排预算稳定调节基金反映设置和补充预算稳定调节基金的支出。

10. 补充预算周转金

补充预算周转金反映设置和补充预算周转金的支出。

(二)政府性基金预算支出中的转移性支付

1. 政府性基金转移支出

政府性基金转移支出反映政府性基金预算中的上级补助支出和下级上解支出。它包括政府性基金补助支出、政府性基金上解支出。

2. 调出资金

调出资金反映不同预算性质的资金之间相互调出。它包括政府性基金预算调出资金，这反映从政府性基金预算调出的资金。

3. 年终结余

年终结余反映政府收支总预算年终结余。它包括政府性基金年终结余，这反映政府性基金预算收支年终形成的结余。

4. 债务转贷支出

债务转贷支出反映向下级政府转贷的债务支出。它包括海南省高等级公路车辆通行附加费债务转贷支出、港口建设费债务转贷支出、国家电影事业发展专项资金债务转贷支出、国有土地使用权出让金债务转贷支出、农业土地开发资金债务转贷支出、大中型水库库区基金债务转贷支出、城市基础设施配套费债务转贷支出、小型水库移民扶助基金债务转贷支出、国家重大水利工程建设基金债务转贷支出、车辆通行费债务转贷支出、污水处理费债务转贷支出、土地储备专项债券转贷支出、政府收费公路专项债券转贷支出、棚户区改造专项债券转贷支出、其他地方自行试点项目收益专项债券转贷支出、其他地方政府债务转贷支出。本预算科目的内容在财政总预算会计中通过设置“债务转贷支出”总账科目及其明细科目专门进行会计核算。

(三)国有资本经营预算支出中的转移性支付

1. 国有资本经营预算转移支付

国有资本经营预算转移支付反映国有资本经营预算转移支付支出。它包括国有资本经营预算转移支付支出、国有资本经营预算上解支出。

2. 调出资金

调出资金反映不同预算性质的资金之间相互调出。它包括国有资本经营预算调出资金，这反映从国有资本经营预算调出的资金。

(四)政府预算支出经济分类中的转移性支付

1. 上下级政府间转移性支出

上下级政府间转移性支出反映上下级政府间的转移支出。

2. 援助其他地区支出

援助其他地区支出反映援助方政府安排的由受援方政府统筹使用的各类援助、补偿、捐赠等资金支出。由援助方政府安排并管理的对其他地区各类援助、捐赠等资金支出以及各地按照国家统一要求安排的对口援助西藏、新疆、青海藏区的资金不在此科目反映。

3. 债务转贷

债务转贷反映上下级政府间的债务转贷支出。

4. 调出资金

调出资金反映不同性质预算间的转移性支出。

5. 安排预算稳定调节基金

安排预算稳定调节基金反映设置和补充预算稳定调节基金的支出。

6.补充预算周转金

补充预算周转金反映设置和补充预算周转金的支出。

二、转移性支出的会计核算

为核算转移性支出业务，财政总预算会计分别设置“补助支出”“调出资金”“上解支出”“地区间援助支出”“安排预算稳定调节基金”等科目进行会计核算。与“债务转贷收入”类似，“债务转贷支出”在财政总预算会计中单独列为一个支出种类，与一般公共预算本级支出、政府性基金预算本级支出、补助支出等支出种类相并列。转移性支出应当按照财政体制的规定或实际发生的金额入账。

转移性支出会计科目与政府预算支出科目之间的对应关系如表7-4所示。

表7-4　转移性支出会计科目与政府预算支出科目之间的对应关系

会计科目	预算支出功能分类科目	预算支出经济分类科目
补助支出	返还性支出、一般性转移支付、专项转移支付、政府性基金补助支出、国有资本经营预算转移支付支出	上下级政府间转移性支出
上解支出	上解支出、政府性基金上解支出、国有资本经营上解支出	
地区间援助支出	援助其他地区支出	援助其他地区支出
调出资金	调出资金	调出资金
安排预算稳定调节基金	调出资金	调出资金

(一)补助支出的核算

补助支出是指本级政府财政按财政体制规定或因专项需要补助给下级政府财政的款项。补助支出与补助收入对应，包括对下级的税收返还、转移支付等。为核算补助支出业务，财政总预算会计设置“补助支出”总账科目。本科目下应当按照不同资金性质设置“一般公共预算补助支出”“政府性基金预算补助支出”等明细科目，同时还应当按照补助地区进行明细核算。本科目平时借方余额反映补助支出的累计数。补助支出的主要账务处理如下：

(1)发生补助支出或从“与下级往来”科目转入时，借记“补助支出”科目，贷记“国库存款”“其他财政存款”“与下级往来”等科目。

(2)专项转移支付资金实行特设专户管理的，本级政府财政应当根据本级政府财政下达的预算文件确认补助支出，借记“补助支出”科目，贷记“国库存款”“与下级往来”等科目。

(3)有主权外债业务的财政部门，贷款资金由下级政府财政同级部门(单位)使用，且贷款最终还款责任由本级政府财政承担的，本级政府财政部门支付贷款资金时，借记“补助支出”科目，贷记“其他财政存款”科目；外方将贷款资金直接支付给用款单位或供应商时，借记“补助支出”科目，贷记“债务收入”“债务转贷收入”等科目；根据债务管理部门转来的相关外债转贷管理资料，按照实际支付的金额，借记“待偿债净资产”科目，贷记“借入款项”“应付主权外债转贷款”等科目。

(4)年终与下级政府财政结算时，按照尚未拨付的补助金额，借记“补助支出”科目，贷记“与下级往来”科目。退还或核减补助支出时，借记“国库存款”“与下级往来”等科目，贷记“补助支出”科目。

(5)年终转账时,“补助支出”科目借方余额应根据不同资金性质分别转入对应的结转结余科目,借记“一般公共预算结转结余”“政府性基金预算结转结余”等科目,贷记“补助支出”科目。结转后,“补助支出”科目无余额。

【例题 7-9】 某省财政通过财政国库为所属某市拨付一笔一般公共预算资金 317 000 元,具体适用于“转移性支出—返还性支出—增值税税收返还支出(上下级政府间转移性支出)”预算科目;同时通过财政直接支付方式为所属某市支付一笔政府性基金预算资金 269 000 元,具体适用于“转移性支出—政府性基金转移支付—政府性基金补助支出(上下级政府间转移性支出)”预算科目。财政总预算会计编制如下会计分录:

借:补助支出——一般公共预算补助支出—返还性支出—增值税税收返还支出(上下级政府间转移性支出)—某市　　317 000

　　补助支出—政府性基金预算补助支出—政府性基金转移支付—政府性基金补助支出(上下级政府间转移性支出)—某市　　269 000

　　贷:国库存款　　586 000

【例题 7-10】 某省通过中央政府直接转贷获得国际金融组织的项目贷款 13 000 万元,以一般公共预算资金偿还,该贷款采用外方将贷款直接支付给项目实施单位的方式。该项目贷款的部分业务如下:(1)省财政部门将该项目贷款额度的 7 500 万元转移支付给所属甲市用于农林水专项补助支出;(2)省财政部门将该项目贷款额度的 5 500 万元转贷给所属乙市,乙市财政部门将该贷款转移支付给所属丙县财政,丙县财政将该贷款以财政拨款支付方式拨给 A 教育单位。项目实施后,各级财政部门收到相应付款通知单,通知单显示所有款项已一次性支付到位。请为该省级财政会计和乙市财政会计编制相关会计分录。

(1)省财政部门的会计处理(单位:万元)。

①将该项目贷款额度的 7 500 万元转移支付给所属甲市时。

借:补助支出——一般公共预算补助支出—专项转移支付—农林水(上下级政府间转移性支出)—甲市　　7 500

　　贷:债务收入—地方政府债务收入—地方政府向国际组织借入款项　　7 500

同时:

借:待偿债净资产—借入款项　　7 500

　　贷:借入款项—借入国际组织贷款—应付本金　　7 500

②将该项目贷款额度的 5 500 万元转贷给所属乙市时。

借:债务转贷支出——一般公共预算转移性支付—地方政府向国际组织借款转贷支出(债务转贷)—乙市　　5 500

　　贷:债务收入—地方政府债务收入—地方政府向国际组织借入款项　　5 500

同时:

借:待偿债净资产—借入款项　　5 500

　　贷:借入款项—借入国际组织贷款—应付本金　　5 500

借:应收主权外债转贷款—应收本金—乙市　　5 500

　　贷:资产基金—应收主权外债转贷款　　5 500

(2)乙市财政部门的会计处理(单位:万元)。

借:补助支出——一般公共预算补助支出—专项转移支付—教育(上下级政府间转移性支出)—丙县　　5 500

　　贷:债务转贷收入—地方政府债务收入—地方政府向国际组织借款转贷收入　　5 500

同时:

借:待偿债净资产—借入款项　　5 500

　　贷:应付主权外债转贷款—应付本金　　5 500

【例题 7-11】 某市财政年终"补助支出"总账科目借方余额为 325 000 元。其中属于一般公共预算的补助支出共计 105 000 元,属于政府性基金预算的补助支出共计 220 000 元。财政总预算会计按预算资金的性质将其分别转入"一般公共预算结转结余""政府性基金预算结转结余"总账科目。财政总预算会计应编制如下会计分录:

借:一般公共预算结转结余　　105 000

　　政府性基金预算结转结余　　220 000

　　贷:补助支出　　325 000

当补助支出的数额可以可靠估计时,补助支出应当以权责发生制为基础在发生时确认,按照应当支付的数额计量,主要包括两种情况:一是年终与下级政府财政结算时,应当按尚未拨付的补助金额确认为补助支出;二是实行特设专户管理的专项转移支付,应当根据本级政府财政下达的预算文件确认补助支出。这时需要同时确认"与下级往来"账户金额。

(二)上解支出的核算

上解支出是指按照财政体制规定由本级政府财政上交给上级政府财政的款项。上解支出与上解收入对应,包括一般公共预算上解支出、政府性基金上解支出和国有资本经营预算上解支出。为核算上解支出业务,财政总预算会计设置"上解支出"总账科目。本科目下应当按照不同资金性质设置"一般公共预算上解支出""政府性基金预算上解支出"等明细科目。本科目平时借方余额反映上解支出的累计数。上解支出的主要账务处理如下:

(1)发生上解支出时,借记"上解支出"科目,贷记"国库存款""与上级往来"等科目。

(2)年终与上级政府财政结算时,按照尚未支付的上解金额,借记"上解支出"科目,贷记"与上级往来"科目。退还或核减上解支出时,借记"国库存款""与上级往来"等科目,贷记"上解支出"科目。

(3)年终转账时,"上解支出"科目借方余额应根据不同资金性质分别转入对应的结转结余科目,借记"一般公共预算结转结余""政府性基金预算结转结余"等科目,贷记"上解支出"科目。结转后,该科目无余额。

【例题 7-12】 某市财政按财政体制规定通过财政国库向上级某省财政上解款共 1 092 000 元,其中"转移性支出—上解支出—体制上解支出(上下级政府间转移性支出)"732 000 元,"转移性支出—政府性基金转移支付—政府性基金上解支出(上下级政府间转移性支出)"360 000 元。市财政总预算会计编制如下会计分录:

借:上解支出——一般公共预算上解支出—体制上解支出(上下级政府间转移性支出)　　732 000

上解支出—政府性基金预算上解支出(上下级政府间转移性支出)

360 000

贷:国库存款 1 092 000

【例题 7-13】 年终进行体制结算,某市财政应向上级省财政上解款项 27 500 元,具体适用于"转移性支出—上解支出—专项上解支出(上下级政府间转移性支出)"预算科目。市财政应编制如下会计分录:

借:上解支出——一般公共预算上解支出—专项上解支出(上下级政府间转移性支出)

27 500

贷:与上级往来 27 500

【例题 7-14】 某市财政年终"上解支出"总账科目借方余额为 839 000 元。其中属于一般公共预算的上解支出共计 570 000 元,属于政府性基金预算的上解支出共计 269 000 元。财政总预算会计将其全数转入"一般公共预算结转结余""政府性基金预算结转结余"等科目,并结清所有明细账的余额。

借:一般公共预算结转结余 570 000

政府性基金预算结转结余 269 000

贷:上解支出 839 000

(三)调出资金的核算

调出资金是指政府财政为平衡预算收支,从某类资金向其他类型预算调出的资金。调出资金与调入资金相对应。从政府预算支出的功能分类看,它包括一般公共预算、政府性基金预算和国有资本经营预算转移性支出中的调出资金。为核算调出资金业务,财政总预算会计设置"调出资金"总账科目。本科目下应当设置"一般公共预算调出资金""政府性基金预算调出资金"和"国有资本经营预算调出资金"等明细科目。本科目平时借方余额反映调出资金的累计数。调出资金的主要账务处理如下:

(1)从一般公共预算调出资金时,按照调出的金额,借记"调出资金"(一般公共预算调出资金),贷记"调入资金"相关明细科目。

(2)从政府性基金预算调出资金时,按照调出的金额,借记"调出资金—政府性基金预算调出资金"科目,贷记"调入资金"相关明细科目。

(3)从国有资本经营预算调出资金时,按照调出的金额,借记"调出资金—国有资本经营预算调出资金"科目,贷记"调入资金"相关明细科目。

(4)年终转账时,"调出资金"科目借方余额分别转入相应的结转结余科目,借记"一般公共预算结转结余""政府性基金预算结转结余"和"国有资本经营预算结转结余"等科目,贷记"调出资金"科目。结转后,"调出资金"无余额。

【例题 7-15】 某省财政经批准从政府性基金预算中调出一笔资金 675 000 元至一般公共预算。财政总预算会计应编制如下会计分录:

借:调出资金—政府性基金预算调出资金 675 000

贷:调入资金——一般公共预算调入资金 675 000

【例题 7-16】 某市财政年终"调出资金"总账科目借方余额为 336 000 元。其中,属于一般公共预算的调出资金共计 120 000 元,属于政府性基金预算的调出资金共计 216 000 元。财政总预算会计将其全数转入“一般公共预算结转结余”“政府性基金预算结转结余”等科目，并结清所有明细账的余额。

借：一般公共预算结转结余　　120 000
　　政府性基金预算结转结余　　216 000
　　贷：调出资金——一般公共预算调出资金　　120 000
　　　　调出资金—政府性基金预算调出资金　　216 000

（四）地区间援助支出

地区间援助支出是指援助方政府财政安排用于受援方政府财政统筹使用的各类援助、捐赠等资金支出。为核算地区间援助支出业务，财政总预算会计设置“地区间援助支出”总账科目。本科目应当按照受援地区及管理需要进行相应明细核算。本科目平时借方余额反映地区间援助支出的累计数。地区间援助支出的主要账务处理如下：

（1）发生地区间援助支出时，借记“地区间援助支出”科目，贷记“国库存款”科目。

（2）年终转账时，本科目借方余额全数转入“一般公共预算结转结余”科目，借记“一般公共预算结转结余”科目，贷记“地区间援助支出”科目。结转后，本科目无余额。

这里要说明的是，由援助方政府安排并管理的对其他地区各类援助、捐赠等资金的支出，包括援助方政府按照国家统一要求安排的对口援助西藏、新疆、青海藏区的支出，不在“地区间援助支出”科目中进行核算反映，而是统一在“一般公共预算本级支出—援助其他地区支出”中进行核算反映。

【例题 7-17】 甲省财政通过财政国库向乙省财政拨付地区间援助资金 653 000 元，由乙省财政统筹安排使用，相应预算科目是“转移性支出—援助其他地区支出”。甲省财政会计处理如下：

借：地区间援助支出—援助其他地区支出—乙省　　653 000
　　贷：国库存款　　653 000

【例题 7-18】 甲省财政年终“地区间援助支出”总账科目借方余额为 359 200 元，财政总预算会计将其全数转入“一般公共预算结转结余”科目，并结清所有明细账。

借：一般公共预算结转结余　　359 200
　　贷：地区间援助支出　　359 200

（五）安排预算稳定调节基金

安排预算稳定调节基金反映政府财政按照有关规定安排的预算稳定调节基金。安排预算稳定调节基金是与运用预算稳定调节基金相对应的。根据《预算法》，各级政府财政一般公共预算可以设置预算稳定调节基金，用于弥补以后年度预算资金的不足。超收收入或一般公共预算结余补充预算稳定调节基金，是预算稳定调节基金的重要来源。

为核算安排预算稳定调节基金业务，财政总预算会计设置了“安排预算稳定调节基金”总账科目，本科目平时借方余额反映安排预算稳定调节基金的累计数。该业务的主要账务处理如下：

（1）补充预算稳定调节基金时，借记“安排预算稳定调节基金”科目，贷记“预算稳定调节基金”科目。

（2）年终转账时，“安排预算稳定调节基金”科目借方余额全数转入“一般公共预算结转结余”科目，借记“一般公共预算结转结余”科目，贷记“安排预算稳定调节基金”科目。结转后，本科目无余额。

【例题 7-19】 某省财政年终发生财政超收，即财政收入大于财政支出，决定安排预算稳定调节基金 562 000 元，相应适用于“转移性支付—安排预算稳定调节基金”科目。财政总预算会计编制会计分录如下：

借：安排预算稳定调节基金　　562 000

　贷：预算稳定调节基金　　562 000

【例题 7-20】 某市年终“安排预算稳定调节基金”总账科目借方余额 387 000 元，财政总预算会计将其转入“一般公共预算结转结余”总账科目。财政总预算会计编制会计分录如下：

借：一般公共预算结转结余　　387 000

　贷：安排预算稳定调节基金　　387 000

第四节　财政专户管理资金支出和专用基金支出

一、财政专户管理资金支出

（一）财政专户管理资金支出的概念

财政专户管理资金是财政非预算资金。财政专户管理资金支出是指政府财政用纳入财政专户管理的教育收费等资金安排的支出。

财政专户管理资金起源于财政预算外资金管理。它的形成过程是原按财政预算外资金管理的收入纳入预算管理后，仍保留了教育收费、彩票发行和销售机构业务费用的财政专户管理。这些财政专户管理的资金不再称为财政预算外资金，而是称为财政专户管理资金。财政专户管理资金作为教育事业单位及彩票发行和销售机构的收入，实行收支两条线，缴入财政专户管理。财政专户管理资金不纳入财政预算管理范围。从 2015 年起，属于彩票发行和销售机构业务费用的资金改为纳入政府性基金预算管理，资金从财政专户转入国库。至此，财政专户管理资金中只包括实行收支两条线的教育收费资金。

各种教育收费由各教育单位按规定标准收取，并按规定缴入财政专户，实行收支两条线管理。财政部门通常采用返还教育收费的方式向有关教育单位拨付财政专户资金，并监督其按部门预算的规定用途使用。

尽管教育收费的收入科目按照收费单位所属预算部门可以有教育行政事业性收费收入、公安行政事业性收费收入、法院行政事业性收费收入、财政行政事业性收费收入、审计行政事业性收费收入等，但用教育收费安排的支出均属于教育支出，如属于普通教育、职业教育、成人教育等支出，它们不属于公安、法院、财政事务等支出。

（二）财政专户管理资金支出的核算

为核算财政专户管理资金支出业务，财政总预算会计设置“财政专户管理资金支出”总账科目。本科目应当按照《2020 年政府收支分类科目》中支出功能分类科目设置相应明细科目，同时根据管理需要，按照支出经济分类科目、部门（单位）等进行明细核算。本科目平时借方余额反映财政专户管理资金支出的累计数。财政专户管理资金支出应当按照实际支付的金额入账。财政专户管理资金支出的主要账务处理如下：

(1)发生财政专户管理资金支出时，借记“财政专户管理资金支出”科目，贷记“其他财政存款”等有关科目。

(2)年终转账时，“财政专户管理资金支出”科目借方余额全数转入“财政专户管理资金结余”科目，借记“财政专户管理资金结余”科目，贷记“财政专户管理资金支出”科目。结转后，本科目无余额。

财政向教育单位返还教育收费，可以采用实拨资金支付的方式，也可以采用财政集中支付的方式。如果采用财政集中支付的方式，则财政部门通过财政零余额账户或预算单位零余额账户垫付资金，再通过财政专户向财政零余额账户或预算零余额账户归还垫付资金。

【例题 7-21】 某市财政通过财政专户向有关教育单位拨付教育收费共计 231 000 元，其中“教育支出—普通教育—高等教育”100 000 元，“教育支出—成人教育—成人高等教育”131 000 元。财政总预算会计编制如下会计分录：

借：财政专户管理资金支出—教育支出—普通教育—高等教育　　100 000
　　财政专户管理资金支出—教育支出—成人教育—成人高等教育　　131 000
　　贷：其他财政存款　　231 000

【例题 7-22】 某市财政年终“财政专户管理资金支出”总账科目借方余额为 523 000 元，财政总预算会计将其全数转入“财政专户管理资金结余”总账科目。财政总预算会计应编制如下会计分录，并结清所有明细账余额。

借：财政专户管理资金结余　　523 000
　　贷：财政专户管理资金支出　　523 000

二、专用基金支出

为了应对重大突发事件等特殊情况，稳定有关国计民生的重要商品市场，对重要商品市场价格和供应异常波动进行调控，政府设立了粮食风险基金、各种重要商品储备专项资金等。这些基金或专项资金由财政部门管理，只能用于基金或专项资金的专门用途，在财政会计核算时作为专用基金核算。

(一)专用基金支出的概念

专用基金支出是指政府财政用专用基金收入安排的支出，目前主要指用粮食风险基金收入安排的相应支出。财政总预算会计在拨付专用基金时，应做到先收后支、量入为出，并做到按规定的用途拨付。

(二)专用基金支出的核算

为核算专用基金支出业务，财政总预算会计设置“专用基金支出”总账科目。本科目应当根据专用基金的种类设置明细科目，同时根据管理需要，按部门等进行明细核算。本科目平时借方余额反映专用基金支出的累计数。专用基金支出应当按照实际支付的金额入账。专用基金支出的主要账务处理如下：

(1)发生专用基金支出时,借记"专用基金支出"科目,贷记"其他财政存款"等有关科目。退回专用基金支出时,做相反的会计分录。

(2)年终转账时,"专用基金支出"科目借方余额全数转入"专用基金结余"科目,借记"专用基金结余"科目,贷记"专用基金支出"科目。结转后,本科目无余额。

【例题 7-23】 某市财政部门有关粮食风险基金发生如下业务:

(1)向某粮食流通企业拨付 1 500 万元,用于收储粮食的补贴;

(2)向某国有粮库支付 5 600 万元,用于收购国家临时储备粮的周转金;

(3)该国有粮库出售国家临时储备粮后交回周转金及粮食进销差价 3 500 万元;

(4)年末,将"专用基金支出"余额 5 560 万元进行结转,其中"专用基金支出—粮食风险基金支出"2 300 万元,"专用基金支出—重要商品储备基金支出"3 260 万元。

(1)向某粮食流通企业拨付补贴时。

借:专用基金支出—粮食风险基金支出—储备粮油补贴支出 15 000 000

　贷:其他财政存款 15 000 000

(2)向某国有粮库支付收购国家临时储备粮的周转金时。

借:其他应收款—收购储备粮周转金—某粮库 56 000 000

　贷:其他财政存款 56 000 000

(3)该国有粮库出售国家临时储备粮后交回周转金及粮食进销差价时。

借:其他财政存款 91 000 000

　贷:其他应收款—收购储备粮周转金—某粮库 56 000 000

　　专用基金收入—粮食风险基金收入—购销差价收入 35 000 000

(4)年末转账时。

借:专用基金结余—粮食风险基金支出 23 000 000

　专用基金结余—重要商品储备基金支出 32 600 000

　贷:专用基金支出—粮食风险基金支出 23 000 000

　　专用基金支出—重要商品储备基金支出 32 600 000

第五节　债务性支出

政府预算中的债务性支出包括债务还本支出、债务转贷支出、债务付息支出和债务发行费用支出。在财政总预算会计中,根据资金性质,债务付息支出和债务发行费用支出分别在一般公共预算本级支出或政府性基金预算支出中进行核算反映,而债务还本支出、债务转贷支出则和一般公共预算本级支出、政府性基金预算支出并列作为一种支出类别专门进行核算反映。本节主要介绍债务还本支出、债务转贷支出的会计核算。

一、债务还本支出

债务还本支出是指政府财政偿还本级政府承担的债务本金支出。它的核算内容包括一般公共预算中的债务还本支出和政府性基金预算中的债务还本支出。

为了核算债务还本支出业务，财政总预算会计设置“债务还本支出”总账科目。本科目应当根据《2020年政府收支分类科目》中“债务还本支出”的有关规定设置明细科目。债务还本支出应当按照实际偿还的金额入账。本科目平时借方余额反映本级政府财政债务还本支出的累计数。债务还本支出的主要账务处理如下：

(1)偿还本级政府财政承担的政府债券、主权外债等纳入预算管理的债务本金时，借记“债务还本支出”科目，贷记“国库存款”“其他财政存款”等科目；根据债务管理部门转来的相关资料，按照实际偿还的本金金额，借记“应付短期政府债券”“应付长期政府债券”“借入款项”“应付地方政府债券转贷款”“应付主权外债转贷款”等科目，贷记“待偿债净资产”科目。

(2)年终转账时，“债务还本支出”科目下“专项债务还本支出”明细科目的借方余额应按照对应的政府性基金种类分别转入“政府性基金预算结转结余”相应明细科目，借记“政府性基金预算结转结余”科目，贷记“债务还本支出”科目(专项债务还本支出)。本科目下其他明细科目的借方余额全数转入“一般公共预算结转结余”科目，借记“一般公共预算结转结余”科目，贷记“债务还本支出”科目(其他明细科目)。结转后，本科目无余额。

【例题7-24】 某省财政通过财政国库偿还本级政府财政承担的“债务还本支出—地方政府一般债务还本支出—地方政府向国际组织借款还本支出(国外债务还本)”365 000元，“债务还本支出—地方政府专项债务还本支出—政府收费公路专项债券还本支出(国内债务还本)”327 500元。省财政会计编制如下会计分录：

借：债务还本支出—地方政府一般债务还本支出—地方政府向国际组织借款还本支出(国外债务还本)　　365 000
　　债务还本支出—地方政府专项债务还本支出—政府收费公路专项债券还本支出(国内债务还本)　　327 500
　　贷：其他财政存款　　365 000
　　　　国库存款　　327 500

同时：

借：借入款项—应付本金　　365 000
　　应付长期政府债券—应付地方政府专项债券—应付本金　　327 500
　　贷：待偿债净资产—借入款项　　365 000
　　　　待偿债净资产—应付长期政府债券　　327 500

【例题7-25】 某市财政通过财政国库偿还本级政府财政承担的上级省政府向国际金融组织贷款转贷资金本金980 000元。相应预算科目为“债务还本支出—地方政府专项债务还本支出—棚户区改造专项债券还本支出(国外债务还本)”。编制市财政会计分录。

(1)贷款到期，省财政尚未收到所属市转贷本金时。

借：其他应收款—借入主权外债转贷款本金　　980 000
　　贷：与上级往来　　980 000

同时：

借：应付主权外债转贷款—借入国际金融组织贷款—应付本金　　980 000
　　贷：待偿债净资产—应付主权外债转贷款　　980 000

(2)市财政通过财政国库偿还本金时。

借:债务还本支出—地方政府专项债务还本支出—棚户区改造专项债券还本支出(国外债务还本)　　980 000

　贷:其他应收款—借入主权外债转贷款本金　　980 000

【例题 7-26】 某省财政年终“债务还本支出”总账科目借方余额为 528 000 元,其中“地方政府一般债务还本支出”369 000 元,“地方政府专项债务还本支出”159 000 元。财政总预算会计将其全数转入“一般公共预算结转结余”“政府性基金预算结转结余”总账科目,并结清相关明细账。财政总预算会计编制会计分录如下:

借:一般公共预算结转结余　　369 000

　政府性基金预算结转结余　　159 000

　贷:债务还本支出　　528 000

二、债务转贷支出

债务转贷支出是指本级政府财政向下级政府财政转贷的债务支出。债务转贷支出是一种转移性支出,包括一般公共预算下的债务转贷支出和政府性基金预算下的债务转贷支出。债务转贷支出与债务转贷收入相对应。

为核算债务转贷支出业务,财政总预算会计设置“债务转贷支出”总账科目。本科目下应当设置“地方政府一般债务转贷支出”“地方政府专项债务转贷支出”明细科目,同时还应当按照转贷地区进行明细核算。债务转贷支出应当按照实际转贷的金额入账。平时本科目借方余额反映债务转贷支出的累计数。债务转贷支出的主要账务处理如下:

(1)本级政府财政向下级政府财政转贷地方政府债券资金时,借记“债务转贷支出”科目,贷记“国库存款”科目;根据债务管理部门转来的相关资料,按照到期应收回的转贷款本金金额,借记“应收地方政府债券转贷款”科目,贷记“资产基金—应收地方政府债券转贷款”科目。

(2)本级政府财政向下级政府财政转贷主权外债资金,且主权外债最终还款责任由下级政府财政承担的,相关账务处理如下:

①本级政府财政支付转贷资金时,根据转贷资金支付相关资料,借记“债务转贷支出”科目,贷记“其他财政存款”科目;根据债务管理部门转来的相关资料,按照实际持有的债权金额,借记“应收主权外债转贷款”科目,贷记“资产基金—应收主权外债转贷款”科目。

②外方将贷款资金直接支付给用款单位或供应商时,本级政府财政根据转贷资金支付相关资料,借记“债务转贷支出”科目,贷记“债务收入”“债务转贷收入”科目;根据债务管理部门转来的相关资料,按照实际持有的债权金额,借记“应收主权外债转贷款”科目,贷记“资产基金—应收主权外债转贷款”科目;同时,借记“待偿债净资产”科目,贷记“借入款项”“应付主权外债转贷款”等科目。

(3)年终转账时,本科目下“地方政府一般债务转贷支出”明细科目的借方余额全数转入“一般公共预算结转结余”科目,借记“一般公共预算结转结余”科目,贷记“债务转贷支出—地方政府一般债务转贷支出”科目;本科目下“地方政府专项债务转贷支出”明细科目的借方余额全数转入“政府性基金预算结转结余”科目,借记“政府性基金预算结转结余”科目,贷记“债务转贷支出—地方政府专项债务转贷支出”科目。结转后,“债务转贷支出”科目无余额。

【例题 7-27】 某省财政部门为下属市级财政部门发行和转贷地方政府一般债券的业务如

下：①省财政部门 7 月 1 日发行面额为 14 亿元的地方政府债券，该债券为期三年，到期一次还本付息，年利率为 5%，已经收到全部足额发行收入，并支付债券发行费用 1 000 万元，省财政将地方政府债券 14 亿元转贷给下属市财政并通知市财政承担债券发行费用；②每年末，省财政会计对该地方政府债券计提应付利息，市财政确认应付利息；③每年 7 月 1 日市财政支付所承担的应付利息；④该地方政府债券到期，省财政应交还地方政府债券本金 14 亿元，利息 2.1 亿元。省级财政会计处理如下：

(1)取得发行收入。

借：国库存款　　1 390 000 000
　一般公共预算本级支出—债务发行费用支出—地方政府一般债务发行费用支出　　10 000 000
　贷：债务收入—地方政府债务收入——般债务收入—地方政府一般债券收入　　1 400 000 000

同时：

借：待偿债净资产—应付长期政府债券　　1 400 000 000
　贷：应付长期政府债券—应付地方政府一般债券—应付本金　　1 400 000 000

(2)省政府将债券借款转贷给所属市级政府。

借：债务转贷支出—地方政府一般债务转贷支出　　1 400 000 000
　贷：一般公共预算本级支出—债务发行费用支出—地方政府一般债务发行费用支出　　10 000 000
　　国库存款　　1 390 000 000

同时：

借：应收地方政府债券转贷款—应收地方政府一般债券转贷款—某市—应收本金　　1 400 000 000
　贷：资产基金—应收地方政府债券转贷款　　1 400 000 000

(3)债券发行当年末，省财政会计对该地方政府债券计提应付利息。

借：待偿债净资产—应付长期政府债券　　35 000 000
　贷：应付长期政府债券—应付地方政府一般债券—应付利息　　35 000 000

借：应收地方政府债券转贷款—应收地方政府一般债券转贷款—某市—应收利息　　35 000 000
　贷：资产基金—应收地方政府债券转贷款　　35 000 000

(4)省级政府归还债券借款。

借：其他应收款—地方政府债券还本—某市　　1 400 000 000
　其他应收款—地方政府债券付息—某市　　210 000 000
　贷：国库存款　　1 610 000 000

同时：

借：应付长期政府债券—应付地方政府一般债券—应付利息　　210 000 000

应付长期政府债券—应付地方政府一般债券—应付本金 1 400 000 000

贷:待偿债净资产—应付长期政府债券 1 610 000 000

【例题 7-28】 某省财政年终“债务转贷支出”总账科目借方余额 951 000 元。其中“地方政府一般债券转贷支出”752 000 元,“地方政府专项债券转贷支出”199 000 元。财政总预算会计将其分别转入“一般公共预算结转结余”“政府性基金预算结转结余”总账科目,并结清所属明细账。

借:一般公共预算结转结余 752 000

政府性基金预算结转结余 199 000

贷:债务转贷支出 951 000

复习思考题

1. 一般公共预算支出功能分类是怎样的?请思考如果要加强政府运行成本的控制,则应着重关注哪些项级预算科目。(提示:请参考《2020 年政府收支分类科目》)
2. 政府性基金预算支出功能分类是怎样的?国有资本经营预算支出功能分类是怎样的?
3. 政府预算支出和部门预算支出的经济分类分别是怎样的?各侧重于什么?
4. 政府预算支出分类科目与财政总预算会计中各项支出科目的基本关系是怎样的?
5. 财政预算本级支出是如何确认的?
6. 什么是一般公共预算本级支出?其主要账务处理内容有哪些?
7. 什么是政府性基金预算本级支出?其主要账务处理内容有哪些?
8. 什么是国有资本经营预算本级支出?其主要账务处理内容有哪些?
9. 什么是转移性支出?其主要内容是怎样的?
10. 什么是补助支出?其主要账务处理内容有哪些?
11. 什么是上解支出?其主要账务处理内容有哪些?
12. 什么是调出资金?其主要账务处理内容有哪些?
13. 什么是地区间援助支出?其主要账务处理内容有哪些?
14. 什么是安排预算稳定调节基金?其主要账务处理内容有哪些?
15. 什么是财政专户管理资金支出?其主要账务处理内容有哪些?
16. 什么是专用基金支出?其主要账务处理内容有哪些?
17. 什么是债务还本支出?其主要账务处理内容有哪些?
18. 什么是债务转贷支出?其主要账务处理内容有哪些?

练习题

练习一

一、目的:练习一般公共预算本级支出的会计核算。

二、资料:某省财政总预算会计发生如下业务:

(1)以财政直接支付方式,通过财政零余额账户支付有关预算单位的属于一般公共预算本级支出的款项，具体情况是“一般公共预算本级支出—统计信息事务——一般行政管理事务—机关商品和服务支出—办公经费”236 000元，“一般公共预算本级支出—市场监督管理事务—行政运行—机关商品和服务支出—办公经费”694 000元。

(2)通过财政授权支付方式从预算单位零余额账户中支付属于一般公共预算本级支出的款项，具体情况是“一般公共预算本级支出—卫生健康支出—卫生健康管理事务—机关服务—机关商品和服务支出—专用材料购置费”325 000元。

(3)以财政直接支付方式，通过财政零余额账户支付有关预算单位的属于一般公共预算本级支出的款项，具体情况是“一般公共预算本级支出—教育支出—教育管理事务——一般行政管理事务—机关资本性支出(一)—房屋建筑物购建”8 521 000元。

(4)年终，核定以下账户预算额度尚未拨付使用，按规定应留归预算单位在下一年继续使用：“一般公共预算本级支出—教育支出—职业教育—高等职业教育—机关商品和服务支出—培训费”16 000元；“一般公共预算本级支出—城乡社区支出—城乡社区规划与管理—对个人和家庭的补助—社会福利和救助”5 372 000元。

三、要求：为该省财政总预算会计编制上述业务的会计分录。

练习二

一、目的：练习政府性基金预算本级支出的会计核算。

二、资料：某市财政总预算会计发生如下业务：

(1)以财政直接支付方式，通过财政零余额账户支付有关预算单位的政府性基金预算本级支出款项，具体情况是“政府性基金预算本级支出—城乡社区支出—国有土地收益基金安排的支出—机关资本性支出(一)—土地征迁补偿和安置支出”33 216 000元。

(2)通过财政授权支付方式从预算单位零余额账户中支付属于政府性基金预算本级支出的款项，具体情况是“政府性基金预算本级支出—资源勘探工业信息等支出—农网还贷资金支出—地方农网还贷资金支出—对企业补助—利息补贴”327 000元。

(3)年终，该市财政“政府性基金预算本级支出”总账科目余额623 000元，具体明细科目为：“社会保障和就业支出—大中型水库移民后期扶持基金支出—移民补助”520 000元；“城乡社区支出—国有土地使用权出让收入安排的支出—廉租住房支出—对个人和家庭的补助—社会福利和救助”103 000元。财政总预算会计将其全数转入“政府性基金预算结转结余”总账科目，同时结清所有明细账的余额。

三、要求：为该市财政总预算会计编制上述业务的会计分录。

练习三

一、目的：练习国有资本经营预算本级支出的会计核算。

二、资料：某市财政总预算会计发生如下业务：

(1)以财政直接支付方式，通过财政零余额账户支付有关预算单位的国有资本经营预算本级支出的款项，具体情况是“国有资本经营预算本级支出—国有资本经营预算支出—解决历史遗留问题及改革成本支出—国有企业棚户区改造支出—机关资本性支出(一)—土地征迁补偿和安置支出”21 700 000元。

(2)通过财政授权支付方式从预算单位零余额账户中支付属于国有资本经营预算本级支出的款项，具体情况是“国有资本经营预算本级支出—社会保障和就业支出—补充全国社会保障基金—国有资本经营预算补充社保基金支出”335 000元。

(3)年终,该市财政“国有资本经营预算本级支出”总账科目余额 600 000 元,具体明细科目为:“国有资本经营预算支出—解决历史遗留问题及改革成本支出—国有企业改革成本支出—对个人和家庭的补助—其他对个人和家庭补助”450 000 元;“国有资本经营预算支出—国有企业资本金注入—国有经济结构调整支出—机关资本性支出(一)—基础设施建设”150 000 元。财政总预算会计将其全数转入“国有资本经营预算结转结余”总账科目,同时结清所有明细账的余额。

三、要求:为该市财政总预算会计编制上述业务的会计分录。

练习四

一、目的:练习财政专户管理资金支出和专用基金支出的会计核算。

二、资料:某市财政总预算会计发生如下业务:

(1)通过财政专户向某高级中学拨付教育收费,具体情况为“教育支出—普通教育—化解普通高中债务支出—某高级中学”530 000 元。

(2)使用粮食风险基金对种粮农民进行直接补贴 600 000 元。

(3)年终将“专用基金支出”科目借方余额 600 000 元转入“专用基金结余”总账科目,将“财政专户管理资金支出”总账科目借方余额 360 000 元转入“财政专户管理资金结余”总账科目。

三、要求:为该市财政总预算会计编制上述业务的会计分录。

练习五

一、目的:练习转移性支出的会计核算。

二、资料:某市财政总预算会计发生如下业务:

(1)发生补助支出 730 000 元,具体为对所属某县均衡性转移支付,款项已由国库一般公共预算资金支付。

(2)发生上解支出 3 200 元,具体为按财政管理体制规定上解上级的体制上解款项。

(3)为平衡一般公共预算,从政府性基金预算结余中调出一笔资金 550 000 元至一般公共预算。

(4)通过财政国库向乙省财政拨付地区间援助资金 53 000 000 元,供乙省财政统筹安排使用,以缓解其财政困难。

(5)年终发生财政超收,即财政收入大于财政支出,决定安排预算稳定调节基金 328 000 元。

(6)年终分别对以下支出账户进行结转,其中,属于一般公共预算补助支出 560 000 元,属于政府性基金预算补助支出 500 000 元;一般公共预算上解支出(专项上解支出)120 000 元,政府性基金预算上解支出借方余额 80 000 元,调出资金—政府性基金预算调出资金借方余额 360 000 元。

三、要求:为该市财政总预算会计编制上述业务的会计分录。

练习六

一、目的:练习债务性支出的会计核算。

二、资料:某省财政总预算会计发生如下业务:

(1)通过国库偿还本级政府承担的省级政府长期债券本金,具体情况是“债务还本支出—地方政府一般债务还本支出—地方政府一般债券还本支出(国内债务还本)”350 000 元,“债务还本支出—地方政府专项债务还本支出—国有土地使用权出让金债务还本支出(国内债务还本)”

150 000 元。

(2)发行一批地方政府一般债券,同时向所属下级某市财政转贷,用以支持该市政府的一项公共设施建设,具体情况为“转移性支出—债务转贷支出—地方政府一般债券转贷支出(债务转贷支出)”263 000 元。

(3)年终对以下支出账户借方余额进行结转,“地方政府一般债务还本支出”350 000 元,“地方政府专项债务还本支出”230 000 元,“地方政府一般债券转贷支出”242 500 元,“地方政府专项债券转贷支出”120 000 元。

三、要求:为该省财政总预算会计编制上述业务的会计分录。

第8章 财政总预算会计的净资产

【导读】

本章介绍一般公共预算结转结余、政府性基金预算结转结余、国有资本经营预算结转结余、预算稳定调节基金和预算周转金、资产基金和待偿债净资产等业务的核算。

【学习重点】

一般公共预算结转结余、政府性基金预算结转结余、国有资本经营预算结转结余。

【学习难点】

一般公共预算结转结余、政府性基金预算结转结余、国有资本经营预算结转结余。

学习本章时应注意的是，在财政总预算会计中，转移性收入和支付业务、债务性收入与支出业务在平时是与一般公共预算本级收支、政府性基金预算收支、国有资本经营预算收支并列进行账务处理的，但在年终结转时，又分别在一般公共预算结转结余、政府性基金预算结转结余、国有资本经营预算结转结余中进行结转。

净资产是指政府财政资产减去负债的差额。总会计核算的净资产包括一般公共预算结转结余、政府性基金预算结转结余、国有资本经营预算结转结余、财政专户管理资金结余、专用基金结余、预算稳定调节基金、预算周转金、资产基金和待偿债净资产。

第一节 结转结余

结转结余是指政府各种性质财政资金的收支执行结果，数额上等于各种性质财政资金的收入减去支出的差额。财政总预算会计核算的结转结余包括：一般公共预算结转结余、政府性基金预算结转结余、国有资本经营预算结转结余、财政专户管理资金结余、专用基金结余。按照现行财政预算管理模式和财政预算资金管理方式，这些类型的结转结余相对独立，不能混淆，每年年终结算一次，平时不结算。

一、一般公共预算结转结余

（一）一般公共预算结转结余的概念与要求

一般公共预算结转结余是指一般公共预算收支的执行结果，是政府财政纳入一般公共预算管理的收支相抵后形成的综合性结转结余。

在财政总预算会计中，结转资金和结余资金是两个完全不一样的概念。按规定，预算单位的基本经费收支余额应当全部结转下年继续使用，即应当作为年终收支结转处理；预算单位的项目经费收支余额，需要区分情况进行处理。对于目标已经完成的项目经费收支余额，应当统筹安排用于次年的预算，即应当作为年终收支结余处理；对于目标尚未完成、需要在次年继续使用的项目经费收支余额，应当结转次年继续用于相应项目，即应当作为年终收支结转处理。财政总预算会计的年终结转资金和结余资金数额，应当以预算单位经批复的部门预算数与年度内实际支出数为依据，分别按基本支出和项目支出进行核算，之后再通过相关的项目进行具体分析后确定。政府性基金预算结转结余资金和国有资本经营预算结转结余资金情况和一般公共预算结转结余资金情况一样。

我国现行《预算法》第四十二条规定，各级政府上一年预算的结转资金，应当在下一年用于结转项目的支出；连续两年未用完的结转资金，应当作为结余资金管理。各部门、各单位上一年预算的结转、结余资金按照国务院财政部门的规定办理。

（二）一般公共预算结转结余的核算

为进行一般公共预算结转结余的业务核算，财政总预算会计设置“一般公共预算结转结余”科目。本科目年终贷方余额反映一般公共预算收支相抵后的滚存结转结余。其主要账务处理如下：

（1）年终转账时，将一般公共预算的有关收入科目贷方余额转入“一般公共预算结转结余”科目的贷方，借记“一般公共预算本级收入”“补助收入——一般公共预算补助收入”“上解收入——一般公共预算上解收入”“地区间援助收入”“调入资金——一般公共预算调入资金”“债务收入（一般债务收入）”“债务转贷收入（地方政府一般债务转贷收入）”“动用预算稳定调节基金”等科目，贷记“一般公共预算结转结余”科目。

（2）将一般公共预算的有关支出科目借方余额转入“一般公共预算结转结余”科目的借方，借记“一般公共预算结转结余”科目，贷记“一般公共预算本级支出”“上解支出——一般公共预算上解支出”“补助支出——一般公共预算补助支出”“地区间援助支出”“调出资金——一般公共预算调出资金”“安排预算稳定调节基金”“债务转贷支出（地方政府一般债务转贷支出）”“债务还本支出（一般债务还本支出）”等科目。

（3）设置和补充预算周转金时，借记“一般公共预算结转结余”科目，贷记“预算周转金”科目。

【例题 8-1】 某省财政会计期末进行一般公共预算资金的收支转账，转账前的各个收支科目发生额如表 8-1 所示。要求：编制该省财政会计进行一般公共预算收支转账的会计分录。

表 8-1 科目发生额表 单位:万元

会计科目		借或贷	发生额
总账科目	明细科目		
一般公共预算本级收入		贷	899 000
上解收入	一般公共预算上解收入	贷	322 635
补助收入	一般公共预算补助收入	贷	185 600
债务收入	地方政府债务收入	贷	2 566 400
债务转贷收入	地方政府一般债务转贷收入	贷	1 059 200
调入资金	一般公共预算调入资金	贷	300 000
动用预算稳定调节基金		贷	200 000
一般公共预算本级支出		借	530 000
上解支出	一般公共预算上解支出	借	423 000
补助支出	一般公共预算补助支出	借	261 230
债务还本支出	地方政府一般债务还本支出	借	1 623 000
债务转贷支出	地方政府一般债务转贷支出	借	998 000
调出资金	一般公共预算调出资金	借	210 000

(1)收入转账(单位:万元)。

借:一般公共预算本级收入 899 000

上解收入——一般公共预算上解收入 322 635

补助收入——一般公共预算补助收入 185 600

债务收入—地方政府债务收入 2 566 400

债务转贷收入—地方政府一般债务转贷收入 1 059 200

调入资金——一般公共预算调入资金 300 000

动用预算稳定调节基金 200 000

贷:一般公共预算结转结余 5 532 835

(2)支出转账(单位:万元)。

借:一般公共预算结转结余 4 045 230

贷:一般公共预算本级支出 530 000

上解支出——一般公共预算上解支出 423 000

补助支出——一般公共预算补助支出 261 230

债务还本支出—地方政府一般债务还本支出 1 623 000

债务转贷支出—地方政府一般债务转贷支出 998 000

调出资金——一般公共预算调出资金 210 000

二、政府性基金预算结转结余

政府性基金预算结转结余是指政府性基金预算收支的执行结果,是政府财政纳入政府性基金预算管理的收支相抵后形成的结转结余。由于政府性基金有不同的种类,因此政府性基金预算的结转结余是各种政府性基金的收支结转结余。

为核算政府性基金预算结转结余，财政总预算会计设置“政府性基金预算结转结余”科目。本科目应当根据管理需要，按照政府性基金的种类进行明细核算。本科目年终贷方余额反映政府性基金预算收支相抵后的滚存结转结余。政府性基金预算结转结余的主要账务处理如下：

(1)年终转账时，应将政府性基金预算的有关收入科目贷方余额按照政府性基金种类分别转入“政府性基金预算结转结余”科目下相应明细科目的贷方，借记“政府性基金预算本级收入”“补助收入—政府性基金补助收入”“上解收入—政府性基金上解收入”“调入资金—调入政府性基金预算资金”“债务收入—专项债务收入”“债务转贷收入—地方政府专项债务转贷收入”等科目，贷记“政府性基金预算结转结余”科目。

(2)将政府性基金预算的有关支出科目借方余额按照政府性基金种类分别转入“政府性基金预算结转结余”科目下相应明细科目的借方，借记“政府性基金预算结转结余”科目，贷记“政府性基金预算本级支出”“上解支出—政府性基金上解支出”“补助支出—政府性基金补助支出”“调出资金—政府性基金预算调出资金”“债务还本支出—专项债务还本支出”“债务转贷支出—地方政府专项债务转贷支出”等科目。

【例题 8-2】 某省财政会计期末进行政府性基金预算资金的收支转账，转账前的各个收支科目发生额如表 8-2 所示。要求：编制该省财政会计进行政府性基金预算收支转账的会计分录。

表 8-2　科目发生额表　　单位：万元

会计科目			借或贷	发生额
总账科目	二级明细科目	三级明细科目		
政府性基金预算本级收入	农网还贷资金收入	地方农网还贷资金收入	贷	3 796 000
	旅游发展基金收入		贷	523 000
	国有土地使用权出让收入	土地出让价款收入	贷	26 1000
上解收入	政府性基金上解收入		贷	239 635
补助收入	政府性基金补助收入		贷	125 600
调入资金	调入政府性基金预算资金		贷	527 400
债务收入	地方政府债务收入	专项债务收入	贷	1 037 200
债务转贷收入	地方政府专项债务转贷收入	城市基础设施配套费债务转贷收入	贷	360 000
政府性基金预算本级支出	农网还贷资金支出	地方农网还贷资金支出	借	203 000
	旅游发展基金支出	宣传促销	借	468 000
	国有土地使用权出让收入安排的支出	土地出让业务支出	借	259 000
上解支出	政府性基金上解支出		借	420 000
补助支出	政府性基金补助支出		借	527 100
调出资金	政府性基金预算调出资金		借	251 130
债务还本支出	地方政府专项债务还本支出	港口建设费债务还本支出	借	1 021 000
债务转贷支出	城市基础设施配套费债务转贷支出		借	155 000

(1)收入转账(单位:万元)。

借:政府性基金预算本级收入—农网还贷资金收入—地方农网还贷资金收入　　3 796 000

　　政府性基金预算本级收入—旅游发展基金收入　　523 000

　　政府性基金预算本级收入—国有土地使用权出让收入—土地出让价款收入　　261 000

　　上解收入—政府性基金上解收入　　239 635

　　补助收入—政府性基金补助收入　　125 600

　　调入资金—调入政府性基金预算资金　　527 400

　　债务收入—地方政府债务收入—专项债务收入　　1 037 200

　　债务转贷收入—地方政府专项债务转贷收入—城市基础设施配套费债务转贷收入　　360 000

　　贷:政府性基金预算结转结余　　6 869 835

(2)支出转账(单位:万元)。

借:政府性基金预算结转结余　　3 304 230

　　贷:政府性基金预算本级支出—农网还贷资金支出—地方农网还贷资金支出　　203 000

　　　　政府性基金预算本级支出—旅游发展基金支出—宣传促销　　468 000

　　　　政府性基金预算本级支出—国有土地使用权出让收入安排的支出—土地出让业务支出　　259 000

　　　　上解支出—政府性基金上解支出　　420 000

　　　　补助支出—政府性基金补助支出　　527 100

　　　　调出资金—政府性基金预算调出资金　　251 130

　　　　债务还本支出—地方政府专项债务支出—港口建设费债务还本支出　　1 021 000

　　　　债务转贷支出—城市基础设施配套费债务转贷支出　　155 000

三、国有资本经营预算结转结余

国有资本经营预算结转结余是指国有资本经营预算收支的执行结果,是政府财政纳入国有资本经营预算管理的收支相抵后形成的结转结余。

为核算国有资本经营预算结转结余业务,财政总预算会计设置“国有资本经营预算结转结余”科目。本科目年终贷方余额反映国有资本经营预算收支相抵后的滚存结转结余。国有资本经营预算结转结余的主要账务处理如下:

年终转账时,应将国有资本经营预算的有关收入科目贷方余额转入“国有资本经营预算结转结余”科目的贷方,借记“国有资本经营预算本级收入”等科目,贷记本科目;将国有资本经营预算的有关支出科目借方余额转入“国有资本经营预算结转结余”科目的借方,借记“国有资本经营预算结转结余”科目,贷记“国有资本经营预算本级支出”“调出资金—国有资本经营预算调出资金”等科目。

【例题 8-3】 某省财政会计期末进行国有资本经营预算资金的收支转账，转账前的各个收支科目发生额如表 8-3 所示。要求：编制该省财政会计进行国有资本经营预算收支转账的会计分录。

表 8-3　科目发生额表　　　　单位：万元

会计科目			借或贷	发生额
总账科目	二级明细科目	三级明细科目		
国有资本经营预算本级收入	国有资本经营收入	利润收入	贷	2 437 000
	国有资本经营收入	股利、股息收入	贷	327 000
上解收入	国有资本经营预算上解收入		贷	272 635
补助收入	国有资本经营预算补助收入		贷	623 500
国有资本经营预算本级支出	社会保障和就业支出	补充全国社会保障基金	借	1 267 000
	国有资本经营预算支出	解决历史遗留问题及改革成本支出	借	265 000
调出资金	国有资本经营预算调出资金		借	251 130

(1)收入转账(单位:万元)。

借:国有资本经营预算本级收入—国有资本经营收入—利润收入　2 437 000

　国有资本经营预算本级收入—国有资本经营收入—股利、股息收入　327 000

　上解收入—国有资本经营预算上解收入　272 635

　补助收入—国有资本经营预算补助收入　623 500

　贷:国有资本经营预算结转结余　3 660 135

(2)支出转账(单位:万元)。

借:国有资本经营预算结转结余　1 783 130

　贷:国有资本经营预算本级支出—社会保障和就业支出—补充全国社会保障基金　1 267 000

　　国有资本经营预算本级支出—国有资本经营预算支出—解决历史遗留问题及改革成本支出　265 000

　　调出资金—国有资本经营预算调出资金　251 130

第二节　预算稳定调节基金和预算周转金

一、预算稳定调节基金

(一)预算稳定调节基金的概念、产生与性质

预算稳定调节基金是指政府财政安排用于弥补以后年度预算资金不足的储备资金。它是各级财政为平衡各预算年度之间预算收支的差异，保证各年度预算资金的收支平衡和预算稳定

而设置的调节基金。在数额上，预算稳定调节基金等于由安排预算稳定调节基金等形成的预算稳定调节基金减去动用预算稳定调节基金后的差额。其中，安排预算稳定调节基金是指从财政超收收入中安排或从一般公共预算结余中补充的预算稳定调节基金；动用预算稳定调节基金是指为弥补财政短收年份预算执行收支缺口而调用的预算稳定调节基金。

预算稳定调节基金＝安排预算稳定调节基金－动用预算稳定调节基金

财政部门在组织财政预算收入的过程中，往往出现实际筹集的财政收入大于预算收入的情况，即预算收入“超收”。这些超收的预算收入以往一般用于追加财政拨款支出。按原来的预算管理体制，在预算期中超收而追加的财政支出不需要经过人民代表大会审批。因此，这些财政支出就脱离了人民代表大会的监督。为了加强对全部财政资金支出的监督，也为了将超收的财力储备起来，以便用于财政“短收”年度的财力补充，财政部从 2007 年起建立了预算稳定调节基金。

当财政收入超收时，从一般公共预算资金中将超收部分提取出来，用于增加预算稳定调节基金，而不是用于追加当期支出。这样，应提取预算稳定调节基金的超收财政资金就不会追加当期财政支出。当遇到财政收入短收年份时，动用预算稳定调节基金而安排的财政预算支出需要经过人民代表大会审批。这样就解决了用超收财政预算收入安排财政支出脱离人民代表大会事前监督的问题。

预算稳定调节基金在财政总预算会计中作为净资产，也属于一般公共预算资金的范畴，代表一般公共预算资金累积的结余。从一般公共预算资金中安排预算稳定调节基金或动用预算稳定调节基金以增加一般公共预算结余，并没有减少或增加一般公共预算资金整体累积的结余。

(二)预算稳定调节基金的核算

为核算预算稳定调节基金业务，财政总预算会计设置“预算稳定调节基金”科目。本科目期末贷方余额反映预算稳定调节基金的规模。预算稳定调节基金的主要账务处理如下：

(1)使用超收收入或一般公共预算结余补充预算稳定调节基金时，借记“安排预算稳定调节基金”科目，贷记“预算稳定调节基金”科目。

(2)将预算周转金调入预算稳定调节基金时，借记“预算周转金”科目，贷记“预算稳定调节基金”科目。

(3)调用预算稳定调节基金时，借记“预算稳定调节基金”科目，贷记“动用预算稳定调节基金”科目。

【例题 8-4】 某省财政部门 20×0 年根据财政超收情况首次安排 35 亿元建立预算稳定调节基金；20×2 年又根据财政超收情况安排 40 亿元建立预算稳定调节基金。20×5 年动用预算稳定调节基金 60 亿元补充一般公共预算资金收支差额；20×7 年用政府性基金预算结余 6 亿元补充预算稳定调节基金。要求：编制该省对上述业务的会计处理分录。

(1)20×0 年建立预算稳定调节基金。

借：安排预算稳定调节基金　　3 500 000 000

　　贷：预算稳定调节基金　　3 500 000 000

(2)20×2 年安排预算稳定调节基金。

借：安排预算稳定调节基金　　4 000 000 000

　　贷:预算稳定调节基金　　　　4 000 000 000

(3)20×5 年动用预算稳定调节基金。

借:预算稳定调节基金　　　　6 000 000 000

　　贷:动用预算稳定调节基金　　　　6 000 000 000

(4)20×7 年用政府性基金预算结余补充预算稳定调节基金。

借:调出资金—政府性基金预算调出资金　　　　600 000 000

　　贷:调入资金——一般公共预算调入资金　　　　600 000 000

借:安排预算稳定调节基金　　　　600 000 000

　　贷:预算稳定调节基金　　　　600 000 000

二、预算周转金

预算周转金是指政府财政为调剂预算年度内季节性收支差额,保证及时用款而设置的库款周转资金。根据《预算法》规定,各级一般公共预算按照国务院的规定可以设置预算周转金,用于本级政府调剂预算年度内季节性收支差额。各级预算周转金由本级政府财政部门管理,不得挪作他用。

预算周转金的来源一般有两个:一是从本级财政的年度一般公共预算结转结余中设置或补充;二是由上级财政部门拨入。设置预算周转金是将对应国库存款的一般公共预算结转结余资金锁定,不将其用于安排新增的支出预算,以保证在当期预算收入入库迟缓时仍然有足够的库款用于支付。因此,预算周转金存于国库存款账户中,不需要另外设存款户。设置和转回预算周转金时只在相关净资产科目中进行。

预算周转金余额过大时,可以调入预算稳定调节基金。各级财政在临时缺少预算周转金时,可能需要向上级财政临时借入预算周转金,相应业务通过“与上级往来”会计科目核算。

【例题 8-5】 某市财政年终用一般公共预算结转结余 267 000 元补充预算周转金。市财政总预算会计处理如下:

借:一般公共预算结转结余　　　　267 000

　　贷:预算周转金　　　　267 000

【例题 8-6】 某省财政年终将预算周转金 535 000 元调入预算稳定调节基金。省财政总预算会计编制如下会计分录。

借:预算周转金　　　　535 000

　　贷:预算稳定调节基金　　　　535 000

第三节　资产基金和待偿债净资产

一、资产基金

资产基金是指政府财政持有的债权和股权投资等资产(与其相关的资金收支纳入预算管理)在净资产中占用的金额。

为核算资产基金业务，财政总预算会计设置“资产基金”总账科目。本科目期末贷方余额反映政府财政持有应收地方政府债券转贷款、应收主权外债转贷款、股权投资和应收股利等资产（与其相关的资金收支纳入预算管理）在净资产中占用的金额。该科目下应当设置“应收地方政府债券转贷款”“应收主权外债转贷款”“股权投资”“应收股利”等明细科目，进行明细核算。

资产基金的账务处理参见“应收地方政府债券转贷款”“应收主权外债转贷款”“股权投资”和“应收股利”等科目的使用说明。

二、待偿债净资产

待偿债净资产是指政府财政承担应付短期政府债券、应付长期政府债券、借入款项、应付地方政府债券转贷款、应付主权外债转贷款、其他负债等负债（与其相关的资金收支纳入预算管理）而相应需在净资产中冲减的金额。

为核算待偿债净资产业务，财政总预算会计设置“待偿债净资产”总账科目。该科目下应当设置“应付短期政府债券”“应付长期政府债券”“借入款项”“应付地方政府债券转贷款”“应付主权外债转贷款”“其他负债”等明细科目，进行明细核算。该科目期末借方余额反映政府财政承担应付政府债券、借入款项、应付地方政府债券转贷款、应付主权外债转贷款和其他负债等负债（与其相关的资金收支纳入预算管理）而相应需冲减净资产的金额。

待偿债净资产的账务处理参见“应付短期政府债券”“应付长期政府债券”“借入款项”“应付地方政府债券转贷款”“应付主权外债转贷款”和“其他负债”等科目的使用说明。

复习思考题

1. 什么是一般公共预算结转结余？一般公共预算结转结余的主要业务处理内容是怎样的？

2. 什么是政府性基金预算结转结余？政府性基金预算结转结余的主要业务处理内容是怎样的？

3. 什么是国有资本经营预算结转结余？国有资本经营预算结转结余的主要业务处理内容是怎样的？

4. 什么是预算稳定调节基金？为什么要设置预算稳定调节基金？预算稳定调节基金的主要业务处理内容是怎样的？

5. 什么是预算周转金？为什么要设置预算周转金？预算周转金的主要业务处理内容是怎样的？

练习题

练习一

一、目的：练习结转结余业务处理。

二、资料：某省财政总预算会计年末进行预算资金的收支转账，转账前各个收支科目的最终余额如表 8-4 所示。

表 8-4　科目发生额表　　单位：万元

会计科目		借或贷	发生额
总账科目	明细科目		
一般公共预算本级收入		贷	836 000
政府性基金预算本级收入		贷	397 000
国有资本经营预算本级收入		贷	264 000
上解收入	一般公共预算上解收入	贷	122 235
	政府性基金上解收入	贷	261 000
补助收入	一般公共预算补助收入	贷	155 000
	政府性基金补助收入	贷	20 000
债务收入	地方政府债务收入	贷	1 364 000
债务转贷收入	地方政府一般债务转贷收入	贷	1 922 000
调入资金	一般公共预算调入资金	贷	250 000
	调入政府性基金预算资金	贷	253 000
财政专户管理资金收入		贷	89 600
专用基金收入		贷	15 000
一般公共预算本级支出		借	200 000
政府性基金预算本级支出		借	621 000
国有资金经营预算本级支出		借	420 000
上解支出	一般公共预算上解支出	借	426 000
	政府性基金上解支出	借	216 000
补助支出	一般公共预算补助支出	借	200 000
债务还本支出	地方政府一般债务还本支出	借	1 523 000
债务转贷支出	地方政府一般债务转贷支出	借	978 000
调出资金	一般公共预算调出资金	借	250 000
	政府性基金预算调出资金	借	215 600
	国有资本经营预算调出资金	借	824 000
安排预算稳定调节基金		借	230 000
财政专户管理资金支出		借	322 000
专用基金支出		借	124 000

三、要求：编制该省财政总预算会计进行预算收支转账的会计分录。

练习二

一、目的：练习预算稳定调节基金和预算周转金的会计核算。

二、资料：某市财政总预算会计发生如下业务：

(1)年终发生财政短收，即财政收入小于财政支出安排，决定动用一部分预算稳定调节基金，动用金额为 58 000 元。

(2)年终存在一般公共预算结转结余资金 63 000 元，将其全部用来补充预算稳定调节基金。

(3)年终存在闲置不用的预算周转金 5 200 元，决定将其调入预算稳定调节基金。

三、要求：为该市财政总预算会计编制上述业务的会计分录。

第9章 财政总预算会计报表

【导读】

本章介绍财政总预算会计报表的编制。这些报表包括资产负债表、收入支出表、一般公共预算执行情况表、政府性基金预算执行情况表、国有资本经营预算执行情况表、财政专户管理资金收支情况表、专用基金收支情况表以及附注。

【学习重点】

资产负债表、收入支出表、一般公共预算执行情况表、政府性基金预算执行情况表。

【学习难点】

资产负债表、收入支出表。

第一节 会计报表种类与编制的基本要求

总预算会计报表是反映政府财政预算执行结果和财务状况的书面文件。总会计报表包括资产负债表、收入支出表、一般公共预算执行情况表、政府性基金预算执行情况表、国有资本经营预算执行情况表、财政专户管理资金收支情况表、专用基金收支情况表等会计报表和附注。

财政总预算会计应当划分会计期间，分期结算账目和编制会计报表。会计期间至少分为年度和月度。会计年度、月度等会计期间的起讫日期采用公历日期。年度终了后，可根据工作特殊需要设置一定期限的上年决算清理期。总会计应当按照下列规定编制会计报表：

(1)一般公共预算执行情况表、政府性基金预算执行情况表、国有资本经营预算执行情况表应当按旬、月度和年度编制，财政专户管理资金收支情况表和专用基金收支情况表应当按月度和年度编制，收入支出表按月度和年度编制，资产负债表和附注应当至少按年度编制。旬报、月报的报送期限及编报内容应当根据上级政府财政具体要求和本行政区域预算管理的需要办理。

(2)总会计应当根据《财政总预算会计制度》编制并提供真实、完整的会计报表，切实做到账表一致，不得估列代编，弄虚作假。

(3)总会计要严格按照统一规定的种类、格式、内容、计算方法和编制口径填制会计报表，以保证全国统一汇总和分析。汇总报表的单位，要把所属单位的报表汇集齐全，防止漏报。

第二节　资产负债表

一、资产负债表的概念和格式

资产负债表是反映政府财政在某一特定日期财务状况的报表。资产负债表应当按照资产、负债和净资产分类、分项列示。资产负债表采用“资产＝负债＋净资产”的平衡等式。资产负债表中的金额，应当根据有关资产、负债与净资产账户的期末余额计算填列。各级政府财政编制的资产负债表的格式如表9-1所示。

表9-1　资产负债表

会财政01表

编制单位：　　　　____年____月____日　　　　单位：元

资产	年初余额	期末余额	负债和净资产	年初余额	期末余额
流动资产：			流动负债：		
国库存款			应付短期政府债券		
国库现金管理存款			应付利息		
其他财政存款			应付国库集中支付结余		
有价证券			与上级往来		
在途款			其他应付款		
预拨经费			应付代管资金		
借出款项			一年内到期的非流动负债		
应收股利			流动负债合计		
应收利息			非流动负债：		
与下级往来			应付长期政府债券		
其他应收款			借入款项		
流动资产合计			应付地方政府债券转贷款		
非流动资产：			应付主权外债转贷款		
应收地方政府债券转贷款			其他负债		
应收主权外债转贷款			非流动负债合计		
股权投资			负债合计		
待发国债			一般公共预算结转结余		
非流动资产合计			政府性基金预算结转结余		
			国有资本经营预算结转结余		
			财政专户管理资金结余		
			专用基金结余		
			预算稳定调节基金		

续表

资产	年初余额	期末余额	负债和净资产	年初余额	期末余额
			预算周转金		
			资产基金		
			减:待偿债净资产		
			净资产合计		
资产总计			负债和净资产总计		

二、资产负债表的列报方法

(一)资产负债表"年初余额"栏各项数字的列报方法

本表"年初余额"栏内各项数字,应当根据上年末资产负债表"期末余额"栏内数字填列。如果本年度资产负债表规定的各个项目的名称和内容同上年度不相一致,应对上年末资产负债表各项目的名称和数字按照本年度的规定进行调整,填入本表"年初余额"栏内。

(二)资产负债表"期末余额"栏各项目的内容和填列方法

1. 资产类项目

(1)"国库存款"项目,反映政府财政期末存放在国库单一账户的款项金额。本项目应当根据"国库存款"科目的期末余额填列。

(2)"国库现金管理存款"项目,反映政府财政期末实行国库现金管理业务持有的存款金额。本项目应当根据"国库现金管理存款"科目的期末余额填列。

(3)"其他财政存款"项目,反映政府财政期末持有的其他财政存款金额。本项目应当根据"其他财政存款"科目的期末余额填列。

(4)"有价证券"项目,反映政府财政期末持有的有价证券金额。本项目应当根据"有价证券"科目的期末余额填列。

(5)"在途款"项目,反映政府财政期末持有的在途款金额。本项目应当根据"在途款"科目的期末余额填列。

(6)"预拨经费"项目,反映政府财政期末尚未转列支出或尚待收回的预拨经费金额。本项目应当根据"预拨经费"科目的期末余额填列。

(7)"借出款项"项目,反映政府财政期末借给预算单位尚未收回的款项金额。本项目应当根据"借出款项"科目的期末余额填列。

(8)"应收股利"项目,反映政府期末尚未收回的现金股利或利润金额。本项目应当根据"应收股利"科目的期末余额填列。

(9)"应收利息"项目,反映政府财政期末尚未收回的应收利息金额。本项目应当根据"应收地方政府债券转贷款"科目和"应收主权外债转贷款"科目下"应收利息"明细科目的期末余额合计数填列。

(10)"与下级往来"项目,正数反映下级政府财政欠本级政府财政的款项金额,负数反映本级政府财政欠下级政府财政的款项金额。本项目应当根据"与下级往来"科目的期末余额填列,期末余额如为借方则以正数填列,如为贷方则以"－"号填列。

(11)“其他应收款”项目，反映政府财政期末尚未收回的其他应收款的金额。本项目应当根据“其他应收款”科目的期末余额填列。

(12)“应收地方政府债券转贷款”项目，反映政府财政期末尚未收回的地方政府债券转贷款的本金金额。本项目应当根据“应收地方政府债券转贷款”科目下“应收本金”明细科目的期末余额填列。

(13)“应收主权外债转贷款”项目，反映政府财政期末尚未收回的主权外债转贷款的本金金额。本项目应当根据“应收主权外债转贷款”科目下的“应收本金”明细科目的期末余额填列。

(14)“股权投资”项目，反映政府期末持有的股权投资的金额。本项目应当根据“股权投资”科目的期末余额填列。

(15)“待发国债”项目，反映中央政府财政期末尚未使用的国债发行额度。本项目应当根据“待发国债”科目的期末余额填列。

2. 负债类项目

(16)“应付短期政府债券”项目，反映政府财政期末尚未偿还的发行期限不超过 1 年(含 1 年)的政府债券的本金金额。本项目应当根据“应付短期政府债券”科目下的“应付本金”明细科目的期末余额填列。

(17)“应付利息”项目，反映政府财政期末尚未支付的应付利息金额。本项目应当根据“应付短期政府债券”“借入款项”“应付地方政府债券转贷款”“应付主权外债转贷款”科目下的“应付利息”明细科目期末余额，以及属于分期付息到期还本的“应付长期政府债券”的“应付利息”明细科目期末余额计算填列。

(18)“应付国库集中支付结余”项目，反映政府财政期末尚未支付的国库集中支付结余金额。本项目应当根据“应付国库集中支付结余”科目的期末余额填列。

(19)“与上级往来”项目，正数反映本级政府财政期末欠上级政府财政的款项金额，负数反映上级政府财政欠本级政府财政的款项金额。本项目应当根据“与上级往来”科目的期末余额填列，如为借方余额则以“－”号填列。

(20)“其他应付款”项目，反映政府财政期末尚未支付的其他应付款的金额。本项目应当根据“其他应付款”科目的期末余额填列。

(21)“应付代管资金”项目，反映政府财政期末尚未支付的代管资金金额。本项目应当根据“应付代管资金”科目的期末余额填列。

(22)“一年内到期的非流动负债”项目，反映政府财政期末承担的 1 年以内(含 1 年)到偿还期的非流动负债。本项目应当根据“应付长期政府债券”“借入款项”“应付地方政府债券转贷款”“应付主权外债转贷款”“其他负债”等科目的期末余额及债务管理部门提供的资料分析填列。

(23)“应付长期政府债券”项目，反映政府财政期末承担的偿还期限超过 1 年的长期政府债券的本金金额及到期一次还本付息的长期政府债券的应付利息金额。本项目应当根据“应付长期政府债券”科目的期末余额分析填列。

(24)“借入款项”项目，反映政府财政期末承担的偿还期限超过 1 年的借入款项的本金金额。本项目应当根据“借入款项”科目下“应付本金”明细科目的期末余额分析填列。

(25)“应付地方政府债券转贷款”项目，反映政府财政期末承担的偿还期限超过 1 年的地方政府债券转贷款的本金金额。本项目应当根据“应付地方政府债券转贷款”科目下“应付本金”

明细科目的期末余额分析填列。

(26)“应付主权外债转贷款”项目,反映政府财政期末承担的偿还期限超过1年的主权外债转贷款的本金金额。本项目应当根据“应付主权外债转贷款”科目下“应付本金”明细科目的期末余额分析填列。

(27)“其他负债”项目,反映政府财政期末承担的偿还期限超过1年的其他负债金额。本项目应当根据“其他负债”科目的期末余额分析填列。

3.净资产类项目

(28)“一般公共预算结转结余”项目,反映政府财政期末滚存的一般公共预算结转金额。本项目应当根据“一般公共预算结转结余”科目的期末余额填列。

(29)“政府性基金预算结转结余”项目,反映政府财政期末滚存的政府性基金预算结转结余金额。本项目应当根据“政府性基金预算结转结余”科目的期末余额填列。

(30)“国有资本经营预算结转结余”项目,反映政府财政期末滚存的国有资本经营预算结转结余金额。本项目应当根据“国有资本经营预算结转结余”科目的期末余额填列。

(31)“财政专户管理资金结余”项目,反映政府财政期末滚存的财政专户管理资金结余金额。本项目应当根据“财政专户管理资金结余”科目的期末余额填列。

(32)“专用基金结余”项目,反映政府财政期末滚存的专用基金结余金额。本项目应当根据“专用基金结余”科目的期末余额填列。

(33)“预算稳定调节基金”项目,反映政府财政期末预算稳定调节基金的余额。本项目应当根据“预算稳定调节基金”科目的期末余额填列。

(34)“预算周转金”项目,反映政府财政期末预算周转金的余额。本项目应当根据“预算周转金”科目的期末余额填列。

(35)“资产基金”项目,反映政府财政期末持有的应收地方政府债券转贷款、应收主权外债转贷款、股权投资和应收股利等资产在净资产中占用的金额。本项目应当根据“资产基金”科目的期末余额填列。

(36)“待偿债净资产”项目,反映政府财政期末因承担应付短期政府债券、应付长期政府债券、借入款项、应付地方政府债券转贷款、应付主权外债转贷款、其他负债等负债相应需在净资产中冲减的金额。本项目应当根据“待偿债净资产”科目的期末借方余额以“-”号填列。

第三节　收入支出表

一、收入支出表的概念和格式

收入支出表是反映政府财政在某一会计期间各类财政资金收支余情况的报表。收入支出表按“期初滚存结转结余+本期收入-本期支出=期末滚存结转结余”设置,采用横向单步式结构,根据资金性质自上而下按照收入、支出、结转结余的构成分类、分项列示。

收入支出表主要设置有一般公共预算、政府性基金预算、国有资本经营预算、财政专户管理资金、专用基金等栏目。在每种资金栏目内设置“本月数”和“本年累计数”两栏,分别反映报告日当月的收入、支出数和报告日当年累计的收入、支出数。

为了使收入支出表使用者更清晰地了解各项收入的来源和各项支出的去向，以及它们对不同口径财政资金总量的影响，收入支出表还设置了一些反映特定口径的收入、支出栏目。这些特定口径的收入、支出，有的并不增加或减少整个财政系统的资金总量，有的并不增加或减少同一财政部门的资金总量，有的支出并没有造成财政资金的实际流出等。在收入支出表中，这些特定口径的项目主要是一些转移性收支项目、债务资金的借入与还款项目，以及与预算稳定调节基金、专用基金有关的项目。各级政府编制的收入支出表的格式如表 9-2 所示。

表 9-2　收入支出表

会财政 02 表

编制单位：　　　　____年____月____日　　　　单位：元

项目	一般公共预算		政府性基金预算		国有资本经营预算		财政专户管理资金		专用基金	
	本月数	本年累计数	本月数	本年累计数	本月数	本年累计数	本月数	本年累计数	本月数	本年累计数
年初结转结余										
收入合计										
本级收入										
其中：来自预算安排的收入	—	—	—	—	—	—	—	—		
补助收入					—	—	—	—	—	—
上解收入					—	—	—	—	—	—
地区间援助收入			—	—	—	—	—	—	—	—
债务收入					—	—	—	—	—	—
债务转贷收入					—	—	—	—	—	—
动用预算稳定调节基金			—	—	—	—	—	—	—	—
调入资金					—	—	—	—	—	—
支出合计										
本级支出										
其中：权责发生制列支							—	—	—	—
预算安排专用基金的支出			—	—	—	—	—	—	—	—
补助支出					—	—	—	—	—	—
上解支出					—	—	—	—	—	—
地区间援助支出			—	—	—	—	—	—	—	—
债务还本支出					—	—	—	—	—	—
债务转贷支出					—	—	—	—	—	—
安排预算稳定调节基金			—	—	—	—	—	—	—	—
调出资金							—	—	—	—

续表

项目	一般公共预算		政府性基金预算		国有资本经营预算		财政专户管理资金		专用基金	
	本月数	本年累计数	本月数	本年累计数	本月数	本年累计数	本月数	本年累计数	本月数	本年累计数
结余转出			—	—	—	—	—	—	—	—
其中：增设预算周转金			—	—	—	—	—	—	—	—
年末结转结余										

注：表中有“—”的部分不必填列。

二、收入支出表的编制

(1)本表“本月数”栏反映各项目的本月实际发生数。在编制年度收入支出表时，应将本栏改为“上年数”栏，反映上年度各项目的实际发生数；如果本年度收入支出表规定的各个项目的名称和内容同上年度不一致，应对上年度收入支出表各项目的名称和数字按照本年度的规定进行调整，填入本年度收入支出表的“上年数”栏。

本表“本年累计数”栏反映各项目自年初起至报告期末止的累计实际发生数。编制年度收入支出表时，应当将本栏改为“本年数”。

(2)本表“本月数”栏各项目的内容和填列方法如下。

①“年初结转结余”项目，反映政府财政本年初各类资金结转结余金额。其中，一般公共预算的“年初结转结余”应当根据“一般公共预算结转结余”科目的年初余额填列；政府性基金预算的“年初结转结余”应当根据“政府性基金预算结转结余”科目的年初余额填列；国有资本经营预算的“年初结转结余”应当根据“国有资本经营预算结转结余”科目的年初余额填列；财政专户管理资金的“年初结转结余”应当根据“财政专户管理资金结余”科目的年初余额填列；专用基金的“年初结转结余”应当根据“专用基金结余”科目的年初余额填列。

②“收入合计”项目，反映政府财政本期取得的各类资金的收入合计金额。其中，一般公共预算的“收入合计”应当根据属于一般公共预算的“本级收入”“补助收入”“上解收入”“地区间援助收入”“债务收入”“债务转贷收入”“动用预算稳定调节基金”和“调入资金”各行项目金额的合计填列；政府性基金预算的“收入合计”应当根据属于政府性基金预算的“本级收入”“补助收入”“上解收入”“债务收入”“债务转贷收入”和“调入资金”各行项目金额的合计填列；国有资本经营预算的“收入合计”应当根据属于国有资本经营预算的“本级收入”项目的金额填列；财政专户管理资金的“收入合计”应当根据属于财政专户管理资金的“本级收入”项目的金额填列；专用基金的“收入合计”应当根据属于专用基金的“本级收入”项目的金额填列。

③“本级收入”项目，反映政府财政本期取得的各类资金的本级收入金额。其中，一般公共预算的“本级收入”应当根据“一般公共预算本级收入”科目的本期发生额填列；政府性基金预算的“本级收入”应当根据“政府性基金预算本级收入”科目的本期发生额填列；国有资本经营预算的“本级收入”应当根据“国有资本经营预算本级收入”科目的本期发生额填列；财政专户管理资金的“本级收入”应当根据“财政专户管理资金收入”科目的本期发生额填列；专用基金的“本级收入”应当根据“专用基金收入”科目的本期发生额填列。

④“补助收入”项目，反映政府财政本期取得的各类资金的补助收入金额。其中，一般公共预算的“补助收入”应当根据“补助收入”科目下的“一般公共预算补助收入”明细科目的本期发生额填列；政府性基金预算的“补助收入”应当根据“补助收入”科目下的“政府性基金预算补助收入”明细科目的本期发生额填列。

⑤“上解收入”项目，反映政府财政本期取得的各类资金的上解收入金额。其中，一般公共预算的“上解收入”应当根据“上解收入”科目下的“一般公共预算上解收入”明细科目的本期发生额填列；政府性基金预算的“上解收入”应当根据“上解收入”科目下的“政府性基金预算上解收入”明细科目的本期发生额填列。

⑥“地区间援助收入”项目，反映政府财政本期取得的地区间援助收入金额。本项目应当根据“地区间援助收入”科目的本期发生额填列。

⑦“债务收入”项目，反映政府财政本期取得的债务收入金额。其中，一般公共预算的“债务收入”应当根据“债务收入”科目下除“专项债务收入”以外的其他明细科目的本期发生额填列；政府性基金预算的“债务收入”应当根据“债务收入”科目下“专项债务收入”明细科目的本期发生额填列。

⑧“债务转贷收入”项目，反映政府财政本期取得的债务转贷收入金额。其中，一般公共预算的“债务转贷收入”应当根据“债务转贷收入”科目下“地方政府一般债务转贷收入”明细科目的本期发生额填列；政府性基金预算的“债务转贷收入”应当根据“债务转贷收入”科目下的“地方政府专项债务转贷收入”明细科目的本期发生额填列。

⑨“动用预算稳定调节基金”项目，反映政府财政本期调用的预算稳定调节基金金额。本项目应当根据“动用预算稳定调节基金”科目的本期发生额填列。

⑩“调入资金”项目，反映政府财政本期取得的调入资金金额。其中，一般公共预算的“调入资金”应当根据“调入资金”科目下“一般公共预算调入资金”明细科目的本期发生额填列；政府性基金预算的“调入资金”应当根据“调入资金”科目下“政府性基金预算调入资金”明细科目的本期发生额填列。

⑪“支出合计”项目，反映政府财政本期发生的各类资金的支出合计金额。其中，一般公共预算的“支出合计”应当根据属于一般公共预算的“本级支出”“补助支出”“上解支出”“地区间援助支出”“债务还本支出”“债务转贷支出”“安排预算稳定调节基金”和“调出资金”各行项目金额的合计填列；政府性基金预算的“支出合计”应当根据属于政府性基金预算的“本级支出”“补助支出”“上解支出”“债务还本支出”“债务转贷支出”和“调出资金”各行项目金额的合计填列；国有资本经营预算的“支出合计”应当根据属于国有资本经营预算的“本级支出”和“调出资金”项目金额的合计填列；财政专户管理资金的“支出合计”应当根据属于财政专户管理资金的“本级支出”项目的金额填列；专用基金的“支出合计”应当根据属于专用基金的“本级支出”项目的金额填列。

⑫“补助支出”项目，反映政府财政本期发生的各类资金的补助支出金额。其中，一般公共预算的“补助支出”应当根据“补助支出”科目下的“一般公共预算补助支出”明细科目的本期发生额填列；政府性基金预算的“补助支出”应当根据“补助支出”科目下的“政府性基金预算补助支出”明细科目的本期发生额填列。

⑬“上解支出”项目，反映政府财政本期发生的各类资金的上解支出金额。其中，一般公共预算的“上解支出”应当根据“上解支出”科目下的“一般公共预算上解支出”明细科目的本期发

生额填列；政府性基金预算的“上解支出”应当根据“上解支出”科目下的“政府性基金预算上解支出”明细科目的本期发生额填列。

⑭“地区间援助支出”项目，反映政府财政本期发生的地区间援助支出金额。本项目应当根据“地区间援助支出”科目的本期发生额填列。

⑮“债务还本支出”项目，反映政府财政本期发生的债务还本支出金额。其中，一般公共预算的“债务还本支出”应当根据“债务还本支出”科目下除“专项债务还本支出”以外的其他明细科目的本期发生额填列；政府性基金预算的“债务还本支出”应当根据“债务还本支出”科目下“专项债务还本支出”明细科目的本期发生额填列。

⑯“债务转贷支出”项目，反映政府财政本期发生的债务转贷支出金额。其中，一般公共预算的“债务转贷支出”应当根据“债务转贷支出”科目下“地方政府一般债务转贷支出”明细科目的本期发生额填列；政府性基金预算的“债务转贷支出”应当根据“债务转贷支出”科目下“地方政府专项债务转贷支出”明细科目的本期发生额填列。

⑰“安排预算稳定调节基金”项目，反映政府财政本期安排的预算稳定调节基金金额。本项目根据“安排预算稳定调节基金”科目的本期发生额填列。

⑱“调出资金”项目，反映政府财政本期发生的各类资金的调出资金金额。其中，一般公共预算的“调出资金”应当根据“调出资金”科目下“一般公共预算调出资金”明细科目的本期发生额填列；政府性基金预算的“调出资金”应当根据“调出资金”科目下“政府性基金预算调出资金”明细科目的本期发生额填列；国有资本经营预算的“调出资金”应当根据“调出资金”科目下“国有资本经营预算调出资金”明细科目的本期发生额填列。

⑲“增设预算周转金”项目，反映政府财政本期设置和补充预算周转金的金额。本项目应当根据“预算周转金”科目的本期贷方发生额填列。

⑳“年末结转结余”项目，反映政府财政本年末各类资金的结转结余金额。其中，一般公共预算的“年末结转结余”应当根据“一般公共预算结转结余”科目的年末余额填列；政府性基金预算的“年末结转结余”应当根据“政府性基金预算结转结余”科目的年末余额填列；国有资本经营预算的“年末结转结余”应当根据“国有资本经营预算结转结余”科目的年末余额填列；财政专户管理资金的“年末结转结余”应当根据“财政专户管理资金结余”科目的年末余额填列；专用基金的“年末结转结余”应当根据“专用基金结余”科目的年末余额填列。

第四节　预算执行情况表、资金收支情况表及附注

预算执行情况表包括一般公共预算执行情况表、政府性基金预算执行情况表、国有资本经营预算执行情况表。预算执行情况表的结构为两个部分：收入部分和支出部分。收入部分反映财政部门的某种预算资金的本级收入，支出部分反映财政部门的某种预算资金的本级支出。收入部分和支出部分之间没有钩稽关系，收入的合计金额和支出的合计金额之间也没有相等关系。在收入部分，收入栏目按照《政府收支分类科目》中收入分类科目的类、款、项、目自上而下依次排列；在支出部分，支出项目按《政府收支分类科目》中支出功能分类科目的类、款、项自上而下依次排列。

资金收支情况表包括财政专户管理资金收支情况表和专用基金收支情况表。

一、一般公共预算执行情况表

(一)一般公共预算执行情况表的概念与格式

一般公共预算执行情况表是反映政府财政在某一会计期间一般公共预算收支执行结果的报表,按照《政府收支分类科目》中一般公共预算收支科目列示。一般公共预算执行情况表的格式如表9-3所示。

表9-3　一般公共预算执行情况表　　会财政03-1表

编制单位:　　____年____月____旬　　单位:元

项目	本月(旬)数	本年(月)累计数
一般公共预算本级收入		
101 税收收入		
10101 增值税		
1010101 国内增值税		
……		
一般公共预算本级支出		
201 一般公共服务支出		
20101 人大事务		
2010101 行政运行		
……		

(二)一般公共预算执行情况表的编制方法

(1)"一般公共预算本级收入"项目及所属各明细项目,应当根据"一般公共预算本级收入"科目及所属各明细科目的本期发生额填列。

(2)"一般公共预算本级支出"项目及所属各明细项目,应当根据"一般公共预算本级支出"科目及所属各明细科目的本期发生额填列。

二、政府性基金预算执行情况表

(一)政府性基金预算执行情况表的概念与格式

政府性基金预算执行情况表是反映政府财政在某一会计期间政府性基金预算收支执行结果的报表,按照《政府收支分类科目》中政府性基金预算收支科目列示。政府性基金预算执行情况表的格式如表9-4所示。

(二)政府性基金预算执行情况表的编制方法

(1)"政府性基金预算本级收入"项目及所属各明细项目,应当根据"政府性基金预算本级收入"科目及所属各明细科目的本期发生额填列。

(2)"政府性基金预算本级支出"项目及所属各明细项目,应当根据"政府性基金预算本级支出"科目及所属各明细科目的本期发生额填列。

表 9-4　政府性基金预算执行情况表　　　会财政 03-2 表

编制单位：　　　　____年____月____旬　　　　单位：元

项目	本月(旬)数	本年(月)累计数
政府性基金预算本级收入		
10301 政府性基金收入		
1030102 农网还贷资金收入		
103010201 中央农网还贷资金收入		
……		
政府性基金预算本级支出		
206 科学技术支出		
20610 核电站乏燃料处理处置基金支出		
2061001 乏燃料运输		
……		

三、国有资本经营预算执行情况表

(一)国有资本经营预算执行情况表的概念与格式

国有资本经营预算执行情况表是反映政府财政在某一会计期间国有资本经营预算收支执行结果的报表，按照《政府收支分类科目》中国有资本经营预算收支科目列示。国有资本经营预算执行情况表的格式如表 9-5 所示。

表 9-5　国有资本经营预算执行情况表　　　会财政 03-3 表

编制单位：　　　　____年____月____旬　　　　单位：元

项目	本月(旬)数	本年(月)累计数
国有资本经营预算本级收入		
10306 国有资本经营收入		
1030601 利润收入		
103060103 烟草企业利润收入		
……		
国有资本经营预算本级支出		
208 社会保障和就业支出		
20804 补充全国社会保障基金		
2080451 国有资本经营预算补充社保基金支出		
……		

(二)国有资本经营预算执行情况表的编制说明

(1)“国有资本经营预算本级收入”项目及所属各明细项目,应当根据“国有资本经营预算本级收入”科目及所属各明细科目的本期发生额填列。

(2)“国有资本经营预算本级支出”项目及所属各明细项目,应当根据“国有资本经营预算本级支出”科目及所属各明细科目的本期发生额填列。

四、财政专户管理资金收支情况表

(一)财政专户管理资金收支情况表的概念与格式

财政专户管理资金收支情况表是反映政府财政在某一会计期间纳入财政专户管理的财政专户管理资金全部收支情况的报表,按照相关政府收支分类科目列示。财政专户管理资金收支情况表的格式如表 9-6 所示。

表 9-6　财政专户管理资金收支情况表　　　会财政 04 表

编制单位:　　　　____年____月　　　　单位:元

项目	本月数	本年累计数
财政专户管理资金收入		
……		
……		
财政专户管理资金支出		
……		
……		

(二)财政专户管理资金收支情况表的的编制方法

(1)“财政专户管理资金收入”项目及所属各明细项目,应当根据“财政专户管理资金收入”科目及所属各明细科目的本期发生额填列。

(2)“财政专户管理资金支出”项目及所属各明细项目,应当根据“财政专户管理资金支出”科目及所属各明细科目的本期发生额填列。

五、专用基金收支情况表

(一)专用基金收支情况表的概念与格式

专用基金收支情况表是反映政府财政在某一会计期间专用基金全部收支情况的报表,按照不同类型的专用基金分别列示。专用基金收支情况表的格式如表 9-7 所示。

表 9-7 专用基金收支情况表 会财政 05 表

编制单位： ____年____月 单位：元

项目	本月数	本年累计数
专用基金收入		
粮食风险基金		
……		
专用基金支出		
粮食风险基金		
……		

(二)专用基金收支情况表的编制方法

(1)"专用基金收入"项目及所属各明细项目，应当根据"专用基金收入"科目及所属各明细科目的本期发生额填列。

(2)"专用基金支出"项目及所属各明细项目，应当根据"专用基金支出"科目及所属各明细科目的本期发生额填列。

六、附注

附注是指对在会计报表中列示的项目的文字描述或明细资料，以及对未能在会计报表中列示的项目的说明。总会计报表附注应当至少披露下列内容：

(1)遵循《财政总预算会计制度》的声明；

(2)本级政府财政预算执行情况和财务状况的说明；

(3)会计报表中列示的重要项目的进一步说明，包括其主要构成、增减变动情况等；

(4)或有负债情况的说明；

(5)有助于理解和分析会计报表的其他需要说明的事项。

复习思考题

1. 什么是财政总预算会计报表？总预算会计报表有哪些种类？编制总预算会计报表有哪些规定要求？

2. 什么是财政总预算会计资产负债表？

3. 什么是预算执行情况表？预算执行情况表包括哪些？

4. 什么是一般公共预算执行情况表？如何编制一般公共预算执行情况表？

5. 什么是政府性基金预算执行情况表？如何编制政府性基金预算执行情况表？

6. 什么是国有资本经营预算执行情况表？如何编制国有资本经营预算执行情况表？

7. 什么是财政专户管理资金收支情况表？如何编制财政专户管理资金收支情况表？

8. 什么是专用基金收支情况表？如何编制专用基金收支情况表？

练习题

练习一

一、目的：练习编制资产负债表。

二、资料：某省财政总预算会计年末部分资产、负债、净资产账户余额如表9-8所示。其他部分账户明细账余额为："应收地方政府债券转贷款—应收本金"10 070元，"应收地方政府债券转贷款—应收利息"1 700元，"应收主权外债转贷款—应收本金"17 000元，"应收主权外债转贷款—应收利息"1 020元；"应付短期政府债券—应付本金"15 000元，"应付短期政府债券—应付利息"1 000元，"借入款项—应付本金"2 000元，"借入款项—应付利息"359元，"应付长期政府债券—应付本金"23 000元，"应付长期政府债券—应付利息"683元。

表9-8　账户年末余额表　　单位：元

资产	借方余额	负债和净资产	贷方余额
国库存款	1 356	应付短期政府债券	
国库现金管理存款	360	应付利息	
其他财政存款	26 100	应付国库集中支付结余	2 390
有价证券	2 384	与上级往来	
在途款		其他应付款	272
预拨经费		应付代管资金	
借出款项		一年内到期的非流动负债	
应收股利		应付长期政府债券	
应收利息		借入款项	
与下级往来	6 410	应付地方政府债券转贷款	
其他应收款		应付主权外债转贷款	
		其他负债	
非流动资产：		一般公共预算结转结余	12 500
应收地方政府债券转贷款		政府性基金预算结转结余	2 360
应收主权外债转贷款		国有资本经营预算结转结余	2 481
股权投资	4 980	财政专户管理资金结余	2 684
待发国债		专用基金结余	1 310
		预算稳定调节基金	500
		预算周转金	507
		资产基金	4 590
		减：待偿债净资产	−256
资产总计		负债和净资产总计	

三、要求：为该省财政总预算会计编制年末资产负债表。年初余额略。

练习二

一、目的：练习收入支出表的编制。

二、资料：20×9年某市财政总预算会计收入支出账户年初余额及当年发生额如下：

(1)"一般公共预算结转结余"年初贷方余额852 000元；"政府性基金预算结转结余"年初贷方余额268 000元；"国有资本经营预算结转结余"年初贷方余额239 000元；"财政专户管理资金结余"年初贷方余额25 000元；"专用基金结余"年初贷方余额100 000元。

(2)"一般公共预算本级收入"贷方发生额260 000 000元；"政府性基金预算本级收入"贷方发生额129 000 000元；"国有资本经营预算本级收入"贷方发生额36 000 000元；"财政专户管理资金收入"科目的本期发生额30 000元；"专用基金收入"贷方发生额200 000元。

(3)"补助收入——一般公共预算补助收入"贷方发生额260 000元；"补助收入—政府性基金补助收入"贷方发生额85 000元。

(4)"上解收入——一般公共预算上解收入"贷方发生额25 000元；"上解收入—政府性基金上解收入"贷方发生额8 150元。

(5)"债务收入—地方政府债务收入——一般债务收入"贷方发生额245 000元；"债务收入—地方政府债务收入—专项债务收入"贷方发生额930 000元。

(6)"调入资金——一般公共预算调入资金"贷方发生额26 000元；"调入资金—调入政府性基金预算资金"贷方发生额271 000元。

(7)"补助支出——一般公共预算补助支出"借方发生额528 000元；"补助支出—政府性基金补助支出"借方发生额452 000元。

(8)"上解支出——一般公共预算上解支出"借方发生额35 700元；"上解支出—政府性基金上解支出"借方发生额26 100元。

(9)"债务还本支出—地方政府一般债务还本支出"借方发生额91 6250元；"债务还本支出—地方政府专项债务还本支出"借方发生额593 000元。

(10)"安排预算稳定调节基金"借方发生额230 000元。

(11)"调出资金——一般公共预算调出资金"借方发生额12 000元；"调出资金—政府性基金预算调出资金"借方发生额23 000元；"调出资金—国有资本经营预算调出资金"借方发生额30 000元。

(12)"预算周转金"贷方发生额15 000元。

三、要求：为该市财政总预算会计编制收入支出表。

练习三

一、目的：练习一般公共预算执行情况表的编制。

二、资料：20×9年某市财政一般公共预算收入和支出账户当年发生额如表9-9所示。

表9-9 一般公共预算收支账户本期发生额表 单位：万元

账户名称	贷方	账户名称	借方
一般公共预算本级收入账户：		一般公共预算本级支出(功能分类)账户：	
税收收入	5 205	一般公共服务支出	265
增值税	120	外交支出	23

续表

账户名称	贷方	账户名称	借方
消费税	360	国防支出	45
企业所得税	542	公共安全支出	513
个人所得税	260	教育支出	521
资源税	243	科学技术支出	743
城市维护建设税	20	文化旅游体育与传媒支出	21
房产税	260	社会保障和就业支出	580
印花税	3	卫生健康支出	162
城镇土地使用税	526	节能环保支出	65
土地增值税	879	城乡社区支出	74
车船税	54	农林水支出	369
关税	951	交通运输支出	452
耕地占用税	453	资源勘探工业信息等支出	451
契税	534	商业服务业等支出	851
非税收入	899	金融支出	56
专项收入	23	援助其他地区支出	12
行政事业性收费收入	462	住房保障支出	756
罚没收入	2	粮油物资储备支出	120
国有资本经营收入	151	其他支出	23
捐赠收入	212	债务付息支出	12
政府住房基金收入	23	债务发行费用支出	5
其他收入	26	功能分类支出合计：	6 119
转移性收入	129	一般公共预算本级支出（经济分类）账户：	
返还性收入	23	机关工资福利支出	350
一般性转移支付收入	41	机关商品和服务支出	428
专项转移支付收入	29	机关资本性支出（一）	1 291
上解收入	4	机关资本性支出（二）	224
调入资金	22	对事业单位经常性补助	458
接受其他地区援助收入	10	对事业单位资本性补助	248
		对企业补助	232
		对企业资本性支出	2 100
		对个人和家庭的补助	23
		对社会保障基金补助	43

续表

账户名称	贷方	账户名称	借方
		债务利息及费用支出	12
		债务还本支出	562
		转移性支出	63
		其他支出	85
一般公共预算本级收入合计	6 233	一般公共预算经济分类支出合计	6 119

三、要求：为该市财政总预算会计编制一般公共预算执行情况表。上年数从略。

练习四

一、目的：练习政府性基金预算执行情况表的编制。

二、资料：20×9 年某市财政政府性基金预算收入和支出账户当年发生额如表 9-10 所示。

表 9-10　政府性基金预算收支账户本期发生额表　　单位：万元

账户名称	贷方	账户名称	借方
政府性基金预算本级收入账户：		政府性基金预算本级支出（功能分类）账户：	
地方农网还贷资金收入	214	地方农网还贷资金支出	213
铁路建设基金收入	365	铁路建设基金支出	355
港口建设费收入	482	港口建设费安排的支出	479
旅游发展基金收入	201	旅游发展基金支出	200
国有土地使用权出让收入	596	国有土地使用权出让收入安排的支出	595
污水处理费收入	230	污水处理费安排的支出	220
车辆通行费	568	车辆通行费安排的支出	560
大中型水库库区基金收入	56	大中型水库库区基金安排的支出	55
政府性基金预算本级收入合计	2 712	政府性基金预算功能分类合计	2 677
		政府性基金预算经济分类支出账户：	
		机关资本性支出（一）	1 061
		对事业单位资本性补助	943
		债务利息和费用支出	21
		债务还本支出	652
		政府性基金预算经济分类支出合计	2 677

三、要求：为该市财政总预算会计编制政府性基金预算执行情况表。上年数从略。

练习五

一、目的：练习国有资本经营预算执行情况表的编制。

二、资料：20×9 年某市国有资本经营预算收入和支出账户当年发生额如表 9-11 所示。

表 9-11 国有资本经营预算收支账户本期发生额表 单位：万元

账户名称	贷方	账户名称	借方
国有资本经营预算本级收入账户：		国有资本经营预算本级支出（功能分类）账户：	
利润收入	1 287	补充全国社会保障基金	363
股利、利息收入	23	解决历史遗留问题及改革成本支出	660
产权转让收入	512	国有企业资本金注入	465
清算收入	26	国有企业政策性补贴	226
其他国有资本经营预算收入	41	金融国有资本经营预算支出	175
国有资本经营预算本级收入合计	1 889	国有资本经营预算功能分类合计	1 889
		国有资本经营预算本级支出（经济分类）账户：	
		对社会保障基金补助	363
		对企业补助	401
		资本性支出	1 125
		国有资本经营预算经济分类支出合计	1 889

三、要求：为该市财政总预算会计编制国有资本经营预算执行情况表。上年数从略。

练习六

一、目的：练习专用基金收支情况表的编制。

二、资料：20×9 年某市财政总预算会计专用基金收入和支出账户当年发生额如表 9-12 所示。

表 9-12 专用基金收支账户本期发生额表 单位：万元

账户名称	贷方	账户名称	借方
专用基金收入账户：		专用基金支出（功能分类）账户：	
粮食风险基金	35	粮食风险基金	
		对种粮农民的直接补贴	28
		储备粮油的利息费用补贴	5
合计	35	合计	33

三、要求：为该市财政总预算会计编制专用基金收支情况表。上年数从略。

第10章 行政事业单位会计概述

【导读】

本章介绍主要介绍行政事业单位的概念与分类、行政事业单位会计的概念与特点、行政事业单位会计科目的设置。

【学习重点】

行政事业单位会计的特点、“平行记账”方法、行政事业单位会计科目的设置。

【学习难点】

“平行记账”方法、行政事业单位会计科目的设置。

第一节　行政事业单位会计的概念与特征

一、行政事业单位的概念及种类

(一)行政单位及其种类

行政单位是国家权力的执行机关，是指进行国家行政管理，组织经济建设和文化建设、维护社会公共秩序的单位，泛指各级各类国家机关和政党组织。从编制部门预算进行预算管理的角度看，行政单位可分为人大、政协、民主党派、党务部门、综合性部门、公检法司部门、专业管理部门、一般政务部门和人民团体等，具体包括：

(1)各级人民代表大会及其常务委员会机关，如全国人民代表大会及其常务委员会、各级地方人民代表大会及其常务委员会。

(2)各级人民政府及其所属工作机构，如中央人民政府、地方各级人民政府；国务院所属各部门，如外交部、国防部、国家发展和改革委员会、教育部、科学技术部、工业和信息化部、公安部、民政部、财政部、司法部、中国人民银行、审计署等；国务院直属特设机构、国务院办事机构等；地方各级人民政府所属各部门，如财政厅、省公安厅、市财政局、市公安局等。

(3)中国人民政治协商会议各级委员会机关，如中国人民政治协商会议全国委员会、中国人民政治协商会议各级地方委员会。

(4)各级审判机关,如最高人民法院、地方各级人民法院。

(5)各级检察机关,如最高人民检察院、地方各级人民检察院。

(6)中国共产党各级机关,如中国共产党中央委员会、中国共产党各级地方委员会。

(7)各民主党派和工商联的各级机关,如中国国民党革命委员会、中国民主同盟、中国民主建国会、中国民主促进会、中国农工民主党、中国致公党、发三学社、台湾民主自治同盟以及工商联的各级机关。

(8)其他,指列为行政编制并接受财政拨款的社会团体,如共青团、妇联等。

(二)事业单位及其种类

事业单位是指国家或者国有单位出资成立的,以增进社会公共利益为目的的组织。事业单位不具有行政职能,不从事社会管理工作,从而区别于行政单位;事业单位不以营利为目的,不从事生产经营活动,从而区别于营利性企业;事业单位一般由政府举办,所需资金部分来源于财政补助,部分来源于公益性收费,其开展业务活动所需资金纳入政府预算,由此事业单位又区别于民间非营利组织。事业单位有时称为公立非营利组织。在实务中,大多数事业单位有其主管行政单位,或者是相应主管行政单位的所属单位,如教育事业单位的主管行政单位通常是教育行政单位。尽管如此,事业单位依然具有独立的法人资格,对所从事的事业活动独立地承担法律责任。事业单位从事的社会公益活动是政府职能的延伸。从这一意义上讲,事业单位是广义的政府组织。

事业单位是经济社会发展中提供公益服务的主要载体,是我国社会主义现代化建设的主要力量。常见的事业单位包括如下种类:

(1)文化事业单位而,主要指各级各类公共图书馆、纪念馆以及由文化和其他部门主管的剧场、剧团等,如国家图书馆、中国美术馆、中国交响乐团等。

(2)教育事业单位,主要指由各级人民政府举办的普通中小学校、成人中学、全日制普通高等学校、成人高等学校等教育单位。

(3)医疗卫生单位,主要指各级各类公立医院,包括综合医院、中医院、专科医院等,以及由政府举办的城市社区卫生服务中心、乡镇卫生院等。

(4)体育事业单位,主要指由各级政府举办的体育馆、体育场等。

(5)广播电视事业单位,主要指由各级政府举办的广播台、电视台等。

(6)文物事业单位,主要指各级各类公共博物馆、博物院等。

(7)科学事业单位,主要指由各级政府举办的各级各类科学院、研究院、研究所等,如中国科学院、中国工程院、中国社会科学院等。

除以上常见的事业单位外,按照事业单位所在行业不同,事业单位还包括测绘事业单位、气象事业单位、园林事业单位或林业事业单位等。

目前我国正在进行深化事业单位改革。改革的重要任务之一,是要强化事业单位的公益属性,分类推进事业单位改革。具体做法是对从事公益服务的事业单位进行细分,根据职责任务、服务对象和资源配置方式等情况,将从事公益服务的事业单位细分为两类:将不能或不宜由市场配置资源的事业单位划分为公益一类,如承担义务教育、基础性研究、公共文化、公共卫生等基本公益服务的事业单位;将可部分由市场配置资源的事业单位划分为公益二类,如承担高等教育、非营利医疗等公益服务的事业单位。

二、行政事业单位会计的概念及其特点

行政事业单位会计是指对同时适用于各级各类行政事业单位的预算会计和财务会计的总称。其中预算会计向行政事业单位会计信息使用者提供预算执行情况的会计信息，财务会计则提供行政事业单位的财务状况信息，两种会计既适度分离，又相互衔接，共同反映行政事业单位受托责任的履行情况，以有助于会计信息使用者进行管理、监督和决策。由此行政事业单位会计具有如下特点：

(1)行政事业单位会计的会计主体是各级各类行政事业单位。行政事业单位会计反映的会计信息是以各级各类行政事业单位为空间范围的，反映的是某单独的行政事业单位的预算执行情况或财务状况，如某级人民政府本级或其所属工作机构，或某高校、某博物馆、某医院等的预算执行情况或财务状况。行政事业单位会计不以一级政府整体作为单独的会计主体，但在编制合并报表时，有可能将一级政府整体作为报告主体。一级政府整体是财政总预算会计的会计主体。行政事业单位是一级政府整体的组成部分，其财政资金主要依赖于同级政府财政拨款。因此，行政事业单位自身发生的经济业务或事项与同级财政总预算发生的经济业务或事项之间，既有重叠的地方，也有相互独立的地方。如同级财政为行政事业单位支付购置设备的款项时，同级财政和行政事业单位都会形成支出，但行政事业单位另外还会形成固定资产。之后行政事业单位还要针对该固定资产计提折旧，但同级财政没有相应的经济业务或事项。又如事业单位会利用事业收入支付日常办公经费，事业单位会形成支出，但财政总预算会计不形成支出。

(2)行政事业单位会计需要详细反映行政事业单位的预算执行情况。首先，行政事业单位会计在反映行政事业单位的预算执行情况时，采用的会计核算方法需要与相应的预算编制方法一致。只有这样，预算数与会计核算的决算数才具有可比性，会计核算的结果才能反映预算执行情况。例如行政事业单位按照预算安排购置一台办公设备，支付相应价款属于预算支出的内容，为如实反映这种预算执行情况，行政事业单位会计需要确认这个相应的实际支出，并将实际支出与预算支出进行比较。其次，行政事业单位会计需要按预算管理的要求，分别为各种预算组织会计核算，以分别反映各种预算的执行情况。如行政事业单位的预算区分基本支出预算和项目支出预算，基本支出预算又区分人员经费预算和日常公用经费预算，各种预算又分别安排有财政拨款收入、其他相关收入；又如有些行政事业单位除了有一般公共预算资金收入和支出安排外，还另外有政府性基金预算收入和支出安排。因此在这些情况下，行政事业单位会计需要分别为各种预算组织会计核算，以分别反映各种预算的执行情况。另外，行政事业单位还单独编制财政拨款支出预算，以对财政拨款支出进行预算管理，相应地，行政事业单位会计需要单独核算财政拨款支出，以如实反映财政拨款支出的预算执行情况。总之，行政事业单位会计核算既是核算单位预算执行的过程，也是加强单位预算管理的过程。如果没有相应的预算，行政事业单位会计就应当及时停止相应经济业务的发生。

(3)行政事业单位会计需要详细反映行政事业单位的财务状况和运行情况。我国《政府会计准则——基本准则》(简称《基本准则》)在行政事业单位会计中引入了基于权责发生制的财务会计，规定了财务会计要素包括资产、负债、净资产、收入和费用，并且规定财务报告的目标是向财务报告使用者提供与政府的财务状况、运行情况（含运行成本）和现金流量等有关的信息，反映政府会计主体公共受托责任的履行情况，有助于财务报告使用者做出决策或者进行监督和管

理，扩充了有关资产、负债的核算范围，整合了基建会计核算。因此，我国行政事业单位会计目前基本可以也应当详细地反映行政事业单位的财务状况和运行情况。当前，行政事业单位会计不仅需要反映行政事业单位的库存现金、银行存款等资产业务，而且还应当详细核算反映应收账款、库存物品、固定资产、在建工程、无形资产、政府储备物资、公共基础设施等资产业务，对其中的固定资产、无形资产等还应当进行折旧摊销的核算。行政事业单位会计不仅应继续核算原有的“应缴财政款”等负债业务，而且还应按照权责发生制原则核算短期借款、应交增值税、应付职工薪酬、应付账款、预提费用、长期借款、长期应付款、预计负债等各种新的负债情况。除此以外，行政事业单位会计还要按权责发生制原则核算行政事业单位的各种收入和费用发生的情况，如事业收入、经营收入、投资收益、利息收入、业务活动费用、单位管理费用、经营费用等各种收入费用。总之，如实反映行政事业单位的财务状况和运行情况，有利于加强对行政事业单位资产、负债和净资产的管理，有利于财务报告使用者做出决策或者进行监督和管理。

(4)行政事业单位会计的核算模式是“双功能、双基础、双报告”。所谓“双功能”，是指在政府会计系统中既有财务会计功能，也有预算会计功能。行政事业单位会计中既有财务会计五要素——资产、负债、净资产、收入和费用，也有预算会计要素——预算收入、预算支出、预算结余。所谓“双基础”，是指对于行政事业单位发生的经济业务，将可能既在财务会计中按权责发生制进行会计处理，也在预算会计中按收付实现制进行会计处理。但这并不意味着每笔业务都要同时在财务会计和预算会计中进行会计处理。所谓“双报告”，是指在会计期末，既要根据财务会计账务处理结果编制财务报告，又要根据预算会计编制决算报告。这两种报告既相互分离又相互衔接，这种衔接主要是通过编制“本期预算结余与本期盈余差异调节表”，以揭示本年盈余数和本年预算结余数二者之间的内在联系来实现的。

三、行政事业单位会计“平行记账”方法

《政府会计制度——行政事业单位会计科目和报表》第一部分“总说明”第五条第三款规定：“单位对于纳入部门预算管理的现金收支业务，在采用财务会计核算的同时应当进行预算会计核算；对于其他业务，仅需进行财务会计核算。”对这一款规定，应分层次判断某收支业务在采用财务会计核算的同时是否应当进行预算会计核算：

首先，判断该业务是否是现金收支业务，如果不是，则不需要进行预算会计核算，仅在财务会计中核算；

其次，如果该业务是现金收支业务，则进一步判断这一收支业务是否纳入了部门预算管理，如果纳入了，则在预算会计中核算。

最后，对于纳入部门预算管理的现金收支业务，还要进一步判断是纳入了本期预算管理还是纳入了下期预算管理。如果纳入了本期预算管理，则在本期预算会计中核算；如果纳入了下期预算管理，则在下期预算会计中核算，本期预算会计不核算。

实务中，行政事业单位的经济业务“平行记账”有三种情况：

(1)同时在财务会计与预算会计中记账；

(2)只在预算会计中记账；

(3)只在财务会计中记账。

表 10-1 所示是“平行记账”业务的举例。

表 10-1 “平行记账”业务举例

记账类型	举例
同时在财务会计与预算会计中记账	纳入部门预算管理的现金收支业务；从本年度非财政拨款结余或经营结余中提取专用基金；日常发生的多数预算收入/支出业务；预提费用
只在预算会计中记账	部分预算结余的转账业务；部分预算结余科目之间的相互转账
只在财务会计中记账	不涉及现金的收支业务；受托业务；从预算收入中计提专用基金；未纳入本年度的收入；暂付款；应缴财政款项；财务会计中收入费用的年末结转

第二节　行政事业单位会计科目

一、行政事业单位会计科目表

行政事业单位会计科目是对行政事业单位会计要素做进一步分类而得到的。它是行政事业单位会计设置账户、核算和归集经济业务的依据，也是汇总和检查行政事业单位会计资金活动情况及其结果的依据。按照行政事业单位会计要素的类别，行政事业单位会计科目分为资产、负债、净资产、收入、费用以及预算收入、预算支出和预算结余等八类。其中资产、负债、净资产、收入和费用属于财务会计要素，预算收入、预算支出和预算结余属于预算会计要素。根据现行《政府会计制度——行政事业单位会计科目和报表》的规定，各级各类行政事业单位统一适用的会计科目表如表 10-2 所示。

表 10-2　行政事业单位会计科目表

序号	科目编号	科目名称	内容
一、财务会计科目			
(一)资产类			
1	1001	库存现金	核算单位的库存现金
2	1002	银行存款	核算单位存入银行或其他金融机构的各种存款
3	1011	零余额账户用款额度	核算实行国库集中支付的单位根据财政部门批复的用款计划收到和支用的零余额账户用款额度
4	1021	其他货币资金	核算单位的外埠存款、银行本票存款、银行汇票存款、信用卡存款等各种其他货币资金
5	1101	短期投资	核算事业单位按照规定取得的，持有时间不超过 1 年(含 1 年)的投资

续表

序号	科目编号	科目名称	内容
6	1201	财政应返还额度	核算实行国库集中支付的单位应收财政返还的资金额度，包括可以使用的以前年度财政直接支付资金额度和财政应返还的财政授权支付资金额度
7	1211	应收票据	核算事业单位因开展经营活动销售产品、提供有偿服务等而收到的商业汇票，包括银行承兑汇票和商业承兑汇票
8	1212	应收账款	核算事业单位因提供服务、销售产品等应收取的款项，以及单位因出租资产、出售物资等应收取的款项
9	1214	预付账款	核算单位按照购货、服务合同或协议规定预付给供应单位（或个人）的款项，以及按照合同规定向承包工程的施工企业预付的备料款和工程款
10	1215	应收股利	核算事业单位持有长期股权投资应当收取的现金股利或应当分得的利润
11	1216	应收利息	核算事业单位长期债券投资应当收取的利息
12	1218	其他应收款	核算单位除财政应返还额度、应收票据、应收账款、预付账款、应收股利、应收利息以外的其他各项应收及暂付款项
13	1219	坏账准备	核算事业单位对收回后不需上缴财政的应收账款和其他应收款提取的坏账准备
14	1301	在途物品	核算单位采购材料等物资时贷款已付或已开出商业汇票但尚未验收入库的在途物品的采购成本
15	1302	库存物品	核算单位在开展业务活动及其他活动中为耗用或出售而储存的各种材料、产品、包装物、低值易耗品，以及达不到固定资产标准的用具、装具、动植物等的成本
16	1303	加工物品	核算单位自制或委托外单位加工的各种物品的实际成本；未完成的测绘、地质勘察、设计成果的实际成本，也通过本科目核算
17	1401	待摊费用	核算单位已经支付，但应当由本期和以后各期分别负担的分摊期在 1 年以内（含 1 年）的各项费用
18	1501	长期股权投资	核算事业单位按照规定取得的，持有时间超过 1 年（不含 1 年）的股权性质的投资
19	1502	长期债券投资	核算事业单位按照规定取得的，持有时间超过 1 年（不含 1 年）的债权投资
20	1601	固定资产	核算单位固定资产的原值
21	1602	固定资产累计折旧	核算单位计提的固定资产累计折旧

续表

序号	科目编号	科目名称	内容
22	1611	工程物资	核算单位为在建工程准备的各种物资的成本，包括工程用材料、设备等
23	1613	在建工程	核算单位在建的建设项目工程的实际成本
24	1701	无形资产	核算单位无形资产的原值
25	1702	无形资产累计摊销	核算单位对使用年限有限的无形资产计提的累计摊销
26	1703	研发支出	核算单位自行研究开发项目研究阶段和开发阶段发生的各项支出
27	1801	公共基础设施	核算单位控制的公共基础设施的原值
28	1802	公共基础设施累计折旧(摊销)	核算单位计提的公共基础设施累计折旧和累计摊销
29	1811	政府储备物资	核算单位控制的政府储备物资的成本
30	1821	文物文化资产	核算单位为满足社会公共需求而控制的文物文化资产的成本
31	1831	保障性住房	核算单位为满足社会公共需求而控制的保障性住房的原值
32	1832	保障性住房累计折旧	核算单位计提的保障性住房的累计折旧
33	1891	受托代理资产	核算单位接受委托方委托管理的各项资产，包括受托指定转赠的物资、受托存储保管的物资等的成本
34	1901	长期待摊费用	核算单位已经支出，但应由本期和以后各期负担的分摊期限在1年以上(不含1年)的各项费用
35	1902	待处理财产损溢	核算单位在资产清查过程中查明的各种资产盘盈、盘亏和报废、毁损的价值
(二)负债类			
36	2001	短期借款	核算事业单位经批准向银行或其他金融机构等借入的期限在1年内(含1年)的各种借款
37	2101	应交增值税	核算单位按照税法规定计算应交纳的增值税
38	2102	其他应交税费	核算单位按照税法等规定计算应交纳的除增值税以外的各种税费
39	2103	应缴财政款	核算单位取得或应收的按照规定应当上缴财政的款项，包括应缴国库的款项和应缴财政专户的款项
40	2201	应付职工薪酬	核算单位按照有关规定应付给职工(含长期聘用人员)及为职工支付的各种薪酬
41	2301	应付票据	核算事业单位因购买材料、物资等而开出、承兑的商业汇票，包括银行承兑汇票和商业承兑汇票
42	2302	应付账款	核算单位因购买物资、接受服务、开展工程建设等而应付的偿还期限在1年以内(含1年)的款项

续表

序号	科目编号	科目名称	内容
43	2303	应付政府补贴款	核算负责发放政府补贴的行政单位，按照规定应当支付给政府补贴接受者的各种政府补贴款
44	2304	应付利息	核算事业单位按照合同约定应支付的借款利息，包括短期借款、分期付息到期还本的长期借款等应支付的利息
45	2305	预收账款	核算事业单位预先收取但尚未结算的款项
46	2307	其他应付款	核算单位除应交增值税、其他应交税费、应缴财政款、应付职工薪酬、应付票据、应付账款、应付政府补贴款、应付利息、预收账款以外，其他各项偿还期限在 1 年内（含 1 年）的应付及暂收款项
47	2401	预提费用	核算单位预先提取的已经发生但尚未支付的费用，如预提租金费用等
48	2501	长期借款	核算事业单位经批准向银行或其他金融机构等借入的期限超过 1 年（不含 1 年）的各种借款本息
49	2502	长期应付款	核算单位发生的偿还期限超过 1 年（不含 1 年）的应付款项，如以融资租赁方式取得固定资产应付的租赁费等
50	2601	预计负债	核算单位对因或有事项所产生的现时义务而确认的负债
51	2901	受托代理负债	核算单位接受委托取得受托代理资产时形成的负债
（三）净资产类			
52	3001	累计盈余	核算单位历年实现的盈余扣除盈余分配后滚存的金额，以及因无偿调入调出资产产生的净资产变动额
53	3101	专用基金	核算事业单位按照规定提取或设置的具有专门用途的净资产，主要包括职工福利基金、科技成果转换基金等
54	3201	权益法调整	核算事业单位持有的长期股权投资采用权益法核算时，按照被投资单位除净损益和利润分配以外的所有者权益变动份额调整长期股权投资账面余额而计入净资产的金额
55	3301	本期盈余	核算单位本期各项收入、费用相抵后的余额
56	3302	本年盈余分配	核算单位本年度盈余分配的情况和结果
57	3401	无偿调拨净资产	核算单位无偿调入或调出非现金资产所引起的净资产变动金额
58	3501	以前年度盈余调整	核算单位本年度发生的调整以前年度盈余的事项，包括本年度发生的重要前期差错更正涉及调整以前年度盈余的事项
（四）收入类			
59	4001	财政拨款收入	核算单位从同级政府财政部门取得的各类财政拨款
60	4101	事业收入	核算事业单位开展专业业务活动及其辅助活动实现的收入，不包括从同级政府财政部门取得的各类财政拨款

续表

序号	科目编号	科目名称	内容
61	4201	上级补助收入	核算事业单位从主管部门和上级单位取得的非财政拨款收入
62	4301	附属单位上缴收入	核算事业单位取得的附属独立核算单位按照有关规定上缴的收入
63	4401	经营收入	核算事业单位在专业业务活动及其辅助活动之外开展非独立核算经营活动取得的收入
64	4601	非同级财政拨款收入	核算单位从非同级政府财政部门取得的经费拨款，包括从同级政府其他部门取得的横向转拨财政款、从上级或下级政府财政部门取得的经费拨款等
65	4602	投资收益	核算事业单位股权投资和债券投资所实现的收益或发生的损失
66	4603	捐赠收入	核算单位接受其他单位或者个人捐赠取得的收入
67	4604	利息收入	核算单位取得的银行存款利息收入
68	4605	租金收入	核算单位经批准利用国有资产出租取得并按照规定纳入本单位预算管理的租金收入
69	4609	其他收入	核算单位取得的除财政拨款收入、事业收入、上级补助收入、附属单位上缴收入、经营收入、非同级财政拨款收入、投资收益、捐赠收入、利息收入、租金收入以外的各项收入
（五）费用类			
70	5001	业务活动费用	核算单位为实现其职能目标，依法履职或开展专业业务活动及其辅助活动所发生的各项费用
71	5101	单位管理费用	核算事业单位本级行政及后勤管理部门开展管理活动发生的各项费用
72	5201	经营费用	核算事业单位在专业业务活动及其辅助活动之外开展非独立核算经营活动发生的各项费用
73	5301	资产处置费用	核算单位经批准处置资产时发生的费用，包括转销的被处置资产价值，以及在处置过程中发生的相关费用或者处置收入小于相关费用形成的净支出
74	5401	上缴上级费用	核算事业单位按照财政部门和主管部门的规定上缴上级单位款项发生的费用
75	5501	对附属单位补助费用	核算事业单位用财政拨款收入之外的收入对附属单位补助发生的费用
76	5801	所得税费用	核算有企业所得税缴纳义务的事业单位按规定缴纳企业所得税所形成的费用

续表

序号	科目编号	科目名称	内容
77	5901	其他费用	核算单位发生的除业务活动费用、单位管理费用、经营费用、资产处置费用、上缴上级费用、对附属单位补助费用、所得税费用以外的各项费用
二、预算会计科目			
(一)预算收入类			
1	6001	财政拨款预算收入	核算单位从同级政府财政部门取得的各类财政拨款
2	6101	事业预算收入	核算事业单位开展专业业务活动及其辅助活动取得的现金流入
3	6201	上级补助预算收入	核算事业单位从主管部门和上级单位取得的非财政补助现金流入
4	6301	附属单位上缴预算收入	核算事业单位取得的附属独立核算单位根据有关规定上缴的现金流入
5	6401	经营预算收入	核算事业单位在专业业务活动及其辅助活动之外开展非独立核算经营活动取得的现金流入
6	6501	债务预算收入	核算事业单位按照规定从银行和其他金融机构等借入的、纳入部门预算管理的、不以财政资金作为偿还来源的债务本金
7	6601	非同级财政拨款预算收入	核算单位从非同级政府财政部门取得的财政拨款,包括本级横向转拨财政款和非本级财政拨款
8	6602	投资预算收益	核算事业单位取得的按照规定纳入部门预算管理的属于投资收益性质的现金流入
9	6609	其他预算收入	核算单位除财政拨款预算收入、事业预算收入、上级补助预算收入、附属单位上缴预算收入、经营预算收入、债务预算收入、非同级财政拨款预算收入、投资预算收益之外的纳入部门预算管理的现金流入
(二)预算支出类			
10	7101	行政支出	核算行政单位履行其职责实际发生的各项现金流出
11	7201	事业支出	核算事业单位开展专业业务活动及其辅助活动实际发生的各项现金流出
12	7301	经营支出	核算事业单位在专业业务活动及其辅助活动之外开展非独立核算经营活动实际发生的各项现金流出
13	7401	上缴上级支出	核算事业单位按照财政部门和主管部门的规定上缴上级单位款项发生的现金流出
14	7501	对附属单位补助支出	核算事业单位用财政拨款预算收入之外的收入对附属单位补助发生的现金流出

续表

序号	科目编号	科目名称	内容
15	7601	投资支出	核算事业单位以货币资金对外投资发生的现金流出
16	7701	债务还本支出	核算事业单位偿还自身承担的纳入预算管理的从金融机构举借的债务本金的现金流出
17	7901	其他支出	核算单位除行政支出、事业支出、经营支出、上缴上级支出、对附属单位补助支出、投资支出、债务还本支出以外的各项现金流出
(三)预算结余类			
18	8001	资金结存	核算单位纳入部门预算管理的资金的流入、流出、调整和滚存等情况
19	8101	财政拨款结转	核算单位取得的同级财政拨款结转资金的调整、结转和滚存情况
20	8102	财政拨款结余	核算单位取得的同级财政拨款项目支出结余资金的调整、结转和滚存情况
21	8201	非财政拨款结转	核算单位除财政拨款收支、经营收支以外各非同级财政拨款专项资金的调整、结转和滚存情况
22	8202	非财政拨款结余	核算单位历年滚存的非限定用途的非同级财政拨款结余资金，主要为非财政拨款结余扣除结余分配后滚存的金额
23	8301	专用结余	核算事业单位按照规定从非财政拨款结余中提取的具有专门用途的资金的变动和滚存情况
24	8401	经营结余	核算事业单位本年度经营活动收支相抵后余额弥补以前年度经营亏损后的余额
25	8501	其他结余	核算单位本年度除财政拨款收支、非同级财政专项资金收支和经营收支以外各项收支相抵后的余额
26	8701	非财政拨款结余分配	核算事业单位本年度非财政拨款结余分配的情况和结果

二、财务会计和预算会计部分科目的对应关系

(一)财务会计收入类科目和预算会计预算收入类科目的对应关系

(1)一般是将财务会计收入类科目名称中的“收入”改为“预算收入”。

(2)对在财务会计中通过“捐赠收入”“利息收入”“租金收入”“其他收入”科目详细核算的内容，在预算会计中通过“其他预算收入”科目综合核算。

(3)对在财务会计中通过“短期借款”“长期借款”科目核算的内容，在预算会计中通过“债务预算收入”科目对应核算。

(4)“债务预算收入”在财务会计没有对应的收入科目，这是因为在财务会计中对外借债形成债务，而不是收入。

具体的对应关系如表 10-3 所示。

表 10-3　财务会计收入类科目和预算会计预算收入类科目的对应关系

收入类科目	预算收入类科目
财政拨款收入	财政拨款预算收入
事业收入	事业预算收入
上级补助收入	上级补助预算收入
附属单位上缴收入	附属单位上缴预算收入
经营收入	经营预算收入
非同级财政拨款收入	非同级财政拨款预算收入
投资收益	投资预算收益
捐赠收入	其他预算收入
利息收入	
租金收入	
其他收入	
	债务预算收入

(二)财务会计费用类科目和预算会计预算支出类科目的对应关系

(1)一般是将财务会计费用类科目名称中的“费用”改为“支出”。

(2)“所得税费用”没有与某种预算支出科目对应,这是因为事业单位在实际缴纳单位所得税时直接冲减“非财政拨款结余—累计结余”,并没有形成支出。

(3)“投资支出”“债务还本支出”没有对应的费用类账户,这是因为对外投资或归还债务本金并没有产生费用。

具体的对应关系如表 10-4 所示。

表 10-4　财务会计费用类科目和预算会计预算支出类科目的对应关系

费用类科目	预算支出类科目
业务活动费用(行政单位)	行政支出
业务活动费用/单位管理费用(事业单位)	事业支出
经营费用	经营支出
资产处置费用	其他支出
上缴上级费用	上缴上级支出
对附属单位补助费用	对附属单位补助支出
所得税费用	
其他费用	其他支出
	投资支出
	债务还本支出

(三)财务会计资产类科目与预算会计资金结存科目的对应关系

单位发生的经济业务影响财务会计中的货币资金账户时,在预算会计中“资金结存”账户中也应同时核算反映，财务会计资产类科目与预算会计中的资金结存科目存在对应关系。具体的对应关系如表 10-5 所示。

表 10-5　财务会计资产类科目与预算会计资金结存科目的对应关系

资产类科目	资金结存科目
库存现金	资金结存—货币资金
银行存款	
其他货币资金	
零余额账户用款额度	资金结存—零余额账户用款额度
财政应返还额度	资金结存—财政应返还额度

（四）财务会计资产类、负债类科目与预算会计预算支出类、预算收入类科目的对应关系

单位购买各类存货、固定资产、无形资产，进行各类投资时，一方面表现为各类资产的形成，另一方面表现为实际发生各项现金流出。由于在单位预算会计中不设置资产负债账户，因此，财务会计中各类存货、固定资产、无形资产、各类投资等资产类科目与单位预算会计中“行政支出”“事业支出”“经营支出”“其他支出”等预算会计科目实际上存在一定的对应关系。具体的对应关系如表 10-6 所示。

表 10-6　财务会计资产类科目和预算会计预算支出类科目的对应关系

资产类科目	预算支出类科目
加工物品	行政支出/事业支出/经营支出/其他支出
库存物品	
在途物品	
固定资产	
无形资产	
工程物资	
在建工程	
长期股权投资	投资支出
长期债券投资	
公共基础设施	行政支出/事业支出/其他支出
政府储备物资	
保障性住房	
文物文化资产	
长期待摊费用	行政支出/事业支出

同样，在单位形成负债时，在财务会计中确认为负债，但在单位预算会计中确认为预算收入。因此财务会计中部分负债类科目与单位预算会计中的预算收入类科目存在一定的对应关系。具体的对应关系如表 10-7 所示。

表 10-7　负债类科目和预算收入类科目的对应关系

负债类科目	预算收入类科目
短期借款	债务预算收入
长期借款	

三、行政事业单位会计科目使用要求

(1)单位应当按照《政府会计制度——行政事业单位会计科目和报表》的规定设置和使用会计科目。在不影响会计处理和编制报表的前提下,单位可以根据实际情况自行增设或减少某些会计科目。

(2)单位应当执行《政府会计制度——行政事业单位会计科目和报表》统一规定的会计科目编号,以便于填制会计凭证、登记会计账簿、查阅账目,实行会计信息化管理。

(3)单位在填制会计凭证、登记会计账簿时,应当填列会计科目的名称,或者同时填列会计科目的名称和编号,不得只填列会计科目编号、不填列会计科目名称。

(4)单位设置明细科目或者进行明细核算,除遵循《政府会计制度——行政事业单位会计科目和报表》的规定外,还应当满足权责发生制政府部门财务报告和政府综合财务报告编制的其他需要。

复习思考题

1.什么是行政单位?常见的行政单位有哪些种类?

2.什么是事业单位?常见的事业单位有哪些种类?

3.什么是行政事业单位会计?其有哪些特点?

4.行政事业单位会计“平行记账”方法是怎样的?

5.行政事业单位会计科目的设置情况是怎样的?财务会计科目和预算会计科目有怎样的对应关系?

第11章 行政事业单位的流动资产

【导读】

本章介绍行政事业单位流动资产的内容，具体介绍有关货币资金、短期投资和应收款、存货等资产的概念、确认与计量问题，以及各项流动资产的详细账务处理过程。

【学习重点】

零余额账户用款额度、短期投资、财政应返还额度、应收账款及坏账准备、加工物品与库存物品。

【学习难点】

财政应返还额度、加工物品与库存物品。

行政事业单位的资产是指行政事业单位过去的经济业务或者事项形成的，由行政事业单位控制的，预期能够产生服务潜力或者带来经济利益流入的经济资源。行政事业单位的资产分为流动资产和长期资产，以及由行政事业单位控制的，供社会公众使用的公共基础设施、政府储备物资、文物文化资产、保障性住房等。除此以外，还有接受委托方委托管理的各项资产。行政事业单位对于符合资产定义的经济资源，在同时满足以下条件时应当确认为资产：①与该经济资源相关的服务潜力很可能实现或者经济利益很可能流入行政事业单位；②该经济资源的成本或者价值能够可靠地计量。

流动资产是指预计在1年内(含1年)耗用或者可以变现的资产，包括货币资金、短期投资、应收及预付款项、存货、待摊费用等。本章主要介绍与之相关的在财务会计和预算会计中进行平行账务处理的方法。

根据《政府会计准则——基本准则》，行政事业单位的资产计量属性包括历史成本、重置成本、现值、公允价值和名义金额。

第一节 货币资金

行政事业单位的货币资金按照存放地点和用途可以分为库存现金、银行存款、零余额账户用款额度和其他货币资金等种类。

一、库存现金

库存现金指行政事业单位在预算执行过程中为保证日常开支需要而存放在财务部门的现金。库存现金是流动性最强的流动资产，它具有普遍的可接受性。行政事业单位应当严格按照国家有关现金管理的规定收支现金，并按照《政府会计制度——行政事业单位会计科目和报表》的规定核算现金的各项收支业务，并主动接受开户银行、审计部门等相关方面的监督。随着公务卡的普遍推行和强制使用，行政事业单位库存现金的业务相应减少。

为核算库存现金业务，行政事业单位应设置"库存现金"财务会计总账科目。该科目还应当设置"受托代理资产"明细科目，核算单位受托代理、代管的现金。"库存现金"科目期末借方余额反映单位实际持有的库存现金。在预算会计中与"库存现金"科目对应的科目是"资金结存"科目(货币资金)。

库存现金的主要账务处理如下：

(1)从银行等金融机构提取现金，在财务会计方面，按照实际提取的金额，借记"库存现金"科目，贷记"银行存款"科目；将现金存入银行等金融机构，在财务会计方面，按照实际存入金额，借记"银行存款"科目，贷记"库存现金"科目。

在预算会计方面，上述提现和存现业务，因在预算会计中只涉及"资金结存"科目(货币资金)的增减，因此在预算会计中可不做账务处理；但如果"资金结存"科目(货币资金)下设置有更明细的科目，则要在明细科目间进行互相转账处理。

(2)根据规定从单位零余额账户提取现金，在财务会计方面，按照实际提取的金额，借记"库存现金"科目，贷记"零余额账户用款额度"科目；将现金退回单位零余额账户，在财务会计方面，按照实际退回的金额，借记"零余额账户用款额度"科目，贷记"库存现金"科目。

在预算会计方面，按照实际提取的金额，借记"资金结存"科目(货币资金)，贷记"资金结存"科目(零余额账户用款额度)；将现金退回单位零余额账户，按照实际退回的金额，借记"资金结存"科目(零余额账户用款额度)，贷记"资金结存"科目(货币资金)。

(3)因内部职工出差等借出的现金，在财务会计方面，按照实际借出的现金金额，借记"其他应收款"科目，贷记"库存现金"科目。出差人员报销差旅费时，按照实际报销的金额，借记"业务活动费用""单位管理费用"等科目，按照实际借出的现金金额，贷记"其他应收款"科目，按照其差额，借记或贷记"库存现金"科目。

在预算会计方面，在出差人员报销差旅费时，按照实际报销的金额，借记"事业支出""行政支出"等科目，按照实际借出的现金金额，贷记"其他应收款"科目，按照其差额，借记或贷记"资金结存"科目(货币资金)。

(4)因提供服务、物品或者其他事项收到现金，在财务会计方面，按照实际收到的金额，借记"库存现金"科目，贷记"事业收入""应收账款"等相关科目。涉及增值税业务的，相关账务处理参见"应交增值税"科目。因购买服务、物品或者其他事项支付现金，在财务会计方面，按照实际支付的金额，借记"业务活动费用""单位管理费用""库存物品"等相关科目，贷记"库存现金"科目。涉及增值税业务的，相关账务处理参见"应交增值税"科目。以库存现金对外捐赠，按照实际捐出的金额，借记"其他费用"科目，贷记"库存现金"科目。

在预算会计方面，按照实际收到的金额，借记"资金结存"科目(货币资金)，贷记"事业预算收入"等相关科目。涉及增值税业务的，相关账务处理参见"应交增值税"科目。因购买服务、物品或者其他事项支付现金，按照实际支付的金额，借记“事业支出”“行政支出”“其他支出”等相关科目，贷记“资金结存”科目(货币资金)。以库存现金对外捐赠，按照实际捐出的金额，借记“其他支出”科目，贷记“资金结存”科目(货币资金)。

(5)收到受托代理、代管的现金，在财务会计方面，按照实际收到的金额，借记“库存现金”科目(受托代理资产)，贷记“受托代理负债”科目；支付受托代理、代管的现金，在财务会计方面，按照实际支付的金额，借记“受托代理负债”科目，贷记“库存现金”科目(受托代理资产)。预算会计方面不用做账务处理。

(6)单位应当设置“库存现金日记账”，由出纳人员根据收付款凭证，按照业务发生顺序逐笔登记。每日终了，应当计算当日的现金收入合计数、现金支出合计数和结余数，并将结余数与实际库存数相核对，做到账款相符。

每日账款核对中发现有待查明原因的现金短缺或溢余时，做以下账务处理。①在财务会计方面，应当通过“待处理财产损溢”科目核算。属于现金溢余，应当按照实际溢余的金额，借记“库存现金”科目，贷记“待处理财产损溢”科目；属于现金短缺，应当按照实际短缺的金额，借记“待处理财产损溢”科目，贷记“库存现金”科目。待查明原因后及时进行账务处理，具体内容参见“待处理财产损溢”科目。②在预算会计方面，属于现金溢余，应当按照实际溢余的金额，借记“资金结存”科目(货币资金)，贷记“其他预算收入”科目；属于现金短缺，应当按照实际短缺的金额，借记“其他支出”科目，贷记“资金结存”科目(货币资金)。如果有责任人赔偿的，则应借记“资金结存”科目(货币资金)，贷记“其他支出”科目。

(7)现金收入业务繁多、单独设有收款部门的单位，收款部门的收款员应当将每天所收现金连同收款凭据一并交财务部门核收记账，或者将每天所收现金直接送存开户银行后，将收款凭据及向银行送存现金的凭证等一并交财务部门核收记账。

(8)单位有外币现金的，应当分别按照人民币、外币种类设置“库存现金日记账”进行明细核算。有关外币现金业务的账务处理参见“银行存款”科目的相关规定。

【例题 11-1】 20×2 年 11 月某事业单位发生如下业务：

(1)11 月 2 日，从单位基本账户银行提取现金 1 000 元备用金。

财务会计分录	预算会计分录
借：库存现金　　1 000 　贷：银行存款　　1 000	—

(2)11 月 5 日，从零余额账户提取备用金 8 000 元用于日常经费支出；11 月 10 日，将所提取现金的未使用部分 2 000 元退回零余额账户。

财务会计分录	预算会计分录
借：库存现金　　8 000 　贷：零余额账户用款额度　　8 000	借：资金结存—货币资金　　8 000 　贷：资金结存—零余额账户用款额度　　8 000
借：零余额账户用款额度　　2 000 　贷：库存现金　　2 000	借：资金结存—零余额账户用款额度　　2 000 　贷：资金结存—货币资金　　2 000

(3)11 月 6 日，综合处员工 A 出差，借差旅费 1 000 元；11 月 9 日，A 归来，实际差旅费为 800 元。

财务会计分录		预算会计分录	
借:其他应收款	1 000	—	
贷:库存现金	1 000		
借:业务活动费用	800	借:事业支出	800
库存现金	200	资金结存—货币资金	200
贷:其他应收款	1 000	贷:其他应收款	1 000

(4)11 月 10 日,收到事业活动业务费 600 元,同时因购买办公用品而支出现金 300 元(不考虑增值税);11 月 12 日,对外捐出现金 500 元。

财务会计分录		预算会计分录	
借:库存现金	600	借:资金结存—货币资金	600
贷:事业收入	600	贷:事业预算收入	600
借:业务活动费用	300	借:事业支出	300
贷:库存现金	300	贷:资金结存—货币资金	300
借:其他费用	500	借:其他支出	500
贷:库存现金	500	贷:资金结存—货币资金	500

【例题 11-2】 20×2 年 12 月 15 日某行政单位盘点发现非零余额现金比账面短缺 100 元,经核实,其中 80 元属于应该由相关责任人赔偿款,剩余 20 元无法查明原因,报请相关部门批准核销。

财务会计分录		预算会计分录	
借:待处理财产损溢	100	借:其他支出	100
贷:库存现金	100	贷:资金结存—货币资金	100
借:其他应收款	80	—	
资产处置费用	20		
贷:待处理财产损溢	100		
借:库存现金	80	借:资金结存—货币资金	80
贷:其他应收款	80	贷:其他支出	80

二、银行存款

银行存款是指行政事业单位存入银行或其他金融机构的各种存款。行政事业单位应当严格按照国家相关规定开设银行存款账户,并严格按照国家有关支付结算办法的规定办理银行存款收付业务。随着财政国库集中收付制度深入推行,行政事业单位财政性资金的收付业务都直接通过财政国库单一账户体系办理,行政事业单位银行存款业务相应减少。

为核算银行存款业务,行政事业单位应设置“银行存款”财务会计总账科目。本科目应当设置“受托代理资产”明细科目,核算单位受托代理、代管的银行存款。“银行存款”科目期末借方余额反映单位实际存放在银行或其他金融机构的款项。在预算会计中与之对应的科目是“资金结存”科目(货币资金)。

银行存款的主要账务处理如下:

(1)将款项存入银行或者其他金融机构,在财务会计方面,按照实际存入的金额,借记“银行存款”科目,贷记“库存现金”“应收账款”“事业收入”“经营收入”“其他收入”等相关科目。涉及增值税业务的,相关账务处理参见“应交增值税”科目。在预算会计方面,借记“资金结存”科目(货币资金),贷记“事业预算收入”“经营预算收入”“其他预算收入”等科目。

收到银行存款利息,在财务会计方面,按照实际收到的金额,借记“银行存款”科目,贷记“利息收入”科目。在预算会计方面,借记“资金结存”科目(货币资金),贷记“其他预算收入”科目。

(2)从银行等金融机构提取现金,在财务会计方面,按照实际提取的金额,借记“库存现金”科目,贷记“银行存款”科目。预算会计方面可不用处理。

(3)以银行存款支付相关费用,在财务会计方面,按照实际支付的金额,借记“业务活动费用”“单位管理费用”“其他费用”等相关科目,贷记“银行存款”科目。涉及增值税业务的,相关账务处理参见“应交增值税”科目。在预算会计方面,借记“事业支出”“行政支出”“其他支出”等相关科目,贷记“资金结存”科目(货币资金)。

以银行存款对外捐赠,在财务会计方面,按照实际捐出的金额,借记“其他费用”科目,贷记“银行存款”科目。在预算会计方面,借记“其他支出”等相关科目,贷记“资金结存”科目(货币资金)。

(4)收到受托代理、代管的银行存款,在财务会计方面,按照实际收到的金额,借记“银行存款”科目(受托代理资产),贷记“受托代理负债”科目;支付受托代理、代管的银行存款,在财务会计方面,按照实际支付的金额,借记“受托代理负债”科目,贷记“银行存款”科目(受托代理资产)。在预算会计方面,因资金不纳入预算管理,所以不用做账务处理。

(5)单位发生外币业务的,应当按照业务发生当日的即期汇率,将外币金额折算为人民币金额记账,并登记外币金额和汇率。

期末,各种外币账户的期末余额,应当按照期末的即期汇率折算为人民币,作为外币账户期末人民币余额。调整后的各种外币账户人民币余额与原账面人民币余额的差额,作为汇兑损益计入当期费用。

①以外币购买物资、设备等,在财务会计方面,按照购入当日的即期汇率将支付的外币或应支付的外币折算为人民币金额,借记“库存物品”等科目,贷记“银行存款”科目、“应付账款”等科目的外币账户。涉及增值税业务的,相关账务处理参见“应交增值税”科目。在预算会计方面,借记“事业支出”“行政支出”等科目,贷记“资金结存”科目(货币资金)。

②销售物品、提供服务以外币收取相关款项等,在财务会计方面,按照收入确认当日的即期汇率将收取的外币或应收取的外币折算为人民币金额,借记“银行存款”科目、“应收账款”等科目的外币账户,贷记“事业收入”等相关科目。在预算会计方面,借记“资金结存”科目(货币资金),贷记“事业预算收入”。

③期末,根据各外币银行存款账户按照期末汇率调整后的人民币余额与原账面人民币余额的差额,作为汇兑损益,在财务会计方面,借记或贷记“银行存款”科目,贷记或借记“业务活动费用”“单位管理费用”等科目。在预算会计方面,借记或贷记“资金结存”科目(货币资金),贷记或借记“事业支出”“行政支出”等科目。

“应收账款”“应付账款”等科目有关外币账户期末汇率调整业务的账务处理参照“银行存

款”科目。

(6)单位应当按照开户银行或其他金融机构、存款种类及币种等,分别设置“银行存款日记账”,由出纳人员根据收费凭证,按照业务的发生顺序逐笔登记,每日终了应结出余额。“银行存款日记账”应定期与“银行对账单”核对,至少每月核对一次。月度终了,单位“银行存款日记账”账面余额与“银行对账单”余额之间如果有差额,应当逐笔查明原因并进行处理,按月编制“银行存款余额调节表”,调节相符。

【例题 11-3】 某行政单位 20×2 年 5 月发生如下银行存款业务:

(1)5 月 5 日,收到捐赠收入 10 000 元,同日支付业务培训费 3 000 元。

财务会计分录			预算会计分录		
借:银行存款	10 000		借:资金结存—货币资金	10 000	
贷:捐赠收入		10 000	贷:其他预算收入—捐赠收入		10 000
借:业务活动费用—商品和服务费用—培训费	3 000		借:行政支出—基本支出—商品和服务支出—培训费	3 000	
贷:银行存款		3 000	贷:资金结存—货币资金		3 000

(2)5 月 10 日,收到银行存款利息 3 500 元,支付代发工资手续费 500 元。

财务会计分录			预算会计分录		
借:银行存款	3 500		借:资金结存—货币资金	3 500	
贷:利息收入		3 500	贷:其他预算收入—利息收入		3 500
借:业务活动费用—商品和服务费用—手续费	500		借:行政支出—基本支出—商品和服务支出—手续费	500	
贷:银行存款		500	贷:资金结存—货币资金		500

【例题 11-4】 20×2 年,某行政单位年初美元存款户余额为 20 000 美元,美元与人民币的汇率为 1∶6.39,账面人民币余额为 127 800 元。

(1)5 月 10 日取得其他收入 1 000 美元,当日美元与人民币的汇率为 1∶6.35。

(2)5 月 15 日以 2 000 美元购买 A 物资,当日美元与人民币的汇率为 1∶6.36。

(3)年末美元与人民币的汇率为 1∶6.30,美元存款户余额为 11 500 美元,账面人民币余额为 74 560 元。

账务处理如下:

(1)5 月 10 日取得其他收入的处理。

财务会计分录			预算会计分录		
借:银行存款—美元存款户	6 350		借:资金结存—货币资金	6 350	
贷:其他收入		6 350	贷:其他预算收入		6 350

(2)5 月 15 日购买 A 物资。

财务会计分录		预算会计分录	
借:库存物品	12 720	借:行政支出—基本支出—商品和服务支出	12 720
贷:银行存款—美元存款户	12 720	贷:资金结存—货币资金	12 720

(3)年末的账务处理。

汇兑损益＝＄11 500×6.30－￥74 560＝￥－2 110

财务会计分录		预算会计分录	
借:业务活动费用—商品和服务费用	2 110	借:行政支出—基本支出—商品和服务支出—汇兑损益	2 110
贷:银行存款—美元存款户	2 110	贷:资金结存—货币资金	2 110

三、零余额账户用款额度

零余额账户用款额度是指实行国库集中支付的单位根据财政部门批复的用款计划收到和支用的零余额账户用款额度。行政事业单位的零余额账户由财政部门为行政事业单位在商业银行开设,用于行政事业单位的财政授权支付。行政事业单位的零余额账户属于财政国库单一账户体系中的一个账户。该账户可以用于实现支付,并且于每日终了与财政国库账户进行资金清算后,余额为零。

为核算零余额账户用款额度业务,行政事业单位应设置“零余额账户用款额度”财务会计总账科目。本科目期末借方余额反映单位尚未支用的零余额账户用款额度。年末注销单位零余额账户用款额度后,本科目应无余额。在预算会计中与之对应的科目是“资金结存”科目(零余额账户用款额度)。

零余额账户用款额度的主要账务处理如下:

(1)收到额度。

单位收到“财政授权支付到账通知书”时,根据通知书所列金额,在财务会计中,借记“零余额账户用款额度”,贷记“财政拨款收入”科目;在预算会计中,借记“资金结存”科目(零余额账户用款额度),贷记“财政拨款预算收入”科目。

(2)支用额度。

①支付日常活动费用时,按照支付的金额,在财务会计中,借记“业务活动费用”“单位管理费用”等科目,贷记“零余额账户用款额度”;在预算会计中,借记“事业支出”“行政支出”等科目,贷记“资金结存”科目(零余额账户用款额度)。

②购买库存物品或购建固定资产时,按照实际发生的成本,在财务会计中,借记“库存物品”“固定资产”“在建工程”等科目;按照实际支付或应付的金额,在财务会计中,贷记“零余额账户用款额度”“应付账款”等科目。涉及增值税业务的,相关账务处理参见“应交增值税”科目。在预算会计中,借记“事业支出”“行政支出”等科目,贷记“资金结存”科目(零余额账户用款额度)。

③从零余额账户提取现金时,按照实际提取的金额,在财务会计中,借记“库存现金”科目,

贷记"零余额账户用款额度";在预算会计中,借记"资金结存"科目(货币资金),贷记"资金结存"科目(零余额账户用款额度)。

(3)因购货退回等发生财政授权支付额度退回的,应分两种情况处理:

①如果是用本年财政授权支付款项,则按照退回的金额,在财务会计中,借记"零余额账户用款额度",贷记"库存物品"等科目;在预算会计中,借记"资金结存"科目(零余额账户用款额度),贷记"事业支出""行政支出"等科目。

②如果是用上年财政授权支付款项,则按照退回的金额,在财务会计中,借记"零余额账户用款额度",贷记"库存物品""以前年度盈余调整"等科目;在预算会计中,借记"资金结存"科目(零余额账户用款额度),贷记"财政拨款结转—年初余额调整""财政拨款结余—年初余额调整"等科目。

(4)年末,根据代理银行提供的对账单做注销额度的相关账务处理,在财务会计中,借记"财政应返还额度—财政授权支付"科目,贷记"零余额账户用款额度";在预算会计中,借记"资金结存"科目(财政应返还额度),贷记"资金结存"科目(零余额账户用款额度)。

年末,单位本年度财政授权支付预算指标数大于零余额账户用款额度下达数的,根据未下达的用款额度,在财务会计中,借记"财政应返还额度—财政授权支付"科目,贷记"财政拨款收入"科目;在预算会计中,借记"资金结存"科目(财政应返还额度),贷记"财政拨款预算收入"科目。

下年初,单位根据代理银行提供的上年度注销额度恢复到账通知书做恢复额度的相关账务处理,在财务会计中,借记"零余额账户用款额度",贷记"财政应返还额度—财政授权支付"科目。单位收到财政部门批复的上年未下达的零余额账户用款额度,借记"零余额账户用款额度",贷记"财政应返还额度—财政授权支付"科目。在预算会计中,上述两种情况都借记"资金结存"科目(零余额账户用款额度),贷记"资金结存"科目(财政应返还额度)。

【例题 11-5】 某事业单位已经纳入财政国库集中支付制度改革,20×2 年 3 月发生如下经济业务:

(1)3 月 5 日,收到"财政授权支付用款额度通知书",确定本月公用经费授权支付额度为 150 000 元,与财政部门批准的分月用款计划一致。

(2)3 月 10 日,填写"财政资金授权支付凭证",购买开展业务所需要的材料,授权支付金额为 6 000 元;支付相关会议费 10 000 元。

(3)3 月 15 日,预算单位从零余额账户提取现金 5 000 元。

(4)3 月 20 日,发现 10 日购买的材料有质量问题,全部退回。

账务处理如下:

时间	财务会计分录	预算会计分录
3 月 5 日	借:零余额账户用款额度 150 000 贷:财政拨款收入 150 000	借:资金结存—零余额账户用款额度 150 000 贷:财政拨款预算收入 150 000
3 月 10 日	借:库存物品 6 000 业务活动费用 10 000 贷:零余额账户用款额度 16 000	借:事业支出—基本支出 6 000 事业支出—基本支出 10 000 贷:资金结存—零余额账户用款额度 16 000

续表

时间	财务会计分录	预算会计分录
3月15日	借:库存现金 5 000 贷:零余额账户用款额度 5 000	借:资金结存—货币资金 5 000 贷:资金结存—零余额账户用款额度 5 000
3月20日	借:零余额账户用款额度 6 000 贷:库存物品 6 000	借:资金结存—零余额账户用款额度 6 000 贷:事业支出—基本支出 6 000

【例题 11-6】 某事业单位纳入国库集中支付制度改革,20×2 年 12 月发生如下经济业务:

(1)年终,本年度该事业单位 A 项目财政授权支付预算指标为 550 000 元,单位零余额账户代理银行收到零余额账户用款额度 400 000 元,本年度财政授权支付实际支出数为 350 000 元。

(2)次年初,该事业单位收到代理银行提供的注销额度恢复到账通知书,恢复财政授权支付额度,同时收到财政部门批复的上年未下达的单位零余额账户用款额度。

(1)年终账务处理如下:

财务会计分录	预算会计分录
借:财政应返还额度—财政授权支付 50 000 贷:零余额账户用款额度 50 000	借:资金结存—财政应返还额度 50 000 贷:资金结存—零余额账户用款额度 50 000
借:财政应返还额度—财政授权支付 150 000 贷:财政拨款收入—A 项目 150 000	借:资金结存—财政应返还额度 150 000 贷:财政拨款预算收入—财政授权支付—项目支出额度—A 项目 150 000

(2)下年初账务处理如下:

财务会计分录	预算会计分录
借:零余额账户用款额度 50 000 贷:财政应返还额度—财政授权支付 50 000	借:资金结存—零余额账户用款额度 50 000 贷:资金结存—财政应返还额度 50 000
借:零余额账户用款额度 150 000 贷:财政应返还额度—财政授权支付 150 000	借:资金结存—零余额账户用款额度 150 000 贷:资金结存—财政应返还额度 150 000

四、其他货币资金

其他货币资金是指除库存现金、银行存款、零余额账户用款额度之外的其他各种货币资金,主要包括外埠存款、银行本票存款、银行汇票存款、信用卡存款等种类。

为核算其他货币资金业务,行政事业单位应设置“其他货币资金”财务会计总账科目。该科目应当设置“外埠存款”“银行本票存款”“银行汇票存款”和“信用卡存款”等明细科目。本科目期末借方余额反映单位实际持有的其他货币资金。在预算会计中与之对应的科目是“资金结存”科目(货币资金)。

其他货币资金的主要账务处理如下：

1.单位按照有关规定需要在异地开立银行账户时

(1)在财务会计中，将款项委托本地银行汇往异地开立银行账户时，借记“其他货币资金”科目，贷记“银行存款”科目。收到采购员交来的供应单位发票账单等报销凭证时，借记“库存物品”等科目，贷记“其他货币资金”科目。将多余的外埠存款转回本地银行时，根据银行的收账通知，借记“银行存款”科目，贷记“其他货币资金”科目。

(2)在预算会计中，将款项委托本地银行汇往异地开立银行账户时，可不进行会计处理。收到采购员交来的供应单位发票账单等报销凭证时，借记“事业支出”“行政支出”等科目，贷记“资金结存—货币资金”科目。将多余的外埠存款转回本地银行时，在预算会计中可不进行处理。

2.将款项交存银行取得银行本票、银行汇款时

(1)在财务会计中，按照取得的银行本票、银行汇票金额，借记“其他货币资金”科目，贷记“银行存款”科目；在预算会计中可不进行处理。

(2)使用银行本票、银行汇票购买库存物品等资产时，在财务会计中，按照实际支付的金额，借记“库存物品”等科目，贷记“其他货币资金”科目；在预算会计中，借记“事业支出”等科目，贷记“资金结存—货币资金”科目。

(3)如果有余款或因银行本票、银行汇票超过付款期等原因而退回款项，在财务会计中，按照退款金额，借记“银行存款”科目，贷记“其他货币资金”科目；在预算会计中可不进行处理。

3.将款项交存银行取得信用卡时

(1)在财务会计中，按照交存金额，借记“其他货币资金”科目，贷记“银行存款”科目；在预算会计中可不进行会计处理。

(2)用信用卡购物或支付有关费用时，在财务会计中，按照实际支付金额，借记“单位管理费用”“库存物品”等科目，贷记“其他货币资金”科目；在预算会计中，借记“事业支出”“行政支出”科目，贷记“资金结存—货币资金”等科目。

(3)单位信用卡在使用过程中，需向其账户续存资金的，按照续存金额，在财务会计中，借记“其他货币资金”科目，贷记“银行存款”科目；在预算会计中可不进行会计处理。

单位应当加强对其他货币资金的管理，及时办理结算，对于逾期尚未办理结算的银行本票、银行汇票等，应当按照规定及时转回，并按照上述规定进行相应账务处理。

【例题 11-7】 某行政单位 20×2 年 9 月 20 日将 65 000 元交存银行取得银行本票一张。并在 9 月 25 日由业务部门采购人员使用该银行本票购买开展业务活动所需要物品 A 材料 60 000 元，月底，剩余 5 000 元退回。

账务处理如下：

时间	财务会计分录	预算会计分录
9 月 20 日	借:其他货币资金—银行本票 65 000 贷:银行存款 65 000	—
9 月 25 日	借:库存物品—A 材料 60 000 贷:其他货币资金—银行本票 60 000	借:行政支出—基本支出 60 000 贷:资金结存—货币资金 60 000
月底	借:银行存款 5 000 贷:其他货币资金—银行本票 5 000	—

第二节　短期投资和应收款类

一、短期投资

短期投资是事业单位按照规定取得的，持有时间不超过1年（含1年）的投资。事业单位应当严格遵守国家法律、行政法规以及财政部门、主管部门关于对外投资的有关规定。行政单位没有短期投资业务。

为核算短期投资业务，行政事业单位应设置"短期投资"财务会计总账科目。该科目应当按照投资的种类等进行明细核算。该科目期末借方余额反映事业单位持有短期投资的成本。在预算会计中无资产类账户设置，而通过"投资支出"科目在预算会计中平行反映因短期投资而发生的实际现金流出。

短期投资的主要账务处理如下：

(1)取得短期投资时，按照确定的投资成本，在财务会计中借记"短期投资"科目，贷记"银行存款"等科目；在预算会计中借记"投资支出"科目，贷记"资金结存"科目（货币资金）。

(2)收到取得投资时实际支付价款中包含的已到付息期但尚未领取的利息，按照实际收到的金额，在财务会计中借记"银行存款"科目，贷记"短期投资"科目；在预算会计中借记"资金结存"科目（货币资金），贷记"投资支出"科目。

(3)收到短期投资持有期间的利息，按照实际收到的金额，在财务会计中借记"银行存款"科目，贷记"投资收益"科目；在预算会计中借记"资金结存"科目（货币资金），贷记"投资预算收益"科目。

(4)出售短期投资或到期收回短期投资本息，在财务会计中按照实际收到的金额，借记"银行存款"科目，按照出售或收回短期投资的账面余额，贷记"短期投资"科目，按照其差额，借记或贷记"投资收益"科目。涉及增值税业务的，相关账务处理参见"应交增值税"科目。在预算会计中按照实际收到的金额，借记"资金结存"科目（货币资金），按照出售或收回短期投资的账面余额，贷记"投资支出"或"其他结余"科目，按照其差额，借记或贷记"投资预算收益"科目。

【例题 11-8】 20×2年6月15日，某事业单位取得短期投资—A债券1 000 000元，包括尚未支付的利息80 000元，全部用银行存款支付。6月30日收到前期尚未支付的利息80 000元，12月30日收到持有期间的利息160 000元。20×3年1月1日以1 200 000元将短期投资售出。该单位编制如下会计分录：

时间	财务会计分录		预算会计分录	
20×2年6月15日	借：短期投资—A债券	1 000 000	借：投资支出	1 000 000
	贷：银行存款	1 000 000	贷：资金结存—货币资金	1 000 000
20×2年6月30日	借：银行存款	80 000	借：资金结存—货币资金	80 000
	贷：短期投资—A债券	80 000	贷：投资支出	80 000
20×2年12月30日	借：银行存款	160 000	借：资金结存—货币资金	160 000
	贷：投资收益	160 000	贷：投资预算收益	160 000

续表

时间	财务会计分录		预算会计分录	
20×3 年 1 月 1 日	借:银行存款	1 200 000	借:资金结存—货币资金	1 200 000
	贷:短期投资—A 债券	920 000	贷:其他结余	920 000
	投资收益	280 000	投资预算收益	280 000

二、财政应返还额度

财政应返还额度是实行国库集中支付的单位应收财政返还的资金额度,包括可以使用的以前年度财政直接支付资金额度和财政应返还的财政授权支付资金额度。在财政国库集中支付制度下,年末,行政事业单位尚未使用的财政直接支付额度和财政授权支付额度相应资金留存在财政国库。这些财政资金通常仍然由行政事业单位按计划安排使用。由此,行政事业单位在年末形成财政应返还额度。

为核算财政应返还额度业务,行政事业单位应设置“财政应返还额度”财务会计总账科目。该科目应当设置“财政直接支付”“财政授权支付”两个明细科目进行明细核算。该科目期末借方余额反映单位应收财政返还的资金额度。在预算会计中与之对应的科目是“资金结存”科目(财政应返还额度)。

财政应返还额度的主要账务处理如下:

(一)财政直接支付

(1)年末,单位根据本年度财政直接支付预算指标数大于当年财政直接支付实际发生数的差额,在财务会计中,借记“财政应返还额度”科目(财政直接支付),贷记“财政拨款收入”科目;在预算会计中,借记“资金结存”科目(财政应返还额度),贷记“财政拨款预算收入”科目。

(2)单位使用以前年度财政直接支付额度支付款项时,在财务会计中借记“业务活动费用”“单位管理费用”等科目,贷记“财政应返还额度”科目(财政直接支付);在预算会计中借记“行政支出”“事业支出”等科目,贷记“资金结存”科目(财政应返还额度)。

(二)财政授权支付

(1)年末,根据代理银行提供的对账单做注销额度的相关账务处理,在财务会计中借记“财政应返还额度”科目(财政授权支付),贷记“零余额账户用款额度”科目;在预算会计中借记“资金结存”科目(财政应返还额度),贷记“资金结存”科目(零余额账户用款额度)。

(2)年末,单位本年度财政授权支付预算指标数大于零余额账户用款额度下达数的,根据未下达的用款额度,在财务会计中,借记“财政应返还额度”科目(财政授权支付),贷记“财政拨款收入”科目;在预算会计中,借记“资金结存”科目(财政应返还额度),贷记“财政拨款预算收入”科目。

(3)下年初,单位根据代理银行提供的上年度注销额度恢复到账通知书做恢复额度的相关账务处理方法和单位收到财政部门批复的上年末下达零余额账户用款额度的账务处理方法是相同的,都是在财务会计中借记“零余额账户用款额度”科目,贷记“财政应返还额度”科目(财政授权支付);在预算会计中借记“资金结存”科目(零余额账户用款额度),贷记“资金结存”科目(财政应返还额度)。

【例题 11-9】 某行政单位已经纳入财政国库集中支付制度改革,20×2 年 12 月发生如下经济业务：

（1）年终，本年度该单位A项目财政直接支付预算指标为650 000元，财政直接支付实际支出数为630 000元。

（2）次年初，该行政单位收到财政部门批复的财政直接支付额度恢复通知单，财政部门对该单位恢复财政直接支付额度20 000元。

（3）次年初，该行政单位使用恢复的财政直接支付额度支付该项目支出会计议费10 000元。

（1）年终账务处理如下：

财务会计分录		预算会计分录	
借：财政应返还额度—财政直接支付	20 000	借：资金结存—财政应返还额度	20 000
贷：财政拨款收入—财政直接支付	20 000	贷：财政拨款预算收入—财政直接支付—项目支出额度	20 000

（2）次年初账务处理如下：

财务会计分录		预算会计分录	
因为采用的是财政直接支付方式，因此次年初恢复时不做账务处理		因为采用的是财政直接支付方式，因此次年初恢复时不做账务处理	
借：业务活动费用—商品和服务费用	10 000	借：行政支出—项目支出—商品和服务支出	10 000
贷：财政应返还额度—财政直接支付	10 000	贷：资金结存—财政应返还额度	10 000

三、应收及预付款项的核算

（一）应收账款

应收账款是事业单位因提供服务、销售产品等应收取的款项，以及单位因出租资产、出售物资等应收取的款项。

为核算应收账款业务，行政事业单位应设置“应收账款”财务会计总账科目。该科目应当按照债务单位（或个人）进行明细核算。该科目期末借方余额反映单位尚未收回的应收账款。在预算会计中无资产类账户设置，对于因应收账款而发生的现金流入，通过“资金结存”科目（货币资金）进行平行处理，以及时反映相关预算的执行与管理情况。

应收账款的主要账务处理如下：

（1）应收账款收回后不需上缴财政。

①单位发生应收账款时，在财务会计中按照应收未收金额，借记“应收账款”科目，贷记“事业收入”“经营收入”“租金收入”“其他收入”等科目。涉及增值税业务的，相关账务处理参见“应交增值税”科目。在预算会计中不需要做账务处理。

②收回应收账款时，按照实际收到的金额，在财务会计中借记“银行存款”等科目，贷记“应收账款”科目；在预算会计中借记“资金结存”科目（货币资金），贷记“事业预算收入”“经营预算收入”“其他预算收入”科目。

(2)应收账款收回后需上缴财政的,只在财务会计中进行如下处理。

①单位出租资产发生应收未收租金款项时,按照应收未收金额,借记“应收账款”科目,贷记“应缴财政款”科目。收回应收账款时,按照实际收到的金额,借记“银行存款”等科目,贷记“应收账款”科目。

②单位出售物资发生应收未收款项时,按照应收未收金额,借记“应收账款”科目,贷记“应缴财政款”科目。收回应收账款时,按照实际收到的金额,借记“银行存款”等科目,贷记“应收账款”科目。

涉及增值税业务的,相关账务处理参见“应交增值税”科目。

(3)事业单位应当于每年年末,对收回后不需上缴财政的应收账款进行全面检查,如发生不能收回的迹象,应当计提坏账准备。

①对于账龄超过规定年限、确认无法收回的应收账款,按照规定报经批准后予以核销。按照核销金额,在财务会计中借记“坏账准备”科目,贷记“应收账款”科目。核销的应收账款应在备查簿中保留登记。在预算会计中不用处理。

②已核销的应收账款在以后期间又收回的,按照实际收回金额,在财务会计中借记“应收账款”科目,贷记“坏账准备”科目;同时,借记“银行存款”等科目,贷记“应收账款”科目。在预算会计中借记“资金结存”科目(货币资金),贷记“非财政拨款结余”等。

(4)单位应当于每年年末,对收回后应当上缴财政的应收账款进行全面检查,相关业务只在财务会计中进行处理。

①对于账龄超过规定年限、确认无法收回的应收账款,按照规定报经批准后予以核销。按照核销金额,借记“应缴财政款”科目,贷记“应收账款”科目。核销的应收账款应当在备查簿中保留登记。

②已核销的应收账款在以后期间又收回的,按照实际收回金额,借记“银行存款”等科目,贷记“应缴财政款”科目。

【例题 11-10】 某行政单位 20×2 年 5 月 5 日出售报废的资产获得 2 000 元款项未收到,按照资产管理要求,该款项需要上缴财政。5 月 20 日,收到对方单位款 2 000 元。20×2 年年末,对不需要上缴财政的应收账款进行检查,发现应收 D 单位的账款 3 000 元无法收回,报经有关部门批准后予以核销。但次年 1 月 15 日该笔款项又收回。该行政单位账务处理如下:

时间	财务会计分录	预算会计分录
20×2 年 5 月 5 日	借:应收账款 2 000 　贷:应缴财政款 2 000	不处理
20×2 年 5 月 20 日	借:银行存款 2 000 　贷:应收账款 2 000	不处理
20×2 年年末	借:坏账准备 3 000 　贷:应收账款—D 单位 3 000	不处理
次年 1 月 15 日	借:应收账款—D 单位 3 000 　贷:坏账准备 3 000	不处理
	借:银行存款 3 000 　贷:应收账款—D 单位 3 000	借:资金结存—货币资金 3 000 　贷:非财政拨款结余 3 000

(二)预付账款

预付账款是指单位按照购货、服务合同或协议规定预付给供应单位(或个人)的款项,以及按照合同规定向承包工程的施工企业预付的备料款和工程款。

为核算预付账款业务,行政事业单位应设置"预付账款"财务会计总账科目。该科目应当按照供应单位(或个人)及具体项目进行明细核算;对于基本建设项目发生的预付账款,还应当在该科目所属基建项目明细科目下设置"预付备料款""预付工程款""其他预付款"等明细科目,进行明细核算。该科目期末借方余额反映单位实际预付但尚未结算的款项。在预算会计中无资产类账户设置,对于因预付账款而发生的现金流出业务,一般通过"事业支出""行政支出"等科目进行平行处理,以及时反映相关预算的执行与管理情况。

预付账款的主要账务处理如下:

(1)根据购货、服务合同或协议规定预付款项时,按照预付金额,在财务会计中借记"预付账款"科目,贷记"财政拨款收入""零余额账户用款额度""银行存款"等科目。在预算会计中借记"事业支出""行政支出"科目,贷记"财政拨款预算收入"、"资金结存"科目(零余额账户用款额度)、"资金结存"科目(货币资金)等。

(2)收到所购资产或服务时,在财务会计中按照购入资产或服务的成本,借记"库存物品""固定资产""无形资产""业务活动费用"等相关科目,按照相关预付账款的账面余额,贷记"预付账款"科目,按照实际补付的金额,贷记"财政拨款收入""零余额账户用款额度""银行存款"等科目。涉及增值税业务的,相关账务处理参见"应交增值税"科目。在预算会计中按照实际补付的金额,借记"事业支出""行政支出"科目,贷记"财政拨款预算收入"、"资金结存"科目(零余额账户用款额度)、"资金结存"科目(货币资金)等。

(3)根据工程进度结算工程价款及备料款时,在财务会计中,按照结算金额借记"在建工程"科目,按照相关预付账款的账面余额,贷记"预付账款"科目,按照实际补付的金额,贷记"财政拨款收入""零余额账户用款额度""银行存款"等科目。在预算会计中按照实际补付的金额借记"事业支出""行政支出"科目,贷记"财政拨款预算收入"、"资金结存"科目(零余额账户用款额度)、"资金结存"科目(货币资金)等。

(4)发生预付账款退回的,按照实际退回金额:

①在财务会计中借记"财政拨款收入"[本年财政直接支付]、"财政应返还额度"[以前年度财政直接支付]、"零余额账户用款额度"、"银行存款"等科目,贷记"预付账款"科目。

②在预算会计中借记"财政拨款预算收入"[本年财政直接支付]、"资金结存"科目(财政应返还额度)[以前年度财政直接支付]、"资金结存"科目(零余额账户用款额度)、"资金结存"科目(货币资金)等,贷记"行政支出""事业支出"[本年预付账款退回],或贷记"财政拨款结转"科目(年初余额调整)、"财政拨款结余"科目(年初余额调整)等[以前年度预付账款退回]。

(5)单位应当于每年年末,对预付账款进行全面检查。如果有确凿证据表明预付账款不再符合预付款项性质,或者因供应单位破产、撤销等原因可能无法收到所购货物、服务的,在财务会计中应当先将其转入其他应收款,再按照规定进行处理。将预付账款账面余额转入其他应收款时,借记"其他应收款"科目,贷记"预付账款"科目。在预算会计中不用进行相关处理。

【例题 11-11】 某事业单位 20×2 年发生如下预付账款业务:

(1)2 月 10 日,向甲公司购买一批材料,按合同规定预付材料款共 60 000 元;同时,预付了工程款 150 000 元。

(2)3 月 15 日,收到材料,发票金额为 58 000 元,对方退回 2 000 元。

(3)7 月 10 日,工程结算价为 160 000 元,补付了工程款 10 000 元。

(4)8 月 1 日,发现上一年度财政直接支付预付乙公司培训费退回 2 000 元。

(5)12 月 31 日,年底检查发现预付账款明细账有一笔预付丙公司的账款 2 800 元因公司破产无法收回,先将其转入其他应收款。

该单位编制的有关会计分录如下:

时间	财务会计分录	预算会计分录
2 月 10 日	借:预付账款—甲公司 60 000 预付账款—某工程 150 000 贷:银行存款 210 000	借:事业支出—基本支出 60 000 事业支出—项目支出 150 000 贷:资金结存—货币资金 210 000
3 月 15 日	借:库存物品 58 000 银行存款 2 000 贷:预付账款—甲公司 60 000	借:资金结存—货币资金 2 000 贷:事业支出—基本支出 2 000
7 月 10 日	借:在建工程 160 000 贷:预付账款—某工程 150 000 银行存款 10 000	借:事业支出—项目支出 10 000 贷:资金结存—货币资金 10 000
8 月 1 日	借:银行存款 2 000 贷:预付账款—乙公司 2 000	借:资金结存—货币资金 2 000 贷:财政拨款结转—年初余额调整 2 000
12 月 31 日	借:其他应收款—丙公司 2 800 贷:预付账款—丙公司 2 800	不做账务处理

四、应收票据

应收票据是指事业单位因开展经营活动销售产品、提供有偿服务等而收到的商业汇票,包括银行承兑汇票和商业承兑汇票。

为核算应收票据业务,行政事业单位应设置"应收票据"财务会计总账科目。该科目应当按照开出、承兑商业汇票的单位等进行明细核算。该科目期末借方余额反映事业单位持有的商业汇票票面金额。在预算会计中无资产类账户设置,对于因应收票据而发生的现金流入,通过"资金结存"科目(货币资金)进行平行处理,以及时反映相关预算的执行与管理情况。

应收票据的主要账务处理如下:

(1)因销售产品、提供服务等收到商业汇票,在财务会计中按照商业汇票的票面金额,借记"应收票据"科目,按照确认的收入金额,贷记"经营收入"等科目。涉及增值税业务的,相关账务处理参见"应交增值税"科目。在预算会计中不进行处理。

(2)持未到期的商业汇票向银行贴现,在财务会计中按照实际收到的金额(即扣除贴现息后的净额),借记"银行存款"科目,按照贴现息金额,借记"经营费用"等科目,按照商业汇票的票面金额,贷记"应收票据"(无追索权)或"短期借款"科目(有追索权)。在预算会计中借记"资金结存”科目(货币资金),贷记“经营预算收入”[贴现净额]。附追索权的商业汇票到期未发生追索事项的,按照商业汇票的票面金额,在财务会计中借记“短期借款”科目,贷记“应收票据”科目,在预算会计中不进行账务处理。

(3)将持有的商业汇票背书转让以取得所需物资时,在财务会计中按照取得物资的成本,借记“库存物品”等科目,按照商业汇票的票面金额,贷记“应收票据”,如果有差额,借记或贷记“银行存款”等科目。涉及增值税业务的,相关账务处理参见“应交增值税”科目。在预算会计中根据差额借记或贷记“经营支出”科目,贷记或借记“资金结存”科目(货币资金)。

(4)商业汇票到期时,应当分别按以下情况进行处理:

①收回票款时,按照实际收到的商业汇票票面金额,在财务会计中借记“银行存款”科目,贷记“应收票据”科目。在预算会计中借记“资金结存”科目(货币资金),贷记“经营预算收入”等科目。

②因付款人无力支付票款,收到银行退回的商业承兑汇票、委托收款凭证、未付票款通知书或拒付款证明等,按照商业汇票的票面金额,借记“应收账款”科目,贷记“应收票据”科目。在预算会计中不用做账务处理。

事业单位应当设置“应收票据备查簿”,逐笔登记每一应收票据的种类、号数、出票日期、到期日、票面金额、交易合同号、付款人姓名或单位名称、承兑人姓名或单位名称、背书人姓名或单位名称、背书转让日、贴现日期、贴现率、贴现净额、收款日期、收回金额和退票情况等。应收票据到期结清票款或退票后,应当在备查簿内逐笔注销。

【例题 11-12】 某事业单位 20×2 年 7 月 10 日销售产品收到收入 25 000 元,对东灵公司开出 6 个月的不带息商业汇票一张,该商业汇票面值为 25 000 元。

(1)若在 10 月 10 日(提前 3 个月)向银行贴现(银行贴现率为 9%),贴息为 562.5 元;

(2)若在 11 月 10 日背书转让,不足部分以银行存款支付,取得一批物资甲,价值为 26 000;

(3)若一直持有到期,12 月 10 日收回;

(4)若 12 月 10 日发现付款人无力支付。

该事业单位编制如下会计分录:

时间	财务会计分录	预算会计分录
7 月 10 日	借:应收票据—东灵公司 25 000 贷:经营收入—销售商品 25 000	不做账务处理
若贴现	借:银行存款 24 437.50 经营费用 562.50 贷:应收票据—东灵公司 25 000	借:资金结存—货币资金 24 437.50 贷:经营预算收入—销售商品 24 437.50
若背书	借:库存物品—物资甲 26 000 贷:应收票据—东灵公司 25 000 银行存款 1 000	借:经营支出—商品和服务支出 1 000 贷:资金结存—货币资金 1 000
若持到期	借:银行存款 25 000 贷:应收票据—东灵公司 25 000	借:资金结存—货币资金 25 000 贷:经营预算收入—销售商品 25 000
无力支付	借:应收账款—东灵公司 25 000 贷:应收票据—东灵公司 25 000	不做账务处理

五、应收利息

应收利息指事业单位长期债券投资应当收取的利息。为核算应收利息业务，行政事业单位应设置“应收利息”财务会计总账科目。该科目应当按照被投资单位等进行明细核算。该科目期末借方余额反映事业单位应收未收的长期债券投资利息。事业单位购入的到期一次还本付息的长期债券投资持有期间的利息，应当通过“长期债券投资—应计利息”科目核算，不通过本科目核算。在预算会计中无资产类账户设置，对于因应收利息而发生的现金流入，通过“资金结存”科目（货币资金）进行平行处理，以及时反映相关预算的执行与管理情况。

应收利息的主要账务处理如下：

(1)取得长期债券投资，在财务会计中按照确定的投资成本，借记“长期债券投资”科目，按照支付的价款中包含的已到付息期但尚未领取的利息，借记“应收利息”科目，按照实际支付的金额，贷记“银行存款”等科目。在预算会计中借记“投资支出”科目[取得投资支付的全部价款]，按照实际支付的金额，贷记“资金结存”科目（货币资金）。

收到取得投资时实际支付价款中所包含的已到付息期但尚未领取的利息时，按照收到的金额，在财务会计中借记“银行存款”等科目，贷记“应收利息”科目。在预算会计中借记“资金结存”科目（货币资金），贷记“投资支出”科目。

(2)按期计算确认长期债券投资利息收入时，对于分期付息、一次还本的长期债券投资，按照以票面金额和票面利率计算确定的应收未收利息金额，在财务会计中借记“应收利息”科目，贷记“投资收益”科目。在预算会计中暂不处理。

(3)实际收到应收利息时，按照收到的金额，在财务会计借记“银行存款”等科目，贷记“应收利息”科目。在预算会计中借记“资金结存”科目（货币资金），贷记“投资预算收益”科目。

【例题 11-13】 某事业单位 20×2 年 7 月 6 日从证券市场上购入甲公司于 20×1 年 7 月 1 日发行的债券，该债券四年期、票面利率为 3.5%、年底计提利息，每年 7 月 5 日支付上年度的利息，到期日为 20×5 年 7 月 1 日，到期日一次归还本金和最后一次利息。购入债券面值为 800 万元，实际为 828 万元。该单位相关账务处理如下：

(1)20×2 年 7 月 6 日从市场上购买时：

财务会计分录			预算会计分录		
借：长期债券投资—成本—甲公司	8 000 000		借：投资支出	8 280 000	
应收利息—甲公司	280 000				
贷：银行存款		8 280 000	贷：资金结存—货币资金		8 280 000

(2)收到取得投资时实际支付价款中所包含的已到付息期但尚未领取的利息时：

财务会计分录			预算会计分录		
借：银行存款	280 000		借：资金结存—货币资金	280 000	
贷：应收利息—甲公司		280 000	贷：投资支出—甲公司		280 000

(3)各期计算并收到利息时：

财务会计分录			预算会计分录		
借:应收利息—甲公司	280 000		不做账务处理		
贷:投资收益		280 000			
借:银行存款	280 000		借:资金结存—货币资金	280 000	
贷:应收利息—甲公司		280 000	贷:投资预算收益		280 000

(4)最后一期收到本金和利息时：

财务会计分录			预算会计分录		
借:银行存款	8 280 000		借:资金结存—货币资金	8 280 000	
贷:应收利息—甲公司		280 000	贷:投资预算收益		280 000
长期债券投资—成本—甲公司		8 000 000	投资支出		8 000 000

六、应收股利

应收股利是事业单位持有长期股权投资应当收取的现金股利或应当分得的利润。

为核算应收股利业务，行政事业单位应设置“应收股利”财务会计总账科目。该科目应当按照被投资单位等进行明细核算。该科目期末借方余额反映事业单位应当收取但尚未收到的现金股利或利润。在预算会计中无资产类账户设置，对于因应收股利而发生的现金流入，通过“资金结存”科目(货币资金)进行平行处理，以及时反映相关预算的执行与管理情况。

应收股利的主要账务处理如下：

(1)取得长期股权投资，在财务会计中按照支付的价款中所包含的已宣告但尚未发放的现金股利，借记“应收股利”科目，按照确定的长期股权投资成本，借记“长期股权投资”科目，按照实际支付的金额，贷记“银行存款”等科目。在预算会计中借记“投资支出”科目[取得投资支付的全部价款]，贷记“资金结存”科目(货币资金)。

收到取得投资时实际支付价款中所包含的已宣告但尚未发放的现金股利时，按照收到的金额，在财务会计中借记“银行存款”科目，贷记“应收股利”科目。在预算会计中借记“资金结存”科目(货币资金)，贷记“投资支出”科目。

(2)长期股权投资持有期间，被投资单位宣告发放现金股利或利润的，按照应享有的份额，在财务会计中借记“应收股利”科目，贷记“投资收益”(成本法下)或“长期股权投资”(权益法下)科目。在预算会计中暂不做账务处理。

(3)实际收到现金股利或利润时，按照收到的金额，在财务会计中借记“银行存款”等科目，贷记“应收股利”科目。在预算会计中借记“资金结存”科目(货币资金)，贷记“投资预算收益”。

【例题 11-14】 某事业单位 20×2 年 3 月 1 日取得对甲公司 20%的股权，投资成本为 900 万元，按照成本法核算。其中甲公司已经宣告但尚未发放现金股利，该事业单位按其持股比例计算确定可分得 80 万元。4 月 30 日，该事业单位收到现金股利 80 万元。12 月 31 日，甲公司宣告发放 200 万元现金股利。次年 4 月 1 日，该事业单位收到甲公司发放的现金股利。

该事业单位编制的有关会计分录如下：

时间	财务会计分录	预算会计分录
3月1日	借:长期股权投资—甲公司 8 200 000 应收股利—甲公司 800 000 贷:银行存款 9 000 000	借:投资支出—甲公司 9 000 000 贷:资金结存—货币资金 9 000 000
4月30日	借:银行存款 800 000 贷:应收股利—甲公司 800 000	借:资金结存—货币资金 800 000 贷:投资支出—甲公司 800 000
12月31日	借:应收股利—甲公司 400 000 贷:投资收益 400 000	不做账务处理
次年4月1日	借:银行存款 400 000 贷:应收股利—甲公司 400 000	借:资金结存—货币资金 400 000 贷:投资预算收益 400 000

七、其他应收款

其他应收款是指单位除财政应返还额度、应收票据、应收账款、预付账款、应收股利、应收利息以外的其他各项应收及暂付款项，如职工预借的差旅费、已经偿还银行尚未报销的本单位公务卡欠款、拨付给内部有关部门的备用金、应向职工收取的各种垫付款项、支付的可以收回的订金或押金、应收的上级补助和附属单位上缴款项等。

为核算其他应收款业务，行政事业单位应设置“其他应收款”财务会计总账科目。该科目应当按照其他应收款的类别以及债务单位(或个人)进行明细核算。该科目期末借方余额反映单位尚未收回的其他应收款。在预算会计中无资产类账户设置，对于因其他应收款而发生的现金流入，通过“资金结存”科目(货币资金)进行平行处理，以及时反映相关预算的执行与管理情况。

(1)其他应收款的主要账务处理如下：

①发生其他各种应收及暂付款项时，按照实际发生金额，在财务会计中借记“其他应收款”科目，贷记“零余额账户用款额度”“银行存款”“库存现金”“上级补助收入”“附属单位上缴收入”等科目。涉及增值税业务的，相关账务处理参见“应交增值税”科目。在预算会计中暂不进行账务处理。

②收回其他各种应收及暂付款项时，按照收回的金额，在财务会计中借记“库存现金”“银行存款”等科目，贷记“其他应收款”科目。该业务在预算会计中暂不进行账务处理。

③单位内部实行备用金制度的，有关部门使用备用金以后应当及时到财务部门报销并补足备用金。

财务部门核定并发放备用金时，按照实际发放金额，在财务会计中借记“其他应收款”科目，贷记“库存现金”等科目。在预算会计中暂不进行账务处理。

根据报销金额用现金补足备用金定额时，在财务会计中借记“业务活动费用”“单位管理费用”等科目，贷记“库存现金”等科目，报销数和拨补数都不再通过“其他应收款”科目核算。在预算会计中借记“事业支出”“行政支出”等科目，贷记“资金结存”科目(货币资金)。

④偿还尚未报销的本单位公务卡欠款时，按照偿还的款项，在财务会计中借记“其他应收款”科目，贷记“零余额账户用款额度”“银行存款”等科目；在预算会计中不做账务处理。持卡人

报销时，按照报销金额，在财务会计中借记“业务活动费用”“单位管理费用”等科目，贷记“其他应收款”科目；在预算会计中借记“事业支出”“行政支出”等科目[实报金额]，贷记“资金结存”科目（货币资金）等。

⑤将预付账款账面余额转入其他应收款时，借记“其他应收款”科目，贷记“预付账款”科目。具体说明参见“预付账款”科目。

（2）事业单位应当于每年年末对其他应收款进行全面检查，如果发生不能收回的迹象，应当计提坏账准备。

①对于账龄超过规定年限、确认无法收回的其他应收款，按照规定报经批准后予以核销。按照核销金额，在财务会计中借记“坏账准备”科目，贷记“其他应收款”科目。核销的其他应收款应当在备查簿中保留登记。在预算会计不进行账务处理。

②已核销的其他应收款在以后期间又收回的，按照实际收回金额，在财务会计中借记“其他应收款”科目，贷记“坏账准备”科目；同时，借记“银行存款”等科目，贷记“其他应收款”科目。在预算会计中借记“资金结存”科目（货币资金），贷记“其他预算收入”科目。

（3）行政单位应当于每年年末，对其他应收款进行全面检查。对于超过规定年限、确认无法收回的其他应收款，应当按照有关规定报经批准后予以核销。核销的其他应收款应在备查簿中保留登记。

①经批准核销其他应收款时，按照核销金额，在财务会计中借记“资产处置费用”科目，贷记“其他应收款”科目。在预算会计中不做账务处理。

②已核销的其他应收款在以后期间又收回的，按照收回金额，在财务会计中借记“银行存款”等科目，贷记“其他收入”科目。在预算会计中借记“资金结存”科目（货币资金），贷记“其他预算收入”科目。

【例题 11-15】 某行政单位 20×2 年 1 月 1 日给业务部门甲核定备用金数额为 7 000 元，并于当天发放。1 月 10 日该部门使用备用金购买部分办公耗材，价值为 500 元。1 月 15 日财政授权支付偿还公务卡款 3 000 元，1 月 20 日该公务卡持有人报销购买办公耗材 1 000 元。

该单位编制有关会计分录如下：

时间	财务会计分录	预算会计分录
1 月 1 日	借：其他应收款 7 000 　贷：银行存款 7 000	不进行账务处理
1 月 10 日	借：业务活动费用—商品和服务费用 500 　贷：其他应收款 500	借：行政支出—基本支出 500 　贷：资金结存—货币资金 500
1 月 15 日	借：其他应收款—公务卡 3 000 　贷：零余额账户用款额度 3 000	不进行账务处理
1 月 20 日	借：业务活动费用—商品和服务费用 1 000 　贷：其他应收款—公务卡 1 000	借：行政支出—基本支出 1 000 　贷：资金结存—零余额账户用款额度 1 000

八、坏账准备

坏账准备业务核算事业单位对收回后不需上缴财政的应收账款和其他应收款提取的坏账准备。为核算坏账准备业务，行政事业单位应设置“坏账准备”财务会计总账科目。该科目应当分别对应收账款和其他应收款进行明细核算。该科目期末贷方余额反映事业单位提取的坏账准备金额。该科目在预算会计中无对应资产类账户设置。

事业单位应当于每年年末，对收回后不需上缴财政的应收账款和其他应收款进行全面检查，分析其可回收性，对预计可能产生的坏账损失计提坏账准备、确认坏账损失。

事业单位可以采用应收款项余额百分比法、账龄分析法、个别认定法等方法计提坏账准备。坏账准备计提方法一经确定，不得随意变更。如需变更，应当按照规定报经批准，并在财务报表附注中予以说明。

当期应补提或冲减的坏账准备金额的计算公式如下：

当期应补提或冲减的坏账准备金额＝按照期末应收账款和其他应收款计算应计提的坏账准备金额－本科目期末贷方余额（或＋本期末借方余额）

坏账准备的主要账务处理如下：

(1)提取坏账准备时，借记“其他费用”科目，贷记“坏账准备”科目；冲减坏账准备时，借记“坏账准备”科目，贷记“其他费用”科目。

(2)对于账龄超过规定年限并确认无法收回的应收账款、其他应收款，应当按照有关规定报经批准后，按照无法收回的金额，在财务会计中借记“坏账准备”科目，贷记“应收账款”“其他应收款”科目。在预算会计中不用做账务处理。

已核销的应收账款、其他应收款在以后期间又收回的，按照实际收回金额，在财务会计中借记“应收账款”“其他应收款”科目，贷记“坏账准备”科目；同时，借记“银行存款”等科目，贷记“应收账款”“其他应收款”科目。在预算会计中借记“资金结存”科目(货币资金)，贷记“非财政拨款结余”等科目。

【例题 11-16】 相关例题具体核算参见【例题 11-10】。

第三节　存　　货

存货是指行政事业单位在开展业务活动及其他活动中为耗用或出售而储存的资产(如材料、产品、包装物和低值易耗品等)，以及未达到固定资产标准的用具、装具、动植物。在实务工作中要注意将存货与政府储备物资进行区分，二者在物质形态方面有相似性，但政府储备物资的功能是满足实施国家安全与发展战略、进行抗灾救灾、应对公共突发事件等特定的公共需求，这与存货有本质区别。此外，政府收储的土地也不属于存货。

按《政府会计准则第1号——存货》的规定，存货在取得时应当按照成本进行初始计量。存货在发出时应当根据实际情况采用先进先出法、加权平均法或者个别计价法确定发出存货的实际成本。存货计价方法一经确定，不得随意变更。

行政事业单位的存货按照经济内容或经济用途可分为在途物品、库存物品和加工物品等种类。

一、在途物品

在途物品业务核算单位采购材料等物资时货款已付或已开出商业汇票但尚未验收入库的在途物品的采购成本。

为核算在途物品业务，行政事业单位应设置"在途物品"财务会计总账科目。该科目可按照供应单位和物品种类进行明细核算。该科目期末借方余额反映单位在途物品的采购成本。在预算会计中无资产类账户设置，因增加在途物品而使得单位实际现金流出时，通过"行政支出""事业支出""经营支出""其他支出"等科目进行平行处理，以及时反映相关预算的执行与管理情况。

在途物品的主要账务处理如下：

(1)单位购入材料等物品，按照确定的物品采购成本的金额，在财务会计中借记"在途物品"科目，按照实际支付的金额，贷记"财政拨款收入""零余额账户用款额度""银行存款"等科目。涉及增值税业务的，相关账务处理参见"应交增值税"科目。在预算会计中借记"事业支出""行政支出""经营支出"等科目，贷记"财政拨款预算收入"、"资金结存"科目(零余额账户用款额度)、"资金结存"科目(货币资金)。

(2)所购材料等物品到达并验收入库，按照确定的库存物品成本金额，在财务会计中借记"库存物品"科目，按照物品采购成本金额，贷记"在途物品"科目，按照使得入库物品达到目前场所和状态所发生的其他支出，贷记"银行存款"等科目。在预算会计中借记"事业支出""行政支出"等科目，贷记"资金结存"科目(货币资金)等科目。

【例题 11-17】 某行政单位已纳入财政国库集中支付制度改革，20×1 年 5 月 5 日购入自用甲材料一批，价款为 35 000 元，运杂费为 150 元，以上款项均以单位零余额账户支付，使用的是 A 项目经费，材料尚未到达。5 月 15 日材料到达并验收入库。

该单位会计处理如下：

时间	财务会计分录			预算会计分录		
5 月 5 日	借:在途物品—甲材料	35 000		借:行政支出—项目支出—商品与服务支出	35 000	
	贷:零余额账户用款额度		35 000	贷:资金结存—零余额账户用款额度		35 000
5 月 15 日	借:库存物品—甲材料	35 150		借:行政支出—项目支出—商品与服务支出	35 150	
	贷:在途物品—甲材料		35 000	贷:资金结存—零余额账户用款额度		35 150
	零余额账户用款额度		150			

二、加工物品

加工物品业务核算单位自制或委托外单位加工的各种物品的实际成本。

为进行加工物品业务的核算，行政事业单位应设置"加工物品"财务会计总账科目，本科目应当设置“自制物品”“委托加工物品”两个一级明细科目，并按照物品类别、品种、项目等设置明细账，进行明细核算。本科目“自制物品”一级明细科目下应当设置“直接材料”“直接人工”“其他直接费用”等二级明细科目，以归集自制物品发生的直接材料、直接人工(专门从事物品制造人员的人工费)等直接费用；对于自制物品发生的间接费用，应当在本科目“自制物品”一级明细科目下单独设置“间接费用”二级明细科目予以归集，期末，再按照一定的分配标准和方法，分配计入有关物品的成本。本科目期末借方余额反映单位自制或委托外单位加工但尚未完工的各种物品的实际成本。对于未完成的测绘、地质勘察、设计成果的实际成本，也通过“加工物品”科目核算。

在预算会计中无资产类账户设置，因增加加工物品而使得单位实际现金流出时，一般通过“行政支出”“事业支出”“经营支出”等科目进行平行处理，以及时反映相关预算的执行与管理情况。

加工物品的主要账务处理如下：

(一)自制物品

(1)为自制物品领用材料等，按照材料成本，在财务会计中借记“加工物品”科目(自制物品—直接材料)，贷记“库存物品”科目。在预算会计中暂不做账务处理。

(2)专门从事物品制造的人员发生的直接人工费用，按照实际发生的金额，在财务会计中借记“加工物品”科目(自制物品—直接人工)，贷记“应付职工薪酬”科目。在预算会计中暂不做账务处理。

(3)为自制物品发生的其他直接费用，按照实际发生的金额，在财务会计中借记“加工物品”科目(自制物品——其他直接费用)，贷记“财政拨款收入”“零余额账户用款额度”“银行存款”等科目。在预算会计中借记“事业支出”“行政支出”“经营支出”等科目，贷记“财政拨款预算收入”、“资金结存”科目(零余额账户用款额度)、“资金结存”科目(货币资金)。

(4)为自制物品发生的间接费用，按照实际发生的金额，在财务会计中借记“加工物品”科目(自制物品—间接费用)，贷记“零余额账户用款额度”“银行存款”“应付职工薪酬”“固定资产累计折旧”“无形资产累计摊销”等科目。在预算会计中借记“事业支出”“行政支出”“经营支出”等科目，贷记“资金结存”科目(零余额账户用款额度)、“资金结存”科目(货币资金)。

间接费用一般按照生产人员工资、生产人员工时、机器工时、耗用材料的数量或成本、直接费用(直接材料和直接人工)或产品产量等进行分配。单位可根据具体情况自行选择间接费用的分配方法。分配方法一经确定，不得随意变更。

(5)已经制造完成并验收入库的物品，按照所发生的实际成本(包括耗用的直接材料费用、直接人工费用、其他直接费用和分配的间接费用)，在财务会计中借记“库存物品”科目，贷记“加工物品”科目(自制物品)。在预算会计中不做账务处理。

(二)委托加工物品

(1)发给外单位加工的材料等，按照其实际成本，在财务会计中借记“加工物品”科目(委托加工物品)，贷记“库存物品”科目。在预算会计中不做账务处理。

(2)支付加工费、运输费等费用，按照实际支付的金额，在财务会计中借记“加工物品”科目(委托加工物品)，贷记“零余额账户用款额度”“银行存款”等科目。涉及增值税业务的，相关账务处理参见“应交增值税”科目。在预算会计中借记“事业支出”“行政支出”“经营支出”等科目，贷记“资金结存”科目(零余额账户用款额度)、“资金结存”科目(货币资金)。

(3)委托加工完成的材料等验收入库，按照加工前发出材料的成本和加工、运输成本等，在财务会计中借记“库存物品”等科目，贷记“加工物品”科目(委托加工物品)。在预算会计中不做账务处理。

【例题 11-18】 在新冠疫情得到稳定控制后，某行政单位 6 月份自制了产品 A。20×1 年 6 月 15 日经计算领用甲材料，价款为 8 000 元，直接从事生产的人员工资为 20 000 元，支付其他直接费用 1 500 元，同时还有分摊的固定资产折旧费用 2 500 元。6 月 30 日，产品 A 制作完成并验收入库。

该单位的会计处理如下：

时间	财务会计分录	预算会计分录
6 月 15 日	借:加工物品—自制物品—直接材料甲材料　8 000 加工物品—自制物品—直接人工　20 000 加工物品—自制物品—其他直接费用　1 500 加工物品—自制物品—间接费用　2 500 贷:库存物品—甲材料　8 000 应付职工薪酬　20 000 银行存款　1 500 固定资产累计折旧　2 500	借:行政支出—基本支出　1 500 贷:资金结存—货币资金　1 500
6 月 30 日	借:库存物品—产品 A　32 000 贷:加工物品—自制物品　32 000	不进行账务处理

【例题 11-19】 在新冠疫情得到稳定控制后，某事业单位委托外单位某公司加工产品 A，6 月 5 日发出乙材料 95 000 元，并财政授权支付加工劳务费 20 000 元，6 月 20 日制作完工并验收入库。该事业单位账务处理如下。

时间	财务会计分录	预算会计分录
6 月 5 日	借:加工物品—委托加工物品　115 000 贷:库存物品—乙材料　95 000 零余额账户用款额度　20 000	借:事业支出—基本支出　20 000 贷:资金结存—零余额账户用款额度　20 000
6 月 30 日	借:库存物品—产品 A　115 000 贷:加工物品—委托加工物品　115 000	不进行账务处理

三、库存物品

库存物品业务核算单位在开展业务活动及其他活动中为耗用或出售而储存的各种材料、产品、包装物、低值易耗品，以及达不到固定资产标准的用具、装具、动植物等的成本。

为进行库存物品业务的核算，行政事业单位应设置“库存物品”财务会计总账科目。本科目应当按照库存物品的种类、规格、保管地点等进行明细核算。单位储存的低值易耗品、包装物较多的，可以在本科目(低值易耗品、包装物)下按照“在库”“在用”和“摊销”等进行明细核算。本科目期末借方余额反映单位库存物品的实际成本。在预算会计中无资产类账户设置，因增加库存物品而使得单位实际现金流出时，一般通过“行政支出”“事业支出”“经营支出”“其他支出”等科目进行平行处理，以及时反映相关预算的执行与管理情况。

已完成的测绘、地质勘察、设计成果等的成本，也通过本科目核算。单位随买随用的零星办公用品，可以在购进时直接列作费用，不通过本科目核算。单位控制的政府储备物资，应当通过“政府储备物资”科目核算，不通过本科目核算。单位受托存储保管的物资和受托转赠的物资，应当通过“受托代理资产”科目核算，不通过本科目核算。单位为在建工程购买和使用的材料物资，应当通过“工程物资”科目核算，不通过本科目核算。

库存物品的主要账务处理如下：

(1)取得的库存物品，应当按照其取得时的成本入账。

①外购的库存物品验收入库，按照确定的成本，在财务会计中借记“库存物品”科目，贷记“财政拨款收入”“零余额账户用款额度”“银行存款”“应付账款”“在途物品”等科目。涉及增值税业务的，相关账务处理参见“应交增值税”科目。在预算会计中借记“事业支出”“行政支出”“经营支出”等科目，贷记“财政拨款预算收入”、“资金结存”科目(零余额账户用款额度)、“资金结存”科目(货币资金)。

②自制的库存物品加工完成并验收入库，按照确定的成本，借记“库存物品”科目，贷记“加工物品—自制物品”科目。在预算会计中不做账务处理。

③委托外单位加工收回的库存物品验收入库，按照确定的成本，借记“库存物品”科目，贷记“加工物品—委托加工物品”等科目。在预算会计中不做账务处理。

④接受捐赠的库存物品验收入库，按照确定的成本，借记“库存物品”科目，按照发生的相关税费、运输费等，贷记“银行存款”等科目，按照其差额，贷记“捐赠收入”科目。在预算会计中不做账务处理。

接受捐赠的库存物品按照名义金额入账的，按照名义金额，借记“库存物品”科目，贷记“捐赠收入”科目；同时，按照发生的相关税费、运输费等，在财务会计中借记“其他费用”科目，贷记“银行存款”等科目。在预算会计中借记“其他支出”[实际支付的相关税费]，贷记“资金结存”科目(货币资金)。

⑤无偿调入的库存物品验收入库，按照确定的成本，在财务会计中借记“库存物品”科目，按照发生的相关税费、运输费等，贷记“银行存款”等科目，按照其差额，贷记“无偿调拨净资产”科目。在预算会计中借记“其他支出”科目，贷记“资金结存”科目(货币资金)。

⑥置换换入的库存物品验收入库，在财务会计中按照确定的成本，借记“库存物品”科目，按照换出资产的账面余额，贷记相关资产科目(换出资产为固定资产、无形资产的，还应当借记“固定资产累计折旧”“无形资产累计摊销”科目)，按照置换过程中发生的其他相关支出，贷记“银行存款”等科目，按照借贷方差额，借记“资产处置费用”科目或贷记“其他收入”科目。在预算会计中借记“其他支出”[实际支付的其他相关支出]，贷记“资金结存”科目(货币资金)。涉及补价的，分别按以下情况进行处理：

a. 支付补价的，在财务会计中按照确定的成本，借记“库存物品”科目，按照换出资产的账面余额，贷记相关资产科目(换出资产为固定资产、无形资产的，还应当借记“固定资产累计折旧”

"无形资产累计摊销"科目),按照支付的补价和置换过程中发生的其他相关支出,贷记"银行存款"等科目,按照借贷方差额,借记"资产处置费用"科目或贷记"其他收入"科目。在预算会计中借记"其他支出"[实际支付的补价和其他相关支出],贷记"资金结存"科目(货币资金)。

b.收到补价的,在财务会计中按照确定的成本,借记"库存物品"科目,按照收到的补价,借记"银行存款"等科目,按照换出资产的账面余额,贷记相关资产科目(换出资产为固定资产、无形资产的,还应当借记"固定资产累计折旧""无形资产累计摊销"科目),按照置换过程中发生的其他相关支出,贷记"银行存款"等科目,按照补价扣减其他相关支出后的净收入,贷记"应缴财政款"科目,按照借贷方差额,借记"资产处置费用"科目或贷记"其他收入"科目。在预算会计中如果其他相关支出大于收到的补价,则借记"其他支出",贷记"资金结存"科目(货币资金);如果收到的补价大于其他相关支出且应上缴财政,则不做账务处理。

(2)库存物品在发出时,分别按以下情况进行处理:

①单位开展业务活动等领用、按照规定自主出售发出或加工发出库存物品,按照领用、出售等发出物品的实际成本,在财务会计中借记"业务活动费用""单位管理费用""经营费用""加工物品"等科目,贷记"库存物品"科目。

采用一次转销法摊销低值易耗品、包装物的,首次领用时,将其账面余额一次性摊销计入有关成本费用,在财务会计中借记有关科目,贷记"库存物品"科目。

采用五五摊销法摊销低值易耗品、包装物的,首次领用时,将其账面余额的50%摊销计入有关成本费用,在财务会计中借记有关科目,贷记"库存物品"科目;使用完时,将剩余的账面余额转销计入有关成本费用,借记有关科目,贷记"库存物品"科目。

上述业务在预算会计中不做账务处理。

②经批准对外出售的库存物品(不含可自主出售的库存物品)发出时,按照库存物品的账面余额,在财务会计中借记"资产处置费用"科目,贷记"库存物品"科目;同时,按照收到的价款,借记"银行存款"等科目,按照处置过程中发生的相关费用,贷记"银行存款"等科目,按照其差额,贷记"应缴财政款"科目。在预算会计中不做账务处理。

③经批准对外捐赠的库存物品发出时,在财务会计中按照库存物品的账面余额和对外捐赠过程中发生的归属于捐出方的相关费用合计数,借记"资产处置费用"科目,按照库存物品账面余额,贷记"库存物品"科目,按照对外捐赠过程中发生的归属于捐出方的相关费用,贷记"银行存款"等科目。在预算会计中借记"其他支出"[实际支付的相关税费],贷记"资金结存"科目(货币资金)。

④经批准无偿调出的库存物品发出时,在财务会计中按照库存物品的账面余额,借记"无偿调拨净资产"科目,贷记"库存物品"科目;同时,按照无偿调出过程中发生的归属于调出方的相关费用,借记"资产处置费用"科目,贷记"银行存款"等科目。在预算会计中借记"其他支出"[实际支付的相关税费],贷记"资金结存"科目(货币资金)。

⑤经批准置换换出的库存物品,参照本科目有关置换换入库存物品的规定进行账务处理。

(3)单位应当定期对库存物品进行清查盘点,每年至少盘点一次。对于发生的库存物品盘盈、盘亏或者报废、毁损,应当先计入"待处理财产损溢"科目,按照规定报经批准后及时进行后续账务处理。盘点业务只在财务会计中进行相关账务处理。

①盘盈的库存物品,其成本按照有关凭据注明的金额确定;没有相关凭据,但按照规定经过

资产评估的，其成本按照评估价值确定；没有相关凭据，也未经过评估的，其成本按照重置成本确定。无法采用上述方法确定盘盈的库存物品成本的，按照名义金额入账。

盘盈的库存物品，按照确定的入账成本，借记“库存物品”科目，贷记“待处理财产损溢”科目。

②盘亏或者毁损、报废的库存物品，按照待处理库存物品的账面余额，借记“待处理财产损溢”科目，贷记“库存物品”科目。

属于增值税一般纳税人的单位，若因非正常原因导致库存物品盘亏或毁损，还应当将与该库存物品相关的增值税进项税额转出，按照其增值税进项税额，在财务会计中借记“待处理财产损溢”科目，贷记“应交增值税—应交税金（进项税额转出）”科目。

【例题 11-20】 某事业单位4月10日购入一批物品D，价值为35 000元，用于某科研项目甲项目。使用财政授权支付方式。另发生相关运杂费1 500元尚未支付给华天公司。物品已经到货并验收入库。暂不考虑增值税因素。

该事业单位的账务处理如下：

财务会计分录		预算会计分录	
借：库存物品—物品D	36 500	借：事业支出—项目支出—商品和服务支出—甲项目	36 500
贷：零余额账户用款额度	36 500	贷：资金结存—零余额账户用款额度	36 500

【例题 11-21】 某事业单位4月15日接受某公司捐赠的一批物品甲，市场上同类或类似资产的市场价格为20 000元，另外支付运杂费1 500元。物品已验收入库。

财务会计分录		预算会计分录	
借：库存物品—物品甲	21 500	借：其他支出—运杂费	1 500
贷：捐赠收入—某公司	20 000	贷：资金结存—货币资金	1 500
银行存款	1 500		

【例题 11-22】 某事业单位5月15日接受系统内部另一家事业单位无偿调拨的一批物品甲，对方账面价值为32 000元，另外支付运杂费2 500元。物品已验收入库。

该事业单位的账务处理如下：

财务会计分录		预算会计分录	
借：库存物品—物品甲	34 500	借：其他支出—运杂费	2 500
贷：无偿调拨净资产	32 000	贷：资金结存—货币资金	2 500
银行存款	2 500		

【例题 11-23】 经国有资产管理部门审批同意，某行政单位与另一家事业单位经协商，以其拥有的一幢公寓楼与对方持有的一批物品A产品进行置换，双方约定置换日为20×1年6月10日。在置换日，该幢公寓楼的账面价值为500万元，已提折旧100万元，评估价为380万元；另一家事业单位持有的物品账面价值为300万元，置换日的评估价为350万元，同时该行政单位收到30万元的补价。假定该项交易过程中除支付相关支出12万元外，不涉及其他相关税费。

该行政单位编制相关的会计分录如下：

财务会计分录		预算会计分录
借:库存物品—A 产品	3 500 000	不做账务处理
银行存款	300 000	
固定资产累计折旧	1 000 000	
资产处置费用	3 200 000	
贷:固定资产—公寓	5 000 000	
应缴财政款	1 800 000	
银行存款	1 200 000	

【例题 11-24】 某行政单位 20×1 年 4 月 10 日开展业务活动领用物品 H,价值为 3 000 元,综合部门领用办公耗材,价值为 2 500 元。经批准 4 月 20 日对外处置物品甲 2 000 元,收到价值 2 300 元,处置相关支出 180 元,差额上缴财政。

该单位会计处理如下：

时间	财务会计分录		预算会计分录
4 月 10 日	借:业务活动费用—商品和服务费用	5 500	不做账务处理
	贷:库存物品—物品 H	3 000	
	库存物品—耗材	2 500	
4 月 20 日	借:银行存款	2 300	不做账务处理
	资产处置费用	2 000	
	贷:库存物品—物品甲	2 000	
	银行存款	180	
	应缴财政款	2 120	

【例题 11-25】 某行政单位 20×1 年底盘点发现一批盘盈物品乙,评估价为 2 000 元,同时发现一批账面盘亏物品 H,价值为 1 500 元。

该单位编制有关会计发录如下：

财务会计分录		预算会计分录
借:库存物品—乙	2 000	不做账务处理
贷:待处理财产损溢—存货乙	2 000	
借:待处理财产损溢—存货 H	1 500	
贷:库存物品—H	1 500	

四、待摊费用

待摊费用是指单位已经支付,但应当由本期和以后各期分别负担的分摊期在 1 年以内(含 1 年)的各项费用,如预付航空保险费、预付租金等。

为核算待摊费用业务,行政事业单位应设置“待摊费用”财务会计总账科目。本科目应当按照待摊费用种类进行明细核算。摊销期限在 1 年以上的租入固定资产改良支出和其他费用,应当通过“长期待摊费用”科目核算，不通过本科目核算。待摊费用应当在其受益期限内分期平均摊销，如预付航空保险费应当在保险期的有效期内、预付租金应在租赁期内分期平均摊销，计入当期费用。本科目期末借方余额反映单位各种已支付但尚未摊销的分摊期在 1 年以内（含 1 年）的费用。在预算会计中无资产类账户设置，因待摊费用而使得单位实际现金流出时，一般通过“行政支出”“事业支出”等科目进行平行处理，以及时反映相关预算的执行与管理情况。

待摊费用的主要账务处理如下：

(1)发生待摊费用时，按照实际预付的金额，在财务会计中借记“待摊费用”科目，贷记“财政拨款收入”“零余额账户用款额度”“银行存款”等科目。在预算会计中借记“事业支出”“行政支出”“经营支出”等科目，贷记“财政拨款预算收入”、“资金结存”科目（零余额账户用款额度）、“资金结存”科目（货币资金）。

(2)按照受益期限分期平均摊销时，按照摊销金额，在财务会计借记“业务活动费用”“单位管理费用”“经营费用”等科目，贷记“待摊费用”科目。在预算会计中不进行账务处理。

(3)如果某项待摊费用已经不能使单位受益，应当将其摊余金额一次全部转入当期费用。按照摊销金额，在财务会计中借记“业务活动费用”“单位管理费用”“经营费用”等科目，贷记“待摊费用”科目。在预算会计中不进行账务处理。

【例题 11-26】 某事业单位在开展专业业务活动过程中租用一套房屋，租用时以银行存款预付一年租金 360 000 元。每月平均分摊租金 30 000 元。

该事业单位每月账务处理如下：

财务会计分录		预算会计分录	
借:待摊费用	360 000	借:事业支出—基本支出	360 000
贷:银行存款	36 000	贷:资金结存—货币资金	360 000
借:业务活动费用—商品和服务费用	30 000	不进行账务处理	
贷:待摊费用	30 000		

复习思考题

1. 什么是行政事业单位的资产？行政事业单位资产的确认条件有哪些？
2. 什么是行政事业单位的流动资产？其包含哪些种类？
3. 什么是零余额账户用款额度？其如何进行确认和计量？主要账务处理内容包括哪些？
4. 什么是短期投资？其如何进行确认和计量？主要账户处理内容包括哪些？
5. 行政事业单位的存货包括哪些种类？各类存货是如何进行确认和计量的？库存物品的账务处理内容包括哪些？

练习题

练习一

一、目的：练习货币资金业务的账务处理。

二、资料：

某事业单位发生如下经济业务：

(1)从零余额账户提取现金 5 000 元。

(2)收到个人缴纳的办证费 1 060 元，尚未上缴财政。

(3)期末盘点库存现金并对账，发现人民币现金溢余 10 元，尚未查明原因。

(4)职工在科研项目资金中借款，用于出国参加水污染防治国际会议，已预先兑换 1 000 美元，支付银行存款 6 759.5 元人民币。

(5)开出银行转账支票，支付治污课题研究劳务费 15 000 元。

三、要求：为该事业单位进行相关账务处理。

练习二

一、目的：练习短期投资业务的账务处理。

二、资料：

某科研单位发生以下对外投资业务：

(1)5 月 1 日，购买国债 60 000 元(含已到付息期未支付的利息 960 元)，进行短期投资，同时支付交易费用 60 元。国债不缴纳增值税。

(2)7 月 10 日，收到到期尚未支付的利息 960 元，12 月 31 日收到持有期间的利息 2 400 元。

(3)次年 3 月 10 日以 62 000 元的价格出售该短期投资。

三、要求：为该事业单位进行相关账务处理。

练习三

一、目的：练习应收款业务的账务处理。

二、资料：

某体育管理中心发生如下业务：

(1)非独立核算的场馆向附近的 H 单位提供部分体育场地长期服务，3 月应收场地使用费 30 000 元。按合同规定，应在下月初支付。

(2)4 月收到 H 单位体育场地使用费 50 000 元，其中 30 000 元为前期应收款到期，20 000 元为前期场地使用费。

(3)单位有一笔 10 000 元逾期 3 年的运动器材应收款上年已全额计提坏账准备。今年经批准，对上述逾期应收款予以核销。

(4)接到银行通知，单位上年核销的一笔经营活动应收款 5 000 元，今年收回 1 000 元。

(5)销售一批体育服装给 A 企业，收到面值为 70 000、期限为 3 个月的商业承兑汇票一张。

(6)单位将该应收票据进行贴现，取得 65 500 元。银行无追索权。

(7)从某企业订购防疫物资，合同总金额为 200 万元，采用财政直接支付方式预付款 150 万元。

(8)防疫物资已运输到指定位置，余款 50 万元通过财政直接支付方式付给销售企业。

(9)员工李某预借 7 000 元差旅费，款项以现金支付。一个星期后，李某报销差旅费 6 500 元，同时归还 500 元预借款项。

(10)接到公务卡银行通知，本月公务卡支付 45 000 元，职工尚未报销。财务通过零余额账户支付。

三、要求：为该事业单位进行相关账务处理。不考虑增值税问题。

练习四

一、目的：练习存货业务的账务处理。

二、资料：

某医院发生以下业务：

(1)通过零余额账户支付供应商60 000元医疗耗材款项，其中包括买价、运费及相关增值税。

(2)接受社会捐赠的医护人员防疫保护服，价值为30 000元，并验收入库，通过单位零余额账户支付相关运输费1 000元。

(3)诊疗室领用30 000元医疗器械，已办理领用手续，这些器械按低值易耗品管理，采用五五摊销法进行摊销。

(4)单位经批准出售账面价值为12 000元的不再使用的玻璃容器，获得3 000元现金。

(5)年初因质量原因，退回一批上年用非财政资金购买的办公耗材，价款为3 000元，材料已发出，退款已收到。

(6)以成本为40 000元的一批材料委托加工单位加工一批自用医疗用品，材料出库运往加工单位。半个月后支付相关加工费、运输费共16 000元。

(7)自制一批药品，领用原材料生产A药，原材料成本为60 000元。

(8)银行转账支付生产科室生产工人生产A药的劳务费80 000万元。

(9)将一批自制A药验收入库，成本合计为60 000元，根据备案价格确定入账金额为65 000元。

三、要求：为该医院进行相关账务处理。不考虑增值税问题。

第12章 行政事业单位非流动资产

【导读】

本章介绍行政事业单位的非流动资产。行政事业单位的非流动资产种类多，内容复杂，本章将详细介绍行政事业单位的长期股权投资、长期债券投资、固定资产、在建工程、无形资产、公共基础设施、政府储备物资、文物文化资产和保障性住房以及受托代理资产和长期待摊费用等。

【学习重点】

长期股权投资、长期债券投资、固定资产、在建工程、无形资产、公共基础设施。

【学习难点】

长期股权投资、长期债券投资、固定资产、在建工程。

第一节　长期投资

一、长期股权投资

长期股权投资是指事业单位按照规定取得的，持有时间超过1年(不含1年)的股权性质的投资。

为核算长期股权投资业务，行政事业单位应设置“长期股权投资”财务会计总账科目，该科目应当按照被投资单位和长期股权投资取得方式等进行明细核算。长期股权投资采用权益法核算的，还应当按照“成本”“损益调整”“其他权益变动”设置明细科目，进行明细核算。“长期股权投资”科目期末借方余额，反映事业单位持有的长期股权投资的价值。在预算会计中无资产类账户设置，因进行长期股权投资而导致单位实际现金流出时，通过“投资支出”“其他支出”等科目进行平行处理，以及时反映相关预算的执行与管理情况。

长期股权投资的主要账务处理如下：

(一)长期股权投资在取得时，应当按照其实际成本作为初始投资成本

(1)以现金取得的长期股权投资，按照确定的投资成本，在财务会计中借记“长期股权投资”

科目或“长期股权投资”科目(成本),按照支付的价款中包含的已宣告但尚未发放的现金股利,借记“应收股利”科目,按照实际支付的全部价款,贷记“银行存款”等科目。在预算会计中借记“投资支出”科目[实际支付的价款],贷记“资金结存”科目(货币资金)。

实际收到取得投资时所支付价款中包含的已宣告但尚未发放的现金股利时,在财务会计中借记“银行存款”科目,贷记“应收股利”科目。在预算会计中借记“资金结存”科目(货币资金),贷记“投资支出”科目。

(2)以现金以外的其他资产置换取得的长期股权投资,参照“库存物品”科目中置换取得库存物品的相关规定进行账务处理。

(3)以未入账的无形资产取得的长期股权投资,按照评估价值加相关税费作为投资成本,在财务会计中借记“长期股权投资”科目,按照发生的相关税费,贷记“银行存款”“其他应交税费”等科目,按其差额,贷记“其他收入”科目。在预算会计中借记“其他支出”科目[支付的相关税费],贷记“资金结存”科目(货币资金)。

(4)接受捐赠的长期股权投资,按照确定的投资成本,在财务会计中借记“长期股权投资”科目或“长期股权投资”科目(成本),按照发生的相关税费,贷记“银行存款”等科目,按照其差额,贷记“捐赠收入”科目。在预算会计中借记“其他支出”科目[支付的相关税费],贷记“资金结存”科目(货币资金)。

(5)无偿调入的长期股权投资,按照确定的投资成本,在财务会计中借记“长期股权投资”科目或“长期股权投资”科目(成本),按照发生的相关税费,贷记“银行存款”等科目,按照其差额,贷记“无偿调拨净资产”科目。在预算会计中借记“其他支出”科目[支付的相关税费],贷记“资金结存”科目(货币资金)。

(二)长期股权投资持有期间,应当按照规定采用成本法或权益法进行核算

1.采用成本法核算

成本法,是指投资按照投资成本计量的方法。在成本法下,长期股权投资的账面余额通常保持不变,但追加或收回投资时,应当相应调整其账面余额。长期股权投资持有期间,被投资单位宣告分派的现金股利或利润,政府会计主体应当按照宣告分派的现金股利或利润中属于政府会计主体应享有的份额确认为投资收益。

被投资单位宣告发放现金股利或利润时,按照应收的金额,在财务会计中借记“应收股利”科目,贷记“投资收益”科目。在预算会计中不进行账务处理。

收到现金股利或利润时,按照实际收到的金额,在财务会计中借记“银行存款”等科目,贷记“应收股利”科目。在预算会计中借记“资金结存”科目(货币资金),贷记“投资预算收益”科目。

2.采用权益法核算

权益法,是指投资最初以投资成本计量,以后根据政府会计主体在被投资单位所享有的所有者权益份额的变动对投资的账面余额进行调整的方法。

(1)采用权益法核算的会计处理原则:

其一,政府会计主体取得长期股权投资后,对于被投资单位所有者权益的变动,应当按照下列规定进行处理:①按照应享有或应分担的被投资单位实现的净损益的份额,确认为投资损益,

同时调整长期股权投资的账面余额；②按照被投资单位宣告分派的现金股利或利润计算应享有的份额，确认为应收股利，同时减少长期股权投资的账面余额；③按照被投资单位除净损益和利润分配以外的所有者权益变动的份额，确认为净资产，同时调整长期股权投资的账面余额。

其二，政府会计主体确认被投资单位发生的净亏损，应当以长期股权投资的账面余额减记至零为限，政府会计主体负有承担额外损失义务的除外。被投资单位发生净亏损，但以后年度又实现净利润的，政府会计主体应当在其收益分享额弥补未确认的亏损分担额等后，恢复确认投资收益。

(2)采用权益法核算的具体账务处理方法是：

①被投资单位实现净利润的，按照应享有的份额，在财务会计中借记"长期股权投资"科目(损益调整)，贷记"投资收益"科目。被投资单位发生净亏损的，按照应分担的份额，借记"投资收益"科目，贷记"长期股权投资"科目(损益调整)，但以"长期股权投资"科目的账面余额减记至零为限。发生亏损的被投资单位以后年度又实现净利润的，按照收益分享额弥补未确认的亏损分担额等后的金额，借记"长期股权投资"科目(损益调整)，贷记"投资收益"科目。

②被投资单位宣告分派现金股利或利润的，按照应享有的份额，在财务会计中借记"应收股利"科目，贷记"长期股权投资"科目(损益调整)。

③被投资单位发生除净损益和利润分配以外的所有者权益变动的，按照应享有或应分担的份额，在财务会计中借记或贷记"长期股权投资"科目(其他权益变动)，贷记或借记"权益法调整"科目。

上述业务在预算会计中不必进行相关账务处理。

④收到被投资单位发放的现金股利时，在财务会计中借记"银行存款"科目，贷记"应收股利"科目。在预算会计中借记"资金结存"科目(货币资金)，贷记"投资预算收益"科目。

3.成本法与权益法的转换

(1)单位因处置部分长期股权投资等原因而对处置后的剩余股权投资由权益法改按成本法核算的，在财务会计中应当按照权益法下"长期股权投资"科目账面余额作为成本法下"长期股权投资"科目(成本)账面余额。

其后，被投资单位宣告分派现金股利或利润时，属于单位已计入投资账面余额的部分，按照应分得的现金股利或利润份额，在财务会计中借记"应收股利"科目，贷记"长期股权投资"科目。

上述业务在预算会计中账务处理方法与按照规定报经批准处置长期股权投资相同。

(2)单位因追加投资等原因对长期股权投资的核算从成本法改为权益法的，应当按照成本法下"长期股权投资"科目账面余额与追加投资成本的合计金额，在财务会计中借记"长期股权投资"科目(成本)，按照成本法下该科目账面余额，贷记"长期股权投资"科目，按照追加投资的成本，贷记"银行存款"等科目。在预算会计中按照追加投资的成本借记"投资支出"科目[实际支付的金额]，贷记"资金结存"科目(货币资金)。

(3)按照规定报经批准处置长期股权投资：

①按照规定报经批准出售(转让)长期股权投资时，应当区分长期股权投资取得方式分别进行处理。

a. 处置以现金取得的长期股权投资：

在财务会计中，按照实际取得的价款，借记"银行存款"等科目，按照被处置长期股权投资的账面余额，贷记"长期股权投资"科目，按照尚未领取的现金股利或利润，贷记"应收股利"科目，按照发生的相关税费等支出，贷记"银行存款"等科目，按照借贷方差额，借记或贷记"投资收益"科目。

在预算会计中，按照实际取得的价款借记"资金结存"科目（货币资金）[取得价款扣减支付的相关税费后的余额]，贷记"投资支出"、"其他结余"和"投资预算收益"等科目。

b. 处置以现金以外的其他资产取得的长期股权投资：

在财务会计中，按照被处置长期股权投资的账面余额，借记"资产处置费用"科目，贷记"长期股权投资"科目；同时，按照实际取得的价款，借记"银行存款"等科目，按照尚未领取的现金股利或利润，贷记"应收股利"科目，按照发生的相关税费等支出，贷记"银行存款"等科目，按照贷方差额，贷记"应缴财政款"科目。按照规定将处置时取得的投资收益纳入本单位预算管理的，应当按照所取得价款大于被处置长期股权投资账面余额、应收股利账面余额和相关税费支出合计的差额，贷记"投资收益"科目。

在预算会计中，如果要求处置净收入上缴财政，对于尚未领取的现金股利或利润，借记"资金结存"科目（货币资金），贷记"投资预算收益"科目[获得的现金股利或利润]；对于按照规定将处置时取得的投资收益纳入本单位预算管理的，借记"资金结存"科目（货币资金）[取得价款扣减投资账面余额和相关税费后的差额]，贷记"投资预算收益"科目。

②因被投资单位破产清算等原因，有确凿证据表明长期股权投资发生损失，按照规定报经批准后予以核销时，按照予以核销的长期股权投资的账面余额，在财务会计中借记"资产处置费用"科目，贷记"长期股权投资"科目。此业务在预算会计中不做账务处理。

③报经批准置换转出长期股权投资时，参照"库存物品"科目中置换换入库存物品的规定进行账务处理。

④对采用权益法核算的长期股权投资进行处置时，除进行上述账务处理外，还应结转原直接计入净资产的相关金额，在财务会计中借记或贷记"权益法调整"科目，贷记或借记"投资收益"科目。这时在预算会计中不做账务处理。

【例题 12-1】 某事业单位 20×1 年 4 月 10 日以货币资金 15 万元对外投资丙公司，其中含已经宣告但尚未发放的现金股利 1.5 万元。4 月 20 日收到该现金股利。该事业单位编制如下会计分录：

时间	财务会计分录		预算会计分录	
4 月 10 日	借：长期股权投资	135 000	借：投资支出—丙公司	150 000
	应收股利	15 000		
	贷：银行存款	150 000	贷：资金结存—货币资金	150 000
4 月 20 日	借：银行存款	15 000	借：资金结存—货币资金	15 000
	贷：应收股利—丙公司	15 000	贷：投资支出—丙公司	15 000

【例题 12-2】 某事业单位 20×1 年 8 月 23 日以某专用设备置换对 B 公司投资，该项固定

资产的评估价为 100 万元，账面原价为 130 万元，累计折旧 50 万元。支付补价 15 万元，相关运杂费 5 万元。该单位编制的有关会计分录如下：

时间	财务会计分录		预算会计分录	
8 月 23 日	借：长期股权投资—B 公司	1 200 000	借：投资支出—B 公司	200 000
	固定资产累计折旧	500 000		
	贷：固定资产—专用设备	1 300 000	贷：资金结存—货币资金	200 000
	银行存款	200 000		
	其他收入—评估增值	200 000		

【例题 12-3】 20×1 年 H 事业单位发生如下与长期股权投资相关的经济业务：

(1)20×1 年 1 月 1 日经批准以自有房产出资，与甲共同成立乙公司。H 事业单位房产账面余额为 750 万元，累计折旧 120 万元，评估价值为 715 万元。乙公司的注册资本为 1 100 万元，H 事业单位股权比例为 65%，甲占 35%。

(2)20×1 年乙公司全年实现净利润 1 000 万元，除净利润外的所有者权益减少额为 120 万元。

(3)20×1 年 3 月乙公司宣告向股东分派现金股利 700 万元。

(4)20×2 年乙公司全年亏损利润 1 300 万元。

(5)假定 20×2 年 4 月 1 日，H 事业单位出售了某持有的乙公司 50% 的股权，获得 700 万元处置收入，缴纳相关税费 35 万元，扣除投资收益后上缴国库，剩下 15% 的股权改按成本法进行核算。

H 事业单位编制的会计分录如下：

题号	财务会计分录		预算会计分录
(1)	借：长期股权投资—甲—成本	7 150 000	不做账务处理
	固定资产累计折旧	1 200 000	
	贷：固定资产—房屋	7 500 000	
	其他收入—评估增值	850 000	
(2)	借：长期股权投资—乙公司—损益调整	6 500 000	不做账务处理
	贷：投资收益—乙公司	6 500 000	
	借：权益法调整—乙公司	780 000	
	贷：长期股权投资—乙公司—其他权益变动	780 000	
(3)	借：应收股利—乙公司	4 550 000	不做账务处理
	贷：长期股权投资—乙公司—损益调整	4 550 000	

续表

题号	财务会计分录	预算会计分录
(4)	可减记金额=(715+650 — 78 — 455)万元=832 万元 借:投资收益—乙公司 8 320 000 贷:长期股权投资—乙公司—损益调整 8 320 000 备查簿登记中应记录的未减记的长期股权投资的金额=1 300 万元×0.65−832 万元=13 万元	不做账务处理
(5)	借:资产处置费用 6 400 000 长期股权投资—乙公司—其他权益变动 600 000 贷:长期股权投资—乙公司—损益调整 1 500 000 长期股权投资—乙公司—成本 5 500 000	不做账务处理
	借:银行存款 6 650 000 贷:投资收益 250 000 应缴财政款 6 400 000	借:资金结存—货币资金 250 000 贷:投资预算收益 250 000
	改为成本法: 借:长期股权投资—乙公司 1 920 000 长期股权投资—乙公司—其他权益变动 180 000 贷:长期股权投资—乙公司—成本 1 650 000 长期股权投资—乙公司—损益调整 450 000	不做账务处理

二、长期债券投资

长期债券投资是指事业单位按照规定取得的,持有时间超过 1 年(不含 1 年)的债权投资。

为核算长期债券投资业务,行政事业单位应设置“长期债券投资”财务会计总账科目。该科目应当设置“成本”和“应计利息”明细科目,并按照债权投资的种类进行明细核算。该科目期末借方余额,反映事业单位持有的长期债券投资的价值。在预算会计中无资产类账户设置,因进行长期债券投资而导致单位实际现金流出时,通过“投资支出”等科目进行平行处理,以及时反映相关预算的执行与管理情况。

长期债券投资的主要账务处理如下:

(1)长期债券投资在取得时,应当按照其实际成本作为投资成本。

取得的长期债券投资,在财务会计中按照确定的投资成本,借记“长期债券投资”科目(成本),按照支付的价款中包含的已到付息期但尚未领取的利息,借记“应收利息”科目,按照实际支付的金额,贷记“银行存款”等科目。在预算会计中借记“投资支出”科目[实际支付的价款],贷记“资金结存”科目(货币资金)。实际收到取得债券时所支付价款中包含的已到付息期但尚未领取的利息时,在财务会计中借记“银行存款”科目,贷记“应收利息”科目;在预算会计中借记“资金结存”科目(货币资金),贷记“投资支出”科目。

(2)长期债券投资持有期间,按期以债券票面金额与票面利率计算确认利息收入时,如为到期一次还本付息的债权投资，借记“长期债券投资”科目（应计利息），贷记“投资收益”科目；如为分期付息、到期一次还本的债权投资，借记“应收利息”科目，贷记“投资收益”科目。上述业务在预算会计中不做账务处理。

收到分期支付的利息时，按照实收的金额，在财务会计中借记“银行存款”等科目，贷记“应收利息”科目。在预算会计中借记“资金结存”科目（货币资金），贷记“投资预算收益”科目。

（3）到期收回长期债券投资，按照实际收到的金额，在财务会计中借记“银行存款”科目，按照长期债券投资的账面余额，贷记“长期债券投资”科目，按照相关应收利息金额，贷记“应收利息”科目，按照其差额，贷记“投资收益”科目。在预算会计中借记“资金结存”科目（货币资金），贷记“投资支出”科目、“其他结余”科目[投资成本]和“投资预算收益”科目。

（4）对外出售长期债券投资，按照实际收到的金额，在财务会计中借记“银行存款”科目，按照长期债券投资的账面余额，贷记“长期债券投资”科目，按照已计入“应收利息”科目但尚未收取的金额，贷记“应收利息”科目，按照其差额，贷记或借记“投资收益”科目。涉及增值税业务的，相关账务处理参见“应交增值税”科目。在预算会计中借记“资金结存”科目（货币资金），贷记“投资支出”科目、“其他结余”科目[投资成本]和“投资预算收益”科目。

【例题 12-4】 某事业单位于 20×0 年 7 月 1 日从证券市场上购入 A 公司于上一年 7 月 1 日发行的债券，该债券为 5 年期限，票面利率为 4.5%，到期日为 20×4 年 7 月 1 日，到期日一次还本付息。购入债券面值为 1 500 万元，实际支付银行存款 1 567.5 万元。20×1 年 7 月 1 日出售其中面值为 750 万元的长期债券投资，获得对价 830 万元。20×4 年 7 月 1 日到期，获得对价 850 万元。该单位编制的有关会计分录如下：

时间	财务会计分录	预算会计分录
20×0 年 7 月 1 日	借：长期债券投资—A 公司—成本 15 000 000 长期债券投资—A 公司—应计利息 675 000 贷：银行存款 15 675 000	借：投资支出—长期债券投资 15 675 000 贷：资金结存—货币资金 15 675 000
20×0 年 12 月 31 日	借：长期债券投资—A 公司—应计利息 675 000 贷：投资收益 675 000	不做账务处理
20×1 年 7 月 1 日	借：银行存款 8 300 000 贷：长期债券投资—A 公司—应计利息 675 000 长期债券投资—A 公司—成本 7 500 000 投资收益—A 公司 125 000	借：资金结存—货币资金 8 300 000 贷：投资成本 7 837 500 其他结余 337 500 投资预算收益 125 000
20×4 年 7 月 1 日（到期）	借：银行存款 9 862 500 贷：长期债券投资—A 公司—应计利息 1 687 500 长期债券投资—A 公司—成本 7 837 500 投资收益—A 公司 337 500	借：资金结存—货币资金 9 862 500 贷：投资成本 7 837 500 其他结余 1 687 500 投资预算收益 337 500

第二节 固定资产

一、固定资产的含义与相关规定

固定资产是指行政事业单位为满足自身开展业务活动或其他活动需要而控制的,使用年限超过1年(不含1年),单位价值在规定标准以上,并在使用过程中基本保持原有物质形态的资产。单位价值虽未达到规定标准,但是使用年限超过1年(不含1年)的大批同类物质,如图书、家具、用具、装具等,应当确认为固定资产。固定资产一般分为六类:房屋及构筑物;专用设备;通用设备;文物和陈列品;图书、档案;家具、用具、装具及动植物。

为了进行固定资产业务(原值)的核算,行政事业单位设置"固定资产"财务会计总账科目。该科目应当按照固定资产的类别和项目进行明细核算。该科目期末借方余额,反映单位固定资产的原值。固定资产核算时,应当考虑以下情况:①购入需要安装的固定资产,应当先通过"在建工程"科目核算,安装完毕交付使用时再转入"固定资产"科目核算。②以借入、经营租赁租入方式取得的固定资产,不通过"固定资产"科目核算,应当设置备查簿进行登记。③采用融资租入方式取得的固定资产,通过"固定资产"科目核算,并在该科目下设置"融资租入固定资产"明细科目。④经批准在境外购买具有所有权的土地,作为固定资产,通过"固定资产"科目核算;单位应当在"固定资产"科目下设置"境外土地"明细科目,进行相应明细核算。

在预算会计中无资产类账户设置,因增加固定资产而导致单位实际现金流出时,一般通过"行政支出""事业支出""经营支出""其他支出"等科目进行平行处理,以及时反映相关预算的执行与管理情况。

二、固定资产的主要账务处理

(一)固定资产的取得

1.购入的固定资产

行政事业单位外购的固定资产,其成本包括购买价款、相关税费以及固定资产交付使用前所发生的可归属于该项资产的运输费、装卸费、安装费和专业人员服务费等。以一笔款项购入多项没有单独标价的固定资产,应当按照各项固定资产同类或类似资产市场价格的比例对总成本进行分配,分别确定各项固定资产的成本。

购入不需安装的固定资产,验收合格时,在财务会计中按照确定的成本,借记"固定资产"科目,贷记"财政拨款收入""零余额账户用款额度""应付账款""银行存款"等科目。购入需要安装的固定资产,在安装完毕交付使用前通过"在建工程"科目核算,安装完毕交付使用时再转入"固定资产"科目。

购入固定资产扣留质量保证金的,在财务会计中,应当在取得固定资产时,按照确定的固定资产成本,借记"固定资产"科目[不需安装]或"在建工程"科目[需要安装],按照实际支付或应付的金额,贷记"财政拨款收入""零余额账户用款额度""应付账款"[不含质量保证金]、"银行存款"等科目,按照扣留的质量保证金数额,贷记"其他应付款"[扣留期在1年以内(含1年)]或

“长期应付款”[扣留期超过1年]科目。

质保期满支付质量保证金时，在财务会计中借记“其他应付款”“长期应付款”科目，贷记“财政拨款收入”“零余额账户用款额度”“银行存款”等科目。

上述业务中涉及现金业务的，在预算会计中都应按实际支付的金额借记“行政支出”“事业支出”“经营支出”等科目，贷记“财政拨款预算收入”科目、“资金结存”科目(零余额账户用款额度)、“资金结存”科目(货币资金)等。

【例题 12-5】 某行政单位于20×0年7月1日购买精密仪器专用设备一台，价款为30 000元，运杂费为200元，以财政授权支付。该单位编制有关会计分录如下：

时间	财务会计分录		预算会计分录	
20×0年7月1日	借:固定资产—专用设备	30 200	借:行政支出—基本支出—资本性支出	30 200
	贷:零余额账户用款额度	30 200	贷:资金结存—货币资金	30 200

【例题 12-6】 某行政单位于20×0年7月1日用项目D经费购买大型专用设备一台，价款为650 000元，运杂费为25 000元，以财政直接支付600 000元，剩下75 000元作为质量保证金，约定一年没有问题予以支付。20×1年7月10日通过财政直接支付保证金75 000元。该单位编制会计分录如下：

时间	财务会计分录		预算会计分录	
20×0年7月1日	借:固定资产—专用设备	675 000	借:行政支出—项目支出—资本性支出—D	600 000
	贷:财政拨款收入—财政直接支付—项目支出—D	600 000	贷:财政拨款预算收入—财政直接支付—项目支出—D	600 000
	长期应付款—质量保证金	75 000		
20×1年7月10日	借:长期应付款—质量保证金	75 000	借:行政支出—项目支出—资本性支出—D	75 000
	贷:财政拨款收入—财政直接支付—项目支出—D	75 000	贷:财政拨款预算收入—财政直接支付—项目支出—D	75 000

2. 自行建造的固定资产

自行建造的固定资产，先通过“在建工程”科目进行核算，其成本包括该项资产至交付使用前所发生的全部必要支出。在原有固定资产基础上进行改建、扩建、修缮取得的固定资产，其成本按照原固定资产账面价值加上改建、扩建、修缮发生的支出，再扣除固定资产被替换部分的账面价值后的金额确定。为建造固定资产借入的专门借款的利息，属于建设期间发生的，计入在建工程成本；不属于建设期间发生的，计入当期费用。自行建造的固定资产交付使用时，在财务会计中按照在建工程成本，借记“固定资产”科目，贷记“在建工程”科目，在预算会计中不做账务处理。已交付使用但尚未办理竣工决算手续的固定资产，按照估计价值入账，待办理竣工决算后再按照实际成本调整原来的暂估价值。

3.融资租赁取得的固定资产

融资租赁取得的固定资产，其成本按照租赁协议或者合同确定的租赁价款、相关税费以及固定资产交付使用前所发生的可归属于该项资产的运输费、途中保险费、安装调试费等确定。

融资租入的固定资产，按照确定的成本，在财务会计中借记“固定资产”科目[不需安装]或“在建工程”科目[需安装]，按照租赁协议或者合同确定的租赁付款额，贷记“长期应付款”科目，按照支付的运输费、途中保险费、安装调试费等金额，贷记“财政拨款收入”“零余额账户用款额度”“银行存款”等科目。在预算会计中按实际支付的相关税费、运输费借记“行政支出”“事业支出”“经营支出”等科目，贷记“财政拨款预算收入”科目、“资金结存”科目(零余额账户用款额度)、“资金结存”科目(货币资金)等。

定期支付租金时，按照实际支付金额，在财务会计中借记“长期应付款”科目，贷记“财政拨款收入”“零余额账户用款额度”“银行存款”等科目。在预算会计中借记“行政支出”“事业支出”“经营支出”等科目，贷记“财政拨款预算收入”科目、“资金结存”科目(零余额账户用款额度)、“资金结存”科目(货币资金)等。

【例题 12-7】 某行政单位于20×0年8月29日采用融资租赁方式向某公司租入专用设备一台，协议价为21万元，每年年底支付租金3万元，使用中央财政专项资金，分7年付清。租入该专用设备时，发生运杂费、安装费等1.2万元，以财政授权支付。该行政单位编制相关会计分录如下：

时间	财务会计分录			预算会计分录		
20×0年8月29日	借:固定资产—专用设备	222 000		借:行政支出—项目支出—资本性支出	12 000	
	贷:零余额账户用款额度—项目支出		12 000	贷:资金结存—零余额账户用款额度		12 000
	长期应付款—融资租赁费		210 000			
每年支付租金	借:长期应付款—融资租赁费	30 000		借:行政支出—项目支出—资本性支出	30 000	
	贷:零余额账户用款额度—项目支出		30 000	贷:资金结存—零余额账户用款额度		30 000

4.分期付款购入的固定资产

按照规定跨年度分期付款购入的固定资产，参照融资租入的固定资产进行账务处理。

5.接受捐赠的固定资产

接受捐赠的固定资产，按照确定的固定资产成本，在财务会计中借记“固定资产”科目[不需安装]或“在建工程”科目[需安装]，按照发生的相关税费、运输费等，贷记“零余额账户用款额度”“银行存款”等科目，按照其差额，贷记“捐赠收入”科目。

接受捐赠的固定资产按照名义金额入账的，按照名义金额，借记“固定资产”科目，贷记“捐赠收入”科目；按照发生的相关税费、运输费等，借记“其他费用”科目，贷记“零余额账户用款额度”“银行存款”等科目。

上述业务在预算会计中，按支付的相关税费、运输费等，借记“其他支出”科目，贷记“资金结存”科目(零余额账户用款额度)、“资金结存”科目(货币资金)等科目。

【例题 12-8】 某行政单位于 20×0 年 7 月 29 日接受 H 公司捐赠的某种通用设备 60 台，该通用设备的市场价格为每台 63 000 元，发生其他运杂费 3 000 元；同时接受 A 公司捐赠的某种特种专用设备 2 台，无市场价格，暂按名义价格(每台 1 元)入账，发生的运杂费为 5 000 元。均用财政授权支付。该单位编制的会计分录如下：

时间	财务会计分录		预算会计分录	
20×0 年 7 月 29 日	借:固定资产—通用设备	3 783 000	借:其他支出—运杂费	8 000
	固定资产—专用设备	2		
	其他费用—运杂费	5 000		
	贷:零余额账户用款额度—基本支出	8 000	贷:资金结存—零余额账户用款额度	8 000
	捐赠收入—H 公司	3 780 000		
	捐赠收入—A 公司	2		

6. 无偿调入的固定资产

无偿调入的固定资产，按照确定的固定资产成本，在财务会计中借记“固定资产”科目[不需安装]或“在建工程”科目[需安装]，按照发生的相关税费、运输费等，贷记“零余额账户用款额度”“银行存款”等科目，按照其差额，贷记“无偿调拨净资产”科目。在预算会计中，按支付的相关税费、运输费等，借记“其他支出”科目，贷记“资金结存”科目(零余额账户用款额度)、“资金结存”科目(货币资金)等。

【例题 12-9】 某行政单位于 20×0 年 6 月 29 日从同一系统内部另一家行政单位无偿调入一台专用设备，对方账面价值为 30 000 元，另支付相关运杂费 2 000 元，使用财政授权支付。该行政单位编制如下会计分录：

时间	财务会计分录		预算会计分录	
20×0 年 6 月 29 日	借:固定资产—专用设备	32 000	借:其他支出—运杂费	2 000
	贷:零余额账户用款额度—基本支出	2 000	贷:资金结存—零余额账户用款额度	2 000
	无偿调拨净资产	30 000		

7. 置换取得的固定资产

置换取得的固定资产，参照“库存物品”科目中置换取得库存物品的相关规定进行账务处理。

固定资产取得时涉及增值税业务的，相关账务处理参见“应交增值税”科目。

(二)与固定资产有关的后续支出

1. 符合固定资产确认条件的后续支出

通常情况下，将固定资产转入改建、扩建时，按照固定资产的账面价值，只在财务会计中借记“在建工程”科目，按照固定资产已计提折旧，借记“固定资产累计折旧”科目，按照固定资产的账面余额，贷记“固定资产”科目。

为增加固定资产使用效能或延长其使用年限而发生的改建、扩建等后续支出，应在财务会计中借记“在建工程”科目，贷记“财政拨款收入”“零余额账户用款额度”“银行存款”等科目。在预算会计中借记“行政支出”“事业支出”“经营支出”等科目，贷记“财政拨款预算收入”科目、“资金结存”科目（零余额账户用款额度）、“资金结存”科目（货币资金）等。

固定资产改建、扩建等完成交付使用时，按照在建工程成本，只在财务会计中借记“固定资产”科目，贷记“在建工程”科目。

2. 不符合固定资产确认条件的后续支出

为保证固定资产正常使用发生的日常维修等支出，在财务会计中借记“业务活动费用”“单位管理费用”等科目，贷记“财政拨款收入”“零余额账户用款额度”“银行存款”等科目。在预算会计中借记“行政支出”“事业支出”“经营支出”等科目，贷记“财政拨款预算收入”科目、“资金结存”科目（零余额账户用款额度）、“资金结存”科目（货币资金）等。

（三）固定资产的折旧

1. 固定资产折旧的基本含义和相关规定

折旧，是指在固定资产的预计使用年限内，按照确定的方法对应计的折旧额进行系统分摊。行政事业单位应当对固定资产计提折旧，固定资产应计的折旧额为其成本，计提固定资产折旧时不考虑预计净残值。行政事业单位应当对暂估入账的固定资产计提折旧，实际成本确定后不需调整原已计提的折旧额。但行政事业单位对下列固定资产不用计提折旧：①文物和陈列品；②动植物；③图书、档案；④单独计价入账的土地；⑤以名义金额计量的固定资产。

行政事业单位应当根据相关规定以及固定资产的性质和使用情况，合理确定固定资产的使用年限。固定资产的使用年限一经确定，不得随意变更。政府会计主体确定固定资产使用年限，应当考虑下列因素：①预计实现服务潜力或提供经济利益的期限；②预计有形损耗和无形损耗；③法律或者类似规定对资产使用的限制。固定资产因改建、扩建或修缮等原因而延长其使用年限的，应当按照重新确定的固定资产的成本以及重新确定的折旧年限计算折旧额。

行政事业单位一般应当采用年限平均法或者工作量法计提固定资产折旧。在确定固定资产的折旧方法时，应当考虑与固定资产相关的服务潜力或经济利益的预期实现方式。固定资产折旧方法一经确定，不得随意变更。固定资产应当按月计提折旧，并根据用途计入当期费用或者相关资产成本。

2. 固定资产折旧计提时点

固定资产应当按月计提折旧，当月增加的固定资产，当月开始计提折旧；当月减少的固定资产，当月不再计提折旧。

固定资产提足折旧后，无论能否继续使用，均不再计提折旧；提前报废的固定资产，也不再补提折旧。已提足折旧的固定资产，可以继续使用的，应当继续使用，规范实物管理。

3. 固定资产折旧的核算

为核算固定资产累计折旧业务，行政事业单位应设置“固定资产累计折旧”财务会计总账科目。该科目应当按照所对应固定资产的明细分类进行明细核算。该科目期末贷方余额，反映单位计提的固定资产折旧累计数。

有关公共基础设施和保障性住房计提的累计折旧，应当分别通过“公共基础设施累计折旧（摊销）”科目和“保障性住房累计折旧”科目核算，不通过“固定资产累计折旧”科目核算。

单位计提融资租入固定资产折旧时，应当采用与自有固定资产相一致的折旧政策。能够合理确定租赁期届满时将会取得租入固定资产所有权的，应当在租入固定资产尚可使用年限内计提折旧；无法合理确定租赁期届满时能够取得租入固定资产所有权的，应当在租赁期与租入固定资产尚可使用年限两者中较短的期间内计提折旧。

固定资产累计折旧的主要账务处理如下：

(1)按月计提固定资产折旧时，按照应计提折旧金额，借记“业务活动费用”“单位管理费用”“经营费用”“加工物品”“在建工程”等科目，贷记“固定资产累计折旧”科目。

(2)经批准处置或处理固定资产时，按照所处置或处理固定资产的账面价值，在财务会计中借记“资产处置费用”“无偿调拨净资产”“待处理财产损溢”等科目，按照已计提折旧，借记“固定资产累计折旧”科目，按照固定资产账面余额，贷记“固定资产”科目。在预算会计中，参照固定资产进行相关科目的账务处理。

【例题 12-10】 某行政单位 20×2 年 2 月 28 日按月计提折旧，其中计入业务活动费用的折旧额为 15 000 元。20×2 年 3 月 30 日加工一批物品，分摊固定资产折旧费 15 000 元。该单位编制有关会计分录如下：

时间	财务会计分录	预算会计分录
20×2 年 2 月 28 日	借：业务活动费用—固定资产折旧　15 000 　贷：固定资产累计折旧　15 000	不做账务处理
20×2 年 3 月 30 日	借：加工物品　15 000 　贷：固定资产累计折旧　15 000	不做账务处理

(四)处置固定资产

1. 报经批准出售、转让固定资产

行政事业单位按规定报经批准出售、转让固定资产或固定资产报废、毁损的，应当将固定资产账面价值转销计入当期费用，并将处置收入扣除相关处置税费后的差额按规定作为应缴款项处理(差额为净收益时)或计入当期费用(差额为净损失时)。具体核算方法是：

按照被出售、转让固定资产的账面价值，在财务会计中借记“资产处置费用”科目，按照固定资产已计提的折旧，借记“固定资产累计折旧”科目，按照固定资产账面余额，贷记“固定资产”科目；同时，按照收到的价款，借记“银行存款”等科目，按照处置过程中发生的相关费用，贷记“银行存款”等科目，按照其差额，贷记“应缴财政款”科目。在预算会计中不做账务处理。

【例题 12-11】 某事业单位 20×2 年 5 月 10 日经批准出售专用设备一台，该设备原价 55 000 元，已计提折旧 44 000 元，出售时取得价款 2 万元，发生相关税费 1 万元，款项均通过银行存款收付。该单位编制有关会计分录如下：

时间	财务会计分录		预算会计分录
20×2 年 5 月 10 日	借:资产处置费用	11 000	不做账务处理
	固定资产累计折旧	44 000	
	贷:固定资产	55 000	
	借:银行存款—收到价款	20 000	
	贷:应缴财政款	10 000	
	银行存款—相关税费	10 000	

2.报经批准对外捐赠固定资产

行政事业单位报经批准对外捐赠固定资产的,应当按规定将固定资产的账面价值予以转销,对外捐赠过程中发生的归属于捐出方的相关费用应当计入当期费用。具体核算方法是:

在财务会计中,按照固定资产已计提的折旧,借记"固定资产累计折旧"科目,按照被处置固定资产账面余额,贷记"固定资产"科目,按照捐赠过程中发生的归属于捐出方的相关费用,贷记"银行存款"等科目,按照其差额,借记"资产处置费用"科目。在预算会计中按照对外捐赠过程中发生的归属于捐出方的相关费用借记"其他支出",贷记"资金结存"。

【例题 12-12】 某事业单位 20×2 年 6 月 1 日经批准对外捐赠专用设备一台,该设备原价 55 000 元,已计提折旧 44 000 元,发生相关税费 1 万元,款项通过银行存款支付。该单位编制有关会计分录如下:

时间	财务会计分录		预算会计分录	
20×2 年 6 月 1 日	借:资产处置费用	21 000	借:其他支出—相关税费	10 000
	固定资产累计折旧	44 000		
	贷:固定资产	55 000	贷:资金结存—货币资金	10 000
	银行存款—税费	10 000		

3.报经批准无偿调出固定资产

行政事业单位报经批准无偿调出固定资产的,应当按规定将固定资产的账面价值予以转销,无偿调出过程中发生的归属于调出方的相关费用应当计入当期费用。具体核算方法是:

在财务会计中,按照固定资产已计提的折旧,借记"固定资产累计折旧"科目,按照被处置固定资产账面余额,贷记"固定资产"科目,按照其差额,借记"无偿调拨净资产"科目;同时,按照无偿调出过程中发生的归属于调出方的相关费用,借记"资产处置费用"科目,贷记"银行存款"等科目。在预算会计中按照无偿调出过程中发生的归属于调出方的相关费用,借记"其他支出",贷记"资金结存"。

【例题 12-13】 某事业单位 20×2 年 6 月 1 日经批准无偿调出专用设备一台,该设备原价 55 000 元,已计提折旧 44 000 元,发生相关税费 1 万元,款项通过银行存款支付。该单位编制有关会计分录如下:

时间	财务会计分录	预算会计分录
20×2年6月1日	借:无偿调拨净资产 11 000 固定资产累计折旧 44 000 贷:固定资产 55 000	不做账务处理
	借:资产处置费用 10 000 贷:银行存款—税费 10 000	借:其他支出—相关税费 10 000 贷:资金结存—货币资金 10 000

4.报经批准置换换出固定资产

报经批准置换换出固定资产,参照"库存物品"中置换换入库存物品的规定进行账务处理。固定资产处置时涉及增值税业务的,相关账务处理参见"应交增值税"科目。

三、固定资产清查盘点

对于发生的固定资产盘盈、盘亏或毁损、报废,应当先记入"待处理财产损溢"科目,按照规定报经批准后及时进行后续账务处理。

1.盘盈的固定资产

盘盈的固定资产,其成本按照有关凭据注明的金额确定;没有相关凭据、但按照规定经过资产评估的,其成本按照评估价值确定;没有相关凭据、也未经过评估的,其成本按照重置成本确定。无法采用上述方法确定盘盈固定资产成本的,按照名义金额(人民币1元)入账。

盘盈的固定资产,按照确定的入账成本,借记"固定资产"科目,贷记"待处理财产损溢"科目。

2.盘亏、毁损或报废的固定资产

盘亏、毁损或报废的固定资产,按照待处理固定资产的账面价值,借记"待处理财产损溢"科目,按照已计提折旧,借记"固定资产累计折旧"科目,按照固定资产的账面余额,贷记"固定资产"科目。固定资产盘亏造成的损失,按规定报经批准后应当计入当期费用。

上述清查盘点业务如未发生现金业务,在预算会计中不做财务处理。

【例题12-14】 某事业单位20×2年终盘点固定资产,发现盘盈通用设备一台,市价3万元,经批准作为本单位固定资产入账。发现盘亏专用设备一台,价值10 000元,已计提折旧6 000元,经查属于正常原因,已按规定程序批准核销。

时间	财务会计分录	预算会计分录
20×2年年终	借:固定资产—通用设备 30 000 贷:待处理财产损溢—固定资产 30 000	不做账务处理
	借:待处理财产损溢—固定资产 4 000 固定资产累计折旧 6 000 贷:固定资产—专用设备 10 000	

【例题12-15】 某事业单位20×2年12月31日经批准报废通用设备一台,该通用设备的账面原值为20 000元,已计提折旧10 000元,支付清理费用800元,残料出售收入2 000元。该单位编制有关会计分录如下:

<table>
<tr><th>时间</th><th>财务会计分录</th><th>预算会计分录</th></tr>
<tr><td rowspan="5">20×2 年
12 月
31 日</td><td>借:待处理财产损溢—固定资产　10 000
　固定资产累计折旧　10 000
　贷:固定资产—通用设备　20 000</td><td rowspan="2">不做账务处理</td></tr>
<tr><td>借:资产处置费用　10 000
　贷:待处理财产损溢—固定资产　10 000</td></tr>
<tr><td>借:银行存款—变价收入　2 000
　贷:待处理财产损溢　2 000</td><td rowspan="3">不做账务处理</td></tr>
<tr><td>借:待处理财产损溢　800
　贷:银行存款—清理费　800</td></tr>
<tr><td>借:待处理财产损溢　200
　贷:应缴财政款　200</td></tr>
</table>

四、固定资产的披露

行政事业单位应当在附注中披露与固定资产有关的下列信息:

(1)固定资产的分类和折旧方法。

(2)各类固定资产的使用年限、折旧率。

(3)各类固定资产账面余额、累计折旧额、账面价值的期初、期末数及其本期变动情况。

(4)以名义金额计量的固定资产名称、数量,以及以名义金额计量的理由。

(5)已提足折旧的固定资产名称、数量等情况。

(6)接受捐赠、无偿调入的固定资产名称、数量等情况。

(7)出租、出借固定资产以及以固定资产投资的情况。

(8)固定资产对外捐赠、无偿调出、毁损等重要资产处置的情况。

(9)暂估入账的固定资产账面价值变动情况。

第三节　在 建 工 程

行政事业单位对基本建设投资应当按照《政府会计制度——行政事业单位会计科目和报表》规定统一进行会计核算,不再单独建账,但是应当按项目单独核算,并保证项目资料完整。在建工程是指已经发生必要支出,但尚未达到交付使用状态的建设项目工程。不论是基本建设项目,还是非基本建设项目,只要涉及单位的新建、改建、扩建以及技术改造、设备更新等资本性支出,都纳入在建工程核算范围。在建工程业务核算包括工程物资和在建工程两个方面的核算。

一、工程物资的核算

工程物资是指行政事业单位为在建工程准备的各种物资,包括工程用材料、设备等。

为进行工程物资业务的核算，行政事业单位应设置“工程物资”财务会计总账科目。该科目核算单位为在建工程准备的各种物资的成本。该科目可按照“库存材料”“库存设备”等工程物资类别进行明细核算。该科目期末借方余额，反映单位为在建工程准备的各种物资的成本。在预算会计中无资产类账户设置，因增加工程物资而导致单位实际现金流出时，一般通过“行政支出”“事业支出”“经营支出”等科目进行平行处理，以及时反映相关预算的执行与管理情况。

工程物资的主要账务处理如下：

(1)购入为工程准备的物资，按照确定的物资成本，在财务会计中借记“工程物资”科目，贷记“财政拨款收入”“零余额账户用款额度”“银行存款”“应付账款”等科目。在预算会计中按实际支付的款项借记“行政支出”“事业支出”“经营支出”等科目，贷记“财政拨款预算收入”科目、“资金结存”科目(零余额账户用款额度)、“资金结存”科目(货币资金)等。

(2)领用工程物资，按照物资成本，只在财务会计中借记“在建工程”科目，贷记“工程物资”科目。工程完工后将领出的剩余物资退库时做相反的会计分录。

(3)工程完工后将剩余的工程物资转作本单位存货等的，按照物资成本，只在财务会计中借记“库存物品”等科目，贷记“工程物资”科目。

涉及增值税业务的，相关账务处理参见“应交增值税”科目。

【例题 12-16】 某行政单位 20×2 年 5 月 20 日购入一批为工程准备的物资 H 产品，财政授权支付 30 000 元，另外用银行存款支付运杂费 1 500 元。5 月 25 日领用其中 50%物资用于工程建设—D 项目。6 月 1 日再次领用 45%。9 月 1 日完工，剩下的物资转为本单位的库存物品管理。该单位编制的会计分录如下：

①20×2 年 5 月 20 日购入工程物资时：

财务会计分录		预算会计分录	
借:工程物资—库存材料—H 产品	31 500	借:行政支出—基本支出—资本性支出	31 500
贷:银行存款	1 500	贷:资金结存—货币资金	1 500
零余额账户用款额度	30 000	资金结存—零余额账户用款额度	30 000

②20×2 年 5 月 25 日领用工程物资时：

财务会计分录		预算会计分录
借:在建工程—建筑安装工程投资—建筑工程—D 项目	15 750	不做账务处理
贷:工程物资—库存材料—H 产品	15 750	

③20×2 年 6 月 1 日领用工程物资时：

财务会计分录		预算会计分录
借:在建工程—建筑安装工程投资—建筑工程—D 项目	14 175	不做账务处理
贷:工程物资—库存材料—H 产品	14 175	

④20×0 年 9 月 1 日工程完工：

财务会计分录		预算会计分录
借:固定资产—D项目　29 925 　贷:在建工程—建筑安装工程投资—建筑工程—D项目　29 925		不做账务处理
借:库存物品—H产品　1 575 　贷:工程物资—库存材料—H产品　1 575		不做账务处理

二、在建工程的核算

(一)在建工程科目设置

为核算在建工程业务,行政事业单位应在财务会计中设置"在建工程"总账科目。该科目核算单位在建的建设项目工程的实际成本。单位在建的信息系统项目工程、公共基础设施项目工程、保障性住房项目工程的实际成本,也通过该科目核算。该科目应当设置"建筑安装工程投资""设备投资""待摊投资""其他投资""待核销基建支出""基建转出投资"等明细科目,并按具体项目进行明细核算。

(1)"建筑安装工程投资"明细科目,核算单位发生的构成建设项目实际支出的建筑工程和安装工程的实际成本,不包括被安装设备本身的价值以及按照合同规定支付给施工单位的预付备料款和预付工程款。该明细科目应当设置"建筑工程"和"安装工程"两个明细科目进行明细核算。

(2)"设备投资"明细科目,核算单位发生的构成建设项目实际支出的各种设备的实际成本。

(3)"待摊投资"明细科目,核算单位发生的构成建设项目实际支出的、按照规定应当分摊计入有关工程成本和设备成本的各项间接费用和税费支出。该明细科目的具体核算内容包括以下方面:

①勘察费、设计费、研究试验费、可行性研究费及项目其他前期费用。

②土地征用及迁移补偿费、土地复垦及补偿费、森林植被恢复费及其他为取得土地使用权、租用权而发生的费用。

③土地使用税、耕地占用税、契税、车船税、印花税及按照规定缴纳的其他税费。

④项目建设管理费、代理管理费、临时设施费、监理费、招投标费、社会中介审计(审查)费及其他管理性质的费用。

项目建设管理费是指项目建设单位从项目筹建之日起至办理竣工财务决算之日止发生的管理性质的支出,包括不在原单位发工资的工作人员工资及相关费用、办公费、办公场地租用费、差旅交通费、劳动保护费、工具用具使用费、固定资产使用费、招募生产工人费、技术图书资料费(含软件)、业务招待费、施工现场津贴、竣工验收费等。

⑤项目建设期间发生的各类专门借款利息支出或融资费用。

⑥工程检测费、设备检验费、负荷联合试车费及其他检验检测类费用。

⑦固定资产损失、器材处理亏损、设备盘亏及毁损、单项工程或单位工程报废、毁损净损失

及其他损失。

⑧系统集成等信息工程的费用支出。

⑨其他待摊性质支出。

“待摊投资”明细科目应当按照上述费用项目进行明细核算，其中有些费用(如项目建设管理费等)还应当按照更为具体的费用项目进行明细核算。

(4)“其他投资”明细科目，核算单位发生的构成建设项目实际支出的房屋购置支出，基本畜禽、林木等购置、饲养、培育支出，办公生活用家具、器具购置支出，软件研发和不能计入设备投资的软件购置等支出。单位为进行可行性研究而购置的固定资产，以及取得土地使用权支付的土地出让金，也通过该明细科目核算。该明细科目应当设置“房屋购置”“基本畜禽支出”“林木支出”“办公生活用家具、器具购置”“可行性研究固定资产购置”“无形资产”等明细科目。

(5)“待核销基建支出”明细科目，核算建设项目发生的江河清障、航道清淤、飞播造林、补助群众造林、水土保持、城市绿化、取消项目的可行性研究费以及项目整体报废等不能形成资产部分的基建投资支出。该明细科目应按照核销基建支出的类别进行明细核算。

(6)“基建转出投资”明细科目，核算为建设项目配套而建成的、产权不归属本单位的专用设施的实际成本。该明细科目应按照转出投资的类别进行明细核算。

在预算会计中无资产类账户设置，因增加在建工程而导致单位实际现金流出时，一般通过“行政支出”“事业支出”等科目进行平行处理，以及时反映相关预算的执行与管理情况。

(二)在建工程的主要账务处理

1.建筑安装工程投资

(1)将固定资产等资产转入改建、扩建等时，按照固定资产等资产的账面价值，借记“在建工程”科目(建筑安装工程投资)，按照已计提的折旧或摊销，借记“固定资产累计折旧”等科目，按照固定资产等资产的原值，贷记“固定资产”等科目。

固定资产等资产改建、扩建过程中涉及替换(或拆除)原资产的某些组成部分的，按照被替换(或拆除)部分的账面价值，借记“待处理财产损溢”科目，贷记“在建工程”科目(建筑安装工程投资)。

(2)单位对于发包建筑安装工程，根据建筑安装工程价款结算账单与施工企业结算工程价款时，按照应承付的工程价款，借记“在建工程”科目(建筑安装工程投资)，按照预付工程款余额，贷记“预付账款”科目，按照其差额，贷记“财政拨款收入”“零余额账户用款额度”“银行存款”“应付账款”等科目。

(3)单位自行施工的小型建筑安装工程，按照发生的各项支出金额，借记“在建工程”科目(建筑安装工程投资)，贷记“工程物资”“零余额账户用款额度”“银行存款”“应付职工薪酬”等科目。

(4)工程竣工，办妥竣工验收交接手续交付使用时，按照建筑安装工程成本(含应分摊的待摊投资)，借记“固定资产”等科目，贷记“在建工程”科目(建筑安装工程投资)。

2.设备投资

(1)购入设备时，按照购入成本，借记“在建工程”科目(设备投资)，贷记“财政拨款收入”“零余额账户用款额度”“银行存款”等科目；采用预付款方式购入设备的，有关预付款的账务处理参照“在建工程”科目有关“建筑安装工程投资”明细科目的规定。

(2)设备安装完毕，办妥竣工验收交接手续交付使用时，按照设备投资成本(含设备安装工程成本和分摊的待摊投资)，借记“固定资产”等科目，贷记“在建工程”科目(设备投资、建筑安装工程投资—安装工程)。

将不需要安装的设备和达不到固定资产标准的工具、器具交付使用时，按照相关设备、工具、器具的实际成本，借记“固定资产”“库存物品”科目，贷记“在建工程”科目(设备投资)。

3. 待摊投资

建设工程发生的构成建设项目实际支出的、按照规定应当分摊计入有关工程成本和设备成本的各项间接费用和税费支出，先在“待摊投资”明细科目中归集；建设工程办妥竣工验收手续交付使用时，按照合理的分配方法，摊入相关工程成本、在安装设备成本等。

(1)单位发生的构成待摊投资的各类费用，按照实际发生金额，借记“在建工程”科目(待摊投资)，贷记“财政拨款收入”“零余额账户用款额度”“银行存款”“应付利息”“长期借款”“其他应交税费”“固定资产累计折旧”“无形资产累计摊销”等科目。

(2)对于建设过程中试生产、设备调试等产生的收入，按照取得的收入金额，借记“银行存款”等科目，按照依据有关规定应当冲减建设工程成本的部分，贷记“在建工程”科目(待摊投资)，按照其差额贷记“应缴财政款”或“其他收入”科目。

(3)由于自然灾害、管理不善等原因造成的单项工程或单位工程报废或毁损，扣除残料价值和过失人或保险公司等赔款后的净损失，报经批准后计入继续施工的工程成本的，按照工程成本扣除残料价值和过失人或保险公司等赔款后的净损失，借记“在建工程”科目(待摊投资)，按照残料变价收入、过失人或保险公司赔款等，借记“银行存款”“其他应收款”等科目，按照报废或毁损的工程成本，贷记“在建工程”科目(建筑安装工程投资)。

(4)工程交付使用时，按照合理的分配方法分配待摊投资，借记“在建工程”科目(建筑安装工程投资、设备投资)，贷记“在建工程”科目(待摊投资)。

待摊投资的分配方法，可按照下列公式计算：

①按照实际分配率分配。适用于建设工期较短、整个项目的所有单项工程一次竣工的建设项目。

实际分配率＝待摊投资明细科目余额÷(建筑工程明细科目余额＋安装工程明细科目余额＋设备投资明细科目余额)×100％

②按照概算分配率分配。适用于建设工期长、单项工程分期分批建成投入使用的建设项目。

概算分配率＝(概算中各待摊投资项目的合计数－其中可直接分配部分)÷(概算中建筑工程、安装工程和设备投资合计)×100％

③某项固定资产应分配的待摊投资＝该项固定资产的建筑工程成本或该项固定资产(设备)的采购成本和安装成本合计×分配率。

4.其他投资

(1)单位为建设工程发生的房屋购置支出，基本畜禽、林木等的购置、饲养、培育支出，办公生活用家具、器具购置支出，软件研发和不能计入设备投资的软件购置等支出，按照实际发生金额，借记“在建工程”科目(其他投资)，贷记“财政拨款收入”“零余额账户用款额度”“银行存款”等科目。

(2)工程完成将形成的房屋、基本畜禽、林木等各种财产以及无形资产交付使用时，按照其实际成本，借记“固定资产”“无形资产”等科目，贷记“在建工程”科目(其他投资)。

5.待核销基建支出

(1)建设项目发生的江河清障、航道清淤、飞播造林、补助群众造林、水土保持、城市绿化等不能形成资产的各类待核销基建支出，按照实际发生金额，借记“在建工程”科目(待核销基建支出)，贷记“财政拨款收入”“零余额账户用款额度”“银行存款”等科目。

(2)取消的建设项目发生的可行性研究费，按照实际发生金额，借记“在建工程”科目(待核销基建支出)，贷记“在建工程”科目(待摊投资)。

(3)由于自然灾害等原因发生的建设项目整体报废所形成的净损失，报经批准后转入待核销基建支出，按照项目整体报废所形成的净损失，借记“在建工程”科目(待核销基建支出)，按照报废工程回收的残料变价收入、保险公司赔款等，借记“银行存款”“其他应收款”等科目，按照报废的工程成本，贷记“在建工程”科目(建筑安装工程投资等)。

(4)建设项目竣工验收交付使用时，对发生的待核销基建支出进行冲销，借记“资产处置费用”科目，贷记“在建工程”科目(待核销基建支出)。

6.基建转出投资

为建设项目配套而建成的、产权不归属本单位的专用设施，在项目竣工验收交付使用时，按照转出的专用设施的成本，借记“在建工程”科目(基建转出投资)，贷记“在建工程”科目(建筑安装工程投资)；同时，借记“无偿调拨净资产”科目，贷记“在建工程”科目(基建转出投资)。

“在建工程”科目期末借方余额，反映单位尚未完工的建设项目工程发生的实际成本。

【例题 12-17】 某行政单位经当地有关部门批准，新建一栋办公楼。建造的办公楼由 3 个单项工程组成，包括建造办公楼、立体停车库以及安装配电设备。20×2 年 5 月 5 日，该单位在履行了相应的政府采购程序后，与甲公司签订合同，将该项目出包给甲公司承建。根据双方签订的合同，建造办公楼的价款为 5 500 000 元，建造立体停车库的价款为 350 000 元，安装配电设备需要支付安装费用 600 000 元。建造期间发生如下有关事项：

(1)20×2 年 5 月 10 日，按合同约定向甲公司预付 10%的备料款，其中办公楼的为 550 000 元，立体停车库的为 35 000 元。用财政直接支付方式付讫。相关会计分录为：

财务会计分录		预算会计分录	
借:预付账款—预付备料款	585 000	借:行政支出—项目支出—资本性支出	585 000
贷:财政拨款收入—直接支付—项目支出	585 000	贷:财政拨款预算收入	585 000

(2)20×2 年 11 月 1 日，建造的工程进度达到 50%，该单位与甲公司办理工程价款结算，其中办公楼的为 2 750 000 元，立体停车库的为 175 000 元。抵扣预付备料款后，将余款用财政直接支付方式付讫。相关会计分录为：

财务会计分录		预算会计分录	
借：在建工程—建筑安装工程投资—办公楼	2 750 000	借：行政支出—项目支出—资本性支出	2 340 000
在建工程—建筑安装工程投资—立体停车库	175 000		
贷：预付账款—预付备料款	585 000	贷：财政拨款预算收入	2 340 000
财政拨款收入—直接支付—项目支出	2 340 000		

(3)20×2 年 12 月 1 日，购入需要安装的配电设备，价款总计 3 500 000 元(含增值税进项税额)，已用财政直接支付方式付讫。相关会计分录为：

财务会计分录		预算会计分录	
借：工程物资—配电设备	3 500 000	借：行政支出—项目支出—资本性支出	3 500 000
贷：财政拨款收入—直接支付—项目支出	3 500 000	贷：财政拨款预算收入—直接支付—项目支出	3 500 000

(4)20×3 年 5 月 31 日建筑工程主体完工，与甲公司办理工程价款结算，其中办公楼的为 2 750 000 元，立体停车库的为 175 000 元。抵扣预付备料款后，将余款用财政直接支付方式付讫。相关会计分录为：

财务会计分录		预算会计分录	
借：在建工程—建筑安装工程投资—办公楼	2 750 000	借：行政支出—项目支出—资本性支出	2 925 000
在建工程—建筑安装工程投资—立体停车库	175 000		
贷：财政拨款收入—直接支付—项目支出	2 925 000	贷：财政拨款预算收入—直接支付—项目支出	2 925 000

(5)20×3 年 1 月 31 日将配电设备运抵现场，交甲公司安装。相关会计分录为：

财务会计分录		预算会计分录
借：在建工程—设备投资—配电设备	3 500 000	不做账务处理
贷：工程物资—配电设备	3 500 000	

(6)20×3 年 3 月 10 日配电设备安装到位，与甲公司办理设备安装价款结算 600 000 元，款项用财政直接支付方式付讫。相关会计分录为：

财务会计分录		预算会计分录	
借:在建工程—建筑安装工程投资—配电设备	600 000	借:行政支出—项目支出—资本性支出	600 000
贷:财政拨款收入—直接支付—项目支出	600 000	贷:财政拨款预算收入—直接支付—项目支出	600 000

(7)工程项目发生管理费、可行性研究费、公证费、监理费共计 230 000 元,已用财政直接支付方式付讫。相关会计分录为:

财务会计分录		预算会计分录	
借:在建工程—待摊投资	230 000	借:行政支出—项目支出—资本性支出	230 000
贷:财政拨款收入—直接支付—项目支出	230 000	贷:财政拨款预算收入—直接支付—项目支出	230 000

(8)20×3 年 5 月,进行负荷联合试车,发生其他试车费用 30 000 元,用财政直接支付方式支付。相关会计分录为:

财务会计分录		预算会计分录	
借:在建工程—待摊投资	30 000	借:行政支出—项目支出—资本性支出	30 000
贷:财政拨款收入—直接支付—项目支出	30 000	贷:财政拨款预算收入—直接支付—项目支出	30 000

(9)20×3 年 6 月 1 日,完成试车,各项指标达到设计要求,在建工程完工,同时转固定资产。相关会计分录为:

财务会计分录		预算会计分录
待摊投资分配率=(230 000+30 000)元÷(5 500 000+350 000+3 500 000+600 000)元=0.026 13 办公楼分配待摊投资费=5 500 000 元×0.026 13=143 718.593 元 立体停车库分配待摊投资费=350 000 元×0.026 13=9 145.729 元 配电设备分配待摊投资费=4 100 000 元×0.026 13=107 135.678 元		不做账务处理
借:在建工程—建筑安装工程投资—建筑工程—办公楼	143 718.593	
在建工程—建筑安装工程投资—建筑工程—立体停车库	9 145.729	
在建工程—建筑安装工程投资—安装工程—配电设备	107 135.678	
贷:在建工程—待摊投资	260 000	

续表

<table>
<tr><th>财务会计分录</th><th></th><th>预算会计分录</th></tr>
<tr><td>借:固定资产—办公楼</td><td>5 643 718.593</td><td rowspan="8">不做账务处理</td></tr>
<tr><td>　固定资产—立体停车库</td><td>359 145.729</td></tr>
<tr><td>　固定资产—配电设备</td><td>4 207 135.678</td></tr>
<tr><td>　贷:在建工程—建筑安装工程投资—建筑工程—办公楼</td><td>5 643 718.593</td></tr>
<tr><td>　　在建工程—建筑安装工程投资—建筑工程—立体停车库</td><td>359 145.729</td></tr>
<tr><td>　　在建工程—建筑安装工程投资—安装工程—配电设备</td><td>615 678.392</td></tr>
<tr><td>　　在建工程—设备投资—配电设备</td><td>3 591 457.286</td></tr>
</table>

【例题 12-18】 某行政单位 20×2 年 7 月 31 日取消一个项目发生的可行性研究费为 35 000 元,年底该项目竣工交付使用,将该笔投资冲销。该单位编制的会计分录如下:

<table>
<tr><th>财务会计分录</th><th></th><th>预算会计分录</th></tr>
<tr><td>借:在建工程—待核销基建支出</td><td>35 000</td><td rowspan="4">不做账务处理</td></tr>
<tr><td>　贷:在建工程—待摊投资</td><td>35 000</td></tr>
<tr><td>借:资产处置费用</td><td>35 000</td></tr>
<tr><td>　贷:在建工程——待核销基建支出</td><td>35 000</td></tr>
</table>

【例题 12-19】 某行政单位 20×2 年 8 月 31 日某办公项目竣工验收交付使用时,某配套设施(价值 200 万元)不属于该单位的产权,将其转出。该单位编制有关会计分录如下:

<table>
<tr><th>财务会计分录</th><th></th><th>预算会计分录</th></tr>
<tr><td>借:在建工程—基建转出投资</td><td>2 000 000</td><td rowspan="4">不做账务处理</td></tr>
<tr><td>　贷:在建工程—建筑安装工程投资</td><td>2 000 000</td></tr>
<tr><td>借:无偿调拨净资产</td><td>2 000 000</td></tr>
<tr><td>　贷:在建工程—基建转出投资</td><td>2 000 000</td></tr>
</table>

第四节　无形资产

一、无形资产的概念

无形资产,是指行政事业单位会计主体控制的没有实物形态的可辨认非货币性资产,如专利权、商标权、著作权、土地使用权、非专利技术等。资产满足下列条件之一的,符合无形资产定义中的可辨认性标准:

(1)能够从政府会计主体中分离或者划分出来,并能单独或者与相关合同、资产或负债一起，用于出售、转移、授予许可、租赁或者交换。

(2)源自合同性权利或其他法定权利，无论这些权利是否可以从政府会计主体或其他权利和义务中转移或者分离。

二、无形资产的确认

无形资产同时满足下列条件的，应当予以确认：①与该无形资产相关的服务潜力很可能实现或者经济利益很可能流入政府会计主体；②该无形资产的成本或者价值能够可靠地计量。

行政事业单位在判断无形资产的服务潜力或经济利益是否很可能实现或流入时，应当对无形资产在预计使用年限内可能存在的各种社会、经济、科技因素做出合理估计，并且应当有确凿的证据支持。

行政事业单位购入的不构成相关硬件不可缺少组成部分的软件，应当确认为无形资产。自行研究开发项目的支出，应当区分研究①阶段支出与开发②阶段支出。对于自行研究开发项目研究阶段的支出，应当于发生时计入当期费用。对于自行研究开发项目开发阶段的支出，先按合理方法进行归集，如果最终形成无形资产，应当确认为无形资产；如果最终未形成无形资产，应当计入当期费用。自行研究开发项目尚未进入开发阶段，或者确实无法区分研究阶段支出和开发阶段支出，但按法律程序已申请取得无形资产的，应当将依法取得时发生的注册费、聘请律师费等费用确认为无形资产。对于自创商誉及内部产生的品牌、报刊名等，不应确认为无形资产。与无形资产有关的后续支出，符合无形资产确认条件的，应当计入无形资产成本；不符合无形资产确认条件的，应当在发生时计入当期费用或者相关资产成本。

三、无形资产的初始计量

无形资产在取得时应当按照成本进行初始计量。

行政事业单位外购的无形资产，其成本包括购买价款、相关税费以及可归属于该项资产达到预定用途前所发生的其他支出。委托软件公司开发的软件，视同外购无形资产确定其成本。自行开发的无形资产，其成本包括自该项目进入开发阶段后至达到预定用途前所发生的支出总额。通过置换取得的无形资产，其成本按照换出资产的评估价值加上支付的补价或减去收到的补价，加上换入无形资产发生的其他相关支出确定。接受捐赠的无形资产，其成本按照有关凭据注明的金额加上相关税费确定；没有相关凭据可供取得，但按规定经过资产评估的，其成本按照评估价值加上相关税费确定；没有相关凭据可供取得、也未经资产评估的，其成本比照同类或类似资产的市场价格加上相关税费确定；没有相关凭据且未经资产评估、同类或类似资产的市场价格也无法可靠取得的，按照名义金额入账，相关税费计入当期费用。确定接受捐赠无形资产的初始入账成本时，应当考虑该项资产尚可带来服务潜力或经济利益的能力。无偿调入的无形资产，其成本按照调出方账面价值加上相关税费确定。

四、无形资产的后续计量

行政事业单位应当于取得或形成无形资产时合理确定其使用年限。无形资产的使用年限

① 研究是指为获取并理解新的科学或技术知识而进行的独创性的有计划调查。

② 开发是指在进行生产或使用前，将研究成果或其他知识应用于某项计划或设计，以生产出新的或具有实质性改进的材料、装置、产品等。

为有限的，应当估计该使用年限。无法预见无形资产提供服务潜力或者带来经济利益期限的，应当视为使用年限不确定的无形资产。行政事业单位应当对使用年限有限的无形资产进行摊销，但已摊销完毕仍继续使用的无形资产和以名义金额计量的无形资产除外。对于使用年限有限的无形资产，应当按照以下原则确定无形资产的摊销年限：

(1)法律规定了有效年限的，按照法律规定的有效年限作为摊销年限；

(2)法律没有规定有效年限的，按照相关合同或单位申请书中的受益年限作为摊销年限；

(3)法律没有规定有效年限、相关合同或单位申请书也没有规定受益年限的，应当根据无形资产为政府会计主体带来服务潜力或经济利益的实际情况，预计其使用年限；

(4)非大批量购入、单价小于1 000元的无形资产，可以于购买的当期将其成本一次性全部转销。

行政事业单位应当按月对使用年限有限的无形资产进行摊销，并根据用途计入当期费用或者相关资产成本。可采用年限平均法或者工作量法对无形资产进行摊销，应摊销金额为其成本，不考虑预计残值。因发生后续支出而增加无形资产成本的，对于使用年限有限的无形资产，应当按照重新确定的无形资产成本以及重新确定的摊销年限计算摊销额。

使用年限不确定的无形资产不应摊销。

五、无形资产的处置

行政事业单位按规定报经批准出售无形资产，应当将无形资产账面价值转销计入当期费用，并将处置收入大于相关处置税费后的差额按规定计入当期收入或者做应缴款项处理，将处置收入小于相关处置税费后的差额计入当期费用。按规定报经批准对外捐赠、无偿调出无形资产的，应当将无形资产的账面价值予以转销，对外捐赠、无偿调出过程中发生的归属于捐出方、调出方的相关费用应当计入当期费用。按规定报经批准以无形资产对外投资的，应当将该无形资产的账面价值予以转销，并将无形资产在对外投资时的评估价值与其账面价值的差额计入当期收入或费用。无形资产预期不能为政府会计主体带来服务潜力或者经济利益的，应当在报经批准后将该无形资产的账面价值予以转销。

六、无形资产的披露

行政事业单位应当按照无形资产的类别在附注中披露与无形资产有关的下列信息：

(1)无形资产账面余额、累计摊销额、账面价值的期初、期末数及其本期变动情况。

(2)自行开发无形资产的名称、数量，以及账面余额和累计摊销额的变动情况。

(3)以名义金额计量的无形资产名称、数量，以及以名义金额计量的理由。

(4)接受捐赠、无偿调入无形资产的名称、数量等情况。

(5)使用年限有限的无形资产，其使用年限的估计情况；使用年限不确定的无形资产，其使用年限不确定的确定依据。

(6)无形资产出售、对外投资等重要资产处置的情况。

七、无形资产的核算

为进行无形资产业务的核算，行政事业单位应当设置"无形资产"总账科目。该科目核算单位无形资产的原值，应当按照无形资产的类别、项目等进行明细核算。该科目期末借方余额，反映单位无形资产的成本。在预算会计中无资产类账户设置，因增加无形资产而导致单位实际现金流出时，一般通过“行政支出”“事业支出”“经营支出”“其他支出”等科目进行平行处理，以及时反映相关预算的执行与管理情况。

无形资产的主要账务处理如下：

（一）对无形资产进行初始计量

无形资产在取得时，应当按照成本进行初始计量。

(1)外购的无形资产，按照确定的成本，在财务会计中借记“无形资产”科目，贷记“财政拨款收入”“零余额账户用款额度”“应付账款”“银行存款”等科目。在预算会计中按实际支付资金借记“行政支出”“事业支出”“经营支出”等科目，贷记“财政拨款预算收入”科目、“资金结存”科目(零余额账户用款额度)、“资金结存”科目(货币资金)等。

(2)委托软件公司开发软件，视同外购无形资产进行处理。

合同中约定预付开发费用的，按照预付金额，在财务会计中借记“预付账款”科目，贷记“财政拨款收入”“零余额账户用款额度”“银行存款”等科目。

软件开发完成交付使用并支付剩余或全部软件开发费用时，按照软件开发费用总额，在财务会计中借记“无形资产”科目，按照相关预付账款金额，贷记“预付账款”科目，按照支付的剩余金额，贷记“财政拨款收入”“零余额账户用款额度”“银行存款”等科目。

在预算会计中，按实际预付或支付剩余开发费用时，借记“行政支出”“事业支出”“经营支出”等科目，贷记“财政拨款预算收入”科目、“资金结存”科目(零余额账户用款额度)、“资金结存”科目(货币资金)等。

【例题 12-20】 某行政单位 20×2 年 3 月 9 日委托 A 公司开发一个业务信息系统，合同规定，该项信息系统总计 550 000 元，合同签订 15 个工作日内预付 200 000 元开发费。项目周期为 3 个月，于 4 月 8 日完成验收，并支付剩余开发费用，全部用信息化建设项目经费支付，采用财政授权支付。该单位进行会计处理如下：

①预付 200 000 元开发费：

财务会计分录		预算会计分录	
借：预付账款—A 公司	200 000	借：行政支出—项目支出—资本性支出	200 000
贷：零余额账户用款额度	200 000	贷：资金结存—零余额账户用款额度	200 000

②验收，支付剩余开发费用：

财务会计分录		预算会计分录	
借：无形资产—信息系统	550 000	借：行政支出—项目支出—资本性支出	350 000
贷：预付账款—A 公司	200 000	贷：资金结存—零余额账户用款额度	350 000
零余额账户用款额度	350 000		

(3)自行研究开发形成的无形资产，按照研究开发项目进入开发阶段后至达到预定用途前所发生的支出总额，在财务会计中借记“无形资产”科目，贷记“研发支出—开发支出”科目。

自行研究开发项目尚未进入开发阶段，或确实无法区分研究阶段支出和开发阶段支出，但按照法律程序已申请取得无形资产的，按照依法取得时发生的注册费、聘请律师费等费用，在财务会计中借记“无形资产”科目，贷记“财政拨款收入”“零余额账户用款额度”“银行存款”等科目，在预算会计中借记“行政支出”“事业支出”“经营支出”等科目，贷记“财政拨款预算收入”科目、“资金结存”科目(零余额账户用款额度)、“资金结存”科目(货币资金)等；按照依法取得前所发生的研究开发支出，借记“业务活动费用”等科目，贷记“研发支出”科目。

【例题 12-21】 某事业单位 20×2 年 7 月 10 日自行研发一项新产品专利技术，在研究开发过程中领用材料 K 价值 30 万元，发生人工费 90 万元，以及用银行存款支付其他费用 20 万元，总计 140 万元。其中符合资本化条件的支出为 120 万元，年末该专利技术已经实现预定用途。假定不考虑其他税费。该单位会计处理如下：

财务会计分录	预算会计分录
借：研发支出—开发支出　1 200 000 　研发支出—研究支出　200 000 　贷：库存物品—K　300 000 　　应付职工薪酬　900 000 　　银行存款　200 000	借：事业支出—基本支出—商品与服务支出　200 000 　贷：资金结存—货币资金　200 000
借：业务活动费用—商品与服务费用　200 000 　无形资产—专有技术　1 200 000 　贷：研发支出—开发支出　1 200 000 　　研发支出—研究支出　200 000	不做账务处理

(4)接受捐赠的无形资产，按照确定的无形资产成本，在财务会计中借记“无形资产”科目，按照发生的相关税费等，贷记“零余额账户用款额度”“银行存款”等科目，按照其差额，贷记“捐赠收入”科目。

接受捐赠的无形资产按照名义金额入账的，按照名义金额，在财务会计中借记“无形资产”科目，贷记“捐赠收入”科目；同时，按照发生的相关税费等，借记“其他费用”科目，贷记“零余额账户用款额度”“银行存款”等科目。

上述业务发生时，在预算会计中按照发生的相关税费等借记“其他支出”科目，贷记“财政拨款预算收入”科目、“资金结存”科目(零余额账户用款额度)、“资金结存”科目(货币资金)等。

(5)无偿调入的无形资产，按照确定的无形资产成本，在财务会计中借记“无形资产”科目，按照发生的相关税费等，贷记“零余额账户用款额度”“银行存款”等科目，按照其差额，贷记“无偿调拨净资产”科目。在预算会计中按照发生的相关税费等借记“其他支出”科目，贷记“财政拨款预算收入”科目、“资金结存”科目(零余额账户用款额度)、“资金结存”科目(货币资金)等。

【例题 12-22】 某事业单位 20×2 年 4 月接受外单位阳光公司(此类名称均为虚构)捐赠一项专利技术 A，评估价值为 80 万元，发生相关税费 0.8 万元，银行存款支付；接受东风公司一项土地使用权 B，无账面价值，无法取得相关评估价值和同类市场价值，拟按照名义金额入账，发生相关税费 3 万元，银行存款支付；另又从同一系统中的 K 单位调入一项专利技术 C，对方账面

价值为45万元,发生相关税费0.9万元,以银行存款支付。该单位会计处理如下:

①接受专利技术A捐赠:

财务会计分录		预算会计分录	
借:无形资产—专利技术A	808 000	借:其他支出—相关税费	8 000
贷:银行存款	8 000	贷:资金结存—货币资金	8 000
捐赠收入—阳光公司	800 000		

②接受土地使用权B捐赠:

财务会计分录		预算会计分录	
借:无形资产—土地使用权B	1		
贷:捐赠收入—东风公司	1		
借:其他费用—相关税费	30 000	借:其他支出—相关税费	30 000
贷:银行存款	30 000	贷:资金结存—货币资金	30 000

③无偿调入专利技术C:

财务会计分录		预算会计分录	
借:无形资产—专利技术C	459 000		
贷:无偿调拨净资产	450 000	借:其他支出—相关税费	9 000
银行存款	9 000	贷:资金结存—货币资金	9 000

(6)置换取得的无形资产,参照“库存物品”科目中置换取得库存物品的相关规定进行账务处理。

无形资产取得时涉及增值税业务的,相关账务处理参见“应交增值税”科目。

【例题12-23】 某事业单位20×2年6月以其拥有的一项专利权交换乙公司持有的一台专用设备。在交换日,专利权的账面价值为750万元,累计已摊销金额为150万元,在交换日的评估价为630万元,该单位收到补价10万元。乙公司持有的设备账面余额为610万元,在交换日评估价值为620万元。假设在整个交易过程中没有发生相关税费。该单位会计处理如下:

财务会计分录		预算会计分录
借:固定资产—专用设备	6 200 000	不做账务处理
无形资产累计摊销	1 500 000	
银行存款—补价	100 000	
贷:无形资产—专利	7 500 000	
应缴财政款	100 000	
资产处置费用	200 000	

(二)与无形资产有关的后续支出

1.符合无形资产确认条件的后续支出

为增加无形资产的使用效能对其进行升级改造或扩展其功能时,如需暂停对无形资产进行摊销,按照无形资产的账面价值,在财务会计中借记“在建工程”科目,按照无形资产已摊销金额,借记“无形资产累计摊销”科目,按照无形资产的账面余额,贷记“无形资产”科目。此时在预算会计中不做账务处理。

无形资产后续支出符合无形资产确认条件的,按照支出的金额,在财务会计中借记“无形资产”科目[无需暂停摊销的]或“在建工程”科目[需暂停摊销的],贷记“财政拨款收入”“零余额账户用款额度”“银行存款”等科目。在预算会计中按照支出的金额借记“行政支出”“事业支出”“经营支出”等科目,贷记“财政拨款预算收入”科目、“资金结存”科目(零余额账户用款额度)、“资金结存”科目(货币资金)等。

暂停摊销的无形资产升级改造或扩展功能等完成交付使用时,按照在建工程成本,在财务会计中借记“无形资产”科目,贷记“在建工程”科目。

【例题 12-24】 某行政单位 20×2 年 4 月由于业务转型,需要对其业务信息系统进行升级改造,该系统原值 550 000 元,已累计摊销 55 000 元。现停止使用,停止计提摊销。20×2 年 7 月 30 日,支付升级费用 15 万元,继续用信息化建设项目经费支出,采用财政授权支付。8 月 31 日升级后系统交付使用。该单位会计处理如下:

(1)停止使用,开始升级:

财务会计分录	预算会计分录
借:在建工程—软件 495 000 无形资产累计摊销 55 000 贷:无形资产—软件 550 000	不做账务处理

(2)支付升级费用:

财务会计分录	预算会计分录
借:在建工程—软件 150 000 贷:零余额账户用款额度 150 000	借:行政支出—基本支出—资本性支出 150 000 贷:资金结存—货币资金 150 000

(3)交付使用:

财务会计分录	预算会计分录
借:无形资产—软件 645 000 贷:在建工程—软件 645 000	不做账务处理

2. 不符合无形资产确认条件的后续支出

为保证无形资产正常使用发生的日常维护等支出,在财务会计中借记“业务活动费用”“单位管理费用”等科目,贷记“财政拨款收入”“零余额账户用款额度”“银行存款”等科目。在预算会计中按照发生的日常维护等支出的金额借记“行政支出”“事业支出”“经营支出”等科目,贷记“财政拨款预算收入”科目、“资金结存”科目(零余额账户用款额度)、“资金结存”科目(货币资金)等。

(三)无形资产累计摊销

为核算无形摊销业务,行政事业单位应当设置“无形资产累计摊销”财务会计总账科目,以核算单位对使用年限有限的无形资产计提的累计摊销。该科目应当按照所对应无形资产的明细分类进行明细核算。该科目期末贷方余额,反映单位计提的无形资产摊销累计数。在财务会计中,无形资产累计摊销的主要账务处理如下:

(1)按月对无形资产进行摊销时,按照应摊销金额,借记“业务活动费用”“单位管理费用”“加工物品”“在建工程”等科目,贷记“无形资产累计摊销”科目。

(2)经批准处置无形资产时,按照所处置无形资产的账面价值,借记“资产处置费用”“无偿调拨净资产”“待处理财产损溢”等科目,按照已计提摊销,借记“无形资产累计摊销”科目,按照无形资产的账面余额,贷记“无形资产”科目。

上述业务在预算会计中不做账务处理。

【例题 12-25】 某事业单位 20×2 年 9 月 1 日因开展业务活动需要,从外单位购得一项商标权,支付价款 1 500 000 元,款项已付,该商标权的使用寿命为 10 年,当月计提摊销金额为 12 500 元。该单位有关摊销的账务处理如下:

财务会计分录			预算会计分录
借:业务活动费用—无形资产摊销	12 500		不做账务处理
贷:无形资产累计摊销—商标权		12 500	

(四)按照规定报经批准处置无形资产

按照规定报经批准处置无形资产,应当分别按以下情况处理:

(1)报经批准出售、转让无形资产,按照被出售、转让无形资产的账面价值,借记“资产处置费用”科目,按照无形资产已计提的摊销,借记“无形资产累计摊销”科目,按照无形资产账面余额,贷记“无形资产”科目;同时,按照收到的价款,借记“银行存款”等科目,按照处置过程中发生的相关费用,贷记“银行存款”等科目,按照其差额,贷记“应缴财政款”科目[按照规定应上缴无形资产转让净收入的]或“其他收入”科目[按照规定将无形资产转让收入纳入本单位预算管理的]。在预算会计中按照规定将无形资产转让收入纳入本单位预算管理的借记“资金结存”科目(货币资金),贷记“其他预算收入”科目。

【例题 12-26】 某行政单位 20×2 年 9 月 4 日经批准转让一项专利权。其账面价值为 12 万元,已计提摊销 8 万元,转让取得价款 6 万元,发生相关税费 0.3 万元。该单位会计处理如下:

财务会计分录			预算会计分录		
借:资产处置费用	40 000		不做账务处理		
无形资产累计摊销	80 000				
贷:无形资产—专利权		120 000			
借:银行存款—取得价款	60 000		如缴纳国库则不做账务处理,如纳入本单位预算管理则为:		
贷:银行存款—税费		3 000	借:资金结存—货币资金	57 000	
应缴财政款/其他收入—科技成果转让收入		57 000	贷:其他预算收入—科技成果转让收入		57 000

（2）报经批准对外捐赠无形资产，在财务会计中，按照无形资产已计提的摊销，借记“无形资产累计摊销”科目，按照被处置无形资产账面余额，贷记“无形资产”科目，按照捐赠过程中发生的归属于捐出方的相关费用，贷记“银行存款”等科目，按照其差额，借记“资产处置费用”科目。

（3）报经批准无偿调出无形资产，在财务会计中，按照无形资产已计提的摊销，借记“无形资产累计摊销”科目，按照被处置无形资产账面余额，贷记“无形资产”科目，按照其差额，借记“无偿调拨净资产”科目；同时，按照无偿调出过程中发生的归属于调出方的相关费用，借记“资产处置费用”科目，贷记“银行存款”等科目。

（4）报经批准置换换出无形资产，参照“库存物品”科目中置换换入库存物品的规定进行账务处理。

（5）无形资产预期不能为单位带来服务潜力或经济利益，按照规定报经批准核销时，按照待核销无形资产的账面价值，借记“资产处置费用”科目，按照已计提摊销，借记“无形资产累计摊销”科目，按照无形资产的账面余额，贷记“无形资产”科目。

无形资产处置时涉及增值税业务的，相关账务处理参见“应交增值税”科目。

（五）无形资产的清查盘点

单位应当定期对无形资产进行清查盘点，每年至少盘点一次。单位资产清查盘点过程中发现的无形资产盘盈、盘亏等，参照“固定资产”科目相关规定进行账务处理。

【例题 12-27】 某事业单位 20×2 年底对无形资产进行盘点，发现盘盈一项专利 A，市场评估价值为 12 万元。同时发现盘亏一项专利 B，账面价值为 18 万元，已经计提摊销 15 万元。该单位进行会计处理如下：

（1）对盘盈无形资产的处理：

财务会计分录			预算会计分录
借：无形资产—专利 A	120 000		不做账务处理
贷：待处理财产损溢—无形资产		120 000	

（2）对盘亏无形资产的处理：

财务会计分录			预算会计分录
借：待处理财产损溢—无形资产	30 000		不做账务处理
无形资产累计摊销	150 000		
贷：无形资产—专利 B		180 000	

第五节　公共基础设施

一、公共基础设施的概念和范围

公共基础设施是指政府会计主体为满足社会公共需求而控制的，同时具有以下特征的有形资产：①是一个有形资产系统或网络的组成部分；②具有特定用途；③一般不可移动。公共基础设施主要包括市政基础设施(如城市道路、桥梁、隧道、公交场站、路灯、广场、公园绿地、室外公共健身器材,以及环卫、排水、供水、供电、供气、供热、污水处理、垃圾处理系统等)、交通基础设施(如公路、航道、港口等)、水利基础设施(如大坝、堤防、水闸、泵站、渠道等)和其他公共基础设施。

对于独立于公共基础设施、不构成公共基础设施使用不可缺少组成部分的管理维护用房屋建筑物、设备、车辆等,适用《政府会计准则第 3 号——固定资产》。对属于文物文化资产的公共基础设施以及采用政府和社会资本合作模式(即 PPP 模式)形成的公共基础设施的确认和初始计量,适用其他相关政府会计准则。

二、公共基础设施的确认

(一)公共基础设施的确认主体

通常情况下,对于符合规定的公共基础设施,应当由按规定对其负有管理维护职责的政府会计主体予以确认。多个政府会计主体共同管理维护的公共基础设施,应当由对该资产负有主要管理维护职责或者承担后续主要支出责任的政府会计主体予以确认。分为多个组成部分由不同政府会计主体分别管理维护的公共基础设施,应当由各个政府会计主体分别对其负责管理维护的公共基础设施的相应部分予以确认。负有管理维护公共基础设施职责的政府会计主体通过政府购买服务方式委托企业或其他会计主体代为管理维护公共基础设施的,该公共基础设施应当由委托方予以确认。

(二)公共基础设施的确认条件、确认时间与分类确认

公共基础设施同时满足下列条件的,应当予以确认:①与该公共基础设施相关的服务潜力很可能实现或者经济利益很可能流入政府会计主体;②该公共基础设施的成本或者价值能够可靠地计量。

通常情况下,对于自建或外购的公共基础设施,政府会计主体应当在该项公共基础设施验收合格并交付使用时确认;对于无偿调入、接受捐赠的公共基础设施,政府会计主体应当在开始承担该项公共基础设施管理维护职责时确认。

政府会计主体应当根据公共基础设施提供公共产品或服务的性质或功能特征对其进行分类确认。公共基础设施的各组成部分具有不同使用年限或者以不同方式提供公共产品或服务,适用不同折旧率或折旧方法且可以分别确定各自原价的,应当分别将各组成部分确认为该类公共基础设施的一个单项公共基础设施。政府会计主体在购建公共基础设施时,能够分清购建成本中的构筑物部分与土地使用权部分的,应当将其中的构筑物部分和土地使用权部分分别确认为公共基础设施;不能分清购建成本中的构筑物部分与土地使用权部分的,应当整体确认为公共基础设施。

(三)公共基础设施后续支出的确认

公共基础设施在使用过程中发生的后续支出,符合公共基础设施规定的确认条件的,应当计入公共基础设施成本;不符合规定的确认条件的,应当在发生时计入当期费用。通常情况下,为增加公共基础设施使用效能或延长其使用年限而发生的改建、扩建等后续支出,应当计入公共基础设施成本;为维护公共基础设施的正常使用而发生的日常维修、养护等后续支出,应当计入当期费用。

三、公共基础设施的初始计量

公共基础设施在取得时应当按照成本进行初始计量。

对于政府会计主体自行建造的公共基础设施，其成本包括完成批准的建设内容所发生的全部必要支出，包括建筑安装工程投资支出、设备投资支出、待摊投资支出和其他投资支出。

在原有公共基础设施基础上进行改建、扩建等建造活动后的公共基础设施，其成本按照原公共基础设施账面价值加上改建、扩建等建造活动发生的支出，再扣除公共基础设施被替换部分的账面价值后的金额确定。为建造公共基础设施借入的专门借款的利息，属于建设期间发生的，计入该公共基础设施在建工程成本；不属于建设期间发生的，计入当期费用。

已交付使用但尚未办理竣工决算手续的公共基础设施，应当按照估计价值入账，待办理竣工决算后再按照实际成本调整原来的暂估价值。政府会计主体接受其他会计主体无偿调入的公共基础设施，其成本按照该项公共基础设施在调出方的账面价值加上归属于调入方的相关费用确定。

政府会计主体接受捐赠的公共基础设施，其成本按照有关凭据注明的金额加上相关费用确定；没有相关凭据可供取得，但按规定经过资产评估的，其成本按照评估价值加上相关费用确定；没有相关凭据可供取得、也未经资产评估的，其成本比照同类或类似资产的市场价格加上相关费用确定。如受赠的系旧的公共基础设施，在确定其初始入账成本时应当考虑该项资产的新旧程度。

政府会计主体外购的公共基础设施，其成本包括购买价款、相关税费以及公共基础设施交付使用前所发生的可归属于该项资产的运输费、装卸费、安装费和专业人员服务费等。对于包括不同组成部分的公共基础设施，其只有总成本、没有单项组成部分成本的，政府会计主体可以按照各单项组成部分同类或类似资产的成本或市场价格比例对总成本进行分配，分别确定公共基础设施中各单项组成部分的成本。

四、公共基础设施的后续计量

政府会计主体应当对公共基础设施计提折旧，但政府会计主体持续进行良好的维护使其性能得到永久维持的公共基础设施和确认为公共基础设施的单独计价入账的土地使用权除外。

公共基础设施应计提的折旧总额为其成本，计提公共基础设施折旧时不考虑预计净残值。政府会计主体应当对暂估入账的公共基础设施计提折旧，实际成本确定后不需调整原已计提的折旧额。

政府会计主体应当根据公共基础设施的性质和使用情况，合理确定公共基础设施的折旧年限。政府会计主体确定公共基础设施折旧年限，应当考虑下列因素：①设计使用年限或设计基准期；②预计实现服务潜力或提供经济利益的期限；③预计有形损耗和无形损耗；④法律或者类似规定对资产使用的限制。公共基础设施的折旧年限一经确定，不得随意变更，但处于改建、扩建等建造活动期间的公共基础设施除外。处于改建、扩建等建造活动期间的公共基础设施，应当暂停计提折旧。因改建、扩建等原因而延长公共基础设施使用年限的，应当按照重新确定的公共基础设施的成本和重新确定的折旧年限计算折旧额，不需调整原已计提的折旧额。对于政府会计主体接受无偿调入、捐赠的公共基础设施，应当考虑该项资产的新旧程度，按照其尚可使用的年限计提折旧。

政府会计主体一般应当采用年限平均法或者工作量法计提公共基础设施折旧。在确定公共基础设施的折旧方法时，应当考虑与公共基础设施相关的服务潜力或经济利益的预期实现方式。公共基础设施折旧方法一经确定，不得随意变更。

公共基础设施应当按月计提折旧，并计入当期费用。当月增加的公共基础设施，当月开始计提折旧；当月减少的公共基础设施，当月不再计提折旧。公共基础设施提足折旧后，无论能否继续使用，均不再计提折旧；已提足折旧的公共基础设施，可以继续使用的，应当继续使用，并规范实物管理。提前报废的公共基础设施，不再补提折旧。对于确认为公共基础设施的单独计价入账的土地使用权，政府会计主体应当按照《政府会计准则第 4 号——无形资产》的相关规定进行摊销。

五、公共基础设施的处置

政府会计主体按规定报经批准无偿调出、对外捐赠公共基础设施的，应当将公共基础设施的账面价值予以转销，无偿调出、对外捐赠过程中发生的归属于调出方、捐出方的相关费用应当计入当期费用。公共基础设施报废或遭受重大毁损的，政府会计主体应当在报经批准后将公共基础设施账面价值予以转销，并将报废、毁损过程中取得的残值变价收入扣除相关费用后的差额按规定做应缴款项处理（差额为净收益时）或计入当期费用（差额为净损失时）。

六、公共基础设施的核算

为核算公共基础设施业务，行政事业单位应当设置“公共基础设施”财务会计总账科目。该科目核算单位控制的公共基础设施的原值。该科目应当按照公共基础设施的类别、项目等进行明细核算。该科目期末借方余额，反映公共基础设施的原值。行政事业单位应当根据行业主管部门对公共基础设施的分类规定，制定适合于本单位管理的公共基础设施目录、分类方法，作为进行公共基础设施核算的依据。在预算会计中没有资产类账户设置，因增加公共基础设施而导致单位实际现金流出时，一般通过“行政支出”“事业支出”“经营支出”“其他支出”等科目进行平行处理，以及时反映相关预算的执行与管理情况。

公共基础设施的主要账务处理如下：

（一）公共基础设施在取得时，应当按照其成本入账

（1）自行建造的公共基础设施完工交付使用时，在财务会计中按照在建工程的成本，借记“公共基础设施”科目，贷记“在建工程”科目。在预算会计中暂不做账务处理。

已交付使用但尚未办理竣工决算手续的公共基础设施，按照估计价值入账，待办理竣工决算后再按照实际成本调整原来的暂估价值。

【例题 12-28】 某行政单位建设一个室外公共健身器材，于 20×2 年 9 月 1 日完工，交付使用，但尚未办理竣工决算，暂时按“在建工程”账面价值 300 000 元入账，20×2 年 12 月 31 日竣工决算完成，工程竣工决算价为 310 000 元，使用财政授权支付。该行政单位编制如下会计分录：

①20×2 年 9 月 1 日完工时：

财务会计分录		预算会计分录
借：公共基础设施—健身器材	300 000	不做账务处理
贷：在建工程—健身器材	300 000	

②20×2 年 12 月 31 日竣工决算完成时：

财务会计分录		预算会计分录	
借：公共基础设施—健身器材	10 000	借：行政支出—项目支出—资本性支出	10 000
贷：零余额账户用款额度	10 000	贷：资金结存—货币资金	10 000

(2)接受其他单位无偿调入的公共基础设施，在财务会计中，按照确定的成本，借记“公共基础设施”科目，按照发生的归属于调入方的相关费用，贷记“财政拨款收入”“零余额账户用款额度”“银行存款”等科目，按照其差额，贷记“无偿调拨净资产”科目。无偿调入的公共基础设施成本无法可靠取得的，按照发生的相关税费、运输费等金额，借记“其他费用”科目，贷记“财政拨款收入”“零余额账户用款额度”“银行存款”等科目。

上述业务发生时，在预算会计中，按照发生的归属于调入方的相关费用，借记“其他支出”科目，贷记“财政拨款预算收入”科目、“资金结存”科目(零余额账户用款额度)、“资金结存”科目(银行存款)等。

(3)接受捐赠的公共基础设施，按照确定的成本，借记“公共基础设施”科目，按照发生的相关费用，贷记“财政拨款收入”“零余额账户用款额度”“银行存款”等科目，按照其差额，贷记“捐赠收入”科目。

接受捐赠的公共基础设施成本无法可靠取得的，按照发生的相关税费等金额，借记“其他费用”科目，贷记“财政拨款收入”“零余额账户用款额度”“银行存款”等科目，按照其差额，贷记“捐赠收入”科目。

上述业务发生时，在预算会计中，按照发生的归属于捐入方的相关费用，借记“其他支出”科目，贷记“财政拨款预算收入”科目、“资金结存”科目(零余额账户用款额度)、“资金结存”科目(银行存款)。

【例题 12-29】 某行政单位于 20×2 年 7 月 1 日从系统内另一家单位 H 无偿调入一公园绿地归其维护管理，对方账户记载价值为 298 000 元，同时发生相关税费 29 800 元，以财政授权支付；另又于 7 月 15 日接受外单位 K 捐赠一公园绿地归其管理，对方账户记载价值为 200 000 元，同时发生相关税费 20 000 元，以财政授权支付。该行政单位编制如下会计分录：

①20×2 年 7 月 1 日无偿调入时：

财务会计分录		预算会计分录	
借：公共基础设施—公园绿地	327 800	借：其他支出—相关税费	29 800
贷：无偿调拨净资产	298 000	贷：资金结存—零余额账户用款额度	29 800
零余额账户用款额度	29 800		

②20×2 年 7 月 15 日接受捐赠时：

财务会计分录		预算会计分录	
借:公共基础设施—公园绿地	220 000	借:其他支出—相关税费	20 000
贷:捐赠收入—K	200 000	贷:资金结存—零余额账户用款额度	20 000
零余额账户用款额度	20 000		

(4)外购的公共基础设施，按照确定的成本，在财务会计中借记“公共基础设施”科目，贷记“财政拨款收入”“零余额账户用款额度”“银行存款”等科目。在预算会计中，按实际支付的购买成本借记“行政支出”“事业支出”等科目，贷记“财政拨款预算收入”科目、“资金结存”科目(零余额账户用款额度)、“资金结存”科目(银行存款)等。

【例题 12-30】 某行政单位于 20×2 年 7 月 1 日外购一公园绿地支付价款为 298 000 元，同时发生相关税费 29 800 元，以财政授权支付。该单位会计处理如下：

财务会计分录		预算会计分录	
借:公共基础设施—公园绿地	327 800	借:行政支出—项目支出—资本性支出	327 800
贷:零余额账户用款额度	327 800	贷:资金结存—零余额账户用款额度	327 800

(5)对于成本无法可靠取得的公共基础设施，单位应当设置备查簿进行登记，待成本能够可靠确定后按照规定时间及时入账。

(二)与公共基础设施有关的后续支出

(1)将公共基础设施转入改建、扩建时，按照公共基础设施的账面价值，在财务会计中借记“在建工程”科目，按照公共基础设施已计提折旧，借记“公共基础设施累计折旧(摊销)”科目，按照公共基础设施的账面余额，贷记“公共基础设施”科目。

按月计提公共基础设施折旧时，按照应计提的折旧额，在财务会计中借记“业务活动费用”科目，贷记“公共基础设施累计折旧(摊销)”科目。

【例题 12-31】 某行政单位于 20×2 年 7 月 1 日外购一公园绿地支付价款为 298 000 元，同时发生相关税费 29 800 元，通过财政授权支付，每月折旧 2 731.67 元。该单位编制的有关折旧的会计分录如下：

财务会计分录		预算会计分录
借:业务活动费用—公共基础设施折旧	2 731.67	不做账务处理
贷:公共基础设施累计折旧	2 731.67	

(2)为增加公共基础设施使用效能或延长其使用年限而发生的改建、扩建等后续支出，在财务会计中借记“在建工程”科目，贷记“财政拨款收入”“零余额账户用款额度”“银行存款”等科目。

公共基础设施改建、扩建完成，竣工验收交付使用时，只在财务会计中按照在建工程成本，借记“公共基础设施”科目，贷记“在建工程”科目。

为保证公共基础设施正常使用发生的日常维修等支出，在财务会计中借记“业务活动费用”

“单位管理费用”等科目，贷记“财政拨款收入”“零余额账户用款额度”“银行存款”等科目。

上述业务发生时，在预算会计中按实际支出金额借记“行政支出”“事业支出”等科目，贷记“财政拨款预算收入”科目、“资金结存”科目(零余额账户用款额度)、“资金结存”科目(银行存款)等。

【例题 12-32】 某行政单位于 20×2 年 9 月 1 日对所属市政桥梁进行改扩建，原值为 120 000 000 元，累计折旧 72 000 000 元，改扩建过程中发生支出 500 万元，通过财政授权支付。该单位编制会计分录如下：

财务会计分录		预算会计分录	
借：在建工程—桥梁	48 000 000	不做账务处理	
公共基础设施累计折旧	72 000 000		
贷：公共基础设施—桥梁	120 000 000		
借：在建工程—桥梁	5 000 000	借：行政支出—项目支出—资本性支出	5 000 000
贷：零余额账户用款额度	5 000 000	贷：资金结存—零余额账户用款额度	5 000 000

(三)按照规定报经批准处置公共基础设施

按照规定报经批准处置公共基础设施，分别按以下情况处理：

(1)报经批准对外捐赠公共基础设施，按照公共基础设施已计提的折旧或摊销，在财务会计中借记“公共基础设施累计折旧(摊销)”科目，按照被处置公共基础设施账面余额，贷记“公共基础设施”科目，按照捐赠过程中发生的归属于捐出方的相关费用，贷记“银行存款”等科目，按照其差额，借记“资产处置费用”科目。

(2)报经批准无偿调出公共基础设施，按照公共基础设施已计提的折旧或摊销，在财务会计中借记“公共基础设施累计折旧(摊销)”科目，按照被处置公共基础设施账面余额，贷记“公共基础设施”科目，按照其差额，借记“无偿调拨净资产”科目；同时，按照无偿调出过程中发生的归属于调出方的相关费用，借记“资产处置费用”科目，贷记“银行存款”等科目。

上述业务发生时，在预算会计中按实际支出金额借记“其他支出”科目，贷记“财政拨款预算收入”科目、“资金结存”科目(零余额账户用款额度)、“资金结存”科目(银行存款)等。

【例题 12-33】 某事业单位于 20×2 年 3 月 1 日将所属桥梁对外无偿捐赠，原值为 120 000 000 元，累计折旧 72 000 000 元，捐赠过程中发生相关税费 48 000 元，通过财政授权支付。该单位编制会计分录如下：

财务会计分录		预算会计分录	
借：资产处置费用	48 048 000	借：其他支出—相关税费	48 000
公共基础设施累计折旧	72 000 000		
贷：公共基础设施—桥梁	120 000 000	贷：资金结存—零余额账户用款额度	48 000
零余额账户用款额度	48 000		

【例题 12-34】 某事业单位于 20×2 年 3 月 1 日将所属桥梁无偿调出至另一家事业单位，

原值为 120 000 000 元，累计折旧 72 000 000 元，捐赠过程中发生相关税费 48 000 元，通过财政授权支付。该单位编制会计分录如下：

财务会计分录	预算会计分录
借：无偿调拨净资产　48 000 000 公共基础设施累计折旧　72 000 000 贷：公共基础设施—桥梁　120 000 000	不做账务处理
借：资产处置费用　48 000 贷：零余额账户用款额度　48 000	借：其他支出—相关税费　48 000 贷：资金结存—零余额账户用款额度　48 000

(四)公共基础设施的清查盘点

单位应当定期对公共基础设施进行清查盘点。对于发生的公共基础设施盘盈、盘亏、毁损或报废，应当先记入“待处理财产损溢”科目，按照规定报经批准后及时进行后续账务处理。

(1)盘盈的公共基础设施，其成本按照有关凭据注明的金额确定；没有相关凭据、但按照规定经过资产评估的，其成本按照评估价值确定；没有相关凭据、也未经过评估的，其成本按照重置成本确定。盘盈的公共基础设施成本无法可靠取得的，单位应当设置备查簿进行登记，待成本确定后按照规定及时入账。

盘盈的公共基础设施，按照确定的入账成本，在财务会计中借记“公共基础设施”科目，贷记“待处理财产损溢”科目。

(2)盘亏、毁损或报废的公共基础设施，在财务会计中按照待处置公共基础设施的账面价值，借记“待处理财产损溢”科目，按照已计提折旧或摊销，借记“公共基础设施累计折旧(摊销)”科目，按照公共基础设施的账面余额，贷记“公共基础设施”科目。

上述业务在预算会计中一般不做账务处理。

七、公共基础设施的披露

政府会计主体应当在附注中披露与公共基础设施有关的下列信息：

(1)公共基础设施的分类和折旧方法。

(2)各类公共基础设施的折旧年限及其确定依据。

(3)各类公共基础设施账面余额、累计折旧额(或摊销额)、账面价值的期初、期末数及其本期变动情况。

(4)各类公共基础设施的实物量。

(5)公共基础设施在建工程的期初、期末金额及其增减变动情况。

(6)确认为公共基础设施的单独计价入账的土地使用权的账面余额、累计摊销额及其变动情况。

(7)已提足折旧继续使用的公共基础设施的名称、数量等情况。

(8)暂估入账的公共基础设施账面价值变动情况。

(9)无偿调入、接受捐赠的公共基础设施名称、数量等情况。

(10)公共基础设施对外捐赠、无偿调出、报废、重大毁损等处置情况。

(11)公共基础设施年度维护费用和其他后续支出情况。

第六节　政府储备物资

一、政府储备物资的含义

政府储备物资是指政府会计主体为满足实施国家安全与发展战略、进行抗灾救灾、应对公共突发事件等特定公共需求而控制的，同时具有下列特征的有形资产：①在应对可能发生的特定事件或情形时动用；②其购入、存储保管、更新（轮换）、动用等由政府及相关部门发布的专门管理制度规范。政府储备物资包括战略及能源物资、抢险抗灾救灾物资、农产品、医药物资和其他重要商品物资，通常情况下由政府会计主体委托承储单位存储。

二、政府储备物资的确认

通常情况下，符合规定的政府储备物资条件的，应当由按规定对其负有行政管理职责的政府会计主体予以确认。规定的行政管理职责主要指提出或拟定收储计划、更新（轮换）计划、动用方案等。相关行政管理职责由不同政府会计主体行使的政府储备物资，由负责提出收储计划的政府会计主体予以确认。对政府储备物资不负有行政管理职责但接受委托具体负责执行其存储保管等工作的政府会计主体，应当将受托代储的政府储备物资作为受托代理资产核算。

政府储备物资同时满足下列条件的，应当予以确认：①与该政府储备物资相关的服务潜力很可能实现或者经济利益很可能流入政府会计主体；②该政府储备物资的成本或者价值能够可靠地计量。

三、政府储备物资的初始计量

政府储备物资在取得时应当按照成本进行初始计量。

政府会计主体购入的政府储备物资，其成本包括购买价款和政府会计主体承担的相关税费、运输费、装卸费、保险费、检测费以及使政府储备物资达到目前场所和状态所发生的归属于政府储备物资成本的其他支出。委托加工的政府储备物资，其成本包括委托加工前物料成本、委托加工的成本（如委托加工费以及按规定应计入委托加工政府储备物资成本的相关税费等）以及政府会计主体承担的使政府储备物资达到目前场所和状态所发生的归属于政府储备物资成本的其他支出。接受捐赠的政府储备物资，其成本按照有关凭据注明的金额加上政府会计主体承担的相关税费、运输费等确定；没有相关凭据可供取得，但按规定经过资产评估的，其成本按照评估价值加上政府会计主体承担的相关税费、运输费等确定；没有相关凭据可供取得、也未经资产评估的，其成本比照同类或类似资产的市场价格加上政府会计主体承担的相关税费、运输费等确定。接受无偿调入的政府储备物资，其成本按照调出方账面价值加上归属于政府会计主体的相关税费、运输费等确定。盘盈的政府储备物资，其成本按照有关凭据注明的金额确定；没有相关凭据，但按规定经过资产评估的，其成本按照评估价值确定；没有相关凭据、也未经资产评估的，其成本按照重置成本确定。

下列各项不计入政府储备物资成本：①仓储费用；②日常维护费用；③不能归属于使政府储备物资达到目前场所和状态所发生的其他支出。

四、政府储备物资的后续计量

政府会计主体应当根据实际情况采用先进先出法、加权平均法或者个别计价法确定政府储备物资发出的成本。计价方法一经确定，不得随意变更。对于性质和用途相似的政府储备物资，政府会计主体应当采用相同的成本计价方法确定发出物资的成本。对于不能替代使用的政府储备物资、为特定项目专门购入或加工的政府储备物资，政府会计主体通常应采用个别计价法确定发出物资的成本。

因动用而发出无须收回的政府储备物资的，政府会计主体应当在发出物资时将其账面余额予以转销，计入当期费用。因动用而发出需要收回或者预期可能收回的政府储备物资的，政府会计主体应当在按规定的质量验收标准收回物资时，将未收回物资的账面余额予以转销，计入当期费用。因行政管理主体变动等原因而将政府储备物资调拨给其他主体的，政府会计主体应当在发出物资时将其账面余额予以转销。政府会计主体对外销售政府储备物资的，应当在发出物资时将其账面余额转销计入当期费用，并按规定确认相关销售收入或将销售取得的价款大于所承担的相关税费后的差额做应缴款项处理。政府会计主体采取销售采购方式对政府储备物资进行更新（轮换）的，应当将物资轮出视为物资销售，按对外销售政府储备物资处理；将物资轮入视为物资采购，按购入政府储备物资处理。政府储备物资报废、毁损的，政府会计主体应当按规定报经批准后将报废、毁损的政府储备物资的账面余额予以转销，确认应收款项（确定追究相关赔偿责任的）或计入当期费用（因储存年限到期报废或非人为因素致使报废、毁损的）；同时，将报废、毁损过程中取得的残值变价收入扣除政府会计主体承担的相关费用后的差额按规定做应缴款项处理（差额为净收益时）或计入当期费用（差额为净损失时）。政府储备物资盘亏的，政府会计主体应当按规定报经批准后将盘亏的政府储备物资的账面余额予以转销，确定追究相关赔偿责任的，确认应收款项；属于正常耗费或不可抗力因素造成的，计入当期费用。

五、政府储备物资的核算

为核算政府储备物资业务，行政事业单位应当设置“政府储备物资”财务会计总账科目。对政府储备物资不负有行政管理职责但接受委托具体负责执行其存储保管等工作的单位，其受托代储的政府储备物资应当通过“受托代理资产”科目核算，不通过“政府储备物资”科目核算。“政府储备物资”科目应当按照政府储备物资的种类、品种、存放地点等进行明细核算。单位根据需要，可在“政府储备物资”科目下设置“在库”“发出”等明细科目进行明细核算。该科目期末借方余额，反映政府储备物资的成本。

在预算会计中没有设置资产类账户，因增加政府储备物资而导致单位实际现金流出时，一般通过“行政支出”“事业支出”“经营支出”“其他支出”等科目进行平行处理，以及时反映相关预算的执行与管理情况。

政府储备物资的主要账务处理如下：

（一）政府储备物资取得时

政府储备物资取得时，应当按照其成本入账。

（1）购入的政府储备物资验收入库，在财务会计中按照确定的成本，借记“政府储备物资”科目，贷记“财政拨款收入”“零余额账户用款额度”“银行存款”等科目。在预算会计中按实际支付的金额借记“行政支出”“事业支出”等科目，贷记“财政拨款预算收入”科目、“资金结存”科目（零余额账户用款额度）、“资金结存”科目（银行存款）等。

(2)涉及委托加工政府储备物资业务的，相关账务处理参照“加工物品”科目。

(3)接受捐赠的政府储备物资验收入库，在财务会计中按照确定的成本，借记“政府储备物资”科目，按照单位承担的相关税费、运输费等，贷记“零余额账户用款额度”“银行存款”等科目，按照其差额，贷记“捐赠收入”科目。

(4)接受无偿调入的政府储备物资验收入库，在财务会计中按照确定的成本，借记“政府储备物资”科目，按照单位承担的相关税费、运输费等，贷记“零余额账户用款额度”“银行存款”等科目，按照其差额，贷记“无偿调拨净资产”科目。

在预算会计中，对于因接受捐赠或无偿调入政府储备物资所发生的相关税费，捐入方或调入方应按所承担的税费借记“其他支出”科目，贷记“财政拨款预算收入”科目、“资金结存”科目(零余额账户用款额度)、“资金结存”科目(银行存款)等。

【例题 12-35】 因新冠疫情的发生，某行政单位于20×0年2月1日购入一批防疫物资，已验收入库，支付货款100 000元，并支付相关运输费、保管费2 000元。纳入应急项目预算安排，全部使用财政授权支付。该单位会计处理如下：

财务会计分录		预算会计分录	
借：政府储备物资—防疫	102 000	借：行政支出—项目支出—商品和服务支出	102 000
贷：零余额账户用款额度	102 000	贷：资金结存—零余额账户用款额度	102 000

【例题 12-36】 因新冠疫情的发生，某行政单位于20×0年2月1日接受捐赠/无偿调入一批防疫物资，已验收入库，市场上同类物资价款为100 000元，并支付相关运输费、保管费2 000元。使用财政授权支付。

财务会计分录		预算会计分录	
借：政府储备物资—防疫	102 000	借：其他支出—运杂费	2 000
贷：零余额账户用款额度	2 000	贷：资金结存—零余额账户用款额度	2 000
捐赠收入/无偿调拨净资产	100 000		

(二)政府储备物资发出时

政府储备物资发出时，分别按以下情况处理：

(1)因动用而发出无须收回的政府储备物资的，在财务会计中按照发出物资的账面余额，借记“业务活动费用”科目，贷记“政府储备物资”科目。

(2)因动用而发出需要收回或者预期可能收回的政府储备物资的，在财务会计中，在发出物资时，按照发出物资的账面余额，借记“政府储备物资”科目(发出)，贷记“政府储备物资”科目(在库)；按照规定的质量验收标准收回物资时，按照收回物资原账面余额，借记“政府储备物资”科目(在库)，按照未收回物资的原账面余额，借记“业务活动费用”科目，按照物资发出时登记在“政府储备物资”科目所属“发出”明细科目中的余额，贷记“政府储备物资”科目(发出)。

(3)因行政管理主体变动等原因而将政府储备物资调拨给其他主体的，按照无偿调出政府储备物资的账面余额，在财务会计中借记“无偿调拨净资产”科目，贷记“政府储备物资”科目。

因动用而发出政府储备物资的或因行政管理主体变动等原因而将政府储备物资调拨给其

他主体的，在预算会计中不做账务处理。

(4)对外销售政府储备物资并将销售收入纳入单位预算统一管理的，发出物资时，在财务会计中，按照发出物资的账面余额，借记"业务活动费用"科目，贷记"政府储备物资"科目；实现销售收入时，按照确认的收入金额，借记"银行存款""应收账款"等科目，贷记"事业收入"等科目。在预算会计中，对于实际收到的销售收入，借记"资金结存"科目(货币资金)，贷记"事业预算收入"科目；对于发生的相关税费，借记"行政支出""事业支出"等科目，贷记"资金结存"科目(货币资金)、"资金结存"科目(零余额账户用款额度)等。

对外销售政府储备物资并按照规定将销售净收入上缴财政的，发出物资时，在财务会计中，按照发出物资的账面余额，借记"资产处置费用"科目，贷记"政府储备物资"科目；取得销售价款时，按照实际收到的款项金额，借记"银行存款"等科目，按照发生的相关税费，贷记"银行存款"等科目，按照销售价款大于所承担的相关税费后的差额，贷记"应缴财政款"科目。在预算会计中则不做账务处理。

【例题 12-37】 因新冠疫情的发生，某行政单位于 20×0 年 2 月 5 日发出一批防疫物资，价值 10 000 元，不再收回。该单位会计处理如下：

财务会计分录			预算会计分录
借：业务活动费用—商品和服务费用	10 000		不做账务处理
贷：政府储备物资—防疫		10 000	

【例题 12-38】 因新冠疫情的发生，某行政单位于 20×0 年 2 月 5 日发出一批防疫物资，为价值 50 000 元的帐篷，预计可收回一部分，5 月 20 日实际收回 80%。该单位会计处理如下：

财务会计分录			预算会计分录
借：政府储备物资—发出—防疫物资	50 000		不做账务处理
贷：政府储备物资—在库—防疫物资		50 000	
借：政府储备物资—在库—防疫物资	40 000		不做账务处理
业务活动费用—商品和服务费用	10 000		
贷：政府储备物资—发出—防疫物资		50 000	

【例题 12-39】 某行政单位于 20×0 年 9 月 1 日销售一批储备物资，账面价值 170 000 元，实际取得收入 180 000 元。发生相关税费 6 000 元，银行存款支付。9 月 20 日收到货款，款项纳入本单位预算管理。该单位会计处理如下：

财务会计分录			预算会计分录		
借：业务活动费用—商品和服务费用	176 000		借：行政支出—税费	6 000	
贷：银行存款		6 000	贷：资金结存—货币资金		6 000
政府储备物资		170 000			
借：应收账款	180 000		不做账务处理		
贷：事业收入		180 000			
借：银行存款	180 000		借：资金结存—货币资金	180 000	
贷：应收账款		180 000	贷：事业预算收入		180 000

【例题 12-40】 某行政单位于 20×0 年 9 月 1 日销售一批储备物资，账面价值 170 000 元，实际取得收入 180 000 元。发生相关税费 6 000 元，银行存款支付。9 月 20 日收到货款，款项上缴财政。该单位会计处理如下：

财务会计分录			预算会计分录
借：资产处置费用—商品和服务费用	170 000		不做账务处理
贷：政府储备物资		170 000	
借：银行存款	180 000		不做账务处理
贷：银行存款		6 000	
应缴财政款		174 000	

(三)政府储备物资的清查盘点

单位应当定期对政府储备物资进行清查盘点，每年至少盘点一次。对于发生的政府储备物资盘盈、盘亏或者报废、毁损，应当先记入“待处理财产损溢”科目，按照规定报经批准后及时进行后续账务处理。

(1)盘盈的政府储备物资，按照确定的入账成本，在财务会计中借记“政府储备物资”科目，贷记“待处理财产损溢”科目。

(2)盘亏或者毁损、报废的政府储备物资，按照待处理政府储备物资的账面余额，在财务会计中，借记“待处理财产损溢”科目，贷记“政府储备物资”科目。

盘盈、盘亏业务在预算会计中一般不做账务处理。

六、政府储备物资的披露

政府会计主体应当在附注中披露与政府储备物资有关的下列信息：

(1)各类政府储备物资的期初和期末账面余额。

(2)因动用而发出需要收回或者预期可能收回，但期末尚未收回的政府储备物资的账面余额。

(3)确定发出政府储备物资成本所采用的方法。

(4)其他有关政府储备物资变动的重要信息。

第七节　文物文化资产和保障性住房

一、文物文化资产

(一)文物文化资产的含义

文物文化资产是指用于展览、教育或研究等目的的历史文物、艺术品以及其他具有文化或历史价值并做长期或永久保存的典藏等。按其属性，文物文化资产可分为文物资产和文化资产。文物资产指可用于纪念和展出等目的的具有一定价值和历史意义的并做长期或者永久保存的古董和历史文物等；文化资产是指可用于纪念和展出等目的的具有一定价值和文化内涵的并做长期或者永久保存的艺术品和文化用品等。

文物文化资产和单位固定资产中的文物陈列品是有区别的：文物文化资产是本单位监管的，不是占有使用的，是为满足社会公共需求的；而固定资产中的文物陈列品是本单位占有使用的。

（二）文物文化资产的核算

由于文物文化资产不介入企业生产经营过程，故不能将文物文化资产作为存货、固定资产、金融资产、无形资产等进行核算。为了核算单位为满足社会公共需求而控制的文物文化资产的成本，需要设置"文物文化资产"财务会计总账科目。该科目应当按照文物文化资产的类别、项目等进行明细核算。该科目期末借方余额，反映文物文化资产的成本。在预算会计中没有设置资产类账户，因增加文物文化资产而导致单位实际现金流出时，一般通过"行政支出""事业支出""其他支出"等科目进行平行处理，以及时反映相关预算的执行与管理情况。

文物文化资产的主要账务处理如下：

1. 文物文化资产取得时

文物文化资产在取得时，应当按照其成本入账。

(1)外购的文物文化资产，其成本包括购买价款、相关税费以及可归属于该项资产达到预定用途前所发生的其他支出(如运输费、安装费、装卸费等)。

外购的文物文化资产，按照确定的成本，在财务会计中借记"文物文化资产"科目，贷记"财政拨款收入""零余额账户用款额度""银行存款"等科目。在预算会计中按因购买而实际支出的金额借记"行政支出""事业支出""其他支出"等科目，贷记"财政拨款预算收入"科目、"资金结存"科目(货币资金)、"资金结存"科目(零余额账户用款额度)等。

(2)接受其他单位无偿调入的文物文化资产，其成本按照该项资产在调出方的账面价值加上归属于调入方的相关费用确定。

调入的文物文化资产，按照确定的成本，在财务会计中借记"文物文化资产"科目，按照发生的归属于调入方的相关费用，贷记"零余额账户用款额度""银行存款"等科目，按照其差额，贷记"无偿调拨净资产"科目。

无偿调入的文物文化资产成本无法可靠取得的，在财务会计中按照发生的归属于调入方的相关费用，借记"其他费用"科目，贷记"零余额账户用款额度""银行存款"等科目。

(3)接受捐赠的文物文化资产，其成本按照有关凭据注明的金额加上相关费用确定；没有相关凭据可供取得，但按照规定经过资产评估的，其成本按照评估价值加上相关费用确定；没有相关凭据可供取得、也未经评估的，其成本比照同类或类似资产的市场价格加上相关费用确定。

接受捐赠的文物文化资产，按照确定的成本，在财务会计中借记"文物文化资产"科目，按照发生的相关税费、运输费等金额，贷记"零余额账户用款额度""银行存款"等科目，按照其差额，贷记"捐赠收入"科目。

接受捐赠的文物文化资产成本无法可靠取得的，在财务会计中按照发生的相关税费、运输费等金额，借记"其他费用"科目，贷记"零余额账户用款额度""银行存款"等科目。

(4)对于成本无法可靠取得的文物文化资产，单位应当设置备查簿进行登记，待成本能够可靠确定后按照规定及时入账。

2. 与文物文化资产有关的后续支出

与文物文化资产有关的后续支出参照"公共基础设施"科目相关规定进行账务处理。

3.按照规定报经批准处置文物文化资产

按照规定报经批准处置文物文化资产应当分别按以下情况处理：

(1)报经批准对外捐赠文物文化资产，按照被处置文物文化资产账面余额和捐赠过程中发生的归属于捐出方的相关费用合计数，在财务会计中借记“资产处置费用”科目，按照被处置文物文化资产账面余额，贷记“文物文化资产”科目，按照捐赠过程中发生的归属于捐出方的相关费用，贷记“银行存款”等科目。

(2)报经批准无偿调出文物文化资产，按照被处置文物文化资产账面余额，在财务会计中借记“无偿调拨净资产”科目，贷记“文物文化资产”科目；同时，按照无偿调出过程中发生的归属于调出方的相关费用，借记“资产处置费用”科目，贷记“银行存款”等科目。

4.对文物文化资产进行清查盘点

单位应当定期对文物文化资产进行清查盘点，每年至少盘点一次。对于发生的文物文化资产盘盈、盘亏、毁损或报废等，参照“公共基础设施”科目相关规定进行账务处理。

对于单位因处置而发生的相关费用，或在无偿调入、接受捐赠或处置过程中发生的归属于调入方、捐入方的相关费用，在预算会计中应当按实际支付的金额，借记“其他支出”科目，贷记“财政拨款预算收入”科目、“资金结存”科目(货币资金)、“资金结存”科目(零余额账户用款额度)等。

【例题 12-41】 某事业单位于20×1年5月1日购入/调入/接受捐赠一批文化资产，价值30 000元，运杂费300元。该单位会计处理如下：

(1)如果是购入，且款项均以财政拨款直接支付，则：

财务会计分录		预算会计分录	
借：文物文化资产—文化资产	30 300	借：事业支出—项目支出—商品和服务支出	30 300
贷：财政拨款收入	30 300	贷：财政拨款预算收入	30 300

(2)如果是调入，且运杂费以银行存款支付，则：

财务会计分录		预算会计分录	
借：文物文化资产—文化资产	30 300	借：其他支出—运杂费	300
贷：银行存款	300	贷：资金结存—货币资金	300
无偿调拨净资产	30 000		

(3)如果是接受捐赠，且运杂费以银行存款支付，则：

财务会计分录		预算会计分录	
借：文物文化资产—文化资产	30 300	借：其他支出—运杂费	300
贷：捐赠收入	30 000	贷：资金结存—货币资金	300
银行存款	300		

【例题 12-42】 某事业单位于20×1年5月1日接受捐赠一批文化资产，相关成本无法可靠取得，该单位设置备查簿进行登记，待成本能够可靠确定后按照规定及时入账。发生运杂费500元，以银行存款直接支付。该单位会计处理如下：

续表

财务会计分录		预算会计分录	
借：其他费用—运杂费	500	借：其他支出—运杂费	500
贷：银行存款	500	贷：资金结存—货币资金	500

【例题 12-43】 某事业单位于 20×1 年 5 月 1 日对外捐赠/无偿调出一批文化资产，价值 50 000 元。发生运杂费 500 元，以银行存款直接支付。该单位会计处理如下：

（1）如果是对外捐赠，则：

财务会计分录		预算会计分录	
借：资产处置费用	50 500	借：其他支出—运杂费	500
贷：银行存款	500	贷：资金结存—货币资金	500
文物文化资产	50 000		

（2）如果是无偿调出，则：

财务会计分录		预算会计分录	
借：资产处置费用	500	借：其他支出—运杂费	500
无偿调拨净资产	50 000		
贷：银行存款	500	贷：资金结存—货币资金	500
文物文化资产	50 000		

二、保障性住房

保障性住房是指政府为中低收入住房困难家庭所提供的限定标准、限定价格或租金的住房，如廉租住房、经济适用住房、政策性租赁住房、定向安置房等。这种类型的住房有别于完全由市场形成价格的商品房。

为核算保障性住房业务，行政事业单位应设置“保障性住房”财务会计总账科目。该科目核算单位为满足社会公共需求而控制的保障性住房的原值，应当按照保障性住房的类别、项目等进行明细核算。该科目期末借方余额，反映保障性住房的原值。在预算会计中，因保障性住房增减原因导致有现金流出时，一般通过“行政支出”“事业支出”“其他支出”等会计科目进行核算。

保障性住房的主要账务处理如下：

（1）保障性住房在取得时，应当按其成本入账。

①外购的保障性住房，其成本包括购买价款、相关税费以及可归属于该项资产达到预定用途前所发生的其他支出。

外购的保障性住房，按照确定的成本，在财务会计中借记“保障性住房”科目，贷记“财政拨款收入”“零余额账户用款额度”“银行存款”等科目。在预算会计中借记“行政支出”“事业支出”等科目，贷记“财政拨款预算收入”科目、“资金结存”科目（货币资金）、“资金结存”科目（零余额账户用款额度）等。

②自行建造的保障性住房交付使用时，只在财务会计中按照在建工程成本，借记“保障性住

房”科目，贷记“在建工程”科目。

已交付使用但尚未办理竣工决算手续的保障性住房，按照估计价值入账，待办理竣工决算后再按照实际成本调整原来的暂估价值。

③接受其他单位无偿调入的保障性住房，其成本按照该项资产在调出方的账面价值加上归属于调入方的相关费用确定。

无偿调入的保障性住房，按照确定的成本，在财务会计中借记“保障性住房”科目，按照发生的归属于调入方的相关费用，贷记“零余额账户用款额度”“银行存款”等科目，按照其差额，贷记“无偿调拨净资产”科目。在预算会计中按照发生的归属于调入方的相关费用，借记“其他支出”科目，贷记“资金结存”科目(货币资金)、“资金结存”科目(零余额账户用款额度)等。

④接受捐赠、融资租赁取得的保障性住房，参照“固定资产”科目相关规定进行处理。

【例题 12-44】 某行政单位于 20×1 年 1 月 5 日购入 200 套保障性住房，每套价值 20 万元，发生相关税费 120 万元，均以财政直接支付。该单位会计处理如下：

财务会计分录		预算会计分录	
借:保障性住房	41 200 000	借:行政支出—项目支出—资本性支出	41 200 000
贷:财政拨款收入	41 200 000	贷:财政拨款预算收入	41 200 000

【例题 12-45】 某行政单位于 20×1 年 1 月 5 日无偿调入 200 套保障性住房，每套价值 20 万元。发生相关税费 120 万元，以财政授权支付。该单位会计处理如下：

财务会计分录		预算会计分录	
借:保障性住房	41 200 000	借:其他支出—税费	1 200 000
贷:零余额账户用款额度	1 200 000	贷:资金结存—零余额账户用款额度	1 200 000
无偿调拨净资产	40 000 000		

(2)与保障性住房有关的后续支出，参照“固定资产”科目相关规定进行处理。单位应当参照《政府会计准则第 3 号——固定资产》及其应用指南的相关规定，按月对其控制的保障性住房计提折旧。按月计提保障性住房折旧时，只在财务会计中按照应计提的折旧额，借记“业务活动费用”科目，贷记“保障性住房累计折旧”科目。

【例题 12-46】 接【例题 12-44】，某行政单位对 20×1 年 1 月 5 日购入的 200 套保障性住房按 50 年计提折旧，每月计提折旧额为 68 667 元。该单位会计处理如下：

财务会计分录		预算会计分录
借:业务活动费用—保障性住房折旧	68 667	不做账务处理
贷:保障性住房累计折旧	68 667	

(3)按照规定出租保障性住房并将出租收入上缴同级财政，只在财务会计中按照收取的租金金额，借记“银行存款”等科目，贷记“应缴财政款”科目。

【例题 12-47】 某行政单位于 20×1 年 2 月 1 日出租 100 套保障性住房，每套每月租金 1 000 元，以银行存款收讫。该单位每月会计处理如下：

财务会计分录		预算会计分录
借:银行存款	100 000	不做账务处理
贷:应缴财政款—应缴国库	100 000	

(4)按照规定报经批准处置保障性住房,应当分别按以下情况处理:

①报经批准无偿调出保障性住房时,在财务会计中按照保障性住房已计提的折旧,借记"保障性住房累计折旧"科目,按照被处置保障性住房账面余额,贷记"保障性住房"科目,按照其差额,借记"无偿调拨净资产"科目;同时,按照无偿调出过程中发生的归属于调出方的相关费用,借记"资产处置费用"科目,贷记"银行存款"等科目。在预算会计中,按照无偿调出过程中发生的归属于调出方的相关费用,借记"其他支出"科目,贷记"资金结存"科目(货币资金)等。

②报经批准出售保障性住房时,在财务会计中按照被出售保障性住房的账面价值,借记"资产处置费用"科目,按照保障性住房已计提的折旧,借记"保障性住房累计折旧"科目,按照保障性住房账面余额,贷记"保障性住房"科目;同时,按照收到的价款,借记"银行存款"等科目,按照出售过程中发生的相关费用,贷记"银行存款"等科目,按照其差额,贷记"应缴财政款"科目。在预算会计中,因销售收到的价款要上缴财政,不用进行账务处理。

【例题 12-48】 接【例题 12-46】,某行政单位于 20×1 年 5 月 6 日出售其中 30 套保障性住房,每套房账面原值 20 万元,已计提累计折旧 103 万元,收到销售收入 597 万元,已通过银行存款收讫。已另支付相关税费 17.9 万元,以银行存款付讫。该单位每月会计处理如下:

财务会计分录			预算会计分录
借:资产处置费用	4 970 000		不做账务处理
保障性住房累计折旧	1 030 000		
银行存款	5 970 000		
贷:保障性住房		6 000 000	
银行存款		179 000	
应缴财政款		5 791 000	

【例题 12-49】 接【例题 12-46】,某行政单位于 20×1 年 5 月 6 日无偿调出 30 套保障性住房,每套房价值 20 万元,已计提累计折旧 103 万元,已另支付相关税费 2.25 万元,以银行存款付讫。该单位每月会计处理如下:

财务会计分录			预算会计分录		
借:无偿调拨净资产	4 970 000				
保障性住房累计折旧	1 030 000				
贷:保障性住房		6 000 000			
借:资产处置费用	22 500		借:其他支出—税费	22 500	
贷:银行存款		22 500	贷:资金结存—货币资金		22 500

(5)单位应当定期对保障性住房进行清查盘点。对于发生的保障性住房盘盈、盘亏、毁损或报废等,参照"固定资产"科目相关规定进行账务处理。

第八节　受托代理资产、长期待摊费用和待处理财产损溢

一、受托代理资产

受托代理资产是指单位接受委托方委托管理的各项资产，包括受托指定转赠的物资、受托存储保管的物资等。

为核算受托代理资产业务，行政事业单位应当设置“受托代理资产”财务会计总账科目，以核算受托代理资产成本。该科目应当按照资产的种类和委托人进行明细核算；属于转赠资产的，还应当按照受赠人进行明细核算。该科目期末借方余额，反映单位受托代理实物资产的成本。单位管理的罚没物资也应当通过该科目核算。单位收到的受托代理资产为现金和银行存款的，不通过该科目核算，应当通过“库存现金”“银行存款”科目进行核算。因受托业务发生相关税费导致现金流出，在预算会计中一般通过“其他支出”科目进行核算反映。

受托代理资产的主要账务处理如下：

(一)受托转赠物资

(1)接受委托人委托需要转赠给受赠人的物资，其成本按照有关凭据注明的金额确定。接受委托转赠的物资验收入库，在财务会计中，按照确定的成本，借记“受托代理资产”科目，贷记“受托代理负债”科目。受托协议约定由受托方承担相关税费、运输费等的，还应当按照实际支付的相关税费、运输费等金额，借记“其他费用”科目，贷记“银行存款”等科目。在预算会计中，按照实际支付的相关税费、运输费等金额，借记“其他支出”科目，贷记“财政拨款预算收入”科目、“资金结存”科目(货币资金)、“资金结存”科目(零余额账户存款额度)等。

(2)将受托转赠物资交付受赠人时，只需在财务会计中按照转赠物资的成本，借记“受托代理负债”科目，贷记“受托代理资产”科目。

(3)转赠物资的委托人取消了对捐赠物资的转赠要求，且不再收回捐赠物资的，应当将转赠物资转为单位的存货、固定资产等。这时只需在财务会计中按照转赠物资的成本，借记“受托代理负债”科目，贷记“受托代理资产”科目；同时，借记“库存物品”“固定资产”等科目，贷记“其他收入”科目。

(二)受托存储保管物资

(1)接受委托人委托存储保管的物资，其成本按照有关凭据注明的金额确定，接受委托存储的物资验收入库，按照确定的成本，只在财务会计中借记“受托代理资产”科目，贷记“受托代理负债”科目。

(2)发生由受托单位承担的与受托存储保管的物资相关的运输费、保管费等费用时，在财务会计中按照实际发生的费用金额，借记“其他费用”等科目，贷记“银行存款”等科目。在预算会计中，按照实际支付的相关运输费、保管费等金额，借记“其他支出”科目，贷记“财政拨款预算收入”科目、“资金结存”科目(货币资金)、“资金结存”科目(零余额账户存款额度)等。

(3)根据委托人要求交付或发出受托存储保管的物资时，按照发出物资的成本，只在财务会

计中借记“受托代理负债”科目，贷记“受托代理资产”科目。

（三）罚没物资

（1）取得罚没物资时，其成本按照有关凭据注明的金额确定。罚没物资验收（入库），只在财务会计中按照确定的成本，借记“受托代理资产”科目，贷记“受托代理负债”科目。罚没物资成本无法可靠确定的，单位应当设置备查簿进行登记。

（2）按照规定处置或移交罚没物资时，只在财务会计中，按照罚没物资的成本，借记“受托代理负债”科目，贷记“受托代理资产”科目。处置时取得款项的，只在财务会计中，按照实际取得的款项金额，借记“银行存款”等科目，贷记“应缴财政款”等科目。

单位受托代理的其他实物资产，参照“受托代理资产”科目有关受托转赠物资、受托存储保管物资的规定进行账务处理。

【例题 12-50】 在防控新冠疫情过程中，某行政单位于20×1年2月5日接受其他单位委托转赠一批物资，价值15万元，转赠给一家医院A，当日已入库。双方约定由该行政单位承担相关运杂费2 500元，以银行存款付讫。2月8日该行政单位将该批物资的95%转赠给A，剩余5%根据委托人要求不再转赠，同时委托人也不再收回。该行政单位进行会计处理如下：

时间	财务会计分录	预算会计分录
20×1年2月5日	借：受托代理资产—受手转赠物资　150 000 　贷：受托代理负债　150 000	不做账务处理
	借：其他费用—运杂费　2 500 　贷：银行存款　2 500	借：其他支出—运杂费　2 500 　贷：资金结存—货币资金　2 500
20×1年2月8日转赠	借：受托代理负债　142 500 　贷：受托代理资产—受手转赠物资　142 500	不做账务处理
20×1年2月8日剩余不再转赠	借：受托代理负债　7 500 　贷：受托代理资产—受手转赠物资　7 500	不做账务处理
	借：库存物品　7 500 　贷：其他收入　7 500	不做账务处理

【例题 12-51】 某行政单位在执法过程中获得一批罚没物资，根据对方单位提供的凭据，该批物资价值为8万元，于20×1年9月9日验收入库。按照有关规定，该批物资按照程序进行处置，20×1年10月9日处置完毕，获得处置收益5 000元。该单位进行会计处理如下：

时间	财务会计分录	预算会计分录
20×1年9月9日	借：受托代理资产—罚没物资　80 000 　贷：受托代理负债　80 000	不做账务处理

续表

时间	财务会计分录	预算会计分录
20×1 年 10 月 9 日 处置 完毕	借:受托代理负债　80 000 　贷:受托代理资产—罚没物资　80 000	不做账务处理
	借:银行存款　5 000 　贷:应缴财政款　5 000	不做账务处理

二、长期待摊费用

长期待摊费用是指单位已经支出,但应由本期和以后各期负担的分摊期限在 1 年以上(不含 1 年)的各项费用,如以经营租赁方式租入的固定资产发生的改良支出等。

为核算长期待摊费用业务,行政事业单位应设置“长期待摊费用”财务会计总账科目。该科目应当按照费用项目进行明细核算,该科目期末借方余额,反映单位尚未摊销完毕的长期待摊费用。在预算会计中因发生长期待摊费用而导致现金流出时,一般通过“行政支出”“事业支出”等科目进行预算管理。

长期待摊费用的主要账务处理如下:

(1)发生长期待摊费用时,在财务会计中,按照支出金额,借记“长期待摊费用”科目,贷记“财政拨款收入”“零余额账户用款额度”“银行存款”等科目。在预算会计中,按照支出金额,借记“行政支出”“事业支出”等科目,贷记“财政拨款预算收入”科目、“资金结存”科目(货币资金)、“资金结存”科目(零余额账户用款额度)等。

(2)按照受益期间摊销长期待摊费用时,只在财务会计中,按照摊销金额,借记“业务活动费用”“单位管理费用”“经营费用”等科目,贷记“长期待摊费用”科目。

(3)如果某项长期待摊费用已经不能使单位受益,只需在财务会计中将其摊余金额一次全部转入当期费用即可,按照摊销金额,借记“业务活动费用”“经营费用”等科目,贷记“长期待摊费用”科目。

【例题 12-52】 某行政单位 20×1 年 5 月 1 日对租住的某办公楼进行装修改造,工程款为 120 万元,使用办公楼改造项目经费支付,已通过财政直接支付完毕,未来还有 3 年的租赁期。20×2 年 6 月 1 日因客观原因不再租赁该办公楼,将其剩余改造款一次摊销完毕。该单位编制有关会计分录如下:

时间	财务会计分录	预算会计分录
20×1 年 5 月 1 日	借:长期待摊费用—办公楼装修　1 200 000 　贷:财政拨款收入　1 200 000	借:行政支出—项目支出—资本性支出　1 200 000 　贷:财政拨款预算收入　1 200 000
每月 摊销	借:业务活动费用—商品和服务费用　33 333 　贷:长期待摊费用—办公楼装修　33 333	不做账务处理

续表

时间	财务会计分录		预算会计分录
20×2年6月1日	借：业务活动费用—商品和服务费用	766 667	不做账务处理
	贷：长期待摊费用—办公楼装修	766 667	

三、待处理财产损溢

待处理财产损溢是指单位在资产清查过程中查明的各种资产盘盈、盘亏和报废、毁损的价值。

为核算待处理财产损溢业务，行政事业单位应当设置“待处理财产损溢”财务会计总账科目。该科目应当按照待处理的资产项目进行明细核算；对于在资产处理过程中取得收入或发生相关费用的项目，还应当设置“待处理财产价值”“处理净收入”明细科目，进行明细核算。行政事业单位资产清查中查明的资产盘盈、盘亏、报废和毁损，一般应当先记入“待处理财产损溢”科目，按照规定报经批准后及时进行账务处理。该科目期末如为借方余额，反映尚未处理完毕的各种资产的净损失；期末如为贷方余额，反映尚未处理完毕的各种资产净溢余。年末，经批准处理后，该科目一般应无余额。

待处理财产损溢业务，只有在现金盘点短缺时或在清查非现金资产出现处理收入小于相关费用的情况时，才在预算会计中通过“其他支出”等科目进行核算反映。

待处理财产损溢的主要账务处理如下：

(一)账款核对时发现的库存现金短缺或溢余

(1)每日账款核对中发现现金短缺或溢余，属于现金短缺，按照实际短缺的金额，在财务会计中，借记“待处理财产损溢”科目，贷记“库存现金”科目；属于现金溢余，按照实际溢余的金额，借记“库存现金”科目，贷记“待处理财产损溢”科目。

(2)如为现金短缺，属于应由负责人赔偿或向有关人员追回的，在财务会计中，借记“其他应收款”科目，贷记“待处理财产损溢”科目；属于无法查明原因的，报经批准核销时，借记“资产处置费用”科目，贷记“待处理财产损溢”科目。

(3)如为现金溢余，属于应支付给有关人员或单位的，在财务会计中，借记“待处理财产损溢”科目，贷记“其他应付款”科目；属于无法查明原因的，报经批准后，借记“待处理财产损溢”科目，贷记“其他收入”科目。

上述业务在预算会计中的处理方法参见“库存现金”业务。

【例题 12-53】 参见【例题 11-2】。

(二)资产清查过程中发现的存货、固定资产、无形资产、公共基础设施、政府储备物资、文物文化资产、保障性住房等各种资产盘盈、盘亏或报废、毁损

1. 盘盈的各类资产

盘盈的各类资产只需在财务会计中核算反映。

(1)转入待处理资产时,按照确定的成本,借记"库存物品""固定资产""无形资产""公共基础设施""政府储备物资""文物文化资产""保障性住房"等科目,贷记"待处理财产损溢"科目。

(2)按照规定报经批准后处理时,对于盘盈的流动资产,借记"待处理财产损溢"科目,贷记"单位管理费用"科目[事业单位]或"业务活动费用"科目[行政单位]。对于盘盈的非流动资产,如属于本年度取得的,按照当年新取得相关资产进行账务处理;如属于以前年度取得的,按照前期差错处理,借记"待处理财产损溢"科目,贷记"以前年度盈余调整"科目。

【例题 12-54】 某事业单位 20×0 年底资产清查时,盘盈一批物资 K(价值 30 000 元),均为以前年度取得,经有关单位批准,做盘盈资产处理。该单位进行有关会计处理如下:

时间	财务会计分录	预算会计分录
20×0 年底	借:库存物品—K 30 000 贷:待处理财产损溢 30 000	不做账务处理
经批准后	借:待处理财产损溢 30 000 贷:单位管理费用—商品和服务费用 30 000	不做账务处理

2. 盘亏或者毁损、报废的各类资产

(1)转入待处理资产时,只在财务会计中借记"待处理财产损溢"科目(待处理财产价值)[盘亏、毁损、报废固定资产、无形资产、公共基础设施、保障性住房的,还应借记"固定资产累计折旧""无形资产累计摊销""公共基础设施累计折旧(摊销)""保障性住房累计折旧"科目],贷记"库存物品""固定资产""无形资产""公共基础设施""政府储备物资""文物文化资产""保障性住房""在建工程"等科目。涉及增值税业务的,相关账务处理参见"应交增值税"科目。

报经批准处理时,借记"资产处置费用"科目,贷记"待处理财产损溢"科目(待处理财产价值)。

(2)处理毁损、报废实物资产过程中取得的残值或残值变价收入、保险理赔和过失人赔偿等,先在财务会计中,借记"库存现金""银行存款""库存物品""其他应收款"等科目,贷记"待处理财产损溢"科目(处理净收入);处理毁损、报废实物资产过程中发生的相关费用,借记"待处理财产损溢"科目(处理净收入),贷记"库存现金""银行存款"等科目。

处理收支结清,如果处理收入大于相关费用,只在财务会计中,按照处理收入减去相关费用后的净收入,借记"待处理财产损溢"科目(处理净收入),贷记"应缴财政款"等科目。如果处理收入小于相关费用,在财务会计中,按照相关费用减去处理收入后的净支出,借记"资产处置费用"科目,贷记"待处理财产损溢"科目(处理净收入);在预算会计中,借记"其他支出"科目,贷记"资金结存"科目(零余额账户用款额度)、"资金结存"科目(货币资金)等。

【例题 12-55】 某行政单位 20×0 年底拟报废一批设备 A,价值共 50 000 元,已计提折旧 35 000 元。经有关部门批准同意报废,处理时发生相关运费 200 元,用现金支付,并收到残值收入 1 500 元,对方通过银行转账。该单位进行有关会计处理如下:

时间	财务会计分录		预算会计分录
20×0年底	借:待处理财产损溢—待处理财产价值	15 000	不做账务处理
	固定资产累计折旧	35 000	
	贷:固定资产—A	50 000	
	借:资产处置费用	15 000	
	贷:待处理财产损溢—待处理财产价值	15 000	
发生运费	借:待处理财产损溢—处理净收入	200	不做账务处理
	贷:库存现金	200	
收到残值	借:银行存款	1 500	不做账务处理
	贷:待处理财产损溢——处理净收入	1 500	
收支结清	借:待处理财产损溢—处理净收入	1 300	不做账务处理
	贷:应缴财政款	1 300	

复习思考题

1.什么是长期股权投资?长期股权投资在持有期间有哪些会计处理方法?在采用权益法核算时其会计处理原则是什么?

2.长期股权投资的成本法与权益法相互转换时,基本会计处理方法是什么?

3.什么是长期债券投资?其会计科目是如何设置的?长期债券投资的主要账务处理内容有哪些?长期债券投资持有期间的会计处理方法是怎样的?

4.什么是固定资产?固定资产核算时应当考虑哪些情况?固定资产的主要账务处理包含哪些内容?固定资产在购入、自建或融资租入情况下分别是如何进行账务处理的?

5.什么是在建工程?在建工程的科目是如何设置的?在建工程的账务处理包含哪些内容?对于建筑安装工程投资、设备投资、待摊投资等内容,会计处理方法是怎样的?

6.什么是无形资产?行政事业单位进行无形资产的确认、计量和处置应注意什么?无形资产的核算包含哪些内容?委托软件公司开发软件、自行研究开发形成的无形资产、处置无形资产时,账务处理方法分别是怎样的?

7.什么是公共基础设施?行政事业单位进行公共基础设施的确认、计量和处置应注意什么?公共基础设施的核算包含哪些主要内容?

8.什么是政府储备物资?行政事业单位进行政府储备物资的确认、计量和处置应注意什么?政府储备物资的核算包含哪些主要内容?

9.什么是文物文化资产?行政事业单位进行文物文化资产的确认、计量和处置应注意什么?文物文化资产的核算包含哪些主要内容?

10.什么是保障性住房?行政事业单位进行保障性住房的确认、计量和处置应注意什么?保障性住房的核算包含哪些主要内容?

11.什么是受托代理资产?行政事业单位进行受托代理资产的确认、计量和处置应注意什么?受托代理资产的核算包含哪些主要内容?

12. 什么是长期待摊费用？行政事业单位进行长期待摊费用的确认、计量和处置应注意什么？长期待摊费用的核算包含哪些主要内容？

13. 什么是待处理财产损溢？行政事业单位进行待处理财产损溢的确认、计量和处置应注意什么？待处理财产损溢的核算包含哪些主要内容？

练习题

练习一

一、目的：练习事业单位长期股权投资的核算。

二、资料：

(1)20×0 年 1 月 1 日，某事业单位经批准以一项无形资产转换取得一项长期股权投资，该项无形资产的账面余额为 360 000 元，累计摊销为 60 000 元，评估价值为 320 000 元。置换取得长期股权投资后，该事业单位持有被投资单位 60%的股权，有权决定被投资单位的财务和经营政策，相应的长期股权投资按规定采用权益法核算。

(2)20×0 年被投资单位实现净利润 50 000 元。

(3)20×0 年被投资单位发生除净利润和利润分配外的所有者权益变动增加数 6 500 元。

(4)20×1 年 3 月被投资单位宣告分派现金股利 10 000 元。

三、要求：为该事业单位进行相关账务处理。

练习二

一、目的：练习事业单位长期债券投资的核算。

二、资料：

(1)20×1 年 8 月 1 日，某科研单位经批准使用单位非财政资金购买分期付息的三年期国债，买入时包括买价、佣金、税金等的支出为 96 500 元，价格中包括应收未收利息 3 500 元。

(2)20×1 年 8 月 15 日，收到投资开户银行的通知，收到发放的上述国债的利息 3 500 元。

(3)20×1 年 12 月 31 日，对该国债计提本年国债持有期间应计利息 2 500 元。

(4)收回两年前一笔到期还本付息的面值 90 000 元的国债投资，出售取得资金 110 000 元。该投资目前账面价值为 103 000 元，其中购买成本为 89 000 元。

三、要求：为该事业单位进行相关账务处理。

练习三

一、目的：练习行政单位固定资产、在建工程和工程物资的核算。

二、资料：某公园根据计划，本年度进行大型维修翻新，包括翻新建筑、游乐设施、道路，绿地改造及湖泊清淤，单位工程自用，发生的部分业务如下：

(1)单位通过零余额账户支付维修工程耗材 25 万元，材料已入工程材料库，通过财政直接支付 50 万元购置需要安装的游乐设施，设备已到达验收，尚未投入安装。

(2)将需要翻新的建筑的账面价值转入在建工程，该建筑原值 980 000 元，已计提折旧 294 000 元。

(3)拆除翻新建筑的部分结构，根据以往的记录，该部分账面价值 100 000 元。

(4)通过零余额账户支付湖泊清淤的施工费用 130 000 元；支付改造的前期设计费用 120 000 万元。

(5)领用施工材料,价值 50 000 元,整修大门内外部分道路。

(6)500 000 元游乐设施被领用投入安装。

(7)绿地根据新的设计方案重新种植和补种灌木和乔木,通过零余额账户支付绿化公司 300 000 元苗木及种植费用。

(8)建筑翻新工程完工,应付施工方剩余工程款 250 000 元,通过零余额账户支付工程款 210 000 元,还有 40 000 元工程尾款作为质量保证金,1 年后交付。

(9)公园大型维修翻新工程结束,将 130 000 元的待摊投资进行分摊,建筑翻新承担 100 000 元,公共绿地承担 30 000 元。

(10)翻新工程竣工验收。其中建筑翻新工程总成本为 1 200 000 元,游乐设施总成本为 550 000 元,道路总成本为 150 000 元。将大门外产权不归属于本单位的道路移交政府相关单位,根据道路长度划分,该道路承担成本 60 000 元;单位内部道路承担成本 90 000 元。公共绿地(属于公共基础设施)总成本为 330 000 元。

(11)湖泊清淤总费用为 135 000 元,不能形成资产,经批准核销。

三、要求:为该单位编制相关账务处理会计分录。

练习四

一、目的:练习行政单位无形资产的核算。

二、资料:某高校发生以下与无形资产研究开发相关业务:

(1)库房报来材料成本清单,材料学院申请的一个新技术应用项目领用的材料成本为 80 000 元。

(2)材料学院一项基础研究的阶段性成果申请专利,通过银行转账支付专利申请过程中发生的申请费用和审查费用 3 500 元。

(3)材料学院新技术应用研究结项,形成可对外提供合作应用的新技术并申请专利,新技术研发支出 390 000 元,通过银行转账支付申请费用等 3 500 元。

(4)计算机学院开发设计的一套数据应用软件已作为费用核销。现有某企业要求转让该软件,单位(该高校)获得出售价款 100 000 元,款项纳入单位预算。

(5)月底对业务用的所有无形资产计提摊销 10 000 元。

三、要求:为该高校编制相关账务处理会计分录。

练习五

一、目的:练习公共基础设施、政府储备物资、保障性住房、文物文化资产的核算。

二、资料:负责管理公用资产的某些政府单位发生如下相关业务:

(1)某市政管理单位无偿接收调拨来的房地产开发商完成的配套市政道路,账面价值 3 000 000 元。

(2)某政府商务管理单位接到所委托的相关企业的申请,通过财政直接支付采购 300 000 元的粮油储备物资,物资已直接送达企业仓库。

(3)某民政单位接到受托企业的报告,发出救灾储备物资 600 000 元,其中 300 000 元不再收回,另 300 000 元可回收再用。

(4)某政府保障房管理单位出租保障性住房,本月收取租金 150 000 元,需要上缴财政。

(5)某博物馆接受捐赠的文物文化资产无法确定价值。单位组织接受捐赠仪式,通过零余额账户支付相关捐赠活动的交通费和宣传费 10 000 元。

三、要求：为这些政府单位编制相关账务处理会计分录。

练习六

一、目的：练习长期待摊费用、待处理财产损溢的核算。

二、资料：某事业单位发生如下相关业务。

(1)由于场地局限，通过经营租赁方式租入一层楼房，合同租赁期为10年，通过转账支付施工单位装修费用500 000元。

(2)该层楼房当年租金1 200 000元，本月分摊100 000元。

(3)在建设中的工程撤除部分建筑物，经估计价值为25 000元。

(4)出售拆除的建筑物的废料，取得现金1 200元，相关变卖款应上缴财政。

(5)上月盘亏一台上年购置的通信设备，价值500元，经批准注销。

(6)上月盘盈一批材料，价值600元，经批准调整本年费用。

(7)发现400元库存办公用品因漏水报废。

(8)年末盘点，盘盈120元材料，盘亏50元办公用品。

三、要求：为该事业单位编制相关账务处理会计分录。

第13章 行政事业单位的负债

【导读】

本章介绍我国行政事业单位负债的含义、分类、确认与计量问题，以及有关行政事业单位负债的核算内容，包括短期借款、应交增值税、其他应交税费、应缴财政款、应付职工薪酬、应付票据、应付账款、应付政府补贴款、应付利息、预收账款、其他应付款、预提费用等流动负债，以及长期借款、长期应付款、预计负债、受托代理负债等非流动负债等问题。

【学习重点】

我国行政事业单位负债的确认与计量问题，应交增值税、应缴财政款、应付职工薪酬、应付账款、应付政府补贴款、应付利息、预提费用，以及长期借款、长期应付款等内容。

【学习难点】

应交增值税、应付职工薪酬、预提费用、长期借款、长期应付款等问题。

第一节　行政事业单位负债的含义、分类、确认与计量

一、负债的含义与分类

根据《政府会计准则第 8 号——负债》，政府会计主体[①]负债是指其过去的经济业务或者事项形成的，预期会导致经济资源流出政府会计主体的现时义务。现时义务，是指政府会计主体在现行条件下已承担的义务。未来发生的经济业务或者事项形成的义务不属于现时义务，不应当确认为负债。

政府会计主体的负债按照流动性，分为流动负债和非流动负债。流动负债是指预计在 1 年内(含 1 年)偿还的负债，包括短期借款、应付短期政府债券、应付及预收款项、应缴款项等。非流动负债是指流动负债以外的负债，包括长期借款、长期应付款、应付长期政府债券等。

政府会计主体的负债包括偿还时间与金额基本确定的负债和由或有事项形成的预计负债。

① 行政事业单位属于政府会计主体。

偿还时间与金额基本确定的负债按政府会计主体的业务性质及风险程度，分为融资活动形成的举借债务及其应付利息、运营活动形成的应付及预收款项和暂收性负债。

举借债务是指政府会计主体通过融资活动借入的债务，包括政府举借的债务以及其他政府会计主体借入的款项。政府举借的债务包括政府发行的政府债券，向外国政府、国际经济组织等借入的款项，以及向上级政府借入转贷资金形成的借入转贷款。其他政府会计主体借入的款项是指除政府以外的其他政府会计主体从银行或其他金融机构等借入的款项。

运营活动形成的应付及预收款项，是指政府会计主体在运营活动中形成的应当支付而尚未支付的款项及预先收到但尚未实现收入的款项，包括应付职工薪酬、应付账款、预收款项、应交税费、应付国库集中支付结余和其他应付未付款项。运营活动形成的暂收性负债是指政府会计主体暂时收取，随后应做上缴、退回、转拨等处理的款项。暂收性负债主要包括应缴财政款和其他暂收款项。

政府会计主体应当将与或有事项相关且满足负债确认条件的现时义务确认为预计负债。或有事项，是指由过去的经济业务或者事项形成的，其结果须由某些未来事项的发生或不发生才能决定的不确定事项。未来事项是否发生不在政府会计主体控制范围内。政府会计主体常见的或有事项主要包括未决诉讼或未决仲裁、对外国政府或国际经济组织的贷款担保、承诺（补贴、代偿）、自然灾害或公共事件的救助等。

二、负债的确认与计量

符合负债定义的义务，在同时满足以下条件时，确认为负债：①履行该义务很可能导致含有服务潜力或者经济利益的经济资源流出政府会计主体；②该义务的金额能够可靠地计量。

政府会计主体负债的计量属性主要包括历史成本、现值和公允价值。在历史成本计量下，负债按照因承担现时义务而实际收到的款项或资产的金额，或者承担现时义务的合同金额，或者按照为偿还负债预期需要支付的现金计量。在现值计量下，负债按照预计期限内需要偿还的未来净现金流出量的折现金额计量。在公允价值计量下，负债按照市场参与者在计量日发生的有序交易中转移负债所需支付的价格计量。

政府会计主体在对负债进行计量时，一般应当采用历史成本计量。采用现值、公允价值计量的，应当保证所确定的负债金额能够持续、可靠计量。

第二节　行政事业单位流动负债

一、短期借款

短期借款是指事业单位经批准向银行或其他金融机构等借入的期限在1年内（含1年）的各种借款。

为进行短期借款业务的核算，在财务会计中，事业单位应当设置“短期借款”总账科目。该科目应当按照债权人和借款种类进行明细核算。该科目期末贷方余额，反映事业单位尚未偿还的短期借款本金。

短期借款的主要账务处理如下：

(1)借入各种短期借款时，在财务会计中，按照实际借入的金额，借记“银行存款”科目，贷记“短期借款”科目。在预算会计中，按照实际借入的金额，借记“资金结存”科目(货币资金)，贷记“债务预算收入”科目。

(2)银行承兑汇票到期，本单位无力支付票款的，在财务会计中，按照应付票据的账面余额，借记“应付票据”科目，贷记“短期借款”科目。在预算会计中，按照应付票据的账面余额，借记“经营支出”科目，贷记“债务预算收入”科目。

(3)归还短期借款时，在财务会计中，借记“短期借款”科目，贷记“银行存款”科目。在预算会计中，借记“债务还本支出”科目，贷记“资金结存”科目(货币资金)。

【例题 13-1】 某事业单位于20×1年5月5日向银行借入2 500 000元，期限为6个月，利率为8%，该借款到期后一次还本，利息分月计提，偿还时支付。该单位编制有关会计分录如下：

①20×1年5月5日向银行借入款项时：

财务会计分录	预算会计分录
借:银行存款　　2 500 000 　贷:短期借款　　2 500 000	借:资金结存—货币资金　　2 500 000 　贷:债务预算收入　　2 500 000

②每月计提利息：

当月应付利息=2 500 000元×8%÷12=16 667元

财务会计分录	预算会计分录
借:其他费用—利息费用　　16 667 　贷:应付利息　　16 667	不做账务处理

③到期归还本息：

财务会计分录	预算会计分录
借:短期借款　　2 500 000 　应付利息　　100 000 　贷:银行存款　　2 600 000	借:债务还本支出　　2 500 000 　其他支出—利息支出　　100 000 　贷:资金结存—货币资金　　2 600 000

【例题 13-2】 某事业单位于20×1年2月1日开出的一张金额为30 000元的银行承兑汇票到期，单位无力支付票款，按照银行承兑汇票的票面金额，转为短期借款。该单位编制有关会计分录如下：

财务会计分录	预算会计分录
借:应付票据　　30 000 　贷:短期借款　　30 000	借:经营支出—债务利息及费用支出　　30 000 　贷:债务预算收入　　30 000

二、应交增值税

应交增值税是指行政事业单位按照税法规定计算应交纳的增值税。

(一)应交增值税会计科目的设置

为进行应交增值税的核算，在财务会计中，行政事业单位应设置“应交增值税”总账科目。属于增值税小规模纳税人的单位只需在该科目下设置“转让金融商品应交增值税”“代扣代交增值税”明细科目。但属于增值税一般纳税人的单位，应当在该科目下设置“应交税金”“未交税金”“预交税金”“待抵扣进项税额”“待认证进项税额”“待转销项税额”“简易计税”“转让金融商品应交增值税”“代扣代交增值税”等明细科目。这些明细科目具体核算内容如下：

(1)“应交税金”明细科目下应当设置“进项税额”“已交税金”“转出未交增值税”“减免税款”“销项税额”“进项税额转出”“转出多交增值税”等专栏。其中：

①“进项税额”专栏，记录单位购进货物、加工修理修配劳务、服务、无形资产或不动产而支付或负担的、准予从当期销项税额中抵扣的增值税额；

②“已交税金”专栏，记录单位当月已交纳的应交增值税额；

③“转出未交增值税”和“转出多交增值税”专栏，分别记录一般纳税人月度终了转出当月应交未交或多交的增值税额；

④“减免税款”专栏，记录单位按照现行增值税制度规定准予减免的增值税额；

⑤“销项税额”专栏，记录单位销售货物、加工修理修配劳务、服务、无形资产或不动产应收取的增值税额；

⑥“进项税额转出”专栏，记录单位购进货物、加工修理修配劳务、服务、无形资产或不动产等发生非正常损失以及其他原因而不应从销项税额中抵扣、按照规定转出的进项税额。

(2)“未交税金”明细科目，核算单位月度终了从“应交税金”或“预交税金”明细科目转入当月应交未交、多交或预缴的增值税额，以及当月交纳以前期间未交的增值税额。

(3)“预交税金”明细科目，核算单位转让不动产、提供不动产经营租赁服务等，以及其他按照现行增值税制度规定应预缴的增值税额。

(4)“待抵扣进项税额”明细科目，核算单位已取得增值税扣税凭证并经税务机关认证，按照现行增值税制度规定准予以后期间从销项税额中抵扣的进项税额。

(5)“待认证进项税额”明细科目，核算单位由于未经税务机关认证而不得从当期销项税额中抵扣的进项税额，包括：一般纳税人已取得增值税扣税凭证并按规定准予从销项税额中抵扣，但尚未经税务机关认证的进项税额；一般纳税人已申请稽核但尚未取得稽核相符结果的海关缴款书进项税额。

(6)“待转销项税额”明细科目，核算单位销售货物、加工修理修配劳务、服务、无形资产或不动产，已确认相关收入(或利得)但尚未发生增值税纳税义务而需于以后期间确认为销项税额的增值税额。

(7)“简易计税”明细科目，核算单位采用简易计税方法发生的增值税计提、扣减、预缴、缴纳等业务。

(8)“转让金融商品应交增值税”明细科目，核算单位转让金融商品发生的增值税额。

(9)“代扣代交增值税”明细科目，核算单位购进在境内未设经营机构的境外单位或个人在境内的应税行为代扣代缴的增值税。

“应交增值税”科目期末如为贷方余额，反映单位应交未交的增值税；期末如为借方余额，反映单位尚未抵扣或多交的增值税。“应交增值税”会计明细科目设置如表 13-1 所示。

在预算会计中，由于应交增值税业务导致行政事业单位现金流出时，涉及的预算会计科目主要有“事业支出”科目、“经营支出”科目、“资金结存”科目（货币资金）等。

表 13-1 “应交增值税”会计明细科目设置

纳税人类型	二级明细科目	三级明细科目
一般纳税人	应交税金	进项税额
		已交税金
		转出未交增值税
		减免税款
		销项税额
		进项税额转出
		转出多交增值税
	未交税金	
	预交税金	
	待抵扣进项税额	
	待认证进项税额	
	待转销项税额	
	简易计税	
	转让金融商品应交增值税	
	代扣代交增值税	
小规模纳税人	转让金融商品应交增值税	
	代扣代交增值税	

（二）应交增值税的主要账务处理

1. 单位[①]取得资产或接受劳务等业务

（1）采购等业务进项税额允许抵扣。

在财务会计中，单位购买用于增值税应税项目的资产或服务等时，按照应计入相关成本费用或资产的金额，借记“业务活动费用”“在途物品”“库存物品”“工程物资”“在建工程”“固定资产”“无形资产”等科目，按照当月已认证的可抵扣增值税额，借记“应交增值税”科目（应交税金—进项税额），按照当月未认证的可抵扣增值税额，借记“应交增值税”科目（待认证进项税额），按照应付或实际支付的金额，贷记“应付账款”“应付票据”“银行存款”“零余额账户用款额度”等科目。发生退货的，如原增值税专用发票已做认证，应根据税务机关开具的红字增值税专用发票做相反的会计分录；如原增值税专用发票未做认证，应将发票退回并做相反的会计分录。小规模纳税人购买资产或服务等时不能抵扣增值税，发生的增值税计入资产成本或相关成本费用。

在预算会计中，一般纳税人购买用于增值税应税项目的资产或服务等时，按照当月实际支

① 如不特别说明，本部分内容中的“单位”指增值税一般纳税人。

付的已认证和未认证的可抵扣增值税额，借记“事业支出”科目、“行政支出”科目、“经营支出”科目等，贷记“资金结存”科目（货币资金）、“资金结存”科目（零余额账户用款额度）等。发生退货的，做相反会计分录。小规模纳税人购买资产或服务等时的预算会计处理方法和一般纳税人相同。

【例题 13-3】 某事业单位为增值税一般纳税人，20×1 年 3 月 1 日购进科研物资器材一批，器材已验收入库，取得增值税专用发票，含税价为 33 900 元，其中进项税 3 900 元。该单位编制有关会计分录如下：

财务会计分录	预算会计分录
借：库存物品　　30 000 　应交增值税—应交税金—进项税额　　3 900 　贷：银行存款　　33 900	借：事业支出—商品和服务支出　　33 900 　贷：资金结存—货币资金　　33 900

【例题 13-4】 某事业单位为增值税一般纳税人，20×1 年 3 月 1 日购进科研物资器材一批，器材已验收入库，但未取得增值税专用发票，含税价为 33 900 元，其中进项税 3 900 元。事业单位直到 5 月才认证发票。该单位编制有关会计分录如下：

时间	财务会计分录	预算会计分录
20×1 年 3 月 1 日	借：库存物品　　30 000 　应交增值税—待认证进项税额　　3 900 　贷：银行存款　　33 900	借：事业支出—商品和服务支出　　33 900 　贷：资金结存—货币资金　　33 900
20×1 年 5 月	借：应交增值税—应交税金—进项税额　　3 900 　贷：应交增值税—待认证进项税额　　3 900	不做账务处理

（2）采购等业务进项税额不得抵扣。

在财务会计中，单位购进资产或服务等，用于简易计税方法计税项目、免征增值税项目、集体福利或个人消费等，其进项税额按照现行增值税制度规定不得从销项税额中抵扣的，取得增值税专用发票时，应按照增值税发票注明的金额，借记相关成本费用或资产科目，按照待认证的增值税进项税额，借记“应交增值税”科目（待认证进项税额），按照实际支付或应付的金额，贷记“银行存款”“应付账款”“零余额账户用款额度”等科目。经税务机关认证为不可抵扣进项税时，借记“应交增值税”科目（应交税金—进项税额）科目，贷记“应交增值税”科目（待认证进项税额），同时，将进项税额转出，借记相关成本费用科目，贷记“应交增值税”科目（应交税金—进项税额转出）。

在预算会计中，上述业务发生时，根据增值税发票，按实际支付的金额，借记“事业支出”科目、“行政支出”科目、“经营支出”科目等，贷记“资金结存”科目（货币资金）、“资金结存”科目（零余额账户用款额度）等。

【例题 13-5】 某事业单位为增值税一般纳税人，20×1 年 5 月 1 日购进防护口罩一批，已验收入库，已取得增值税专用发票，含税价为 22 600 元，其中进项税 2 600 元。该批防护口罩用于集体福利。该单位编制有关会计分录如下：

财务会计分录		预算会计分录	
借:库存物品 应交增值税—待认证进项税额 贷:银行存款	20 000 2 600 22 600	借:事业支出—商品和服务支出 贷:资金结存—货币资金	22 600 22 600
借:应交增值税—应交税金—进项税额 贷:应交增值税—待认证进项税额	2 600 2 600	不做账务处理	
借:库存物品 贷:应交增值税—应交税金—进项税额转出	2 600 2 600	不做账务处理	

(3)购进不动产或不动产在建工程按照规定分年抵扣进项税额。

在财务会计中,单位取得应税项目为不动产或者不动产在建工程,其进项税额如果按照现行增值税制度规定自取得之日起分年从销项税额中抵扣,应当按照取得成本,借记“固定资产”“在建工程”等科目,按照当期可抵扣的增值税额,借记“应交增值税”科目(应交税金—进项税额),按照以后期间可抵扣的增值税额,借记“应交增值税”科目(待抵扣进项税额),按照应付或实际支付的金额,贷记“应付账款”“应付票据”“银行存款”“零余额账户用款额度”等科目。尚未抵扣的进项税额待以后期间允许抵扣时,按照允许抵扣的金额,借记“应交增值税”科目(应交税金—进项税额),贷记“应交增值税”科目(待抵扣进项税额)。

在预算会计中,因应用收付实现制,单位取得应税项目为不动产或者不动产在建工程时,其当期实际支付的进项税额不分期处理,当期按实际支付的金额,借记“事业支出”科目、“行政支出”科目、“经营支出”科目等,贷记“资金结存”科目(货币资金)、“资金结存”科目(零余额账户用款额度)等。

【例题 13-6】 某事业单位为增值税一般纳税人,2017 年 3 月 1 日使用专用资金购入楼房作为办公用房,已取得增值税专用发票并得到税务机关认证。增值税发票含税价为 10 900 000 元,其中增值税为 900 000 元。采用平均年限法折旧,预计尚可使用 25 年,无残值。该单位编制有关会计分录如下:

【《不动产进项税额分期抵扣暂行办法》(国家税务总局公告 2016 年第 15 号)第二条规定,增值税一般纳税人 2016 年 5 月 1 日后取得并在会计制度上按固定资产核算的不动产,以及 2016 年 5 月 1 日后发生的不动产在建工程,其进项税额应按照本办法有关规定分 2 年从销项税额中抵扣,第一年抵扣比例为 60%,第二年抵扣比例为 40%。】

①第一年购买时的账务处理:

财务会计分录		预算会计分录	
借:固定资产—办公楼 应交增值税—应交税金—进项税额 应交增值税—待抵扣进项税额 贷:银行存款	10 000 000 540 000 360 000 10 900 000	借:事业支出—项目支出 贷:资金结存—货币资金	10 900 000 10 900 000

②第二年抵扣剩下40%增值税：

财务会计分录	预算会计分录
借：应交增值税—应交税金—进项税额　360 000 　贷：应交增值税—待抵扣进项税额　360 000	不做账务处理

(4)进项税额抵扣情况发生改变。

在财务会计中，单位因发生非正常损失或改变用途等，原已计入进项税额、待抵扣进项税额或待认证进项税额，但按照现行增值税制度规定不得从销项税额中抵扣的，借记“待处理财产损溢”“固定资产”“无形资产”等科目，贷记“应交增值税”科目（应交税金—进项税额转出）、“应交增值税”科目（待抵扣进项税额）或“应交增值税”科目（待认证进项税额）；原不得抵扣且未抵扣进项税额的固定资产、无形资产等，因改变用途等用于允许抵扣进项税额的应税项目的，应按照允许抵扣的进项税额，借记“应交增值税”科目（应交税金—进项税额），贷记“固定资产”“无形资产”等科目。固定资产、无形资产等经上述调整后，应按照调整后的账面价值在剩余尚可使用年限内计提折旧或摊销。单位购进时已全额计入进项税额的货物或服务等转用于不动产在建工程的，对于结转以后期间的进项税额，应借记“应交增值税”科目（待抵扣进项税额），贷记“应交增值税”科目（应交税金—进项税额转出）。

在预算会计中，对于上述涉及增值税的转账业务不用进行账务处理。

【例题 13-7】 续【例题 13-6】，假设第三年该事业单位因实际需要，决定将此办公楼改为员工宿舍楼。

【《不动产进项税额分期抵扣暂行办法》第七条规定，已抵扣进项税额的不动产，发生非正常损失，或者改变用途，专用于简易计税方法计税项目、免征增值税项目、集体福利或者个人消费的，按照下列公式计算不得抵扣的进项税额：

不得抵扣的进项税额＝(已抵扣进项税额＋待抵扣进项税额)×不动产净值率

不动产净值率＝(不动产净值÷不动产原值)×100%

不得抵扣的进项税额小于或等于该不动产已抵扣进项税额的，应于该不动产改变用途的当期，将不得抵扣的进项税额从进项税额中扣减。

不得抵扣的进项税额大于该不动产已抵扣进项税额的，应于该不动产改变用途的当期，将已抵扣进项税额从进项税额中扣减，并从该不动产待抵扣进项税额中扣减不得抵扣进项税额与已抵扣进项税额的差额。】

相关计算如下：

不动产净值率＝(25－2)/25×100%＝92%

不得抵扣的进项税额＝(540 000 元＋360 000 元)×92%＝828 000 元

因不得抵扣的进项税额小于已抵扣进项税额，该单位编制有关会计分录如下：

财务会计分录	预算会计分录
借：固定资产—宿舍楼　828 000 　贷：应交增值税—应交税金—进项税额转出　828 000	不做账务处理

(5)购买方作为扣缴义务人。

按照现行增值税制度规定，境外单位或个人在境内发生应税行为，在境内未设有经营机构的，以购买方为增值税扣缴义务人。因此，境内一般纳税人购进服务或资产时，在财务会计中，按照应计入相关成本费用或资产的金额，借记“业务活动费用”“在途物品”“库存物品”“工程物资”“在建工程”“固定资产”“无形资产”等科目，按照可抵扣的增值税额，借记“应交增值税”科目(应交税金—进项税额)[小规模纳税人应借记相关成本费用或资产科目]，按照应付或实际支付的金额，贷记“银行存款”“应付账款”等科目，按照应代扣代缴的增值税额，贷记“应交增值税”科目(代扣代交增值税)。在预算会计中，按实际支付的增值税金额，借记“事业支出”科目、“行政支出”科目、“经营支出”科目等，贷记“资金结存”科目(货币资金)、“资金结存”科目(零余额账户用款额度)等。

实际缴纳代扣代缴增值税时，在财务会计中，按照代扣代缴的增值税额，借记“应交增值税”科目(代扣代交增值税)，贷记“银行存款”“零余额账户用款额度”等科目。在预算会计中，按实际代扣代缴的增值税金额，借记“事业支出”科目、“行政支出”科目、“经营支出”科目等，贷记“资金结存”科目(货币资金)、“资金结存”科目(零余额账户用款额度)等。

【例题 13-8】 某事业单位为增值税一般纳税人，20×0 年 5 月 1 日从某外国企业购入一项服务，价税合计 21 200 元，进项税 1 200 元，款项已通过财政授权支付。按相关规定履行代扣代缴义务，取得税收通用缴款书作为抵扣凭证。该单位编制有关会计分录如下：

①20×0 年 5 月 1 日购买服务时：

财务会计分录			预算会计分录
借：业务活动费用	20 000		不做账务处理
应交增值税—应交税金—进项税额	1 200		
贷：零余额账户用款额度		20 000	
应交增值税—代扣代交增值税		1 200	

②实际缴纳代扣代缴增值税时：

财务会计分录			预算会计分录		
借：应交增值税—代扣代交增值税	1 200		借：事业支出—商品和服务支出	1 200	
贷：零余额账户用款额度		1 200	贷：资金结存—零余额账户用款额度		1 200

2. 单位销售资产或提供服务等业务

(1)销售资产或提供服务业务。

在财务会计中，单位销售货物或提供服务，应当按照应收或已收的金额，借记“应收账款”“应收票据”“银行存款”等科目，按照确认的收入金额，贷记“经营收入”“事业收入”等科目，按照现行增值税制度规定计算的销项税额(或采用简易计税方法计算的应纳增值税额)，贷记“应交增值税”科目(应交税金—销项税额)或“应交增值税”科目(简易计税)[小规模纳税人应贷记“应交增值税”科目]。发生销售退回的，应根据按照规定开具的红字增值税专用发票做相反的会计分录。

按照政府会计制度及相关政府会计准则确认收入的时点早于按照增值税制度确认增值税纳税义务发生时点的，应将相关销项税额计入“应交增值税”科目(待转销项税额)，待实际发生纳税义务时再转入“应交增值税”科目(应交税金—销项税额)或“应交增值税”科目(简易计税)。

按照增值税制度确认增值税纳税义务发生时点早于按照政府会计制度及相关政府会计准则确认收入的时点的，应按照应纳增值税额，借记"应收账款"科目，贷记"应交增值税"科目（应交税金—销项税额）或"应交增值税"科目（简易计税）。

在预算会计中，单位应根据销售货物或提供服务时实际收到的增值税金额，借记"资金结存"科目（货币资金）、"资金结存"科目（零余额账户用款额度）等，贷记"事业预算收入"科目、"经营预算收入"科目、"其他预算收入"科目等。

【例题 13-9】 某事业单位为增值税一般纳税人，20×2 年 6 月 1 日处置一批 20×2 年之前购入的设备，假定符合简易计税情况，应交增值税 300 元；取得变卖收入 10 000 元，全部应上缴国库。20×2 年 7 月全部上缴。该单位编制有关会计分录如下：

①20×2 年 6 月 1 日处置时：

财务会计分录		预算会计分录	
借：银行存款	10 300	不做账务处理	
贷：应缴财政款—应缴国库	10 000		
应交增值税—简易计税	300		

②20×2 年 7 月全部上缴时：

财务会计分录		预算会计分录	
借：应交增值税—应交税金—已交税金	300	借：事业支出—商品和服务支出	300
贷：银行存款	300	贷：资金结存—货币资金	300

【例题 13-10】 某事业单位为增值税一般纳税人，将闲置办公楼对外出租，协议约定，20×2 年 6 月 1 日至 20×3 年 5 月 31 日每季度末交纳当季房租，每季度房租 49 050 元（含税价，其中每月销项税为 1 350 元）。20×2 年 8 月底收到第一个季度的房租。该房租不用上缴财政。该单位第一个季度编制有关会计分录如下：

①20×2 年 6 月 30 日、7 月 31 日的会计处置相同，分录如下：

财务会计分录		预算会计分录	
借：应收账款	16 350	不做账务处理	
贷：租金收入	15 000		
应交增值税—待转销项税额	1 350		

②20×2 年 8 月 31 日处置时：

财务会计分录		预算会计分录	
借：银行存款	49 050	借：资金结存—货币资金	49 050
贷：租金收入	15 000	贷：其他预算收入—租金预算收入	49 050
应收账款	32 700		
应交增值税—应交税金—销项税额	1 350		

续表

财务会计分录		预算会计分录
借:应交增值税—待转销项税额	2 700	不做账务处理
贷:应交增值税—应交税金—销项税额	2 700	

(2)金融商品转让按照规定以盈亏相抵后的余额作为销售额。

金融商品实际转让月末,如产生转让收益,在财务会计中,则按照应纳税额,借记“投资收益”科目,贷记“应交增值税”科目(转让金融商品应交增值税);如产生转让损失,则按照可结转下月抵扣税额,借记“应交增值税”科目(转让金融商品应交增值税),贷记“投资收益”科目。交纳增值税时,应借记“应交增值税”科目(转让金融商品应交增值税),贷记“银行存款”等科目。年末,“应交增值税”科目(转让金融商品应交增值税)如有借方余额,则借记“投资收益”科目,贷记“应交增值税”科目(转让金融商品应交增值税)。

在预算会计中,根据转让金融商品实际收到的含税金额,借记“资金结存”科目(货币资金)、“资金结存”科目(零余额账户用款额度)等,贷记“投资预算收益”科目。

对应交增值税实际交纳的金额,借记“投资预算收益”科目,贷记“资金结存”科目(货币资金)、“资金结存”科目(零余额账户用款额度)等。

【例题 13-11】 某事业单位为增值税一般纳税人,持有的长期股权投资成为可出售的股票,现因发展需要,该事业单位转让部分股票给某机构投资者,这部分股票原来的成本为 1 000 000 元,按权益法核算,持有期间确认损益调整金额为 1 500 000 元,扣除转让手续费后价款为 6 250 000 元,根据当时税法规定,该单位本项业务适用增值税率为 6%。按上级要求,投资成本收回部分上缴财政,持有期间和出售投资产生的投资收益留归单位预算管理和使用,相关税费由单位承担。要求:编制该单位进行账务处理的会计分录。

①转让时的会计分录:

财务会计分录			预算会计分录		
借:资产处置费用	2 500 000				
贷:长期股权投资—投资成本		1 000 000			
长期股权投资—损益调整		1 500 000			
借:银行存款	6 250 000		借:资金结存—货币资金	5 250 000	
贷:应缴财政款		1 000 000	贷:投资预算收益		5 250 000
投资收益		4 952 830.19			
应交增值税—转让金融商品应交增值税		297 169.81			

②实际交纳增值税时:

财务会计分录			预算会计分录		
借:应交增值税—转让金融商品应交增值税	297 169.81		借:投资预算收益	297 169.81	
贷:银行存款		297 169.81	贷:资金结存—货币资金		297 169.81

3.月末转出多交增值税和未交增值税

月度终了，单位应当将当月应交未交或多交的增值税自“应交税金”明细科目转入“未交税金”明细科目。对于当月应交未交的增值税，借记“应交增值税”科目（应交税金—转出未交增值税），贷记“应交增值税”科目（未交税金）；对于当月多交的增值税，借记“应交增值税”科目（未交税金），贷记“应交增值税”科目（应交税金—转出多交增值税）。上述转账业务，在预算会计中不用进行账务处理。

【例题 13-12】 某高校本月多交增值税5 000元。编制如下会计分录：

财务会计分录			预算会计分录
借：应交增值税—未交税金	5 000		不做账务处理
贷：应交增值税—应交税金—转出多交增值税		5 000	

4.交纳增值税

(1)交纳当月应交增值税。

单位交纳当月应交的增值税，在财务会计中借记“应交增值税”科目（应交税金—已交税金）[小规模纳税人借记“应交增值税”科目]，贷记“银行存款”等科目。

(2)交纳以前期间未交增值税。

单位交纳以前期间未交的增值税，在财务会计中借记“应交增值税”科目（未交税金）[小规模纳税人借记“应交增值税”科目]，贷记“银行存款”等科目。

(3)预交增值税。

单位预交增值税时，在财务会计中借记“应交增值税”科目（预交税金），贷记“银行存款”等科目。月末，单位应将“预交税金”明细科目余额转入“未交税金”明细科目，借记“应交增值税”科目（未交税金），贷记“应交增值税”科目（预交税金）。

以上交纳当月的、以前期间的或预交的增值税，在预算会计中账务处理方法是一致的，即借记“事业支出”科目、“行政支出”科目、“经营支出”科目等，贷记“资金结存”科目（货币资金）、“资金结存”科目（零余额账户用款额度）等。

(4)减免增值税。

对于当期直接减免的增值税，只在财务会计中借记“应交增值税”科目（应交税金—减免税款），贷记“业务活动费用”“经营费用”等科目。在预算会计中不做账务处理。

按照现行增值税制度规定，单位初次购买增值税税控系统专用设备支付的费用以及缴纳的技术维护费允许在增值税应纳税额中全额抵减的，按照规定抵减的增值税应纳税额，在财务会计中借记“应交增值税”科目（应交税金—减免税款）[小规模纳税人借记“应交增值税”科目]，贷记“业务活动费用”“经营费用”等科目。在预算会计中不做账务处理。

【例题 13-13】 某环卫局为一般纳税人，交纳本月增值税5 000元。同时补交上月未交增值税1 000元。编制如下会计分录：

财务会计分录			预算会计分录		
借：应交增值税—未交税金	1 000		借：事业支出	6 000	
应交增值税—应交税金—已交税金	5 000				
贷：银行存款		6 000	贷：资金结存—货币资金		6 000

三、其他应交税费

其他应交税费是指行政事业单位按照税法等规定计算应交纳的除增值税以外的各种税费，包括城市维护建设税、教育费附加、地方教育费附加、车船税、房产税、城镇土地使用税和企业所得税等。

为进行其他应交税费的核算，在财务会计中，行政事业单位应设置“其他应交税费”总账科目，以核算应交纳的除增值税以外的各种税费。单位代扣代缴的个人所得税，也通过该科目核算。单位应交纳的印花税不需要预提应交税费，直接通过“业务活动费用”“单位管理费用”“经营费用”等科目核算，不通过该科目核算。该科目期末如为贷方余额，反映单位应交未交的除增值税以外的税费金额；期末如为借方余额，反映单位多交纳的除增值税以外的税费金额。该科目应当按照应交纳的税费种类进行明细核算。

其他应交税费的主要账务处理如下：

(1)发生城市维护建设税、教育费附加、地方教育费附加、车船税、房产税、城镇土地使用税等纳税义务的，按照税法规定计算的应缴税费金额，在财务会计中，借记“业务活动费用”“单位管理费用”“经营费用”等科目，贷记“其他应交税费”科目(应交城市维护建设税、应交教育费附加、应交地方教育费附加、应交车船税、应交房产税、应交城镇土地使用税等)。在预算会计中不做账务处理。

(2)按照税法规定计算应代扣代缴职工(含长期聘用人员)的个人所得税，借记“应付职工薪酬”科目，贷记“其他应交税费”科目(应交个人所得税)。按照税法规定计算应代扣代缴支付给职工(含长期聘用人员)以外人员劳务费的个人所得税，借记“业务活动费用”“单位管理费用”等科目，贷记“其他应交税费”科目(应交个人所得税)。在预算会计中不做账务处理。

(3)发生企业所得税纳税义务的，按照税法规定计算的应交所得税额，借记“所得税费用”科目，贷记“其他应交税费”科目(单位应交所得税)。在预算会计中不做账务处理。

(4)单位实际交纳上述各种税费时，借记“其他应交税费”科目(应交城市维护建设税、应交教育费附加、应交地方教育费附加、应交车船税、应交房产税、应交城镇土地使用税、应交个人所得税、单位应交所得税等)，贷记“财政拨款收入”“零余额账户用款额度”“银行存款”等科目。在预算会计中借记“事业支出”“行政支出”“经营支出”“非财政拨款结余”等科目，贷记“财政拨款预算收入”科目、“资金结存”科目(货币资金)、“资金结存”科目(零余额账户用款额度)等。

【例题 13-14】 某行政单位发放职工工资，20×2 年 9 月应发工资总额为 220 000 元，其中代扣住房公积金 11 000 元，代扣养老保险费 1 100 元，职业年金 1 430 元，代扣个人所得税 5 500 元。20×2 年 12 月 31 日实际缴纳税金。该行政单位编制如下会计分录：

①计算交纳应付职工薪酬时：

财务会计分录		预算会计分录
借:业务活动费用	220 000	不做账务处理
贷:应付职工薪酬—基本工资(含离退休费)	220 000	

续表

财务会计分录		预算会计分录
借:应付职工薪酬—基本工资(含离退休费)	19 030	不做账务处理
贷:应付职工薪酬—住房公积金	11 000	
应付职工薪酬—养老保险费	1 100	
应付职工薪酬—职业年金缴费	1 430	
其他应交税费—应交个人所得税	5 500	

②实际交纳个人所得税时:

财务会计分录		预算会计分录	
借:其他应交税费—应交个人所得税	5 500	借:行政支出—基本支出—商品和服务支出	5 500
贷:零余额账户用款额度	5 500	贷:资金结存—零余额账户用款额度	5 500

【例题 13-15】 某机关单位服务中心 20×2 年 12 月应计算应缴纳的企业所得税为 45 000 元,20×3 年 3 月计算汇缴 45 000 元,以银行存款支付。该单位编制如下会计分录:

①20×2 年 12 月应计算应缴纳企业所得税:

财务会计分录		预算会计分录
借:所得税费用	45 000	不做账务处理
贷:其他应交税费—单位应交所得税	45 000	

②20×3 年 3 月汇缴企业所得税:

财务会计分录		预算会计分录	
借:其他应交税费—单位应交所得税	45 000	借:非财政拨款结余	45 000
贷:银行存款	45 000	贷:资金结存—货币资金	45 000

四、应缴财政款

应缴财政款是指行政事业单位取得或应收的按照规定应当上缴财政的款项,包括应缴国库的款项和应缴财政专户的款项。

行政事业单位为进行应缴财政款的核算,在财务会计中应当设置“应缴财政款”总账科目。该科目应当按照应缴财政款项的类别进行明细核算,可设置“应缴国库款”“应缴财政专户款”明细科目。但行政事业单位按照国家税法等有关规定应当缴纳的各种税费,通过“应交增值税”“其他应交税费”科目核算,不通过“应缴财政款”科目核算。该科目期末贷方余额,反映单位应当上缴财政但尚未缴纳的款项。年终清缴后,该科目一般应无余额。

应缴财政款的主要账务处理如下:

(1)行政事业单位取得或应收按照规定应缴财政的款项时,在财务会计中借记“银行存款”

“应收账款”等科目，贷记“应缴财政款”科目。

(2)行政事业单位处置资产取得的应上缴财政的处置净收入的账务处理，参见“待处理财产损溢”等科目。

(3)行政事业单位上缴应缴财政的款项时，按照实际上缴的金额，在财务会计中借记“应缴财政款”科目，贷记“银行存款”科目。

应缴财政款不纳入单位预算管理，故在预算会计中不做账务处理。

【例题 13-16】 某行政单位 20×2 年发生如下业务：

①1 月 10 日，经批准报废一批固定资产，收到变价收入 23 000 元，保险赔款 3 000 元，相关款项已存入银行，用银行存款支付处置费用 800 元。

②3 月 10 日，取得非税收入 9 000 元，存入非税账户。

③6 月 30 日，上缴财政专户。

该单位编制如下会计分录：

时间	财务会计分录			预算会计分录
1 月 10 日	借：银行存款	26 000		不做账务处理
	贷：待处理财产损溢—固定资产—处理净收入		26 000	
	借：待处理财产损溢—固定资产—处理净收入	800		不做账务处理
	贷：银行存款		800	
	借：待处理财产损溢—固定资产—处理净收入	25 200		不做账务处理
	贷：应缴财政款—应缴国库款		25 200	
3 月 10 日	借：银行存款	9 000		不做账务处理
	贷：应缴财政款—应缴财政专户		9 000	
6 月 30 日	借：应缴财政款—应缴国库款	25 200		不做账务处理
	应缴财政款—应缴财政专户	9 000		
	贷：银行存款		34 200	

五、应付职工薪酬

应付职工薪酬是指行政事业单位按照有关规定应付给职工(含长期聘用人员)及为职工支付的各种薪酬，包括基本工资、国家统一规定的津贴补贴、规范津贴补贴(绩效工资)、改革性补贴、社会保险费(如职工基本养老保险费、职业年金、基本医疗保险费等)、住房公积金等。

为核算应付职工薪酬业务，在财务会计中，行政事业单位应设置“应付职工薪酬”总账科目。该科目应当根据国家有关规定按照“基本工资(含离退休费)”“国家统一规定的津贴补贴”“规范津贴补贴(绩效工资)”“改革性补贴”“社会保险费”“住房公积金”“其他个人收入”等科目进行明细核算。其中，“社会保险费”“住房公积金”明细科目核算内容包括单位从职工工资中代扣代缴的社会保险费、住房公积金，以及单位为职工计算缴纳的社会保险费、住房公积金。“应付职工薪酬”科目期末贷方余额，反映单位应付未付的职工薪酬。

应付职工薪酬的主要账务处理如下：

(1)计算确认当期应付职工薪酬(含单位为职工计算缴纳的社会保险费、住房公积金)。此时因未涉及现金业务，只需在财务会计中进行如下处理：

①计提从事专业及其辅助活动人员的职工薪酬，借记“业务活动费用”“单位管理费用”科目，贷记“应付职工薪酬”科目。

②计提应由在建工程、加工物品、自行研发无形资产负担的职工薪酬，借记“在建工程”“加工物品”“研发支出”等科目，贷记“应付职工薪酬”科目。

③计提从事专业及其辅助活动之外的经营活动人员的职工薪酬，借记“经营费用”科目，贷记“应付职工薪酬”科目。

④因解除与职工的劳动关系而给予的补偿，借记“单位管理费用”等科目，贷记“应付职工薪酬”科目。

(2)向职工支付工资、津贴补贴等薪酬时，按照实际支付的金额，在财务会计中，借记“应付职工薪酬”科目，贷记“财政拨款收入”“零余额账户用款额度”“银行存款”等科目。在预算会计中，借记“事业支出”“行政支出”“经营支出”等科目，贷记“财政拨款预算收入”科目、“资金结存”科目(货币资金)、“资金结存”科目(零余额账户用款额度)等。

(3)关于代扣代缴业务，只需在财务会计中进行如下处理：

①按照税法规定代扣职工个人所得税时，借记“应付职工薪酬”科目(基本工资)，贷记“其他应交税费—应交个人所得税”科目。

②从应付职工薪酬中代扣为职工垫付的水电费、房租等费用时，按照实际扣除的金额，借记“应付职工薪酬”科目(基本工资)，贷记“其他应收款”等科目。

③从应付职工薪酬中代扣社会保险费和住房公积金，按照代扣的金额，借记“应付职工薪酬”科目(基本工资)，贷记“应付职工薪酬”科目(社会保险费、住房公积金)。

(4)按照国家有关规定缴纳职工社会保险费和住房公积金时，按照实际支付的金额，在财务会计中，借记“应付职工薪酬”科目(社会保险费、住房公积金)，贷记“财政拨款收入”“零余额账户用款额度”“银行存款”等科目。在预算会计中，借记“事业支出”“行政支出”“经营支出”等科目，贷记“财政拨款预算收入”科目、“资金结存”科目(货币资金)、“资金结存”科目(零余额账户用款额度)等。

(5)从应付职工薪酬中支付的其他款项，在财务会计中，借记“应付职工薪酬”科目，贷记“零余额账户用款额度”“银行存款”等科目。在预算会计中，借记“事业支出”“行政支出”“经营支出”等科目，贷记“资金结存”科目(货币资金)、“资金结存”科目(零余额账户用款额度)等。

【例题 13-17】 某行政单位 20×2 年 1 月应发工资总额为 300 000 元(行政部分人员工资 200 000 元，离退休人员工资 100 000 元)，其中代扣住房公积金 15 000 元，代扣养老保险费 1 500 元，代扣医疗保险 450 元，代扣个人所得税 7 500 元，代扣职工水电费、房租 15 000 元。当月末，通过财政授权支付方式全部支付了薪酬和代扣款项。该单位编制的有关会计分录为：

①核算应付职工薪酬和代扣款项：

财务会计分录	预算会计分录
借：业务活动费用—工资福利费用　　300 000 　贷：应付职工薪酬—基本工资(含离退休费)　　300 000	不做账务处理

续表

财务会计分录		预算会计分录
借:应付职工薪酬—基本工资(含离退休费)	39 450	不做账务处理
贷:应付职工薪酬—住房公积金	15 000	
应付职工薪酬—社会保险费—养老保险	1 500	
应付职工薪酬—社会保险费—医疗保险	450	
其他应交税费—应交个人所得税	7 500	
其他应收款—代扣款项	15 000	

②支付薪酬和代扣款项时：

财务会计分录		预算会计分录	
借:应付职工薪酬—基本工资(含离退休费)	260 550	借:行政支出—基本支出—工资福利支出	260 550
贷:零余额账户用款额度	260 550	贷:资金结存—零余额账户用款额度	260 550

③支付代扣款项时：

财务会计分录		预算会计分录	
借:应付职工薪酬—住房公积金	15 000	借:行政支出—基本支出—工资福利支出	39 450
应付职工薪酬—社会保险费—养老保险	1 500	贷:资金结存—零余额账户用款额度	39 450
应付职工薪酬—社会保险费—医疗保险	450		
其他应交税费—应交个人所得税	7 500		
其他应收款—代扣款项	15 000		
贷:零余额账户用款额度	39 450		

【例题 13-18】 某行政单位20×2年6月应解除与某职工的劳动关系，经有关部门批准给予职工补偿120 000元。该单位编制的有关会计分录为：

财务会计分录		预算会计分录
借:单位管理费用—对个人和家庭的补助支出—退职(役)费	120 000	不做账务处理
贷:应付职工薪酬—其他	120 000	

六、应付票据

应付票据是事业单位因购买材料、物资等而开出、承兑的商业汇票，包括银行承兑汇票和商业承兑汇票。按国家有关规定,单位之间只有在商品交易的情况下才能使用商业汇票结算方式。

为核算应付票据业务,事业单位应在财务会计中设置“应付票据”总账科目。该科目应当按照债权人进行明细核算。该科目期末贷方余额,反映事业单位开出、承兑的尚未到期的应付票据金额。

应付票据的主要账务处理如下:

(1)开出、承兑商业汇票时,借记“库存物品”“固定资产”等科目,贷记“应付票据”科目。涉及增值税业务的,相关账务处理参见“应交增值税”科目。以商业汇票抵付应付账款时,借记“应付账款”科目,贷记“应付票据”科目。这种情况下,在预算会计中不做账务处理。

(2)支付银行承兑汇票的手续费时,在财务会计中,借记“业务活动费用”“经营费用”等科目,贷记“银行存款”“零余额账户用款额度”等科目。在预算会计中,借记“事业支出”“经营支出”等科目,贷记“资金结存”科目(货币资金)、“资金结存”科目(零余额账户用款额度)等。

(3)商业汇票到期时,应当分别按以下情况处理:

①收到银行支付到期票据的付款通知时,在财务会计中,借记“应付票据”科目,贷记“银行存款”科目。在预算会计中,借记“事业支出”“经营支出”等科目,贷记“资金结存”科目(货币资金)、“资金结存”科目(零余额账户用款额度)等。

②银行承兑汇票到期,单位无力支付票款的,在财务会计中,按照应付票据账面余额,借记“应付票据”科目,贷记“短期借款”科目。在预算会计中借记“事业支出”“经营支出”等科目,贷记“债务预算收入”科目。

③商业承兑汇票到期,单位无力支付票款的,按照应付票据账面余额,借记“应付票据”科目,贷记“应付账款”科目。这种情况下,在预算会计中不做账务处理。

单位应当设置应付票据备查簿,详细登记每一应付票据的种类、号数、出票日期、到期日、票面金额、交易合同号、收款人姓名或单位名称,以及付款日期和金额等。应付票据到期结清票款后,应当在备查簿内逐笔注销。

【例题 13-19】 某事业单位 20×2 年 9 月 27 日,向 H 公司购入一批原材料,价款为 20 000 元,材料已验收入库。开出一张面值为 20 000 元、期限为 3 个月的带息商业承兑汇票。票面利率为 10%。该单位编制如下会计分录:

时间	财务会计分录			预算会计分录	
9 月 27 日	借:库存物品	20 000		不做账务处理	
	贷:应付票据—H 公司		20 000		
12 月 27 日	借:应付票据—H 公司	20 000		借:事业支出—基本支出—商品和服务支出	20 500
	业务活动费用—商品和服务费用—手续费	500			
	贷:银行存款		20 500	贷:资金结存—货币资金	20 500

七、应付账款

应付账款是行政事业单位因购买物资、接受服务、开展工程建设等而应付的偿还期限在 1

年以内(含1年)的款项。

为核算应付账款业务,行政事业单位在财务会计中应当设置“应付账款”总账科目。该科目应当按照债权人进行明细核算。对于建设项目,还应设置“应付器材款”“应付工程款”等明细科目,并按照具体项目进行明细核算。“应付账款”科目期末贷方余额,反映单位尚未支付的应付账款金额。

应付账款的主要账务处理如下:

(1)收到所购材料、物资、设备或服务以及确认完成工程进度但尚未付款时,根据发票及账单等有关凭证,按照应付未付款项的金额,借记“库存物品”“固定资产”“在建工程”等科目,贷记“应付账款”科目。涉及增值税业务的,相关账务处理参见“应交增值税”科目。这种情况下,在预算会计中不做账务处理。

(2)偿付应付账款时,按照实际支付的金额,在财务会计中,借记“应付账款”科目,贷记“财政拨款收入”“零余额账户用款额度”“银行存款”等科目。在预算会计中,借记“事业支出”“行政支出”“经营支出”等科目,贷记“资金结存”科目(货币资金)、“资金结存”科目(零余额账户用款额度)、“财政拨款预算收入”科目等。

(3)开出、承兑商业汇票抵付应付账款时,借记“应付账款”科目,贷记“应付票据”科目。这种情况下,在预算会计中不做账务处理。

(4)无法偿付或债权人豁免偿还的应付账款,应当按照规定报经批准后进行账务处理。经批准核销时,借记“应付账款”科目,贷记“其他收入”科目。核销的应付账款应在备查簿中保留登记。此时,在预算会计中不做账务处理。

【例题13-20】 某行政单位发生如下应付账款业务:

①20×2年9月27日,向H公司购入一批原材料,价款为15 000元,材料已验收入库。款项尚未支付。

②20×2年10月15日,用财政授权支付前欠H公司部分材料款13 000元。

③20×2年11月15日,该行政单位与H公司协商,豁免前欠材料款2 000元。

该单位编制如下会计分录:

时间	财务会计分录	预算会计分录
9月27日	借:库存物品 15 000 　贷:应付账款—H公司 15 000	不做账务处理
10月15日	借:应付账款—H公司 13 000 　贷:零余额账户用款额度 13 000	借:行政支出—基本支出—商品和服务支出 13 000 　贷:资金结存—零余额账户用款额度 13 000
11月15日	借:应付账款—H公司 2 000 　贷:其他收入 2 000	不做账务处理

八、应付政府补贴款

应付政府补贴款是指负责发放政府补贴的行政单位,按照规定应当支付给政府补贴接受者的各种政府补贴款。

为对应付政府补贴款进行核算，行政单位应当在财务会计中设置“应付政府补贴款”总账科目。该科目应当按照应支付的政府补贴种类进行明细核算。单位还应当根据需要按照补贴接受者进行明细核算，或者建立备查簿对补贴接受者予以登记。该科目期末贷方余额，反映行政单位应付未付的政府补贴金额。

应付政府补贴款的主要账务处理如下：

(1)发生应付政府补贴时，按照依规定计算确定的应付政府补贴金额，借记“业务活动费用”科目，贷记“应付政府补贴款”科目。此时，预算会计中不做账务处理。

(2)支付应付政府补贴款时，按照支付金额，在财务会计中，借记“应付政府补贴款”科目，贷记“零余额账户用款额度”“银行存款”等科目。在预算会计中，借记“行政支出”科目，贷记“资金结存”科目(货币资金)、“资金结存”科目(零余额账户用款额度)等。

【例题 13-21】 某行政单位 20×2 年 9 月 20 日，经计算应发放的政府补贴款为 300 000 元，其中困难家庭补助 125 000 元，高龄老人补贴 175 000 元。9 月 30 日通过财政授权支付该补贴款。该行政单位编制会计分录如下：

时间	财务会计分录	预算会计分录
9 月 20 日	借：业务活动费用　300 000 　贷：应付政府补贴款—困难家庭补助　125 000 　　应付政府补贴款—高龄老人补贴　175 000	不做账务处理
9 月 30 日	借：应付政府补贴款—困难家庭补助　125 000 　应付政府补贴款—高龄老人补贴　175 000 　贷：零余额账户用款额度　300 000	借：行政支出　300 000 　贷：资金结存—零余额账户用款额度　300 00

九、应付利息

应付利息是事业单位按照合同约定应支付的借款利息，包括短期借款、分期付息到期还本的长期借款等应支付的利息。

为核算应付利息业务，事业单位应在财务会计中设置“应付利息”总账科目，该科目应当按照债权人等进行明细核算。该科目期末贷方余额，反映事业单位应付未付的利息金额。

应付利息的主要账务处理如下：

(1)为建造固定资产、公共基础设施等借入的专门借款的利息，属于建设期间发生的，按期计提利息费用时，按照计算确定的金额，在财务会计中，借记“在建工程”科目，贷记“应付利息”科目；不属于建设期间发生的，按期计提利息费用时，按照计算确定的金额，借记“其他费用”科目，贷记“应付利息”科目。在预算会计中，暂不做账务处理。

(2)对于其他借款，按期计提利息费用时，按照计算确定的金额，在财务会计中，借记“其他费用”科目，贷记“应付利息”科目。在预算会计中，暂不做账务处理。

(3)实际支付应付利息时,按照支付的金额,在财务会计中,借记“应付利息”科目,贷记“银行存款”等科目。在预算会计中,借记“其他支出”科目,贷记“资金结存”科目(货币资金)、“资金结存”科目(零余额账户用款额度)等。

【例题 13-22】 参见【例题 13-1】。

十、预收账款

预收账款是指事业单位预先收取但尚未结算的款项。为核算预收账款业务,事业单位应在财务会计中设置“预收账款”总账科目。该科目应当按照债权人进行明细核算。该科目期末贷方余额,反映事业单位预收但尚未结算的款项金额。

预收账款的主要账务处理如下:

(1)从付款方预收款项时,按照实际预收的金额,在财务会计中,借记“银行存款”等科目,贷记“预收账款”科目。在预算会计中,借记“资金结存”科目(货币资金),贷记“经营预算收入”“事业预算收入”等科目。

(2)确认有关收入时,按照预收账款账面余额,在财务会计中,借记“预收账款”科目,按照应确认的收入金额,贷记“事业收入”“经营收入”等科目,按照付款方补付或退回付款方的金额,借记或贷记“银行存款”等科目。在预算会计中,借记“资金结存”科目(货币资金),贷记“经营预算收入”“事业预算收入”等科目。涉及增值税业务的,相关账务处理参见“应交增值税”科目。

(3)无法偿付或债权人豁免偿还的预收账款,应当按照规定报经批准后进行账务处理。经批准核销时,在财务会计中,借记“预收账款”科目,贷记“其他收入”科目。在预算会计中不做账务处理。

核销的预收账款应在备查簿中保留登记。

【例题 13-23】 某事业单位 20×2 年 9 月发生如下预收账款业务:

①9 月 10 日,预收 K 公司广告服务费 10 000 元。

②9 月 15 日,广告服务完成后,实际结算价款为 12 000 元;K 公司通过银行存款补付。

③9 月 25 日,以前年度的 M 公司的预收账款 1 500 元无法偿付,经批准核销。该事业单位编制会计分录如下:

时间	财务会计分录			预算会计分录		
9 月 10 日	借:银行存款	10 000		借:资金结存—货币资金	10 000	
	贷:预收账款—K 公司		10 000	贷:经营预算收入		10 000
9 月 15 日	借:预收账款—K 公司	10 000		借:资金结存—货币资金	2 000	
	银行存款	2 000				
	贷:经营收入—广告		12 000	贷:经营预算收入		2 000
9 月 25 日	借:预收账款—M 公司	1 500		不做账务处理		
	贷:其他收入		1 500			

十一、其他应付款

其他应付款是指单位除应交增值税、其他应交税费、应缴财政款、应付职工薪酬、应付票据、应付账款、应付政府补贴款、应付利息、预收账款以外，其他各项偿还期限在1年内(含1年)的应付及暂收款项，如收取的押金、存入保证金、已经报销但尚未偿还银行的本单位公务卡欠款等。

为核算其他应付款业务，行政事业单位应在财务会计中设置“其他应付款”总账科目，该科目应当按照其他应付款的类别以及债权人等进行明细核算。该科目期末贷方余额，反映单位尚未支付的其他应付款金额。同级政府财政部门预拨的下期预算款和没有纳入预算的暂付款项，以及采用实拨资金方式通过本单位转拨给下属单位的财政拨款，也通过该科目核算。

其他应付款的主要账务处理如下：

(1)发生其他应付及暂收款项时，在财务会计中借记“银行存款”等科目，贷记“其他应付款”科目。支付(或退回)其他应付及暂收款项时，借记“其他应付款”科目，贷记“银行存款”等科目。将暂收款项转为收入时，借记“其他应付款”科目，贷记“事业收入”等科目。在预算会计中，则只在将暂收款项转为收入时，借记“资金结存”科目(货币资金)，贷记“事业预算收入”科目等。

(2)收到同级政府财政部门预拨的下期预算款和没有纳入预算的暂付款项，在财务会计中，按照实际收到的金额，借记“银行存款”等科目，贷记“其他应付款”科目；待到下一预算期或批准纳入预算时，借记“其他应付款”科目，贷记“财政拨款收入”科目。在预算会计中，则要待到下一预算期或批准纳入预算时，才借记“资金结存”科目(货币资金)，贷记“财政拨款预算收入”科目。

采用实拨资金方式通过本单位转拨给下属单位的财政拨款，按照实际收到的金额，在财务会计中，借记“银行存款”科目，贷记“其他应付款”科目；向下属单位转拨财政拨款时，按照转拨的金额，借记“其他应付款”科目，贷记“银行存款”科目。在预算会计中不做账务处理。

(3)本单位公务卡持卡人报销时，按照审核报销的金额，在财务会计中，借记“业务活动费用”“单位管理费用”等科目，贷记“其他应付款”科目；偿还公务卡欠款时，借记“其他应付款”科目，贷记“零余额账户用款额度”等科目。在预算会计中，则在偿还公务卡欠款时，借记“事业支出”“行政支出”等科目，贷记“资金结存”科目(货币资金)、“资金结存”科目(零余额账户用款额度)科目等。

(4)涉及质保金形成其他应付款的，相关账务处理参见“固定资产”科目。

(5)无法偿付或债权人豁免偿还的其他应付款项，应当按照规定报经批准后进行账务处理。经批准核销时，在财务会计中，借记“其他应付款”科目，贷记“其他收入”科目。在预算会计中不做账务处理。核销的其他应付款应在备查簿中保留登记。

【例题13-24】 某省级行政单位20×2年12月发生如下业务：

①12月1日收到省财政厅拨付的20×3年预算款60 000元，财政授权支付的基本支出20×3年1月转作收入。

②12月5日，职工甲用公务卡购买办公用品1 500元，取得发票并报销。

③12月6日，该单位做公务卡归还操作。

④12月10日，开展业务宣传活动，收到申请者押金10 000元。银行账户已收到款项。

⑤12月31日，清理其他应付款，发现1笔多年的应付款项1 200元无法偿付，经批准核销处理。

时间	财务会计分录	预算会计分录
12月1日	借：银行存款 60 000 贷：其他应付款 60 000	不做账务处理
12月5日	借：业务活动费用—商品和服务费用 1 500 贷：其他应付款—待清算公务卡报销额度 1 500	不做账务处理
12月6日	借：其他应付款—待清算公务卡报销额度 1 500 贷：零余额账户用款额度 1 500	借：行政支出—基本支出—商品和服务支出 1 500 贷：资金结存—零余额账户用款额度 1 500
12月10日	借：银行存款 10 000 贷：其他应付款—押金 10 000	不做账务处理
12月31日	借：其他应付款 1 200 贷：其他收入—无法偿付款 1 200	不做账务处理

十二、预提费用

预提费用是行政事业单位预先提取的已经发生但尚未支付的费用，如预提租金费用等。

为核算预提费用业务，行政事业单位应在财务会计中设置"预提费用"总账科目。该科目应当按照预提费用的种类进行明细核算。对于提取的项目间接费用或管理费，应当在该科目下设置"项目间接费用或管理费"明细科目，并按项目进行明细核算。"预提费用"科目期末贷方余额，反映单位已预提但尚未支付的各项费用。事业单位计提的借款利息费用，通过"应付利息""长期借款"科目核算，不通过"预提费用"科目核算。预提费用的主要账务处理如下：

（一）项目间接费用或管理费

按规定从科研项目收入中提取项目间接费用或管理费时，按照提取的金额，在财务会计中，借记"单位管理费用"科目，贷记"预提费用"科目（项目间接费用或管理费）。在预算会计中，借记"非财政拨款结转"科目（项目间接费用或管理费），贷记"非财政拨款结余"科目（项目间接费用或管理费）。

实际使用计提的项目间接费用或管理费时，按照实际支付的金额，在财务会计中，借记"预提费用"科目（项目间接费用或管理费），贷记"银行存款""库存现金"等科目。在预算会计中，借记"事业支出""行政支出"等科目，贷记"资金结存"科目（货币资金）、"资金结存"科目（零余额账户用款额度）等。

（二）其他预提费用

按期预提租金等费用时，按照预提的金额，在财务会计中，借记"业务活动费用""单位管理费用""经营费用"等科目，贷记"预提费用"科目。在预算会计中不做账务处理。

实际支付款项时，按照支付金额，在财务会计中，借记"预提费用"科目，贷记"零余额账户用款额度”“银行存款”等科目。在预算会计中，借记“事业支出”“行政支出”“经营支出”等科目，贷记“资金结存”科目(货币资金)、“资金结存”科目(零余额账户用款额度)等。

【例题 13-25】 某行政单位 20×2 年发生如下预提费用业务：

(1)5 月 1 日从科研项目收入中提取项目管理费用 6 500 元；

(2)5 月 5 日购买办公用品 4 000 元，从该笔项目管理费用中通过财政授权支付；

(3)6 月 30 日预提当月房屋租金 5 000 元，下月初通过财政授权支付；

(4)7 月 2 日支付房屋租金 5 000 元。

时间	财务会计分录		预算会计分录	
5 月 1 日	借：单位管理费用—其他费用	6 500	借：非财政拨款结转—项目间接费用或管理费	6 500
	贷：预提费用—项目间接费用或管理费	6 500	贷：非财政拨款结余—项目间接费用或管理费	6 500
5 月 5 日	借：预提费用—项目间接费用或管理费	4 000	借：行政支出—基本支出—商品和服务支出	4 000
	贷：零余额账户用款额度	4 000	贷：资金结存—零余额账户用款额度	4 000
6 月 30 日	借：业务活动费用—商品和服务费用	5 000	不做账务处理	
	贷：预提费用—其他预提费用	5 000		
7 月 2 日	借：预提费用—其他预提费用	5 000	借：行政支出—基本支出—商品和服务支出	5 000
	贷：零余额账户用款额度	5 000	贷：资金结存—零余额账户用款额度	5 000

第三节　行政事业单位非流动负债

行政事业单位的非流动负债主要包括长期借款、长期应付款、预计负债、受托代理负债等内容。

一、长期借款

长期借款是指事业单位经批准向银行或其他金融机构等借入的期限超过 1 年(不含 1 年)的各种借款本息。

为核算长期借款业务，事业单位应当在财务会计中设置“长期借款”总账科目。该科目应当设置“本金”和“应计利息”明细科目，并按照贷款单位和贷款种类进行明细核算。对于建设项目借款，还应按照具体项目进行明细核算。“长期借款”科目期末贷方余额，反映事业单位尚未偿还的长期借款本息金额。

长期借款的主要账务处理如下：

(1)借入各项长期借款时,按照实际借入的金额,在财务会计中,借记"银行存款"科目,贷记"长期借款"科目(本金)。在预算会计中,借记"资金结存"科目(货币资金),贷记"债务预算收入"科目[本金]。

(2)为建造固定资产、公共基础设施等应支付的专门借款利息,按期计提利息时,在财务会计中分别按以下情况处理:

①属于工程项目建设期间发生的利息,计入工程成本,按照计算确定的应支付的利息金额,借记"在建工程"科目,贷记"应付利息"科目。

②属于工程项目完工交付使用后发生的利息,计入当期费用,按照计算确定的应支付的利息金额,借记"其他费用"科目,贷记"应付利息"科目。

上述情况下,预算会计不做账务处理,但在实际支付利息时,应借记"其他支出"科目,贷记"资金结存"科目(货币资金)、"资金结存"科目(零余额账户用款额度)等。

(3)按期计提其他长期借款的利息时,按照计算确定的应支付的利息金额,在财务会计中,借记"其他费用"科目,贷记"应付利息"科目[分期付息、到期还本借款的利息]或"长期借款"科目(应计利息)[到期一次还本付息借款的利息]。

到期归还长期借款本金、利息时,在财务会计中,借记"长期借款"科目(本金、应计利息),贷记"银行存款"科目。在预算会计中,借记"债务还本支出""其他支出"等科目,贷记"资金结存"科目(货币资金)、"资金结存"科目(零余额账户用款额度)等。

【例题 13-26】 20×2 年 1 月 1 日,某事业单位要建造一栋办公大楼经批准专门向银行借入一笔款项 10 000 000 元,借款期限为 4 年,年利率为 5%,利息每年末支付,本金到期一次偿还。工程建造期为 2 年,2 年后大楼如期建造完成并交付使用。4 年后,该事业单位通过银行存款如期偿还借款本金 10 000 000 元和最后一年利息 500 000 元。

时间	财务会计分录	预算会计分录
20×2 年 1 月 1 日	借:银行存款　　10 000 000 　贷:长期借款—本金　　10 000 000	借:资金结存—货币资金　　10 000 000 　贷:债务预算收入　　10 000 000
20×2 年末 及 20×3 年	借:在建工程—办公楼　　500 000 　贷:应付利息　　500 000	不做账务处理
20×4 年末 及 20×5 年	借:其他费用—利息支出　　500 000 　贷:应付利息　　500 000	不做账务处理
支付 各期 利息	借:应付利息　　500 000 　贷:银行存款　　500 000	借:其他支出—利息　　500 000 　贷:资金结存—货币资金　　500 000
偿还 本金	借:长期借款—本金　　10 000 000 　贷:银行存款　　10 000 000	借:债务还本支出　　10 000 000 　贷:资金结存—货币资金　　10 000 000

二、长期应付款

长期应付款是指行政事业单位发生的偿还期限超过 1 年(不含 1 年)的应付款项,如以融资租赁方式取得固定资产应付的租赁费等。

为核算长期应付款业务，行政事业单位应在财务会计中设置“长期应付款”总账科目。该科目应当按照长期应付款的类别以及债权人进行明细核算。该科目期末贷方余额，反映单位尚未支付的长期应付款金额。

长期应付款的主要账务处理如下：

(1)发生长期应付款时，在财务会计中，借记“固定资产”“在建工程”等科目，贷记“长期应付款”科目。在预算会计中不做账务处理。

支付长期应付款时，按照实际支付的金额，在财务会计中，借记“长期应付款”科目，贷记“财政拨款收入”“零余额账户用款额度”“银行存款”等科目。在预算会计中，借记“事业支出”“行政支出”“经营支出”等科目，贷记“财政拨款预算收入”科目、“资金结存”科目(货币资金)、“资金结存”科目(零余额账户用款额度)等。涉及增值税业务的，相关账务处理参见“应交增值税”科目。

(2)无法偿付或债权人豁免偿还的长期应付款，应当按照规定报经批准后进行账务处理。经批准核销时，在财务会计中，借记“长期应付款”科目，贷记“其他收入”科目。在预算会计中不做账务处理。核销的长期应付款应在备查簿中保留登记。

(3)涉及质保金形成长期应付款的，相关账务处理参见“固定资产”科目。

【例题 13-27】 20×2 年 1 月 1 日，某科研单位购买设备 150 000 元，进项税额 19 500 元，作为固定资产管理，款项将于 20×3 年初通过财政直接支付。

时间	财务会计分录			预算会计分录		
20×2 年 1 月 1 日	借：固定资产	150 000		不做账务处理		
	应交增值税—应交税金—进项税额	19 500				
	贷：长期应付款		169 500			
支付时	借：长期应付款	169 500		借：事业支出—基本支出—资本性支出	169 500	
	贷：财政拨款收入		169 500	贷：财政拨款预算收入		169 500

【例题 13-28】 某事业单位融资租入一项固定资产，租赁合同约定，该单位每年年末向出租方支付租金 10 000 元，连续支付 4 年。租入该固定资产时，该单位发生运输费 500 元，款项以银行存款支付。该单位每年年末如期通过零余额账户用款额度向出租方支付租金。暂不考虑增值税业务。该单位编制如下会计分录：

时间	财务会计分录			预算会计分录		
租入时	借：固定资产	40 500		借：事业支出—基本支出—资本性支出	500	
	贷：长期应付款		40 000	贷：资金结存—货币资金		500
	银行存款		500			
支付租金时	借：长期应付款	10 000		借：事业支出—基本支出—资本性支出	10 000	
	贷：零余额账户用款额度		10 000	贷：资金结存—零余额账户用款额度		10 000

三、预计负债

预计负债是指行政事业单位对因或有事项所产生的现时义务而确认的负债。政府会计主体常见的或有事项主要包括未决诉讼或未决仲裁、对外国政府或国际经济组织的贷款担保、承诺(补贴、代偿)、环境污染整治、自然灾害或公共事件的求助等。

预计负债应当按履行相关现时义务的需要支出的最佳估计数进行初始计量。所需支出存在一个连续范围,且该范围内各结果发生的可能性相同的,最佳估计数应当按该范围内的中间值确定。或有事项是单个项目的,最佳估计数按照最可能发生金额确定;或有事项是多个项目的,最佳估计数按照各种可能结果发生的相关概率计算确定。

为核算预计负债业务,行政事业单位应当在财务会计中设置"预计负债"总账科目。该科目应当按照预计负债的项目进行明细核算。该科目期末贷方余额,反应单位已确认但尚未支付的预计负债金额。

预计负债的主要账务处理如下:

(1)确认预计负债时,按照预计的金额,在财务会计中,借记"业务活动费用""经营费用""其他费用"等科目,贷记"预计负债"科目。

(2)实际偿付预计负债时,按照偿付的金额,在财务会计中,借记"预计负债"科目,贷记"银行存款""零余额账户用款额度"等科目。在预算会计中,借记"事业支出""行政支出""经营支出"等科目,贷记"资金结存"科目(货币资金)、"资金结存"科目(零余额账户用款额度)等。

(3)根据确凿证据需要对已确认的预计负债账面余额进行调整的,按照调整增加的金额,借记有关科目,贷记"预计负债"科目;按照调整减少的金额,借记"预计负债"科目,贷记有关科目。

【例题 13-29】 某行政单位 20×2 年 4 月 10 日接到法院起诉,单位预计要支付赔偿金额为 1 500 000 元至 2 000 000 元之间的某一金额,而且这个区间内每个金额的可能性都大致相同。7 月 10 日该行政单位以财政授权支付方式偿付赔偿金 1 800 000 元。该单位编制有关的会计分录如下:

时间	财务会计分录	预算会计分录
1月1日	借:其他费用—诉讼 1 750 000 贷:预计负债 1 750 000	不做账务处理
支付租金时	借:预计负债 1 750 000 其他费用—诉讼 50 000 贷:零余额账户用款额度 1 800 000	借:其他支出 1 800 000 贷:财政拨款预算收入 1 800 000

四、受托代理负债

受托代理负债是指行政事业单位接受委托取得受托代理资产时形成的负债。虽然受托代理的现金和银行存款不在"受托代理资产"科目中核算,但是单位受托代理的现金和银行存款仍然属于受托代理资产,在编制资产负债表时列入受托代理资产项目。所以,在单位收到和支付受托代理的现金和银行存款时,也要确认受托代理负债的增加和减少。

为核算受托代理负债业务,行政事业单位应当设置"受托代理负债"总账科目。该科目的账务处理参见“受托代理资产”“库存现金”“银行存款”等科目。“受托代理负债”科目期末贷方余额，反映单位尚未交付或发出受托代理资产形成的受托代理负债金额。

【例题 13-30】 参见【例题 12-50】和【例题 12-51】。

复习思考题

1. 什么是政府会计主体负债？政府会计主体负债如何分类？

2. 政府会计主体负债的确认条件和计量属性是怎样的？

3. 什么是短期借款？其主要处理内容有哪些？

4. 什么是应交增值税？“应交增值税”科目是如何设置的？应交增值税主要账务处理内容有哪些？

5. 什么是其他应交税费？其主要账务处理内容有哪些？

6. 什么是应缴财政款？其主要账务处理内容有哪些？

7. 什么是应付职工薪酬？其主要账务处理内容有哪些？

8. 什么是应付票据？其主要账务处理内容有哪些？

9. 什么是应付账款？其主要账务处理内容有哪些？

10. 什么是应付政府补贴款？其主要账务处理内容有哪些？

11. 什么是预收账款？其主要账务处理内容有哪些？

12. 什么是其他应付款？其主要账务处理内容有哪些？

13. 什么是预提费用？其主要账务处理内容有哪些？

14. 什么是长期借款？为建造固定资产、公共基础设施等应支付的专门借款利息是怎样处理的？

15. 什么是长期应付款？其主要账务处理内容有哪些？

16. 什么是预计负债？预计负债是如何计量的？其主要账务处理内容有哪些？

17. 什么是受托代理负债？受托代理负债确认时应注意哪些特殊情况？

练习题

练习一

一、目的：练习短期借款业务的会计核算。

二、资料：某事业单位经批准向银行借入一笔短期借款，借款金额为 60 000 元，借款期限为 3 个月，利率为 6%，到期一次偿还借款本金和利息。

三、要求：为该单位编制会计分录。

练习二

一、目的：练习应交增值税业务的会计核算。

二、资料：某事业单位为增值税一般纳税人，在开展非独立核算经营活动中购入一批货物 13 000 元，当月已认证的可抵扣增值税额为 1 690 元，款项以银行存款支付，货物已验收入库。该事业单位在开展非独立核算经营过程中，还销售了一批货物，取得经营收入 15 000 元，增值税销项税额为 1 750 元。当月末该事业单位应交未交的增值税额为 60 元，直到次月才交。

三、要求：根据上述业务，为该事业单位编制有关会计分录。

练习三

一、目的：练习应缴财政款业务的会计核算。

二、资料：某事业单位发生如下业务：

(1)单位出租一栋楼房，收到租金35 000元，款项已存入开户银行，该租金按规定应当上缴财政。数日后，该事业单位将收到的租金上缴财政。

(2)经批准处置一项固定资产，账面余额为50 000元，已计提折旧35 000元。处置价款为16 000元，已存入银行。按规定，本次固定资产处置的净收入1 000元应当上缴财政。数日后，该事业单位将处置净收入上缴财政。

(3)开展业务活动收到应缴财政专户的事业收入20 000元，款项已存入银行。数日后，该事业单位将收到的款项上缴财政专户。

三、要求：根据上述业务，为该事业单位编制有关会计分录。

练习四

一、目的：练习应付职工薪酬业务的会计核算。

二、资料：某行政单位计提当月职工薪酬共计487 500元，其中包含了职工基本工资356 000元，国家统一规定的津贴补贴36 500元，以及应从职工基本工资中代扣的社会保险费56 000元和住房公积金28 000元。单位应为职工计算缴纳保险费58 000元和住房公积金37 000元，单位按税法规定应从职工基本工资中代扣职工个人所得税16 020元。数日后该行政单位通过直接支付方式向职工支付基本工资和津贴补贴，并按国家规定向相关机构缴纳职工社会保险费和住房公积金。

三、要求：根据上述业务，为该行政单位编制有关会计分录。

练习五

一、目的：练习应付账款业务的会计核算。

二、资料：某行政单位发生如下业务：

(1)按完工进度与施工企业结算一项在建工程的价款200 000元，款项尚未支付。

(2)通过财政直接支付方式向施工企业支付此笔尚未支付的工程结算款。

(3)购买一项不需要安装的固定资产，成本为25 000元，款项尚未支付。

(4)通过财政授权支付方式支付购买该项固定资产款项。

三、要求：根据上述业务，为该行政单位编制有关会计分录。

练习六

一、目的：练习预收账款、其他应付款业务的会计核算。

二、资料：

(1)某事业单位从付款方预收一笔款项6 500元，款项已存入开户银行。相关业务活动开展后，该事业单位应确认事业收入7 200元，付款方通过银行转账方式补付款项700元。

(2)某行政单位公务卡持卡人报销，审核报销的金额为13 900元。数日后，该行政单位通过财政授权支付方式向银行偿还了该项公务卡欠款。

三、要求：根据上述业务，为上述单位编制有关会计分录。

练习七

一、目的：练习预提费用业务的会计核算。

二、资料：某行政单位按规定从科研项目收入中提取项目管理费用 7 000 元。在项目日常管理中，该行政单位实际使用计提的该项目管理费用 2 000 元，款项以银行存款支付。

三、要求：根据上述业务，为该单位编制有关会计分录。

练习八

一、目的：练习长期借款业务的会计核算。

二、资料：

(1)某事业单位为建造一栋大楼，年初，经批准专门向银行借入一笔款项 800 000 元，期限为 4 年，年利率为 4.5%，到期一次还本付息。款项通过银行存款支付。

(2)某事业单位为购买一项科研设备，年初，经批准专门向银行借入一笔款项 800 000 元，期限为 4 年，年利率为 4.5%，每年末支付利息，到期一次还本。款项通过银行存款支付。

三、要求：根据上述业务，为上述单位编制有关会计分录。

练习九

一、目的：练习长期应付款业务的会计核算。

二、资料：某行政单位购入一项不需要安装的固定资产，确定的成本为 690 000 元，对购入的固定资产扣留质量保证金 10 000 元，扣留期为 2 年，实际向供应商支付款项 680 000 元，款项通过财政直接支付方式支付，固定资产验收合格并交付使用。2 年后，购入的固定资产没有发现严重质量问题，该行政单位向供应商支付了扣留的质量保证金 10 000 元。款项通过零余额账户用款额度支付。

三、要求：根据上述业务，为该单位编制有关会计分录。

练习十

一、目的：练习预计负债业务的会计核算。

二、资料：某事业单位在开展业务活动中违约而被其他单位在法院提起诉讼。年末，该案件仍在审理中。该事业单位很可能需要赔偿 30 000 元。次年，经法院判决，该事业单位需要赔款 28 000 元，该事业单位以银行存款支付了该项赔款。该项赔款按规定计入业务活动费用。

三、要求：根据上述业务，为该事业单位编制有关会计分录。

第14章 行政事业单位的收入和预算收入

【导读】

本章介绍我国行政事业单位的收入和相应的预算收入的含义、分类、确认与计量问题，以及相关会计核算内容，主要包括：①财政拨款类收入及相应预算收入核算问题，包括财政拨款收入和非同级财政拨款收入及其相应预算收入；②资金转移性收入及其相应预算收入，包括上级补助收入和附属单位上缴收入及其相应预算收入；③业务类收入及其相应预算收入，具体包括事业收入、经营收入、投资收益、捐赠收入、利息收入、租金收入、其他收入及其相应预算收入。上述资金收入是行政事业单位开展业务活动及其相关活动的主要资金来源。

【学习重点】

政府会计主体的收入与预算收入的异同；有关财政拨款收入、非同级财政拨款收入及其相应预算收入；上级补助收入和附属单位上缴收入及其相应预算收入；事业收入、经营收入、投资收益及其相应预算收入等内容的含义、科目设置与会计核算问题。

【学习难点】

政府会计主体的收入与预算收入的异同；财政拨款收入、非同级财政拨款收入及其相应预算收入的含义、科目设置与会计核算问题；事业收入、经营收入、投资收益及其相应预算收入的含义、科目设置与会计核算问题。

第一节　行政事业单位收入和预算收入概述

一、行政事业单位收入和预算收入的含义和确认

1. 行政事业单位收入的含义和确认

行政事业单位的收入是指报告期内导致政府会计主体净资产增加的、含有服务潜力或者经济利益的经济资源的流入。

与收入定义相关的核心：一是经济资源的变动，不仅包括现金、应收账款等金融性资产等货币性资源的变动，也包括存货、固定资产、无形资产等非货币性资源的变动。二是这些经济资源

在变动的同时，会引起净资产的增加。如果不引起净资产的增加，则不构成收入。如收到需要上缴财政的资金，在经济资源变动的同时，负债增加，净资产不变，则这项业务不能构成政府单位的收入。

但是并不意味着导致净资产增加的变动都构成收入。如政府单位之间无偿调入资产导致的净资产变动、被投资单位非利润原因的其他权益变动引起的投资单位的长期股权投资增加，在这些情况下，资产增加不构成收入增加，而是直接作为净资产的增加处理。

收入的确认应当同时满足以下条件：①与收入相关的含有服务潜力或者经济利益的经济资源很可能流入政府会计主体；②含有服务潜力或者经济利益的经济资源流入会导致政府会计主体资产增加或者负债减少；③流入金额能够可靠地计量。

2. 行政事业单位预算收入的含义和确认

行政事业单位预算收入是指政府会计主体在预算年度内依法取得的并纳入预算管理的现金流入。预算收入的确认采用收付实现制，一般在实际收到时予以确认，以实际收到的金额计量。

二、行政事业单位的收入与预算收入的异同

行政事业单位[①]对资金活动流量增加的核算，在预算会计上以现金资源（包括库存现金、银行存款、零余额账户用款额度、财政应返还额度等形式的资金结存）流入为核算对象，以收付实现制为主，对预算收入要素和相关科目进行核算。而在财务会计上则以经济资源的流入为核算对象，以权责发生制为主，对收入要素和相关科目进行核算。

1. 核算对象角度的异同

财务会计中收入（以下简称“收入”）核算的是全部经济资源增加，而预算收入核算的是预算范围内的现金资源增加。政府会计主体财务会计中收入要素确认和预算收入的确认受到核算对象的影响，有时一致，有时不同。

当影响净资产的现金资源流入时，预算收入要素和收入要素同时确认。如政府会计主体收到代理银行送来的财政授权支付额度到账通知书，这时，在财务会计中应确认“财政拨款收入”，同时在预算会计中确认“财政拨款预算收入”。

当现金资源发生流入，但是经济资源并未发生变化（因而净资产没有变化）时，确认预算收入，但是不确认收入。如事业单位采用预收账款方式销售商品或服务时，从经济资源变动角度看，没有经济资源流入单位，因此没有收入发生；从收付实现制角度看，发生了现金流入，产生预算收入。

当影响净资产的经济资源增加，但是没有现金资源的流入时，确认收入，但是不确认预算收入。如事业单位持有的一次性还本付息的长期债券投资，在每期计提利息时，单位的经济资源增加，因此发生投资收益增加；但从收付实现制角度看，没有现金流入，因而没有发生预算收入。

2. 会计基础引起的异同

收入要素主要采用权责发生制确认，预算收入要素主要采用收付实现制确认，会计基础的差异导致二者可能出现差异。

（1）临时性差异。这是指收入要素和预算收入要素的确认时点存在差异。如单位发生的未

---

① 也可称为政府会计主体。

来履行交付义务后转入收入的负债责任的增加，在这种情况下，发生的收入与发生的预算收入确认的时点不同，但从长期看，其范围是相同的，即确认为收入的事项，之前也会确认为预算收入。例如事业单位预收的收入产生未来交付服务或产品的义务，确认为一项负债而不确认为收入，但是收到现金资源，因此确认为预算收入；事业单位在履行相应的交付义务和风险转移后，确认相应收入，减少相应负债。

(2)永久性差异。收入体现经济资源相关的权利的增加，预算收入只与现金资源增加相关。例如，单位发生借款，债权人权利发生改变，但净资产所代表的经济权利和责任没有发生改变，因此不确认为收入，但是它导致单位现金资源的变动，因此要确认预算收入。

三、行政事业单位收入和预算收入的类别

根据来源分类，行政事业单位的收入与预算收入的类别非常接近。除了将对应“其他预算收入”的收入做进一步类别细分之外，大多数收入的分类方法同预算收入分类相似。政府会计主体的收入可以分为以下三大类：①财政拨款类收入，包括财政拨款收入和非同级财政拨款收入；②资金转移性收入，包括上级补助收入、附属单位上缴收入；③业务类收入，具体包括事业收入、经营收入、投资收益、捐赠收入、利息收入、租金收入、其他收入。政府会计主体的收入与预算收入的对应关系参见第10章第二节中的表10-3。

第二节　财政拨款类收入及相应预算收入

一、财政拨款收入及财政拨款预算收入

(一)财政拨款收入的含义与科目设置

财政拨款收入是指行政事业单位从同级政府财政部门取得的各类财政拨款。其中，同级政府财政部门是行政事业单位的预算管理部门，行政事业单位的预算需要经过同级政府财政部门批准后才能开始执行。在实务中，大多数行政单位直接向同级政府财政部门申请取得财政拨款。这些行政单位属于主管预算单位或一级预算单位。也有一些行政单位通过其上级行政单位从同级政府财政部门取得财政拨款，这些行政单位属于二级或二级以下预算单位。在实务中，大多数事业单位为二级或二级以下预算单位，其预算首先需要上报其主管预算单位或者一级预算单位，并经其主管或者一级预算单位审核汇总后，再向同级政府财政部门申报取得财政拨款。也有些事业单位属于一级预算单位。一级预算单位的预算直接向同级政府财政部门申报。无论是一级预算单位还是二级或者二级以下预算单位，只要存在部门预算隶属关系，相应的行政事业单位都属于向同级政府财政部门申请取得财政拨款收入的单位。行政事业单位从非同级政府财政部门取得的经费拨款，不作为财政拨款收入核算，而作为非同级财政拨款收入核算。各类财政拨款是指所有财政拨款，包括一般公共预算财政拨款和政府性基金预算财政拨款等种类。

财政拨款收入是行政事业单位开展业务活动的基本财力保证。行政单位履行行政职能或开展业务活动的资金主要甚至全部来源于财政拨款收入。公益一类事业单位的情况与行政单

位相似。公益二类事业单位可以取得的财政拨款收入数额,取决于其专业业务活动的特点以及通过开展专业业务活动可以从市场上取得的事业收入的数额。目前,事业单位在开展专业业务活动中的业务收费需要经政府部门批准,由政府部门实行统一管理。

为核算财政拨款收入,行政事业单位应在财务会计中设置"财政拨款收入"总账科目。同级政府财政部门预拨的下期预算款和没有纳入预算的暂付款项,以及采用实拨资金方式通过本单位转拨给下属单位的财政拨款,通过"其他应付款"科目核算,不通过本科目核算。本科目可按照一般公共预算财政拨款、政府性基金预算财政拨款等拨款种类进行明细核算。期末结转后,本科目应无余额。

(二)财政拨款预算收入的含义和科目设置

财政拨款预算收入是行政事业单位从同级政府财政部门取得的各类财政拨款。它是从现金资源的角度,基于收付实现制在预算会计中对财政拨款收入的核算反映。

为核算财政拨款预算收入,行政事业单位应在预算会计中设置"财政拨款预算收入"总账科目。本科目应当设置"基本支出"和"项目支出"两个明细科目,并按照《政府收支分类科目》中"支出功能分类科目"的项级科目进行明细核算;同时,在"基本支出"明细科目下按照"人员经费"和"日常公用经费"进行明细核算,在"项目支出"明细科目下按照具体项目进行明细核算。有一般公共预算财政拨款、政府性基金预算财政拨款等两种或两种以上财政拨款的单位,还应当按照财政拨款的种类进行明细核算。期末结转后,本科目应无余额。

(三)财政拨款收入和财政拨款预算收入的核算

1. 财政直接支付方式下

在财务会计中,根据收到的"财政直接支付入账通知书"及相关原始凭证,按照通知书中的直接支付入账金额,借记"库存物品""固定资产""业务活动费用""单位管理费用""应付职工薪酬"等科目,贷记"财政拨款收入"科目。涉及增值税业务的,相关账务处理参见"应交增值税"科目。年末,根据本年度财政直接支付预算指标数与当年财政直接支付实际支付数的差额,借记"财政应返还额度—财政直接支付"科目,贷记"财政拨款预算收入"科目。

在预算会计中,单位根据收到的"财政直接支付入账通知书"及相关原始凭证,按照通知书中的直接支付金额,借记"行政支出""事业支出"等科目,贷记"财政拨款预算收入"科目。年末,根据本年度财政直接支付预算指标数与当年财政直接支付实际支出数的差额,借记"资金结存—财政应返还额度"科目,贷记"财政拨款预算收入"科目。

【例题 14-1】 某事业单位已纳入财政国库集中支付改革。20×2 年 1 月 5 日,收到财政直接支付到账通知书,财政部门为事业单位支付了为开展日常业务活动所发生的事业经费 6 600 000 万元。该事业单位编制有关会计分录如下:

财务会计分录		预算会计分录	
借:业务活动费用—商品和服务费用	6 600 000	借:事业支出—基本支出—商品和服务支出	6 600 000
贷:财政拨款收入——一般公共预算拨款	6 600 000	贷:财政拨款预算收入—基本支出—商品和服务支出(日常公用经费)——一般公共预算拨款	6 600 000

【例题 14-2】 某事业单位已纳入财政国库集中支付改革。20×2 年全年财政直接支付预算指标为 15 000 000 元，当年实际支出 12 000 000 元，有 3 000 000 元截至年底尚未支付。该事业单位年度编制有关会计分录如下：

财务会计分录		预算会计分录	
借:财政应返还额度—财政直接支付	3 000 000	借:资金结存—财政应返还额度	3 000 000
贷:财政拨款收入——一般公共预算拨款	3 000 000	贷:财政拨款预算收入——一般公共预算拨款	3 000 000

2.财政授权支付方式下

在财务会计中，根据收到的"财政授权支付额度到账通知书"，按照通知书中的授权支付额度，借记"零余额账户用款额度"科目，贷记"财政拨款收入"科目。年末，本年度财政授权支付预算指标数大于零余额账户用款额度下达数的，根据未下达的用款额度，借记"财政应返还额度—财政授权支付"科目，贷记"财政拨款收入"科目。

在预算会计中，单位根据收到的"财政授权支付额度到账通知书"，按照通知书中的授权支付额度，借记"资金结存—零余额账户用款额度"科目，贷记"财政拨款预算收入"科目。年末，单位本年度财政授权支付预算指标数大于零余额账户用款额度下达数的，按照两者差额，借记"资金结存—财政应返还额度"科目，贷记"财政拨款预算收入"科目。

【例题 14-3】 某事业单位已纳入财政国库集中支付改革。20×2 年 1 月 5 日，收到财政授权支付到账通知书，财政部门为事业单位支付了为开展日常业务活动所发生的事业经费 300 000 万元。该事业单位编制有关会计分录如下：

财务会计分录		预算会计分录	
借:业务活动费用—商品和服务费用	300 000	借:资金结存—零余额账户用款额度	300 000
贷:财政拨款收入——一般公共预算拨款	300 000	贷:财政拨款预算收入—基本支出—商品和服务支出(日常公用经费)——一般公共预算拨款	300 000

【例题 14-4】 某事业单位已纳入财政国库集中支付改革。20×2 年全年财政授权支付预算指标为 15 000 000 元，当年实际支出 12 000 000 元，有 3 000 000 元截至年底尚未下达。该事业单位年度编制有关会计分录如下：

财务会计分录		预算会计分录	
借:财政应返还额度—财政授权支付	3 000 000	借:资金结存—财政应返还额度	3 000 000
贷:财政拨款收入——一般公共预算拨款	3 000 000	贷:财政拨款预算收入——一般公共预算拨款	3 000 000

3.其他方式下

在财务会计中，单位在收到财政拨款收入时，按照实际收到的金额，借记"银行存款"等科目，贷记"财政拨款收入"科目。

在预算会计中，单位按照本期预算收到财政拨款预算收入时，按照实际收到的金额，借记

"资金结存—货币资金"科目，贷记"财政拨款预算收入"科目。单位收到下期预算的财政预拨款，应当在下个预算期，按照预收的金额，借记"资金结存—货币资金"科目，贷记"财政拨款预算收入"科目。

【例题 14-5】 某事业单位尚未纳入财政国库集中支付改革。20×2 年 1 月 5 日，收到项目支出财政拨款 300 000 万元。该事业单位编制有关会计分录如下：

财务会计分录		预算会计分录	
借：银行存款	300 000	借：资金结存—货币资金	300 000
贷：财政拨款收入——一般公共预算拨款	300 000	贷：财政拨款预算收入—项目支出—高技术研究（日常公用经费）——一般公共预算拨款	300 000

4. 因差错更正或购货退回等发生国库直接支付款项退回情况下

在财务会计中，如果更正或购货退回是属于以前年度支付的款项，按照退回金额，借记"财政应返还额度—财政直接支付"科目，贷记"以前年度盈余调整""库存物品"等科目；属于本年度支付的款项，按照退回金额，借记"财政拨款收入"科目，贷记"业务活动费用""库存物品"等科目。

在预算会计中，如果属于本年度支付的款项，按照退回金额，借记"财政拨款预算收入"科目，贷记"行政支出""事业支出"等科目。如果属于以前年度支付的款项，按照退回金额，借记"资金结存"科目，贷记"财政拨款结转""财政拨款结余—年初余额调整"等科目。

【例题 14-6】 某行政单位已纳入财政国库集中支付改革。20×2 年 3 月 5 日，发现两批材料因质量原因退回，均为财政直接支付。其中一批是当年 2 月购买，金额为 800 000 元。另一批是去年购买，金额 600 000 元，该笔资金按规定结转至财政拨款结转科目。该行政单位编制有关会计分录如下：

财务会计分录		预算会计分录	
借：财政拨款收入——一般公共预算拨款	800 000	借：财政拨款预算收入—财政直接支付	800 000
贷：库存物品	800 000	贷：行政支出—基本支出—商品和服务支出	800 000
借：财政应返还额度—财政直接支付	600 000	借：资金结存—财政应返还额度	600 000
贷：库存物品	600 000	贷：财政拨款结转—年初余额调整	600 000

5. 期末结转

将"财政拨款收入"科目本期发生额转入本期盈余，借记"财政拨款收入"科目，贷记"本期盈余"科目。

将"财政拨款预算收入"科目本年发生额转入财政拨款结转，借记"财政拨款预算收入"科目，贷记"财政拨款结转—本年收支结转"科目。年末结转后，上述两科目应无余额。

【例题 14-7】 年末，某事业单位"财政拨款收入"和"财政拨款预算收入"科目本年发生额均为 760 000 元，现进行期末结转。该事业单位编制有关会计分录如下：

财务会计分录		预算会计分录	
借:财政拨款收入	760 000	借:财政拨款预算收入	760 000
贷:本期盈余	760 000	贷:财政拨款结转—本年收支结转	760 000

二、非同级财政拨款收入及非同级财政拨款预算收入

(一)非同级财政拨款收入及非同级财政拨款预算收入的含义与科目设置

非同级财政拨款收入是指单位从非同级政府财政部门取得的经费拨款,包括从同级政府其他部门取得的横向转拨财政款、从上级或下级政府财政部门取得的经费拨款等。非同级财政拨款预算收入是指单位从非同级政府财政部门取得的财政拨款,包括本级横向转拨财政款和非本级财政拨款。

为核算非同级财政拨款收入,行政事业单位应当在财务会计中设置“非同级财政拨款收入”总账科目,本科目应当按照本级横向转拨财政款和非本级财政拨款进行明细核算,并按照收入来源进行明细核算。事业单位因开展科研及其辅助活动从非同级政府财政部门取得的经费拨款,应当通过“事业收入—非同级财政拨款”科目核算,不通过本科目核算。

为核算非同级财政拨款预算收入,行政事业单位应当在预算会计中设置“非同级财政拨款预算收入”总账科目,本科目应当按照非同级财政拨款预算收入的类别、来源、《政府收支分类科目》中“支出功能分类科目”的项级科目等进行明细核算。非同级财政拨款预算收入中如有专项资金收入,还应按照具体项目进行明细核算。对于因开展科研及其辅助活动从非同级政府财政部门取得的经费拨款,应当通过“事业预算收入—非同级财政拨款”科目进行核算,不通过“非同级财政拨款预算收入”科目核算。

(二)非同级财政拨款收入及非同级财政拨款预算收入的核算

(1)确认非同级财政拨款收入时,在财务会计中,按照应收或实际收到的金额,借记“其他应收款”“银行存款”等科目,贷记“非同级财政拨款收入”科目。在预算会计中,在取得非同级财政拨款预算收入时,按照实际收到的金额,借记“资金结存—货币资金”科目,贷记“非同级财政拨款预算收入”科目。

(2)期末,将“非同级财政拨款收入”科目本期发生额转入本期盈余,借记“非同级财政拨款收入”科目,贷记“本期盈余”科目。将“非同级财政拨款预算收入”科目本年发生额中的专项资金收入转入非财政拨款结转,借记“非同级财政拨款预算收入”科目下各专项资金收入明细科目,贷记“非财政拨款结转—本年收支结转”科目;将“非同级财政拨款预算收入”科目本年发生额中的非专项资金收入转入其他结余,借记“非同级财政拨款预算收入”科目下各非专项资金收入明细科目,贷记“其他结余”科目。结转后,“非同级财政拨款收入”科目和“非同级财政拨款预算收入”科目应无余额。

【例题 14-8】 20×2 年 10 月 7 日某行政单位确认从属地医疗机构取得医疗费财政拨款 180 000 元,10 月 30 日收到该笔拨款。该行政单位编制有关会计分录如下:

续表

财务会计分录		预算会计分录	
借:其他应收款—医疗费	180 000	不做账务处理	
贷:非同级财政拨款收入	180 000		
借:银行存款	180 000	借:资金结存—货币资金	180 000
贷:其他应收款—医疗费	180 000	贷:非同级财政拨款预算收入—横向财政拨款	180 000

【例题 14-9】 年末,某行政单位"非同级财政拨款收入"科目本年发生额为 342 000 元,"非同级财政拨款预算收入"科目本年发生额为 375 000 元,其中专项资金收入 255 000 元,非专项资金收入 120 000 元。该行政单位编制有关会计分录如下:

财务会计分录		预算会计分录	
借:非同级财政拨款收入	342 000	借:非同级财政拨款预算收入	375 000
贷:本期盈余	342 000	贷:非财政拨款结转—本年收支结转	255 000
		其他结余	120 000

第三节　资金转移性收入及相应预算收入

资金转移性收入包括上级补助收入、附属单位上缴收入,相应的预算收入包括上级补助预算收入、附属单位上缴预算收入。

一、上级补助收入和上级补助预算收入

(一)上级补助收入和上级补助预算收入的含义

上级补助收入是指事业单位从主管部门和上级单位取得的非财政拨款收入。事业单位的上级补助收入不同于其财政补助收入,它们之间的主要差别是:财政补助收入来源于同级财政部门,资金性质为财政资金;上级补助收入来源于主管部门或上级单位,资金性质为非财政资金,如主管部门或上级单位自身组织的收入或集中下级单位的收入等。另外,事业单位的财政补助收入属于事业单位的常规性收入,是事业单位开展业务活动的基本保证;上级补助收入属于事业单位的非常规性收入,主管部门或上级单位一般根据自身资金情况和事业单位的需要,向事业单位拨付上级补助资金。

上级补助预算收入是指事业单位从主管部门和上级单位取得的非财政补助现金流入。

(二)上级补助收入和上级补助预算收入的科目设置

为核算上级补助收入,事业单位应当在财务会计中设置"上级补助收入"科目。本科目应当按照发放补助单位、补助项目等进行明细核算。

为核算上级补助预算收入,事业单位应当在预算会计中设置"上级补助预算收入"科目。该科

目应当按照发放补助单位、补助项目、《政府收支分类科目》中“支出功能分类科目”的项级科目等进行明细核算。上级补助预算收入中如有专项资金收入，还应按照具体项目进行明细核算。

(三)上级补助收入和上级补助预算收入的核算

(1)确认上级补助收入时，在财务会计中，按照应收或实际收到的金额，借记“其他应收款”“银行存款”等科目，贷记“上级补助收入”科目。实际收到应收的上级补助款时，按照实际收到的金额，借记“银行存款”等科目，贷记“其他应收款”科目。在预算会计中，收到上级补助预算收入时，按照实际收到的金额，借记“资金结存—货币资金”科目，贷记“上级补助预算收入”科目。

(2)期末，将“上级补助收入”科目本期发生额转入本期盈余，借记“上级补助收入”科目，贷记“本期盈余”科目。将“上级补助预算收入”科目本年发生额中的专项资金收入转入非财政拨款结转，借记“上级补助预算收入”科目下各专项资金收入明细科目，贷记“非财政拨款结转—本年收支结转”科目；将“上级补助预算收入”科目本年发生额中的非专项资金收入转入其他结余，借记“上级补助预算收入”科目下各非专项资金收入明细科目，贷记“其他结余”科目。

【例题 14-10】 20×2 年 10 月 10 日，某事业单位确认收到上级补助收入 350 000 元，其中专项资金收入 200 000 元，非专项资金收入 150 000 元，10 月 20 日收到上述款项。该事业单位编制有关会计分录如下：

时间	财务会计分录		预算会计分录	
10.10	借:其他应收款—上级补助收入	350 000	不做账务处理	
	贷:上级补助收入—专项资金收入	200 000		
	上级补助收入—非专项资金收入	150 000		
10.20	借:银行存款	350 000	借:资金结存—货币资金	350 000
	贷:其他应收款—上级补助收入	350 000	贷:上级补助预算收入—专项资金收入	200 000
			上级补助预算收入—非专项资金收入	150 000

【例题 14-11】 年末，某事业单位“上级补助收入”科目本年发生额为 346 000 元；“上级补助预算收入”科目本年发生额为 315 000 元，其中专项资金收入 200 000 元，非专项资金收入 115 000 元。该事业单位编制有关会计分录如下：

财务会计分录		预算会计分录	
		借:上级补助预算收入—专项资金收入	200 000
借:上级补助收入	346 000	上级补助预算收入—非专项资金收入	115 000
贷:本期盈余	346 000	贷:非财政拨款结转—本年收支结转	200 000
		其他结余	115 000

二、附属单位上缴收入和附属单位上缴预算收入

(一)附属单位上缴收入和附属单位上缴预算收入的含义

附属单位上缴收入是指事业单位取得的附属独立核算单位按照有关规定上缴的收入。附属单位上缴预算收入是指事业单位取得的附属独立核算单位根据有关规定上缴的现金流入。

事业单位的附属独立核算单位可以是事业单位,也可以是企业单位。事业单位与其附属独立核算单位通常存在行政隶属关系和预算管理关系;与其附属独立核算企业通常不仅存在投资上的资金联系,而且存在有权任免其管理人员职务、支持或否决其经营决策等权力联系。事业单位的附属独立核算企业大多曾经是事业单位的一个组成部分,从事相应的业务活动,后因种种原因从事业单位中独立出来,成为独立核算的企业法人实体。

事业单位的附属独立核算单位通常按规定的标准或比例向事业单位上缴款项,从而形成事业单位的附属单位上缴收入。事业单位的附属独立核算单位上缴的收入包括附属的事业单位上缴的收入和附属的企业上缴的利润等。

(二)附属单位上缴收入和附属单位上缴预算收入的科目设置

为核算附属单位上缴收入,事业单位应当在财务会计中设置“附属单位上缴收入”总账科目。本科目应当按照附属单位、缴款项目等进行明细核算。

为核算附属单位上缴预算收入,事业单位应当在预算会计中设置“附属单位上缴预算收入”总账科目。本科目应当按照附属单位、缴款项目、《政府收支分类科目》中“支出功能分类科目”的项级科目等进行明细核算。附属单位上缴预算收入中如有专项资金收入,还应按照具体项目进行明细核算。

(三)附属单位上缴收入和附属单位上缴预算收入的核算

(1)确认附属单位上缴收入时,在财务会计中,按照应收或收到的金额,借记“其他应收款”“银行存款”等科目,贷记“附属单位上缴收入”科目。实际收到应收附属单位上缴款时,按照实际收到的金额,借记“银行存款”等科目,贷记“其他应收款”科目。在预算会计中,收到附属单位缴来款项时,按照实际收到的金额,借记“资金结存—货币资金”科目,贷记“附属单位上缴预算收入”科目。

(2)期末,将“附属单位上缴收入”科目本期发生额转入本期盈余,借记“附属单位上缴收入”科目,贷记“本期盈余”科目。将“附属单位上缴预算收入”科目本年发生额中的专项资金收入转入非财政拨款结转,借记“附属单位上缴预算收入”科目下各专项资金收入明细科目,贷记“非财政拨款结转—本年收支结转”科目;将“附属单位上缴预算收入”科目本年发生额中的非专项资金收入转入其他结余,借记“附属单位上缴预算收入”科目下各非专项资金收入明细科目,贷记“其他结余”科目。结转后,“附属单位上缴收入”科目和“附属单位上缴预算收入”科目应无余额。

【例题 14-12】 20×2 年 2 月 10 日,某事业单位确认应收附属单位上缴收入 350 000 元,2 月 20 日收到上述款项。该事业单位编制有关会计分录如下:

续表

时间	财务会计分录		预算会计分录	
2.10	借:其他应收款—附属单位上缴款	350 000	不做账务处理	
	贷:附属单位上缴收入	350 000		
2.20	借:银行存款	350 000	借:资金结存—货币资金	350 000
	贷:其他应收款—附属单位上缴款	350 000	贷:附属单位上缴预算收入	350 000

【例题 14-13】 年末,某事业单位“附属单位上缴收入”科目的本年发生额为 76 000 元,“附属单位上缴预算收入”科目的本年发生额为 83 000 元,其中,专项资金收入 50 000 元,非专项资金收入 33 000 元。该事业单位编制有关会计分录如下:

财务会计分录		预算会计分录	
		借:附属单位上缴预算收入—专项资金收入	50 000
借:附属单位上缴收入	76 000	附属单位上缴预算收入—非专项资金收入	33 000
贷:本期盈余	76 000	贷:非财政拨款结转—本年收支结转	50 000
		其他结余	33 000

第四节　业务类收入与业务类预算收入

一、事业收入与事业预算收入

(一)事业收入和事业预算收入的含义

事业收入是指事业单位开展专业业务活动及其辅助活动实现的收入,不包括从同级政府财政部门取得的各类财政拨款。事业预算收入是指事业单位开展专业业务活动及其辅助活动取得的现金流入。

(二)事业收入的种类

由于不同行业的事业单位开展的专业业务活动及其辅助活动的具体内容不尽相同,因此,不同行业事业单位事业收入的种类也存在差异。根据相关事业单位行业财务制度规定,事业单位的事业收入主要有以下几种:

1. 高等学校的事业收入

高等学校的事业收入是指高等学校开展教学、科研及其辅助活动取得的收入。主要包括教育事业收入和科研事业收入。其中,教育事业收入是指高等学校开展教学活动及其辅助活动实现的收入,包括通过学历和非学历教育向学生个人或者单位收取的学费、住宿费、委托培养费、考试教务费、培训费等。科研事业收入是指高等学校开展科研活动及其辅助活动实现的收入，包括通过承接科研项目、开展科研协作、转化科技成果、进行科技咨询等取得的收入，但不包括按照部门预算隶属关系从同级财政部门取得的财政拨款。

2. 中小学事业收入

中小学事业收入是指中小学开展教育教学及其辅助活动依法取得的收入。主要包括行政事业性收费，如纳入行政事业性收费的学费、住宿费、考试报名费、考试考务费等，以及科研收入，如承担科研项目取得的收入等。

3. 科学事业单位的事业收入

科学事业单位的事业收入是指科学事业单位开展专业业务活动及其辅助活动取得的收入。主要包括：①科研收入，指科学事业单位承担科研项目取得的收入；②技术收入，指科学事业单位对外提供技术咨询、技术服务等取得的收入；③科普活动收入，指科学事业单位开展科学知识宣传、讲座和科技展览等活动取得的收入；④教学活动收入，指科学事业单位开展教学及其辅助活动取得的收入；⑤学术活动收入，指科学事业单位开展学术交流、学术期刊出版等活动实现的收入；⑥试制产品活动收入，指科学事业单位试制中间试验产品等活动实现的收入等。以上各项收入不包括按照部门预算隶属关系从同级财政部门取得的财政拨款。

4. 文化事业单位的事业收入

文化事业单位的事业收入是指文化事业单位开展专业业务活动及辅助活动取得的收入。主要包括：①演出收入，指艺术表演团体进行各类文艺演出取得的收入；②文化馆服务收入，指艺术表演场所、文化展示及纪念机构开展文艺演出、举办展览展映等活动所取得的收入；③技术服务收入，指文化事业单位提供各种技术指导、技术咨询、技术服务取得的收入；④培训收入，指文化事业单位举办各种文化艺术培训班取得的收入；⑤复印复制收入，指图书馆、文化馆、群艺馆、美术馆、纪念馆等对外提供馆藏资料的复印复制等服务取得的收入；⑥门票收入，指文化展示及纪念机构销售门票取得的收入等。

5. 文物事业单位的事业收入

文物事业单位的事业收入是指文物事业单位开展专业业务活动及其辅助活动取得的收入。主要包括：①门票收入，指文物事业单位开展业务活动出售门票取得的收入；②展览收入，指文物事业单位自行举办或与外单位合办、协力展览而取得的收入；③讲解导览收入，指文物事业单位为观众提供讲解、语音导览服务取得的收入；④文物保护工程收入，指文物事业单位对外提供文物保护工程勘察设计、施工、监理等取得的收入；⑤文物修复设计、施工收入，指文物事业单位对外提供文物修复等服务取得的收入。

6. 广播电视事业单位的事业收入

广播电视事业单位的事业收入是指广播电视事业单位开展广播电视节目的制作、播出、传输、接收、监测等专业业务活动及其辅助活动取得的收入。主要包括：①广告收入，指广播电视事业单位因播出、刊登广告取得的收入；②收视费收入，指广播电视事业单位收到的电视节目收视费收入；③节目销售收入，指广播电视事业单位销售节目取得的收入；④合作合拍收入，指广播电视事业单位与国内外单位和机构合作广播电视节目或合拍影视节目取得的收入；⑤节目制作和播放收入，指广播电视事业单位为其他单位制作和播放广播电视节目取得的收入；⑥节目传输收入，指广播电视事业单位为用户传送广播电视节目取得的收入；⑦技术服务收入，指广播电视事业单位对外提供技术服务、技术咨询、设备技术安装和维修取得的收入等。

7. 医院的事业收入

医院的事业收入是指医院开展专业业务活动及其辅助活动取得的收入。主要包括医疗收入和科教收入。医疗收入是指医院开展医疗服务活动取得的收入，包括门诊收入、住院收入。其中，门诊收入是指为门诊病人提供医疗服务所取得的收入，如挂号收入、诊察收入、检查收入、化验收入、治疗收入、手术收入、卫生材料收入、药品收入和其他门诊收入等；住院收入是指为住院病人提供医疗服务所取得的收入，包括床位收入、诊察收入、检查收入、化验收入、治疗收入、手术收入、护理收入、卫生材料收入、药品收入和其他住院收入等。科教收入，是指医院开展科研教学活动实现的收入，具体包括科研收入和教学收入。

8. 基层医疗卫生机构的事业收入

基层医疗卫生机构的事业收入是指基层医疗卫生机构开展医疗卫生服务活动取得的收入。包括门诊收入和住院收入，其具体类别与医院的类似。

9. 体育事业单位的事业收入

体育事业单位的事业收入是指体育事业单位开展体育业务活动及其辅助活动取得的收入。主要包括：①体育竞赛收入，指体育事业单位组织和参加各类体育比赛和表演所取得的收入，如出售门票、比赛冠名权、媒体转播权和提供服务等取得的各项收入；②体育公共设施服务收入，指体育事业单位依托体育场地及附属设施提供体育比赛、健身休闲、健身指导、技能培训、运动康复、体质测试等服务取得的收入；③体育技术服务收入，指体育事业单位对外提供技术指导、技术咨询、技术培训、信息服务和推广体育科研成果等取得的收入；④体育衍生业务收入，指体育事业单位通过形象代言、特许使用权、冠名权等取得的收入。

(三)事业收入的科目设置

为核算事业收入，事业单位应当在财务会计中设置“事业收入”总账科目。本科目应当按照事业收入的类别、来源等进行明细核算。如高校可在“事业收入”科目下设置“教育事业收入”“科研事业收入”明细科目；科学事业单位可以设置“科研收入”“非科研收入”明细科目；医院可以设置“医疗收入”“科教收入”等明细科目。

对于因开展科研及其辅助活动从非同级政府财政部门取得的经费拨款，应当在本科目下单设“非同级财政拨款”明细科目进行核算。

(四)事业预算收入的科目设置

为核算事业预算收入，事业单位应当在预算会计中设置“事业预算收入”总账科目。本科目应当按照事业预算收入类别、项目、来源、《政府收支分类科目》中“支出功能分类科目”的项级科目等进行明细核算。如高校可在“事业预算收入”科目下设置“教育事业预算收入”“科研事业预算收入”明细科目；科学事业单位可以设置“科研预算收入”“非科研预算收入”明细科目；医院可以设置“医疗预算收入”“科教预算收入”等明细科目。

对于因开展科研及其辅助活动从非同级政府财政部门取得的经费拨款，应当在本科目下单设“非同级财政拨款”明细科目进行明细核算；事业预算收入中如有专项资金收入，还应按照具体项目进行明细核算。

(五)事业收入和事业预算收入的核算

1.采用财政专户返还方式管理的事业收入

(1)实现应上缴财政专户的事业收入时,在财务会计中,按照实际收到或应收的金额,借记"银行存款""应收账款"等科目,贷记"应缴财政款"科目。在预算会计中不做账务处理。

(2)向财政专户上缴款项时,在财务会计中,按照实际上缴的款项金额,借记"应缴财政款"科目,贷记"银行存款"等科目。在预算会计中不做账务处理。

(3)收到从财政专户返还的事业收入时,在财务会计中,按照实际收到的返还金额,借记"银行存款"等科目,贷记"事业收入"科目。在预算会计中,按照实际收到的返还金额,借记"资金结存—货币资金"科目,贷记"事业预算收入"科目。

【例题 14-14】 某高校 20×2 年 9 月 1 日收到学生的 20×2 年第一学期学费 27 000 000 元、住宿费 7 200 000 元,20×2 年 9 月 30 日统一存入财政专户。20×2 年 10 月 30 日收到中央财政专户核拨返还的学费、住宿费 34 200 000 元。该高校会计编制有关会计分录如下:

财务会计分录	预算会计分录
借:银行存款　34 200 000 　贷:应缴财政款—应缴财政专户　34 200 000	不做账务处理
借:应缴财政款—应缴财政专户　34 200 000 　贷:银行存款　34 200 000	不做账务处理
借:银行存款　34 200 000 　贷:事业收入—财政专户返还收入　34 200 000	借:资金结存—货币资金　34 200 000 　贷:事业预算收入—财政专户返还收入　34 200 000

2.采用预收款方式确认的事业收入

(1)实际收到预收款项时,在财务会计中,按照收到的款项金额,借记"银行存款"等科目,贷记"预收账款"科目。在预算会计中,借记"资金结存—货币资金"科目,贷记"事业预算收入"科目。

(2)以合同完成进度确认事业收入时,按照基于合同完成进度计算的金额,借记"预收账款"科目,贷记"事业收入"科目。在预算会计中不做账务处理。

【例题 14-15】 某事业单位 20×2 年 3 月 1 日同某钻头公司签订了一项技术合同,为期 1 年,共计 15 000 000 元。20×2 年 3 月 15 日该钻头公司预付 10 000 000 元。20×2 年 10 月 1 日,该事业单位完成了技术服务内容的 60%,并获得钻头公司认可,可以确认 60%的技术服务收入。该事业单位编制有关会计分录如下:

时间	财务会计分录	预算会计分录
3.15	借:银行存款　10 000 000 　贷:预收账款—钻头公司　10 000 000	借:资金结存—货币资金　10 000 000 　贷:事业预算收入—科研收入　10 000 000
10.1	借:预收账款—钻头公司　9 000 000 　贷:事业收入—科研收入　9 000 000	不做账务处理

3.采用应收款方式确认的事业收入

(1)根据合同完成进度计算本期应收的款项时，在财务会计中，借记“应收账款”科目，贷记“事业收入”科目。在预算会计中不做账务处理。

(2)实际收到款项时，在财务会计中，借记“银行存款”等科目，贷记“应收账款”科目。在预算会计中，借记“资金结存—货币资金”科目，贷记“事业预算收入”科目。

【例题 14-16】 某事业单位20×2年3月1日同某钻头公司签订了一项技术合同，为期1年，共计15 000 000元。20×2年10月1日，该事业单位完成了技术服务内容的60%，并获得钻头公司认可，确认60%的技术服务收入，20×2年10月15日收到款项。该事业单位编制有关会计分录如下：

财务会计分录	预算会计分录
借:应收账款　　9 000 000 　贷:事业收入—科研收入　　9 000 000	不做账务处理
借:银行存款　　9 000 000 　贷:应收账款—钻头公司　　9 000 000	借:资金结存—货币资金　　9 000 000 　贷:事业预算收入—科研收入　　9 000 000

4.其他方式下确认的事业收入

在财务会计中，按照实际收到的金额，借记“银行存款”“库存现金”等科目，贷记“事业收入”科目。在预算会计中，借记“资金结存—货币资金”科目，贷记“事业预算收入”科目。

上述2至4中涉及增值税业务的，相关账务处理参见“应交增值税”科目。

【例题 14-17】 某事业单位20×2年9月1日收到后勤服务费80 000元。该事业单位编制有关会计分录如下：

财务会计分录	预算会计分录
借:银行存款　　80 000 　贷:事业收入—后勤服务收入　　80 000	借:资金结存—货币资金　　80 000 　贷:事业预算收入—后勤服务收入　　80 000

期末，将“事业收入”科目本期发生额转入本期盈余，借记“事业收入”科目，贷记“本期盈余”科目。将“事业预算收入”科目本年发生额中的专项资金收入转入非财政拨款结转，借记“事业预算收入”科目下各专项资金收入明细科目，贷记“非财政拨款结转—本年收支结转”科目；将“事业预算收入”科目本年发生额中的非专项资金收入转入其他结余，借记“事业预算收入”科目下各非专项资金收入明细科目，贷记“其他结余”科目。年末结转后，“事业收入”和“事业预算收入”科目都应无余额。

【例题 14-18】 年末，某事业单位“事业收入”科目的发生额为53 200 000元，将其转入“本期盈余”科目；“事业预算收入”科目的发生额为55 600 000元，其中，各专项资金收入43 600 000元，非专项资金收入12 000 000元，分别将其转入“非财政拨款结转—本年收支结转”和“其他结余”。该事业单位编制有关会计分录如下：

财务会计分录	预算会计分录
借:事业收入　　53 200 000	借:事业预算收入　　55 600 000

续表

财务会计分录		预算会计分录	
贷:本期盈余	53 200 000	贷:非财政拨款结转—本年收支结转	43 600 000
		其他结余	12 000 000

二、经营收入和经营预算收入

(一)经营收入的含义与科目设置

经营收入是指事业单位在专业业务活动及其辅助活动之外开展非独立核算经营活动取得的收入。

事业单位的经营收入的内容和种类通常包括:①销售商品收入,即事业单位非独立核算部门销售商品取得的收入;②经营服务收入,即事业单位非独立核算部门对外提供经营服务取得的收入;③其他经营收入,即事业单位在专业业务活动及其辅助活动之外开展非独立核算的经营活动取得的除上述各项收入以外的收入。

为核算经营收入,事业单位应在财务会计中设置"经营收入"总账科目,本科目应当按照经营活动类别、项目和收入来源等进行明细核算。经营收入应当在提供服务或发出存货,同时收讫价款或者取得索取价款的凭据时,按照实际收到或应收的金额予以确认。

(二)经营预算收入的含义与科目设置

经营预算收入是指事业单位在专业业务活动及其辅助活动之外开展非独立核算经营活动取得的现金流入。

为核算经营预算收入,事业单位应当在预算会计中设置"经营预算收入"总账科目。本科目应当按照经营活动类别、项目、《政府收支分类科目》中"支出功能分类科目"的项级科目等进行明细核算。

(三)经营收入和经营预算收入的核算

(1)实现经营收入时,在财务会计中按照确定的收入金额,借记"银行存款""应收账款""应收票据"等科目,贷记"经营收入"科目。涉及增值税业务的,相关账务处理参见"应交增值税"科目。在预算会计中按照实际收到经营预算收入的金额,借记"资金结存—货币资金"科目,贷记"经营预算收入"科目。

(2)期末,将"经营收入"科目本期发生额转入本期盈余,借记"经营收入"科目,贷记"本期盈余"科目。将"经营预算收入"科目本年发生额转入经营结余,借记"经营预算收入"科目,贷记"经营结余"科目。年末结转后,"经营收入"和"经营预算收入"科目都应无余额。

【例题 14-19】 某体育事业单位开展一项非独立核算的经营活动,取得经营收入 3 900 元,款项已存入开户银行。暂不考虑增值税。该事业单位编制有关会计分录如下:

财务会计分录		预算会计分录	
借:银行存款	3 900	借:资金结存—货币资金	3 900
贷:经营收入	3 900	贷:经营预算收入	3 900

【例题 14-20】 年末,某文化事业单位“经营收入”科目本年发生额 45 200 元,“经营预算收入”科目本年发生额 42 300 元。该事业单位编制结转会计分录如下:

财务会计分录		预算会计分录	
借:经营收入	45 200	借:经营预算收入	42 300
贷:本期盈余	45 200	贷:经营结余	42 300

三、投资收益和投资预算收益

(一)投资收益、投资预算收益的含义和科目设置

投资收益是指事业单位股权投资和债券投资所实现的收益或发生的损失。投资预算收益是指事业单位取得的按照规定纳入部门预算管理的属于投资收益性质的现金流入,包括股权投资收益、出售或收回债券投资所取得的收益和债券投资利息收入。

为核算投资收益和投资预算收益,事业单位应当在财务会计中设置“投资收益”总账科目,该科目应当按照投资的种类等进行明细核算;在预算会计中设置“投资预算收益”总账科目,该科目应当按照《政府收支分类科目》中“支出功能分类科目”的项级科目等进行明细核算。

(二)投资收益和投资预算收益的核算

1. 短期债券投资

1)收到短期投资持有期间的利息

在财务会计中,按照实际收到的金额,借记“银行存款”科目,贷记“投资收益”科目。在预算会计中,借记“资金结存—货币资金”科目,贷记“投资预算收益”科目。

2)出售或到期收回短期债券本息

在财务会计中,按照实际收到的金额,借记“银行存款”科目,按照出售或收回短期投资的成本,贷记“短期投资”科目,按照其差额,贷记或借记“投资收益”科目。

在预算会计中,出售或到期收回短期债券投资时,按照实际取得的价款或实际收到的本息金额,借记“资金结存—货币资金”科目,按照取得债券时“投资支出”科目的发生额,贷记“投资支出”科目(本年度取得的短期投资)或“其他结余”科目(以前年度取得的短期投资),按照其差额,贷记或借记“投资预算收益”科目。

涉及增值税业务的,相关账务处理参见“应交增值税”科目。

2. 长期债券投资

1)持有的分期付息、一次还本的债券投资

按期确认利息收入时,在财务会计中按照计算确定的应收未收利息,借记“应收利息”科目,贷记“投资收益”科目;此时,在预算会计中不做账务处理。每期实际收到利息时,在财务会计中借记“银行存款”科目,贷记“应收利息”科目;在预算会计中,借记“资金结存”科目(货币资金),贷记“投资预算收益”科目。

出售或到期收回长期债券投资时,在财务会计中按照实际取得的价款或实际收到的本息金额,借记“银行存款”科目,贷记“应收利息”科目、“长期债券投资”科目,借记或贷记“投资收益”科目。在预算会计中,按照实际取得的价款或实际收到的本息金额,借记“资金结存—货币资

金”科目，按照取得债券时“投资支出”科目的发生额，贷记“其他结余”科目，按照其差额，贷记或借记“投资预算收益”科目。涉及增值税业务的，相关账务处理参见“应交增值税”科目。

2)持有的到期一次还本付息的债券投资

按期确认利息收入时，在财务会计中按照计算确定的应收未收利息，借记“长期债券投资—应计利息”科目，贷记“投资收益”科目。在预算会计中不做账务处理。

出售或到期收回长期债券投资时，在财务会计中按照实际取得的价款或实际收到的本息金额，借记“银行存款”科目，贷记“长期债券投资—应计利息”科目、“长期债券投资—本金”科目，借记或贷记“投资收益”科目。在预算会计中，按照实际取得的价款或实际收到的本息金额，借记“资金结存—货币资金”科目，按照取得债券时“投资支出”科目的发生额，贷记“其他结余”科目，按照其差额，贷记或借记“投资预算收益”科目。涉及增值税业务的，相关账务处理参见“应交增值税”科目。

3. 长期股权投资持有期间

1)采用成本法核算的长期股权投资持有期间

在财务会计中，在被投资单位宣告分派现金股利或利润时，按照宣告分派的现金股利或利润中属于单位应享有的份额，借记“应收股利”科目，贷记“投资收益”科目；在实际收到股利时，借记“银行存款”科目，贷记“投资收益”科目。在预算会计中，在宣告股利时不做账务处理，在实际收到股利时，借记“资金结存”科目(货币资金)，贷记“投资预算收益”科目。

2)采用权益法核算的长期股权投资持有期间

在财务会计中，按照应享有或应分担的被投资单位实现的净损益的份额，借记或贷记“长期股权投资—损益调整”科目，贷记或借记“投资收益”科目；被投资单位发生净亏损，但以后年度又实现净利润的，单位在其收益分享额弥补未确认的亏损分担额后，恢复确认投资收益，借记“长期股权投资—损益调整”科目，贷记“投资收益”科目。持有期间被投资单位宣告发放现金股利时，借记“应收股利”科目，贷记“长期股权投资—损益调整”科目。上述业务发生时，在预算会计中不做账务处理。

在持有期间企业实际收到股利时，在财务会计中，借记“银行存款”科目，贷记“应收股利”科目；在预算会计中，借记“资金结存”科目(货币资金)，贷记“投资预算收益”科目。

按照规定处置长期股权投资时有关投资收益的账务处理，参见“长期股权投资”科目。

期末，将“投资收益”科目本期发生额转入本期盈余，借记或贷记“投资收益”科目，贷记或借记“本期盈余”科目。将“投资预算收益”科目本年发生额转入其他结余，借记或贷记“投资预算收益”科目，贷记或借记“其他结余”科目。

【例题 14-21】 有关持有期间或处置投资时产生投资收益或投资预算收益的举例，参见第11章“短期投资”，第12章“长期债券投资”“长期股权投资”的例题。

【例题 14-22】 年末，某事业单位“投资收益”科目的本年发生额为685 000元，“投资预算收益”科目的本年发生额为755 000元。该事业单位将其进行结转，有关会计分录如下。

财务会计分录		预算会计分录	
借:投资收益	685 000	借:投资预算收益	755 000
贷:本期盈余	685 000	贷:其他结余	755 000

四、债务预算收入

债务预算收入是指事业单位按照规定从银行和其他金融机构等借入的、纳入部门预算管理的、不以财政资金作为偿还来源的债务本金。

为核算债务预算收入，事业单位应当在预算会计中设置“债务预算收入”总账科目。本科目应当按照贷款单位、贷款种类、《政府收支分类科目》中“支出功能分类科目”的项级科目等进行明细核算。债务预算收入中如有专项资金收入，还应按照具体项目进行明细核算。

债务预算收入的主要账务处理如下：

(1)借入各项短期或长期借款时，在财务会计中作为负债处理，但在预算会计中，按照实际借入的金额，借记“资金结存—货币资金”科目，贷记“债务预算收入”科目。

(2)年末，将本科目本年发生额中的专项资金收入转入非财政拨款结转，借记“债务预算收入”科目下各专项资金收入明细科目，贷记“非财政拨款结转—本年收支结转”科目；将本科目本年发生额中的非专项资金收入转入其他结余，借记本科目下各非专项资金收入明细科目，贷记“其他结余”科目。

【例题 14-23】 某事业单位经批准向银行借入一笔长期借款，借款金额为 1 000 000 元，纳入部门预算管理，以自有资金作为偿还来源，作为单位工程项目专用。该事业单位编制有关会计分录如下。

财务会计分录		预算会计分录	
借：银行存款	1 000 000	借：资金结存—货币资金	1 000 000
贷：长期借款	1 000 000	贷：债务预算收入—专项资金收入	1 000 000

【例题 14-24】 年末，某事业单位“债务预算收入”科目的本年发生额为 890 000 元，其中专项资金收入 600 000 元，非专项资金收入 290 000 元。该事业单位将其结转至相关账户，有关会计分录如下。

财务会计分录	预算会计分录	
不做账务处理	借：债务预算收入—专项资金收入	600 000
	债务预算收入—非专项资金收入	290 000
	贷：非财政拨款结转—本年收支结转	600 000
	其他结余	290 000

五、其他收入类和其他预算收入

(一)其他收入类和其他预算收入的含义

在政府财务会计中，其他收入类包括捐赠收入、利息收入、租金收入、其他收入四种。这四种收入形成的现金流入，在预算会计中对应的是其他预算收入，但其他预算收入还包含现金盘盈收入。其中，捐赠收入是指行政事业单位接受其他单位或者个人捐赠取得的收入；利息收入是指行政事业单位取得的银行存款利息收入；租金收入是指行政事业单位经批准利用国有资产出租取得并按照规定纳入本单位预算管理的租金收入；其他收入是指行政事业单位取得的除财政拨款收入、事业收入、上级补助收入、附属单位上缴收入、经营收入、非同级财政拨款收入、投资收益、捐赠收入、利息收入、租金收入以外的各项收入，包括现金盘盈收入、按照规定纳入单位预算管理的科技成果转化收入、行政单位收回已核销的其他应收款、无法偿付的应付及预收款项、置换换出资产评估增值等。

其他预算收入是指行政事业单位除财政拨款预算收入、事业预算收入、上级补助预算收入、附属单位上缴预算收入、经营预算收入、债务预算收入、非同级财政拨款预算收入、投资预算收益之外的纳入部门预算管理的现金流入，包括捐赠预算收入、利息预算收入、租金预算收入、现金盘盈收入等。

(二)其他收入类和其他预算收入的科目设置

为核算其他收入类业务，行政事业单位应当在财务会计中设置“捐赠收入”“利息收入”“租金收入”“其他收入”等总账科目。“捐赠收入”科目应当按照捐赠资产的用途和捐赠单位等进行明细核算；“租金收入”科目应当按照出租国有资产类别和收入来源等进行明细核算；“其他收入”科目应当按照其他收入的类别、来源等进行明细核算。

为核算其他预算收入，行政事业单位应当在预算会计中设置“其他预算收入”科目，本科目应当按照其他收入类别(如捐赠收入、利息收入、租金收入等)、《政府收支分类科目》中“支出功能分类科目”的项级科目等进行明细核算。其他预算收入中如有专项资金收入，还应按照具体项目进行明细核算。单位发生的捐赠预算收入、利息预算收入、租金预算收入金额较大或业务较多的，可单独设置“捐赠预算收入”“利息预算收入”“租金预算收入”等科目。

(三)其他收入类和其他预算收入的核算

1.捐赠收入与其他预算收入

(1)接受捐赠的货币资金，在财务会计中，按照实际收到的金额，借记“银行存款”“库存现金”等科目，贷记“捐赠收入”科目。在预算会计中，按照实际收到的金额，借记“资金结存—货币资金”科目，贷记“其他预算收入—捐赠收入”科目。

(2)接受捐赠的存货、固定资产等非现金资产，在财务会计中，按照确定的成本，借记“库存物品”“固定资产”等科目，按照发生的相关税费、运输费等，贷记“银行存款”等科目，按照其差额，贷记“捐赠收入”科目。在预算会计中，按照发生的相关税费、运输费等，借记“其他支出”科目，贷记“资金结存—货币资金”科目。

(3)接受捐赠的资产按照名义金额入账的，在财务会计中，按照名义金额，借记“库存物品”“固定资产”等科目，贷记“捐赠收入”科目；同时，按照发生的相关税费、运输费等，借记“其他费用”科目，贷记“银行存款”等科目。在预算会计中，按照发生的相关税费、运输费等，借记“其他支出”科目，贷记“资金结存—货币资金”科目。

(4)期末，将“捐赠收入”科目本期发生额转入本期盈余，借记“捐赠收入”科目，贷记“本期盈余”科目。将“其他预算收入”科目本年发生额中的专项资金收入转入非财政拨款结转，借记“其他预算收入”科目下各专项资金收入明细科目，贷记“非财政拨款结转—本年收支结转”科目；将“其他预算收入”科目本年发生额中的非专项资金收入转入其他结余，借记“其他预算收入”科目下各非专项资金收入明细科目，贷记“其他结余”科目。结转后，“捐赠收入”和“其他预算收入—

捐赠收入”科目应无余额。

【例题 14-25】 某高校接受捐赠一笔货币资金 1 000 000 元，按捐赠约定规定用于专门用途，款项已存入开户银行。该高校进行账务处理如下。

财务会计分录		预算会计分录	
借：银行存款	1 000 000	借：资金结存—货币资金	1 000 000
贷：捐赠收入	1 000 000	贷：其他预算收入—捐赠收入	1 000 000

【例题 14-26】 年末，某事业单位“捐赠收入”“其他预算收入—捐赠收入”科目的本年发生额均为 1 000 000 元，全部为非专项资金。该事业单位将其全数结转。

财务会计分录		预算会计分录	
借：捐赠收入	1 000 000	借：其他预算收入—捐赠收入	1 000 000
贷：本期盈余	1 000 000	贷：其他结余	1 000 000

2. 利息收入和其他预算收入

(1)取得银行存款利息时，在财务会计中，按照实际收到的金额，借记“银行存款”科目，贷记“利息收入”科目。在预算会计中，按照实际收到的金额，借记“资金结存—货币资金”科目，贷记“其他预算收入—利息收入”科目。

(2)期末，将“利息收入”科目本期发生额转入本期盈余，借记“利息收入”科目，贷记“本期盈余”科目。将“其他预算收入—利息收入”科目本期发生额转入其他结余，借记“其他预算收入—利息收入”科目，贷记“其他结余”科目。结转后，“利息收入”和“其他预算收入—利息收入”科目应无余额。

【例题 14-27】 20×2 年 10 月 2 日，某行政单位收到银行基本账户第三季度存款利息 9 000 元，该单位编制有关会计分录如下。

财务会计分录		预算会计分录	
借：银行存款	9 000	借：资金结存—货币资金	9 000
贷：利息收入	9 000	贷：其他预算收入—利息收入	9 000

3. 租金收入和其他预算收入

(1)国有资产出租收入，应当在租赁期内各个期间按照直线法予以确认。

①采用预收租金方式的，预收租金时，在财务会计中，按照收到的金额，借记“银行存款”等科目，贷记“预收账款”科目；分期确认租金收入时，按照各期租金金额，借记“预收账款”科目，贷记“租金收入”科目。在预算会计中，按照收到的金额，借记“资金结存—货币资金”科目，贷记“其他预算收入—租金收入”科目。

②采用后付租金方式的，在财务会计中，每期确认租金收入时，按照各期租金金额，借记“应收账款”科目，贷记“租金收入”科目；收到租金时，按照实际收到的金额，借记“银行存款”等科目，贷记“应收账款”科目。在预算会计中，按照收到的金额，借记“资金结存—货币资金”科目，贷记“其他预算收入—租金收入”科目。

③采用分期收取租金方式的，在财务会计中，每期收取租金时，按照租金金额，借记“银行存

款”等科目，贷记“租金收入”科目。在预算会计中，按照收到的金额，借记“资金结存—货币资金”科目，贷记“其他预算收入—租金收入”科目。

涉及增值税业务的，相关账务处理参见“应交增值税”科目。

(2)期末，将“租金收入”科目本期发生额转入本期盈余，借记“租金收入”科目，贷记“本期盈余”科目。将“其他预算收入——租金收入”科目本期发生额转入其他结余，借记“其他预算收入——租金收入”科目，贷记“其他结余”科目。期末结转后，“租金收入”和“其他预算收入—租金收入”科目应无余额。

【例题 14-28】 某行政单位经批准采用预收租金方式出租一项固定资产，预收半年的租金为 120 000 元，款项也存入开户银行，该单位编制有关会计分录如下。

财务会计分录		预算会计分录	
借：银行存款	120 000	借：资金结存—货币资金	120 000
贷：预收账款	120 000	贷：其他预算收入—租金收入	120 000

4. 其他收入和其他预算收入

(1)现金盘盈收入。

每日现金账款核对中发现的现金溢余，属于无法查明原因的部分，报经批准后，在财务会计中，借记“待处理财产损溢”科目，贷记“其他收入”科目。在预算会计中不做账务处理。

【例题 14-29】 某行政单位 20×2 年 10 月 31 日进行现金清点时发现账款 800 元原因不明，报经批准后做现金盘盈处理。该单位编制有关会计分录如下。

财务会计分录		预算会计分录
借：待处理财产损溢—货币资金—待处理财产价值	800	不做账务处理
贷：其他收入—现金盘盈收入	800	

(2)科技成果转化收入。

单位科技成果转化所取得的收入，按照规定留归本单位的，按照所取得收入扣除相关费用之后的净收益，在财务会计中，借记“银行存款”等科目，贷记“其他收入”科目；在预算会计中，借记“资金结存—货币资金”科目，贷记“其他预算收入—其他”科目。

【例题 14-30】 某事业单位 20×2 年 10 月 6 日收到科技服务创收成果款 60 000 元。该单位编制有关会计分录如下。

财务会计分录		预算会计分录	
借：银行存款	60 000	借：资金结存—货币资金	60 000
贷：其他收入—科技成果转化收入	60 000	贷：其他预算收入—其他	60 000

(3)收回已核销的其他应收款。

行政单位已核销的其他应收款在以后期间收回的，按照实际收回的金额，在财务会计中，借记“银行存款”等科目，贷记“其他收入”科目；在预算会计中，借记“资金结存—货币资金”科目，贷记“其他预算收入”科目。

(4)无法偿付的应付及预收款项。

无法偿付或债权人豁免偿还的应付账款、预收账款、其他应付款及长期应付款,在财务会计中,借记“应付账款”“预收账款”“其他应付款”“长期应付款”等科目,贷记“其他收入”科目。在预算会计中不做账务处理。

(5)置换换出资产评估增值。

资产置换过程中,换出资产评估增值的,按照评估价值高于资产账面价值或账面余额的金额,在财务会计中,借记有关科目,贷记“其他收入”科目。在预算会计中不做账务处理。具体账务处理参见“库存物品”等科目。

以未入账的无形资产取得的长期股权投资,按照评估价值加相关税费作为投资成本,在财务会计中,借记“长期股权投资”科目,按照发生的相关税费,贷记“银行存款”“其他应交税费”等科目,按其差额,贷记“其他收入”科目。在预算会计中,根据支付的相关税费借记“其他支出”科目,贷记“资金结存—货币资金”科目。

(6)确认(1)至(5)以外的其他收入时,按照应收或实际收到的金额,在财务会计中,借记“其他应收款”“银行存款”“库存现金”等科目,贷记“其他收入”科目。在预算会计中,借记“资金结存—货币资金”科目,贷记“其他预算收入”科目。涉及增值税业务的,相关账务处理参见“应交增值税”科目。

(7)期末,将“其他收入”科目本期发生额转入本期盈余,借记“其他收入”科目,贷记“本期盈余”科目。将“其他预算收入”科目本年发生额中的专项资金收入转入非财政拨款结转,借记“其他预算收入”科目下各专项资金收入明细科目,贷记“非财政拨款结转—本年收支结转”科目;将“其他预算收入”科目本年发生额中的非专项资金收入转入其他结余,借记“其他预算收入”科目下各非专项资金收入明细科目,贷记“其他结余”科目。

【例题 14-31】 年末,某事业单位“其他收入”科目的本年发生额为 52 000 元;“其他预算收入”科目本年度发生额为 59 600 元,其中,专项资金收入 32 000 元,非专项资金收入 27 600 元。该事业单位对这两个账户进行结转。

财务会计分录	预算会计分录
借:其他收入　　52 000 　贷:本期盈余　　52 000	借:其他预算收入　　59 600 　贷:非财政拨款结转—本年收支结转　　32 000 　　其他结余　　27 600

复习思考题

1. 什么是政府会计主体收入?其确认条件是什么?

2. 政府会计主体的收入与预算收入有什么异同?政府会计主体的收入可以有哪些分类?

3. 什么是财政拨款收入?什么是财政拨款预算收入?其会计科目一般应如何设置?

4. 财政拨款收入和财政拨款预算收入的主要核算内容是怎样的?

5. 什么是非同级财政拨款收入?什么是非同级财政拨款预算收入?其主要核算内容是怎样的?

6. 什么是上级补助收入?上级补助收入与财政补助收入有何差别?什么是上级补助预算

收入？上级补助收入与上级补助预算收入的主要账务处理内容是怎样的？

7.什么是附属单位上缴收入？什么是附属单位上缴预算收入？它们的主要账务处理内容是怎样的？

8.什么是事业收入？事业收入有哪些种类？

9.如何进行事业收入和事业预算收入的明细科目设置？它们的主要账务处理内容有哪些？

10.什么是经营收入？有哪些种类？经营收入和经营预算收入的主要核算内容是怎样的？

11.什么是投资收益和投资预算收益？其主要核算内容有哪些？

12.什么是债务预算收入？其主要的账务处理内容有哪些？

13.其他收入有哪些种类？其他预算收入的明细科目应当如何设置？

14.什么是捐赠收入？捐赠收入的主要核算内容是怎样的？

15.其他收入包括哪些内容？置换换出资产评估增值时，应如何进行会计处理？

练习题

练习一

一、目的：练习行政事业单位财政拨款收入和财政拨款预算收入的会计核算。

二、资料：

(1)通过财政直接支付方式向某社会组织支付一笔款项 379 000 元，具体内容为向该社会组织购买服务的费用。

(2)收到“财政授权支付额度到账通知书”，通知书列明财政授权支付额度为 23 000 元。

(3)年末，本年度财政直接支付预算指标数大于当年财政直接支付实际支出数差额为 3 200 元。

(4)年末，“财政拨款收入”科目、“财政拨款预算收入”科目的本年发生额均为 672 000 元，将其转入相关净资产账户。

三、要求：为该行政单位编制有关会计分录。

练习二

一、目的：练习行政事业单位非同级财政拨款收入和非同级财政拨款预算收入的会计核算。

二、资料：

(1)某纳入省级政府财政部门预算范围的事业单位从当地市级政府财政部门获得一笔财政资金 65 000 元，用于支付该事业单位发展的专项资金，款项已存入事业单位的银行存款账户。

(2)年末，“非同级财政拨款收入”科目的本年发生额为 265 000 元；“非同级财政拨款预算收入”科目的本年发生额为 287 000 元，其中，专项资金收入 210 000 元，非专项资金收入 77 000 元。将其转入相关净资产账户。

三、要求：为该事业单位编制有关会计分录。

练习三

一、目的：练习事业单位上级补助收入和上级补助预算收入的会计核算。

二、资料：

(1)某事业单位收到上级单位拨入的一笔非财政补助资金 23 000 元，款项已存入开户银行。

(2)年末，“上级补助收入”科目本年发生额为 32 000 元；“上级补助预算收入”科目本年发生额为 39 000 元，其中，专项资金收入 27 000 元，非专项资金收入 12 000 元。将其转入相关净资产账户。

三、要求：根据上述业务，为该事业单位编制有关会计分录。

练习四

一、目的：练习事业单位附属单位上缴收入和附属单位上缴预算收入的会计核算。

二、资料：

(1)某事业单位收到上月确认的附属单位上缴收入 37 000 元，款项已存入开户银行。

(2)年末，“附属单位上缴收入”科目本年发生额为 46 000 元；“附属单位上缴预算收入”科目本年发生额为 52 000 元，其中，专项资金收入 34 000 元，非专项资金收入 18 000 元。将其转入相关净资产账户。

三、要求：根据上述业务，为该事业单位编制有关会计分录。

练习五

一、目的：练习事业单位事业收入和事业预算收入的会计核算。

二、资料：

(1)某事业单位收到从财政专户返还的一部分事业预算收入 46 000 元，款项已存入开户银行。

(2)按合同约定从付款方收到一笔事业活动款项 62 000 元，款项已存入开户银行。

(3)按合同约定开展一项专业业务活动。次月收到月末按合同进度计算确认的事业收入 43 000 元，款项已存入开户银行。

(4)开展专业业务活动收到现金 2 100 元。

(5)年末，“事业收入”科目本年发生额为 492 000 元；“事业预算收入”科目本年发生额为 532 000 元，其中，专项资金收入 217 000 元，非专项资金收入 315 000 元。将其转入相关净资产账户。

三、要求：根据上述业务，为该事业单位编制有关会计分录。

练习六

一、目的：练习事业单位经营收入和经营预算收入的会计核算。

二、资料：

(1)某事业单位开展一项非独立核算经营活动，取得经营收入 39 000 元，款项已存入开户银行。

(2)年末，“经营收入”科目本年发生额为 46 000 元，“经营预算收入”科目本年发生额为 53 000 元。将其转入相关净资产账户。

三、要求：根据上述业务，为该事业单位编制有关会计分录。

练习七

一、目的：练习事业单位投资收益和投资预算收益的会计核算。

二、资料：

(1)单位出售一项本年度取得的短期投资，实际收到款项 27 000 元，款项已存入银行，计入银行存款。该项短期投资的账面余额为 23 000 元，取得时投资支出为 23 000 元。按规定，该投资收益纳入单位预算管理。

(2)单位收到短期投资持有期间的利息 1 500 元，收到长期股权投资(采用成本法核算)持有期间分派的现金股利 2 000 元，款项已存入开户银行。

(3)年末,“投资收益”科目本年发生额为42 000元,“投资预算收益”科目本年发生额为41 000元。将其转入相关净资产账户。

三、要求:根据上述业务,为该事业单位编制有关会计分录。

练习八

一、目的:练习事业单位债务预算收入的会计核算。

二、资料:

(1)20×2年1月1日,某事业单位经批准向银行借入一笔到期一次还本分期付息的长期借款,借款金额为500 000元,年利率为4.5%,该借款专门用于一项在建工程,该工程尚未完工,未曾中断施工。

(2)年末,“债务预算收入”科目本年发生额为510 000元,全部为专项资金收入。

三、要求:根据上述业务,为该事业单位编制有关年末的会计分录。

练习九

一、目的:练习其他收入类和其他预算收入的会计核算。

二、资料:某行政单位发生如下业务。

(1)每日现金账款核对中发现现金溢余39元,无法查明原因,报经批准后处理。

(2)接受捐赠一笔货币资金69 000元,款项存入开户银行;同时,接受捐赠设备一台,确定成本为120 000元。

(3)年末,“其他收入”科目本年发生额为236 000元,将其全数转入相关科目。

(4)年末,“其他预算收入”科目本年发生额为527 000元,其中,专项资金收入317 000元,非专项资金收入210 000元。将其转入相关净资产账户。

三、要求:根据上述业务,为该行政单位编制有关会计分录。

第15章 行政事业单位的费用和预算支出

【导读】

本章介绍的内容主要包括：①业务活动费用与相应的事业支出、行政支出；②单位管理费用与相应的事业支出；③经营费用和经营支出；④上缴上级费用与上缴上级支出、对附属单位补助费用与对附属单位补助支出；⑤资产处置费用与其他支出；⑥所得税费用、投资支出与债务还本支出；⑦其他费用与其他支出。在学习本章时应注意行政单位和事业单位业务活动区分，以及部分费用支出科目的使用范围，注意理解在费用和支出发生时进行“平行记账”的特点。

【学习重点】

行政事业单位的费用与预算支出的异同；事业支出与行政支出的科目设置；业务活动费用、单位管理费用与相应事业支出、行政支出的核算；经营费用及对应的经营支出的主要核算；资产处置费用的主要账务处理；其他费用和其他支出的主要账务处理。

【学习难点】

有关职工薪酬的核算；业务活动费用与单位管理费用的区分及其对预算支出的影响，以及相关内容的核算；有关资产处置费用及相关支出的核算；其他费用和其他支出的主要账务处理。

第一节　行政事业单位费用和预算支出概述

一、行政事业单位费用和预算支出的含义与确认

1. 行政事业单位费用的含义与确认

行政事业单位费用是指报告期内导致政府会计主体净资产减少的、含有服务潜力或者经济利益的经济资源的流出。

与费用定义相关的核心：一是经济资源的变动，不仅包括现金、应收账款等金融性资产等货币性资源的变动，也包括存货、固定资产、无形资产等非货币性资源的变动。二是这些经济资源在变动的同时，会引起净资产的减少。如果不引起净资产的减少，则不构成费用。如偿还负债流出经济资源时，减少负债和资产，但净资产不变，则这项业务不能构成政府单位的费用。

但是并不意味着导致净资产减少的变动都构成费用。如政府单位之间无偿调出资产导致的净资产变动、被投资单位非利润原因的其他权益变动引起的投资单位的长期股权投资减少，在这些情况下，资产减少不构成费用增加，而是直接作为净资产的减少处理。

费用的确认应当同时满足以下条件：①与费用相关的含有服务潜力或者经济利益的经济资源很可能流出政府会计主体；②含有服务潜力或者经济利益的经济资源流出会导致政府会计主体资产减少或者负债增加；③流出金额能够可靠地计量。

2.行政事业单位预算支出的含义与确认

行政事业单位的预算支出是指政府会计主体在预算年度内依法发生并纳入预算管理的现金流出。预算支出的确认采用收付实现制，一般在实际支付时予以确认，以实际支付的金额计量。

二、行政事业单位的费用与预算支出的异同

行政事业单位[①]对资金活动流量减少的核算，在预算会计上以现金资源（包括库存现金、银行存款、零余额账户用款额度、财政应返还额度等形式的资金结存）流出为核算对象，以收付实现制为主，对预算支出要素和相关科目进行核算。而在财务会计上则以经济资源的流出为核算对象，以权责发生制为主，对费用要素和相关科目进行核算。

1.核算对象角度的异同

行政事业单位财务会计中的费用（以下简称“费用”）核算的是全部经济资源减少，而预算支出核算的是预算范围内的现金资源减少。费用要素的确认和预算支出的确认受到核算对象的影响，有时一致，有时不同。

当影响净资产的现金资源流出时，预算支出要素和费用要素一般要同时确认。如政府会计主体使用零余额账户用款额度支付职工工资或外部劳务费，在确认相关费用的同时，确认预算支出。

当现金资源发生流出，但是经济资源并未发生变化（因而净资产没有变化）时，确认预算支出，但是不确认费用。如事业单位使用货币资金进行投资时，从经济资源变动的角度看，没有经济资源流出单位，因而没有费用发生；从收付实现制的角度看，发生现金的流出，产生预算支出。

当影响净资产的经济资源减少，但是没有现金资源的流出时，确认费用，但是不确认预算支出。如政府单位领出材料用于业务消耗时，经济资源减少，因此发生费用；而从收付实现制的角度看，没有流出现金资源，因而没有发生预算支出。

2.会计基础引起的异同

费用要素主要采用权责发生制确认，预算支出要素主要采用收付实现制确认，会计基础的差异导致二者可能出现差异。

（1）临时性差异。这是指费用要素和预算支出要素的确认时点存在差异。如单位发生的未来用于消耗需要转入费用的某项资产权利的增加，在这种情况下，发生的费用与发生的预算支出确认的时点不同，但从长期看，其范围是相同的，即确认为费用的事项，之前也会确认为预算支出。例如购买固定资产时，经济资源没有流出，因此不确认为费用，但是现金流出，因此确认

① 也可称为政府会计主体。

为预算支出;固定资产使用期间,通过折旧计入费用,但是没有发生现金资源变化,因此不再确认为预算支出。

(2)永久性差异。费用体现经济资源相关的权利的减少,预算支出只与现金资源减少相关。例如,单位归还借款,债务人责任发生改变,但净资产所代表的经济权利和责任没有发生改变,因此不确认为费用,但是它导致单位现金资源的变动,因此要确认预算支出。

三、行政事业单位费用与支出的类别

行政事业单位的费用是按照业务类型设置总账,而预算支出是为满足预算管理的要求而依据资金的预算用途设置总账科目,因此二者的科目设置并不一致。行政事业单位的费用与支出科目的对应关系参见第 10 章第二节中的表 10-4。费用与支出的形成原因有紧密联系。从二者的联系看,费用与支出的分类如下:

(1)单位业务费用与支出。这是指行政事业单位发生的与履行职能、运行经营等相关的业务产生的各类费用与支出,包括业务活动费用、单位管理费用、经营费用等费用,以及相应形成的行政支出、事业支出、经营支出。这类费用与支出并不一定同时发生,如单位购买库存物品、固定资产、政府储备物资、保障性住房时,先发生行政支出、事业支出或经营支出,待到耗用库存物品、进行折旧或摊销时才形成相应费用。

(2)资产处置形成的费用与支出。这是指单位经批准处置资产时发生的费用与支出。在转销被处置资产(不含无偿调出资产)价值时,形成资产处置费用;在处置过程中发生的相关费用或者处置收入小于相关费用形成的净支出时,既形成费用,同时也产生处置时的支出,该支出属于其他支出。资产处置的形式按照规定包括无偿调拨、出售、转让、置换、对外捐赠、报废、毁损以及货币性资产损失核销等。

(3)缴拨款形成的费用与支出。包括上缴上级费用与上缴上级支出、对附属单位补助费用与对附属单位补助支出。

(4)只有单方面影响的费用与支出。如所得税费用,在实际交纳所得税时不形成支出,直接冲减“非财政拨款结余—累计结余”。发生投资支出、债务还本支出时,直接导致资产的增加或负债的减少,并不直接导致费用形成。因为进行长期股权投资和长期债券投资,在产生支出的同时,是长期股权投资和长期债券投资的增加;归还长期借款本金,在形成支出的同时,是长期借款的减少。

(5)其他费用与支出。发生其他费用时,一般会形成其他支出。其他支出是指除行政支出、事业支出、经营支出、上缴上级支出、对附属单位补助支出、投资支出、债务还本支出之外形成的支出,包括因支付利息、发生坏账损失、罚没支出、现金捐赠支出以及相关税费、运输费形成的支出。

第二节 行政事业单位业务费用与业务预算支出

事业单位开展的专业业务活动及其辅助活动以及单位管理活动,可统称为事业活动,与事业活动对应的是事业单位非独立核算的经营活动。因此,事业活动会发生事业单位的业务活动费用、单位管理费用,经营活动导致经营费用产生。因业务活动费用和单位管理费用而实际发

生的支出，形成事业支出；因经营费用而实际发生的支出，形成经营支出。行政单位的业务活动是指其根据职能定位依法履行相应职能的活动，其导致行政单位的业务活动费用及其相应行政支出的形成。

一、业务费用与事业支出、行政支出

事业单位的业务活动会产生业务活动费用，事业单位的管理活动会产生管理活动费用，但根据《政府会计制度》，这两类费用对应的预算支出都在“事业支出”科目中核算；行政单位的业务活动也产生业务活动费用，其对应的预算支出是行政支出。以下对业务活动费用、单位管理费用、事业支出、行政支出的概念与科目设置进行说明，然后进行实务核算的介绍。

（一）概念与科目设置

1. 业务活动费用的概念与科目设置

1）业务活动费用的概念

业务活动费用是指行政事业单位为实现其职能目标，依法履职或开展专业业务活动及其辅助活动所发生的各项费用。

事业单位根据其业务目标依法开展相应的专业业务活动及其辅助活动，不同行业的事业单位有不同的专业业务活动及其辅助活动。例如，学校开展教育教学活动及其辅助活动，医院开展医疗服务活动及其辅助活动，高等学校和科研院所开展科学研究活动及其辅助活动，广播电视台开展广播电视节目制作播出活动及其辅助活动，公共图书馆和公共文化馆开展图书借阅和公共文化活动及其辅助活动等。事业单位开展的专业业务活动及其辅助活动属于社会公益活动。事业单位开展的专业业务活动及其辅助活动应当与事业单位本身开展的行政以及后勤管理活动进行区分。

行政单位的业务活动就是其依法履行行业和社会管理职能，不同性质的行政单位职能不一样。如人大机关依法履行立法和监督职能，财政部门依法履行财政管理职能，税务部门依法履行税收征管职能，工商行政管理部门依法履行工商行政管理职能，公安部门依法履行公共安全管理职能，教育部门依法履行教育管理职能，法院依法履行案例审判和执行职能，环保部门依法履行环境保护职能等。

2）业务活动费用的科目设置

行政事业单位为核算在实现其职能目标，依法履职或开展专业业务活动及其辅助活动过程中所发生的各项费用，应当设置“业务活动费用”总账科目。

同时，行政事业单位应当按照项目、服务或者业务类别、支付对象等进行明细核算。为了满足成本核算需要，本科目下还可按照“工资福利费用”“商品和服务费用”“对个人和家庭的补助费用”“对企业补助费用”“固定资产折旧费”“无形资产摊销费”“公共基础设施折旧（摊销）费”“保障性住房折旧费”“计提专用基金”等成本项目设置明细科目，归集能够直接计入业务活动或采用一定方法计算后计入业务活动的费用。

2. 单位管理费用的概念与科目设置

单位管理费用是指事业单位本级行政及后勤管理部门开展管理活动发生的各项费用，包括单位行政及后勤管理部门发生的人员经费、公用经费、资产折旧（摊销）等费用，以及由单位统一负担的离退休人员经费、工会经费、诉讼费、中介费等。

事业单位开展专业业务活动及其辅助活动应当与事业单位本身开展行政以及后勤管理活动进行区分。以高校为例，高等学校各学院、系等教学机构开展的教学活动属于专业业务活动，电教中心、图书馆、博物馆等教学科研辅助部门开展的业务活动属于教学科研活动或专业业务活动的辅助活动。高等学校校级行政及后勤管理部门为组织、管理教学、科研活动及其辅助活动而开展的管理活动则属于单位管理活动。又如科研院所开展的科学研究活动、科学普及活动、教学活动及其辅助活动属于专业业务活动及辅助活动，科研院所行政和后勤管理部门为组织、管理科学研究、科学普及和教学活动及其辅助活动而开展的管理活动则属于单位管理活动。

事业单位为核算本级行政及后勤管理部门开展管理活动发生的各项费用，应当设置"单位管理费用"总账科目。本科目应当按照项目、费用类别、支付对象等进行明细核算。为了满足成本核算需要，"单位管理费用"科目下还可按照"工资福利费用""商品和服务费用""对个人和家庭的补助费用""固定资产折旧费""无形资产摊销费"等成本项目设置明细科目，归集能够直接计入单位管理活动或采用一定方法计算后计入单位管理活动的费用。

3.事业支出的概念与科目设置

事业支出是指事业单位开展专业业务活动及其辅助活动实际发生的各项现金流出。

为核算事业支出，事业单位应当设置"事业支出"总账科目。单位发生教育、科研、医疗、行政管理、后勤保障等活动的，可在本科目下设置相应的明细科目进行核算，或单设"7201 教育支出""7202 科研支出""7203 医疗支出""7204 行政管理支出""7205 后勤保障支出"等一级会计科目进行核算。

本科目应当分别按照"财政拨款支出"、"非财政专项资金支出"和"其他资金支出"。"基本支出"和"项目支出"等进行明细核算，并按照《政府收支分类科目》中"支出功能分类科目"的项级科目进行明细核算。"基本支出"和"项目支出"明细科目下应当按照《政府收支分类科目》中"部门预算支出经济分类科目"的款级科目进行明细核算，同时在"项目支出"明细科目下按照具体项目进行明细核算。

有一般公共预算财政拨款、政府性基金预算财政拨款等两种或两种以上财政拨款的事业单位，还应当在"财政拨款支出"明细科目下按照财政拨款的种类进行明细核算。

对于预付款项，可通过在本科目下设置"待处理"明细科目进行明细核算，待确认具体支出项目后再转入本科目下相关明细科目。年末结账前，应将本科目"待处理"明细科目余额全部转入本科目下相关明细科目。

4.行政支出的概念、分类与科目设置

1)概念与分类

行政支出是指行政单位履行其职责实际发生的各项现金流出。行政支出是行政单位组织和领导经济、政治、文化、社会和生态等各项建设，促进社会全面发展的资金保证。行政支出可做如下分类。

(1)按不同资金性质分类。可分为财政拨款支出、非财政专项资金支出和其他资金支出等种类。财政拨款支出还可以进一步分为一般公共预算财政拨款支出和政府性基金预算财政拨款支出等种类。非财政专项资金支出有使用非同级财政拨款收入发生的支出、使用捐赠收入中的专项资金收入发生的支出。

(2)按部门预算管理要求分类。可分为基本支出和项目支出。

基本支出是指行政单位为保障机构正常运转和完成日常工作任务而发生的支出，包括人员经费支出和日常公用经费支出，前者是可归集到个人的各项支出，如职工工资福利支出、对个人和家庭的补助支出等，后者是不能归集到个人的各项支出，如办公经费支出、办公设备购置支出等。

项目支出是行政单位为完成特定的工作任务，在基本支出之外发生的各项支出。项目有重点项目和一般项目、常规项目和一次性项目、当年项目和上年结转项目之分。另外从属性看，项目可以有房屋建筑物购建类项目、大中型修缮类项目、大型会议和培训类项目、专项课题和规划类项目、执法办案类项目、监督检查类项目、调查统计类项目、重大宣传活动类项目等。

(3)按政府支出功能分类科目进行分类。

行政单位的各项行政支出都需要按政府支出功能分类科目进行分类反映。行政单位行政支出中的政府支出功能分类与财政总预算会计"一般公共预算本级支出""政府性基金预算本级支出"总账科目下设置的"支出功能分类科目"明细科目应当是一致的。《政府收支分类科目》中的"支出功能分类科目"是行政单位各项预算收入和预算支出核算中需要进行明细核算的基本种类。

(4)按部门预算支出经济分类科目进行分类。

行政单位的行政支出和事业单位的事业支出在基本支出和项目支出下应当进一步按《政府收支分类科目》中的"部门预算支出经济分类科目"进行分类。按照现行《政府收支分类科目》，部门预算支出经济分类科目分设类、款二级科目，相关科目的主要设置情况如下：①工资福利支出。反映行政事业单位开支的在职职工和编制外长期聘用人员的各类劳动报酬。②商品和服务支出。反映行政事业单位购买商品和服务的支出，其中不包括用于购置固定资产、战略性和应急性物资储备等资本性支出。③对个人和家庭的补助。如离休费、退休费、退职(役)费、抚恤金、生活补助、救济费等。④债务利息和费用支出。⑤资本性支出。如购置房屋建筑物、办公设备、专用设备、基础设施、大型修缮等。⑥对企业补助。如资本金注入、政府投资基金股权投资、费用补贴、利息补贴等。⑦对社会保障基金补助。⑧其他支出。

2)科目设置

为核算行政支出业务，行政单位应设置"行政支出"总账科目。本科目应当分别按照"财政拨款支出"、"非财政专项资金支出"和"其他资金支出"，"基本支出"和"项目支出"等进行明细核算，并按照《政府收支分类科目》中"支出功能分类科目"的项级科目进行明细核算。"基本支出"和"项目支出"明细科目下应当按照《政府收支分类科目》中"部门预算支出经济分类科目"的款级科目进行明细核算，同时在"项目支出"明细科目下按照具体项目进行明细核算。

有一般公共预算财政拨款、政府性基金预算财政拨款等两种或两种以上财政拨款的行政单位，还应当在"财政拨款支出"明细科目下按照财政拨款的种类进行明细核算。

对于预付款项，可通过在本科目下设置"待处理"明细科目进行核算，待确认具体支出项目后再转入本科目下相关明细科目。年末结账前，应将本科目"待处理"明细科目余额全部转入本科目下相关明细科目。

(二)业务活动费用、单位管理费用与相应事业支出、行政支出的核算

1.有关履职、开展业务活动或管理活动人员薪酬的核算

单位计提薪酬时，按照计算确定的金额，在财务会计中，借记"业务活动费用"科目或"单位管理费用"科目，贷记"应付职工薪酬"科目。向单位职工个人支付薪酬时，在预算会计中，按照

实际支付的数额，借记“事业支出”或“行政支出”科目，贷记“财政拨款预算收入”“资金结存”科目。

按照规定代扣代缴个人所得税以及代扣代缴或为职工缴纳职工社会保险费、住房公积金等时，在预算会计中，按照实际缴纳的金额，借记“事业支出”或“行政支出”科目，贷记“财政拨款预算收入”“资金结存”科目。

【例题 15-1】 20×2 年 5 月 3 日，某科研单位财务部门根据月工资发放表（见表 15-1）计发工资。

表 15-1 工资发放表 单位：元

部门	应发项目					代扣代缴项目			
	基本工资	津贴补贴	住房补贴	公务交通补贴	合计	养老保险	医疗保险	公积金	合计
机关	115 000	55 000	16 000	7 500	193 500	34 700	8 300	12 600	55 600
业务	12 800	51 200	12 000	5 300	81 300	11 250	6 400	7 300	24 950
后勤管理	12 600	46 400	15 000		74 000	11 370	6 360	6 790	24 520
离退休	67 000	50 300			117 300				
合计	207 400	202 900	43 000	12 800	466 100	57 320	21 060	26 690	105 070

（1）应付职工薪酬应发金额的会计处理：

财务会计分录			预算会计分录
借：业务活动费用—工资福利费用	76 000		不做账务处理
业务活动费用—商品和服务费用	5 300		
单位管理费用—商品和服务费用	7 500		
单位管理费用—工资福利费用	260 000		
单位管理费用—对个人家庭补助	117 300		
贷：应付职工薪酬—基本工资（含离退休费）		207 400	
应付职工薪酬—国家统一规定的津贴补贴		202 900	
应付职工薪酬—改革性补贴		43 000	
应付职工薪酬—其他		12 800	

（2）进行代扣账务处理：

财务会计分录			预算会计分录
借：应付职工薪酬—基本工资（含离退休费）	105 070[①]		不做账务处理
贷：应付职工薪酬—养老保险		57 320	
应付职工薪酬—医疗保险		21 060	
应付职工薪酬—公积金		26 690	

① 根据《中华人民共和国社会保险法》《住房公积金管理条例》，社会保险、基本医疗保险以及住房公积金按上一年度月平均工资额乘以一定的比例计算缴纳。此处简化处理。

【例题 15-2】 承【例题 15-1】，20×2 年 5 月 4 日，某科研单位财务部门通过代理银行发放职工工资薪金。进行会计处理如下：

财务会计分录		
借：应付职工薪酬—基本工资（含离退休费）	102 330	
应付职工薪酬—国家统一规定的津贴补贴	202 900	
应付职工薪酬—改革性补贴	43 000	
应付职工薪酬—其他	12 800	
贷：零余额账户用款额度		361 030

同时：

预算会计分录		
借：事业支出—科研—基本支出—工资福利支出—基本工资	8 597.89	
事业支出—科研—基本支出—工资福利支出—津贴补贴	34 391.58	
事业支出—科研—基本支出—工资福利支出—改革补贴	8 060.53	
事业支出—行政管理—基本支出—工资福利支出—基本工资	80 623.66	
事业支出—行政管理—基本支出—工资福利支出—津贴补贴	38 559.14	
事业支出—行政管理—基本支出—工资福利支出—改革补贴	11 217.20	
事业支出—后勤保障—基本支出—工资福利支出—基本工资	8 424.97	
事业支出—后勤保障—基本支出—工资福利支出—津贴补贴	31 025.30	
事业支出—后勤保障—基本支出—工资福利支出—改革补贴	10 029.73	
事业支出—基本支出—商品和服务费用	12 800.00	
事业支出—基本支出—对个人家庭补助	117 300.00	
贷：资金结存—零余额账户用款额度		361 030

【例题 15-3】 承【例题 15-1】，20×2 年 5 月 3 日，某科研单位财务部门通过计算得到的由单位承担的养老保险、医疗保险和公积金如表 15-2 所示。

表 15-2 养老保险、医疗保险和公积金 单位：元

部门	养老保险		医疗保险		公积金	
	单位缴交	个人承担	单位缴交	个人承担	单位缴交	个人承担
机关	76 423	34 700	16 600	8 300	25 200	12 600
业务	25 293	11 250	12 800	6 400	14 600	7 300
后勤管理	25 770	11 370	12 720	6 360	13 580	6 790
合计	127 486	57 320	42 120	21 060	53 380	26 690

该科研单位进行保险费和公积金缴交的会计处理如下：

(1)单位计算承担部分的账务处理：

财务会计分录		预算会计分录
借:业务活动费用—工资福利费用	52 693	不做账务处理
单位管理费用—行政管理—工资福利费用	118 223	
单位管理费用—后勤保障—工资福利费用	52 070	
贷:应付职工薪酬—养老保险	127 486	
应付职工薪酬—医疗保险	42 120	
应付职工薪酬—公积金	53 380	

(2)实际缴交和代缴保险费、公积金的账务处理:

财务会计分录		预算会计分录	
借:应付职工薪酬—养老保险	184 806	借:事业支出—科研—基本支出—工资福利支出	77 643
应付职工薪酬—医疗保险	63 180	事业支出—行政管理—基本支出—工资福利支出	173 823
应付职工薪酬—公积金	80 070	事业支出—后勤保障—基本支出—工资福利支出	76 590
贷:零余额账户用款额度	328 056	贷:资金结存—零余额账户用款额度	328 056

2.有关为履职、开展业务活动或管理活动发生的外部人员劳务费的核算

单位核算时,在财务会计中,按照计算确定的金额,借记“业务活动费用”科目或“单位管理费用”科目,按照代扣代缴个人所得税的金额,贷记“其他应交税费—个人所得税”科目,按照扣税后应付或实际支付的金额,贷记“其他应付款”“财政拨款收入”“零余额账户用款额度”“银行存款”等科目。

在预算会计中,按照实际支付给外部人员个人的金额,借记“事业支出”或“行政支出”科目,贷记“财政拨款预算收入”“资金结存”科目。按照规定代扣代缴个人所得税时,按照实际缴纳的金额,借记“事业支出”或“行政支出”科目,贷记“财政拨款预算收入”“资金结存”科目。

【例题 15-4】 20×2 年 11 月 3 日,某行政单位组织开展项目的专家评审会,邀请有关专家 2 人参加,通过银行支付 2 位专家评审费各 1 500 元,并代扣代缴个人所得税。经批准,这些费用全部在中央财政资金列支。11 月 30 日缴纳代扣的个人所得税。该单位会计处理如下:

(1)20×2 年 11 月 3 日的会计处理:

财务会计分录		预算会计分录	
借:业务活动费用—商品和服务费用	3 000	借:行政支出—项目支出—商品和服务支出—劳务费	2 850
贷:零余额账户用款额度	2 850	贷:资金结存—零余额账户用款额度	2 850
其他应交税费—个人所得税	150		

(2)20×2 年 11 月 30 日缴纳个人所得税：

财务会计分录		预算会计分录	
借:其他应交税费—个人所得税	150	借:行政支出—项目支出—商品和服务支出—劳务费	150
贷:零余额账户用款额度	150	贷:资金结存—零余额账户用款额度	150

3. 为履职、开展业务活动或管理活动而发生的与库存物品、政府储备物资、固定资产、无形资产等以及在建工程有关的业务核算

在购买时，在预算会计中按照实际支付的金额，借记“事业支出”或“行政支出”科目，贷记“财政拨款预算收入”“资金结存”科目。发生预付账款时，也如同上述处理。

在领用库存物品，以及动用发出相关政府储备物资时，在财务会计中，按照领用库存物品或发出相关政府储备物资的账面余额，借记“业务活动费用”科目或“单位管理费用”科目，贷记“库存物品”“政府储备物资”科目。

在为履职、开展业务活动或管理活动所使用的固定资产、无形资产以及为所控制的公共基础设施、保障性住房计提折旧、摊销时，在财务会计中，按照计提金额，借记“业务活动费用”科目或“单位管理费用”科目，贷记“固定资产累计折旧”“无形资产累计摊销”“公共基础设施累计折旧(摊销)”“保障性住房累计折旧”科目。

【例题 15-5】 20×2 年 8 月 15 日，某事业单位王某从课题中报销材料费 2 000 元；该单位机关职工李某使用公务卡购买办公用品 800 元，经审批从中央财政资金列支，李某办理了报销手续，尚未还公务卡款。该单位会计处理如下：

财务会计分录		预算会计分录	
借:业务活动费用—商品和服务费用	2 000	借:事业支出—项目支出—商品和服务支出	2 000
贷:零余额账户用款额度	2 000	贷:货币资金—零余额账户用款额度	2 000
借:单位管理费用—商品和服务费用	800	不做账务处理	
贷:其他应付款—待清算报销额度—公务卡	800		

【例题 15-6】 如果【例题 15-5】中的单位为行政单位，则相应的账务处理如下：

财务会计分录		预算会计分录	
借:业务活动费用—商品和服务费用	2 000	借:行政支出—项目支出—商品和服务支出	2 000
贷:零余额账户用款额度	2 000	贷:货币资金—零余额账户用款额度	2 000
借:业务费用—商品和服务费用	800	不做账务处理	
贷:其他应付款—待清算报销额度—公务卡	800		

【例题 15-7】 20×2 年 10 月 31 日，某行政单位通过政府采购方式购置一台复印机，用中

央财政资金付款 15 000 元，复印机已运到并验收使用。按照 6 年折旧，假定次月计提折旧。该单位会计处理如下：

(1)20×2 年 10 月 31 日购买时的账务处理：

财务会计分录	预算会计分录
借：固定资产—通用设备　15 000 　贷：零余额账户用款额度　15 000	借：行政支出—基本支出—资本性支出—办公设备购置　15 000 　贷：资金结存—零余额账户用款额度　15 000

(2)20×2 年 11 月 30 日计提折旧时的账务处理：

财务会计分录	预算会计分录
借：业务活动费用—固定资产折旧　2 500 　贷：固定资产累计折旧—通用设备折旧　2 500	不做账务处理

4. 有关在开展专业业务活动及其辅助活动或开展管理活动过程中缴纳的相关税费以及发生的其他各项支出的核算

在财务会计中，对于为履职、开展业务活动或开展管理活动发生的城市维护建设税、教育费附加、地方教育费附加、车船税、房产税、城镇土地使用税等，按照计算确定应缴纳的金额，借记“业务活动费用”科目或“单位管理费用”科目，贷记“其他应交税费”等科目。对于为履职、开展业务活动或开展管理活动发生的其他各项费用，按照费用确认金额，借记“业务活动费用”科目或“单位管理费用”科目，贷记“财政拨款收入”“零余额账户用款额度”“银行存款”“应付账款”“其他应付款”“其他应收款”等科目。

在预算会计中，对于开展专业业务活动及其辅助活动过程中缴纳的相关税费以及发生的其他各项支出，按照实际支付的金额，借记“事业支出”或“行政支出”科目，贷记“财政拨款预算收入”“资金结存”科目。

【例题 15-8】 20×2 年 6 月 15 日，某事业单位为某县政府提供科技服务，收到 5 000 元，开出增值税普通发票，发票注明增值税额 300 元。该单位据此计算应缴纳的城市维护建设税为 21 元，教育费附加为 6 元，地方教育费附加为 3 元。6 月 30 日该单位按银行托收的税费单，缴纳本月税款共计 330 元。该单位会计处理如下：

(1)20×2 年 6 月 15 日的账务处理：

财务会计分录	预算会计分录
借：银行存款　5 000 　贷：事业收入—科研收入　4 700 　　应交增值税—应交税金—销项税额　300	借：资金结存—货币资金　5 000 　贷：事业预算收入—科研收入　5 000
借：业务活动费用—税金及附加费用　30 　贷：其他应交税费—应交城市维护建设税　21 　　其他应交税费—应交教育费附加　6 　　其他应交税费—应交地方教育费附加　3	不做账务处理

(2)20×2 年 6 月 30 日缴纳税款：

财务会计分录		预算会计分录	
借:应交增值税—应交税金—已交税金	300		
其他应交税费—应交城市维护建设税	21	借:事业支出—基本支出—商品和服务支出—税金及附加	330
其他应交税费—应交教育费附加	6	贷:资金结存—货币资金	330
其他应交税费—应交地方教育费附加	3		
贷:银行存款	330		

5. 按照规定从收入中提取专用基金并计入费用的

按照规定从收入中提取专用基金并计入费用的，一般按照预算会计下基于预算收入计算提取的金额，只在财务会计中借记"业务活动费用"科目，贷记"专用基金"科目。国家另有规定的，从其规定。

【例题 15-9】 20×2 年 12 月 1 日，某事业单位按照规定从收入中提取专用基金[①] 1 000 元。该事业单位账务处理如下：

财务会计分录		预算会计分录
借:业务活动费用	1 000	不做账务处理
贷:专用基金	1 000	

6. 开展专业业务活动及其辅助活动或开展管理活动过程中因购货退回等发生款项退回，或者发生差错更正的情况

在财务会计中，对于已计入本年业务活动费用或单位管理费用的，按照收回或应收的金额，借记"财政拨款收入""零余额账户用款额度""银行存款""其他应收款"等科目，贷记"业务活动费用"科目或"单位管理费用"科目。

在预算会计中，属于当年支出收回的，按照收回或更正金额，借记"财政拨款预算收入""资金结存"科目，贷记"事业支出"或"行政支出"科目。

【例题 15-10】 20×2 年 7 月 10 日，某事业单位因货品质量问题退回一批当年购入的货品 1 000 元，该批货品在购入时已计入业务活动费用，退货款项已收到并存入开户银行。该事业单位账务处理如下：

财务会计分录		预算会计分录	
借:零余额账户用款额度	1 000	借:资金结存—零余额账户用款额度	1 000
贷:业务活动费用—商品和服务支出	1 000	贷:事业支出—基本支出—商品和服务支出—办公设备购置	1 000

7. 期末转账

将"业务活动费用""单位管理费用"科目本期发生额转入本期盈余，借记"本期盈余"科目，

① 行政单位不提取专用基金。

贷记“业务活动费用”或“单位管理费用”科目。

将“事业支出”或“行政支出”科目本年发生额中的财政拨款支出转入财政拨款结转，借记“财政拨款结转—本年收支结转”科目，贷记“事业支出”或“行政支出”科目下各财政拨款支出明细科目；将“事业支出”或“行政支出”科目本年发生额中的非财政专项资金支出转入非财政拨款结转，借记“非财政拨款结转—本年收支结转”科目，贷记“事业支出”或“行政支出”科目下各非财政专项资金支出明细科目；将“事业支出”或“行政支出”科目本年发生额中的其他资金支出（非财政非专项资金支出）转入其他结余，借记“其他结余”科目，贷记“事业支出”或“行政支出”科目下其他资金支出明细科目。

期末结转后，“业务活动费用”“单位管理费用”“事业支出”“行政支出”科目应无余额。

【例题 15-11】 相关例题参见第 16 章有关本期盈余、财政拨款结转、非财政拨款结转、其他结余业务的处理。

二、经营费用和经营支出

1. 经营费用的概念与科目设置

经营费用是指事业单位在专业业务活动及其辅助活动之外开展非独立核算经营活动发生的各项费用。事业单位的经营活动的主要内容与特点可以参阅经营收入中的相关内容；事业单位开展的非独立核算经营活动应当是小规模的，在公益一类事业单位中基本是没有的，在行政单位也没有经营活动。

为核算经营费用，事业单位应当设置“经营费用”总账科目。本科目应当按照经营活动类别、项目、支付对象等进行明细核算。为了满足成本核算需要，本科目下还可按照“工资福利费用”“商品和服务费用”“对个人和家庭的补助费用”“固定资产折旧费”“无形资产摊销费”等成本项目设置明细科目，归集能够直接计入单位经营活动或采用一定方法计算后计入单位经营活动的费用。

2. 经营支出的概念与科目设置

经营支出是指事业单位在专业业务活动及其辅助活动之外开展非独立核算经营活动实际发生的各项现金流出。

为核算经营支出，事业单位应当设置“经营支出”总账科目。本科目应当按照经营活动类别、项目，以及《政府收支分类科目》中“支出功能分类科目”的项级科目和“部门预算支出经济分类科目”的款级科目等进行明细核算。对于预付款项，可通过在本科目下设置“待处理”明细科目进行明细核算，待确认具体支出项目后再转入本科目下相关明细科目。年末结账前，应将本科目“待处理”明细科目余额全部转入本科目下相关明细科目。

3. 经营费用及对应的经营支出的主要核算内容

1）有关薪酬的处理

在财务会计中，在为经营活动人员计提薪酬时，按照计算确定的金额，借记“经营费用”科目，贷记“应付职工薪酬”科目。向职工个人支付薪酬时，借记“应付职工薪酬”科目，贷记“银行存款”科目。在预算会计中，按照实际的金额，借记“经营支出”科目，贷记“资金结存”科目。按照规定代扣代缴个人所得税以及代扣代缴或为职工缴纳职工社会保险费、住房公积金时，按照实际缴纳的金额，借记“经营支出”科目，贷记“资金结存”科目。

发生外部人员酬金的，在预算会计中，按照实际支付给外部人员个人的金额，借记“经营支出”科目，贷记“资金结存”科目。按照规定代扣代缴个人所得税时，按照实际缴纳的金额，借记“经营支出”科目，贷记“资金结存”科目。

【例题 15-12】 20×2 年 1 月 10 日，某事业单位为经营部门的长期外聘人员计发当月工资薪酬 80 000 元，并在工资中代扣代缴社会保险费 2 670 元（养老保险 1 600 元，医疗保险 1 070）、住房公积金 1 900 元、个人所得税 960 元。该事业单位账务处理如下：

财务会计分录		预算会计分录
借：经营费用—工资福利费用	80 000	不做账务处理
贷：应付职工薪酬—基本工资（含离退休费）	74 470	
应付职工薪酬—社会保险—基本养老保险	1 600	
应付职工薪酬—社会保险—基本医疗保险	1 070	
应付职工薪酬—住房公积金	1 900	
其他应交税费—个人所得税	960	

【例题 15-13】 承【例题 15-12】，20×2 年 1 月 15 日，某事业单位为经营活动职工发放本月工资薪酬 74 470 元，并缴纳社会保险费 2 670 元，缴纳住房公积金 3 800 元，缴纳个人所得税 960 元。该事业单位账务处理如下：

（1）发放工资：

财务会计分录		预算会计分录	
借：应付职工薪酬—基本工资（含离退休费）	74 470	借：经营支出—工资福利支出	74 470
贷：银行存款	74 470	贷：资金结存—货币资金	74 470

（2）缴纳社会保险费：

财务会计分录		预算会计分录	
借：应付职工薪酬—社会保险—基本养老保险	1 600	借：经营支出—工资福利支出—基本养老保险	1 600
应付职工薪酬—社会保险—基本医疗保险	1 070	经营支出—工资福利支出—基本医疗保险	1 070
贷：银行存款	2 670	贷：资金结存—货币资金	2 670

（3）缴纳住房公积金：

财务会计分录		预算会计分录	
借：经营费用—工资福利费用—其他工资福利	1 900	借：经营支出—工资福利支出—住房公积金	3 800
应付职工薪酬—住房公积金	1 900		
贷：银行存款	3 800	贷：资金结存—货币资金	3 800

(4)缴纳个人所得税：

财务会计分录	预算会计分录
借:其他应交税费—个人所得税　960 　贷:银行存款　960	借:经营支出—工资福利支出—其他工资福利支出　960 　贷:资金结存—货币资金　960

2)有关存货、固定资产、无形资产等的购买与使用的处理

开展经营活动过程中为购买存货、固定资产、无形资产等以及在建工程支付相关款项时，在预算会计中按照实际支付的金额，借记“经营支出”科目，贷记“资金结存”科目。领用或发出库存物品时，在财务会计中按照物品实际成本，借记“经营费用”科目，贷记“库存物品”科目。为经营活动所使用的固定资产、无形资产计提折旧、摊销时，在财务会计中，按照应提折旧、摊销额，借记“经营费用”科目，贷记“固定资产累计折旧”“无形资产累计摊销”科目。在预算会计中不进行相关账务处理。

【例题 15-14】 20×2 年 10 月 31 日，某事业单位根据无形资产摊销表，本月应摊销无形资产 1 000 元。该事业单位账务处理如下：

财务会计分录	预算会计分录
借:经营费用—无形资产摊销　1 000 　贷:无形资产累计摊销　1 000	不做账务处理

3)开展经营活动过程中发生预付账款的处理

开展经营活动过程中发生预付账款时，按照实际支付的金额，借记“经营支出”科目，贷记“资金结存”科目。

对于暂付款项，在支付款项时可不做预算会计处理，待结算或报销时，按照结算或报销的金额，借记“经营支出”科目，贷记“资金结存”科目。

【例题 15-15】 20×2 年 9 月 15 日，某事业单位在开展经营活动过程中购买一项固定资产，发生预付款 6 000 元，款项已付。次月购买的固定资产已投入使用，该事业单位通过银行补付相应款项 15 000 元。暂不考虑增值税。该事业单位账务处理如下：

(1)预付款时：

财务会计分录	预算会计分录
借:预付账款　6 000 　贷:银行存款　6 000	借:经营支出—资本性支出—某设备　6 000 　贷:资金结存—货币资金　6 000

(2)收到固定资产并补付款时：

财务会计分录	预算会计分录
借:固定资产—某设备　21 000 　贷:银行存款　15 000 　　预付账款　6 000	借:经营支出—资本性支出—某设备　15 000 　贷:资金结存—货币资金　15 000

4)相关税费的处理

开展经营活动发生城市维护建设税、教育费附加、地方教育费附加、车船税、房产税、城镇土地使用税等，按照计算确定应缴纳的金额，在财务会计中借记“经营费用”科目，贷记“其他应交税费”等科目。发生与经营活动相关的其他各项费用时，按照费用确认金额，在财务会计中借记“经营费用”科目，贷记“银行存款”“其他应付款”“其他应收款”等科目。涉及增值税业务的，相关账务处理参见“应交增值税”科目。

实际支付上述相关税费时，按照实际支付的金额，在预算会计中借记“经营支出”科目，贷记“资金结存”科目。

【例题 15-16】 20×2 年 11 月 15 日，某事业单位在开展经营活动过程中发生房产税 2 100 元，11 月 20 日缴纳房产税。该事业单位账务处理如下：

财务会计分录	预算会计分录
借：经营费用—其他税费　　2 100 　贷：其他应交税费—应交房产税　　2 100	不做账务处理
借：其他应交税费—应交房产税　　2 100 　贷：银行存款　　2 100	借：经营支出—其他税费　　2 100 　贷：资金结存—货币资金　　2 100

开展经营活动过程中发生当年购货退回等业务，对于已计入本年经营费用的，在财务会计中按照收回或应收的金额，借记“银行存款”“其他应收款”等科目，贷记“经营费用”科目。在预算会计中对于因购货退回等发生款项退回，或者发生差错更正的，属于当年支出收回的，按照收回或更正金额，借记“资金结存”科目，贷记“经营支出”科目。

【例题 15-17】 20×2 年 7 月 10 日，某事业单位在开展经营活动过程中因货品质量问题退回一批当年购入的货品 1 000 元，退货款项已收到并存入开户银行。该事业单位账务处理如下：

财务会计分录	预算会计分录
借：银行存款　　1 000 　贷：经营费用—商品和服务费用　　1 000	借：资金结存—货币资金　　1 000 　贷：经营支出—商品和服务支出　　1 000

期末，将“经营费用”科目本期发生额转入本期盈余，借记“本期盈余”科目，贷记“经营费用”科目。将“经营支出”科目本年发生额转入经营结余，借记“经营结余”科目，贷记“经营支出”科目。期末结转后，“经营费用”“经营支出”科目应无余额。

【例题 15-18】 相关例题参见第 16 章有关本期盈余、经营结余业务的账务处理。

第三节　缴拨款费用、资产处置费用与相应预算支出

一、上缴上级费用与上缴上级支出

1. 上缴上级费用的概念与科目设置

上缴上级费用是指事业单位按照财政部门和主管部门的规定上缴上级单位款项发生的费

用。该费用属于调剂性质的费用。

事业单位向上级单位上缴的款项属于非财政资金，相应资金通常是事业单位自身取得的事业收入、经营收入和其他收入等。事业单位应当按照财政部门和主管部门的规定，对于取得的有关业务活动收入或其他收入，按照规定的标准或比例上缴上级单位。事业单位不可以将其自身取得的财政拨款收入上缴上级单位。

为核算上缴上级费用，事业单位应设置“上缴上级费用”总账科目。本科目应当按照收缴款项单位、缴款项目等进行明细核算。

2. 上缴上级支出的概念与科目设置

上缴上级支出是指事业单位按照财政部门和主管部门的规定上缴上级单位款项发生的现金流出。

为核算上缴上级支出业务，事业单位应设置“上缴上级支出”总账科目。本科目应当按照收缴款项单位、缴款项目、《政府收支分类科目》中“支出功能分类科目”的项级科目和“部门预算支出经济分类科目”的款级科目等进行明细核算。

3. 上缴上级费用与上缴上级支出的主要账务处理内容

(1)单位发生上缴上级支出的，按照实际上缴的金额或者按照规定计算出应当上缴上级单位的金额，在财务会计中，借记“上缴上级费用”科目，贷记“银行存款”“其他应付款”等科目。在预算会计中，按照实际上缴的金额，借记“上缴上级支出”科目，贷记“资金结存”科目。

【例题 15-19】 20×2 年 11 月 9 日，某事业单位根据上级主管单位的有关文件规定，将事业收入的 15%上缴主管单位统筹集中款 70 000 元，当日该单位通过银行上缴了该笔款项。该事业单位账务处理如下：

财务会计分录			预算会计分录		
借:上缴上级费用	70 000		借:上缴上级支出	70 000	
贷:银行存款		70 000	贷:资金结存—货币资金		70 000

(2)期末，将“上缴上级费用”科目本期发生额转入本期盈余，借记“本期盈余”科目，贷记“上缴上级费用”科目。将“上缴上级支出”本年发生额转入其他结余，借记“其他结余”科目，贷记“上缴上级支出”科目。期末结转后，上述“上缴上级费用”“上缴上级支出”科目应无余额。

【例题 15-20】 相关例题参见第 16 章有关本期盈余、其他结余业务的账务处理。

二、对附属单位补助费用与对附属单位补助支出

1. 对附属单位补助费用的概念与科目设置

对附属单位补助费用是指事业单位用财政拨款收入之外的收入对附属单位补助发生的费用。该费用也属于调剂性质的费用。

这里的附属单位是指事业单位所属独立核算的单位，包括事业单位和企业单位。上级单位对附属单位发生补助费用时，不得使用财政拨款收入，若使用财政拨款收入，则应通过调整预算批复下达，此时形成的费用不属于对附属单位补助费用的核算范围。

为核算对附属单位补助费用，事业单位应当设置“对附属单位补助费用”总账科目，本科目应当按照接受补助单位、补助项目等进行明细核算。

2. 对附属单位补助支出的概念与科目设置

对附属单位补助支出是指事业单位用财政拨款预算收入之外的收入对附属单位补助发生的现金流出。

为核算对附属单位补助支出，事业单位应当设置“对附属单位补助支出”总账科目，本科目应当按照接受补助单位、补助项目、《政府收支分类科目》中“支出功能分类科目”的项级科目和“部门预算支出经济分类科目”的款级科目等进行明细核算。

3. 对附属单位补助费用和对附属单位补助支出的核算

(1)单位发生对附属单位补助支出的，按照实际补助的金额或者按照规定计算出应当对附属单位补助的金额，在财务会计中，借记“对附属单位补助费用”科目，贷记“银行存款”“其他应付款”等科目。在预算会计中，按实际补助的金额，借记“对附属单位补助支出”科目，贷记“资金结存”科目。

【例题 15-21】 20×2 年 11 月 9 日，某市事业单位根据决定，对所属县某事业单位搬迁建设补助经费 170 000 元，款项已通过银行拨付。该事业单位账务处理如下：

财务会计分录			预算会计分录		
借:对附属单位补助费用	170 000		借:对附属单位补助支出	170 000	
贷:银行存款		170 000	贷:资金结存—货币资金		170 000

(2)期末，将“对附属单位补助费用”科目本期发生额转入本期盈余，借记“本期盈余”科目，贷记“对附属单位补助费用”科目。将“对附属单位补助支出”本年发生额转入其他结余，借记“其他结余”科目，贷记“对附属单位补助支出”科目。期末结转后，“对附属单位补助费用”“对附属单位补助支出”科目应无余额。

【例题 15-22】 相关例题参见第 16 章有关本期盈余、其他结余业务的账务处理。

三、资产处置费用与相关支出

(一)资产处置费用的概念与科目设置

资产处置费用是指单位经批准处置资产时发生的费用，包括转销的被处置资产价值，以及在处置过程中发生的相关费用或者处置收入小于相关费用形成的净支出。资产处置的形式按照规定包括无偿调拨、出售、出让、转让、置换、对外捐赠、报废、毁损以及货币性资产损失核销等。

为核算单位资产处置费用，单位应当设置“资产处置费用”总账科目，该科目应当按照处置资产的类别、资产处置的形式等进行明细核算。单位在资产清查中查明的资产盘亏、毁损以及资产报废等，应当先通过“待处理财产损溢”科目进行核算，再将处理资产价值和处理净支出计入本科目。短期投资、长期股权投资、长期债券投资的处置，按照相关资产科目的规定进行账务处理。

(二)资产处置费用及相关支出的主要账务处理

1. 不通过“待处理财产损溢”科目核算的资产处置

(1)按照规定报经批准处置资产时，在财务会计中，按照处置资产的账面价值，借记“资产处置费用”科目[处置固定资产、无形资产、公共基础设施、保障性住房的，还应借记“固定资产累计折旧”“无形资产累计摊销”“公共基础设施累计折旧(摊销)”“保障性住房累计折旧”科目],按照处置资产的账面余额,贷记“库存物品”“固定资产”“无形资产”“公共基础设施”“政府储备物资”“文物文化资产”“保障性住房”“其他应收款”“在建工程”等科目。在预算会计中不做账务处理。

(2)处置资产过程中仅发生相关费用的,在财务会计中,按照实际发生金额,借记“资产处置费用”科目,贷记“银行存款”“库存现金”等科目。在预算会计中,按照实际发生金额,借记“其他支出”科目,贷记“资金结存—货币资金”科目。

【例题 15-23】 20×2 年 11 月 10 日,某市事业单位经上级主管部门批准,将账面原值为 45 000 元的 3 台计算机无偿调拨给另一事业单位,已知已提折旧 15 000 元,银行转账支付运输费用 1 000 元,由转出方负责。该事业单位账务处理如下:

财务会计分录		预算会计分录	
借:固定资产累计折旧—通用设备折旧	15 000	借:其他支出—其他	1 000
无偿调拨净资产	30 000		
资产处置费用	1 000		
贷:固定资产—通用设备	45 000	贷:资金结存—货币资金	1 000
银行存款	1 000		

(3)处置资产过程中既取得收入又发生支出的,在财务会计中,按照取得的价款,借记“库存现金”“银行存款”等科目,按照处置资产过程中发生的相关费用,贷记“银行存款”“库存现金”等科目,按照其差额,借记“资产处置费用”科目或贷记“应缴财政款”等科目。在预算会计中,如果发生净支出的,借记“其他支出”科目,贷记“资金结存—货币资金”科目;如果发生净收入的,不做账务处理。涉及增值税业务的,相关账务处理参见“应交增值税”科目。

【例题 15-24】 参见第 12 章“处置固定资产”中【例题 12-11】。

2. 通过“待处理财产损溢”科目核算的资产处置

(1)单位账款核对中发现的现金短缺,属于无法查明原因的,报经批准核销时,在财务会计中借记“资产处置费用”科目,贷记“待处理财产损溢”科目。预算会计中不做账务处理。

【例题 15-25】 20×2 年 10 月 31 日,某市行政单位财务机构出纳人员盘点库存现金,发现短款 100 元,无法查明原因。出纳人员写情况说明后报经单位领导批准,同意核销。该行政单位会计部门账务处理如下。

财务会计分录		预算会计分录	
借:待处理财产损溢—货币资金—待处理财产价值	100	借:其他支出—其他	100
贷:库存现金	100	贷:资金结存—货币资金	100
借:资产处置费用	100	不进行账务处理	
贷:待处理财产损溢—货币资金—待处理财产价值	100		

(2)单位资产清查过程中盘亏或者毁损、报废的存货、固定资产、无形资产、公共基础设施、政府储备物资、文物文化资产、保障性住房等,报经批准处理时,在财务会计中按照处理资产价

值，借记“资产处置费用”科目，贷记“待处理财产损溢—待处理财产价值”科目。处理收支结清时，处理过程中所取得收入小于所发生相关费用的，按照相关费用减去处理收入后的净支出，在财务会计中，借记“资产处置费用”科目，贷记“待处理财产损溢—处理净收入”科目。在预算会计中，借记“其他支出”科目，贷记“资金结存—货币资金”科目。

【例题 15-26】 20×2 年 11 月 10 日，某市行政单位资产管理人员会同财务人员、仓库管理人员对单位所有资产进行清理盘点，经过核对，发现接待室少了 1 套办公桌椅，账面原值 3 000 元，已折旧 1 200 元，已经确认无法查明原因。该行政单位会计部门账务处理如下。

财务会计分录	预算会计分录
借：待处理财产损溢—货币资金—待处理财产价值　1 800 　固定资产累计折旧　1 200 　贷：固定资产—家具　3 000	不进行账务处理
借：资产处置费用　1 800 　贷：待处理财产损溢—固定资产—待处理财产价值　1 800	不进行账务处理

期末，将“资产处置费用”科目本期发生额转入本期盈余，借记“本期盈余”科目，贷记“资产处置费用”科目。期末结转后，该科目应无余额。

【例题 15-27】 某单位期末将“资产处置费用”科目本期发生额 69 000 元转入本期盈余。该单位应编制的会计分录如下。

财务会计分录	预算会计分录
借：本期盈余　69 000 　贷：资产处置费用　69 000	不进行账务处理

第四节　所得税费用、投资支出与债务还本支出

一、所得税费用

所得税费用是指有企业所得税缴纳义务的事业单位按规定缴纳企业所得税所形成的费用。为核算所得税费用，事业单位应当设置“所得税费用”科目。

所得税费用的主要账务处理如下：

(1)发生企业所得税纳税义务的，按照税法规定计算的应交税金数额，借记“所得税费用”科目，贷记“其他应交税费—单位应交所得税”科目。

实际缴纳时，按照缴纳金额，借记“其他应交税费—单位应交所得税”科目，贷记“银行存款”科目。

(2)年末，将“所得税费用”科目本年发生额转入本期盈余，借记“本期盈余”科目，贷记本科目。年末结转后，本科目应无余额。

【例题 15-28】 20×2 年 6 月 30 日，某事业单位计算缴纳企业所得税 1 000 元，并在网上申

报。7 月 10 日该单位收到银行回单，显示已支付应缴纳的企业所得税 1 000 元。该单位应编制的会计分录如下。

财务会计分录	预算会计分录
借:所得税费用 1 000 　贷:其他应交税费—应交企业所得税 1 000	不做账务处理
借:其他应交税费—应交企业所得税 1 000 　贷:银行存款 1 000	借:非财政拨款结余—累计结余 1 000 　贷:资金结存—货币资金 1 000

【例题 15-29】 20×2 年 12 月 31 日，某事业单位对所得税费用年末累计借方余额 2 000 元进行结转。该单位应编制的会计分录如下。

财务会计分录	预算会计分录
借:本期盈余 2 000 　贷:所得税费用 2 000	不做账务处理

二、投资支出

投资支出是指事业单位以货币资金对外投资发生的现金流出。其并不包括以非货币资金发生的对外投资。

为核算投资支出，事业单位应设置“投资支出”总账科目。本科目应当按照投资类型、投资对象、《政府收支分类科目》中“支出功能分类科目”的项级科目和“部门预算支出经济分类科目”的款级科目等进行明细核算。

投资支出的主要账务处理如下：

(1)以货币资金对外投资时，按照投资金额和所支付的相关税费金额的合计数，借记“投资支出”科目，贷记“资金结存”科目。

(2)出售、对外转让或到期收回本年度以货币资金取得的对外投资的，如果按规定将投资收益纳入单位预算，按照实际收到的金额，借记“资金结存”科目，按照取得投资时“投资支出”科目的发生额，贷记“投资支出”科目，按照其差额，贷记或借记“投资预算收益”科目；如果按规定将投资收益上缴财政，按照取得投资时“投资支出”科目的发生额，借记“资金结存”科目，贷记“投资支出”科目。

【例题 15-30】 20×2 年 1 月 20 日，某事业单以科技服务结存资金 10 000 元购买一年期国债，年利率为 4%。20×3 年 1 月 20 日，该单位购买的国债到期，收回投资本金 10 000 元和利息 400 元。按规定，国债利率留归单位纳入预算统一管理和使用。该单位应编制的会计分录如下。

①20×2 年 1 月 20 日投资时：

财务会计分录	预算会计分录
借:短期投资—债券投资—国债 10 000 　贷:银行存款 10 000	借:投资支出—债券投资—国债 10 000 　贷:资金结存—货币资金 10 000

②20×3 年 1 月 20 日收回投资时：

财务会计分录		预算会计分录	
借：银行存款	10 400	借：资金结存—货币资金	10 400
贷：短期投资—债券投资—国债	10 000	贷：投资支出—其他支出—国债	10 000
投资收益	400	投资预算收益	400

出售、对外转让或到期收回以前年度以货币资金取得的对外投资的，如果按规定将投资收益纳入单位预算，按照实际收到的金额，借记“资金结存”科目，按照取得投资时“投资支出”科目的发生额，贷记“其他结余”科目，按照其差额，贷记或借记“投资预算收益”科目；如果按规定将投资收益上缴财政，按照取得投资时“投资支出”科目的发生额，借记“资金结存”科目，贷记“其他结余”科目。

【例题 15-31】 参见第 12 章“长期债券投资”中【例题 12-4】。

(3)年末，将“投资支出”科目本年发生额转入其他结余，借记“其他结余”科目，贷记“投资支出”科目。年末结转后，本科目应无余额。

【例题 15-32】 20×2 年 12 月 31 日，某事业单位年终结账，将投资支出借方累计余额 67 000 元转入其他结余。该单位进行账务处理如下。

财务会计分录	预算会计分录	
不做账务处理	借：其他结余	67 000
	贷：投资支出	67 000

三、债务还本支出

债务还本支出是指事业单位偿还自身承担的纳入预算管理的从金融机构举借的债务本金的现金流出。

为核算债务还本支出，事业单位应当设置“债务还本支出”总账科目。本科目应当按照贷款单位、贷款种类、《政府收支分类科目》中“支出功能分类科目”的项级科目和“部门预算支出经济分类科目”的款级科目等进行明细核算。

债务还本支出的主要账务处理如下：

(1)偿还各项短期或长期借款时，按照偿还的借款本金，借记“债务还本支出”科目，贷记“资金结存”科目。

【例题 15-33】 参见第 13 章“短期借款”中【例题 13-1】、“长期借款”中【例题 13-26】。

(2)年末，将“债务还本支出”科目本年发生额转入其他结余，借记“其他结余”科目，贷记“债务还本支出”科目。年末结转后，本科目应无余额。

【例题 15-34】 20×2 年 12 月 31 日，某事业单位年终结账，将债务还本支出借方累计余额 350 000 元转入其他结余。该单位进行账务处理如下。

财务会计分录	预算会计分录	
不做账务处理	借：其他结余	350 000
	贷：债务还本支出	350 000

第五节　其他费用与其他支出

一、其他费用

其他费用是指行政事业单位发生的除业务活动费用、单位管理费用、经营费用、资产处置费用、上缴上级费用、对附属单位补助费用、所得税费用以外的各项费用，包括利息费用、坏账损失、罚没支出、现金资产捐赠支出以及相关税费、运输费等。

为核算其他费用，行政事业单位应当设置“其他费用”总账科目，本科目应当按照其他费用的类别等进行明细核算。单位发生的利息费用较多的，可以单独设置“5701 利息费用”科目。

二、其他支出

其他支出是指行政事业单位除行政支出、事业支出、经营支出、上缴上级支出、对附属单位补助支出、投资支出、债务还本支出以外的各项现金流出，包括利息支出、对外捐赠现金支出、现金盘亏损失、接受捐赠（调入）和对外捐赠（调出）非现金资产发生的税费支出、资产置换过程中发生的相关税费支出、罚没支出等。

为核算其他支出，行政事业单位应当设置“其他支出”总账科目，本科目应当按照其他支出的类别，“财政拨款支出”“非财政专项资金支出”“其他资金支出”，《政府收支分类科目》中“支出功能分类科目”的项级科目和“部门预算支出经济分类科目”的款级科目等进行明细核算。其他支出中如有专项资金支出，还应按照具体项目进行明细核算。

有一般公共预算财政拨款、政府性基金预算财政拨款等两种或两种以上财政拨款的事业单位，还应当在“财政拨款支出”明细科目下按照财政拨款的种类进行明细核算。

单位发生利息支出、捐赠支出等其他支出金额较大或业务较多的，可单独设置“7902 利息支出”“7903 捐赠支出”等科目。

三、其他费用和其他支出的主要账务处理

1. 利息费用

按期计算确认借款利息费用时，在财务会计中，按照计算确定的金额，借记“在建工程”科目或“其他费用”科目，贷记“应付利息”“长期借款—应计利息”科目。在预算会计中，按照实际支付利息金额，借记“其他支出”科目，贷记“资金结存”科目。

【例题 15-35】　20×1 年 10 月 15 日，某市事业单位归还了半年前向银行借入的款项 80 000 元，借款利息为 2 800 元。该单位账务处理如下：

财务会计分录		预算会计分录	
借：其他费用	2 800	借：其他支出—利息	2 800
短期借款	80 000	债务还本支出	80 000
贷：银行存款	82 800	贷：资金结存—货币资金	82 800

2. 坏账损失

年末，事业单位按照规定对收回后不需上缴财政的应收账款和其他应收款计提坏账准备时，按照计提金额，在财务会计中，借记"其他费用"科目，贷记"坏账准备"科目；冲减多提的坏账准备时，按照冲减金额，借记"坏账准备"科目，贷记"其他费用"科目。在预算会计中不做账务处理。

3. 罚没支出

单位发生罚没支出的，在财务会计中，按照实际缴纳或应当缴纳的金额，借记"其他费用"科目，贷记"银行存款""库存现金""其他应付款"等科目。在预算会计中，按照实际支出的罚没金额，借记"其他支出"科目，贷记"资金结存"科目。

【例题 15-36】 20×1 年 4 月 15 日，某事业单位因未及时办理增值税税务申报，经税务局核实处以 800 元罚款，经单位领导批准同意缴纳罚款。该单位账务处理如下：

财务会计分录		预算会计分录	
借：其他费用	800	借：其他支出—罚没支出	800
贷：银行存款	800	贷：资金结存—货币资金	800

4. 现金资产捐赠

单位对外捐赠现金资产的，在财务会计中，按照实际捐赠的金额，借记"其他费用"科目，贷记"银行存款""库存现金"等科目。在预算会计中，按照捐赠金额，借记"其他支出"科目，贷记"资金结存—货币资金"科目。

【例题 15-37】 20×1 年 5 月 15 日，某行政单位向扶贫基金会捐赠 15 000 元，已通过银行划拨资金。该单位账务处理如下：

财务会计分录		预算会计分录	
借：其他费用—捐赠支出	15 000	借：其他支出—捐赠支出	15 000
贷：银行存款	15 000	贷：资金结存—货币资金	15 000

5. 现金盘亏损失

每日现金账款核对中如发现现金短缺，按照短缺的现金金额，按照"资产处置费用"进行账务处理，在预算会计中，借记"其他支出"科目，贷记"资金结存—货币资金"科目。经核实，属于应当由有关人员赔偿的，按照收到的赔偿金额，借记"资金结存—货币资金"科目，贷记"其他支出"科目。

【例题 15-38】 参见本章【例题 15-25】。

6. 其他相关费用

单位接受捐赠（或无偿调入）以名义金额计量的存货、固定资产、无形资产，以及成本无法可靠取得的公共基础设施、文物文化资产等发生的相关税费、运输费等，在财务会计中，按照实际支付的金额，借记"其他费用"科目，贷记"财政拨款收入""零余额账户用款额度""银行存款""库存现金"等科目。在预算会计中，对于接受捐赠（无偿调入）非现金资产发生的归属于捐入方（调入方）的相关税费、运输费等，以及对外捐赠（无偿调出）非现金资产发生的归属于捐出方（调出方）的相关税费、运输费等，按照实际支付金额，借记"其他支出"科目，贷记"资金结存"科目。

单位发生的与受托代理资产相关的税费、运输费、保管费等，按照实际支付或应付的金额，借记“其他费用”科目，贷记“零余额账户用款额度”“银行存款”“库存现全”“其他应付款”等科目。在预算会计中按照实际支付金额，借记“其他支出”科目，贷记“资金结存”科目。

【例题 15-39】 经批准，20×1 年 3 月 15 日，某行政单位接受捐赠历史文物，无账面价值，经调研咨询无法确认其市场价值，单位决定按照名义金额入账，在此过程中发生专家鉴定费 1 000 元。该单位账务处理如下。

财务会计分录	预算会计分录
借：固定资产—文物陈列品　1	
贷：捐赠收入　1	
借：其他费用—鉴定费　1 000	借：其他支出—鉴定支出　1 000
贷：银行存款　1 000	贷：资金结存—货币资金　1 000

【例题 15-40】 经批准，20×1 年 6 月 1 日，某行政单位向对口精准扶贫县捐赠一批电脑，其中电脑原值为 50 000 元，已提折旧 20 000 元，并承担设备运输费 600 元。该单位账务处理如下。

财务会计分录	预算会计分录
借：资产处置费用　30 600	
固定资产累计折旧　20 000	借：其他支出—运杂费　600
贷：固定资产—通用设备　50 000	贷：资金结存—货币资金　600
银行存款　600	

7. 资产置换过程中发生的相关税费支出

对于资产置换过程中发生的相关税费，在财务会计中参照“库存物品”中有关置换取得库存物品的账务处理。在预算会计中，按照实际支付的相关税费金额，借记“其他支出”科目，贷记“资金结存”科目。

【例题 15-41】 20×1 年 6 月 1 日，某行政单位经批准用一栋业务用房 H 与区政府的一栋业务用房 K 进行置换，其他数据如表 15-3 所示。该行政单位已通过银行支付了全部费用。

表 15-3　置换交易金额明细表　　单位：元

	原值	已提折旧	评估价	支付补价	税费	评估费
H 用房	1 000 000	700 000	250 000			
K 用房	1 200 000	400 000	800 000			
某行政单位				500 000	150 000	20 000

该行政单位账务处理如下。

财务会计分录	预算会计分录
借：固定资产—房屋—K　920 000	
固定资产累计折旧—H　700 000	

续表

财务会计分录		预算会计分录	
资产处置费用	50 000	借：其他支出—相关税费	670 000
贷：固定资产—房屋—H	1 000 000	贷：资金结存—货币资金	670 000
银行存款	670 000		

8. 期末结转

将“其他费用”科目本期发生额转入本期盈余，借记“本期盈余”科目，贷记“其他费用”科目。

将“其他支出”科目本年发生额中的财政拨款支出转入财政拨款结转，借记“财政拨款结转—本年收支结转”科目，贷记本科目下各财政拨款支出明细科目；将本科目本年发生额中的非财政专项资金支出转入非财政拨款结转，借记“非财政拨款结转—本年收支结转”科目，贷记本科目下各非财政专项资金支出明细科目；将本科目本年发生额中的其他资金支出（非财政非专项资金支出）转入其他结余，借记“其他结余”科目，贷记本科目下各其他资金支出明细科目。

期末结转后，“其他费用”和“其他支出”科目应无余额。

【例题 15-42】 某事业单位“其他费用”科目的本年发生额为 65 900 元；“其他支出”科目本年发生额为 71 500 元，其中财政拨款支出 800 元，非财政专项资金支出 1 000 元，其他资金支出 69 700 元。该事业单位进行年终结转的账务处理如下。

财务会计分录		预算会计分录	
借：本期盈余	65 900	不做账务处理	
贷：其他费用	65 900		
不做账务处理		借：财政拨款结转—本年收支结转	800
		非财政拨款结转—本年收支结转	1 000
		其他结余	69 700
		贷：其他支出—财政拨款支出	800
		其他支出—非财政专项资金支出	1 000
		其他支出—其他资金支出	69 700

复习思考题

1. 什么是行政事业单位费用与支出？确认条件分别是什么？
2. 行政事业单位的费用与预算支出的异同点有哪些？
3. 行政事业单位的费用和支出的分类是怎样的？
4. 如何理解业务活动费用？其会计科目设置是怎样的？
5. 如何理解单位管理费用？其会计科目设置是怎样的？
6. 如何理解事业支出？其会计科目设置是怎样的？
7. 如何理解行政支出？其会计科目设置是怎样的？
8. 业务活动费用、单位管理费用及其相应的事业支出、行政支出的账务处理的主要内容有哪些？

9.什么是事业单位的经营费用？其会计科目设置是怎样的？

10.经营费用及对应的经营支出的主要核算内容有哪些？

11.如何理解上缴上级费用和上缴上级支出？它们的会计科目设置分别是怎样的？

12.上缴上级费用与上缴上级支出的主要账务处理内容有哪些？

13.如何理解对附属单位补助费用与对附属单位补助支出？它们的会计科目设置分别是怎样的？

14.什么是资产处置费用？其会计科目设置是怎样的？资产处置费用的主要账务处理内容有哪些？

15.为什么事业单位实际缴纳所得税并不形成相应的预算支出？

16.投资支出是怎样形成的？为什么实际发生时没有相应的费用形成？

17.债务还本支出是怎样形成的？为什么实际发生时没有相应的费用形成？

18.什么是其他费用？它包含哪些内容？

19.什么是其他支出？它包含哪些内容？其他费用和其他支出所包含的内容是否完全一致？

20.其他费用和其他支出的主要账务处理内容有哪些？

练习题

练习一

一、目的：练习行政单位业务活动费用及其相应预算支出的会计核算。

二、资料：某行政单位2020年发生如下业务活动。

(1)2020年5月3日财务部门根据月工资发放表计发工资。机关人员基本工资65 000元，津贴52 000元，住房补贴12 000元；后勤管理人员基本工资32 000元，津贴36 000元，住房补贴6 000元。

(2)通过财政直接支付方式购入一台不需要安装的固定资产，实际支付价款为65 500元。

(3)为履职人员领用一批库存物品，该批库存物品的账面余额为5 850元。

(4)向社会力量购买一项服务，发生预付账款3 500元，款项通过财政直接支付方式支付。

(5)因履职发生水费、电费、物业管理费等各项办公费用1 730元，款项通过财政授权支付方式支付。

(6)因货品质量问题退回一批当年购入的货品1 500元，退货款已收到并存入单位零余额账户。

(7)年末进行结转。“业务活动费用”科目的本年发生额为652 000元；“行政支出”科目的本年发生额为355 100元，其中，财政拨款支出336 000元，非财政专项资金支出18 600元，其他资金支出500元。

三、要求：为该行政单位编制有关会计分录。

练习二

一、目的：练习行政事业单位业务活动费用、单位管理费用及相应预算支出的会计核算。

二、资料：某事业单位2020年发生如下业务。

(1)2020年6月3日财务部门根据月工资发放表计发工资。机关人员基本工资55 000元，津贴35 000元，住房补贴7 000元；后勤管理人员基本工资21 000元，津贴18 000元，住房补贴3 200元。

(2)为开展专业业务活动及其辅助活动的职工代扣代缴个人所得税21 000元，同时通过财政直接支付的方式为这些职工代扣代缴社会保险费和住房公积金共计215 000元。

(3)为开展专业业务活动及其辅助活动，通过财政授权支付方式购入一批库存物品，实际支付价款为21 500元。暂不考虑增值税。

(4)在开展专业业务活动及其辅助活动过程中缴纳城市维护建设税650元，款项通过银行存款账户支付。

(5)从事业收入中提取专用基金600元。

(6)年末对下列账户结转。“业务活动费用”科目本年发生额为692 000元；“事业支出”科目本年发生额为384 080元，其中，财政拨款支出266 000元，非财政专项资金支出117 500元，其他资金支出580元。

三、要求：为该事业单位编制有关会计分录。

练习三

一、目的：练习事业单位经营费用和经营支出的会计核算。

二、资料：

(1)计提并发放当月职工薪酬26 300元。

(2)为开展经营活动发出一批库存物品，价值27 500元。

(3)为开展经营活动所使用的固定资产计提折旧55 000元。

(4)为开展经营活动发生城市维护建设税900元，教育费附加500元，房产税430元。已通过银行存款缴纳税款。

(5)年末，“经营费用”科目本年发生额为39 000元，“经营支出”科目本年发生额为28 100元。将其转入相关净资产账户。

三、要求：根据上述业务，为该事业单位编制有关会计分录。

练习四

一、目的：练习行政事业单位的资产处置费用的会计核算。

二、资料：

(1)某事业单位按规定经批准报废一项固定资产。该项固定资产的账面余额为69 000元，已计提折旧60 000元；处置该报废固定资产时发生的相关费用为500元，款项以银行存款支付。

(2)某事业单位在资产清查过程中发现一项已毁公共基础设施，已累计折旧150 000元，原账面价值为280 000元。报经批准后，该事业单位将该已毁公共基础设施核销。

(3)经清查盘点与核对，发现少了1套办公桌椅，账面原值32 000元，已计提折旧15 000元，已经确认无法查明原因。

(4)年末，“资产处置费用”科目本年发生额为46 000元。将其转入相关净资产账户。

三、要求：根据上述业务，为该事业单位编制有关会计分录。

练习五

一、目的：练习事业单位缴拨款费用及相应预算支出的会计核算。

二、资料：

(1)按财政部门和主管部门规定上缴上级单位款项 21 000 元，款项已通过银行存款支付。

(2)根据相关管理办法，经党组会议决定，安排所属乡镇事业单位搬迁建设补助经费 50 000 元。

(3)年末，"上缴上级费用"科目本年发生额为 22 000 元，"上缴上级支出"科目本年发生额为 26 000 元；"对附属单位补助费用"科目本年发生额为 67 000 元，"对附属单位补助支出"科目本年发生额为 62 000 元。将其结转到相关净资产账户。

三、要求：根据上述业务，为该事业单位编制有关会计分录。

练习六

一、目的：练习事业单位所得税费用、投资支出和债务还本支出的会计核算。

二、资料：某事业单位发生如下业务。

(1)发生企业所得税义务，按税法规定计算的应交税金数额为 21 500 元，并于年底通过银行存款汇缴，并结转所得税费用。

(2)以银行存款 500 000 元购买取得一项长期股权投资，购买过程中发生相关税费 6 000 元，款项以银行存款支付。

(3)利用闲散资金购买一批国债作为短期投资，实际投资成本为 10 000 元，以银行存款支付。次年该事业单位出售该项短期投资，售价为 12 000 元，取得的投资收益直接上缴财政。

(4)归还一项长期借款 172 000 元，其中本金 170 000 元，利息 2 000 元，款项通过银行存款支出。

(5)年末，"投资支出"科目本年发生额为 520 000 元，"债务还本支出"本年发生额为 180 000 元，该单位将其进行结转。

三、要求：根据上述业务，为该事业单位编制有关会计分录。

练习七

一、目的：练习其他费用和其他支出的会计核算。

二、资料：某单位发生如下业务。

(1)支付银行借款利息 6 200 元，款项通过银行存款账户支付。

(2)对外捐赠现金资产 30 000 元，款项通过银行存款账户支付。

(3)通过对现金账盘点发现现金短缺 60 元。经核实，其中 20 元应由责任人赔偿；其余 40 元无法查明原因，经批准予以核销。次日收到相关责任人赔偿现金 20 元。

(4)接受捐赠一批库存物品，有关凭据注明金额为 36 200 元，以银行存款支付运输费 300 元，库存物品已验收入库，成本金额为 36 500 元。

(5)以无形资产置换取得一项固定资产，该项无形资产的账面余额为 760 000 元，已累计摊销 150 000 元。经评估，该项无形资产评估价为 580 000 元。置换过程中发生的相关税费支出为 8 000 元，款项以银行存款支付。

(6)年末，"其他费用"科目本年发生额为 71 400 元；"其他支出"科目本年发生额为 3 080 元，其中，财政拨款支出 800 元，非财政专项资金支出 1 500 元，其他资金支出 780 元。将其转入相关净资产账户。

三、要求：根据上述业务，为该单位编制有关会计分录。

第16章 行政事业单位的净资产与预算结余

【导读】

本章介绍的内容主要包括：①行政事业单位净资产和预算结余的业务分类，以及有关净资产和预算结余科目的结转业务的流程；②净资产和预算结余的科目设置；③净资产和预算结余的日常调整类业务核算；④净资产和预算结余的期末结转业务核算；⑤专用基金与资金结存业务的核算。在学习本章时应在对有关净资产和预算结余科目余额结转业务流程的理解的基础上，掌握本章相关业务的账务处理内容。

【学习重点】

行政事业单位净资产和预算结余的业务分类及其科目余额结转业务的流程；净资产和预算结余的科目设置；净资产和预算结余的期末结转业务核算。

【学习难点】

结转业务流程的理解；财政拨款结转结余和非财政拨款结转结余科目的结转问题。

第一节　净资产和预算结余的业务分类与科目设置

净资产是财务会计要素，是行政事业单位资产扣除负债后的净额，预算结余是预算会计要素，是指行政事业单位预算年度内预算收入扣除预算支出后的资金余额，以及历年滚存的资金余额。为核算净资产和预算结余业务，政府会计制度目前设置了七个净资产类总账科目和九个预算结余类总账科目。

一、净资产和预算结余的业务分类

行政事业单位与净资产和预算结余相关的业务可以分为以下四大类：

1. 日常发生的调整调拨业务

调整业务有：①行政事业单位发生与会计差错更正、以前年度支出收回相关情况，需要在财务会计中进行年初余额调整，在预算会计中需要对“财政拨款结转”“财政拨款结余”“非财政拨款结转”“非财政拨款结余”等科目的年初余额进行调整。②事业单位的长期股权投资在采用权益法时，如果被投资单位发生除净损益和利润分配以外的所有者权益变动，还要根据所享有份额调整净资产账户“权益法调整”。③行政事业单位将财政拨款结余资金改变用途，调剂用于单位其他未完成项目时，需要在预算会计中通过“单位内部调剂”明细科目对“财政拨款结余”和“财政拨款结转”账户进行同时调整。④行政事业单位按规定从科研项目预算收入中计提项目间接费用和管理费用时，也需要通过“项目间接费用和管理费用”明细科目对“财政拨款结余”和“财政拨款结转”科目进行同时调整。⑤事业单位在缴纳企业所得税时，在预算会计中需要调减“非财政拨款结余”科目（累计结余）和“资金结存”科目（货币资金）。

调拨业务主要指行政事业单位按照规定上缴财政拨款结转结余、缴回非财政拨款结转结余时，需要在财务会计中调减“累计盈余”净资产和相关货币资金类账户，在预算会计中，则需要通过相关明细账对“财政拨款结转”“财政拨款结余”“非财政拨款结转”进行调整。日常发生无偿调入调出非现金资产时，需要在财务会计中调整“无偿调拨净资产”科目，在预算会计中在只有相关税费支出时才调整“资金结存”科目。

2.期末结转业务

期末结转业务包括在财务会计中净资产科目的结转和在预算会计中预算结余科目的结转。

净资产科目的结转包括收入费用的结转和相关联净资产科目余额的结转。

首先，行政事业单位期末需要将收入和费用结转，形成单位的“本期盈余”。

其次是相关联净资产科目余额的结转。在收入和费用结转至本期盈余后，还要将本期盈余的余额结转至本年盈余分配，最终结转至累计盈余。此外，还要把无偿调拨净资产直接结转至累计盈余中。行政事业单位净资产类科目余额结转业务流程如图16-1所示。

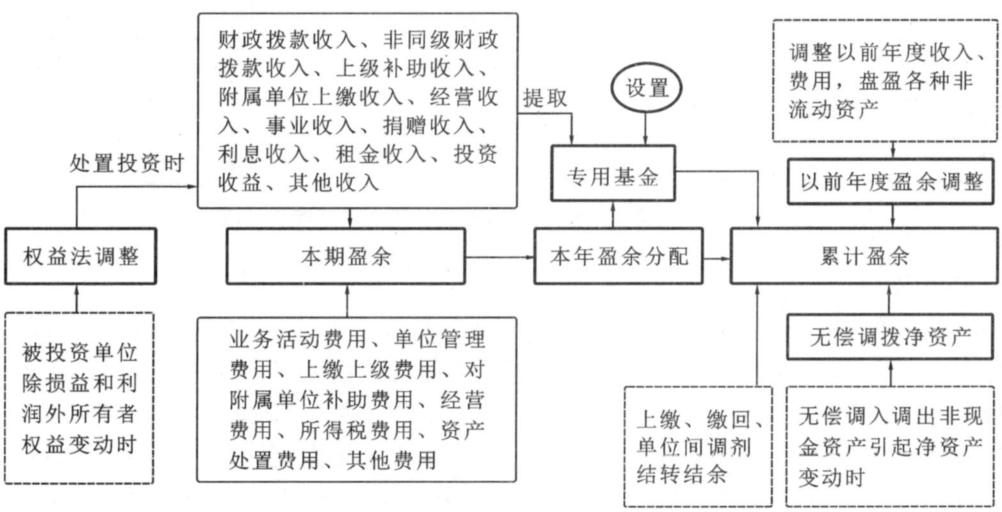

图16-1 行政事业单位净资产类科目余额结转业务流程

由于预算管理的要求，预算结余科目的结转业务更细，主要有预算收支的结转、明细科目的冲销和相关联预算结余科目之间的余额结转三类。

(1)预算收支的结转。该类结转需要区分是否是财政资金或专项资金。在预算收入和预算支出的结转中，对于财政拨款资金的本年收支，可直接结转至“财政拨款结转—本年收支结转”，对于非财政拨款资金的本年收支，则需要进一步区分专项资金和非专项资金。对于专项资金的收支，需要结转至“非财政拨款结转—本年收支结转”，对于非专项资金的收支，则需要结转至

“其他结余”。对于经营预算收支,则需要结转至“经营结余”中。

(2)明细科目的冲销。预算结余有较多明细科目余额需要在年末冲销结转。主要包括:①“财政拨款结转”账户中其他各明细账户向本科目的“累计结转”明细科目的冲销结转;“财政拨款结转—累计结转”向“财政拨款结余—结转转入”结转;“财政拨款结余”科目中其他各明细科目余额向本科目的“累计结余”明细科目的冲销结转。②“非财政拨款结转”科目的其他明细科目余额向本科目的“累计结转”明细科目冲销结转;“非财政拨款结转—累计结转”向“非财政拨款结余—结转转入”结转。③“非财政拨款结余”科目中其他明细科目余额向本科目的“累计结余”明细科目的冲销结转。

(3)相关联预算结余科目之间的余额结转。对于事业单位,还需要将“经营结余”和“其他结余”科目余额向“非财政拨款结余分配”结转,并将“非财政拨款结余分配”科目余额向“非财政拨款结余—累计结余”科目中结转。“经营结余”科目的借方余额不结转。对于行政单位,则可直接将“其他结余”科目余额向“非财政拨款结余—累计结余”结转。行政事业单位预算结余类科目余额结转业务流程如图 16-2 和图 16-3 所示。

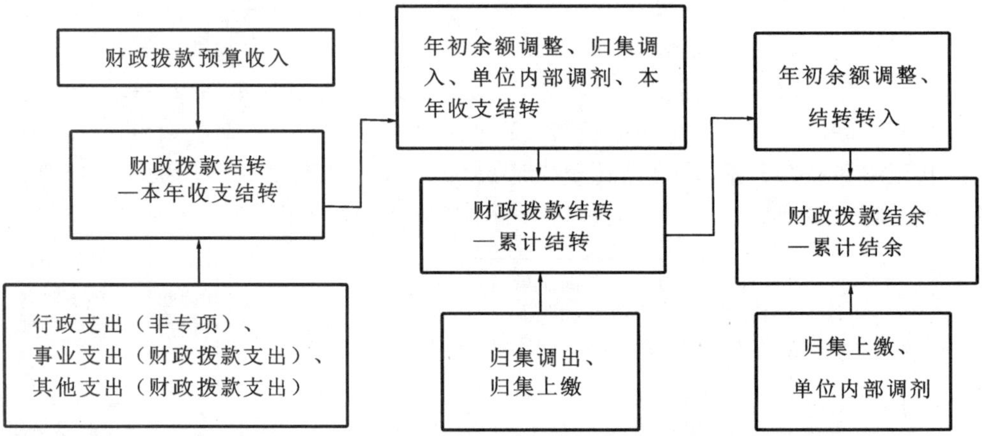

图 16-2　行政事业单位预算结余类科目余额结转业务流程

3. 分配业务

行政事业单位的分配并非利润分配,而是对预算资金中非财政资金的一部分进行用途限定的一种方式,即按规定将净资产的一部分从非限定资金转为限定性专用基金,同时在预算会计中体现为一部分预算资金从未限定用途的非财政拨款结余转为受限定的专用结余。

年末,事业单位在将本期盈余结转至本年盈余分配后,根据有关规定,可通过该科目计提专用基金,在预算会计中则体现为专用结余。本期盈余经过分配后剩余的资金再结转至累计盈余账户中。专用基金还可以按事业收入和经营收入的一定比例提取。

行政单位不计提专用基金,本期盈余在结转至本年盈余分配后,直接结转至累计盈余中。

4. 日常资金结存类业务

资金结存是预算结余,有零余额账户用款额度、货币资金和财政应返还额度三种实物形态。在预算会计中,随着这三种实物形态资金的流入、流出、调整、滚存或转换等情况的发生,单位应对资金结存各形态进行日常反映。在财务会计中,该类情况体现为相应的货币资金的增减变化。

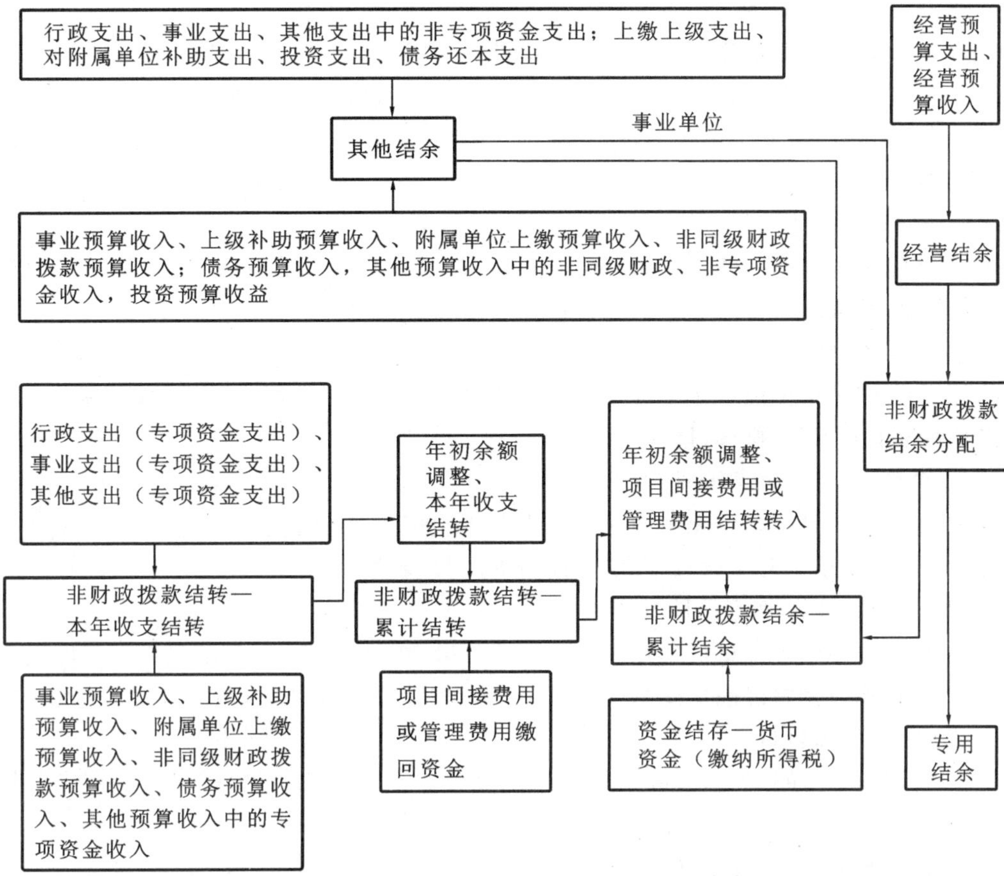

图 16-3　行政事业单位预算结余类科目余额结转业务流程——非财政拨款结转结余

二、行政事业单位净资产与预算结余科目的设置

行政事业单位的净资产类账户和预算结余类账户，借方表示净资产或预算结余的减少，贷方表示净资产或预算结余的增加，余额一般在贷方；年末结转后，除少数明细账外，多数明细账年末一般无余额。相关总账科目和明细科目设置如下：

(一)净资产科目的设置

1."累计盈余"科目

累计盈余是指单位历年实现的盈余扣除盈余分配后滚存的金额，以及因无偿调入调出资产产生的净资产变动额。

为核算累计盈余，行政事业单位应当设置"累计盈余"总账科目。按照规定上缴、缴回、单位间调剂结转结余资金产生的净资产变动额，以及对以前年度盈余的调整金额，也通过本科目核算。

2."专用基金"科目

专用基金是指事业单位按照规定提取或设置的具有专门用途的净资产，主要包括职工福利基金、科技成果转换基金等。为核算这类业务，事业单位应当设置"专用基金"总账科目。

3.“权益法调整”科目

权益法调整是指事业单位持有的长期股权投资采用权益法核算时，按照被投资单位除净损益和利润分配以外的所有者权益变动份额调整长期股权投资账面余额而计入净资产的金额。为核算该类经济业务，事业单位应当设置“权益法调整”总账科目。本科目应当按照被投资单位进行明细核算。

4.“本期盈余”科目

本期盈余是指单位本期各项收入、费用相抵后的余额。为核算这类业务，行政事业单位应当设置“本期盈余”总账科目。

5.“本年盈余分配”科目

本年盈余分配是指单位本年度盈余分配的情况和结果。为核算这类业务，行政事业单位应当设置“本年盈余分配”总账科目。

6.“无偿调拨净资产”科目

无偿调拨净资产是指单位无偿调入或调出非现金资产所引起的净资产变动金额。为核算这类业务，行政事业单位应当设置“无偿调拨净资产”总账科目。

7.“以前年度盈余调整”科目

以前年度盈余调整是指单位本年度发生的调整以前年度盈余的事项，包括本年度发生的重要前期差错更正涉及调整以前年度盈余的事项。为核算这类业务，行政事业单位应当设置“以前年度盈余调整”总账科目。

年终结转后，上述净资产科目除“累计盈余”科目、“专用基金”科目、“权益法调整”科目外，一般应无余额。

(二)预算结余科目的设置

1.“资金结存”科目

“资金结存”科目是核算单位纳入部门预算管理的资金的流入、流出、调整和滚存等情况。本科目应当设置下列明细科目：

(1)“零余额账户用款额度”：本明细科目核算实行国库集中支付的单位根据财政部门批复的用款计划收到和支用的零余额账户用款额度。年末结账后，本明细科目应无余额。

(2)“货币资金”：本明细科目核算单位以库存现金、银行存款、其他货币资金形态存在的资金。本明细科目年末借方余额，反映单位尚未使用的货币资金。

(3)“财政应返还额度”：本明细科目核算实行国库集中支付的单位可以使用的以前年度财政直接支付资金额度和财政应返还的财政授权支付资金额度。本明细科目下可设置“财政直接支付”“财政授权支付”两个明细科目进行明细核算。本明细科目年末借方余额，反映单位应收财政返还的资金额度。

2.“财政拨款结转”科目

本科目核算取得的同级财政拨款结转资金的调整、结转和滚存情况。本科目应当设置下列明细科目。

1)与会计差错更正、以前年度支出收回相关的明细科目

“年初余额调整”：本明细科目核算因发生会计差错更正、以前年度支出收回等原因，需要调整财政拨款结转的金额。

2)与财政拨款调拨业务相关的明细科目

“归集调入”:本明细科目核算按照规定从其他单位调入财政拨款结转资金时,实际调增的额度数额或调入的资金数额。

“归集调出”:本明细科目核算按照规定向其他单位调出财政拨款结转资金时,实际调减的额度数额或调出的资金数额。

“归集上缴”:本明细科目核算按照规定上缴财政拨款结转资金时,实际核销的额度数额或上缴的资金数额。

“单位内部调剂”:本明细科目核算经财政部门批准对财政拨款结余资金改变用途,调整用于本单位其他未完成项目等的调整金额。

上述明细科目在年末结账后应无余额。

3)与年末财政拨款结转业务相关的明细科目

“本年收支结转”:本明细科目核算单位本年度财政拨款收支相抵后的余额。年末结账后,本明细科目应无余额。

“累计结转”:本明细科目核算单位滚存的财政拨款结转资金。本明细科目年末贷方余额,反映单位财政拨款滚存的结转资金数额。本科目还应当设置“基本支出结转”“项目支出结转”两个明细科目,并在“基本支出结转”明细科目下按照“人员经费”“日常公用经费”进行明细核算,在“项目支出结转”明细科目下按照具体项目进行明细核算;同时,本科目还应按照《政府收支分类科目》中“支出功能分类科目”的相关科目进行明细核算。

有一般公共预算财政拨款、政府性基金预算财政拨款等两种或两种以上财政拨款的,还应当在本科目下按照财政拨款的种类进行明细核算。

3.“财政拨款结余”科目

本科目核算单位取得的同级财政拨款项目支出结余资金的调整、结转和滚存情况。本科目的明细科目设置如下:

1)与会计差错更正、以前年度支出收回相关的明细科目

“年初余额调整”:本明细科目核算因发生会计差错更正、以前年度支出收回等原因,需要调整财政拨款结余的金额。年末结账后,本明细科目应无余额。

2)与财政拨款结余资金调整业务相关的明细科目

“归集上缴”:本明细科目核算按照规定上缴财政拨款结余资金时,实际核销的额度数额或上缴的资金数额。年末结账后,本明细科目应无余额。

“单位内部调剂”:本明细科目核算经财政部门批准对财政拨款结余资金改变用途,调整用于本单位其他未完成项目等的调整金额。年末结账后,本明细科目应无余额。

3)与年末财政拨款结余业务相关的明细科目

“结转转入”:本明细科目核算单位按照规定转入财政拨款结余的财政拨款结转资金。年末结账后,本明细科目应无余额。

“累计结余”:本明细科目核算单位滚存的财政拨款结余资金。本明细科目年末贷方余额,反映单位财政拨款滚存的结余资金数额。本科目还应当按照具体项目、《政府收支分类科目》中“支出功能分类科目”的相关科目等进行明细核算。

有一般公共预算财政拨款、政府性基金预算财政拨款等两种或两种以上财政拨款的,还应当在“财政拨款结余”科目下按照财政拨款的种类进行明细核算。

4.“非财政拨款结转”科目

本科目核算单位除财政拨款收支、经营收支以外各非同级财政拨款专项资金的调整、结转和滚存情况。本科目应当设置下列明细科目：

(1)“年初余额调整”：本明细科目核算因发生会计差错更正、以前年度支出收回等原因，需要调整非财政拨款结转的资金。年末结账后，本明细科目应无余额。

(2)“缴回资金”：本明细科目核算按照规定缴回非财政拨款结转资金时，实际缴回的资金数额。年末结账后，本明细科目应无余额。

行政事业单位按照规定缴回非财政拨款结转资金的原因，可能是缩小非财政拨款项目资金原定数额，也可能是因故取消相应的非财政拨款项目。

(3)“项目间接费用或管理费用”：本明细科目核算单位取得的科研项目预算收入中，按照规定计提项目间接费用或管理费的数额。年末结账后，本明细科目应无余额。

(4)“本年收支结转”：本明细科目核算单位本年度非同级财政拨款专项收支相抵后的余额。年末结账后，本明细科目应无余额。

(5)“累计结转”：本明细科目核算单位滚存的非同级财政拨款专项结转资金。本明细科目年末贷方余额，反映单位非同级财政拨款滚存的专项结转资金数额。

“非财政拨款结转”科目还应当按照具体项目、《政府收支分类科目》中“支出功能分类科目”的相关科目等进行明细核算。

5.“非财政拨款结余”科目

本科目核算单位历年滚存的非限定用途的非同级财政拨款结余资金，主要为非财政拨款结余扣除结余分配后滚存的金额。本科目应当设置下列明细科目：

(1)“年初余额调整”：本明细科目核算因发生会计差错更正、以前年度支出收回等原因，需要调整非财政拨款结余的资金。年末结账后，本明细科目应无余额。

(2)“项目间接费用或管理费用”：本明细科目核算单位取得的科研项目预算收入中，按照规定计提的项目间接费用或管理费数额。

(3)“结转转入”：本明细科目核算按照规定留归单位使用，由单位统筹调配，纳入单位非财政拨款结余的非同级财政拨款专项剩余资金。年末结账后，本明细科目应无余额。

(4)“累计结余”：本明细科目核算单位历年滚存的非同级财政拨款非专项结余资金。本明细科目年末贷方余额，反映单位非同级财政拨款滚存的非专项结余资金数额。

“非财政拨款结余”科目还应当按照《政府收支分类科目》中“支出功能分类科目”的相关科目进行明细核算。

6.“专用结余”科目

本科目核算事业单位按照规定从非财政拨款结余中提取的具有专门用途的资金的变动和滚存情况。本科目应当按照专用结余的类别进行明细核算。

7.“经营结余”科目

本科目核算事业单位本年度经营活动收支相抵后余额弥补以前年度经营亏损后的余额。本科目可以按照经营活动类别进行明细核算。年末结账后，本科目一般无余额；如为借方余额，反映事业单位累计发生的经营亏损。

8.“其他结余”科目

本科目核算单位本年度除财政拨款收支、非同级财政专项资金收支和经营收支以外各项收支相抵后的余额。年末结账后，本科目一般无余额。

9.“非财政拨款结余分配”科目

本科目核算事业单位本年度非财政拨款结余分配的情况和结果。年末结账后，本科目一般无余额。

年终结转后，上述预算结余科目，除“资金结存”科目、“财政拨款结转—累计结转”科目、“财政拨款结余—累计结余”科目、“非财政拨款结转—累计结转”科目、“非财政拨款结余—累计结余”科目、“专用结余”科目外，其他科目的明细科目一般应无余额。特殊情况下，“经营结余”科目可能有借方余额，反映事业单位累计发生的经营亏损。

预算结余类总账科目及明细科目设置情况汇总如表 16-1 所示。

表 16-1　预算结余类总账科目及明细科目设置情况汇总

<table>
<tr><th>总账科目</th><th>二级明细科目</th><th>三级明细科目</th><th>四级明细科目</th><th>五级明细科目</th><th>六级明细科目</th></tr>
<tr><td rowspan="2">财政拨款结转</td><td>一般公共预算财政拨款</td><td rowspan="2">年初余额调整、归集调入、归集调出、归集上缴、单位内部调剂、本年收支结转、累计结转</td><td rowspan="2">支出功能分类</td><td>基本支出</td><td>人员经费、日常公用经费</td></tr>
<tr><td>政府性基金预算财政拨款</td><td>项目支出</td><td>×××项目</td></tr>
<tr><td rowspan="2">财政拨款结余</td><td>一般公共预算财政拨款</td><td rowspan="2">年初余额调整、归集上缴、单位内部调剂、结转转入、累计结余</td><td rowspan="2">支出功能分类</td><td>基本支出</td><td>人员经费、日常公用经费</td></tr>
<tr><td>政府性基金预算财政拨款</td><td>项目支出</td><td>×××项目</td></tr>
<tr><td>非财政拨款结转</td><td>年初余额调整、缴回资金、项目间接费用或管理费用、本年收支结转、累计结转</td><td>×××项目</td><td></td><td></td><td></td></tr>
<tr><td>非财政拨款结余</td><td>年初余额调整、项目间接费用或管理费用、结转转入、累计结余</td><td></td><td></td><td></td><td></td></tr>
<tr><td>经营结余</td><td>经营活动类别</td><td></td><td></td><td></td><td></td></tr>
<tr><td>专用结余</td><td>用途类别</td><td></td><td></td><td></td><td></td></tr>
<tr><td>其他结余</td><td></td><td></td><td></td><td></td><td></td></tr>
<tr><td>非财政拨款结余分配</td><td></td><td></td><td></td><td></td><td></td></tr>
</table>

第二节　行政事业单位调整调拨类业务

行政事业单位的预算结余与净资产的调整类业务，包括年初余额的调整和日常的调整。

年初余额的调整涉及预算会计中的“财政拨款收支结转”“财政拨款收支结余”“非财政拨款收支结转”“非财政拨款收支结余”科目的“年初余额调整”以及财务会计中的“以前年度盈余调整”科目。

日常调整涉及“财政拨款收支结转”科目的“归集调入”“归集调出”“归集上缴”“单位内部调剂”等明细科目、“财政拨款收支结余”科目的“归集上缴”“单位内部调剂”等明细科目、“非财政拨款收支结转”科目的“缴回资金”“项目间接费用和管理费用”等明细科目、“非财政拨款收支结余”科目的“项目间接费用和管理费用”“累计结余”等明细科目。对应地，在财务会计中一般调整“累计盈余”科目及相关资产负债类科目。

除此以外，事业单位会发生“权益法调整”等日常调整业务，行政事业单位还会发生无偿调入调出资产业务，从而需要调整“无偿调拨净资产”，由此而发生的相关费用则可能需要在预算会计中调整“资金结存”科目。

一、以前年度盈余调整与年初余额调整

以前年度盈余调整是指调整以前年度盈余的事项，包括年度发生的因重要前期差错更正或以前年度支出收回如购货退回、预付账款收回等原因需要在财务会计中调整以前年度盈余和在预算会计中调整财政拨款结转结余资金或非财政拨款结转结余资金的年初余额的事项。主要账务处理情况如下：

（一）调整以前年度收入、费用或盘盈非流动资产情况

增加以前年度收入时，在财务会计中借记有关资产负债科目，贷记“以前年度盈余调整”科目；在预算会计中，按实际收到的金额借记“资金结存”（货币资金）科目，贷记“财政拨款结转”、“财政拨款结余”、“非财政拨款结转”或“非财政拨款结余”等科目的“年初余额调整”明细科目。如果调整减少以前年度收入的，则做相反会计分录。

增加以前年度费用时，在财务会计中借记“以前年度盈余调整”科目，贷记有关资产负债科目；在预算会计中，按实际支付的金额借记“财政拨款结转”、“财政拨款结余”、“非财政拨款结转”或“非财政拨款结余”等科目的“年初余额调整”明细科目，贷记“资金结存”（货币资金）科目。如果调整减少以前年度费用的，则做相反会计分录。

盘盈非流动资产，在报经批准处理时，在财务会计中借记“待处理财产损溢”科目，贷记“以前年度损溢调整”科目。在预算会计中不做账务处理。

【例题 16-1】 20×2 年 5 月 1 日，税务部门稽查发现，某事业单位 20×1 年度经营支出中存在不合格发票 90 000 元，责令其调账并做纳税调整，该事业单位责任部门或责任人追索补充合格发票后，同时补交增值税 5 400 元（假设不考虑附加税费问题），补交所得税 22 500 元。该

事业单位会计处理如下：

财务会计分录	预算会计分录
借：其他应收款—×××人　90 000 　贷：以前年度盈余调整　90 000	不做账务处理
借：以前年度盈余调整　27 900 　贷：应交增值税—销项　5 400 　　其他应交税费—应交企业所得税　22 500	
借：应交增值税—销项　5 400 　其他应交税费—应交企业所得税　22 500 　贷：银行存款　27 900	借：非财政拨款结余—年初余额调整　27 900 　贷：资金结存—货币资金　27 900

【例题 16-2】 20×2 年 5 月 1 日，审计部门审计发现，某行政单位 20×1 年度因评估工作的失误导致多发放某项财政贴息补助 300 000 元，责令其收回多发补贴并调账。7 月 15 日，该行政单位收回上述多发贴息补贴。该行政单位账务处理如下：

财务会计分录	预算会计分录
借：其他应收款—×××单位　300 000 　贷：以前年度盈余调整　300 000	不做账务处理
借：零余额账户用款额度　300 000 　贷：其他应收款—×××单位　300 000	借：资金结存—零余额账户用款额度　300 000 　贷：财政拨款结转—年初余额调整　300 000

【例题 16-3】 20×1 年 12 月，某行政单位年终结算前进行资产盘点，盘盈设备一台，价值为 15 000 元，2021 年 3 月，盘盈资产经批准入账。该行政单位账务处理如下：

财务会计分录	预算会计分录
借：固定资产　15 000 　贷：待处理财产损溢—待处理资产价值　15 000	不做账务处理
借：待处理财产损溢—待处理资产价值　15 000 　贷：以前年度损溢调整　15 000	

(二)会计差错更正、购货退回、预付款项收回等发生的以前年度调整事项

如果是调整增加资产的：①属于财政拨款结转或财政拨款结余资金的，在财务会计中借记"零余额账户用款额度"或"银行存款"科目，贷记"以前年度盈余调整""预付账款"科目；在预算会计中借记"资金结存"科目(财政应返还额度、零余额账户用款额度、货币资金)，贷记"财政拨款结转"或"财政拨款结余"科目(年初余额调整)。②属于非财政拨款结转或非财政拨款结余资金的，在财务会计中借记"银行存款"科目，贷记"以前年度盈余调整""预付账款"等科目；在预算会计中借记"资金结存"科目(货币资金)，贷记"非财政拨款结转"或"非财政拨款结余"科目(年初余额调整)。

如果调整减少资产的，则做相反会计分录。

【例题 16-4】 某事业单位 20×1 年 9 月 15 日因订购物品发生预付款 6 500 元，款项已通过财政授权支付方式支付。由于订购的物品未按时收到，该事业单位于 20×2 年 1 月 15 日收回上述款项，款项已转入单位零余额账户。该资金属于上年的财政拨款结转资金。该事业单位账务处理如下：

财务会计分录	预算会计分录
借：零余额账户用款额度　　6 500 　贷：预付账款　　6 500	借：资金结存—零余额账户用款额度　　6 500 　贷：财政拨款结转—年初余额调整　　6 500

(三)“以前年度盈余调整”的结转

经上述调整后，对于“以前年度盈余调整”科目的余额应转入累计盈余，借记或贷记“累计盈余”科目，贷记记或借记“以前年度盈余调整”科目。本科目结转后应无余额。在预算会计中，对于财政拨款结转结余和非财政拨款结转结余的“年初余额调整”明细科目的余额则应冲销结转到财政拨款结转结余和非财政拨款结转结余的“累计结转”或“累计结余”明细科目中。(具体内容参见本章第四节)

【例题 16-5】 20×1 年 12 月 31 日某公立医院“以前年度盈余调整”科目的贷方余额为 12 700 元，现结转转入累计盈余中。该单位账务处理如下：

财务会计分录	预算会计分录
借：以前年度盈余调整　　12 700 　贷：累计盈余　　12 700	不做账务处理

二、调入、调出、上缴、缴回、调剂及管理费用或间接费用等事项的调整

(一)“财政拨款结转”的调入、调出、上缴和调剂调整

财政拨款结转资金，可能发生归集调入、归集调出、归集上缴和内部调剂情况。与财政拨款结转资金调整业务相关的账务处理如下：

(1)按照规定从其他单位调入财政拨款结转资金的，按照实际调增的额度数额或调入的资金数额，借记“资金结存—财政应返还额度、零余额账户用款额度、货币资金”科目，贷记“财政拨款结转”科目(归集调入)。在财务会计中按实际调增的额度数额或调入的资金数额，借记“财政应返还额度”“零余额账户用款额度”“银行存款”等科目，贷记“累计盈余”科目。

(2)按照规定向其他单位调出财政拨款结转资金的，按照实际调减的额度数额或调出的资金数额，借记“财政拨款结转”科目(归集调出)，贷记“资金结存—财政应返还额度、零余额账户用款额度、货币资金”科目。在财务会计中按实际调减的额度数额或调出的资金数额，借记“累计盈余”科目，贷记“财政应返还额度”“零余额账户用款额度”“银行存款”等科目。

(3)按照规定上缴财政拨款结转资金或注销财政拨款结转资金额度的，按照实际上缴资金数额或注销的资金额度数额，借记“财政拨款结转”科目(归集上缴)，贷记“资金结存—财政应返还额度、零余额账户用款额度、货币资金”科目。在财务会计中按实际上缴资金数额或注销的资金额度数额，借记“累计盈余”科目，贷记“财政应返还额度”“零余额账户用款额度”“银行存款”等科目。

(4)经财政部门批准对财政拨款结余资金改变用途,调整用于本单位基本支出或其他未完成项目支出的,按照批准调剂的金额,借记“财政拨款结余—单位内部调剂”科目,贷记“财政拨款结转”科目(单位内部调剂)。在财务会计中不做相应账务处理。

【例题 16-6】 20×1 年 1 月 5 日,某体育管理中心收到财政部门拨来财政调剂资金 250 000 元,增加单位的财政应返还额度,用于全运会赛事的准备。20×1 年 10 月 15 日,按规定上缴财政拨款结转资金 50 000 元。该单位账务处理如下:

财务会计分录	预算会计分录
借:财政应返还额度 250 000 　贷:累计盈余 250 000	借:资金结存—财政应返还额度 250 000 　贷:财政拨款结转—归集调入 250 000
借:累计盈余 50 000 　贷:零余额账户用款额度 50 000	借:财政拨款结转—归集上缴 50 000 　贷:资金结存—零余额账户用款额度 50 000

【例题 16-7】 20×1 年 6 月 5 日,某行政单位按规定向其他单位调出财政拨款结转资金 20 000 元,实际通过零余额账户用款额度进行支付。该行政单位账务处理如下:

财务会计分录	预算会计分录
借:累计盈余 20 000 　贷:零余额账户用款额度 20 000	借:财政拨款结转—归集调出 20 000 　贷:资金结存—零余额账户用款额度 20 000

【例题 16-8】 20×1 年 10 月 20 日,某省公共博物馆经财政部门批准对财政拨款结余资金改变用途,调整用于本单位其他未完成项目,批准调剂金额 5 000 元。该单位账务处理如下:

财务会计分录	预算会计分录
不做账务处理	借:财政拨款结余—单位内部调剂 5 000 　贷:财政拨款结转—单位内部调剂 5 000

(二)“财政拨款结余”的上缴和调剂调整

(1)经财政部门批准对财政拨款结余资金改变用途,调整用于本单位基本支出或其他未完成项目支出的,按照批准调剂的金额,借记“财政拨款结余”科目(单位内部调剂),贷记“财政拨款结转—单位内部调剂”科目。在财务会计中不做账务处理。

(2)按照规定上缴财政拨款结余资金或注销财政拨款结余资金额度的,按照实际上缴资金数额或注销的资金额度数额,借记“财政拨款结余”科目(归集上缴),贷记“资金结存—财政应返还额度、零余额账户用款额度、货币资金”科目。在财务会计中按实际上缴的资金数额或注销的资金额度数额,借记“累计盈余”科目,贷记“财政应返还额度”“零余额账户用款额度”“银行存款”等科目。

【例题 16-9】 20×1 年 1 月 5 日,某体育管理中心将上年结余的一项场馆大修资金 40 000 元按规定上缴财政。该单位账务处理如下:

财务会计分录		预算会计分录	
借:累计盈余	40 000	借:财政拨款结余—归集上缴	40 000
贷:零余额账户用款额度	40 000	贷:资金结存—零余额账户用款额度	40 000

(三)"非财政拨款结转"的资金缴回与管理费用或间接费用计提

(1)按照规定从科研项目预算收入中提取项目管理费用或间接费用的,按照提取金额,借记"非财政拨款结转"科目(项目间接费用或管理费用),贷记"非财政拨款结余—项目间接费用或管理费用"科目。这表明,单位在计提项目间接费用或管理费用时,需要同时调整"非财政拨款结转"和"非财政拨款结余"科目。在财务会计中,在计提项目管理费用或间接费用时,应当借记"单位管理费用"科目,贷记"预提费用—项目间接费用或管理费用"科目。

(2)按照规定缴回非财政拨款结转资金的,按照实际缴回资金数额,借记"非财政拨款结转"科目(缴回资金),贷记"资金结存—货币资金"科目。在财务会计中,按实际缴回资金数额,借记"累计盈余"科目,贷记"银行存款"等科目。

【例题 16-10】 某高校财务部门经计算,某国家自然科学基金资助项目的直接费用扣除设备购置费后的总金额为 500 000 元,根据规定按 20%计提该项目的间接费用(包含项目的管理费用)。该高校财务部门的账务处理如下。

财务会计分录		预算会计分录	
借:单位管理费用	100 000	借:非财政拨款结转—项目间接费用或管理费用	100 000
贷:预提费用—项目间接费用或管理费用	100 000	贷:非财政拨款结余—项目间接费用或管理费用	100 000

【例题 16-11】 某事业单位按规定缴回非财政拨款结转资金 10 000 元,具体通过银行存款账户缴回。该事业单位账务处理如下。

财务会计分录		预算会计分录	
借:累计盈余	10 000	借:非财政拨款结转—缴回资金	10 000
贷:银行存款	10 000	贷:资金结存—货币资金	10 000

(四)"非财政拨款结余"有关管理费用或间接费用计提与所得税缴纳

(1)按照规定从科研项目预算收入中提取项目管理费用或间接费用时,借记"非财政拨款结转—项目间接费用或管理费用"科目,贷记"非财政拨款结余"科目(项目间接费用或管理费用)。在财务会计中,按计提项目管理费用或间接费用,借记"单位管理费用"科目,贷记"预提费用—项目间接费用或管理费用"科目。

(2)有企业所得税缴纳义务的事业单位实际缴纳企业所得税时,按照缴纳金额,借记"非财政拨款结余"科目(累计结余),贷记"资金结存—货币资金"科目。在财务会计中按实际缴纳的所得税金额,借记"其他应交税费—单位应交所得税"科目,贷记"银行存款"科目。

【例题 16-12】 20×1 年初,某事业单位对上年末企业所得税进行汇算清缴,通过银行存款实际缴纳企业所得税 150 000 元。该事业单位账务处理如下。

财务会计分录		预算会计分录	
借:其他应交税费—应交企业所得税	150 000	借:非财政拨款结余—累计结余	150 000
贷:银行存款	150 000	贷:资金结存—货币资金	150 000

三、权益法调整

权益法调整的主要账务处理如下：

(1)年末,按照被投资单位除净损益和利润分配以外的所有者权益变动应享有(或应分担)的份额,借记或贷记“长期股权投资—其他权益变动”科目,贷记或借记“权益法调整”科目。

采用权益法核算的长期股权投资,因被投资单位除净损益和利润分配以外的所有者权益变动而将应享有(或应分担)的份额计入单位净资产的,处置该项投资时,按照原计入净资产的相应部分金额,借记或贷记“权益法调整”科目,贷记或借记“投资收益”科目。权益法调整转出至投资收益后,经“本期盈余”“本年盈余分配”科目后,最终转入累计盈余。

(2)“权益法调整”科目期末余额,反映事业单位在被投资单位除净损益和利润分配以外的所有者权益变动中累计享有(或分担)的份额。

【例题 16-13】 某事业单位持有 A 公司 60%股份,有权决定该公司生产和经营决策,相应的长期股权投资采用权益法核算。20×1 年末 A 公司发生除净利润和利润分配以外的所有者权益变动增加数 30 000 元,该事业单位应享有的相应份额为 18 000 元。20×2 年 1 月 1 日该公司转让持有 A 公司的全部股份,转让收入 650 000 元,款项也存入银行。转让日,长期股权投资的成本数为 590 000 元,损益调整借方余额为 20 000 元,其他权益变动借方余额为 38 000 元。

(1)20×1 年末的账务处理：

财务会计分录			预算会计分录
借:长期股权投资—其他权益变动	18 000		不做账务处理
贷:权益法调整		18 000	

(2)20×2 年的账务处理：

财务会计分录			预算会计分录
借:银行存款	650 000		不做账务处理
贷:长期股权投资—成本		590 000	
长期股权投资—损益调整		20 000	
长期股权投资—其他权益变动		38 000	
投资收益		2 000	
借:权益法调整	30 000		
贷:投资收益		30 000	

四、无偿调拨净资产

无偿调拨净资产的主要账务处理如下：

(1)按照规定取得无偿调入的存货、长期股权投资、固定资产、无形资产、公共基础设施、政府储备物资、文物文化资产、保障性住房等。

在财务会计中,按照确定的成本借记"库存物品""长期股权投资""固定资产""无形资产""公共基础设施""政府储备物资""文物文化资产""保障性住房"等科目,按照调入过程中发生的归属于调入方的相关费用,贷记"零余额账户用款额度""银行存款"等科目,按照其差额,贷记"无偿调拨净资产"科目。在预算会计中,按发生的归属于调入方的费用借记"其他支出"科目,贷记"资金结存"科目(货币资金)。

(2)按照规定经批准无偿调出存货、长期股权投资、固定资产、无形资产、公共基础设施、政府储备物资、文物文化资产、保障性住房等。

在财务会计中,按照调出资产的账面余额或账面价值,借记"无偿调拨净资产"科目,按照固定资产累计折旧、无形资产累计摊销、公共基础设施累计折旧或摊销、保障性住房累计折旧的金额,借记"固定资产累计折旧""无形资产累计摊销""公共基础设施累计折旧(摊销)""保障性住房累计折旧"科目,按照调出资产的账面余额,贷记"库存物品""长期股权投资""固定资产""无形资产""公共基础设施""政府储备物资""文物文化资产""保障性住房"等科目;同时,按照调出过程中发生的归属于调出方的相关费用,借记"资产处置费用"科目,贷记"零余额账户用款额度""银行存款"等科目。

在预算会计中,按发生的归属于调入方的费用借记"其他支出"科目,贷记"资金结存"科目(货币资金)。

(3)年末,将"无偿调拨净资产"余额转入累计盈余,借记或贷记"无偿调拨净资产"科目,贷记或借记"累计盈余"科目。年末结账后,本科目应无余额。

【例题 16-14】 20×1 年 12 月 15 日,某行政单位收到相关批复,无偿调入防疫用帐篷账面价值 250 000 元,医用设备账面价值 500 000 元,该行政单位承担调入设备的运输费用 15 000 元。当年末,将无偿调拨净资产余额 750 000 元转入累计盈余。该单位账务处理如下:

财务会计分录			预算会计分录		
借:固定资产—医用设备	515 000				
库存物品	250 000		借:其他支出—相关税费	15 000	
贷:无偿调拨净资产		750 000	贷:资金结存—货币资金		15 000
银行存款		15 000			
借:无偿调拨净资产	750 000		不做账务处理		
贷:累计盈余		750 000			

第三节　期末结转业务核算

一、收入费用和预算收支结转的主要账务处理

(一)与"本期盈余"有关的收入费用结转

(1)期末,在财务会计中将各类收入科目的本期发生额转入本期盈余,借记"财政拨款收入"

“事业收入”“上级补助收入”“附属单位上缴收入”“经营收入”“非同级财政拨款收入”“投资收益”“捐赠收入”“利息收入”“租金收入”“其他收入”科目，贷记“本期盈余”科目；将各类费用科目本期发生额转入本期盈余，借记“本期盈余”科目，贷记“业务活动费用”“单位管理费用”“经营费用”“所得税费用”“资产处置费用”“上缴上级费用”“对附属单位补助费用”“其他费用”科目。

(2)年末，完成上述结转后，将“本期盈余”科目余额转入“本年盈余分配”科目，借记或贷记“本期盈余”科目，贷记或借记“本年盈余分配”科目。

“本期盈余”科目期末如为贷方余额，反映单位自年初至当期期末累计实现的盈余；如为借方余额，反映单位自年初至当期期末累计发生的亏损。年末结账后，本科目应无余额。

(二)财政拨款的本年收支结转

年末，将财政拨款预算收入本年发生额转入“财政拨款结转”科目，借记“财政拨款预算收入”科目，贷记“财政拨款结转”科目(本年收支结转)；将各项支出中财政拨款支出本年发生额转入“财政拨款结转”科目，借记“财政拨款结转”科目(本年收支结转)，贷记各项支出的(财政拨款支出)科目。

(三)非财政拨款的本年收支结转

非财政拨款结转是指行政事业单位由财政拨款收支、经营收支以外各非同级财政拨款专项资金收支形成的结转资金。同级财政拨款的资金不形成非财政拨款结转资金，而形成财政拨款结转资金。非同级财政拨款的非专项资金也不形成非财政拨款结转资金，而形成其他结余资金。行政事业单位应当严格区分财政资金和非财政资金，对于非财政资金，应当进一步区分专项资金和非专项资金，对其分别进行核算。

年末，应当将事业预算收入、上级补助预算收入、附属单位上缴预算收入、非同级财政拨款预算收入、债务预算收入、其他预算收入本年发生额中的专项资金收入转入本科目，借记“事业预算收入”“上级补助预算收入”“附属单位上缴预算收入”“非同级财政拨款预算收入”“债务预算收入”“其他预算收入”科目下各专项资金收入明细科目，贷记“非财政拨款结转”科目(本年收支结转)；将行政支出、事业支出、其他支出本年发生额中的非财政拨款专项资金支出转入本科目，借记“非财政拨款结转”科目(本年收支结转)，贷记“行政支出”“事业支出”“其他支出”科目下各非财政拨款专项资金支出明细科目。

(四)与“经营结余”有关预算收支的结转

经营结余是指事业单位本年度经营活动收支相抵后余额弥补以前年度经营亏损后的余额。年末，事业单位应当将经营预算收入本年发生额转入经营结余，借记“经营预算收入”科目，贷记“经营结余”科目；将经营支出本年发生额转入本科目，借记“经营结余”科目，贷记“经营支出”科目。

(五)与“其他结余”有关预算收支的结转

其他结余核算单位本年度除财政拨款收支、非同级财政专项资金收支和经营收支以外各项收支相抵后的余额。

年末，单位应当将事业预算收入、上级补助预算收入、附属单位上缴预算收入、非同级财政拨款预算收入、债务预算收入、其他预算收入本年发生额中的非专项资金收入以及投资预算收益本年发生额转入本科目，借记“事业预算收入”“上级补助预算收入”“附属单位上缴预算收入”

"非同级财政拨款预算收入""债务预算收入""其他预算收入"科目下各非专项资金收入明细科目和"投资预算收益"科目,贷记"其他结余"科目("投资预算收益"科目本年发生额为借方净额时,借记"其他结余"科目,贷记"投资预算收益"科目);将行政支出、事业支出、其他支出本年发生额中的非同级财政、非专项资金支出,以及上缴上级支出、对附属单位补助支出、投资支出、债务还本支出本年发生额转入本科目,借记"其他结余"科目,贷记"行政支出""事业支出""其他支出"科目下各非同级财政、非专项资金支出明细科目和"上缴上级支出""对附属单位补助支出""投资支出""债务还本支出"科目。

【例题 16-15】 20×1 年末,某事业单位各项收入、费用科目本年发生额如表 16-2 所示,预算收入、预算支出科目本年发生额如表 16-3 所示。假定单位每年进行相关的收入、费用、预算收入、预算支出的结转。

表 16-2 收入、费用科目本年发生额 单位:元

总账科目	贷方余额	总账科目	借方余额
财政拨款收入	19 800 000	业务活动费用—财政拨款费用	18 780 000
上级补助收入—专项	850 000	业务活动费用—其他资金费用	350 000
事业收入—非同级财政拨款	5 210 000	业务活动费用—非财政拨款专项费用	6 210 000
非同级财政拨款收入	250 000	单位管理费用	155 000
经营收入	210 000	经营费用	176 000
附属单位上缴收入—专项	365 000	资产处置费用	27 000
投资收益	120 000	所得税费用(经营费用)	21 000
捐赠收入	150 000	所得税费用(非财政拨款结余)	15 000
利息收入	230 000	上缴上级费用	120 000
租金收入	327 000	对附属单位补助费用	40 000
其他收入	18 000	其他费用	15 000

表 16-3 预算收入、预算支出科目本年发生额 单位:元

总账科目	贷方余额	总账科目	借方余额
财政拨款预算收入	19 800 000	事业支出—财政拨款支出	18 780 000
上级补助预算收入—专项资金收入	850 000	事业支出—其他资金支出	350 000
事业预算收入—非同级财政拨款专项收入	5 210 000	事业支出—非财政专项资金支出—科研支出	6 210 000
经营预算收入	210 000	经营支出	166 000
非同级财政拨款预算收入—专项资金收入	250 000	上缴上级支出	120 000

续表

总账科目	贷方余额	总账科目	借方余额
附属单位上缴预算收入—专项资金收入	365 000	对附属单位补助支出	40 000
投资预算收益	120 000	其他支出—资产处置费用	17 000
其他预算收入—捐赠收入	150 000	非财政拨款结余—所得税费用	36 000
其他预算收入—利息收入	230 000	其他支出—其他费用	10 000
其他预算收入—租金收入	327 000	投资支出	150 000
其他预算收入—其他收入	18 000	债务还本支出	100 000

该事业单位进行结转的账务处理如下。

(1)财政拨款资金的结转：

财务会计分录		预算会计分录	
借:财政拨款收入	19 800 000	借:财政拨款预算收入	19 800 000
贷:业务活动费用—财政拨款费用	18 780 000	贷:事业支出—财政拨款支出	18 780 000
单位管理费用	155 000	财政拨款结转—本年收支结转	1 020 000
本期盈余—财政拨款结转	865 000		

(2)非同级财政拨款专项资金的结转：

财务会计分录		预算会计分录	
借:事业收入—非同级财政拨款	5 210 000	借:事业预算收入—非同级财政拨款专项收入	5 210 000
上级补助收入	850 000	上级补助预算收入—专项资金收入	850 000
非同级财政拨款收入—专项资金收入	250 000	非同级财政拨款预算收入—专项资金收入	250 000
附属单位上缴收入—专项资金收入	365 000	附属单位上缴预算收入—专项资金收入	365 000
贷:业务活动费用—非财政拨款专项费用	6 210 000	贷:事业支出—非财政专项资金支出—科研支出	6 210 000
本期盈余—非财政拨款结余	465 000	非财政拨款结转—本年收支结转	465 000

(3)非财政、非专项资金的结转：

财务会计分录		预算会计分录	
借：投资收益	120 000	借：投资预算收益	120 000
捐赠收入	150 000	其他预算收入—捐赠收入	150 000
利息收入	230 000	其他预算收入—利息收入	230 000
租金收入	327 000	其他预算收入—租金收入	327 000
其他收入	18 000	其他预算收入—其他收入	18 000
贷：业务活动费用—其他资金费用	350 000	贷：上缴上级支出	120 000
资产处置费用	27 000	对附属单位补助支出	40 000
上缴上级费用	120 000	事业支出—其他资金支出	350 000
对附属单位补助费用	40 000	其他支出—资产处置费用	17 000
其他费用	15 000	其他支出—其他费用	10 000
本期盈余—事业结余	293 000	投资支出	150 000
借：经营收入	210 000	债务还本支出	100 000
贷：经营费用	176 000	其他结余	58 000
本期盈余—经营结余	34 000	借：经营预算收入	210 000
借：本期盈余	36 000	贷：经营预算支出	166 000
贷：所得税费用	36 000	经营结余	44 000

二、明细科目的冲销与结转

明细科目的冲销与结转主要是预算结余的明细科目的冲销与结转。

(一)“财政拨款结转”明细科目的冲销与结转

年末应冲销与“财政拨款结转”科目有关的明细科目余额。将“财政拨款结转”科目(本年收支结转、年初余额调整、归集调入、归集调出、归集上缴、单位内部调剂)余额转入本科目(累计结转)。结转后，本科目除“累计结转”明细科目外，其他明细科目应无余额。

年末完成上述结转后，还应当对财政拨款结转各明细项目执行情况进行分析，按照有关规定将符合财政拨款结余性质的项目余额转入财政拨款结余，借记本科目(累计结转)，贷记“财政拨款结余—结转转入”科目。本科目年末贷方余额，反映单位滚存的财政拨款结转资金数额。

【例题 16-16】 20×1 年末，某事业单位当年属于财政拨款资金预算收支结转后的“财政拨款结转—本年收支结转”科目贷方余额为 865 000 元，另外假设其他明细科目的余额如下：“年初余额调整”科目贷方余额为 15 000 元，“归集调入”科目贷方余额为 52 000 元，“归集调出”科目借方余额为 30 000 元，“归集上缴”科目借方余额为 35 000 元，“单位内部调剂”科目贷方余额为 30 000 元。该事业单位进行明细科目冲销的账务处理如下：

财务会计分录	预算会计分录	
不做账务处理	借:财政拨款结转—本年收支结转	865 000
	财政拨款结转—年初余额调整	15 000
	财政拨款结转—归集调入	52 000
	财政拨款结转—单位内部调剂	30 000
	贷:财政拨款结转—归集调出	30 000
	财政拨款结转—归集上缴	35 000
	财政拨款结转—累计结转	897 000

【例题 16-17】 接【例题 16-16】,假定该事业单位对财政拨款结转各明细项目执行情况进行分析,按照有关规定将符合财政拨款结余性质的项目余额 256 000 元转入"财政拨款结余—结转转入"明细科目,账务处理如下:

财务会计分录	预算会计分录	
不做账务处理	借:财政拨款结转—累计结转	256 000
	贷:财政拨款结余—结转转入	256 000

(二)与"财政拨款结余"科目有关的结转

年末应冲销与"财政拨款结余"科目有关的明细科目余额。将本科目(年初余额调整、归集上缴、单位内部调剂、结转转入)余额转入本科目(累计结余)。结转后,本科目除"累计结余"明细科目外,其他明细科目应无余额。本科目年末贷方余额,反映单位滚存的财政拨款结余资金数额。财政拨款结余资金不做任何分配。

【例题 16-18】 20×1 年末,某行政单位当年"财政拨款结余"总账科目的各明细科目余额如下:"年初余额调整"科目贷方余额为 21 000 元,"结转转入"科目贷方余额为 157 000 元,"归集上缴"科目借方余额为 50 000 元,"单位内部调剂"科目借方余额为 70 000 元。该行政单位进行明细科目冲销的账务处理如下:

财务会计分录	预算会计分录	
不做账务处理	借:财政拨款结余—年初余额调整	21 000
	财政拨款结余—结转转入	157 000
	贷:财政拨款结余—单位内部调剂	70 000
	财政拨款结余—归集上缴	50 000
	财政拨款结余—累计结余	58 000

(三)与"非财政拨款结转"科目有关的结转

年末行政事业单位应冲销与"非财政拨款结转"科目有关的明细科目余额。将本科目(年初余额调整、项目间接费用或管理费用、缴回资金、本年收支结转)余额转入本科目(累计结转)。结转后,本科目除"累计结转"明细科目外,其他明细科目应无余额。

年末完成上述结转后,应当对非财政拨款专项结转资金各项目情况进行分析,将留归本单位使用的非财政拨款专项(项目已完成)剩余资金转入非财政拨款结余,借记本科目(累计结转),贷记"非财政拨款结余—结转转入"科目。本科目年末贷方余额,反映单位滚存的非同级财政拨款专项结转资金数额。

【例题 16-19】 20×2 年末,某行政单位"非财政拨款结转"总账科目的各明细科目余额如下:"年初余额调整"科目贷方余额为 53 000 元,"项目间接费用或管理费用"科目借方余额为 117 000 元,"缴回资金"科目借方余额为 35 000 元,"本年收支结转"科目贷方余额为 170 000 元。该行政单位进行明细科目冲销的账务处理如下:

财务会计分录	预算会计分录	
不做账务处理	借:非财政拨款结转—年初余额调整	53 000
	非财政拨款结转—本年收支结转	170 000
	贷:非财政拨款结转—缴回资金	35 000
	非财政拨款结转—项目间接费用或管理费用	117 000
	非财政拨款结转—累计结转	71 000

【例题 16-20】 接【例题 16-19】,假定该行政单位对非财政拨款结转各明细项目执行情况进行分析,将留归本单位使用的非财政拨款专项(项目已完成)剩余资金 213 000 元转入"非财政拨款结余—结转转入"明细科目,账务处理如下:

财务会计分录	预算会计分录	
不做账务处理	借:非财政拨款结转—累计结转	213 000
	贷:非财政拨款结余—结转转入	213 000

(四)与"非财政拨款结余"科目有关的结转

年末应冲销与"非财政拨款结余"科目有关的明细科目余额。将本科目(年初余额调整、项目间接费用或管理费用、结转转入)余额转入本科目(累计结余)。结转后,本科目除"累计结余"明细科目外,其他明细科目应无余额。

年末,事业单位还应将"非财政拨款结余分配"科目余额转入非财政拨款结余。"非财政拨款结余分配"科目为借方余额的,借记本科目(累计结余),贷记"非财政拨款结余分配"科目;"非财政拨款结余分配"科目为贷方余额的,借记"非财政拨款结余分配"科目,贷记本科目(累计结余)。

年末,行政单位应将"其他结余"科目余额转入非财政拨款结余。"其他结余"科目为借方余额的,借记本科目(累计结余),贷记"其他结余"科目;"其他结余"科目为贷方余额的,借记"其他结余"科目,贷记本科目(累计结余)。

本科目年末贷方余额,反映单位非同级财政拨款结余资金的累计滚存数额。

【例题 16-21】 20×1 年末,某事业单位当年"非财政拨款结余"总账科目的各明细科目余额如下:"年初余额调整"科目贷方余额为 129 000 元,"结转转入"科目贷方余额为 557 000 元,"项目间接费用或管理费用"科目借方余额为 165 000 元。另外,"非财政拨款结余分配"科目借方余额为 250 000 元,年末缴纳企业所得税 31 800 元。该事业单位进行明细科目冲销的账务处理如下。

（1）相关明细科目的结转：

财务会计分录	预算会计分录
不做账务处理	借：非财政拨款结余—年初余额调整 129 000 非财政拨款结余—结转转入 557 000 非财政拨款结余—项目间接费用或管理费用 165 000 贷：非财政拨款结余—累计结余 851 000

（2）结转非财政拨款结余分配：

财务会计分录	预算会计分录
不做账务处理	借：非财政拨款结余—累计结余 250 000 贷：非财政拨款结余分配 250 000

（3）缴纳所得税：

财务会计分录	预算会计分录
借：其他应交税费—应交所得税 31 800 贷：银行存款 31 800	借：非财政拨款结余—累计结余 31 800 贷：资金结存—货币资金 31 800

三、年末相关联净资产及相关联预算结余科目余额的结转

（一）相关联净资产科目余额的结转

1．"本期盈余"科目余额的结转

年末，行政事业单位完成收入费用的结转后，需要将"本期盈余"科目余额转入"本年盈余分配"科目，借记或贷记"本期盈余"科目，贷记或借记"本年盈余分配"科目。"本期盈余"科目期末如为贷方余额，反映单位自年初至当期期末累计实现的盈余；如为借方余额，反映单位自年初至当期期末累计发生的亏损。年末结账后，"本期盈余"科目应无余额。

2．"本年盈余分配"科目余额的结转

年末，事业单位按照规定完成专用基金的计提处理后，应将"本年盈余分配"科目余额转入累计盈余，借记或贷记"本年盈余分配"科目，贷记或借记"累计盈余"科目。年末结账后，"本年盈余分配"科目应无余额。

【例题 16-22】 参见【例题 16-26】。

3．"无偿调拨净资产"科目余额的结转

年末，行政事业单位需要将"无偿调拨净资产"科目余额转入累计盈余，借记或贷记"无偿调拨净资产"科目，贷记或借记"累计盈余"科目。年末结账后，"无偿调拨净资产"科目应无余额。

【例题 16-23】 参见【例题 16-14】。

4．"以前年度盈余调整"科目余额的结转

年末，经过各种调整后，应将"以前年度盈余调整"科目的余额转入累计盈余，借记或贷记"累计盈余"科目，贷记或借记"以前年度盈余调整"科目。本科目结转后应无余额。

【例题 16-24】 参见【例题 16-5】。

(二)相关联预算结余科目余额的结转

1."经营结余"科目余额的结转

年末,事业单位完成经营收支结转后,如"经营结余"科目为贷方余额,将本科目贷方余额转入"非财政拨款结余分配"科目,借记"经营结余"科目,贷记"非财政拨款结余分配"科目;如本科目为借方余额,为经营亏损,不予结转。年末结账后,"经营结余"科目一般无余额;如为借方余额,反映事业单位累计发生的经营亏损。

2."其他结余"科目余额的结转

年末,完成相关预算收支结转后,行政单位将"其他结余"科目余额转入"非财政拨款结余—累计结余"科目;事业单位将"其他结余"科目余额转入"非财政拨款结余分配"科目。当本科目为贷方余额时,借记"其他结余"科目,贷记"非财政拨款结余—累计结余"或"非财政拨款结余分配"科目;当本科目为借方余额时,借记"非财政拨款结余—累计结余"或"非财政拨款结余分配"科目,贷记"其他结余"科目。年末结账后,本科目应无余额。

3."非财政拨款结余分配"科目余额的结转

年末,事业单位完成将"其他结余"和"经营结余"向本科目转入处理并按规定提取专用基金后,应将本科目余额转入非财政拨款结余。当本科目为借方余额时,借记"非财政拨款结余—累计结余"科目,贷记本科目;当本科目为贷方余额时,借记本科目,贷记"非财政拨款结余—累计结余"科目。年末结账后,本科目应无余额。

【例题 16-25】 参见【例题 16-26】。

第四节 专用基金与资金结存

一、专用基金的提取和使用

(一)专用基金概述

专用基金是事业单位按照规定提取或设置的具有专门用途的资金。事业单位按照相关规定,可以采用一定的方法对一部分预算资金限定用途,这个过程称为计提专用基金,如计提职工福利基金、科技成果转化基金等。事业单位也可以从外部渠道直接取得指定用于这类专用基金的资金。目前事业单位存在的主要专用基金包括以下几种。

(1)职工福利基金。职工福利基金是按照单位非财政拨款结余的一定比例提取的以及按其他规定提取转入,用于单位职工的集体福利设施、集体福利待遇的资金。

(2)科技成果转化基金。科技成果转化基金是科研单位按照事业收入的一定比例提取,在业务费用中列支,以及从经营收支结余中提取转入,用于科技成果转化的资金。

(3)其他基金。其他基金是单位按照国家有关规定提取或设置的资金。如管理规定曾经允许不计提折旧的事业单位按规定比例从事业收入和经营收入中计提修购基金,这项基金随着事业单位全面计提固定资产折旧的规定普及而逐渐消失。另外如高校根据国家有关规定按事业收入的一定比例提取的学生奖励基金、中小学根据规定按比例设置的奖助基金、医院根据规定按比例设置的医疗风险基金等。

(二)专用基金的计提与使用及其账务处理

1.计提及其账务处理

年末,事业单位从非财政拨款结余或经营结余中计算提取专用基金时,按照预算会计下计算的提取金额,在预算会计中借记"非财政拨款结余分配"科目,贷记"专用结余"科目。在财务会计中按照预算会计下计算的提取金额,借记"本年盈余分配"科目,贷记"专用基金"科目。

根据有关规定从收入中提取专用基金时,一般按照预算会计下基于预算收入计算的提取金额,在财务会计中借记"业务活动费用"等科目,贷记"专用基金"科目,在预算会计中则不做账务处理。国家另有规定的,从其规定。

根据有关规定设置其他专用基金时,按照实际收到的基金金额,在财务会计中借记"银行存款"等科目,贷记"专用基金"科目,在预算会计中不做账务处理。

【例题 16-26】 年末,某事业单位"其他结余"科目贷方余额 58 000 元,"经营结余"科目贷方余额 44 000 元,该单位将其转入"非财政拨款结余分配"后提取专用基金 10 200 元。相关账务处理如下:

(1)结转转入:

财务会计分录			预算会计分录		
借:本期盈余	102 000		借:其他结余	58 000	
			经营结余	44 000	
贷:本年盈余分配		102 000	贷:非财政拨款结余分配		102 000

(2)提取专用基金:

财务会计分录			预算会计分录		
借:本年盈余分配	10 200		借:非财政拨款结余分配	10 200	
贷:专用基金		10 200	贷:专用结余		10 200

(3)结转"非财政拨款结余分配""本年盈余分配"科目余额:

财务会计分录			预算会计分录		
借:本年盈余分配	91 800		借:非财政拨款结余分配	91 800	
贷:累计盈余		91 800	贷:非财政拨款结余—累计结余		91 800

【例题 16-27】 20×1 年 7 月 31 日,某事业单位根据有关规定从事业收入中提取专用基金 69 000 元。该单位账务处理如下:

财务会计分录			预算会计分录
借:业务活动费用	69 000		不做账务处理
贷:专用基金		69 000	

2.使用及其账务处理

事业单位按照规定使用提取的专用基金时,在财务会计中借记"专用基金"科目,贷记"银行存款"等科目。使用提取的专用基金购置固定资产、无形资产的,按照固定资产、无形资产成本金额，在财务会计中借记“固定资产”“无形资产”科目，贷记“银行存款”等科目；同时，按照专用基金使用金额，借记“专用基金”科目，贷记“累计盈余”科目。同时在预算会计中应区分情况处理：如果使用收入中提取并列入费用的专用基金，则借记“事业支出”等科目，贷记“资金结存”科目（货币资金）；如果使用从非财政拨款结余或经营结余中提取的专用基金，则借记“专用结余”科目，贷记“资金结存”科目（货币资金）。

【例题 16-28】 20×1 年 10 月 15 日，某事业单位使用提取的专用基金 15 000 元，购置固定资产，该专用基金是从非财政拨款结余中提取的。该单位账务处理如下：

财务会计分录		预算会计分录	
借：固定资产	15 000	借：专用结余	15 000
贷：银行存款	15 000	贷：资金结存—货币资金	15 000

（三）关于专用基金会计核算的思考

专用基金反映事业单位对一部分预算资金限定了用途，但从目前制度中预算会计的处理方法看有以下三个特点：

（1）从事业收入中计提专用基金时，没有相应的预算会计处理，但在使用这部分资金时，则增加事业支出；

（2）使用从非财政拨款结余或经营结余中提取的专用基金时，在预算会计中直接减少专用结余；

（3）从外部直接拨付的非留本的专用基金，预算会计中不进行相关核算。

上述核算特点说明了目前的预算会计处理与专用基金性质不相符，一定程度上体现出专用基金没有纳入单位预算管理的资金管理现状。因此亟须改变这种脱离预算管理的方式。

另外，从财务会计核算的方式看，各种计提方法对专用基金的理解逻辑也不完全一致。在依据结余计提专用基金时，视同净资产用途限定处理；依据收入计提专用基金时，视同预提费用；外部投入时，视同专用基金增加。这种会计处理方法也很难反映专用基金的实质。

二、资金结存的主要账务处理

（1）取得预算收入时的主要账务处理如下。

财政授权支付方式下，单位根据代理银行转来的财政授权支付额度到账通知书，按照通知书中的授权支付额度，借记“资金结存”科目（零余额账户用款额度），贷记“财政拨款预算收入”科目，在财务会计中借记“零余额账户用款额度”科目，贷记“财政拨款收入”科目。

以国库集中支付以外的其他支付方式取得预算收入时，按照实际收到的金额，借记“资金结存”科目（货币资金），贷记“财政拨款预算收入”“事业预算收入”“经营预算收入”等科目，在财务会计中则借记“银行存款”科目，贷记“财政拨款收入”“事业收入”“经营收入”等科目。

（2）发生相关支出或提现时的主要账务处理如下。

①财政授权支付方式下，按照实际支付的金额，借记“行政支出”“事业支出”等科目，贷记“资金结存”科目（零余额账户用款额度），在财务会计中则借记“业务活动费用”“单位管理费用”“库存物品”“固定资产”等科目，贷记“零余额账户用款额度”科目。

②使用以前年度财政直接支付额度发生支出时，按照实际支付金额，借记“行政支出”“事业

支出”等科目，贷记“资金结存”科目（财政应返还额度），在财务会计中则借记“业务活动费用”“单位管理费用”“库存物品”“固定资产”等科目，贷记“财政应返还额度”科目。

③从零余额账户提取现金时，借记“资金结存”科目（货币资金），贷记“资金结存”科目（零余额账户用款额度）；退回现金时，做相反会计分录。在财务会计中则借记“库存现金”科目，贷记“零余额账户用款额度”科目；退回现金时，做相反会计分录。

④国库集中支付以外的其他支付方式下，发生相关支出时，按照实际支付的金额，借记“事业支出”“经营支出”等科目，贷记“资金结存”科目（货币资金），在财务会计中则借记“业务活动费用”“单位管理费用”“库存物品”“固定资产”等科目，贷记“银行存款”“库存现金”等科目。

(3)按照规定上缴财政拨款结转结余资金或注销财政拨款结转结余资金额度的，按照实际上缴资金数额或注销的资金额度数额，借记“财政拨款结转—归集上缴”或“财政拨款结余—归集上缴”科目，贷记“资金结存”科目（财政应返还额度、零余额账户用款额度、货币资金）。在财务会计中则借记“累计结余”科目，贷记“零余额账户用款额度”“财政应返还额度”“银行存款”等科目。

按规定向原资金拨入单位缴回非财政拨款结转资金的，按照实际缴回资金数额，借记“非财政拨款结转—缴回资金”科目，贷记“资金结存”科目（货币资金）。在财务会计中则借记“累计结余”科目，贷记“银行存款”等科目。

收到从其他单位调入的财政拨款结转资金的，按照实际调入资金数额，借记“资金结存”科目（财政应返还额度、零余额账户用款额度、货币资金），贷记“财政拨款结转—归集调入”科目。在财务会计中则借记“零余额账户用款额度”“财政应返还额度”“银行存款”等科目，贷记“累计结余”科目。

(4)按照规定使用专用基金时，按照实际支付金额，借记“专用结余”科目（从非财政拨款结余中提取的专用基金）或“事业支出”等科目（从预算收入中计提的专用基金），贷记“资金结存”科目（货币资金）。在财务会计中，如果是使用从非财政拨款结余中提取的专用基金，则借记“专用基金”科目，贷记“银行存款”科目；如果是使用从预算收入中计提的专用基金，则借记“固定资产”“无形资产”等科目，贷记“银行存款”科目，同时借记“专用基金”科目，贷记“累计盈余”科目。

(5)因购货退回、发生差错更正等退回国库直接支付、授权支付款项，或者收回货币资金时：

属于本年度支付的，借记“财政拨款预算收入”科目或“资金结存”科目（零余额账户用款额度、货币资金），贷记相关支出科目。在财务会计中则借记“财政拨款收入”“零余额账户用款额度”“银行存款”等科目，借记“业务活动费用”“库存物品”等科目。

属于以前年度支付的，借记“资金结存”科目（财政应返还额度、零余额账户用款额度、货币资金），贷记“财政拨款结转”“财政拨款结余”“非财政拨款结转”“非财政拨款结余”等科目（年初余额调整）。在财务会计中则借记“财政应返还额度”“零余额账户用款额度”“银行存款”等科目，贷记“以前年度盈余调整”等科目。

(6)有企业所得税缴纳义务的事业单位缴纳所得税时，按照实际缴纳金额，借记“非财政拨款结余—累计结余”科目，贷记“资金结存”科目（货币资金）。在财务会计中则借记“其他应交税费—单位应交所得税”科目，贷记“银行存款”科目。

(7)年末，根据本年度财政直接支付预算指标数与当年财政直接支付实际支出数的差额，借记“资金结存”科目（财政应返还额度），贷记“财政拨款预算收入”科目。在财务会计中借记“财政应返还额度”科目，贷记“财政拨款收入”科目。

(8)年末，单位依据代理银行提供的对账单做注销额度的相关账务处理，借记“资金结存”科目(财政应返还额度)，贷记“资金结存”科目(零余额账户用款额度)，在财务会计中则借记“财政应返还额度”科目，贷记“零余额账户用款额度”科目。如果本年度财政授权支付预算指标数大于零余额账户用款额度下达数的，根据未下达的用款额度，借记“资金结存”科目(财政应返还额度)，贷记“财政拨款收入”科目，在财务会计中则应借记“财政应返还额度”科目，贷记“财政拨款预算收入”科目。下年初，单位依据代理银行提供的额度恢复到账通知书做恢复额度的相关账务处理，借记“资金结存”科目(零余额账户用款额度)，贷记“资金结存”科目(财政应返还额度)，如果单位收到财政部门批复的上年末未下达零余额账户用款额度的，借记“资金结存”科目(零余额账户用款额度)，贷记“资金结存”科目(财政应返还额度)，上述两种情况在财务会计中都应借记“零余额账户用款额度”科目，贷记“财政应返还额度”科目。

“资金结存”科目年末借方余额，反映单位预算资金的累计滚存情况。

【例题 16-29】 上述各情况下的账务处理参见前面各章节中有关货币资金业务的例题。

复习思考题

1. 行政事业单位的净资产和预算结余相关的业务可以进行怎样的分类？
2. 行政事业单位净资产类科目余额结转业务的基本流程是怎样的？
3. 行政事业单位预算结余类科目余额结转业务的基本流程是怎样的？
4. 为进行净资产与预算结余业务的核算，政府会计制度对与之相关的会计科目是如何设置的？
5. 年初余额调整的原因有哪些？分别如何进行会计处理？
6. 行政事业单位的日常调整业务有哪些内容？发生“财政拨款结转”的调入、调出、上缴和调剂情况时，是如何进行账务处理的？从科研项目预算收入中提取项目管理费或间接费时，是如何进行账务处理的？
7. 行政事业单位发生无偿调入或调出净资产时，是如何进行账务处理的？
8. 期末结转业务具体可以分为哪几种情况？财务会计中收入、费用是如何结转的？非财政非专项的收支又是如何结转的？
9. 哪些预算结余科目中明细科目余额在期末需要进行冲销结转？
10. 什么是专用基金？包括哪些类别？目前政府会计制度中规定的基本账务处理方法是怎样的？有哪些局限性？
11. 资金结存业务核算有哪些主要内容？

练习题

练习一

一、目的：练习年初余额调整业务的会计核算。

二、资料：某行政单位20×1年发生如下业务活动。

(1)1月10日，退回一批上年购买的在途尚未入库的问题运动器材，价值18 000元。零余额账户代理银行通知已收到对方返还的款项，增加单位的财政应返还额度。

(2)1月15日，发现上年一笔费用记录错误，将预付的软件定金6 500元误入账为业务活动费用。现对其修正。

(3)12月，进行年终结算前资产盘点，盘盈台式计算机3台，按重置成本确认资产价值为21 000元，下年初盘盈资产经批准入账。

三、要求：为该行政单位编制有关会计分录。

练习二

一、目的：练习净资产或预算结余调整业务的会计核算。

二、资料：某事业单位20×2年发生如下业务。

(1)在20×1年因财政拨款实验室设备购置项目政府采购公开招标确定的中标价格低于财政拨款预算金额，形成结余资金90 000元，一直持有未使用，也未编制下年预算，该项目为财政授权支付。20×2年3月按照审计要求上缴该项财政拨款结余资金。

(2)11月15日，审计部门审计时发现，有一项非财政拨款结转资金中有20×0年前财政科研项目经费360 000元，项目已结题验收，已超过规定使用年限。12月10日按审计整改要求，将上述结余资金退回。

(3)10月10日，收到上级主管部门批复，无偿调入药品账面价值为250 000元、医疗设备账面价值为450 000元，10月30日收到上述资产划出方已减账的书面通知，并收到上述无偿调入资产。该事业单位承担调入设备的运输费用20 000元。

三、要求：为该事业单位编制有关会计分录。

练习三

一、目的：练习收入、费用结转的账务处理。

二、资料：某行政单位20×1年年末各类收入和费用科目的本年发生额如表16-4所示。

表16-4　收入和费用科目本年发生额　　单位：元

收入和费用科目	本年借方发生额	本年贷方发生额
财政拨款收入		378 000
非同级财政拨款收入		127 000
其他收入		18 000
业务活动费用	351 000	
资产处置费用	27 000	
其他费用	700	

三、要求：请完成上述各收入、费用发生额的结转，编制有关会计分录。

练习四

一、目的：练习收入、费用结转的会计核算。

二、资料：某事业单位20×1年年末各类收入和费用科目的本年发生额如表16-5所示。

表16-5　收入和费用科目本年发生额　　单位：元

收入和费用科目	本年借方发生额	本年贷方发生额
财政拨款收入		666 000
非同级财政拨款收入		217 000

续表

收入和费用科目	本年借方发生额	本年贷方发生额
上级补助收入		120 000
事业收入		137 000
其他收入		12 000
业务活动费用	363 000	
对附属单位补助费用	190 000	
单位管理费用	29 800	
资产处置费用	21 000	
其他费用	500	

三、**要求**：请完成上述各收入、费用发生额的结转，编制有关会计分录。

练习五

一、**目的**：练习预算收入、预算支出结转的会计核算。

二、**资料**：某事业单位本年度的预算收入、预算支出发生额如表16-6所示。其中项目M已完成。单位非财政拨款结余按照发生额的3%计提职工福利基金，按2%计提科技转化基金。单位缴纳所得税7 500元。

表16-6　预算收入和预算支出科目本年发生额　　单位：元

<table>
<tr><th colspan="2">预算收入和预算支出科目</th><th colspan="2"></th><th>本年借方发生额</th><th>本年贷方发生额</th></tr>
<tr><td rowspan="3">财政拨款预算收入</td><td rowspan="2">基本支出</td><td colspan="2"></td><td></td><td>366 000</td></tr>
<tr><td colspan="2">项目M</td><td></td><td>460 000</td></tr>
<tr><td>项目支出</td><td colspan="2">项目N</td><td></td><td>372 000</td></tr>
<tr><td rowspan="2">上级补助预算收入</td><td>非专项预算收入</td><td colspan="2" rowspan="2">项目O</td><td></td><td>216 000</td></tr>
<tr><td>项目预算收入</td><td></td><td>320 000</td></tr>
<tr><td rowspan="2">事业预算收入</td><td>非专项预算收入</td><td colspan="2" rowspan="2">项目P</td><td></td><td>137 000</td></tr>
<tr><td>项目预算收入</td><td></td><td>153 000</td></tr>
<tr><td>经营预算收入</td><td></td><td colspan="2"></td><td></td><td>12 000</td></tr>
<tr><td>附属单位上缴预算收入</td><td>非专项预算收入</td><td colspan="2"></td><td></td><td>75 000</td></tr>
<tr><td>其他预算收入</td><td>非专项预算收入</td><td colspan="2"></td><td></td><td>32 000</td></tr>
<tr><td rowspan="6">事业支出</td><td rowspan="3">财政拨款支出</td><td>基本支出</td><td></td><td>353 000</td><td></td></tr>
<tr><td rowspan="2">项目支出</td><td>项目M</td><td>457 000</td><td></td></tr>
<tr><td>项目N</td><td>352 000</td><td></td></tr>
<tr><td>其他资金支出</td><td colspan="2"></td><td>31 000</td><td></td></tr>
<tr><td rowspan="2">非财政专项支出</td><td colspan="2">项目O</td><td>298 000</td><td></td></tr>
<tr><td colspan="2">项目P</td><td>131 000</td><td></td></tr>
<tr><td>经营支出</td><td></td><td colspan="2"></td><td>10 000</td><td></td></tr>
</table>

续表

预算收入和预算支出科目			本年借方发生额	本年贷方发生额
上缴上级支出			59 800	
对附属单位补助支出			120 000	

三、要求：请完成上述各预算收入和预算支出发生额的结转，编制有关会计分录。

练习六

一、目的：练习财政拨款结转结余、非财政拨款结转结余的明细科目余额的冲销结转核算。

二、资料：年末，某水利厅事业单位预算结余明细科目资料如下。

(1)“财政拨款结转”科目下除“累计结转”外，其他的明细科目余额为：年初余额调整贷方余额 22 000 元，归集调入贷方余额 31 000 元，单位内部调剂贷方余额 25 000 元，本年收支结转贷方余额 427 000 元，年末冲销明细科目。

(2)“财政拨款结余”科目下除“累计结余”外，其他的明细科目余额为：年初余额调整贷方余额 11 000 元，归集上缴借方余额 150 000 元，单位内部调剂借方余额 25 000 元，结转转入贷方余额 229 000 元，年末冲销明细科目。

(3)“非财政拨款结转”科目下除“累计结转”外，其他的明细科目余额为：年初余额调整贷方余额 43 000 元，缴回资金借方余额 175 000 元，本年收支结转贷方余额 1 210 000 元，年末冲销明细科目。

(4)“非财政拨款结余”科目下除“累计结余”外，其他的明细科目余额为：年初余额调整贷方余额 6 000 元，结转转入贷方余额 420 000 元，年末冲销本科目明细科目。

三、要求：根据上述业务，为该事业单位编制有关会计分录。

练习七

一、目的：练习资金结存的会计核算。

二、资料：某行政事业单位发生如下业务。

(1)收到代理银行转来的财政授权支付额度到账通知书，通知书所列的财政授权支付额度为 65 000 元。

(2)从单位零余额账户用款额度提取现金 1 000 元，以备日常零星开支使用。

(3)通过财政授权支付方式购买一批库存物品 25 600 元，库存物品已验收入库。

(4)在开展专业业务活动中收到一笔事业收入 32 600 元，款项已存入开户银行。

(5)年末，本年度财政直接支付预算指标数大于当年财政直接支付实际支出数的差额为 2 500 元。

三、要求：根据上述业务，为该单位编制有关会计分录。

第17章 行政事业单位会计报表

【导读】

本章介绍我国行政事业单位的财务会计报表和预算会计报表的编制方法。财务会计报表包括资产负债表、收入费用表、净资产变动表和现金流量表；预算会计报表包括预算收入支出表、预算结转结余变动表和财政拨款预算收入支出表。学习时注意月度报表和年度报表的差别、各报表中特殊报表项目的填报要求、相关项目之间的钩稽关系，注意结合净资产和预算结余的调整业务、期末结转业务内容进行掌握。

【学习重点】

资产负债表、收入费用表、净资产变动表的编制以及预算收入支出表、预算结转结余变动表和财政拨款预算收入支出表的编制。

【学习难点】

资产负债表和净资产变动表的编制、预算结转结余变动表和财政拨款预算收入支出表的编制；本年预算收支差额和本期盈余调节表的理解。

第一节 行政事业单位会计报表编制概述

一、行政事业单位决算报告和财务报告的内容

每年末，行政事业单位两套会计系统分别向信息需求者提供决算报告和财务报告。

(一)行政事业单位决算报告

行政事业单位决算报告是综合反映政府会计主体年度预算收支执行结果的文件，其目标是向决算报告的使用者提供与政府预算执行情况有关的信息，有助于决算报告使用者进行监督和管理，并为编制后续年度预算提供参考和依据。政府决算报告应当包括决算报表(年度预算会计报表)以及其他应当在决算报告中反映的相关信息和资料。预算会计报表至少包括预算收入支出表、预算结转结余变动表和财政拨款预算收入支出表。

(二)行政事业单位财务报告

行政事业单位财务报告是反映政府会计主体某一特定日期的财务状况和某一会计期间的运行情况和现金流量等信息的文件。行政事业单位财务报告应当包括财务报表以及其他应当在财务报告中披露的相关信息和资料。

财务报表是对行政事业单位(政府会计主体)财务状况、运行情况和现金流量等信息的结构性表述。财务报表包括会计报表和附注。会计报表至少应当包括资产负债表、收入费用表和现金流量表。政府会计主体应当根据相关规定编制合并财务报表。报表附注一般用文字表述,需要说明的报表项目明细资料等采用表格、图形等形式表达。

(三)行政事业单位会计报表的分类

行政事业单位会计报表按不同的标准可以分为以下几类:

(1)按照内容,可以分为预算会计报表和财务会计报表。

(2)按照编报的时间,可以分为月度报表、季度报表和年度报表。资产负债表和收入费用表既是月度报表,也是年度报表;现金流量表和净资产变动表是年度报表。预算收入支出表、预算结转结余变动表和财政拨款预算收入支出表也都是年度报表。

(3)按照编报的层次,可以分为单位报表和部门报表。单位报表是反映行政事业单位预算和财务结果的报表;部门报表是各主管部门对本单位和所属各单位的报表进行汇总后编制的财务报表,部门报表要汇总所有下属政府单位的会计报表。

二、行政事业单位会计报表编制的要求

行政事业单位应当按照下列规定编制财务报表和预算会计报表:

(1)财务报表的编制主要以权责发生制为基础,以单位财务会计核算生成的数据为准;预算会计报表的编制主要以收付实现制为基础,以单位预算会计核算生成的数据为准。

(2)财务报表由会计报表及其附注构成。会计报表一般包括资产负债表、收入费用表和净资产变动表。单位可根据实际情况自行选择编制现金流量表。

(3)预算会计报表至少包括预算收入支出表、预算结转结余变动表和财政拨款预算收入支出表。

(4)单位应当至少按照年度编制财务报表和预算会计报表。

(5)单位应当根据《政府会计制度》规定编制真实、完整的财务报表和预算会计报表,不得违反制度规定随意改变财务报表和预算会计报表的编制基础、编制依据、编制原则和方法,不得随意改变本制度规定的财务报表和预算会计报表有关数据的会计口径。

(6)财务报表和预算会计报表应当根据登记完整、核对无误的账簿记录和其他有关资料编制,做到数字真实、计算准确、内容完整、编报及时。

(7)财务报表和预算会计报表应当由单位负责人和主管会计工作的负责人、会计机构负责人(会计主管人员)签名并盖章。

三、行政事业单位年终会计报表编制的工作程序

1. 年终清理

年终清理是指行政事业单位在年度终了前,对收入、支出、往来款项、货币资金和财产物资

进行全面清理结算。这是编制年度报表的一个重要环节，主要内容包括：①清理核对年度预算数字和各项领拨款项、上缴下拨款项数字；②清理核对各项收支款项；③清理往来款项；④清查货币资金和各项财产物资。

2. 年终结账

年终结账包括年终转账、结清旧账和转入新账三个环节。

(1)年终转账。

年终转账是一种年末账面结束和结转工作，主要是将预算会计收入、支出科目通过有关结余科目对冲计算出收支结余，以及将财务会计的收入、费用科目通过有关净资产科目对冲计算出本年盈余。

(2)结清旧账。

结清旧账是对转账后无余额的科目结出全年累计数，然后在下面画双红线，表示本科目全部结清。年终转账后仍有余额的科目，在“全年累计数”行下的“摘要”栏内注明“结转下年”字样，再在下面画双红线，表示年终余额转入新账，旧账结束。

(3)转入新账。

根据本年度各科目余额，编制年终预算会计报表和财务会计报表。将表中所列各科目的年终余额(不编记账凭证)直接记入新年度相应的有关科目，并在“摘要”栏内注明“上年结转”字样，以区别于新年度发生额。

第二节　财务会计报表

财务会计报表主要包括资产负债表、收入费用表、净资产变动表、现金流量表(单位可自主选择编报)。

一、资产负债表

(一)资产负债表的概念与作用

资产负债表是反映行政事业单位在某一特定日期全部资产、负债和净资产情况的报表。其作用主要表现在以下几个方面：

(1)可以提供某一特定日期资产总额及其构成情况的信息。如资产总额、流动资产总额、非流动资产总额等信息。

(2)可以提供某一特定日期负债总额及其构成情况的信息。如负债总额、流动负债总额、非流动负债总额等信息。

(3)可以提供某一特定日期净资产总额及其构成情况的信息。如净资产总额、累计盈余总额、专用基金总额等信息。

按照规定，行政事业单位的资产负债表应当按月度和年度编制。

(二)资产负债表的格式

行政事业单位资产负债表应当分资产、负债和净资产反映相应组成项目期末余额和年初余额的信息，采用的平衡等式为：资产＝负债＋净资产。行政事业单位资产负债表格式如表17-1所示。

表 17-1　资产负债表　　　　会政财 01 表

编制单位：__________　　　____年____月____日　　　单位：元

资产	期末余额	年初余额	负债和净资产	期末余额	年初余额
流动资产：			流动负债：		
货币资金			短期借款		
短期投资			应交增值税		
财政应返还额度			其他应交税费		
应收票据			应缴财政款		
应收账款净额			应付职工薪酬		
预付账款			应付票据		
应收股利			应付账款		
应收利息			应付政府补贴款		
其他应收款净额			应付利息		
存货			预收账款		
待摊费用			其他应付款		
一年内到期的非流动资产			预提费用		
其他流动资产			一年内到期的非流动负债		
流动资产合计			其他流动负债		
非流动资产：			流动负债合计		
长期股权投资			非流动负债：		
长期债券投资			长期借款		
固定资产原值			长期应付款		
减：固定资产累计折旧			预计负债		
固定资产净值			其他非流动负债		
工程物资			非流动负债合计		
在建工程			受托代理负债		
无形资产原值			负债合计		
减：无形资产累计摊销					
无形资产净值					
研发支出					
公共基础设施原值					
减：公共基础设施累计折旧（摊销）					
公共基础设施净值					
政府储备物资					

续表

资产	期末余额	年初余额	负债和净资产	期末余额	年初余额
文物文化资产					
保障性住房原值					
减:保障性住房累计折旧			净资产:		
保障性住房净值			累计盈余		
长期待摊费用			专用基金		
待处理财产损溢			权益法调整		
其他非流动资产			无偿调拨净资产*		
非流动资产合计			本期盈余*		
受托代理资产			净资产合计		
资产总计			负债和净资产总计		

注:“*”标识项目为月报项目,年报中不需列示。

(三)资产负债表的编制方法

本表反映单位在某一特定日期全部资产、负债和净资产的情况。本表“年初余额”栏内各项数字,应当根据上年年末资产负债表“期末余额”栏内数字填列。

如果本年度资产负债表规定的项目的名称和内容同上年度不一致,应当对上年年末资产负债表项目的名称和数字按照本年度的规定进行调整,将调整后数字填入本表“年初余额”栏内。如果本年度单位发生了因前期差错更正、会计政策变更等调整以前年度盈余的事项,还应当对“年初余额”栏中的有关项目金额进行相应调整。本表中“资产总计”项目期末(年初)余额应当与“负债和净资产总计”项目期末(年初)余额相等。本表“期末余额”栏各项目的内容和填列方法如下:

1. 资产类项目

(1)“货币资金”项目,反映单位期末库存现金、银行存款、零余额账户用款额度、其他货币资金的合计数。本项目应当根据“库存现金”“银行存款”“零余额账户用款额度”“其他货币资金”科目的期末余额的合计数填列;若单位存在通过“库存现金”“银行存款”科目核算的受托代理资产,还应当按照前述合计数扣减“库存现金”“银行存款”科目下“受托代理资产”明细科目的期末余额后的金额填列。

(2)“短期投资”项目,反映事业单位期末持有的短期投资账面余额。本项目应当根据“短期投资”科目的期末余额填列。

(3)“财政应返还额度”项目,反映单位期末财政应返还额度的金额。本项目应当根据“财政应返还额度”科目的期末余额填列。

(4)“应收票据”项目,反映事业单位期末持有的应收票据的票面金额。本项目应当根据“应收票据”科目的期末余额填列。

(5)“应收账款净额”项目,反映单位期末尚未收回的应收账款减去已计提的坏账准备后的净额。本项目应当根据“应收账款”科目的期末余额减去“坏账准备”科目中对应收账款计提的坏账准备的期末余额后的金额填列。

(6)“预付账款”项目,反映单位期末预付给商品或者劳务供应单位的款项。本项目应当根据“预付账款”科目的期末余额填列。

(7)“应收股利”项目,反映事业单位期末因股权投资而应收取的现金股利或应当分得的利润。本项目应当根据“应收股利”科目的期末余额填列。

(8)“应收利息”项目,反映事业单位期末因债券投资等而应收取的利息。事业单位购入的到期一次还本付息的长期债券投资持有期间应收的利息,不包括在本项目内。本项目应当根据“应收利息”科目的期末余额填列。

(9)“其他应收款净额”项目,反映单位期末尚未收回的其他应收款减去已计提的坏账准备后的净额。本项目应当根据“其他应收款”科目的期末余额减去“坏账准备”科目中对其他应收款计提的坏账准备的期末余额后的金额填列。

(10)“存货”项目,反映单位期末存储的存货的实际成本。本项目应当根据“在途物品”“库存物品”“加工物品”科目的期末余额的合计数填列。

(11)“待摊费用”项目,反映单位期末已经支出,但应当由本期和以后各期负担的分摊期在1年以内(含1年)的各项费用。本项目应当根据“待摊费用”科目的期末余额填列。

(12)“一年内到期的非流动资产”项目,反映单位期末非流动资产项目中将在1年内(含1年)到期的金额,如事业单位将在1年内(含1年)到期的长期债券投资金额。本项目应当根据“长期债券投资”等科目的明细科目的期末余额分析填列。

(13)“其他流动资产”项目,反映单位期末除本表中上述各项之外的其他流动资产的合计金额。本项目应当根据有关科目期末余额的合计数填列。

(14)“流动资产合计”项目,反映单位期末流动资产的合计数。本项目应当根据本表中“货币资金”“短期投资”“财政应返还额度”“应收票据”“应收账款净额”“预付账款”“应收股利”“应收利息”“其他应收款净额”“存货”“待摊费用”“一年内到期的非流动资产”“其他流动资产”项目金额的合计数填列。

(15)“长期股权投资”项目,反映事业单位期末持有的长期股权投资的账面余额。本项目应当根据“长期股权投资”科目的期末余额填列。

(16)“长期债券投资”项目,反映事业单位期末持有的长期债券投资的账面余额。本项目应当根据“长期债券投资”科目的期末余额减去其中将于1年内(含1年)到期的长期债券投资余额后的金额填列。

(17)“固定资产原值”项目,反映单位期末固定资产的原值。本项目应当根据“固定资产”科目的期末余额填列。

“固定资产累计折旧”项目,反映单位期末固定资产已计提的累计折旧金额。本项目应当根据“固定资产累计折旧”科目的期末余额填列。

“固定资产净值”项目,反映单位期末固定资产的账面价值。本项目应当根据“固定资产”科目期末余额减去“固定资产累计折旧”科目期末余额后的金额填列。

(18)“工程物资”项目,反映单位期末为在建工程准备的各种物资的实际成本。本项目应当根据“工程物资”科目的期末余额填列。

(19)“在建工程”项目,反映单位期末所有的建设项目工程的实际成本。本项目应当根据“在建工程”科目的期末余额填列。

(20)“无形资产原值”项目,反映单位期末无形资产的原值。本项目应当根据“无形资产”科目的期末余额填列。

“无形资产累计摊销”项目,反映单位期末无形资产已计提的累计摊销金额。本项目应当根据“无形资产累计摊销”科目的期末余额填列。

“无形资产净值”项目,反映单位期末无形资产的账面价值。本项目应当根据“无形资产”科目期末余额减去“无形资产累计摊销”科目期末余额后的金额填列。

(21)“研发支出”项目,反映单位期末正在进行的无形资产开发项目开发阶段发生的累计支出数。本项目应当根据“研发支出”科目的期末余额填列。

(22)“公共基础设施原值”项目,反映单位期末控制的公共基础设施的原值。本项目应当根据“公共基础设施”科目的期末余额填列。

“公共基础设施累计折旧(摊销)”项目,反映单位期末控制的公共基础设施已计提的累计折旧和累计摊销金额。本项目应当根据“公共基础设施累计折旧(摊销)”科目的期末余额填列。

“公共基础设施净值”项目,反映单位期末控制的公共基础设施的账面价值。本项目应当根据“公共基础设施”科目期末余额减去“公共基础设施累计折旧(摊销)”科目期末余额后的金额填列。

(23)“政府储备物资”项目,反映单位期末控制的政府储备物资的实际成本。本项目应当根据“政府储备物资”科目的期末余额填列。

(24)“文物文化资产”项目,反映单位期末控制的文物文化资产的成本。本项目应当根据“文物文化资产”科目的期末余额填列。

(25)“保障性住房原值”项目,反映单位期末控制的保障性住房的原值。本项目应当根据“保障性住房”科目的期末余额填列。

“保障性住房累计折旧”项目,反映单位期末控制的保障性住房已计提的累计折旧金额。本项目应当根据“保障性住房累计折旧”科目的期末余额填列。

“保障性住房净值”项目,反映单位期末控制的保障性住房的账面价值。本项目应当根据“保障性住房”科目期末余额减去“保障性住房累计折旧”科目期末余额后的金额填列。

(26)“长期待摊费用”项目,反映单位期末已经支出,但应由本期和以后各期负担的分摊期限在1年以上(不含1年)的各项费用。本项目应当根据“长期待摊费用”科目的期末余额填列。

(27)“待处理财产损溢”项目,反映单位期末尚未处理完毕的各种资产的净损失或净溢余。本项目应当根据“待处理财产损溢”科目的期末借方余额填列;如“待处理财产损溢”科目期末为贷方余额,以“-”号填列。

(28)“其他非流动资产”项目,反映单位期末除本表中上述各项之外的其他非流动资产的合计数。本项目应当根据有关科目期末余额的合计数填列。

(29)“非流动资产合计”项目,反映单位期末非流动资产的合计数。本项目应当根据本表中“长期股权投资”“长期债券投资”“固定资产净值”“工程物资”“在建工程”“无形资产净值”“研发支出”“公共基础设施净值”“政府储备物资”“文物文化资产”“保障性住房净值”“长期待摊费用”“待处理财产损溢”“其他非流动资产”项目金额的合计数填列。

(30)“受托代理资产”项目,反映单位期末受托代理资产的价值。本项目应当根据“受托代理资产”科目的期末余额与“库存现金”“银行存款”科目下“受托代理资产”明细科目的期末余额的合计数填列。

(31)“资产总计”项目，反映单位期末资产的合计数。本项目应当根据本表中“流动资产合计”“非流动资产合计”“受托代理资产”项目金额的合计数填列。

2. 负债类项目

(32)“短期借款”项目，反映事业单位期末短期借款的余额。本项目应当根据“短期借款”科目的期末余额填列。

(33)“应交增值税”项目，反映单位期末应缴未缴的增值税税额。本项目应当根据“应交增值税”科目的期末余额填列；如“应交增值税”科目期末为借方余额，以“－”号填列。

(34)“其他应交税费”项目，反映单位期末应缴未缴的除增值税以外的税费金额。本项目应当根据“其他应交税费”科目的期末余额填列；如“其他应交税费”科目期末为借方余额，以“－”号填列。

(35)“应缴财政款”项目，反映单位期末应当上缴财政但尚未缴纳的款项。本项目应当根据“应缴财政款”科目的期末余额填列。

(36)“应付职工薪酬”项目，反映单位期末按有关规定应付给职工及为职工支付的各种薪酬。本项目应当根据“应付职工薪酬”科目的期末余额填列。

(37)“应付票据”项目，反映事业单位期末应付票据的金额。本项目应当根据“应付票据”科目的期末余额填列。

(38)“应付账款”项目，反映单位期末应当支付但尚未支付的偿还期限在1年以内(含1年)的应付账款的金额。本项目应当根据“应付账款”科目的期末余额填列。

(39)“应付政府补贴款”项目，反映负责发放政府补贴的行政单位期末按照规定应当支付给政府补贴接受者的各种政府补贴款余额。本项目应当根据“应付政府补贴款”科目的期末余额填列。

(40)“应付利息”项目，反映事业单位期末按照合同约定应支付的借款利息。事业单位到期一次还本付息的长期借款利息不包括在本项目内。本项目应当根据“应付利息”科目的期末余额填列。

(41)“预收账款”项目，反映事业单位期末预先收取但尚未确认收入和实际结算的款项余额。本项目应当根据“预收账款”科目的期末余额填列。

(42)“其他应付款”项目，反映单位期末其他各项偿还期限在1年内(含1年)的应付及暂收款项余额。本项目应当根据“其他应付款”科目的期末余额填列。

(43)“预提费用”项目，反映单位期末已预先提取的已经发生但尚未支付的各项费用。本项目应当根据“预提费用”科目的期末余额填列。

(44)“一年内到期的非流动负债”项目，反映单位期末将于1年内(含1年)偿还的非流动负债的余额。本项目应当根据“长期应付款”“长期借款”等科目的明细科目的期末余额分析填列。

(45)“其他流动负债”项目，反映单位期末除本表中上述各项之外的其他流动负债的合计数。本项目应当根据有关科目的期末余额的合计数填列。

(46)“流动负债合计”项目，反映单位期末流动负债的合计数。本项目应当根据本表“短期借款”“应交增值税”“其他应交税费”“应缴财政款”“应付职工薪酬”“应付票据”“应付账款”“应付政府补贴款”“应付利息”“预收账款”“其他应付款”“预提费用”“一年内到期的非流动负债”“其他流动负债”项目金额的合计数填列。

(47)“长期借款”项目，反映事业单位期末长期借款的余额。本项目应当根据“长期借款”科目的期末余额减去其中将于1年内(含1年)到期的长期借款余额后的金额填列。

(48)"长期应付款"项目,反映单位期末长期应付款的余额。本项目应当根据"长期应付款"科目的期末余额减去其中将于1年内(含1年)到期的长期应付款余额后的金额填列。

(49)"预计负债"项目,反映单位期末已确认但尚未偿付的预计负债的余额。本项目应当根据"预计负债"科目的期末余额填列。

(50)"其他非流动负债"项目,反映单位期末除本表中上述各项之外的其他非流动负债的合计数。本项目应当根据有关科目期末余额的合计数填列。

(51)"非流动负债合计"项目,反映单位期末非流动负债的合计数。本项目应当根据本表中"长期借款""长期应付款""预计负债""其他非流动负债"项目金额的合计数填列。

(52)"受托代理负债"项目,反映单位期末受托代理负债的金额。本项目应当根据"受托代理负债"科目的期末余额填列。

(53)"负债合计"项目,反映单位期末负债的合计数。本项目应当根据本表中"流动负债合计""非流动负债合计""受托代理负债"项目金额的合计数填列。

3.净资产类项目

(54)"累计盈余"项目,反映单位期末未分配盈余(或未弥补亏损)以及无偿调拨净资产变动的累计数。本项目应当根据"累计盈余"科目的期末余额填列。

(55)"专用基金"项目,反映事业单位期末累计提取或设置但尚未使用的专用基金余额。本项目应当根据"专用基金"科目的期末余额填列。

(56)"权益法调整"项目,反映事业单位期末在被投资单位除净损益和利润分配以外的所有者权益变动中累计享有的份额。本项目应当根据"权益法调整"科目的期末余额填列。如"权益法调整"科目期末为借方余额,以"-"号填列。

(57)"无偿调拨净资产"项目,反映单位本年度截至报告期期末无偿调入的非现金资产价值扣减无偿调出的非现金资产价值后的净值。本项目仅在月度报表中列示,年度报表中不列示。月度报表中本项目应当根据"无偿调拨净资产"科目的期末余额填列;"无偿调拨净资产"科目期末为借方余额时,以"-"号填列。

(58)"本期盈余"项目,反映单位本年度截至报告期期末实现的累计盈余或亏损。本项目仅在月度报表中列示,年度报表中不列示。月度报表中本项目应当根据"本期盈余"科目的期末余额填列;"本期盈余"科目期末为借方余额时,以"-"号填列。

(59)"净资产合计"项目,反映单位期末净资产的合计数。本项目应当根据本表中"累计盈余"、"专用基金"、"权益法调整"、"无偿调拨净资产"(月度报表)、"本期盈余"(月度报表)项目金额的合计数填列。

(60)"负债和净资产总计"项目,应当按照本表中"负债合计""净资产合计"项目金额的合计数填列。

二、收入费用表

(一)收入费用表的概念与作用

收入费用表是反映政府会计主体在一定会计期间运行情况的报表,具体反映了政府会计主体在某一会计期间内发生的收入、费用及当期盈余情况。其有以下几个方面的作用:

(1)可以提供某一会计期间收入总额及其构成情况的信息。例如可提供某一会计期间收入总额、财政拨款收入数额、事业收入和其他收入数额等信息。

(2)可以提供某一会计期间费用总额及其构成情况的信息。例如可提供某一会计期间费用总额、业务活动费用、单位管理费用、其他费用等信息。

(3)可以提供某一会计期间本期盈余的信息。

按照规定,行政事业单位的收入费用表应当按月度和年度编制。

(二)收入费用表的格式

行政事业单位收入费用表应当分本期收入、本期费用和本期盈余反映相应组成项目本月数和本年累计数的信息,采用的计算公式为:本期收入－本期费用＝本期盈余。行政事业单位收入费用表的格式如表 17-2 所示。

表 17-2　收入费用表　　　　会政财 02 表

编制单位:________　　　　____年____月　　　　单位:元

项目	本月数	本年累计数
一、本期收入		
(一)财政拨款收入		
其中:政府性基金收入		
(二)事业收入		
(三)上级补助收入		
(四)附属单位上缴收入		
(五)经营收入		
(六)非同级财政拨款收入		
(七)投资收益		
(八)捐赠收入		
(九)利息收入		
(十)租金收入		
(十一)其他收入		
二、本期费用		
(一)业务活动费用		
(二)单位管理费用		
(三)经营费用		
(四)资产处置费用		
(五)上缴上级费用		
(六)对附属单位补助费用		
(七)所得税费用		
(八)其他费用		
三、本期盈余		

(三)收入费用表的编制方法

本表反映单位在某一会计期间内发生的收入、费用及当期盈余情况。本表“本月数”栏反映各项目的本月实际发生数。编制年度收入费用表时,应当将本栏改为“本年数”,反映本年度各项目的实际发生数。本表“本年累计数”栏反映各项目自年初至报告期期末的累计实际发生数。编制年度收入费用表时,应当将本栏改为“上年数”,反映上年度各项目的实际发生数,“上年数”栏应当根据上年度收入费用表中“本年数”栏内所列数字填列。

如果本年度收入费用表规定的项目的名称和内容同上年度不一致,应当对上年度收入费用表项目的名称和数字按照本年度的规定进行调整,将调整后的金额填入本年度收入费用表的“上年数”栏内。如果本年度单位发生了因前期差错更正、会计政策变更等调整以前年度盈余的事项,还应当对年度收入费用表中“上年数”栏中的有关项目金额进行相应调整。本表“本月数”栏各项目的内容和填列方法如下:

1. 本期收入

(1)“本期收入”项目,反映单位本期收入总额。本项目应当根据本表中“财政拨款收入”“事业收入”“上级补助收入”“附属单位上缴收入”“经营收入”“非同级财政拨款收入”“投资收益”“捐赠收入”“利息收入”“租金收入”“其他收入”项目金额的合计数填列。

(2)“财政拨款收入”项目,反映单位本期从同级政府财政部门取得的各类财政拨款。本项目应当根据“财政拨款收入”科目的本期发生额填列。

“政府性基金收入”项目,反映单位本期取得的财政拨款收入中属于政府性基金预算拨款的金额。本项目应当根据“财政拨款收入”相关明细科目的本期发生额填列。

(3)“事业收入”项目,反映事业单位本期开展专业业务活动及其辅助活动实现的收入。本项目应当根据“事业收入”科目的本期发生额填列。

(4)“上级补助收入”项目,反映事业单位本期从主管部门和上级单位收到或应收的非财政拨款收入。本项目应当根据“上级补助收入”科目的本期发生额填列。

(5)“附属单位上缴收入”项目,反映事业单位本期收到或应收的独立核算的附属单位按照有关规定上缴的收入。本项目应当根据“附属单位上缴收入”科目的本期发生额填列。

(6)“经营收入”项目,反映事业单位本期在专业业务活动及其辅助活动之外开展非独立核算经营活动实现的收入。本项目应当根据“经营收入”科目的本期发生额填列。

(7)“非同级财政拨款收入”项目,反映单位本期从非同级政府财政部门取得的财政拨款,不包括事业单位因开展科研及其辅助活动从非同级财政部门取得的经费拨款。本项目应当根据“非同级财政拨款收入”科目的本期发生额填列。

(8)“投资收益”项目,反映事业单位本期股权投资和债券投资所实现的收益或发生的损失。本项目应当根据“投资收益”科目的本期发生额填列;如为投资净损失,以“-”号填列。

(9)“捐赠收入”项目,反映单位本期接受捐赠取得的收入。本项目应当根据“捐赠收入”科目的本期发生额填列。

(10)“利息收入”项目,反映单位本期取得的银行存款利息收入。本项目应当根据“利息收入”科目的本期发生额填列。

(11)“租金收入”项目,反映单位本期经批准利用国有资产出租取得并按规定纳入本单位预算管理的租金收入。本项目应当根据“租金收入”科目的本期发生额填列。

(12)“其他收入”项目,反映单位本期取得的除以上收入项目外的其他收入的总额。本项目应当根据“其他收入”科目的本期发生额填列。

2. 本期费用

(13)“本期费用”项目,反映单位本期费用总额。本项目应当根据本表中“业务活动费用”“单位管理费用”“经营费用”“资产处置费用”“上缴上级费用”“对附属单位补助费用”“所得税费用”和“其他费用”项目金额的合计数填列。

(14)“业务活动费用”项目,反映单位本期为实现其职能目标,依法履职或开展专业业务活动及其辅助活动所发生的各项费用。本项目应当根据“业务活动费用”科目的本期发生额填列。

(15)“单位管理费用”项目,反映事业单位本期本级行政及后勤管理部门开展管理活动发生的各项费用,以及由单位统一负担的离退休人员经费、工会经费、诉讼费、中介费等。本项目应当根据“单位管理费用”科目的本期发生额填列。

(16)“经营费用”项目,反映事业单位本期在专业业务活动及其辅助活动之外开展非独立核算经营活动发生的各项费用。本项目应当根据“经营费用”科目的本期发生额填列。

(17)“资产处置费用”项目,反映单位本期经批准处置资产时转销的资产价值以及在处置过程中发生的相关费用或者处置收入小于处置费用形成的净支出。本项目应当根据“资产处置费用”科目的本期发生额填列。

(18)“上缴上级费用”项目,反映事业单位按照规定上缴上级单位款项发生的费用。本项目应当根据“上缴上级费用”科目的本期发生额填列。

(19)“对附属单位补助费用”项目,反映事业单位用财政拨款收入之外的收入对附属单位补助发生的费用。本项目应当根据“对附属单位补助费用”科目的本期发生额填列。

(20)“所得税费用”项目,反映有企业所得税缴纳义务的事业单位本期计算应缴纳的企业所得税。本项目应当根据“所得税费用”科目的本期发生额填列。

(21)“其他费用”项目,反映单位本期发生的除以上费用项目外的其他费用的总额。本项目应当根据“其他费用”科目的本期发生额填列。

3. 本期盈余

(22)“本期盈余”项目,反映单位本期收入扣除本期费用后的净额。本项目应当根据本表中“本期收入”项目金额减去“本期费用”项目金额后的金额填列;如为负数,以“－”号填列。

三、净资产变动表

(一)净资产变动表的概念与作用

净资产变动表是反映政府会计主体在某一会计期间内净资产项目变动情况的报表。净资产变动表主要有以下几个方面的作用:

(1)可以提供某一会计期间内累计盈余变动情况的信息。如可以提供某一会计期间内累计盈余期初余额、本期变动金额、期末余额等信息。

(2)可以提供某一会计期间内专用基金变动情况的信息。如可以提供某一会计期间内专用基金的期初余额、本期变动金额、期末余额等信息。

(3)可以提供某一会计期间内权益法调整变动情况的信息。如可以提供某一会计期间内权益法调整的期初余额、本期变动金额、期末余额等信息。

按照规定,行政事业单位的净资产变动表应当按年度编制。

(二)净资产变动表的格式

行政事业单位的净资产变动表采用矩阵的格式,即一方面列示净资产的各组成部分,如累计盈余、专用基金、权益法调整等,另一方面列示净资产各组成部分增减变动的具体原因,如以前年度盈余调整、本年盈余、无偿调拨净资产、归集调整预算结转结余、提取和使用专用基金、权益法调整等原因。净资产各组成部分的增减变动原因与净资产的相应组成部分形成对应。行政事业单位的净资产变动表的格式如表 17-3 所示。

表 17-3　净资产变动表　　会政财 03 表

编制单位:________　　____年　　单位:元

项目	本年数				上年数			
	累计盈余	专用基金	权益法调整	净资产合计	累计盈余	专用基金	权益法调整	净资产合计
一、上年年末余额								
二、以前年度盈余调整(减少以"－"号填列)		—	—			—	—	
三、本年年初余额								
四、本年变动金额(减少以"－"号填列)								
(一)本年盈余		—	—			—	—	
(二)无偿调拨净资产		—	—			—	—	
(三)归集调整预算结转结余		—	—			—	—	
(四)提取或设置专用基金			—				—	
其中:从预算收入中提取	—		—		—		—	
从预算结余中提取			—				—	
设置的专用基金	—		—		—		—	
(五)使用专用基金			—				—	
(六)权益法调整	—	—			—	—		
五、本年年末余额								

注:"—"标识单元格不需填列。

(三)净资产变动表的编制方法

净资产变动表的"本年数"栏反映本年度各项目的实际变动数。本表"上年数"栏反映上年度各项目的实际变动数,应当根据上年度净资产变动表中"本年数"栏内所列数字填列。如果上年度净资产变动表规定的项目的名称和内容与本年度不一致,应对上年度净资产变动表项目的名称和数字按照本年度的规定进行调整,将调整后金额填入本年度净资产变动表"上年数"栏内。本表"本年数"栏各项目的内容和填列方法如下:

(1)"上年年末余额"行,反映单位净资产各项目上年年末的余额。本行各项目应当根据"累计盈余""专用基金""权益法调整"科目上年年末余额填列。

(2)"以前年度盈余调整"行,反映单位本年度调整以前年度盈余的事项对累计盈余进行调整的金额。本行"累计盈余"项目应当根据本年度"以前年度盈余调整"科目转入"累计盈余"科目的金额填列;如调整减少累计盈余,以"—"号填列。

(3)"本年年初余额"行,反映经过以前年度盈余调整后,单位净资产各项目的本年年初余额。本行"累计盈余""专用基金""权益法调整"项目应当根据其各自在"上年年末余额"和"以前年度盈余调整"行对应项目金额的合计数填列。

(4)"本年变动金额"行,反映单位净资产各项目本年变动总金额。本行"累计盈余""专用基金""权益法调整"项目应当根据其各自在"本年盈余""无偿调拨净资产""归集调整预算结转结余""提取或设置专用基金""使用专用基金""权益法调整"行对应项目金额的合计数填列。

(5)"本年盈余"行,反映单位本年发生的收入、费用对净资产的影响。本行"累计盈余"项目应当根据年末由"本期盈余"科目转入"本年盈余分配"科目的金额填列;如转入时借记"本年盈余分配"科目,则以"—"号填列。

(6)"无偿调拨净资产"行,反映单位本年无偿调入、调出非现金资产事项对净资产的影响。本行"累计盈余"项目应当根据年末由"无偿调拨净资产"科目转入"累计盈余"科目的金额填列;如转入时借记"累计盈余"科目,则以"—"号填列。

(7)"归集调整预算结转结余"行,反映单位本年财政拨款结转结余资金归集调入、归集上缴或调出,以及非财政拨款结转资金缴回对净资产的影响。本行"累计盈余"项目应当根据"累计盈余"科目明细账记录分析填列;如归集调整减少预算结转结余,则以"—"号填列。

(8)"提取或设置专用基金"行,反映单位本年提取或设置专用基金对净资产的影响。本行"累计盈余"项目应当根据"从预算结余中提取"行"累计盈余"项目的金额填列。本行"专用基金"项目应当根据"从预算收入中提取""从预算结余中提取""设置的专用基金"行"专用基金"项目金额的合计数填列。

"从预算收入中提取"行,反映单位本年从预算收入中提取专用基金对净资产的影响。本行"专用基金"项目应当通过对"专用基金"科目明细账记录的分析,根据本年按有关规定从预算收入中提取基金的金额填列。

"从预算结余中提取"行,反映单位本年根据有关规定从本年度非财政拨款结余或经营结余中提取专用基金对净资产的影响。本行"累计盈余""专用基金"项目应当通过对"专用基金"科目明细账记录的分析,根据本年按有关规定从本年度非财政拨款结余或经营结余中提取专用基金的金额填列;本行"累计盈余"项目以"—"号填列。

"设置的专用基金"行,反映单位本年根据有关规定设置的其他专用基金对净资产的影响。本行"专用基金"项目应当通过对"专用基金"科目明细账记录的分析,根据本年按有关规定设置的其他专用基金的金额填列。

(9)"使用专用基金"行,反映单位本年按规定使用专用基金对净资产的影响。本行"累计盈余""专用基金"项目应当通过对"专用基金"科目明细账记录的分析,根据本年按规定使用专用基金的金额填列;本行"专用基金"项目以"—"号填列。

(10)"权益法调整"行,反映单位本年按照被投资单位除净损益和利润分配以外的所有者权益变动份额而调整长期股权投资账面余额对净资产的影响。本行"权益法调整"项目应当根据"权益法调整"科目本年发生额填列;若本年净发生额为借方时,以"—"号填列。

(11)"本年年末余额"行,反映单位本年各净资产项目的年末余额。本行"累计盈余""专用基金""权益法调整"项目应当根据其各自在"本年年初余额""本年变动金额"行对应项目金额的合计数填列。

(12)本表各行“净资产合计”项目,应当根据所在行“累计盈余”“专用基金”“权益法调整”项目金额的合计数填列。

四、现金流量表

(一)现金流量表的概念和作用

现金流量表是反映单位在某一会计期间内现金流入和流出信息的报表。其作用主要有以下几个方面:

(1)可以提供某一会计期间内日常活动产生的现金流量的信息。如可以提供某一会计期间内财政基本支出拨款收到的现金、购买商品或接受劳务支付的现金等信息。

(2)可以提供某一会计期间内投资活动产生的现金流量的信息。如可以提供某一会计期间内收回投资收到的现金,购建固定资产、无形资产、公共基础设施等支付的现金等信息。

(3)可以提供某一会计期间内筹资活动产生的现金流量的信息。如可以提供某一会计期间内财政资本性项目拨款收到的现金、偿还借款支付的现金等信息。

按照规定,行政事业单位的现金流量表应当按年度编制。

(二)现金流量表的格式

行政事业单位的现金流量表应当分日常活动产生的现金流量、投资活动产生的现金流量和筹资活动产生的现金流量,反映现金流入和现金流出的信息,采用的计算公式为:现金流入－现金流出＝现金流量净额。行政事业单位的现金流量表格式如表17-4所示。

表17-4　现金流量表　　　　会政财04表

编制单位:________　　　　____年　　　　单位:元

项目	本年金额	上年金额
一、日常活动产生的现金流量		
财政基本支出拨款收到的现金		
财政非资本性项目拨款收到的现金		
事业活动收到的除财政拨款以外的现金		
收到的其他与日常活动有关的现金		
日常活动的现金流入小计		
购买商品、接受劳务支付的现金		
支付给职工以及为职工支付的现金		
支付的各项税费		
支付的其他与日常活动有关的现金		
日常活动的现金流出小计		
日常活动产生的现金流量净额		
二、投资活动产生的现金流量		
收回投资收到的现金		

续表

项目	本年金额	上年金额
取得投资收益收到的现金		
处置固定资产、无形资产、公共基础设施等收回的现金净额		
收到的其他与投资活动有关的现金		
投资活动的现金流入小计		
购建固定资产、无形资产、公共基础设施等支付的现金		
对外投资支付的现金		
上缴处置固定资产、无形资产、公共基础设施等净收入支付的现金		
支付的其他与投资活动有关的现金		
投资活动的现金流出小计		
投资活动产生的现金流量净额		
三、筹资活动产生的现金流量		
财政资本性项目拨款收到的现金		
取得借款收到的现金		
收到的其他与筹资活动有关的现金		
筹资活动的现金流入小计		
偿还借款支付的现金		
偿付利息支付的现金		
支付的其他与筹资活动有关的现金		
筹资活动的现金流出小计		
筹资活动产生的现金流量净额		
四、汇率变动对现金的影响额		
五、现金净增加额		

(三)现金流量表的编制方法

现金流量表所指的现金，是指单位的库存现金以及其他可以随时用于支付的款项，包括库存现金、可以随时用于支付的银行存款、其他货币资金、零余额账户用款额度、财政应返还额度，以及通过财政直接支付方式支付的款项。现金流量表应当按照日常活动、投资活动、筹资活动的现金流量分别反映。本表所指的现金流量，是指现金的流入和流出。本表“本年金额”栏反映各项目的本年实际发生数。本表“上年金额”栏反映各项目的上年实际发生数，应当根据上年现金流量表中“本年金额”栏内所列数字填列。单位应当采用直接法编制现金流量表。本表“本年金额”栏各项目的填列方法如下：

1. 日常活动产生的现金流量

(1)“财政基本支出拨款收到的现金”项目，反映单位本年接受财政基本支出拨款取得的现金。本项目应当根据“零余额账户用款额度”“财政拨款收入”“银行存款”等科目及其所属明细科目的记录分析填列。

(2)“财政非资本性项目拨款收到的现金”项目,反映单位本年接受除用于购建固定资产、无形资产、公共基础设施等资本性项目以外的财政项目拨款取得的现金。本项目应当根据“银行存款”“零余额账户用款额度”“财政拨款收入”等科目及其所属明细科目的记录分析填列。

(3)“事业活动收到的除财政拨款以外的现金”项目,反映事业单位本年开展专业业务活动及其辅助活动取得的除财政拨款以外的现金。本项目应当根据“库存现金”“银行存款”“其他货币资金”“应收账款”“应收票据”“预收账款”“事业收入”等科目及其所属明细科目的记录分析填列。

(4)“收到的其他与日常活动有关的现金”项目,反映单位本年收到的除以上项目之外的与日常活动有关的现金。本项目应当根据“库存现金”“银行存款”“其他货币资金”“上级补助收入”“附属单位上缴收入”“经营收入”“非同级财政拨款收入”“捐赠收入”“利息收入”“租金收入”“其他收入”等科目及其所属明细科目的记录分析填列。

(5)“日常活动的现金流入小计”项目,反映单位本年日常活动产生的现金流入的合计数。本项目应当根据本表中“财政基本支出拨款收到的现金”“财政非资本性项目拨款收到的现金”“事业活动收到的除财政拨款以外的现金”“收到的其他与日常活动有关的现金”项目金额的合计数填列。

(6)“购买商品、接受劳务支付的现金”项目,反映单位本年在日常活动中用于购买商品、接受劳务支付的现金。本项目应当根据“库存现金”“银行存款”“财政拨款收入”“零余额账户用款额度”“预付账款”“在途物品”“库存物品”“应付账款”“应付票据”“业务活动费用”“单位管理费用”“经营费用”等科目及其所属明细科目的记录分析填列。

(7)“支付给职工以及为职工支付的现金”项目,反映单位本年支付给职工以及为职工支付的现金。本项目应当根据“库存现金”“银行存款”“零余额账户用款额度”“财政拨款收入”“应付职工薪酬”“业务活动费用”“单位管理费用”“经营费用”等科目及其所属明细科目的记录分析填列。

(8)“支付的各项税费”项目,反映单位本年用于缴纳日常活动相关税费而支付的现金。本项目应当根据“库存现金”“银行存款”“零余额账户用款额度”“应交增值税”“其他应交税费”“业务活动费用”“单位管理费用”“经营费用”“所得税费用”等科目及其所属明细科目的记录分析填列。

(9)“支付的其他与日常活动有关的现金”项目,反映单位本年支付的除上述项目之外的与日常活动有关的现金。本项目应当根据“库存现金”“银行存款”“零余额账户用款额度”“财政拨款收入”“其他应付款”“业务活动费用”“单位管理费用”“经营费用”“其他费用”等科目及其所属明细科目的记录分析填列。

(10)“日常活动的现金流出小计”项目,反映单位本年日常活动产生的现金流出的合计数。本项目应当根据本表中“购买商品、接受劳务支付的现金”“支付给职工以及为职工支付的现金”“支付的各项税费”“支付的其他与日常活动有关的现金”项目金额的合计数填列。

(11)“日常活动产生的现金流量净额”项目,应当按照本表中“日常活动的现金流入小计”项目金额减去“日常活动的现金流出小计”项目金额后的金额填列;如为负数,以“-”号填列。

2.投资活动产生的现金流量

(12)“收回投资收到的现金”项目,反映单位本年出售、转让或者收回投资收到的现金。本项目应该根据“库存现金”“银行存款”“短期投资”“长期股权投资”“长期债券投资”等科目的记录分析填列。

(13)“取得投资收益收到的现金”项目,反映单位本年因对外投资而收到被投资单位分配的股利或利润,以及收到投资利息而取得的现金。本项目应当根据“库存现金”“银行存款”“应收股利”“应收利息”“投资收益”等科目的记录分析填列。

(14)“处置固定资产、无形资产、公共基础设施等收回的现金净额”项目,反映单位本年处置固定资产、无形资产、公共基础设施等非流动资产所取得的现金减去为处置这些资产而支付的有关费用之后的净额。由于自然灾害所造成的固定资产等长期资产损失而收到的保险赔款收入,也在本项目中反映。本项目应当根据“库存现金”“银行存款”“待处理财产损溢”等科目的记录分析填列。

(15)“收到的其他与投资活动有关的现金”项目,反映单位本年收到的除上述项目之外的与投资活动有关的现金。对于金额较大的现金流入,应当单列项目反映。本项目应当根据“库存现金”“银行存款”等有关科目的记录分析填列。

(16)“投资活动的现金流入小计”项目,反映单位本年投资活动产生的现金流入的合计数。本项目应当根据本表中“收回投资收到的现金”“取得投资收益收到的现金”“处置固定资产、无形资产、公共基础设施等收回的现金净额”“收到的其他与投资活动有关的现金”项目金额的合计数填列。

(17)“购建固定资产、无形资产、公共基础设施等支付的现金”项目,反映单位本年购买和建造固定资产、无形资产、公共基础设施等非流动资产所支付的现金。融资租入固定资产支付的租赁费不在本项目中反映,在筹资活动产生的现金流量中反映。本项目应当根据“库存现金”“银行存款”“固定资产”“工程物资”“在建工程”“无形资产”“研发支出”“公共基础设施”“保障性住房”等科目的记录分析填列。

(18)“对外投资支付的现金”项目,反映单位本年为取得短期投资、长期股权投资、长期债券投资而支付的现金。本项目应当根据“库存现金”“银行存款”“短期投资”“长期股权投资”“长期债券投资”等科目的记录分析填列。

(19)“上缴处置固定资产、无形资产、公共基础设施等净收入支付的现金”项目,反映本年单位将处置固定资产、无形资产、公共基础设施等非流动资产所收回的现金净额予以上缴财政所支付的现金。本项目应当根据“库存现金”“银行存款”“应缴财政款”等科目的记录分析填列。

(20)“支付的其他与投资活动有关的现金”项目,反映单位本年支付的除上述项目之外的与投资活动有关的现金。对于金额较大的现金流出,应当单列项目反映。本项目应当根据“库存现金”“银行存款”等有关科目的记录分析填列。

(21)“投资活动的现金流出小计”项目,反映单位本年投资活动产生的现金流出的合计数。本项目应当根据本表中“购建固定资产、无形资产、公共基础设施等支付的现金”“对外投资支付的现金”“上缴处置固定资产、无形资产、公共基础设施等净收入支付的现金”“支付的其他与投资活动有关的现金”项目金额的合计数填列。

(22)“投资活动产生的现金流量净额”项目,应当按照本表中“投资活动的现金流入小计”项目金额减去“投资活动的现金流出小计”项目金额后的金额填列;如为负数,以“－”号填列。

3.筹资活动产生的现金流量

(23)“财政资本性项目拨款收到的现金”项目,反映单位本年接受用于购建固定资产、无形资产、公共基础设施等资本性项目的财政项目拨款取得的现金。本项目应当根据“银行存款”

“零余额账户用款额度”“财政拨款收入”等科目及其所属明细科目的记录分析填列。

(24)“取得借款收到的现金”项目,反映事业单位本年举借短期、长期借款所收到的现金。本项目应当根据“库存现金”“银行存款”“短期借款”“长期借款”等科目的记录分析填列。

(25)“收到的其他与筹资活动有关的现金”项目,反映单位本年收到的除上述项目之外的与筹资活动有关的现金。对于金额较大的现金流入,应当单列项目反映。本项目应当根据“库存现金”“银行存款”等有关科目的记录分析填列。

(26)“筹资活动的现金流入小计”项目,反映单位本年筹资活动产生的现金流入的合计数。本项目应当根据本表中“财政资本性项目拨款收到的现金”“取得借款收到的现金”“收到的其他与筹资活动有关的现金”项目金额的合计数填列。

(27)“偿还借款支付的现金”项目,反映事业单位本年偿还借款本金所支付的现金。本项目应当根据“库存现金”“银行存款”“短期借款”“长期借款”等科目的记录分析填列。

(28)“偿付利息支付的现金”项目,反映事业单位本年支付的借款利息等。本项目应当根据“库存现金”“银行存款”“应付利息”“长期借款”等科目的记录分析填列。

(29)“支付的其他与筹资活动有关的现金”项目,反映单位本年支付的除上述项目之外的与筹资活动有关的现金,如融资租入固定资产所支付的租赁费。本项目应当根据“库存现金”“银行存款”“长期应付款”等科目的记录分析填列。

(30)“筹资活动的现金流出小计”项目,反映单位本年筹资活动产生的现金流出的合计数。本项目应当根据本表中“偿还借款支付的现金”“偿付利息支付的现金”“支付的其他与筹资活动有关的现金”项目金额的合计数填列。

(31)“筹资活动产生的现金流量净额”项目,应当按照本表中“筹资活动的现金流入小计”项目金额减去“筹资活动的现金流出小计”项目金额后的金额填列;如为负数,以“—”号填列。

4.汇率变动对现金的影响额

“汇率变动对现金的影响额”项目,反映单位本年外币现金流量折算为人民币时,所采用的现金流量发生日的汇率折算的人民币金额与外币现金流量净额按期末汇率折算的人民币金额之间的差额。

5.现金净增加额

“现金净增加额”项目,反映单位本年现金变动的净额。本项目应当根据本表中“日常活动产生的现金流量净额”“投资活动产生的现金流量净额”“筹资活动产生的现金流量净额”“汇率变动对现金的影响额”项目金额的合计数填列;如为负数,以“—”号填列。

五、附注

附注是对在会计报表中列示的项目所作的进一步说明,以及对未能在会计报表中列示的项目的说明。附注是财务报表的重要组成部分。凡对报表使用者的决策有重要影响的会计信息,不论《政府会计制度》是否有明确规定,单位均应当充分披露。附注主要包括下列内容:

(一)单位的基本情况

单位应当简要披露其基本情况,包括单位的主要职能、主要业务活动、所在地、预算管理关系等。

(二)会计报表编制基础

单位应在附注中写明会计报表编制基础。

(三)遵循政府会计准则、制度的声明

单位应在附注中写明遵循政府会计准则、制度的声明。

(四)重要会计政策和会计估计

单位应当采用与其业务特点相适应的具体会计政策,并充分披露报告期内采用的重要会计政策和会计估计。主要包括以下内容:①会计期间。②记账本位币、外币折算汇率。③坏账准备的计提方法。④存货类别、发出存货的计价方法、存货的盘存制度,以及低值易耗品和包装物的摊销方法。⑤长期股权投资的核算方法。⑥固定资产分类、折旧方法、折旧年限和年折旧率;融资租入固定资产的计价和折旧方法。⑦无形资产的计价方法;使用寿命有限的无形资产,其使用寿命估计情况;使用寿命不确定的无形资产,其使用寿命不确定的判断依据;单位内部研究开发项目划分研究阶段和开发阶段的具体标准。⑧公共基础设施的分类、折旧(摊销)方法、折旧(摊销)年限,以及其确定依据。⑨政府储备物资分类,以及确定其发出成本所采用的方法。⑩保障性住房的分类、折旧方法、折旧年限。⑪其他重要的会计政策和会计估计。⑫本期发生重要会计政策和会计估计变更的,变更的内容和原因、受其重要影响的报表项目名称和金额、相关审批程序,以及会计估计变更开始适用的时点。

(五)会计报表重要项目说明

单位应当按照资产负债表和收入费用表项目列示顺序,采用文字和数据描述相结合的方式披露重要项目的明细信息。报表重要项目的明细金额合计,应当与报表项目金额相衔接。报表重要项目说明应包括但不限于下列内容:

(1)货币资金的披露格式如下:库存现金、银行存款、其他货币资金等的期末余额和年初余额。

(2)应收账款按照债务人类别披露:债务人类别(政府部门内部单位、政府部门外部单位、其他单位)及其债务的期末余额和年初余额。

(3)存货的种类及其期末余额和年初余额。

(4)其他流动资产的种类及其期末余额和年初余额。

(5)长期投资。

①长期债券投资的发行主体及其年初余额、本期增加额、本期减少额、期末余额。有短期投资的,可比照长期债券投资进行披露。

②长期股权投资的被投资单位及长期股权投资的核算方法、年初余额、本期增加额、本期减少额、期末余额。

③当期发生的重大投资净损益项目、金额及原因。

(6)固定资产。

①固定资产原值合计、累计折旧合计、账面价值合计及其各自的年初余额、本期增加额、本期减少额、期末余额。

②已提足折旧的固定资产名称、数量等情况。

③出租、出借固定资产以及固定资产对外投资等情况。

④在建工程的项目及其年初余额、本期增加额、本期减少额、期末余额。

(7)在建工程各项目的年初余额、本期增加额、本期减少额、期末余额。

(8)无形资产。

①各类无形资产的原值合计、累计摊销合计、账面价值合计及其各自的年初余额、本期增加额、本期减少额、期末余额。

②计入当期损益的研发支出金额、确认为无形资产的研发支出金额。

③无形资产出售、对外投资等处置情况。

(9)公共基础设施。

①公共基础设施各项目的原值合计、累计摊销合计、账面价值合计及其各自的年初余额、本期增加额、本期减少额、期末余额。

②确认为公共基础设施的单独计价入账的土地使用权的账面余额、累计摊销额及变动情况。

③已提取折旧继续使用的公共基础设施的名称、数量等。

(10)各类政府储备物资的年初余额、本期增加额、本期减少额、期末余额。

(11)各类受托代理资产的年初余额、本期增加额、本期减少额、期末余额。

(12)应付账款按照债权人分类及其期末余额和年初余额。

(13)其他流动负债项目的期末余额和年初余额。

(14)长期借款。

①长期借款债权人及其期末余额和年初余额。

②单位有基建借款的,应当分基建项目披露长期借款年初数、本年变动数、年末数及到期期限。

(15)事业收入的来源(如财政专户管理资金、本部门内部单位、本部门以外同级政府单位、其他)及其本期发生额、上期发生额。

(16)非同级财政拨款收入的来源(如本部门以外同级政府单位、本部门以外非同级政府单位)及其本期发生额、上期发生额。

(17)其他收入的来源(如本部门内部单位、本部门以外同级政府单位、本部门以外非同级政府单位、其他)及其本期发生额、上期发生额。

(18)业务活动费用。

①按经济分类各项目的本期发生额、上期发生额。经济分类项目包括:工资福利费用、商品和服务费用、对个人和家庭的补助费用、对企业补助费用、固定资产折旧费、无形资产摊销费、公共基础设施折旧(摊销)费、保障性住房折旧费、计提专用基金。有单位管理费用、经营费用的,可比照(业务活动费用)按经济分类的披露格式进行披露。

②按支付对象如本部门内部单位、本部门以外同级政府单位、其他单位披露本期发生额、上期发生额。有单位管理费用、经营费用的,可比照(业务活动费用)按支付对象的披露格式进行披露。

(19)其他费用按照类别(如利息费用、坏账损失、罚没支出)披露本期发生额、上期发生额。

(20)本期费用按照经济分类披露本年数和上年数。经济分类包括:工资福利费用、商品和服务费用、对个人和家庭的补助费用、对企业补助费用、固定资产折旧费、无形资产摊销费、公共基础设施折旧(摊销)费、保障性住房折旧费、计提专用基金、所得税费用、资产处置费用、上缴上级费用、对附属单位补助费用、其他费用。单位在按照《政府会计制度》规定编制收入费用表的基础上,可以根据需要按照上述披露的内容编制收入费用表。

(六)本年盈余与预算结余的差异情况说明

为了反映单位财务会计和预算会计因核算基础和核算范围不同所产生的本年盈余数与本年预算结余数之间的差异,单位应当按照重要性原则,对本年度发生的各类影响收入(预算收入)和费用(预算支出)的业务进行适度归并和分析,披露将年度预算收入支出表中"本年预算收支差额"调节为年度收入费用表中"本期盈余"的信息。有关披露格式如表 17-5 所示。

表 17-5　本年预算收支差额和本期盈余调节表　　单位:元

项目	金额
一、本年预算结余(本年预算收支差额)	
二、差异调节	
(一)重要事项的差异	
加:1. 当期确认为收入但没有确认为预算收入	
(1)应收款项、预收账款确认的收入	
(2)接受非货币性资产捐赠确认的收入	
2. 当期确认为预算支出但没有确认为费用	
(1)支付应付款项、预付账款的支出	
(2)为取得存货、政府储备物资等计入物资成本的支出	
(3)为购建固定资产等的资本性支出	
(4)偿还借款本息支出	
减:1. 当期确认为预算收入但没有确认为收入	
(1)收到应收款项、预收账款确认的预算收入	
(2)取得借款确认的预算收入	
2. 当期确认为费用但没有确认为预算支出	
(1)发出存货、政府储备物资等确认的费用	
(2)计提的折旧费用和摊销费用	
(3)确认的资产处置费用(处置资产价值)	
(4)应付款项、预付账款确认的费用	
(二)其他事项差异	
三、本年盈余(本年收入与费用的差额)	

(七)其他重要事项说明

(1)资产负债表日存在的重要或有事项说明。没有重要或有事项的,也应说明。

(2)以名义金额计量的资产名称、数量等情况,以及以名义金额计量理由的说明。

(3)通过债务资金形成的固定资产、公共基础设施、保障性住房等资产的账面价值、使用情况、收益情况及与此相关的债务偿还情况等的说明。

(4)重要资产置换、无偿调入(出)、捐入(出)、报废、重大毁损等情况的说明。

(5)事业单位将单位内部独立核算单位的会计信息纳入本单位财务报表情况的说明。

(6)政府会计具体准则中要求附注披露的其他内容。

(7)有助于理解和分析单位财务报表需要说明的其他事项。

第三节　预算会计报表

预算会计报表包括预算收入支出表、预算结转结余变动表和财政拨款预算收入支出表。

一、预算收入支出表

(一)预算收入支出表的概念和作用

预算收入支出表是反映单位在某一会计年度内各项预算收入、预算支出和预算收支差额情况的报表。其作用主要表现在以下几个方面：

(1)可以提供某一会计年度内预算收入总额及其构成情况的信息。如可以提供某一会计年度内预算收入总额、财政拨款预算收入、事业预算收入等信息。

(2)可以提供某一会计年度内预算支出总额及其构成情况的信息。如可以提供某一会计年度内预算支出总额、行政支出、事业支出、经营支出等信息。

(3)可以提供某一会计年度内预算收支差额信息。

(二)预算收入支出表的格式

预算收入支出表应当分本年预算收入、本年预算支出和本年预算收支差额反映相应组成项目本年数和上年数的信息,采用的计算公式为:本年预算收入－本年预算支出＝本年预算收支差额。行政事业单位预算收入支出表如表 17-6 所示。

表 17-6　预算收入支出表　　　　会政预 01 表

编制单位:________　　　　____年　　　　单位:元

项目	本年数	上年数
一、本年预算收入		
(一)财政拨款预算收入		
其中:政府性基金收入		
(二)事业预算收入		
(三)上级补助预算收入		
(四)附属单位上缴预算收入		
(五)经营预算收入		
(六)债务预算收入		
(七)非同级财政拨款预算收入		
(八)投资预算收益		
(九)其他预算收入		
其中:利息预算收入		
捐赠预算收入		

续表

项目	本年数	上年数
租金预算收入		
二、本年预算支出		
(一)行政支出		
(二)事业支出		
(三)经营支出		
(四)上缴上级支出		
(五)对附属单位补助支出		
(六)投资支出		
(七)债务还本支出		
(八)其他支出		
其中:利息支出		
捐赠支出		
三、本年预算收支差额		

(三)预算收入支出表的编制方法

预算收入支出表反映单位在某一会计年度内各项预算收入、预算支出和预算收支差额的情况。本表“本年数”栏反映各项目的本年实际发生数。本表“上年数”栏反映各项目上年度的实际发生数,应当根据上年度预算收入支出表中“本年数”栏内所列数字填列。

如果本年度预算收入支出表规定的项目的名称和内容同上年度不一致,应当对上年度预算收入支出表项目的名称和数字按照本年度的规定进行调整,将调整后金额填入本年度预算收入支出表的“上年数”栏。本表“本年数”栏各项目的内容和填列方法如下:

1. 本年预算收入

(1)“本年预算收入”项目,反映单位本年预算收入总额。本项目应当根据本表中“财政拨款预算收入”“事业预算收入”“上级补助预算收入”“附属单位上缴预算收入”“经营预算收入”“债务预算收入”“非同级财政拨款预算收入”“投资预算收益”“其他预算收入”项目金额的合计数填列。

(2)“财政拨款预算收入”项目,反映单位本年从同级政府财政部门取得的各类财政拨款。本项目应当根据“财政拨款预算收入”科目的本年发生额填列。

“政府性基金收入”项目,反映单位本年取得的财政拨款收入中属于政府性基金预算拨款的金额。本项目应当根据“财政拨款预算收入”相关明细科目的本年发生额填列。

(3)“事业预算收入”项目,反映事业单位本年开展专业业务活动及其辅助活动取得的预算收入。本项目应当根据“事业预算收入”科目的本年发生额填列。

(4)“上级补助预算收入”项目,反映事业单位本年从主管部门和上级单位取得的非财政补助预算收入。本项目应当根据“上级补助预算收入”科目的本年发生额填列。

(5)“附属单位上缴预算收入”项目,反映事业单位本年收到的独立核算的附属单位按照有关规定上缴的预算收入。本项目应当根据“附属单位上缴预算收入”科目的本年发生额填列。

(6)“经营预算收入”项目,反映事业单位本年在专业业务活动及其辅助活动之外开展非独立核算经营活动取得的预算收入。本项目应当根据“经营预算收入”科目的本年发生额填列。

(7)“债务预算收入”项目,反映事业单位本年按照规定从金融机构等借入的、纳入部门预算管理的债务预算收入。本项目应当根据“债务预算收入”科目的本年发生额填列。

(8)“非同级财政拨款预算收入”项目,反映单位本年从非同级政府财政部门取得的财政拨款。本项目应当根据“非同级财政拨款预算收入”科目的本年发生额填列。

(9)“投资预算收益”项目,反映事业单位本年取得的按规定纳入单位预算管理的投资收益。本项目应当根据“投资预算收益”科目的本年发生额填列。

(10)“其他预算收入”项目,反映单位本年取得的除上述收入以外的纳入单位预算管理的各项预算收入。本项目应当根据“其他预算收入”科目的本年发生额填列。

“利息预算收入”项目,反映单位本年取得的利息预算收入。本项目应当根据“其他预算收入”科目明细账记录分析填列。单位单设“利息预算收入”科目的,应当根据“利息预算收入”科目的本年发生额填列。

“捐赠预算收入”项目,反映单位本年取得的捐赠预算收入。本项目应当根据“其他预算收入”科目明细账记录分析填列。单位单设“捐赠预算收入”科目的,应当根据“捐赠预算收入”科目的本年发生额填列。

“租金预算收入”项目,反映单位本年取得的租金预算收入。本项目应当根据“其他预算收入”科目明细账记录分析填列。单位单设“租金预算收入”科目的,应当根据“租金预算收入”科目的本年发生额填列。

2.本年预算支出

(11)“本年预算支出”项目,反映单位本年预算支出总额。本项目应当根据本表中“行政支出”“事业支出”“经营支出”“上缴上级支出”“对附属单位补助支出”“投资支出”“债务还本支出”“其他支出”项目金额的合计数填列。

(12)“行政支出”项目,反映行政单位本年履行职责实际发生的支出。本项目应当根据“行政支出”科目的本年发生额填列。

(13)“事业支出”项目,反映事业单位本年开展专业业务活动及其辅助活动发生的支出。本项目应当根据“事业支出”科目的本年发生额填列。

(14)“经营支出”项目,反映事业单位本年在专业业务活动及其辅助活动之外开展非独立核算经营活动发生的支出。本项目应当根据“经营支出”科目的本年发生额填列。

(15)“上缴上级支出”项目,反映事业单位本年按照财政部门和主管部门的规定上缴上级单位的支出。本项目应当根据“上缴上级支出”科目的本年发生额填列。

(16)“对附属单位补助支出”项目,反映事业单位本年用财政拨款收入之外的收入对附属单位补助发生的支出。本项目应当根据“对附属单位补助支出”科目的本年发生额填列。

(17)“投资支出”项目,反映事业单位本年以货币资金对外投资发生的支出。本项目应当根据“投资支出”科目的本年发生额填列。

(18)“债务还本支出”项目,反映事业单位本年偿还自身承担的纳入预算管理的从金融机构举借的债务本金的支出。本项目应当根据“债务还本支出”科目的本年发生额填列。

(19)“其他支出”项目,反映单位本年除以上支出以外的各项支出。本项目应当根据“其他支出”科目的本年发生额填列。

"利息支出"项目,反映单位本年发生的利息支出。本项目应当根据"其他支出"科目明细账记录分析填列。单位单设"利息支出"科目的,应当根据"利息支出"科目的本年发生额填列。

"捐赠支出"项目,反映单位本年发生的捐赠支出。本项目应当根据"其他支出"科目明细账记录分析填列。单位单设"捐赠支出"科目的,应当根据"捐赠支出"科目的本年发生额填列。

3. 本年预算收支差额

(20)"本年预算收支差额"项目,反映单位本年各项预算收支相抵后的差额。本项目应当根据本表中"本年预算收入"项目金额减去"本年预算支出"项目金额后的金额填列;如相减后金额为负数,以"-"号填列。

二、预算结转结余变动表

(一)预算结转结余变动表的概念和作用

预算结转结余变动表是反映单位在某一年度内预算结转结余变动情况的报表。其作用主要表现在以下几个方面:

(1)可以提供某一会计年度内预算结转结余变动情况的信息。如可以提供由本年财政拨款收支差额、归集调入、归集上缴或调出等原因引起的财政拨款结转结余变动情况的信息。

(2)可以提供年末预算结转结余构成情况的信息。如可以提供年末财政拨款结转、财政拨款结余、非财政拨款结转、非财政拨款结余、专用结余、经营结余等信息。

按照规定,行政事业单位的预算结转结余变动表应当按年度编制。

(二)预算结转结余变动表的格式

预算结转结余变动表应当分别反映财政拨款结转结余、其他资金结转结余的年初余额、年初余额调整、本年变动金额和年末余额的信息。采用的计算公式为:年初预算结转结余+年初余额调整+本年变动金额=年末预算结转结余。预算结转结余变动表的格式如表 17-7 所示。

表 17-7　预算结转结余变动表　　　　会政预 02 表

编制单位:________　　　　____年　　　　单位:元

项目	本年数	上年数
一、年初预算结转结余		
(一)财政拨款结转结余		
(二)其他资金结转结余		
二、年初余额调整(减少以"-"号填列)		
(一)财政拨款结转结余		
(二)其他资金结转结余		
三、本年变动金额(减少以"-"号填列)		
(一)财政拨款结转结余		
1. 本年收支差额		
2. 归集调入		
3. 归集上缴或调出		

续表

项目	本年数	上年数
(二)其他资金结转结余		
1.本年收支差额		
2.缴回资金		
3.使用专用结余		
4.支付所得税		
四、年末预算结转结余		
(一)财政拨款结转结余		
1.财政拨款结转		
2.财政拨款结余		
(二)其他资金结转结余		
1.非财政拨款结转		
2.非财政拨款结余		
3.专用结余		
4.经营结余(如有余额,以"—"号填列)		

(三)预算结转结余变动表的编制方法

预算结转结余变动表"本年数"栏反映各项目的本年实际发生数。本表"上年数"栏反映各项目的上年实际发生数,应当根据上年度预算结转结余变动表中"本年数"栏内所列数字填列。

如果本年度预算结转结余变动表规定的项目的名称和内容同上年度不一致,应当对上年度预算结转结余变动表项目的名称和数字按照本年度的规定进行调整,将调整后金额填入本年度预算结转结余变动表的"上年数"栏。本表中"年末预算结转结余"项目金额等于"年初预算结转结余""年初余额调整""本年变动金额"三个项目金额的合计数。本表"本年数"栏各项目的内容和填列方法如下:

(1)"年初预算结转结余"项目,反映单位本年预算结转结余的年初余额。本项目应当根据本项目下"财政拨款结转结余""其他资金结转结余"项目金额的合计数填列。

①"财政拨款结转结余"项目,反映单位本年财政拨款结转结余资金的年初余额。本项目应当根据"财政拨款结转""财政拨款结余"科目本年年初余额的合计数填列。

②"其他资金结转结余"项目,反映单位本年其他资金结转结余的年初余额。本项目应当根据"非财政拨款结转""非财政拨款结余""专用结余""经营结余"科目本年年初余额的合计数填列。

(2)"年初余额调整"项目,反映单位本年预算结转结余年初余额调整的金额。本项目应当根据本项目下"财政拨款结转结余""其他资金结转结余"项目金额的合计数填列。

①"财政拨款结转结余"项目,反映单位本年财政拨款结转结余资金的年初余额调整金额。本项目应当根据"财政拨款结转""财政拨款结余"科目下"年初余额调整"明细科目的本年发生额的合计数填列;如调整减少年初财政拨款结转结余,以"—"号填列。

②"其他资金结转结余"项目,反映单位本年其他资金结转结余的年初余额调整金额。本项

目应当根据“非财政拨款结转”“非财政拨款结余”科目下“年初余额调整”明细科目的本年发生额的合计数填列；如调整减少年初其他资金结转结余，以“—”号填列。

(3)“本年变动金额”项目，反映单位本年预算结转结余变动的金额。本项目应当根据本项目下“财政拨款结转结余”“其他资金结转结余”项目金额的合计数填列。

①“财政拨款结转结余”项目，反映单位本年财政拨款结转结余资金的变动。本项目应当根据本项目下“本年收支差额”“归集调入”“归集上缴或调出”项目金额的合计数填列。

a.“本年收支差额”项目，反映单位本年财政拨款资金收支相抵后的差额。本项目应当根据“财政拨款结转”科目下“本年收支结转”明细科目本年转入的预算收入与预算支出的差额填列；差额为负数的，以“—”号填列。

b.“归集调入”项目，反映单位本年按照规定从其他单位归集调入的财政拨款结转资金。本项目应当根据“财政拨款结转”科目下“归集调入”明细科目的本年发生额填列。

c.“归集上缴或调出”项目，反映单位本年按照规定上缴的财政拨款结转结余资金及按照规定向其他单位调出的财政拨款结转资金。本项目应当根据“财政拨款结转”“财政拨款结余”科目下“归集上缴”明细科目，以及“财政拨款结转”科目下“归集调出”明细科目本年发生额的合计数填列，以“—”号填列。

②“其他资金结转结余”项目，反映单位本年其他资金结转结余的变动。本项目应当根据本项目下“本年收支差额”“缴回资金”“使用专用结余”“支付所得税”项目金额的合计数填列。

a.“本年收支差额”项目，反映单位本年除财政拨款外的其他资金收支相抵后的差额。本项目应当根据“非财政拨款结转”科目下“本年收支结转”明细科目、“其他结余”科目、“经营结余”科目本年转入的预算收入与预算支出的差额的合计数填列；如为负数，以“—”号填列。

b.“缴回资金”项目，反映单位本年按照规定缴回的非财政拨款结转资金。本项目应当根据“非财政拨款结转”科目下“缴回资金”明细科目本年发生额的合计数填列，以“—”号填列。

c.“使用专用结余”项目，反映本年事业单位根据规定使用从非财政拨款结余或经营结余中提取的专用基金的金额。本项目应当根据“专用结余”科目明细账中本年使用专用结余业务的发生额填列，以“—”号填列。

d.“支付所得税”项目，反映有企业所得税缴纳义务的事业单位本年实际缴纳的企业所得税金额。本项目应当根据“非财政拨款结余”明细账中本年实际缴纳企业所得税业务的发生额填列，以“—”号填列。

(4)“年末预算结转结余”项目，反映单位本年预算结转结余的年末余额。本项目应当根据本项目下“财政拨款结转结余”“其他资金结转结余”项目金额的合计数填列。

①“财政拨款结转结余”项目，反映单位本年财政拨款结转结余的年末余额。本项目应当根据本项目下“财政拨款结转”“财政拨款结余”项目金额的合计数填列。本项目下“财政拨款结转”“财政拨款结余”项目，应当分别根据“财政拨款结转”“财政拨款结余”科目的本年年末余额填列。

②“其他资金结转结余”项目，反映单位本年其他资金结转结余的年末余额。本项目应当根据本项目下“非财政拨款结转”“非财政拨款结余”“专用结余”“经营结余”项目金额的合计数填列。本项目下“非财政拨款结转”“非财政拨款结余”“专用结余”“经营结余”项目，应当分别根据“非财政拨款结转”“非财政拨款结余”“专用结余”“经营结余”科目的本年年末余额填列。

三、财政拨款预算收入支出表

(一)财政拨款预算收入支出表的概念和作用

财政拨款预算收入支出表是反映单位本年财政拨款预算资金收入、支出及相关变动具体情况的报表。

财政拨款预算收入支出表的作用主要表现在可以提供某会计年度内财政拨款预算资金增减变动具体情况的信息。如可以提供某一会计年度内基本支出、各项目支出的年初财政拨款结转结余、本年归集调入、本年归集调出、单位内部调剂、本年财政拨款收入、本年财政拨款支出、年末财政拨款结转结余等信息。相对于预算结转结余变动表,财政拨款预算收入支出表专门针对财政拨款预算资金及其增减变动情况进行详细具体反映。

按照规定,行政事业单位的财政拨款预算收入支出表应当按年度编制。

(二)财政拨款预算收入支出表的格式

财政拨款预算收入支出表与预算结转结余变动表的逻辑非常类似,但是财政拨款预算收入支出表只限于财政拨款资金范围。财政拨款预算收入支出表应当分别反映基本支出、项目支出的年初结转结余数、本年增减变动数和年末结转结余数。本年增减变动数包括调整年初结转结余数、本年归集调入数、本年归集上缴或调出数、单位内部调剂数、本年财政拨款收入数、本年财政拨款支出数。

同时有一般公共预算财政拨款和政府性基金预算财政拨款的,应当分别反映上述相关信息。财政拨款预算收入支出表的格式如表 17-8 所示。

表 17-8　财政拨款预算收入支出表　　　会政预 03 表

编制单位:________　　　____年　　　单位:元

项目	年初财政拨款结转结余		调整年初财政拨款结转结余	本年归集调入	本年归集上缴或调出	单位内部调剂		本年财政拨款收入	本年财政拨款支出	年末财政拨款结转结余	
	结转	结余				结转	结余			结转	结余
一、一般公共预算财政拨款											
(一)基本支出											
1. 人员经费											
2. 日常公用经费											
(二)项目支出											
1. ××项目											
2. ××项目											
……											
二、政府性基金预算财政拨款											
(一)基本支出											
1. 人员经费											
2. 日常公用经费											

续表

项目	年初财政拨款结转结余		调整年初财政拨款结转结余	本年归集调入	本年归集上缴或调出	单位内部调剂		本年财政拨款收入	本年财政拨款支出	年末财政拨款结转结余	
	结转	结余				结转	结余			结转	结余
(二)项目支出											
1.××项目											
2.××项目											
……											
总计											

表17-8栏目关系为：年初财政拨款结转结余＋调整年初财政拨款结转结余＋本年归集调入－本年归集上缴或调出＋单位内部调剂(－借方发生额)＋本年财政拨款收入－本年财政拨款支出＝年末财政拨款结转结余。

(三)财政拨款预算收入支出表的编制方法

财政拨款预算收入支出表“项目”栏内各项目，应当根据单位取得的财政拨款种类分项设置。其中“项目支出”项目下，根据每个项目设置；单位取得除一般公共预算财政拨款和政府性基金预算财政拨款以外的其他财政拨款的，应当按照财政拨款种类增加相应的资金项目及其明细项目。本表各栏及其对应项目的内容和填列方法如下：

(1)“年初财政拨款结转结余”栏中各项目，反映单位年初各项财政拨款结转结余的金额。各项目应当根据“财政拨款结转”“财政拨款结余”及其明细科目的年初余额填列。本栏中各项目的数额应当与上年度财政拨款预算收入支出表中“年末财政拨款结转结余”栏中各项目的数额相等。

(2)“调整年初财政拨款结转结余”栏中各项目，反映单位对年初财政拨款结转结余的调整金额。各项目应当根据“财政拨款结转”“财政拨款结余”科目下“年初余额调整”明细科目及其所属明细科目的本年发生额填列；如调整减少年初财政拨款结转结余，以“－”号填列。

(3)“本年归集调入”栏中各项目，反映单位本年按规定从其他单位调入的财政拨款结转资金金额。各项目应当根据“财政拨款结转”科目下“归集调入”明细科目及其所属明细科目的本年发生额填列。

(4)“本年归集上缴或调出”栏中各项目，反映单位本年按规定实际上缴的财政拨款结转结余资金及按照规定向其他单位调出的财政拨款结转资金金额。各项目应当根据“财政拨款结转”“财政拨款结余”科目下“归集上缴”明细科目和“财政拨款结转”科目下“归集调出”明细科目及其所属明细科目的本年发生额填列，以“－”号填列。

(5)“单位内部调剂”栏中各项目，反映单位本年财政拨款结转结余资金在单位内部不同项目之间的调剂金额。各项目应当根据“财政拨款结转”和“财政拨款结余”科目下的“单位内部调剂”明细科目及其所属明细科目的本年发生额填列；对单位内部调剂减少的财政拨款结余金额，以“－”号填列。

(6)“本年财政拨款收入”栏中各项目，反映单位本年从同级财政部门取得的各类财政预算拨款金额。各项目应当根据“财政拨款预算收入”科目及其所属明细科目的本年发生额填列。

(7)“本年财政拨款支出”栏中各项目,反映单位本年发生的财政拨款支出金额。各项目应当根据“行政支出”“事业支出”等科目及其所属明细科目本年发生额中的财政拨款支出数的合计数填列。

(8)“年末财政拨款结转结余”栏中各项目,反映单位年末财政拨款结转结余的金额。各项目应当根据“财政拨款结转”“财政拨款结余”科目及其所属明细科目的年末余额填列。

复习思考题

1.什么是资产负债表?资产负债表有哪些作用?
2.资产负债表的格式是怎样的?
3.什么是收入费用表?收入费用表有哪些作用?
4.收入费用表的格式是怎样的?
5.什么是净资产变动表?净资产变动表有哪些作用?
6.净资产变动表的格式是怎样的?
7.什么是现金流量表?现金流量表有哪些作用?现金流量表的格式是怎样的?
8.财务会计报表附注包括哪些内容?
9.本年预算收支差额和本年盈余调节表的作用是什么?格式是怎样的?
10.什么是预算收入支出表?有哪些作用?格式是怎样的?
11.什么是预算结转结余变动表?有哪些作用?格式是怎样的?
12.什么是财政拨款预算收入支出表?有哪些作用?格式是怎样的?

练习题

练习一

一、目的:练习行政事业单位资产负债表的编制。

二、资料:某事业单位20×1年12月31日的资产负债表部分项目年末余额如表17-9所示。假设该单位20×2年12月31日的资产、负债、净资产会计科目余额如表17-10所示。

表17-9　资产负债表部分项目年末余额　　单位:元

资产	年末余额	负债和净资产	年末余额
流动资产项目:		流动负债项目:	
货币资金	2 756 800	应付账款	18 100
财政应返还额度	687 600	应付利息	12 200
预付账款	52 400	其他应付款	2 850 000
其他应收款净额	15 100	一年内到期的非流动负债	841 100
存货	435 200	非流动负债项目:	
非流动资产项目:		长期借款	1 400 000
固定资产原值	49 100 000	长期应付款	1 932 000

续表

资产	年末余额	负债和净资产	年末余额
固定资产累计折旧	16 867 000	受托代理负债	3 687 500
在建工程	1 221 000	净资产项目：	
无形资产原值	885 000	累计盈余	37 900 000
无形资产累计摊销	279 000	专用基金	97 700
公共基础设施原值	11 500 000		
公共基础设施累计折旧	3 991 500		
政府储备物资	1 055 000		
受托代理资产	2 168 000		
资产总计	48 738 600	负债和净资产总计	48 738 600

表 17-10　会计科目余额

编制单位：×××单位　　　　20×2 年 12 月 31 日　　　　单位：元

资产	借方余额	负债和净资产	年底结账前余额	年底结账后余额
库存现金	120	其他应交税费	2 190	2 190
银行存款	4 117 320	应付账款	254 050	254 050
其中：受托代理存款	1 457 220	应付利息	3 700	3 700
财政应返还额度	354 260	其他应付款	1 450 000	1 450 000
预付账款	557 620	长期借款	1 100 000	1 100 000
其他应收款净额	15 000	长期应付款	2 667 000	2 667 000
存货	1 312 800	受托代理负债	2 666 000	2 666 000
固定资产	51 286 000	无偿调拨净资产	—3 520 100	
固定资产累计折旧	17 200 000	本期盈余	16 115 300	
无形资产	5 692 500	累计盈余	37 200 000	49 741 600
无形资产累计摊销	292 800	专用基金	58 900	112 500
在建工程	922 500			
公共基础设施原值	11 250 000			
公共基础设施累计折旧	3 225 500			
政府储备物资	1 000 000			
受托代理资产	750 000			
合计	57 997 040		57 997 040	57 997 040

三、要求：根据以上资料编制 20×2 年 12 月 31 日的月度和年度资产负债表。

练习二

一、目的：练习收入费用表的编制。

二、资料：某事业单位 20×2 年 12 月的收入费用会计科目发生额如表 17-11 所示。

表 17-11　收入费用会计科目发生额　　　　单位：元

总账科目	借方发生额	贷方发生额	上期末累计发生额
财政拨款收入		9 500 000	85 000 000
其中：政府性基金收入		7 900 000	15 200 000
事业收入		2 100 000	24 550 000
上级补助收入			90 000
附属单位上缴收入		10 000	15 000
经营收入		11 200	265 930
非同级财政拨款收入			210 000
租金收入		1 000	11 000
业务活动费用	9 512 000		91 887 000
单位管理费用	25 000		263 000
经营费用	7 500		210 000
资产处置费用			8 000
对附属单位补助费用			228 000
所得税费用	3 000		28 000
其他费用	2 150		25 220

三、要求：为该事业单位编制月度和年度收入费用表。

练习三

一、目的：练习净资产变动表的编制。

二、资料：某事业单位 20×2 年 12 月各净资产科目及其明细科目的分析数据如表 17-12 所示。

表 17-12　净资产科目余额变动明细数据　　　　单位：元

"累计盈余"变动情况	金额	"专用基金"变动情况	金额
期初余额	38 600 000	期初余额	98 900
"本年盈余"转入	16 348 200	从"非财政拨款结余"中计提	65 000
"无偿调拨净资产"转入	2 832 150	从"事业收入"中计提	20 000
从"财政拨款结余"调入		本期运用专用基金	52 500

三、要求：根据上述业务，为该事业单位编制净资产变动表。

练习四

一、目的：练习预算收入支出表的编制。

二、资料：某事业单位 20×2 年度预算收入和预算支出本年发生额如表 17-13 所示。

表 17-13　预算收入和预算支出本年发生额　　单位：元

预算收入	本年发生额	预算支出	本年发生额
财政拨款预算收入	35 592 000	事业支出	39 780 000
事业预算收入	5 150 000	经营支出	110 000
上级补助预算收入	750 000	上缴上级支出	320 000
附属单位上缴预算收入	335 000	对附属单位补助支出	410 000
经营预算收入	129 000	债务还本支出	100 000
债务预算收入	120 000		
其他预算收入	31 500		
其中：			
利息预算收入	23 500		
租金预算收入	9 000		

三、要求：根据上述业务，为该事业单位编制预算收入支出表。

练习五

一、目的：练习预算结转结余变动表的编制。

二、资料：某行政事业单位 20×2 年度有关预算结转结余及其变动情况的资料如下所示：

(1)年初预算结转结余合计 15 500 元，其中，财政拨款结转结余 12 000 元，其他资金结转结余 3 500 元。

(2)本年无预算结转结余年初余额调整情况。

(3)本年财政拨款结转结余 46 000 元，其中，本年收支差额 35 000 元，归集调入 16 000 元，归集调出 5 000 元。

(4)本年其他资金结转结余 97 000 元，其中，本年收支差额 117 000 元，缴回资金 10 000 元，使用专用结余 5 000 元，支付所得税 5 000 元。

(5)年末财政拨款结转结余 58 000 元，其中，财政拨款结转 43 000 元，财政拨款结余 15 000 元。

(6)年末其他资金结转结余 100 500 元，其中，非财政拨款结转 87 000 元，非财政拨款结余 13 500 元。

三、要求：根据上述业务，为该行政事业单位编制预算结转结余变动表。

练习六

一、目的：练习财政拨款预算收入支出表的编制。

二、资料：某行政单位 20×2 年度有关一般公共预算财政拨款收支情况的资料如下：

(1)年初，财政拨款结转结余合计 226 000 元，其中，结转数 214 000 元，结余数 12 000 元；在结转数中，基本支出 100 000 元，项目支出 114 000 元；结余数都是项目结余，其中项目 A 结余 8 000 元，项目 B 结余 4 000 元。

(2)本年，将 10 000 元的项目支出结余调整至另一个项目支出结转，其中从项目 A 转出 8 000 元，从项目 B 转出 2 000 元。

(3)本年财政拨款收入 350 000 元，其中，基本支出拨款收入 200 000 元，项目支出拨款收入 150 000 元。

(4)本年财政拨款支出合计 330 000 元，其中，基本支出 230 000 元，项目支出 100 000 元。

该单位没有政府性基金预算财政拨款业务。

三、要求：根据上述业务，为该行政单位编制财政拨款预算收入支出表。

第18章 政府合并财务报表

【导读】

本章介绍了政府合并财务报表的编制，包括部门(单位)合并财务报表的编制、本级政府合并财务报表的编制、行政区政府合并财务报表的编制。这三种合并财务报表的编制方法有所不同，分别依据最新颁布的《政府部门财务报告编制操作指南(试行)》《政府综合财务报告编制操作指南(试行)》《地方政府综合财务报告合并编制操作指南(试行)》，以及《政府会计准则第9号——财务报表编制和列报》进行编制。学习时还应注意结合《政府财务报告编制办法(试行)》等办法，并注意这些准则、指南或办法中相关概念的区别与联系。

【学习重点】

政府合并财务报表的合并程序；部门(单位)合并财务报表、本级政府合并财务报表、行政区政府合并财务报表这三种合并财务报表的合并范围的确定，编制这三种合并财务报表时所依据的抵销事项清单或抵销调整事项清单及相应的会计处理示例。

【学习难点】

对编制部门(单位)合并财务报表、本级政府合并财务报表、行政区政府合并财务报表所依据的抵销事项清单或抵销调整事项清单的理解，以及对相应会计处理示例的理解与运用。

第一节 政府合并财务报表概述

一、政府合并财务报表的含义

政府合并财务报表是指反映合并主体和其全部被合并主体形成的报告主体整体财务状况与运行情况的财务报表。合并主体是指有一个或一个以上被合并主体的政府会计主体。合并主体通常也是合并财务报表的编制主体。被合并主体是指符合《政府会计准则第9号——财务报表编制和列报》规定的纳入合并主体合并范围的会计主体。

二、政府合并财务报表的种类

政府合并财务报表按照合并级次分为部门(单位)合并财务报表、本级政府合并财务报表和行政区政府合并财务报表。

部门(单位)合并财务报表,是指以政府部门(单位)本级作为合并主体,将部门(单位)本级及其合并范围内全部被合并主体的财务报表进行合并后形成的,反映部门(单位)整体财务状况与运行情况的财务报表。部门(单位)合并财务报表是政府部门财务报告的主要组成部分。

本级政府合并财务报表,是指以本级政府财政部门作为合并主体,将本级政府财政部门及其合并范围内全部被合并主体的财务报表进行合并后形成的,反映本级政府整体财务状况与运行情况的财务报表。本级政府合并财务报表是本级政府综合财务报告的主要组成部分。

行政区政府合并财务报表,是指以行政区本级政府作为合并主体,将本行政区内各级政府的财务报表进行合并后形成的,反映本行政区政府整体财务状况与运行情况的财务报表。行政区政府合并财务报表是行政区政府财务报告的主要组成部分。

部门(单位)合并财务报表由部门(单位)负责编制;本级政府合并财务报表由本级政府财政部门负责编制。各级政府财政部门既负责编制本级政府合并财务报表,也负责编制本级政府所辖行政区政府合并财务报表。

三、政府合并财务报表的合并程序

(1)合并前的准备。

①确定编制基础。政府合并财务报表应当以合并主体和其被合并主体的财务报表为基础,根据其他有关资料加以编制。

②统一会计基础。合并财务报表应当以权责发生制为基础编制。合并主体和其合并范围内被合并主体个别财务报表应当采用权责发生制基础编制,按规定未采用权责发生制基础编制的,应当先调整为权责发生制基础的财务报表,再由合并主体进行合并。

③统一会计政策。编制合并财务报表时,应当将合并主体和其全部被合并主体视为一个会计主体,遵循政府会计准则制度规定的统一的会计政策。合并范围内合并主体、被合并主体个别财务报表未遵循政府会计准则制度规定的统一会计政策的,应当先调整为遵循政府会计准则制度规定的统一会计政策的财务报表,再由合并主体进行合并。

(2)以调整后的个别财务报表作为编制合并财务报表的基础,将合并主体和被合并主体个别财务报表中的资产、负债、净资产、收入和费用项目进行逐项合并。

(3)抵销合并主体和被合并主体之间、被合并主体相互之间发生的债权债务、收入费用等内部业务或事项对财务报表的影响。

(4)对于在报告期纳入合并范围的被合并主体变动情况的处理。

①划转的被合并主体。对因划转而纳入合并范围的被合并主体,应当将其报告期内的收入、费用项目金额包括在本期合并收入费用表的本期数中,合并资产负债表的期初数不做调整。对于在报告期内因划转而不再纳入合并范围的被合并主体,其报告期内的收入、费用项目金额不包括在本期合并收入费用表的本期数中,合并资产负债表的期初数不做调整。

②撤销的被合并主体。其期初资产、负债和净资产项目金额应当包括在合并资产负债表的期初数中，其期初至撤销日的收入、费用项目金额应当包括在本期合并收入费用表的本期数中，其期初至撤销日的收入、费用项目金额所引起的净资产变动金额应当包括在合并资产负债表的期末数中。

第二节　部门(单位)合并财务报表的编制

一、部门(单位)合并财务报表的合并范围的确定与组成部分

(一)合并财务报表的合并范围的确定

(1)部门(单位)合并财务报表合并范围确定的一般原则如下：

按照《政府会计准则第9号——财务报表编制和列报》规定，部门(单位)合并财务报表的合并范围一般应当以财政预算拨款关系为基础予以确定。有下级预算单位的部门(单位)为合并主体，其下级预算单位为被合并主体。合并主体应当将其全部被合并主体纳入合并财务报表的合并范围。

通常情况下，纳入本部门预决算管理的行政事业单位和社会组织(包括社会团体、基金会和社会服务机构，下同)都应当纳入本部门(单位)合并财务报表范围。

(2)除满足一般原则的会计主体外，以下会计主体也应当纳入部门(单位)合并财务报表范围：

①部门(单位)所属的未纳入部门预决算管理的事业单位。

②部门(单位)所属的纳入企业财务管理体系执行企业类会计准则制度的事业单位。

③财政部规定的应当纳入部门(单位)合并财务报表范围的其他会计主体。

(3)以下会计主体不纳入部门(单位)合并财务报表范围：

①部门(单位)所属的企业，以及所属企业下属的事业单位。

②与行政机关脱钩的行业协会商会。

③部门(单位)财务部门按规定单独建账核算的会计主体，如工会经费、党费、团费和土地储备资金、住房公积金等资金(基金)会计主体。

④挂靠部门(单位)的没有财政预算拨款关系的社会组织以及非法人性质的学术团体、研究会等。

单位内部非法人独立核算单位的核算及合并问题，按照《政府会计制度》及相关补充规定执行。

(二)合并财务报表的组成部分

部门(单位)合并财务报表至少包括下列组成部分：①合并资产负债表；②合并收入费用表；③附注。

二、部门(单位)合并财务报表的编制基础及需要抵销的业务或事项

(一)编制基础

(1)部门(单位)合并资产负债表应当以部门(单位)本级和其被合并主体符合《政府会计准则第 9 号——财务报表编制和列报》第十七条要求的个别资产负债表或合并资产负债表为基础,在抵销内部业务或事项对合并资产负债表的影响后,由部门(单位)本级合并编制。

(2)部门(单位)合并收入费用表应当以部门(单位)本级和其被合并主体符合《政府会计准则第 9 号——财务报表编制和列报》第十七条要求的个别收入费用表或合并收入费用表为基础,在抵销内部业务或事项对合并收入费用表的影响后,由部门(单位)本级合并编制。

(二)需要抵销的业务或事项

编制部门(单位)合并资产负债表时,需要抵销的内部业务或事项包括:

(1)部门(单位)本级和其被合并主体之间、被合并主体相互之间的债权(含应收款项坏账准备,下同)、债务项目;

(2)部门(单位)本级和其被合并主体之间、被合并主体相互之间其他业务或事项对部门(单位)合并资产负债表的影响。

编制部门(单位)合并收入费用表时,需要抵销的内部业务或事项包括部门(单位)本级和其被合并主体之间、被合并主体相互之间的收入、费用项目。

三、部门(单位)合并财务报表的编制步骤

合并资产负债表和收入费用表的编制包括汇总单位会计报表、编制抵销分录、生成合并会计报表三个步骤。

(1)汇总单位会计报表。上级单位对本单位和各所属单位上报的资产负债表和收入费用表进行分项加总,得出汇总的会计报表。

(2)编制抵销分录。上级单位按照抵销事项清单(见表 18-1)对本单位、所属单位之间发生的经济业务或事项确认后予以抵销,并编制抵销分录和抵销工作底表(见表 18-2)。按照重要性原则,设定 10 万元抵销阈值。对于单位和单位之间的债权债务事项,年末余额不超过 10 万元的,可以不进行抵销。对于单位和单位之间的收入费用事项,本年累计发生额不超过 10 万元的,可以不进行抵销。具备条件的须应抵尽抵,不受阈值限制。

(3)生成合并会计报表。将抵销分录中相关数据填入抵销工作底表,根据抵销工作底表“合计”栏数据,对汇总后的资产负债表、收入费用表相关项目进行抵销,生成合并资产负债表和收入费用表。

表 18-1 抵销事项清单

序号	抵销事项	抵销分录
1-1	部门内部单位之间发生的债权债务事项,应予以抵销	借:应付账款、预收账款、其他应付款、长期应付款 贷:应收账款、预付账款、其他应收款

续表

序号	抵销事项	抵销分录
1-2	部门内部单位之间发生的债权债务事项，债权方已计提坏账准备的，应予以抵销。其中，以前年度计提的贷记"累计盈余"，当期补提或冲减的贷记"其他费用"	借：坏账准备 贷：其他费用 累计盈余
1-3	部门内部单位之间发生的债权债务事项，债权方本年计提或冲销坏账准备的，还应根据其对本年盈余的影响调整累计盈余	借：对本年盈余的影响 贷：累计盈余
2	部门内部单位之间发生的上级补助收入与对附属单位补助费用，应予以抵销	借：上级补助收入 贷：对附属单位补助费用
3	部门内部单位之间发生的上缴上级费用与附属单位上缴收入，应予以抵销	借：附属单位上缴收入 贷：上缴上级费用
4	支付给部门内部单位的业务活动费用（商品和服务费用）、单位管理费用（商品和服务费用）、经营费用（商品和服务费用）和来自部门内部单位的事业收入、非同级财政拨款收入、经营收入、其他收入，应予以抵销。对涉及增值税的应税业务，按扣除增值税后的净额抵销	借：事业收入、非同级财政拨款收入、经营收入、其他收入 贷：业务活动费用、单位管理费用、经营费用

注：上述清单中未涵盖的抵销事项，可根据实际情况自行增设抵销分录。

表 18-2　抵销工作底表

序号	抵销事项	抵销分录	所属单位	所属单位	…	合计
			A1	A2		
1-1						
1-2						
1-3						
2						
3						
4						

四、部门（单位）合并财务报表中应当单独列示反映的信息

（一）合并资产负债表中至少应当单独列示反映的信息

（1）资产类至少应当单独列示反映下列信息的项目：①货币资金；②短期投资；③财政应返还额度；④应收票据；⑤应收账款净额；⑥预付账款；⑦应收股利；⑧应收利息；⑨其他应收款净

额;⑩存货;⑪待摊费用;⑫一年内到期的非流动资产;⑬长期股权投资;⑭长期债券投资;⑮固定资产净值;⑯工程物资;⑰在建工程;⑱无形资产净值;⑲研发支出;⑳公共基础设施净值;㉑政府储备物资;㉒文物文化资产;㉓保障性住房净值;㉔长期待摊费用;㉕待处理财产损溢;㉖受托代理资产。部门(单位)合并资产负债表中的资产类应当包括流动资产、非流动资产的合计项目。

(2)负债类至少应当单独列示反映下列信息的项目:①短期借款;②应交增值税;③其他应交税费;④应缴财政款;⑤应付职工薪酬;⑥应付票据;⑦应付账款;⑧应付政府补贴款;⑨应付利息;⑩预收账款;⑪其他应付款;⑫预提费用;⑬一年内到期的非流动负债;⑭长期借款;⑮长期应付款;⑯预计负债;⑰受托代理负债。负债类应当包括流动负债、非流动负债和负债的合计项目。

(3)净资产类至少应当单独列示反映下列信息的项目:①累计盈余;②专用基金;③权益法调整。净资产类应当包括净资产的合计项目。

(4)合并资产负债表应当列示资产总计项目、负债和净资产总计项目。

(二)合并收入费用表中至少应当单独列示反映的信息

(1)收入类至少应当单独列示反映下列信息的项目:①财政拨款收入;②事业收入;③经营收入;④非同级财政拨款收入;⑤投资收益;⑥捐赠收入;⑦利息收入;⑧租金收入。收入类应当包括收入的合计项目。部门(单位)合并收入费用表中的收入,应当按照收入来源进行分类列示。

(2)费用类至少应当单独列示反映下列信息的项目:①工资福利费用;②商品和服务费用;③对个人和家庭补助费用;④对企事业单位补贴费用;⑤固定资产折旧费用;⑥无形资产摊销费用;⑦公共基础设施折旧(摊销)费用;⑧保障性住房折旧费用;⑨计提专用基金;⑩所得税费用;⑪资产处置费用。费用类应当包括费用的合计项目。

(3)部门(单位)合并收入费用表应当列示本期盈余项目。本期盈余,是指部门(单位)某一会计期间收入合计金额减去费用合计金额后的差额。

五、抵销业务或事项举例

【例题 18-1】 M 单位有两个所属单位 M1、M2 单位。第一年 M1 单位会计报表"应收账款"明细信息显示,应收 M2 单位款项 1 500 000 元,假设该单位按照账龄分析法对此应收账款计提坏账准备 120 000 元,年末应收账款净额为 1 350 000 元。M2 单位会计报表"应付账款"明细信息显示,应付 M1 单位款项 1 500 000 元。第二年,M1 单位对该应收账款补提 80 000 元的坏账准备,年末应收账款净额为 1 300 000 元。第三年,M1 单位收回该应收账款 700 000 元,冲减坏账准备 90 000 元,年末应收账款净额为 540 000 元。M 单位经与 M1、M2 两单位确认无误后,则:

第一年编制合并会计报表时的抵销分录:

借:应付账款—M1 单位　　　　1 500 000

　　贷:应收账款—M2 单位　　　　1 500 000

借:坏账准备　　　　120 000

贷：其他费用　　120 000

第二年编制合并会计报表时的抵销分录：

借：应付账款—M1 单位　　1 500 000

　贷：应收账款—M2 单位　　1 500 000

借：坏账准备　　200 000

　贷：其他费用　　80 000

　　累计盈余　　120 000

第三年编制合并会计报表时的抵销分录：

借：应付账款—M1 单位　　650 000

　贷：应收账款—M2 单位　　650 000

借：坏账准备　　110 000

　其他费用　　90 000

　贷：累计盈余　　200 000

【例题 18-2】 N 单位有两个所属单位 N1、N2 单位。N1 单位会计报表“事业收入”明细信息显示，N1 单位收到来自 N2 单位款项 1 200 000 元。N2 单位会计报表“业务活动费用（商品和服务费用）”明细信息显示，N2 单位支付给 N1 单位款项 1 200 000 元。N 单位经与 N1、N2 两单位确认无误后，则在编制合并会计报表时的抵销分录为：

借：事业收入—N1 单位　　1 200 000

　贷：业务活动费用（商品和服务费用）—N2 单位　　1 200 000

【例题 18-3】 L 单位有两个所属单位 L1、L2 单位。L1 单位会计报表“事业收入”明细信息显示，L1 单位收到来自 L2 单位款项 1 300 000 元，增值税 169 000 元。L2 单位会计报表“业务活动费用（商品和服务费用）”明细信息显示，L2 单位支付给 L1 单位款项 1 469 000 元。L 单位经与 L1、L2 两单位确认无误后，则在编制合并会计报表时的抵销分录为：

借：事业收入—L1 单位　　1 300 000

　贷：业务活动费用（商品和服务费用）—L2 单位　　1 300 000

第三节　本级政府合并财务报表的编制

一、本级政府合并财务报表合并范围的确定与组成部分

本级政府合并财务报表的合并范围一般应当以财政预算拨款关系为基础予以确定。本级政府财政部门为合并主体，其所属部门（单位）等为被合并主体。

本级政府合并财务报表至少包括下列组成部分：合并资产负债表、合并收入费用表和附注。本级政府合并财务报表是本级政府综合财务报告的主要组成部分。本级政府合并财务报表由本级政府财政部门合并编制。

二、本级政府合并财务报表的编制基础及需要抵销的业务或事项

(一)编制基础

本级政府合并财务报表应当以本级政府财政部门和其被合并主体符合准则要求的个别财务报表或合并财务报表为基础，在抵销内部业务或事项对合并财务报表的影响后，由本级政府财政部门合并编制。其数据来源于以下报表：①政府部门财务报表；②财政总预算会计报表；③土地储备资金财务报表；④物资储备资金会计报表；⑤政府持有股权的国有企业财务会计决算报表。其中前四类报表称为被合并主体报表，第五类报表称为权益报表。另外，物资储备资金会计报表仅适用于中央。

(二)需要抵销的业务或事项

编制本级政府合并财务报表时，需要抵销的内部业务或事项包括：

(1)本级政府财政部门和其被合并主体之间的债权债务、收入费用等项目；

(2)被合并主体相互之间的债权债务、收入费用等项目。

三、本级政府合并财务报表的编制步骤

本级政府合并财务报表采用汇总工作表方式编制。编制步骤为：

(1)按照被合并主体报表项目与政府综合会计报表项目对照表①将被合并主体报表各项目数据填列到汇总工作表对应栏中。

将政府部门财务报表、财政总预算会计报表、土地储备资金财务报表、物资储备资金会计报表中的年末资产、年末负债、年末净资产、本年收入、本年费用(支出)项目数据按照报表项目对照表分项填入汇总工作表对应栏中。其中，能够直接对应到政府综合会计报表项目的，直接填入对应栏；不能直接对应的，分析填列至相应栏或填入“待抵销调整项目”。分析填列事项应做好备查记录。

(2)对合并主体之间发生的经济业务或事项，按照抵销调整事项清单(见表 18-3)编制抵销分录，填入汇总工作表“抵销分录”栏。

(3)对应按权责发生制调整的事项，按照抵销调整事项清单编制抵销分录，填入汇总工作表(见表 18-4)“调整分录”栏。

(4)将汇总工作表各项目对应的原始数据栏、抵销分录栏、调整分录栏中的数据，分别计算出经过抵销调整后的金额。

(5)试算平衡后，将数据填入本级政府合并财务报表对应项目，生成本级政府合并财务报表。

---

① 被合并主体报表项目与政府综合会计报表项目对照表的具体内容参见《政府综合财务报告编制操作指南(试行)》(财库〔2019〕58 号)的附 3-1、附 3-2、附 3-3、附 3-4。

表 18-3　抵销调整事项清单

<table>
<tr><th>序号</th><th>事项说明</th><th>抵销分录</th><th>事项分类</th></tr>
<tr><td>1-1</td><td>抵销政府部门之间发生的债权债务事项</td><td>借：应付账款、预收账款、其他应付款、长期应付款
贷：应收账款、预付账款、其他应收款</td><td rowspan="3">部门之间的抵销事项</td></tr>
<tr><td>1-2</td><td>部门之间发生的债权债务事项，债权方已计提坏账准备的，应予以抵销。其中，以前年度计提的贷记“累计盈余”，当期补提或冲减的贷记“其他费用”</td><td>借：坏账准备
贷：其他费用
累计盈余</td></tr>
<tr><td>2</td><td>抵销部门之间的收入事项。对涉及增值税的应税业务，按扣除增值税后的净额抵销</td><td>借：事业收入、非同级财政拨款收入、经营收入、其他收入
贷：商品和服务费用</td></tr>
<tr><td>3</td><td>抵销财政与部门、土地储备资金、物资储备资金之间的往来事项</td><td>借：应付国库集中支付结余
贷：财政应返还额度、财政预算额度</td><td rowspan="7">财政与部门之间的抵销事项</td></tr>
<tr><td>4</td><td>将部门、土地储备资金的财政拨款收入与财政的一般公共预算支出、政府性基金预算支出等相关支出进行抵销</td><td>借：财政拨款收入
贷：一般公共预算本级支出、政府性基金预算本级支出等</td></tr>
<tr><td>5</td><td>将部门的事业收入与财政的财政专户管理资金支出进行抵销</td><td>借：事业收入(财政专户管理资金)
贷：财政专户管理资金支出</td></tr>
<tr><td>6</td><td>将财政的借出款项与部门的其他应付款进行抵销</td><td>借：其他应付款
贷：借出款项</td></tr>
<tr><td>7</td><td>将财政的预拨经费与部门的其他应付款进行抵销</td><td>借：其他应付款
贷：预拨经费</td></tr>
<tr><td>8-1</td><td>财政代管预算单位资金，单位通过“其他应收款”核算的，将应付代管资金与部门的其他应收款进行抵销</td><td>借：应付代管资金
贷：其他应收款</td></tr>
<tr><td>8-2</td><td>财政代管预算单位资金，单位通过“银行存款”核算的，将应付代管资金与部门的银行存款进行抵销</td><td>借：应付代管资金
贷：银行存款</td></tr>
<tr><td>9</td><td>将财政内部的来自一般公共预算安排的专用基金收入与相应的一般公共预算本级支出进行抵销</td><td>借：专用基金收入
贷：一般公共预算本级支出</td><td>财政内部调整事项</td></tr>
</table>

续表

序号	事项说明	抵销分录	事项分类
10	将财政内部不同类型资金之间的调入调出事项进行抵销	借:调入资金 贷:调出资金	财政内部调整事项
11	将财政内部不属于一般公共预算安排的专用基金收入调整到其他收入	借:专用基金收入 贷:其他收入	
12	国有资本经营预算收入不属于收入,应予以调减,并调整净资产	借:国家资本经营本级预算收入 贷:净资产	
13	动用预算稳定调节基金不属于收入,应予以调减,并调整净资产	借:动用预算稳定调节基金 贷:净资产	
14	安排预算稳定调节基金不属于收入,应予以调减,并调整净资产	借:净资产 贷:安排预算稳定调节基金	
15	债务收入不属于收入,应予以调减,并调整净资产	借:债务收入 贷:净资产	
16	债务转贷收入不属于收入,应予以调减,并调整净资产	借:债务转贷收入 贷:净资产	
17	债务还本支出不属于费用,应予以调减,并调整净资产	借:净资产 贷:债务还本支出	
18	债务转贷支出不属于费用,应予以调减,并调整净资产	借:净资产 贷:债务转贷支出	
19	财政直接发生的形成资产的资本性支出不属于费用,应予以调减,并调整净资产	借:净资产 贷:一般公共预算本级支出、政府性基金预算本级支出、国家资本经营预算本级支出	
20	将财政直接安排的支出分析调整计入相应费用报表项目	借:工资福利费用、商品和服务费用、对个人和家庭的补助费用、对企业的补贴费用、对社会保障基金补助费用、财务费用 贷:一般公共预算本级支出、政府性基金预算本级支出、国家资本经营预算本级支出	
21	将财政的专用基金支出调整计入相应的费用报表项目	借:商品和服务费用、对个人和家庭的补助费用、对企事业单位的补贴费用 贷:专用基金支出	
22	将财政总预算会计中已核算的股权投资收益调出	借:净资产 贷:投资收益	

续表

序号	事项说明	抵销分录	事项分类
23	将未确认的政府在企业中享有的国有资本权益、应收股利、投资收益予以确认	借:应收股利、长期投资 贷:投资收益、净资产	财政内部调整事项
24	根据调整分录中收入调整总额与费用调整总额的差额调整净资产	借或贷:收入调整总额与费用调整总额 贷或借:净资产	其他调整事项

注:上述清单中未涵盖的抵销事项,可根据实际情况自行增设抵销分录。

表 18-4　汇总工作表

本级政府合并财务报表项目	包括抵销调整后的金额	包括抵销后的金额	原有金额合计	被合并主体报表项目				备注	调整分录		抵销分录	
				政府部门财务报表项目	财政总预算会计报表项目	土地储备资金财务报表项目	物资储备资金会计报表项目		借方	贷方	借方	贷方
一、资产类												
…												
资产合计												
二、负债类												
…												
负债合计												
三、净资产类												
…												
净资产合计												
负债及净资产合计												
四、收入类												
…												
收入合计												
五、费用类												
…												
费用合计												
六、盈余类												
原有收支差额												
抵销后的收支差额												
本年盈余												

四、本级政府合并财务报表中应当单独列示反映的信息

(一)本级政府合并资产负债表中应当单独列示反映的信息

(1)资产类至少应当单独列示反映的信息:①货币资金;②短期投资;③应收及预付款项;④存货;⑤一年内到期的非流动资产;⑥长期投资;⑦应收转贷款;⑧固定资产净值;⑨在建工程;⑩无形资产净值;⑪公共基础设施净值;⑫政府储备物资;⑬文物文化资产;⑭保障性住房净值;⑮受托代理资产。本级政府合并资产负债表中的资产类应当包括流动资产、非流动资产的合计项目。

(2)负债类至少应当单独列示反映的信息:①应付短期政府债券;②短期借款;③应付及预收款项;④应付职工薪酬;⑤应付政府补贴款;⑥一年内到期的非流动负债;⑦应付长期政府债券;⑧应付转贷款;⑨长期借款;⑩长期应付款;⑪预计负债;⑫受托代理负债。负债类应当包括流动负债、非流动负债和负债的合计项目。

(3)应当列示净资产项目。

(4)应当列示资产总计项目、负债和净资产总计项目。

(二)本级政府合并收入费用表中应当单独列示反映的信息

(1)收入类应当按照收入来源进行分类列示,至少应当单独列示反映的信息包括:①税收收入;②非税收入;③事业收入;④经营收入;⑤投资收益;⑥政府间转移性收入。收入类应当包括收入的合计项目。

(2)费用类应当按照费用性质进行分类列示,至少应当单独列示反映的信息包括:①工资福利费用;②商品和服务费用;③对个人和家庭的补助费用;④对企事业单位的补贴费用;⑤政府间转移性费用;⑥折旧费用;⑦摊销费用;⑧资产处置费用。费用类应当包括费用的合计项目。

(3)本级政府合并收入费用表应当列示本期盈余项目。

五、需要抵销调整的业务或事项的会计处理示例

(一)被合并主体之间发生的经济业务或事项的抵销

1.抵销政府部门之间的债权债务事项

【例题 18-4】 20×3 年 A 部门财务报表“应收账款”明细信息显示,应收 B 部门款项 1 000 000 元,假设该部门按照账龄分析法对此应收账款计提坏账准备 100 000 元,年末应收账款净额为 900 000 元。B 部门财务报表“应付账款”明细信息显示,应付 A 部门款项 1 000 000 元。20×4 年 A 部门对该应收账款补提 50 000 元的坏账准备,年末应收账款净额为 850 000 元。20×4 年 A 部门收回该应收账款 500 000 元,冲减 80 000 元的坏账准备,年末应收账款净额为 430 000 元。

(1)20×3 年 A 部门经确认无误后,编制抵销分录:

借:应付账款——A 部门　　1 000 000

　贷:应收账款——B 部门　　1 000 000

借:坏账准备　　100 000

　贷:其他费用　　100 000

(2)20×4 年 A 部门经确认无误后,编制抵销分录:

借:应付账款——A 部门　1 000 000
　贷:应收账款——B 部门　1 000 000
借:坏账准备　150 000
　贷:其他费用　50 000
　　累计盈余　100 000

(3)20×5 年 A 部门经确认无误后,编制抵销分录:

借:应付账款——A 部门　500 000
　贷:应收账款——B 部门　500 000
借:坏账准备　70 000
　其他费用　80 000
　贷:累计盈余　150 000

2. 抵销政府部门之间的收入费用事项

【例题 18-5】 B 部门财务报表中,来自同级 A 部门的事业收入 67 000 000 元,A 部门支付给同级 B 部门的商品和服务费用 67 000 000 元。经确认无误后,编制抵销分录如下:

借:事业收入(来自同级政府部门)　67 000 000
　贷:商品和服务费用(支付给同级政府部门)　67 000 000

3. 抵销财政与部门之间的往来事项

【例题 18-6】 政府部门财务报表中财政应返还额度 15 000 万元;物资储备资金会计报表中的财政预算额度 1 000 万元;财政总预算会计报表中应付国库集中支付结余 16 000 万元。经确认无误后,编制抵销分录如下(单位:万元):

借:应付国库集中支付结余　16 000
　贷:财政应返还额度　15 000
　　财政预算额度　1 000

4. 将部门的财政拨款收入与财政的一般公共预算支出、政府性基金预算支出等相关支出进行抵销

【例题 18-7】 政府部门财务报表中财政拨款收入 10 700 万元,其中一般公共预算安排 6 200 万元,政府性基金预算安排 4 500 万元。经确认无误后,编制抵销分录如下(单位:万元):

借:财政拨款收入　10 700
　贷:一般公共预算本级支出　6 200
　　政府性基金预算本级支出　4 500

5. 将部门的事业收入与财政的财政专户管理资金支出进行抵销

【例题 18-8】 财政总预算会计报表中财政专户管理资金支出 8 500 万元,政府部门财务报表中事业收入中来自财政专户的资金 8 500 万元。经确认无误后,编制抵销分录如下(单位:万元):

借:事业收入(财政专户管理资金)　8 500
　贷:财政专户管理资金支出　8 500

6.将财政的借出款项与部门的其他应付款进行抵销

【例题 18-9】 财政总预算会计报表借出款项中属于向C部门借出的金额为5 200 000元，C部门财务报表中的其他应付款5 200 000元，经确认无误后，编制抵销分录如下：

借：其他应付款　　5 200 000
　　贷：借出款项　　5 200 000

7.将财政的预拨经费与部门的其他应付款进行抵销

【例题 18-10】 财政总预算会计报表中预拨经费7 900 000元，政府部门财务报表中的其他应付款7 900 000元，经确认无误后，编制抵销分录如下：

借：其他应付款　　7 900 000
　　贷：预拨经费　　7 900 000

8.财政代管预算单位资金业务的抵销

【例题 18-11】 财政总预算会计报表应付代管资金中属于C部门的金额为2 000 000元，C部门财务报表其他应收款中应收财政代管资金的金额为2 000 000元，经确认无误后，编制抵销分录如下：

借：应付代管资金　　2 000 000
　　贷：其他应收款　　2 000 000

9.将财政内部的来自一般公共预算安排的专用基金收入与相应的一般公共预算本级支出进行抵销

【例题 18-12】 财政总预算会计报表专用基金收入中由一般公共预算本级支出安排的部分为27 600万元，经确认无误后，编制抵销分录如下(单位：万元)：

借：专用基金收入　　27 600
　　贷：一般公共预算本级支出　　27 600

10.将财政内部不同类型资金之间的调入调出事项进行抵销

【例题 18-13】 财政总预算会计报表中调入资金、调出资金均为20 100万元，经确认无误后，编制抵销分录如下(单位：万元)：

借：调入资金　　20 100
　　贷：调出资金　　20 100

(二)对应按权责发生制调整的事项进行调整

1.将财政总预算会计报表中的“专用基金收入”分析调整至政府综合会计报表的“其他收入”

【例题 18-14】 财政总预算会计报表专用基金收入中不属于一般公共预算本级支出安排的部分为4 200 000元。编制调整分录如下：

借：专用基金收入　　4 200 000
　　贷：其他收入　　4 200 000

2.调减国有资本经营预算收入

按照权责发生制原则，当年取得的国有资本经营预算收入中，利润收入、股利和股息收入实际上是收到的报告年度以前年度应收国有资本经营收益，不属于当年收入；产权转让收入、清算收入等属于资产交易所得，不属于收入。这些都应调减收入总额。

【例题 18-15】 财政总预算会计报表国有资本经营预算本级收入 33 000 万元。编制调整分录如下(单位：万元)：

借：国有资本经营预算收入　　33 000
　贷：净资产　　33 000

3.调减预算稳定调节基金相关收支

按照权责发生制原则，财政总预算会计报表中的“动用预算稳定调节基金”不属于本级政府合并会计报表中的收入项目，应调减收入总额。同理，财政总预算会计报表中的“安排预算稳定调节基金”不属于政府综合会计报表中的费用项目，应调减费用总额。

【例题 18-16】 财政总预算会计报表中动用预算稳定调节基金 10 000 万元，安排预算稳定调节基金 20 000 万元。编制调整分录如下(单位：万元)：

借：动用预算稳定调节基金　　10 000
　贷：净资产　　10 000
借：净资产　　20 000
　贷：安排预算稳定调节基金　　20 000

4.调减债务收入、债务转贷收入

按照权责发生制原则，财政总预算会计报表中的“债务收入”“债务转贷收入”不属于本级政府合并会计报表中的收入项目，应调减收入总额。财政总预算会计报表中的“债务还本支出”“债务转贷支出”不属于政府综合会计报表中的费用项目，应调减费用总额。

【例题 18-17】 财政总预算会计报表中债务转贷收入 75 000 万元；债务还本支出 3 600 万元，债务转贷支出 22 000 万元。编制调整分录如下(单位：万元)：

借：债务转贷收入　　75 000
　贷：净资产　　75 000
借：净资产　　3 600
　贷：债务还本支出　　3 600
借：净资产　　22 000
　贷：债务转贷支出　　22 000

5.调整财政部门直接发生的资本性支出和其他支出、专用基金支出

财政总预算会计报表中属于财政部门直接发生的形成政府资产的资本性支出不属于本级政府合并会计报表中的费用项目，应调减费用总额。未安排到部门预算且由财政直接安排的一般公共预算本级支出、政府性基金预算本级支出等支出中属于工资福利费用、商品和服务费用、对个人和家庭的补助费用、对企业的补贴费用、对社会保障基金补助费用等部分，应分析调整填入上述费用。对财政总预算会计报表中的专用基金支出，应按支出经济分类分析调整为政府综合会计报表中的“商品和服务费用”“对个人和家庭的补助费用”“对企业的补贴费用”等项目。

【例题 18-18】 财政总预算会计报表反映，一般公共预算安排用于投资基金股权投资的支出 50 000 万元；一般公共预算本级支出中直接列支的对企业的补贴费用支出 9 372 万元；专用基金支出中用于对企业的补贴费用 19 800 万元，对个人和家庭的补助费用 5 300 万元。编制调整分录如下(单位：万元)：

借:净资产　　50 000
　贷:一般公共预算本级支出　　50 000
借:对企业的补贴费用　　9 372
　贷:一般公共预算本级支出　　9 372
借:对个人和家庭的补助费用　　5 300
　对企业的补贴费用　　19 800
　贷:专用基金支出　　25 100

6. 调增长期投资、应收股利、投资收益

(1)关于财政总预算会计尚未核算的政府持有股权的企业股权投资及相关收益的调整。

编制政府综合会计报表时,应根据政府持有股权的国有企业财务会计决算报表中资产负债表的所有者权益和应付股利,以及利润表中的综合收益总额,乘以国家资本占比分别计算长期投资、应收股利、投资收益的调整额,并编制调整分录。

长期投资调整额=所有者权益年末数×国家资本占比
应收股利调整额=应付股利年末数×国家资本占比
投资收益调整额=企业综合收益×国家资本占比
净资产调整额=长期投资调整额+应收股利调整额-投资收益调整额

已实行国有资本经营预算的地区,可按照报告年度的下一年度国有资本经营预算数填列应收股利,同时将国有资本经营预算数与上述公式计算得到的应收股利数的差额转入长期投资。

【例题 18-19】 某政府国有企业财务会计决算报表中列示的国有企业所有者权益年末数为400 000万元,国家资本占比为60%。国有企业当年综合收益为100 000万元,应付股利年末数为20 000万元。经计算,应调整的金额分别为:长期投资调整额=400 000万元×60%=240 000万元;应收股利调整额=20 000万元×60%=12 000万元;投资收益调整额=100 000万元×60%=60 000万元。编制调整分录如下(单位:万元):

借:长期投资　　240 000
　应收股利　　12 000
　贷:投资收益　　60 000
　　净资产　　192 000

(2)关于财政总预算会计已核算的政府股权投资产生的投资收益的调整。

按照《财政总预算会计制度》规定,政府股权投资当期应取得的投资收益,应确认计入"资产基金"科目。编制政府综合会计报表时,对于已确认入账的投资收益部分,应将其从资产负债表的"净资产"项目调至收入费用表的"投资收益"项目。

【例题 18-20】 某财政总预算会计已根据某投资基金年末会计报表净利润50 000 000元以及政府财政投资比例15%,计算确认投资收益7 500 000元(50 000 000元×15%),记入"资产基金"科目。编制调整分录如下:

借:净资产　　7 500 000
　贷:投资收益　　7 500 000

7. 根据调整分录中收入调整总额与费用调整总额的差额调整净资产项目

由于对收入和费用的调整最终会影响净资产总额,因此应当按照收入调整总额与费用调整总额的差额调整净资产。按照所有调整分录汇总后计算的差额(收入调增额-收入调减额－费用调增额＋费用调减额)，如果差额为正数，则调增净资产；如果差额为负数，则调减净资产。

第四节　行政区政府合并财务报表的编制

一、行政区政府合并财务报表合并范围的确定与组成部分

县级以上政府应当编制本行政区政府合并财务报表。行政区政府合并财务报表的合并范围一般应当以行政隶属关系为基础予以确定。行政区本级政府为合并主体，其所属下级政府为被合并主体。

行政区政府合并财务报表至少包括下列组成部分：合并资产负债表、合并收入费用表和附注。

二、行政区政府合并财务报表的编制基础及需要抵销的业务或事项

(一)编制基础

行政区政府合并财务报表应当以本级政府和其所属下级政府合并财务报表为基础，在抵销内部业务或事项对合并财务报表的影响后，由本级政府财政部门合并编制。

(二)需要抵销的业务或事项

编制行政区政府合并财务报表时，需要抵销的内部业务或事项包括：

(1)本级政府和其所属下级政府之间的债权债务、收入费用等项目；

(2)本级政府所属下级政府相互之间的债权债务、收入费用等项目。

三、行政区政府合并财务报表的编制步骤

行政区政府合并财务报表可在汇总本级政府和所属下级政府综合财务报表的基础上，采用抵销方法合并编制。合并资产负债表和合并收入费用表采用汇总工作表方式编制，汇总工作表属于工作底稿。编制步骤如下：

(1)将被合并主体资产负债表和收入费用表各报表项目数据填列到汇总工作表“被合并政府报表项目金额”栏，计算加总金额。

(2)对被合并主体之间发生的经济业务或事项，按照抵销事项清单(见表 18-5)编制抵销分录，填入汇总工作表(见表 18-6)“抵销分录”栏。抵销分录所需明细信息来源于被合并主体提供的政府综合财务报表相关数据。

(3)将汇总工作表各项目对应的“原有金额合计”栏、“抵销分录”栏中的数据相减，分别计算出经过抵销后的数据，填入相应的“抵销后金额合计”栏，据此生成合并后的资产负债表和收入费用表。

表 18-5 抵销事项清单

<table>
<tr><th>序号</th><th>事项说明</th><th>抵销分录</th><th>事项分类</th></tr>
<tr><td>1</td><td>抵销上下级政府财政之间发生的往来事项</td><td>借:应付及预收款项
贷:应收及预付账款</td><td rowspan="5">不同政府财政之间的抵销事项</td></tr>
<tr><td>2</td><td>抵销上下级政府财政之间发生的转贷款本金</td><td>借:应付转贷款/一年内到期的非流动负债
贷:应收转贷款/一年内到期的非流动资产</td></tr>
<tr><td>3</td><td>抵销上下级政府财政之间发生的转贷款利息</td><td>借:应付利息
贷:应收利息</td></tr>
<tr><td>4</td><td>抵销上下级政府财政之间发生的补助收支和上解收支</td><td>借:政府间转移性收入
贷:政府间转移性支出</td></tr>
<tr><td>5</td><td>抵销不同政府财政之间发生的援助收支</td><td>借:政府间转移性收入
贷:政府间转移性支出</td></tr>
<tr><td>6</td><td>抵销政府部门与非同级财政之间发生的收入费用事项</td><td>借:政府间转移性收入
贷:商品与服务费用/其他费用</td><td>政府部门与非同级财政之间的抵销事项</td></tr>
<tr><td>7</td><td>抵销非同级政府部门之间发生的债权债务事项</td><td>借:应付及预收款项
贷:应收及预付账款</td><td rowspan="2">非同级政府部门之间的抵销事项</td></tr>
<tr><td>8</td><td>抵销非同级政府部门之间发生的收入费用事项</td><td>借:事业收入/经营收入/其他收入
贷:商品与服务费用/经营费用</td></tr>
</table>

表 18-6 汇总工作表

<table>
<tr><th rowspan="2">地方政府综合会计报表项目</th><th rowspan="2">原有金额合计</th><th colspan="2">被合并政府报表项目金额</th><th rowspan="2">抵销事项</th><th colspan="2">抵销分录</th><th rowspan="2">抵销后金额合计</th></tr>
<tr><th>地区 A</th><th>地区 B</th><th>借项</th><th>贷项</th></tr>
<tr><td>一、资产类</td><td></td><td></td><td></td><td></td><td></td><td></td><td></td></tr>
<tr><td>…</td><td></td><td></td><td></td><td></td><td></td><td></td><td></td></tr>
<tr><td>…</td><td></td><td></td><td></td><td></td><td></td><td></td><td></td></tr>
<tr><td>资产合计</td><td></td><td></td><td></td><td></td><td></td><td></td><td></td></tr>
<tr><td>二、负债类</td><td></td><td></td><td></td><td></td><td></td><td></td><td></td></tr>
<tr><td>…</td><td></td><td></td><td></td><td></td><td></td><td></td><td></td></tr>
<tr><td>…</td><td></td><td></td><td></td><td></td><td></td><td></td><td></td></tr>
<tr><td>负债合计</td><td></td><td></td><td></td><td></td><td></td><td></td><td></td></tr>
<tr><td>三、净资产类</td><td></td><td></td><td></td><td></td><td></td><td></td><td></td></tr>
<tr><td>…</td><td></td><td></td><td></td><td></td><td></td><td></td><td></td></tr>
<tr><td>…</td><td></td><td></td><td></td><td></td><td></td><td></td><td></td></tr>
<tr><td>净资产合计</td><td></td><td></td><td></td><td></td><td></td><td></td><td></td></tr>
</table>

续表

地方政府综合会计报表项目	原有金额合计	被合并政府报表项目金额		抵销事项	抵销分录		抵销后金额合计
		地区 A	地区 B		借项	贷项	
四、收入类							
…							
…							
收入合计							
五、费用类							
…							
…							
费用合计							
六、盈余类							
当期盈余							

四、行政区政府合并财务报表中应当单独列示反映的信息

行政区政府合并财务报表的项目列示应与本级政府合并财务报表一致。具体内容见本章第三节“四、本级政府合并财务报表中应当单独列示反映的信息”。

五、需要抵销调整的业务或事项的会计处理示例

(一)不同政府财政之间的抵销事项

1.上下级政府财政之间发生的往来事项

上下级政府财政之间发生的往来事项主要涉及的报表项目有应收及预付账款(与下级往来、其他应收款)、应付及预收款项(与上级往来、其他应付款),应经确认后抵销。

【例题 18-21】 甲市政府综合财务报表“应收及预付账款”中,甲市财政应收所辖 B 县财政款项 900 万元;B 县政府综合财务报表“应付及预收款项”中,B 县财政应付甲市财政款项 900 万元。经确认无误后,编制抵销分录如下(分录金额为万元,下同):

借:应付及预收款项　　900
　　贷:应收及预付账款　　900

2.上下级政府财政之间发生的转贷款本金

上下级政府财政之间发生的转贷款本金主要涉及的报表项目有应收转贷款、一年内到期的非流动资产(一年内到期的应收转贷款)、应付转贷款、一年内到期的非流动负债(一年内到期的应付转贷款),应经确认后抵销。

【例题 18-22】 甲市为某省下一级政府,甲市政府综合财务报表中应付转贷款中应付地方政府债券转贷款 78 000 万元,该省应收转贷款中应收甲市地方政府债券转贷款 78 000 万元。经确认无误后,编制抵销分录如下:

借:应付转贷款　　78 000
　　贷:应收转贷款　　78 000

3. 上下级政府财政之间发生的地方政府债券转贷款和主权外债转贷款利息

上下级政府财政之间发生的转贷款利息主要涉及的报表项目有应收利息、应付利息，应经确认后抵销。

【例题 18-23】 甲市为某省下一级政府，甲市政府综合财务报表中地方政府债券应付利息 1 900 万元，该省应收利息中应收甲市地方政府债券应付利息 1 900 万元。经确认无误后，编制抵销分录如下：

借：应付利息　　1 900

　　贷：应收利息　　1 900

4. 上下级政府财政之间发生的补助收支和上解收支

上下级政府财政之间发生的补助收支和上解收支主要涉及的报表项目有政府间转移性收入（补助收入、上解收入）、政府间转移性支出（补助支出、上解支出），应经确认后抵销。

【例题 18-24】 某省本级政府综合财务报表“政府间转移性支出”明细表中，对 B 市财政拨付了 2 500 万元补助支出，B 市“政府间转移性收入”明细表中收到省级补助收入 2 500 万元，经确认无误后，编制会计分录如下：

借：政府间转移性收入　　2 500

　　贷：政府间转移性支出　　2 500

5. 不同政府财政之间发生的援助收支

不同政府财政之间发生的援助收支主要涉及的报表项目有政府间转移性收入（地区间援助收入）、政府间转移性支出（地区间援助支出），应经确认后抵销。

【例题 18-25】 某市 B 县政府综合财务报表中，收到来自同市 A 县的地方援助收入 130 万元，A 县支付给 B 县的地方援助支出 130 万元。经确认无误后，编制抵销分录如下：

借：政府间转移性收入　　130

　　贷：政府间转移性支出　　130

（二）政府部门与非同级财政之间的抵销事项

政府部门的“其他收入”中来自非同级政府财政的拨款与对方政府财政的相关费用之间存在抵销关系，应经确认后抵销。

【例题 18-26】 某省政府综合财务报表中甲市 C 部门（如税务、工商等）其他收入 650 万元，其中来自丙县财政 300 万元；丙县政府综合财务报表其他费用中支付给甲市 C 部门 300 万元。经确认无误后，编制抵销分录如下：

借：政府间转移性收入　　300

　　贷：其他费用　　300

（三）非同级政府部门之间发生的经济业务或事项

1. 非同级政府部门之间发生的债权债务事项

非同级政府部门之间发生的债权债务事项主要涉及的报表项目有应收及预付账款、应付及预收款项，应经确认后抵销。

【例题 18-27】 某省甲市政府综合财务报表“应收及预付账款”中，A 部门应收同省乙市 B 部门款项 590 万元；乙市政府综合财务报表“应付及预收款项”中，B 部门应付 A 部门款项 590 万元。经确认无误后，编制抵销分录如下：

借:应付及预收款项　　590
　　贷:应收及预付账款　　590

2. 非同级政府部门之间发生的收入费用事项

非同级政府部门之间发生的收入费用事项主要涉及的报表项目有事业收入、经营收入、其他收入、商品和服务费用、经营费用,应经确认后抵销。

【例题 18-28】 某省甲市政府综合财务报表中,A 部门收到来自同省乙市 B 部门支付的事业收入 680 万元,B 部门的商品和服务费用中支付给甲市 A 部门 680 万元。经确认无误后,编制抵销分录如下:

借:事业收入　　680
　　贷:商品和服务费用　　680

复习思考题

1. 什么是政府合并财务报表? 其包括哪些种类?
2. 政府合并财务报表的编制程序是怎样的?
3. 部门(单位)合并财务报表的合并范围的确定依据是什么?
4. 部门(单位)合并财务报表的编制基础和需要抵销的业务或事项类别有哪些?
5. 简述部门(单位)合并财务报表的编制步骤。
6. 简述部门(单位)合并资产负债表中至少应当单独列示反映的信息。
7. 简述部门(单位)合并收入费用表中至少应当单独列示反映的信息。
8. 陈述部门(单位)合并财务报表的"抵销事项清单"。
9. 本级政府合并财务报表的合并范围是如何确定的?
10. 本级政府合并财务报表的编制基础和需要抵销的业务或事项类别有哪些?
11. 本级政府合并财务报表的编制步骤有哪些?
12. 陈述本级政府合并财务报表的"抵销调整事项清单"。
13. 简述本级政府合并资产负债表中至少应当单独列示反映的信息。
14. 简述本级政府合并收入费用表中至少应当单独列示反映的信息。
15. 行政区政府合并财务报表的合并范围是如何确定的?
16. 行政区政府合并财务报表的编制基础及需要抵销的业务或事项类别有哪些?
17. 行政区政府合并财务报表的编制步骤是怎样的?
18. 陈述行政区政府合并财务报表的"抵销事项清单"。

第19章 民间非营利组织会计

【导读】

本章简要介绍了我国民间非营利组织的资产、负债、收入、费用和净资产的核算以及财务报告的主要内容与格式。民间非营利组织会计核算也采用权责发生制，因此有关资产和负债的核算与营利性企业的核算有很多相似之处，但学习时应注意有的收入要分为限定性收入和非限定性收入，净资产也要区分限定性净资产和非限定性净资产进行核算。业务活动表和现金流量表各项目也要根据限定性和非限定性情况进行列示。

【学习重点】

存货、固定资产、受托代理资产和受托代理负债、各类收入和费用的核算以及净资产的核算。

【学习难点】

有关限定性收入和非限定性收入的核算、净资产的重分类核算、期末净资产的核算。

第一节 民间非营利组织会计概述

一、民间非营利组织会计基本理论框架

民间非营利组织会计是指核算、反映和监督民间非营利组织会计经济活动过程及其结果的专业会计。

(一)民间非营利组织会计目标

会计核算应当如实反映民间非营利组织的财务状况、业务活动情况和现金流量等信息，以满足会计信息使用者(如捐赠人、会员、监管者等)的需要。

(二)民间非营利组织会计假设

(1)会计主体。民间非营利组织会计主体包括依照国家法律、行政法规登记的社会团体、基金会、民办非企业单位和寺院、宫观、清真寺、教堂等。民间非营利组织会计主体具有以下特征：①不以营利为宗旨和目的；②资源提供者向该组织投入资源不取得经济回报；③资源提供者不

享有该组织的所有权。在我国,凡是具有上述特征的民间非营利组织都适用《民间非营利组织会计制度》。

(2)持续经营。民间非营利组织会计核算应当以民间非营利组织持续经营为前提。

(3)会计分期。会计核算应当划分会计期间,分期结算账目和编制财务会计报告。

(4)货币计量。在我国,民间非营利组织会计核算应当以人民币作为记账本位币。业务收支以人民币以外的货币为主的民间非营利组织,可以选定其中一种货币作为记账本位币,但是编制的财务会计报告应当折算为人民币。

(三)民间非营利组织会计的确认基础

民间非营利组织会计是对外报告会计,需要提供反映其受托责任履行情况和有助于做出经济决策的会计信息。因此在我国民间非营利组织会计核算采用权责发生制为基础。

(四)民间非营利组织会计信息质量要求

(1)客观性。会计核算应当以实际发生的交易或者事项为依据,如实反映民间非营利组织的财务状况、业务活动情况和现金流量等信息。

(2)相关性。会计核算所提供的信息应当能够满足会计信息使用者(如捐赠人、会员、监管者等)的需要。

(3)一致性。会计政策前后各期应当保持一致,不得随意变更。如有必要变更,应当在会计报表附注中披露变更的内容和理由、变更的累积影响数,以及累积影响数不能合理确定的理由等。

(4)可比性。会计核算应当按照规定的会计处理方法进行,会计信息应当口径一致、相互可比。

(5)及时性。会计核算应当及时进行,不得提前或延后。

(6)明晰性。会计核算和编制的财务会计报告应当清晰明了,便于理解使用。

(五)民间非营利组织会计核算应当遵循的基本原则

(1)配比性原则。在会计核算中,所发生的费用应当和与其相关的收入相配比,同一会计期间内的各项收入和与其相关的费用,应当在该会计期间内确认。

(2)历史成本计量原则。资产在取得时应当按照实际成本计量,但制度有特别规定的,按照特别规定的计量基础进行计量。除法律、行政法规和国家统一的会计制度另有规定外,民间非营利组织一律不得自行调整资产账面价值。

(3)谨慎性原则。合理划分应当计入当期费用的支出和应当予以资本化的支出。

(4)重要性原则。对资产、负债、净资产、收入、费用等有较大影响,并进而影响财务会计报告使用者据以做出合理判断的重要会计事项,必须按照规定的会计方法和程序进行处理,并在财务会计报告中予以充分披露;对于非重要的会计事项,在不影响会计信息真实性和不至于误导会计信息使用者做出正确判断的前提下,可适当简化处理。

(六)民间非营利组织会计要素

在我国,民间非营利组织会计要素分为资产、负债、净资产、收入和费用五要素。

(1)资产。资产是指过去的交易或者事项形成并由民间非营利组织拥有或者控制的资源,该资源预期会给民间非营利组织带来经济利益或者服务潜力。资产应当按其流动性分为流动资产、长期投资、固定资产、无形资产和受托代理资产等。

(2)负债。负债是指过去的交易或者事项形成的现时义务,履行该义务预期会导致含有经济利益或者服务潜力的资源流出民间非营利组织。负债应当按其流动性分为流动负债、长期负债和受托代理负债等。

(3)净资产。民间非营利组织的净资产是指资产减去负债后的余额。净资产应当按照其是否受到限制,分为限定性净资产和非限定性净资产等。

(4)收入。收入是指民间非营利组织开展业务活动取得的导致本期净资产增加的经济利益或者服务潜力的流入。在我国,收入应当按照其来源分为捐赠收入、会费收入、提供服务收入、政府补助收入、投资收益、商品销售收入等主要业务活动收入和其他收入等。

(5)费用。费用是指民间非营利组织为开展业务活动所发生的导致本期净资产减少的经济利益或者服务潜力的流出。费用应当按照其功能分为业务活动成本、管理费用、筹资费用和其他费用等。

(七)民间非营利组织会计报告

民间非营利组织财务会计报告中的会计报表至少应当包括以下三张报表:资产负债表、业务活动表和现金流量表。除此外,还应当包括会计报表附注。

二、我国民间非营利组织会计的会计科目

根据我国现行《民间非营利组织会计制度》的规定,各类民间非营利组织统一适用的会计科目,一共设置了48个会计科目,其中,资产类23个,负债类12个,净资产类2个,收入类7个,费用类4个。具体设置情况如表19-1所示。

表19-1 民间非营利组织会计科目

序号	编号	科目名称	序号	编号	科目名称
		一、资产			
1	1001	现金	15	1402	长期债券投资
2	1002	银行存款	16	1421	长期投资减值准备
3	1009	其他货币资金	17	1501	固定资产
4	1101	短期投资	18	1502	累计折旧
5	1102	短期投资跌价准备	19	1505	在建工程
6	1111	应收票据	20	1506	文物文化资产
7	1121	应收账款	21	1509	固定资产清理
8	1122	其他应收款	22	1601	无形资产
9	1131	坏账准备	23	1701	受托代理资产
10	1141	预付账款			二、负债
11	1201	存货	24	2101	短期借款
12	1202	存货跌价准备	25	2201	应付票据
13	1301	待摊费用	26	2202	应付账款
14	1401	长期股权投资	27	2203	预收账款

续表

序号	编号	科目名称	序号	编号	科目名称
28	2204	应付工资			四、收入
29	2206	应交税金	38	4101	捐赠收入
30	2209	其他应付款	39	4201	会费收入
31	2301	预提费用	40	4301	提供服务收入
32	2401	预计负债	41	4401	政府补助收入
33	2501	长期借款	42	4501	商品销售收入
34	2502	长期应付款	43	4601	投资收益
35	2601	受托代理负债	44	4901	其他收入
		三、净资产			五、费用
36	3101	非限定性净资产	45	5101	业务活动成本
37	3102	限定性净资产	46	5201	管理费用
			47	5301	筹资费用
			48	5401	其他费用

第二节　民间非营利组织资产和负债的核算

民间非营利组织的资产按其流动性可分为流动资产、长期投资、固定资产、无形资产和受托代理资产等。民间非营利组织的流动资产是指预期可在 1 年内(含 1 年)变现或者耗用的资产，主要包括现金、银行存款、短期投资、应收账款、预付账款、存货、待摊费用等。民间非营利组织的负债应当按其流动性分为流动负债、长期负债和受托代理负债等。民间非营利组织的流动负债是指将在 1 年内(含 1 年)偿还的负债，包括短期借款、应付账款、应付工资、应交税金、预收账款、预提费用和预计负债等。

由于民间非营利组织的流动资产、长期投资、固定资产和无形资产的核算方法以及流动负债、长期负债等的会计核算方法与营利性企业的会计核算方法没有很大差别，因此本节着重举例介绍存货和固定资产、文物文化资产、受托代理资产和受托代理负债、长期借款和长期应付款的核算。

一、存货的核算

民间非营利组织应当设置“存货”科目，核算在日常业务活动中持有以备出售或捐赠的，或者为了出售或捐赠仍处在生产过程中的，或者将在生产、提供服务或日常管理过程中耗用的材料、物资、商品等。

存货在取得时，应当以其实际成本入账。存货成本包括采购成本、加工成本和其他成本。其中，采购成本一般包括实际支付的采购价款、相关税费、运输费、装卸费、保险费以及其他可直接归属于存货采购的费用。加工成本包括直接人工以及按照合理方法分配的与存货加工有关的间接费用。其他成本是指除采购成本、加工成本以外的，使存货达到目前场所和状态所发生的其他支出。接受捐赠的存货，一般按照凭据上标明的金额作为入账价值确定其成本，没有凭证的，按公允价值确定成本。通过非货币性交易换入的存货，一般以换出资产的账面价值加上应支付的相关税费，作为换入资产的入账价值。如果发生支付补价的，则应以换出资产的账面价值加上补价和应支付的相关税费，作为换入资产的入账价值；收到补价的，则换入资产入账价值＝换出资产账面价值－补价÷换出资产公允价值×换出资产账面价值－补价÷换出资产公允价值×应交税金＋应支付的相关税费。

存货在发出时，应当根据实际情况采用个别计价法、先进先出法或者加权平均法，确定发出存货的实际成本。

存货应当定期进行清查盘点，每年至少盘点一次。对于盘盈的存货，应当按照其公允价值入账，并确认为当期收入；对于盘亏或者毁损的存货，应先扣除残料价值、可以收回的保险赔偿和过失人的赔偿等，将净损失确认为当期费用。

期末，还应当对存货是否发生了减值进行检查。应根据存货的可变现净值与其账面价值的比较情况，确认存货跌价损失并计入当期费用或转回已计提的跌价损失，冲减当期费用。

【例题 19-1】 某民间非营利组织 20×2 年 5 月 10 日接受捐赠一批存货，凭据上标明的金额为 35 000 元。捐赠人对该批存货的用途有限定。当月 15 日管理部门领用一批存货价值为 700 元。该民间非营利组织账务处理如下：

借：存货	35 000	
贷：捐赠收入—限定性收入		35 000
借：管理费用	700	
贷：存货		700

二、固定资产的核算

民间非营利组织应当设置“固定资产”科目核算固定资产相关业务。固定资产是指同时具有以下特征的有形资产：①为行政管理、提供服务、生产商品或者出租目的而持有；②预计使用年限超过 1 年；③单位价值较高。

固定资产在取得时，应当按取得时的实际成本入账。取得时的实际成本包括买价、包装费、运输费、交纳的有关税金等相关费用，以及为使固定资产达到预定可使用状态所必需的支出。具体应按以下情况确定：

(1)外购固定资产，按照实际支付的买价、相关税费以及为使固定资产达到预定可使用状态所发生的可直接归属于该固定资产的其他支出确定其成本。

(2)自行建造的固定资产，按照建造该项资产达到预定可使用状态前所发生的全部必要支出确定其成本。

(3)接受捐赠的固定资产，如果捐赠方提供了有关凭据(如发票、报关单、有关协议等)的，应当按照凭据上标明的金额作为入账价值，如果捐赠方没有提供有关凭据的，固定资产应当以其公允价值作为入账价值。

(4)通过非货币性交易换入的固定资产，参照存货的非货币性交易方法确认固定资产的入账价值。

(5)融资租入的固定资产，按照租赁协议或者合同确定的价款、运输费、途中保险费、安装调试费以及融资租入固定资产达到预定可使用状态前发生的借款费用等确定其成本。

民间非营利组织应当按月提取折旧，当月增加的固定资产，当月不计提折旧，从下月起计提折旧；当月减少的固定资产，当月照提折旧，从下月起不计提折旧。

由于出售、报废或者毁损等原因而发生固定资产清理净损益的，应当计入当期收入或者费用。

民间非营利组织对固定资产应当定期或者至少每年实地盘点一次。盘盈的固定资产应当按照其公允价值入账，并计入当期收入；盘亏的固定资产在减去过失人或者保险公司等的赔款和残料价值之后计入当期费用。

【例题 19-2】 某民间非营利组织 20×2 年 7 月 1 日以银行存款购买两台电脑，市价 10 000 元，按 5 年采用直线法计提折旧，假定无残值。该民间非营利组织账务处理如下：

借：固定资产　　10 000
　贷：银行存款　　10 000
借：管理费用　　2 000
　贷：累计折旧　　2 000

三、文物文化资产的核算

文物文化资产是指民间非营利组织用于展览、教育或研究等目的的历史文物、艺术品以及其他具有文化或者历史价值并作长期或者永久保存的典藏等。民间非营利组织应当设置“文物文化资产”科目对该业务进行核算。

民间非营利组织在取得文物文化资产时，按照取得时的实际成本借记“文物文化资产”科目，贷记“银行存款”“应付账款”或“捐赠收入”等科目。盘盈文物文化资产时，按照公允价值借记“文物文化资产”科目，贷记“其他收入”科目；盘亏时，按照文物文化资产账面余额扣除保险赔款和个人赔款后的余额、可回收保险赔款和个人赔款分别借记“管理费用”“其他应收款”等科目，按照文物文化资产的账面余额贷记“文物文化资产”科目。民间非营利组织应当按照文物文化资产的类别等设置明细账，分别进行明细分类核算。文物文化资产不需要计提折旧。

【例题 19-3】 某民间非营利组织 20×2 年 3 月 10 日购买了一项文物文化资产，购买价为 75 000 元，发生运输费和装卸费共计 600 元。20×2 年 5 月 10 日又接受捐赠一项文物文化资产，捐赠人没有提供计价凭据，经评估公允价值为 10 000 元，捐赠人没有提出限制要求。账务处理如下：

借：文物文化资产　　75 600
　贷：银行存款　　75 600
借：文物文化资产　　10 000
　贷：捐赠收入—非限定性收入　　10 000

【例题 19-4】 某民间非营利组织 20×2 年 7 月 10 日因业务需要处置一项文物文化资产。该文物文化资产的账面余额为 5 200 元，将其转入固定资产清理。账务处理如下：

借：固定资产清理　　5 200
　贷：文物文化资产　　5 200

四、受托代理资产和受托代理负债的核算

受托代理资产是指民间非营利组织接受委托方委托从事受托代理业务而收到的资产。民

间非营利组织应当对受托代理资产比照接受捐赠资产的原则进行确认和计量，但在确认一项受托代理资产时，应当同时确认一项受托代理负债。受托代理负债是指民间非营利组织因从事受托代理业务、接受受托代理资产而产生的负债。受托代理负债应当按照相对应的受托代理资产的金额予以确认和计量。

上述“受托代理业务”是指有明确的转赠或者转交协议，或者虽然无协议但同时满足以下条件的业务：①民间非营利组织在取得资产的同时即产生了向具体受益人转赠或转交资产的现时义务，不会导致自身净资产的增加。②民间非营利组织仅起到中介而非主导发起作用，帮助委托人将资产转赠或转交给指定的受益人，并且没有权利改变受益人，也没有权利改变资产的用途。③委托人已明确指出了具体受益人个人的姓名或受益单位的名称，包括从民间非营利组织提供的名单中指定一个或若干个受益人。

为核算受托代理业务，民间非营利组织应当设置“受托代理资产”“受托代理负债”科目。收到受托代理资产时，按应确认的金额，借记“受托代理资产”科目，同时贷记“受托代理负债”科目。转赠或者转出受托代理资产时，按转赠或转出受托代理资产的账面余额，借记“受托代理负债”科目，贷记“受托代理资产”科目。

民间非营利组织收到的受托代理资产如果为现金、银行存款或其他货币资金的，可以不通过本科目核算，而在“现金”“银行存款”“其他货币资金”等科目下设置“受托代理资产”明细科目进行核算，即在取得这些受托代理资产时，借记“现金—受托代理资产”“银行存款—受托代理资产”“其他货币资金—受托代理资产”科目，贷记“受托代理负债”科目。转赠或转出受托代理资产时，做相反的账务处理。

民间非营利组织从事受托代理业务时发生的应归属于其自身的相关税费、运输费等，应当计入当期费用，借记“其他费用”科目，贷记“银行存款”等科目。

民间非营利组织按照委托人委托使用受托代理资金购置固定资产或无形资产时，借记“受托代理资产—固定资产”或“受托代理资产—无形资产”科目，贷记“现金—受托代理资产”“银行存款—受托代理资产”等科目。“受托代理资产”科目下的固定资产和无形资产不计提折旧和摊销。受托代理的固定资产和无形资产报废、转交时，按照受托代理的固定资产和无形资产账面余额，借记“受托代理负债”科目，贷记“受托代理资产”科目及其明细科目。

【例题 19-5】 20×2 年 4 月 10 日，甲民间非营利组织与乙企业签订了一份空调捐赠协议。协议规定，乙企业通过甲民间非营利组织向某山区 10 所学校捐赠空调 40 台，每所学校受捐 4 台，由甲民间非营利组织负责在 20 天内选派志愿者送达并安装完成，在安装过程中发生的运输费由甲民间非营利组织承担；协议还规定，甲民间非营利组织将接受和转赠空调作为受托代理业务。20×2 年 4 月 15 日，甲民间非营利组织接受空调 40 台，价值为 80 000 元，至 20×2 年 4 月 30 日已安装完成 30 台，发生运输费 2 000 元；余下 10 台准备 5 月安装完成。甲民间非营利组织账务处理如下：

(1)20×2 年 4 月 15 日：

借：受托代理资产—空调　　80 000

　　贷：受托代理负债—山区学校　　80 000

(2)20×2 年 4 月 30 日：

借：受托代理资产—山区学校　　60 000

　　贷：受托代理负债—空调　　60 000

借：其他费用　　2 000
　　贷：银行存款　　2 000

五、长期借款的核算

民间非营利组织的长期负债包括长期借款、长期应付款和其他长期负债，这些长期负债都应当按实际发生额入账。

民间非营利组织的长期借款是指民间非营利组织向银行或其他金融机构等借入的期限在1年以上(不含1年)的各种借款。民间非营利组织应设置“长期借款”科目核算长期借款业务。取得长期借款时，按实际借得的款项借记“银行存款”科目，贷记“长期借款”科目。在资产负债表日，按借得的长期借款和票面利率计算确定的长期借款利息费用，借记“在建工程”“筹资费用”等科目，按应付未付利息贷记“长期借款”科目。

长期借款费用应当在发生时计入当期费用，但为了购建固定资产而发生的专门借款的借款费用在规定的允许资本化的期间内，应当按照专门借款的借款费用的实际发生额予以资本化，计入在建工程成本。这里的借款费用包括因借款而发生的利息、辅助费用以及因外币借款而发生的汇兑差额。只有在以下三个条件同时具备时，因专门借款所发生的借款费用才允许开始资本化：①资产支出已经发生；②借款费用已经发生；③为使资产达到预定可使用状态所必需的购建活动已经开始。如果固定资产的购建活动发生非正常中断，并且中断时间连续超过3个月(含3个月)，应当暂停借款费用的资本化，将中断期间内所发生的借款费用确认为当期费用，直至资产的购建活动重新开始。

【例题19-6】 20×2年3月1日，甲民间非营利组织因业务发展需要，从中国银行×××分行借款650 000元，期限3年，年利率为7.5%，借款实际收到的款项为650 000元。年末应计利息为40 625元。甲民间非营利组织账务处理如下：

借：银行存款　　650 000
　　贷：长期借款　　650 000
借：筹资费用　　40 625
　　贷：长期借款　　40 625

六、长期应付款的核算

长期应付款是指民间非营利组织融资租入固定资产发生的应付租赁款，如融资租入固定资产的租赁费，以及以跨年度分期付款购入固定资产的价款等。为此，民间非营利组织应当设置“长期应付款”科目对此业务进行核算。

【例题19-7】 20×2年11月15日，某民间非营利组织购入一台设备，价款为55 000元，取得设备时支付款项30 000元，其余款项于次年支付。该设备不需要安装。该民间非营利组织账务处理如下：

借：固定资产　　55 000
　　贷：长期应付款—设备款　　25 000
　　　　银行存款　　30 000

第三节　民间非营利组织收入的核算

一、民间非营利组织收入概述

（一）收入的概念

民间非营利组织收入是指开展业务活动取得的导致本期净资产增加的经济利益或者服务潜力的流入。

（二）收入的分类

1. 按来源分类

民间非营利组织的收入按照来源可分为捐赠收入、会费收入、提供服务收入、政府补助收入、投资收益、商品销售收入等主要业务活动收入和其他收入等。

2. 按限定性情况分类

民间非营利组织对各项收入应当按是否存在限制区分为非限定性收入和限定性收入进行核算。

如果资产提供者对资产的使用设置了时间限制或者（和）用途限制，则所确认的相关收入为限定性收入；除此之外的其他收入，为非限定性收入。

民间非营利组织的会费收入、提供服务收入、商品销售收入和投资收益等一般为非限定性收入，除非相关资产提供者对资产的使用设置了限制。民间非营利组织的捐赠收入和政府补助收入，应当视相关资产提供者对资产的使用是否设置了限制，分限定性收入和非限定性收入进行核算。

（三）收入的确认

民间非营利组织在确认收入时，应当区分交换交易所形成的收入和非交换交易所形成的收入。

交换交易是指按照等价交换原则所从事的交易，即当某一主体取得资产、获得服务或者解除债务时，需要向交易对方支付等值或者大致等值的现金，或者提供等值或者大致等值的货物、服务等的交易。如按照等价交换原则销售商品、提供劳务等属于交换交易。

对于因交换交易所形成的商品销售收入，应当在下列条件同时满足时予以确认：①已将商品所有权上的主要风险和报酬转移给购货方；②既没有保留通常与所有权相联系的继续管理权，也没有对已售出的商品实施控制；③与交易相关的经济利益能够流入民间非营利组织；④相关收入和成本能够可靠地计量。

对于因交换交易所形成的提供服务收入，应当按以下规定予以确认：①在同一会计年度内开始并完成的劳务，应当在完成劳务时确认收入；②如果劳务的开始和完成分属不同的会计年度，可以按完工进度或完成的工作量确认收入。

对于因交换交易所形成的因让渡资产使用权而发生的收入应当在下列条件同时满足时予以确认：①与交易相关的经济利益能够流入民间非营利组织；②收入的金额能够可靠地计量。

非交换交易是指除交换交易之外的交易。在非交换交易中，某一主体取得资产、获得服务或者解除债务时，不必向交易对方支付等值或者大致等值的现金，或者提供等值或者大致等值的货物、服务等；或者某一主体在对外提供货物、服务等时，没有收到等值或者大致等值的现金、货物等。如捐赠、政府补助等属于非交换交易。

对于因非交换交易所形成的收入，应当在同时满足下列条件时予以确认：①与交易相关的含有经济利益或者服务潜力的资源能够流入民间非营利组织并为其所控制，或者相关的债务能够得到解除；②交易能够引起净资产的增加；③收入的金额能够可靠地计量。

一般情况下，对于无条件的捐赠或政府补助，应当在捐赠或政府补助收到时确认收入；对于附条件的捐赠或政府补助，应当在取得捐赠资产或政府补助资产控制权时确认收入，但当民间非营利组织存在需要偿还全部或部分捐赠资产（或者政府补助资产）或者相应金额的现时义务时，应当根据需要偿还的金额同时确认一项负债和费用。

二、捐赠收入

民间非营利组织需要设置“捐赠收入”科目对接受其他单位或者个人捐赠所取得的收入进行核算，并按照是否存在限制分为“限定性收入”和“非限定性收入”两个明细科目。

对于民间非营利组织接受捐赠的现金资产，应当按照实际收到的金额入账。对于民间非营利组织接受捐赠的非现金资产，如接受捐赠的短期投资、存货、长期投资、固定资产和无形资产等，应当按照以下方法确定其入账价值：①如果捐赠方提供了有关凭据（如发票、报关单、有关协议等），应当按照凭据上标明的金额作为入账价值。如果凭据上标明的金额与受赠资产公允价值相差较大，受赠资产应当以其公允价值作为其入账价值。②如果捐赠方没有提供有关凭据，受赠资产应当以其公允价值作为入账价值。对于民间非营利组织接受的劳务捐赠，不予确认，但应当在会计报表附注中做相关披露。

对于接受的附条件捐赠，如果存在需要偿还全部或部分捐赠资产或者相应金额的现金义务，按照需要偿还的金额，借记“管理费用”科目，贷记“其他应付款”等科目。

如果限定性捐赠收入的限制在确认收入的当期得以解除，应当将其转为非限定性捐赠收入，借记“捐赠收入—限定性收入”科目，贷记“捐赠收入—非限定性收入”科目。如果限定性捐赠收入在以后的会计期间按照规定或时间使用进而解除了限制，应将与之相关的上期“限定性净资产”转为本期的“非限定性净资产”，即借记“限定性净资产”科目，贷记“非限定性净资产”科目。

会计期末，应将“捐赠收入—限定性收入”及“捐赠收入—非限定性收入”余额分别转入限定性净资产和非限定性净资产，借记“捐赠收入—限定性收入”科目，贷记“限定性净资产”科目；借记“捐赠收入—非限定性收入”科目，贷记“非限定性净资产”科目。结转后，“捐赠收入”科目无余额。

【例题 19-8】 20×2 年某民间非营利组织接受如下捐赠业务。

(1)2 月 10 日，收到慈善捐赠款 150 000 元，其中 100 000 元为限定用途的，捐赠款已到账。账务处理为：

借：银行存款　　150 000
　贷：捐赠收入—限定性收入　　100 000
　　　　　　—非限定性收入　　50 000

(2)3 月 1 日，接受捐赠收到一批计算机设备，发票标明价值为 120 000 元，限制在 6 个月内用于指定的公益性用途，期满后可自行处理。

借：固定资产　　120 000

　　贷：捐赠收入—限定性收入　　120 000

(3)9 月 1 日，将接受捐赠的计算机设备转为非限定性收入，其折余价值为 100 000 元。

借：捐赠收入—限定性收入　　100 000

　　贷：捐赠收入—非限定性收入　　100 000

(4)9 月 15 日，招募志愿者 5 人，协助公益事业宣传工作，无须向志愿者支付劳动报酬。

此为劳务捐赠，不确认为捐赠收入，但应当在会计报表附注中做相关披露。

(5)10 月 9 日，与某企业签订补充协议，规定 20×1 年捐赠款结余金额 10 000 元由该民间非营利组织自行支配使用。

借：限定性净资产　　10 000

　　贷：非限定性净资产　　10 000

三、政府补助收入

民间非营利组织需要设置“政府补助收入”科目对接受政府拨款或者政府机构给予的补助而取得的收入进行核算，并按照是否存在限制分为“限定性收入”和“非限定性收入”两个明细科目。政府补助收入的账务处理方法与捐赠收入的账务处理方法类似。

【例题 19-9】 20×2 年 11 月 10 日，某福利院收到政府补助 45 000 元，用于给福利院购置新衣被，款项已存入银行。20×2 年 11 月 20 日该福利院购买了一批新衣被，支付款项 43 000 元，余款根据规定退回。另外，在购买新衣被过程中发生管理费 2 000 元，款项尚未支付。账务处理如下：

(1)收到政府补助时：

借：银行存款　　45 000

　　贷：政府补助收入—限定性收入　　45 000

(2)购买新衣被时：

借：业务活动费用　　43 000

　　贷：银行存款　　43 000

借：管理费用　　2 000

　　贷：其他应付款　　2 000

借：限定性净资产　　43 000

　　贷：非限定性净资产　　43 000

四、会费收入

民间非营利组织需要设置“会费收入”科目对根据章程等的规定向会员收取的会费进行核算。一般情况下，民间非营利组织的会费收入为非限定性收入，除非相关资产的提供者对资产的使用设置了限制。

向会员收取会费，在满足收入确认条件时，借记“现金”“银行存款”“应收账款”等科目，贷记“会费收入—非限定性收入”科目。会计期末需要将“会费收入—非限定性收入”科目的余额转入非限定性净资产，结转后“会费收入”科目无余额。

【例题 19-10】 某社会团体会员代表大会通过的会费收缴办法规定，单位会员按照上年营业收入的 0.2%缴纳年会费（最低会费 2 万元，最高会费 15 万元），个人会员每人缴纳 300 元年会费。当年收到会员会费 60 万元，其中单位会员会费 50 万元，个人会员会费 10 万元，款项已存入银行存款。收到会费款项时账务处理如下：

借：银行存款　　600 000

　贷：会费收入—非限定性收入—单位会员　　500 000

　　　　　　　　　　　　　—个人会员　　100 000

【例题 19-11】 某民间非营利组织收到会员一次性缴纳今明两年会费共计 3 000 元，款项已存入银行存款。该民间非营利组织账务处理如下：

借：银行存款　　3 000

　贷：会费收入—非限定性收入　　1 500

　　　预收账款　　1 500

五、提供服务收入

民间非营利组织需要设置“提供服务收入”科目，核算其因向服务对象提供服务而取得的收入。提供服务收入主要包括学费收入、医疗费收入、培训收入等。一般情况下，民间非营利组织的提供服务收入为非限定性收入，相关资产提供者对资产的使用设置了限制的除外。

民间非营利组织应当在满足规定的确认条件时，确认提供服务收入，按实际收到或应当收到的金额计量。对于因交换交易所形成的提供服务收入，应当按以下规定予以确认：①在同一会计年度内开始并完成的劳务，应当在完成劳务时确认收入；②如果劳务的开始和完成分属不同的会计年度，可以按完工进度或完成的工作量确认收入。

会计期末，“提供服务收入”科目余额一般应结转至“非限定性净资产”科目。结转后“提供服务收入”科目无余额。

【例题 19-12】 20×2 年某民间非营利组织发生以下提供服务收入：

(1)3 月 10 日，因提供法律咨询，收到咨询服务费 3 000 元。款项已存入银行。

借：银行存款　　3 000

　贷：提供服务收入—非限定性收入　　3 000

(2)4 月 1 日，与某单位签订培训协议，为该单位培训两期业务人员培训班，每项培训一个月，每期培训费 40 000 元，共计 80 000 元。同时，预收培训费 60 000 元。

借：银行存款　　60 000

　贷：预收账款　　60 000

(3)4 月 30 日和 5 月 30 日分别完成了两期培训，最后将余下培训费 20 000 元收回并存入银行。

借：预收账款　　40 000

　贷：提供服务收入—非限定性收入　　40 000

借：预收账款　　20 000

　　银行存款　　20 000

　贷：提供服务收入—非限定性收入　　40 000

除捐赠收入、政府补助收入、会费收入、提供服务收入外，民间非营利组织还会通过交易方式取得商品销售收入、投资收益等，另外还会发生其他收入。这些收入的账务处理方法和营利性企业的账务处理方法没有太多差别。

第四节　民间非营利组织费用的核算

一、民间非营利组织费用概述

民间非营利组织费用是指其为开展业务活动所发生的导致本期净资产减少的经济利益或者服务潜力的流出。

费用应当按照其功能分为业务活动成本、管理费用、筹资费用和其他费用等。其中，业务活动成本属于成本费用，应当按照所开展的业务活动项目进行归集，以便进行成本核算与管理；管理费用、筹资费用和其他费用属于期间费用，应当按会计期间进行归集。民间非营利组织费用应当在实际发生时按其发生额计入当期费用。期末，民间非营利组织应当将本期发生的各项费用结转至净资产项下的非限定性净资产，作为非限定性净资产的减项。

二、业务活动成本

(一)概念及主要内容

业务活动成本，是指民间非营利组织为了实现其业务活动目标、开展其项目活动或者提供服务所发生的费用。业务活动成本包括提供服务成本、商品销售成本、捐赠项目成本以及业务活动税金及附加。

(二)业务活动成本的核算

民间非营利组织需要设置"业务活动成本"科目对所发生的业务活动成本进行核算，并且通常在该科目下设置"商品销售成本""提供服务成本""会员服务成本""捐赠项目成本""业务活动税金及附加""业务活动费用"等明细科目。其中，"业务活动费用"是核算因业务活动发生的但无法合理分摊或无须分摊至某项或某类业务的间接费用。

另外，在民间非营利组织接受政府提供的专项资金补助时，为提供专项资金使用情况的详细信息，可在"政府补助收入—限定性收入"科目下设置"专项补助收入"明细科目，并在"业务活动成本"科目下设置"专项补助成本"明细科目，以便对专项资金进行专项核算和报告。

如果民间非营利组织从事的项目、提供的服务或者开展的业务比较单一，可以将相关费用全部归集在"业务活动成本"项目下进行核算和列报；如果民间非营利组织从事的项目、提供的服务或者开展的业务种类较多，民间非营利组织应当在"业务活动成本"项目下分项目、服务或者业务大类进行核算和列报。

日常发生业务活动成本时，借记"业务活动成本"科目，贷记"现金""银行存款""存货""应付账款"等科目。期末，应当将"业务活动成本"科目的余额转入非限定性净资产，结转后，"业务活动成本"科目无余额。

【例题 19-13】 某民间非营利组织为行业协会，20×2 年发生以下活动：

(1)8 月，因举办会计资格考试考前辅导班，发生业务费用 10 000 元，以银行存款支出。

借：业务活动成本—考前辅导班项目　　10 000
　　贷：银行存款　　10 000

(2)9 月，为会员提供服务，发生业务费用 3 000 元，以银行存款支出。

借：业务活动成本—提供服务成本　　3 000
　　贷：银行存款　　3 000

【例题 19-14】 某社会团体为增值税小规模纳税人，20×2 年 10 月 15 日对外销售图书 2 000 册，每册销售 61.8 元，款项于当日全部收到并存入银行。假设图书进价每册为 40 元。该销售符合商品销售收入的确认条件。

借：银行存款　　123 600
　　贷：商品销售收入　　120 000
　　　　应交税金—应交增值税　　3 600
借：业务活动成本—商品销售成本　　80 000
　　贷：存货　　80 000

三、管理费用

民间非营利组织的管理费用是指为组织和管理其业务活动所发生的各项费用，包括民间非营利组织董事会(或者理事会或者类似权力机构)经费和行政管理人员的工资、奖金、福利费、住房公积金、住房补贴、社会保障费、离退休人员工资与补助，以及办公费、水电费、邮电费、物业管理费、差旅费、折旧费、修理费、租赁费、无形资产摊销费、资产盘亏损失、资产减值损失、因预计负债所产生的损失、聘请中介机构费和应偿还的受赠资产等。其中，福利费应当依法根据民间非营利组织的管理权限，按照董事会、理事会或类似权力机构等的规定据实列支。

民间非营利组织需要设置“管理费用”科目核算为组织和管理其业务活动所发生的各项费用。“管理费用”科目应当按管理费用种类设置明细账。期末，应当将“管理费用”科目的余额转入非限定性净资产，结转后，“管理费用”科目无余额。

【例题 19-15】 某民间非营利组织为医院，20×2 年 8 月医院管理部门发生办公费 8 000 元，以银行存款支出。

借：管理费用—办公费　　8 000
　　贷：银行存款　　8 000

四、筹资费用

筹资费用是指民间非营利组织为筹集业务活动所需资金而发生的费用，包括民间非营利组织为了获得捐赠资产而发生的费用以及应当计入当期费用的借款费用、汇兑损失(减汇兑收益)等。民间非营利组织为了获得捐赠资产而发生的费用包括举办募款活动费，准备、印刷和发放募款宣传资料费以及其他与募款或者争取捐赠资产有关的费用。筹资费用是民间非营利组织的一项重要费用，特别是慈善机构、基金会、扶贫组织等一些社会公益组织，其筹资费用所占比例较大。

民间非营利组织需要设置“筹资费用”科目对筹资费用进行核算，并按筹资费用的种类设置明细账进行明细核算。日常发生筹资费用时，借记“筹资费用”科目，贷记“预提费用”“银行存款”“长期借款”等科目。发生应冲减筹资费用的利息收入、汇兑收益时，借记“银行存款”“长期借款”等科目，贷记“筹资费用”科目。期末，应当将“筹资费用”科目的余额转入非限定性净资产，结转后，“筹资费用”科目无余额。

【例题 19-16】 20×2 年 6 月某民间非营利组织发生以下筹资费用：

(1)为募集慈善捐款用于救灾，以银行存款支付广告费 15 000 元。

借：筹资费用—广告费　　15 000

　　贷：银行存款　　15 000

(2)发生长期借款本期应计利息 7 000 元。

借：筹资费用—利息费用　　7 000

　　贷：预提费用　　7 000

五、其他费用

其他费用是指民间非营利组织发生的无法归属到上述业务活动成本、管理费用或者筹资费用中的费用，包括固定资产处置净损失、无形资产处置净损失等。

民间非营利组织的某些费用如果属于多项业务活动或者属于业务活动、管理活动和筹资活动等共同发生的，而且不能直接归属于某一类活动，应当将这些费用按照合理的方法在各项活动中进行分配。

民间非营利组织需要设置“其他费用”科目核算民间非营利组织发生的各项其他费用。其他费用应当在发生时按实际发生额计入当期费用。期末，应当将“其他费用”科目的余额转入非限定性净资产，结转后，“其他费用”科目无余额。

第五节　民间非营利组织净资产的核算

民间非营利组织的净资产是指资产减去负债后的余额。净资产应当按照其是否受到限制，分为限定性净资产和非限定性净资产。

一、限定性净资产

(一)限定性净资产的概念

限定性净资产是指资产或者资产所产生的经济利益(如资产的投资收益和利息等)的使用受到资产提供者或者国家有关法律、行政法规所设置的时间限制或(和)用途限制，则由此形成的净资产即为限定性净资产，国家有关法律、行政法规对净资产的使用直接设置限制的，该受限制的净资产亦为限定性净资产。

所谓时间限制，是指资产提供者或者国家有关法律、行政法规要求民间非营利组织在收到资产后的特定时期之内或特定日期之后使用该项资产，或者对资产的使用设置了永久限制。所谓用途限制，是指资产提供者或者国家有关法律、行政法规要求民间非营利组织将收到的资产用于某一特定的用途。所谓的“限制”是由民间非营利组织之外的资产提供者或者国家有关法律、行政法规所设置的。该限制只有在比民间非营利组织的宗旨、目的或章程等关于资产使用的要求更为具体明确时，才能成为《民间非营利组织会计制度》所称的“限制”。

民间非营利组织的董事会、理事会或类似权力机构对净资产的使用所做的限定性决策、决议或拨款限额等，属于民间非营利组织内部管理上对净资产使用所做的限制，这些净资产不属于限定性净资产。

（二）限定性净资产的核算

民间非营利组织应当设置“限定性净资产”科目核算限定性净资产业务，并按限定性项目或限定性种类进行明细核算。限定性净资产的主要账务处理如下。

（1）期末，将各收入类科目所属“限定性收入”明细科目的余额转入“限定性净资产”科目，借记“捐赠收入—限定性收入”“政府补助收入—限定性收入”等科目，贷记“限定性净资产”科目。

（2）如果限定性净资产的限制已经解除，应当对限定性净资产进行重新分类，将限定性净资产转为非限定性净资产，按照实际使用的相关资产金额或者实际发生的相关费用金额，借记“限定性净资产”科目，贷记“非限定性净资产”科目。

（3）如果因调整以前会计期间的收入、费用项目而涉及调整限定性净资产，应当就需要调整的金额，借记或贷记有关科目，贷记或借记“限定性净资产”科目。

“限定性净资产”期末贷方余额，反映民间非营利组织历年积存的限定性净资产。

二、非限定性净资产

非限定性净资产是指民间非营利组织净资产中除限定性净资产之外的其他净资产。

民间非营利组织应当设置“非限定性净资产”科目对非限定性净资产进行核算。账务处理主要内容如下。

（1）期末，将各收入类科目所属“非限定性收入”明细科目的余额转入“非限定性净资产”科目，借记“捐赠收入—非限定性收入”“会费收入—非限定性收入”“提供服务收入—非限定性收入”“政府补助收入—非限定性收入”“商品销售收入—非限定性收入”“投资收益—非限定性收入”“其他收入—非限定性收入”科目，贷记“非限定性净资产”科目。同时，将各费用类科目的余额转入“非限定性净资产”科目，借记“非限定性净资产”科目，贷记“业务活动成本”“管理费用”“筹资费用”“其他费用”等科目。

（2）如果限定性净资产的限制解除，应当对净资产进行重新分类，借记“限定性净资产”科目，贷记“非限定性净资产”科目。

（3）如果因调整以前会计期间的收入、费用项目而涉及调整非限定性净资产，应当就调整金额，借记或贷记有关科目，贷记或借记“非限定性净资产”科目。

三、综合举例

【例题 19-17】 20×2 年 10 月某民间非营利组织结账前，各收入、费用类账户余额如表 19-2 所示。表中没有区分限定性和非限定性的各项收入均为非限定性收入。

表 19-2　收入、费用类账户余额　　单位：元

收入	余额	费用	余额
捐赠收入	1 550 000	业务活动成本	7 560 000
其中：限定性收入	850 000	管理费用	1 120 000
非限定性收入	700 000	筹资费用	322 000

续表

收入	余额	费用	余额
政府补助收入	300 000	其他费用	320 000
其中:限定性收入	200 000		
非限定性收入	100 000		
提供服务收入	6 500 000		
商品销售收入	2 500 000		
投资收益—限定性收入	600 000		
其他收入	150 000		
收入合计	11 600 000	费用合计	9 322 000

根据上述资料,该民间非营利组织20×2年10月末应做如下账务处理:

借:捐赠收入—限定性收入　　1 550 000
　政府补助收入—限定性收入　　200 000
　投资收益—限定性收入　　600 000
　贷:限定性净资产　　2 350 000

借:捐赠收入—非限定性收入　　700 000
　政府补助收入—非限定性收入　　100 000
　提供服务收入　　6 500 000
　商品销售收入　　2 500 000
　其他收入　　150 000
　贷:非限定性净资产　　9 950 000

借:非限定性净资产　　9 322 000
　贷:业务活动成本　　7 560 000
　　管理费用　　1 120 000
　　筹资费用　　322 000
　　其他费用　　320 000

【例题19-18】 20×2年6月25日,某民间非营利组织和甲企业签订了一份捐赠协议。协议规定,甲企业向该民间非营利组织捐赠6 000 000元成立一项奖励基金,以基金利息奖励20×3年1月1日以后某专业综合成绩排名前10名的应届毕业生。未经同意,不得动用奖励基金本金。7月1日款项到账。20×2年12月31日收到该基金半年的利息100 000元。

(1)7月1日款项到账时:

借:银行存款　　6 000 000
　贷:捐赠收入—限定性收入　　6 000 000

(2)20×2年12月31日收到半年利息时:

借:银行存款　　100 000
　贷:其他收入—限定性收入　　100 000

(3)20×3 年 1 月 1 日以后,利息收入的使用限制解除:

借:限定性净资产　　100 000

　贷:非限定性净资产　　100 000

【例题 19-19】 20×2 年 8 月 15 日,某民办学校接受一项房产捐赠,捐赠票据载明价值为 36 000 000 元,捐赠人要求该房产只能在固定资产有效寿命内作为办公楼使用,不得出售或挪为他用。该办公楼预计使用寿命为 25 年,采用直线法折旧,不考虑残值。该民办学校账务处理如下:

(1)20×2 年 8 月 15 日接受捐赠时:

借:固定资产　　36 000 000

　贷:捐赠收入—限定性收入　　36 000 000

(2)20×2 年 8 月 31 日将捐赠收入结转至限定性净资产:

借:捐赠收入—限定性收入　　36 000 000

　贷:限定性净资产　　36 000 000

(3)20×2 年 9 月 30 日计提折旧:

借:管理费用　　120 000

　贷:累计折旧　　120 000

借:限定性净资产　　120 000

　贷:非限定性净资产　　120 000

(4)将管理费用结转至非限定性净资产:

借:非限定性净资产　　120 000

　贷:管理费用　　120 000

【例题 19-20】 20×2 年 10 月 31 日,某民间非营利组织发现上一会计期间折旧少计提 150 000 元,应予以调整。账务处理如下:

借:非限定性净资产　　150 000

　贷:累计折旧　　150 000

第六节　民间非营利组织的财务会计报告

一、民间非营利组织财务会计报告的概念与分类

民间非营利组织财务会计报告是反映民间非营利组织财务状况、业务活动情况和现金流量等的书面文件,由会计报表、会计报表附注和财务情况说明书组成。

民间非营利组织财务会计报告按时间可分为年度财务会计报告和中期财务会计报告。以短于一个完整的会计年度的期间(如半年度、季度和月度)编制的财务会计报告称为中期财务会计报告。年度财务会计报告则是以整个会计年度为基础编制的财务会计报告。民间非营利组织财务会计报告按格式和形式可分为资产负债表、业务活动表、现金流量表以及会计报表附注。

二、民间非营利组织财务会计报告的编制要求

(1)民间非营利组织对外提供的财务会计报告的内容、会计报表的种类和格式、会计报表附注应予以披露的主要内容等,由《民间非营利组织会计制度》规定;民间非营利组织内部管理需要的会计报表由单位自行规定。

(2)民间非营利组织在编制中期财务会计报告时,应当采用与年度会计报表相一致的确认与计量原则。中期财务会计报告的内容相对于年度财务会计报告而言可以适当简化,但仍应保证包括与理解中期期末财务状况和中期业务活动情况及与现金流量相关的重要财务信息。

(3)民间非营利组织采用的会计政策前后各期应当保持一致,不得随意变更,除非符合下列条件之一:①符合法律或会计制度等行政法规、规章的要求;②这种变更能够提供有关民间非营利组织财务状况、业务活动情况和现金流量等更可靠、更相关的会计信息。

(4)民间非营利组织应当采用追溯调整法核算会计政策的变更,如果追溯调整法不可行,则应当采用未来适用法核算;如果相关法律或会计制度等另有规定,则应当按照相关规定进行核算。

(5)民间非营利组织对外投资,而且占被投资单位资本总额50%以上(不含50%)的,或者虽然占该单位资本总额不足50%但具有实质上的控制权的,或者对被投资单位具有控制权的,应当编制合并会计报表。

(6)民间非营利组织的年度财务会计报告至少应当于年度终了后4个月内对外提供。会计报表的填列,以人民币"元"为金额单位,"元"以下填至"分"。

三、资产负债表

1.民间非营利组织资产负债表的作用

通过资产负债表,可以了解民间非营利组织的资产总额及构成情况,分析资产的变化趋势;可以了解民间非营利组织的负债总额及构成情况,分析其偿债能力;可以了解民间非营利组织的净资产总额及构成情况,分析净资产的来源渠道。

2.民间非营利组织资产负债表的组成

民间非营利组织资产负债表由表首标题、编报项目、栏目及金额组成。表首标题包括报表名称、编号(如会民非01表)、编制单位、编制时间和金额单位等内容。编报项目包括资产、负债和净资产三个会计要素。资产项目按其流动性分为流动资产、长期投资、固定资产、无形资产和受托代理资产;负债项目按其流动性分为流动负债、长期负债和受托代理负债;净资产项目分为非限定性净资产、限定性净资产。栏目及金额包括"年末数"和"年初数"两栏数字。

民间非营利组织资产负债表的格式如表19-3所示。

表19-3 资产负债表 会民非01表

编制单位:________ ____年____月____日 单位:元

资产	年初数	年末数	负债和净资产	年初数	年末数
流动资产:			流动负债:		
货币资金			短期借款		
短期投资			应付款项		

续表

资产	年初数	年末数	负债和净资产	年初数	年末数
应收款项			应付职工薪酬		
预付账款			应交税费		
存货			预收账款		
待摊费用			预提费用		
一年内到期的长期债券投资			预计负债		
其他流动资产			一年内到期的长期负债		
流动资产合计			其他流动负债		
			流动负债合计		
长期投资：					
长期股权投资			长期负债：		
长期债券投资			长期借款		
长期投资合计			长期应付款		
			其他长期负债		
固定资产：			长期负债合计		
固定资产原值					
减：累计折旧			受托代理负债：		
固定资产净值			受托代理负债		
在建工程					
文物文化资产			负债合计		
固定资产清理					
固定资产合计					
无形资产：			净资产：		
无形资产			非限定性净资产		
受托代理资产：			限定性净资产		
受托代理资产			净资产合计		
资产总计			负债和净资产总计		

四、业务活动表

1. 民间非营利组织业务活动表的作用

业务活动表，可以全面反映民间非营利组织的业务活动收入、费用的总额及构成情况，以及限定性净资产和非限定性净资产的增减变动情况，是评价民间非营利组织运营业绩的重要依据。

2. 民间非营利组织业务活动表的组成

业务活动表由表首标题、编报项目、栏目及金额组成。

表首标题包括报表名称、编号(如会民非 02 表)、编制单位、编制时间和金额单位等内容。

编报项目按收入、费用、限定性净资产转为非限定性净资产、调整净资产和净资产变动额的顺序上下排列,分为"限定性""非限定性""合计"三列。基本关系式为:净资产变动合计=收入总额-费用总额±调整净资产=限定性净资产变动额+非限定性净资产变动额。

业务活动表栏目分为"本月数"和"本年累计数"两大栏,在其下再分设"非限定性""限定性""合计"三个小栏目。金额单位为"元"。

民间非营利组织业务活动表的格式如表 19-4 所示。

表 19-4 业务活动表　　　　会民非 02 表

编制单位:________　　　　____年____月　　　　单位:元

项目	本月数			本年累计数		
	非限定性	限定性	合计	非限定性	限定性	合计
一、收入						
(一)捐赠收入						
(二)会费收入						
(三)提供服务收入						
(四)商品销售收入						
(五)政府补助收入						
(六)投资收益						
(七)其他收入						
收入合计						
二、费用						
(一)业务活动费用						
其中:						
1.提供服务成本						
2.商品销售成本						
…						
(二)管理费用						
(三)筹资费用						
(四)其他费用						
费用合计						

续表

项目	本月数			本年累计数		
	非限定性	限定性	合计	非限定性	限定性	合计
三、限定性净资产转为非限定性净资产						
四、净资产变动额(净资产减少额,以“—”号填列)						

五、现金流量表

1. 民间非营利组织现金流量表的作用

现金流量表是反映民间非营利组织某一时期现金和现金等价物的流入、流出情况的报表。现金流量表是以收付实现制为基础编制的。

2. 民间非营利组织现金流量表的组成

现金流量表由表首标题、编报项目、栏目及金额组成。

表首标题包括报表名称、编号(如会民非 03 表)、编制单位、编制时间和金额单位等内容。

编报项目包括业务活动产生的现金流量、投资活动产生的现金流量、筹资活动产生的现金流量、汇率变动对现金的影响额、现金及现金等价物净增加额等,每项内容按现金流入量、现金流出量和现金流量净额填列。基本关系为:现金流量净额=现金流入量－现金流出量;现金及现金等价物净增加额=业务活动产生的现金流量净额＋投资活动产生的现金流量净额＋筹资活动产生的现金流量净额＋汇率变动对现金的影响额。

现金流量表设置“金额”一栏数据,金额单位为“元”。民间非营利组织会计应当采用直接法编制业务活动现金流量表。编制时,有关现金流量的信息可以从会计记录中直接获得,也可以在业务活动表中收入和费用数据基础上,通过调整存货和与业务活动有关的应收应付款项的变动、投资以及固定资产折旧、无形资产摊销等项目获得。

民间非营利组织现金流量表的参考格式如表 19-5 所示。

表 19-5　现金流量表　　　　会民非 03 表

编制单位:________　　　　____年　　　　单位:元

项目	金额	
	限定性业务	非限定性业务
一、业务活动产生的现金流量		
接受捐赠收到的现金		
收取会费收到的现金		
提供服务收到的现金		
销售商品收到的现金		
政府补助收到的现金		
受托代理业务收到的现金		—

续表

项目	金额	
	限定性业务	非限定性业务
收到的其他与业务活动有关的现金		
现金流入小计		
提供捐赠或者资助支付的现金		
支付给员工以及为员工支付的现金	—	
购买商品、接受服务支付的现金		
履行受托代理业务支付的现金		—
支付的其他与业务活动有关的现金		
现金流出小计		
业务活动产生的现金流量净额		
二、投资活动产生的现金流量		
收回投资收到的现金		
取得投资收益收到的现金		
处置固定资产、无形资产收回的现金净额		
收到的其他与投资活动有关的现金		
现金流入小计		
购建固定资产、无形资产支付的现金		
对外投资所支付的现金		
支付的其他与投资活动有关的现金		
现金流出小计		
投资活动产生的现金流量净额		
三、筹资活动产生的现金流量		
借款所收到的现金		
收到的其他与筹资活动有关的现金		
现金流入小计		
偿还借款支付的现金		
偿还利息支付的现金		
支付的其他与筹资活动有关的现金		
现金流出小计		
筹资活动产生的现金流量净额		
四、汇率变动对现金的影响额		
五、现金及现金等价物净增加额		
六、不涉及现金的重要事项的补充信息		

续表

项目	金额	
	限定性业务	非限定性业务
(一)设置限定条件的实物资产捐赠		—
接受捐赠、接受委托及非限定性转入		—
1.存货		—
2.固定资产		—
3.股权投资		—
4.债券投资		—
5.文物文化资产		—
…		—
对外捐赠、完成委托及解除限定		—
1.存货		—
2.固定资产		—
3.股权投资		—
4.债券投资		—
5.文物文化资产		—
…		—
设置限定条件的实物资产捐赠净变动		—
(二)未设置限定条件的实物资产捐赠	—	
…	—	
(三)受托代理实物资产		—
…		—

六、会计报表附注

会计报表附注至少应当包括下列内容:①重要会计政策及其变更情况的说明;②董事会(或者理事会或者类似权力机构)成员和员工的数量、变动情况以及获得的薪金等报酬情况的说明;③会计报表重要项目及其增减变动情况的说明;④资产提供者设置了时间或用途限制的相关资产情况的说明;⑤受托代理业务情况的说明,包括受托代理资产的构成、计价基础和依据、用途等;⑥重大资产减值情况的说明;⑦公允价值无法可靠取得的受赠资产和其他资产的名称、数量、来源和用途等情况的说明;⑧对外承诺和或有事项情况的说明;⑨接受劳务捐赠情况的说明;⑩资产负债表日后非调整事项的说明;⑪有助于理解和分析会计报表需要说明的其他事项。

七、财务情况说明书至少应当说明的内容

(1)民间非营利组织的宗旨、组织结构以及人员配备等情况;

(2)民间非营利组织业务活动基本情况、年度计划和预算完成情况、产生差异的原因分析、下一会计期间业务活动计划和预算等;

(3)对民间非营利组织业务活动有重大影响的其他事项。

复习思考题

1. 民间非营利组织会计要素有哪些?
2. 民间非营利组织会计信息质量要求有哪些?
3. 简述民间非营利组织存货的会计核算内容和方法。
4. 简述民间非营利组织固定资产的会计核算内容和方法。
5. 简述民间非营利组织受托代理资产和受托代理负债的会计核算内容和方法。
6. 民间非营利组织收入的分类是怎样的?
7. 什么是限定性收入?什么是非限定性收入?
8. 民间非营利组织的费用包括哪些类型?
9. 什么是民间非营利组织的限定性净资产和非限定性净资产?
10. 民间非营利组织的资产负债表的格式是怎样的?
11. 民间非营利组织的业务活动表的格式是怎样的?
12. 民间非营利组织的现金流量表的格式是怎样的?

练习题

练习一

一、目的:练习捐赠收入的核算。

二、资料:20×2 年 2 月 5 日,甲基金会与乙企业签订了一份捐赠协议。协议规定,乙企业向甲基金会捐赠 550 000 元,其中 500 000 元用于资助山区学前儿童教育,50 000 元用于此次活动的宣传和管理。资助对象由基金会按资助规则确定。20×2 年 2 月 15 日,甲基金会收到捐款 550 000 元。从 20×2 年 2 月 15 日至 20×2 年 4 月 15 日甲基金会先后将 480 000 元捐赠给 100 所山区学前教育机构,并发生宣传及管理费 50 000 元。20×2 年 4 月 20 日甲基金会与乙企业签订补充协议,规定剩余的 20 000 元转由基金会自行支配。

三、要求:根据上述业务,为该基金会进行相应账务处理。

练习二

一、目的:练习政府补助收入的核算。

二、资料:20×2 年 3 月 5 日,某政府部门按批准的政府预算通过政府采购和国库集中支付方式将购置的冬季取暖设备交付给某贫困地区小学。设备价款为 1 000 000 元。该小学拥有控制权和使用权,但不得处置。如果处置,需要经主管部门批准,并将处置款全额上缴财政。

三、要求:根据上述业务,为该小学进行相应账务处理。

练习三

一、目的:练习筹资费用的核算。

二、资料:某慈善基金会发生如下业务。

(1)20×2 年 3 月 5 日,为募集善款进行宣传活动,发生费用 3 500 元;

(2)20×2 年 6 月 30 日,发生长期借款利息 5 000 元;

(3)20×2 年 6 月 30 日，按银行公布的外币汇率调整外币存款账户余额，产生汇兑收益 4 500 元。

三、要求：根据上述业务，为该慈善基金会进行相应账务处理。

练习四

一、目的：练习限定性净资产的核算。

二、资料：某慈善基金会发生如下业务。

(1)20×2 年 7 月 5 日，实际收到限定性捐赠款 100 000 元；

(2)20×2 年 7 月 31 日，将捐赠收入转入限定性净资产；

(3)20×2 年 12 月 31 日，收到捐赠款的存款利息收入 5 000 元，并将其转入限定性净资产。

三、要求：根据上述业务，为该慈善基金会进行相应账务处理。

练习五

一、目的：练习限定性净资产和非限定性净资产的重分类。

二、资料：20×2 年 7 月 5 日，某慈善基金会获得一笔捐款 750 000 元，当时捐赠人并未对捐款使用提出具体要求。20×2 年 7 月 15 日，该慈善基金会支付 400 000 元用于贫困地区学龄前儿童营养补助，20×2 年 7 月 20 日向某山区小学支付 100 000 元用于图书购置。20×2 年 7 月 30 日捐款人向该慈善基金会提出要求，经协商并签订补充协议，规定剩余的 250 000 元专门用作山区小学设备维护资金。

三、要求：根据上述业务，为该慈善基金会进行相应账务处理。

第三部分

西方政府与非营利组织会计

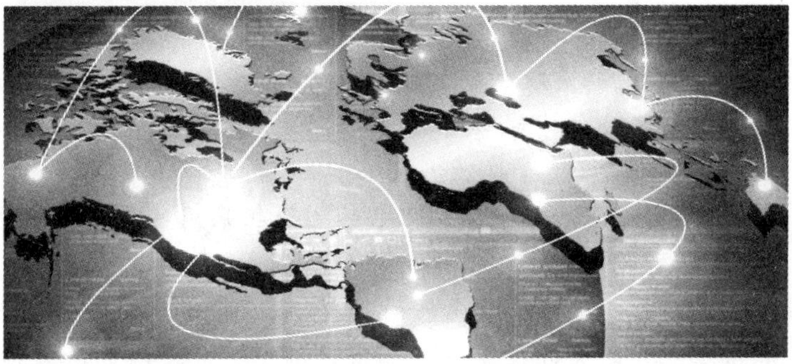

第20章 西方政府与非营利组织会计

【导读】

本章介绍了西方政府与非营利组织会计的基本情况。学习时注意各国的政府会计改革的情况,特别是权责发生制会计引入情况;在学习美国政府会计时,特别注意美国联邦政府会计与州和地方政府会计是不同的;在学习州和地方政府会计时要特别注意其基金会计的特征、不同基金会计的计量焦点与会计基础;注意普通资本资产和长期负债与政府基金的关系;关于非营利组织会计,注意公立和私立非营利组织采用的会计准则是不同的。

【学习重点】

美国政府会计改革发展的基本情况;普通基金和特种收入基金的会计核算;资本项目基金和偿债基金的会计核算;普通资本资产、普通长期负债的核算;企业基金的核算;年度财务报告的构成;公立高等院校会计核算。

【学习难点】

对政府基金关于财务资源核算的焦点的理解与运用;普通资本资产和长期负债与政府基金关系的理解与运用;基金会计报表与基金联立报表、政府层面财务报表的关系。

第一节 西方政府会计概述

一、美国政府会计

(一)美国政府会计准则的组成及制定机构

美国是一个典型的联邦制国家,州政府和联邦政府之间有明确的权力划分,保持相对独立,州以下的地方政府也实行较高程度的地方自治。美国政府这种相互独立的关系,使其没有统一的政府会计。所以,目前美国出现两个层次的政府会计准则,即联邦政府会计准则与州和地方政府会计准则,它们分别由不同机构负责制定。联邦政府会计准则的制定机构为联邦会计准则咨询委员会(FASAB),其成立于1990年。从1990年至今,该委员会发布准则24个,在制定准则过程中都遵循公开举行会议、邀请利益相关者发表意见并提出看法等各种形式的交流、举行公众听证会听取口头意见等程序。州和地方政府会计准则的制定机构为政府会计准则委员会(GASB),其成立于1984年。自成立以来,政府会计准则委员会已制定了47个准则,其中第34号政府会计准则《州和地方政府财务报表及管理层阐述与分析》是政府会计准则委员会已发布的最重要的准则之一,其要求州和地方政府同时编制基金财务报告和政府层面财务报告,政府层面财务报告要采用完全的权责发生制。在美国,州和地方政府会计的内容纳入了美国注册会计师考试范围。

(二)美国政府会计的改革发展情况

1.州和地方政府会计发展

美国州和地方政府会计改革经历了相当长的时期。早在19世纪90年代至1920年(美国城市化发展时期),就有人提出将商业的会计程序和方法引入地方政府的财务管理中,建议采用权责发生制会计基础和复式记账法,以完善公共管理和提高政府效率。到20世纪30年代早期,美国开始陷入经济大萧条时期,一些地方政府无力偿债,地方政府会计准则问题开始受到重视,1934年,成立了全国地方政府会计委员会(NCMA),制定并发布了一些地方政府会计原则,强调预算、会计和财务信息的协调一致,并要求使用权责发生制会计,但并不要求对一般固定资产计提折旧。1974年,美国全国政府会计理事会(NCGA)取代了全国地方政府会计委员会,开始负责制定和发布政府会计准则公告。为了提高州和地方政府会计质量,1984年财务会计基金会(FAF)同意成立了政府会计准则委员会并由其负责制定和发布政府会计准则,GASB又取代了全国政府会计理事会。

2.联邦政府会计发展

1949年,联邦政府曾被建议采用权责发生制,但没有采纳。从20世纪30年代至90年代初,美国在联邦政府会计准则由谁来制定上一直存在争论。1990年,美国财政部、管理和预算局、会计总署达成协议,共同组建联邦会计准则咨询委员会,并由其制定联邦会计准则。随后FASAB在对政府会计信息和财务报告的使用需求进行研究的基础上,提出了联邦财务报告的目标和报告模式,强调要按定期的营运结果报告财务状况,主张实行权责发生制。

(三)美国政府会计准则体系的主要内容

1.州和地方政府会计准则体系的主要内容

州和地方政府会计准则体系包括概念公告、准则公告、技术公告和解释公告4种,此外还有问题和解答的特殊报告。其中:概念公告旨在提供解决问题的指引;技术公告指出没有被目前准则所涵盖的争议部分,提供在特殊环境下会计事项的处理。政府会计准则委员会先后发布了2个概念公告,第一个概念公告建立了州和地方政府的外部财务报告目标,第二个概念公告为服务绩效报告标准提供了框架。

2.联邦政府会计准则体系的主要内容

联邦政府会计准则体系也包括概念公告、准则公告、技术公告和解释公告4种。其中概念公告主要是提供概念性框架,为制定准则提供基础和方向,技术公告和解释公告是补充和完善准则。已发布的概念公告主要是对联邦政府财务报告的目标、会计报告的主体和管理讨论与分析等基本问题给予明确的规定。迄今为止,联邦会计准则咨询委员会共发布了4个概念公告和26个准则公告,涉及政府会计信息的许多方面。

(四)美国政府会计的特点

1. 美国政府会计实行基金会计体系

基金会计是美国政府会计最具特殊性之处,美国政府会计系统是以基金为基础来组织和运行的,将基金作为会计主体,通过基金确定会计处理、报告的主体边界及范围划分。美国州和地方政府使用基金的分类,按照资源性质、用途以及管理特点分为政府基金、权益基金和信托代理基金三类,不同类型基金会计核算基础不同,会计计量重点不同。具体内容可见本章第二节。

2. 普通政府资本资产和长期负债采用非基金账户核算

美国州和地方政府会计对普通政府资本资产和长期负债的核算,不是通过政府基金账户,而是采用非基金账户核算。在普通政府活动中,经常要使用数额巨大的资本(固定)资产,并且也会产生数额巨大的负债,但由于它们不是当期支出的可支配的财务资源和需要当期偿还的负债,因此,对于普通政府资本资产和长期负债的受托责任,是通过设立单独的非基金账户来核算反映的。这些非基金账户不属于基金,而是普通政府资本资产和长期负债的自我平衡的会计记录体系。

3. 预算会计和报告是美国政府会计的重要组成部分

美国 GASB 在其准则公告中强调了预算、预算控制和预算受托责任的重要性,要求会计系统应该提供适当的预算控制基础,提供预算比较报表以及综合年度财务报告。因此,美国州和地方政府会计系统除了按公认会计原则进行报告之外,还应在会计系统内实现预算控制,反映对相关法律和合同(如年度经营预算)的执行情况。预算会计是州和地方政府会计系统不可分割的一部分。美国联邦政府会计也是由收付实现制预算会计和权责发生制财务会计构成。两个会计系统各自拥有一套自我平衡的账户和报表体系,联邦政府及其组成部门在实际工作中对于发生的每一笔经济业务或事项,分别按照收付实现制和权责发生制在两个系统中进行记录,两个会计系统相互独立,在作用上相互补充。

二、英国政府会计

(一)英国政府会计的组成及其制定机构

英国是一个实行君主立宪制的单一体非联邦国家,地方政府隶属于中央政府。但是在政府会计管理与发展方面,英国中央政府与地方政府长期以来保持着相对独立的关系,因此,英国中央政府与地方政府分别遵循由不同机构制定的政府会计规范并进行会计处理,编制政府对外财务报告。

中央政府会计实行的是以权责发生制为基础的"资源会计与预算"系统,遵循《政府财务报告手册》。《政府财务报告手册》的制定主要与两个机构相关:一是财务报告咨询委员会(FRAB);二是英国财政部。《政府财务报告手册》通常由英国财政部对外发布实施,但是在对外发布之前必须经财务报告咨询委员会讨论通过。财务报告咨询委员会成立于 1996 年,是一个独立于政府的组织。该委员会的主要职能是从独立的角度审查政府资源会计标准的制定,促进政府财务报告达到最高水平。英国财政部,主要由政府财务管理司下属的财务报告政策小组负责中央政府会计规范的具体制定工作。财政部的财务报告政策小组与财务报告咨询委员会联系紧密。

地方政府会计主要遵循特许公共财务与会计师协会(CIPFA)制定的《推荐实务公告》

(SORP,Statement of Recommended Practice)。虽然中央政府和地方政府的会计规范是由不同机构制定的,但是两种会计规范都是以英国公认会计原则(UK GAAP)为基础通过适当改编后形成的。为了满足英国编制政府整体财务报告的需求,两种会计规范的内容正逐渐趋同,差异越来越小。

(二)英国政府会计的特点

目前,世界上已有许多国家实行了权责发生制政府会计改革。相比之下,英国权责发生制改革进行得比较彻底,在会计和预算方面均实行了完全权责发生制,具有如下明显的特点。

(1)重视反映现金需求信息,实行资源预算和现金预算双重控制。英国在反映以权责发生制为基础的政府财务信息的同时,也很重视对现金信息的反映,注重对现金的控制,尤其是英国议会十分强调对现金的控制。

(2)英国权责发生制政府会计信息全面、完整。英国注重核算公共部门占有的全部经济资源,而不仅限于核算财务资源或金融资源,也就是对公共部门的流动资产、流动负债、长期资产和长期负债均以权责发生制为基础进行核算。

(3)注重政府会计与预算协调发展。英国不仅在政府会计中采用了权责发生制,而且在政府预算中也采用权责发生制,从而使得会计数据和预算数据保持了一致性和对应关系,能实现权责发生制基础上的实际发生数和预算数的比较,便于有效实施预算管理与执行控制。

(4)政府整体财务报告覆盖范围广。英国编制的政府整体财务报告包括英国境内所有公共部门,将所有公共部门看作一个主体。这与一些联邦制国家编制的政府整体财务报告不同,联邦制国家编制的政府整体财务报告范围仅限于本级政府,要么是联邦政府整体财务报告,要么是地方政府整体财务报告,分别属于不同的政府层次。而英国政府整体财务报告则是包括所有层次公共部门的合并财务报告。

(三)英国中央政府会计主体

英国中央政府包括政府部门、执行机构、非政府部门的公共单位(这种单位代表政府履行一定的职能,其主要资金来自政府补助,直接向议会负责)。上述三种单位,都是中央政府会计的会计主体,按照《政府财务报告手册》进行会计核算。此外,英国中央政府范围内还有一类特殊会计主体,即中央基金。中央基金具体包括统一基金、或有基金、国民贷款基金、国民保险基金等。这些中央基金的会计核算不遵循《政府财务报告手册》,而是遵循一些特殊法案的规定和英国财政部发布的特定会计指南。如统一基金的财务报告是根据《国民贷款法案 1968》的规定按现金制基础编制的。又如,国民保险基金的财务报告是根据《社会保障管理法案 1992》和财政部对其报告形式的规定,采用现金制基础编制的。

(四)英国《政府财务报告手册》的主要内容

《政府财务报告手册》的前身是《资源会计手册》。2005—2006 财年,英国首次将《资源会计手册》名称变更为《政府财务报告手册》,并改变了手册的编写形式,对于政府会计与商业会计相一致的会计处理方法,不再予以详细描述,而是注明适用哪条准则,只对政府会计领域特有会计问题的处理方法予以详细规定和说明,从而使《政府财务报告手册》更加精简。这种变化也表明英国政府会计将尽可能与商业会计趋同。另外,英国财政部每年都会对《政府财务报告手册》进行更新,不断提高政府财务报告质量。新版《政府财务报告手册》通常会在新的财政年度开始之前发布。

《政府财务报告手册》规定了各会计要素确认、计量与报告的方法，特别是对公共部门特殊的会计规定进行了详细阐述。公共部门特殊事项的会计处理内容有：政府税收的会计处理、政府固定资产的会计处理、基础设施资产的会计处理、文化遗产的会计处理、资本占用费的会计核算。此外，还对公共部门的养老金、金融工具、或有负债以及政府义务等方面的会计核算与披露做了详细规定。

三、法国政府会计

(一)法国政府会计的组成及制定机构

2001 年 8 月，法国的《财政法组织法》在议会获得通过，该法是具有宪法性质的法律文件，是法国预算和会计改革的法律保障。《财政法组织法》规定了中央政府的会计核算问题，要求必须建立三套会计系统：预算会计系统、财务会计系统和成本分析会计系统。三套会计系统的功能：一是预算会计系统与预算拨款保持一致，用来跟踪预算的执行，核算预算的现金流入和流出，以修正的收付实现制为基础；二是财务会计系统用来对中央政府的所有活动进行核算，力求全面、真实地反映中央政府的净资产和财务状况，它遵循私营企业权责发生制的会计原则；三是成本分析会计系统利用财务会计的权责发生制信息对项目进行成本分析，对公共支出是否达到预期目标进行评估，也采用权责发生制，它是与绩效预算相对应、为评价公共支出效率而专门设置的一种特殊类型的会计系统。

财政部公共会计总局是法国公共部门会计准则的制定机构，在法国政府会计改革中起到主导作用。法国财政部公共会计总局是一个由中央机关和向其他部委及地方派出的机构组成的庞大系统，其在各个省均设立了公共会计厅，同时还在最基层建立了 3 200 多个公共会计所，法国所有公共部门的会计核算也都是由其通过自身庞大的网络系统完成的。财政部公共会计总局负责政府会计账户的设置和审计，为中央和地方 11 万多个会计单位进行核算、记账工作，负责将中央部门和地方政府的会计报告分别提交审计法院和大区审计厅审议。

(二)法国政府会计准则的基本内容

在法国，并存着多种采用权责发生制的会计准则：一是适用于法国所有企业的《统一会计计划》；二是国际会计准则委员会制定的《国际会计准则》；三是欧盟制定的《政府会计准则》；四是国际会计师联合会公共部门委员会制定的《国际公共部门会计准则》。法国政府会计准则是参考上述四个准则后制定的，2004 年法国政府发布了历史上第一套适用于政府部门的中央政府会计准则，随后不断修订。法国新的政府会计准则采用权责发生制会计基础，包括 13 个实施细则：财务报告，费用，主权收入，运行收入、管理收入和财务收入，无形资产，有形资产，金融资产，存货，与流动资产相关的索取权，中央政府现金状况构成，资本负债和金融衍生工具，风险、债务、非资本债务和其他债务规定以及财务报告附注中应披露的承诺。

四、加拿大政府会计

在加拿大，政府会计称为公共部门会计，是政府整体、政府部门等公共部门主体所适用的会计。自 20 世纪 80 年代开始，加拿大公共部门会计逐步从收付实现制向权责发生制过渡，并经历了先采用修正的权责发生制，逐步过渡到现在采用完全的权责发生制的历程。

加拿大公共部门会计准则由公共部门会计理事会(PSAB)制定。PSAB 于 1981 年由加拿大注册会计师协会(CICA)成立，是专门制定公共部门会计准则和其他财务报告指南的独立的准则制定机构。PSAB 成立的动因在于，随着加拿大政府财务管理要求的不断提高，国内诸多的政府利益相关者认为，加拿大各级政府应当按照全国统一的、可比的和一致的方法编报财务报告，因此产生了由专门机构制定统一的公共部门会计准则的需求。

自成立以来，PSAB 主要参考了加拿大企业会计准则来制定公共部门会计准则，对于企业会计准则不适用于公共部门的方面或不能满足公共部门核算需要的方面，则会在对应公共部门会计准则中做出不同的规定或单独制定公共部门特定事项的准则。例如，公共部门会计准则中使用了与企业会计基本一致的资产、负债、收入、费用等要素定义，但对于资产减值事项，则根据公共部门持有资产的特殊性质，规定了不同于企业会计准则的减值计算方法。PSAB 还适当参考了国际公共部门会计准则来制定公共部门会计准则，但并不是完全加以采用，而是要充分考虑加拿大政府活动的特点，例如金融工具准则就不同于国际公共部门会计准则。目前加拿大 PSAB 已经发布了一整套较为完整的公共部门权责发生制会计准则。

2009 年以前，加拿大公共部门会计准则主要在联邦政府、省及大区政府和基层地方政府范围内执行；2009 年以后，公共部门会计准则的执行范围扩大到政府机构(即政府所控制的非营利机构，如公立学校)，公共部门会计准则已经作为公认会计原则而成为加拿大公共部门主体编制财务报告的统一依据。

五、澳大利亚政府会计

澳大利亚是联邦制国家，1999 年以前，澳大利亚企业会计准则和公共部门[①]会计准则分别由澳大利亚会计准则委员会(AASB)和公共部门会计准则委员会(PSASB)制定和颁布。2000 年以后 PSASB 并入了 AASB。

澳大利亚实施以完全的权责发生制为基础的政府预算、政府会计和政府财务报告制度，以能够更加全面准确地反映政府资产、负债等财务状况，提高财政管理透明度，强化政府受托责任。澳大利亚政府会计准则主要包括三个:《澳大利亚会计准则第 27 号——地方政府财务报告》《澳大利亚会计准则第 31 号——政府财务报告》《澳大利亚会计准则第 29 号——政府部门财务报告》。

为了满足信息使用者评价政府绩效及政府活动的经济影响等不同需求，澳大利亚政府还制定了政府财政统计(GFS)，GFS 能反映政府活动对于经济的影响，其目的是在宏观、总体上为经济管理服务。为协调 AAS 与 GFS 的关系，澳大利亚发布《澳大利亚会计准则第 1049 号——政府整体和一般政府部门财务报告》，用于协调二者关系。

六、西班牙政府会计

西班牙也是国际上最早在政府会计领域采用权责发生制的国家之一。西班牙政府应用政府统一制定的、经修正的权责发生制会计准则，力求全面、系统地反映政府的收支活动以及政府的资产负债情况，强调会计处理应服从税法税则的要求，并与税法税则保持一致。西班牙政府

① 在澳大利亚，公共部门指澳大利亚联邦政府、州政府和地方政府拥有或控制的所有单位，主要包括:①一般政府主体，如政府的部门、机构、办事处、其他提供免费服务或服务收费显著低于成本的主体以及由澳大利亚出资建立和控制的非市场、非营利机构;②公立非金融公司;③公立金融公司，主要指提供金融中介服务或辅助金融服务的公立公司。

会计以总计会计计划为基础,对外提供的报告要求符合国际财务报告准则(IFRS)。在实际应用中,西班牙公认会计准则(Spanish GAAP)与国际财务报告准则总体思路相互融合,但在具体的应用和要求方面有所差异,例如会计科目表、研发费用、固定资产估值、存货估值等诸多方面有所差异。

西班牙国家总预算的编制也以权责发生制为基础,各自治区也需要采用权责发生制编制会计预算,并报送至中央政府。

第二节　美国州和地方政府会计

西方政府会计以美国州和地方政府会计准则最为典型,因此本节着重对其进行介绍。美国州和地方政府实行的是基金会计,这是其最特殊之处。

一、基金含义与种类

(一)基金的含义

基金是一个财务和会计主体,它拥有一套自我平衡的账户,记录现金和其他财务资源,并记录所有的相关负债、剩余权益或余额及其变动。基金账户的设置应便于遵循特定的法规要求、限定条款或限制条件,便于开展特定业务或实现特定目标的活动。

政府与非营利组织中所用的基金应严格区分于私营企业中所用的基金。营利企业的基金通常指企业中限定用途的一部分资产,并不是独立明确的会计主体。与这些基金相关的收入、费用只是企业经营的一部分。但政府与非营利组织中的基金是一个自控的会计主体,有自己的资产、负债、收入、费用或支出,以及基金余额或其他权益账户,并有自己的一套明细分类账。事实上,政府与非营利组织既要为组织整体编制,也要为其每一个基金编制一套完整的财务报表。

之所以在政府组织中设置多种基金,GASB 认为,这是由于政府运作的多样性和保证合规要求的必要性,该特点要求排除在一个单一的会计主体中记录和汇总政府所有财务交易和余额的做法,而应当将一个政府部门看作一些迥异的财务和会计主体的组合体,并使每一个财务和会计主体拥有一套独立的自我平衡的会计账户体系,这就形成了不同种类的基金。

(二)基金的种类

政府活动具有双重性质,一些是普通政府活动,另一些是商业性活动。另外,政府还可以作为代理人或信托人管理一些资产(等于负债)。因此,在美国州和地方政府会计中设有多种类型的基金,这些基金分为三大类,即政府基金、权益基金和信托代理基金,此外还有非基金账户。政府基金包括普通基金、特种收入基金、资本项目基金、偿债基金和永久基金;政府基金主要用于核算普通政府活动中的财务资源。权益基金包括企业基金和内部服务基金。权益基金主要对政府商业性活动进行会计核算。信托代理基金包括养老信托代理基金、私人目的信托代理基金、投资信托代理基金;信托代理基金用于核算政府为其他方利益,以信托或代理方式持有的资产。非基金账户包括普通资本资产和普通长期负债账户体系,用于核算在政府基金中形成的但又没有在政府基金中进行核算的长期资产和长期负债。这些基金及非基金账户都是会计主体,它们又共同构成了州和地方政府会计主体。要说明的是,非基金账户和政府基金共同形成了

“普通政府”会计主体。上述会计主体的关系如图 20-1 所示。

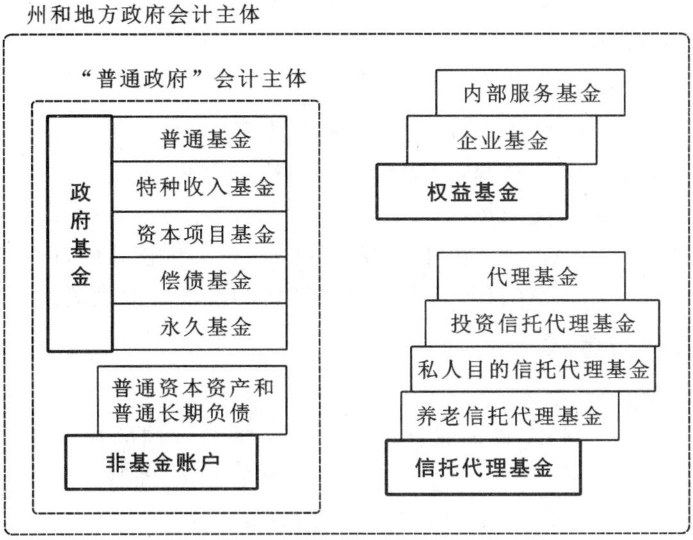

图 20-1 州和地方政府会计主体

二、基金会计要素、会计恒等式与会计基础

(一)基金会计要素

不同基金种类的设置目的不同,因而计量的重点不同,从而不同种类基金的会计要素是不完全相同的。但概括来说基金的会计要素分为以下几个方面:

1. 资产

在政府会计中,资产是指主体拥有和控制的能带来未来经济利益、可以货币计量的经济资源,包括各种资产、债权和其他权利。资产包括流动资产和长期资产。由于政府基金反映的是主体在本财政年度可以运用的财务资源,而长期资产属于本财政年度不可支用的经济资源,因而政府基金不包括长期资产,只核算当期可以支用的财务资源,即流动资产。长期资产在非基金账户体系中核算。

2. 负债

在政府会计中,负债是指主体承担的预期会导致经济资源流出主体的现时义务。负债也包括流动负债和长期负债,同样,在政府基金中,不包括不需在本财政年度偿还的债务,即长期负债。长期负债在非基金账户体系中核算。

3. 基金余额(净资产)

基金余额是指政府及非营利组织的基金资产减去负债后的差额,也可以称为基金净资产。与营利性组织相比,基金余额具有以下特点:①基金余额仅表示资产和负债的差额,不表示所有权归属含义,所以不用区分投入资本和留存收益;②基金运营的收支结余形成的基金余额不能分配给资源提供者,只能用于持续提供服务或活动;③主体发生清算或终止时,基金余额无须向资源提供者分配。

4. 收入

收入是指政府及非营利组织为开展行政及公益活动,依法取得的非偿还性资金。这些收入包括向纳税人收税、向服务对象收费、接受捐赠。政府及非营利组织按照法定程序发行债券或其他长期借款，从其他基金转入的资金，虽然能增加当期可支用的财务资源，但不能作为收入，只能确认为“其他资金来源”。

5. 支出(费用)

支出是指政府及非营利组织在财政年度中，由于业务运营活动产生的资产耗费和损失，或由于法律规章的规定流出的财务资源，包括对其他组织的补助、购置长期资产及偿还长期负债而动用的当期财务资源等。在美国州和地方政府会计中，支出要素主要属于政府基金中的会计要素，在企业基金和内部服务基金中，由于是按应计制进行会计核算的，因而采用“费用”要素反映基金主体的净资产减少，或含有服务潜力或经济利益的经济资源的流出。

(二)基金的会计恒等式

1. 政府基金的会计恒等式

在美国州和地方政府会计中，政府基金通常用于核算可支用的普通政府财务资源的来源、使用和余额。因此，政府基金会计等式实质上是营运资本等式，即

“流动资产－流动负债＝基金余额”

要说明的是，政府基金会计等式中没有把普通政府活动中的资本(固定)资产和长期负债包括在内；但实际上，普通政府活动通常要使用数额巨大的资本资产，并且会产生数额巨大的负债。对于普通政府资本资产和长期负债的核算是通过设立单独的非基金账户实现的。其会计恒等式可表示为：

资本(固定)资产－未到期的长期负债＝投资于资本资产的净资产

2. 权益基金的会计恒等式

权益基金用于核算政府持续性的商业型组织和活动，所有与这些商业组织和活动有关的资产、负债、收入、费用和基金间转账支付都通过权益基金来核算。权益基金的会计恒等式是：

资产(流动资产＋非流动资产)－负债(流动负债＋非流动负债)＝净资产

3. 信托代理基金的会计恒等式

在信托基金中，州和地方政府都是为政府以外的受益人服务的受托方，而代理基金纯粹是代管型的，代理基金只记录政府作为代理人而持有的基金资产(等于负债)的变动。信托代理基金的财务状况不反映在政府层面的财务报告中。因此，信托代理基金的会计恒等式为：

(1)代理基金恒等式：　　资产＝负债

(2)信托基金恒等式：

资产(流动资产＋非流动资产)＝净资产＋负债(流动负债＋非流动负债)

(三)计量焦点和会计基础

美国政府会计准则委员会对政府基金、权益基金和政府层面财务报表的会计方法做了区分，并且这一区分体现在三者对应计制概念的不同应用上。

(1)政府层面财务报表。政府层面的净资产报表和业务表，应该采用经济资源计量焦点和应计制会计基础编制。

(2)基金财务报表。政府基金财务报表应该使用本期财务资源的计量焦点和修正的应计制会计基础。

(3)权益基金的净资产报表以及收入、费用和基金净资产变动表，应该采用经济资源计量焦

点和应计制会计基础。

(4)信托代理基金的财务报表应该采用经济资源计量焦点和应计制会计基础。

(5)基金间转账在基金间发生应收应付项目的会计期间报告。

三、美国州和地方政府财务报告的目标

财务报告的目标是确定州和地方政府财务报表应该呈报什么样的信息。对于州和地方政府会计财务报告的目标,美国政府会计准则委员会认为政府财务报告应该提供有助于使用者:

(1)评价受托责任的信息,具体说就是,能够使使用者判断当年的收入是否足够支付当年的服务,公民是否要在以后年度为现在提供的服务承受负担;证明州和地方政府对其他财务相关法律和合同的遵守情况;帮助使用者评价州和地方政府提供服务的努力程度、成本和业绩。

(2)评价运用成果的信息,包括财务资源的来源和使用情况、筹资和现金需求信息、财务状况变化情况。

(3)评价服务水平、筹资能力和偿债能力的信息,包括财务状况的信息、长期资产和其他非财务资源的信息、披露法律合同对资源使用的限定条件以及资源出现损失的风险。

四、政府基金核算的基本内容

政府基金包括普通基金、特种收入基金、资本项目基金、偿债基金和永久基金。各种基金的核算方法与内容有所不同。

(一)普通基金和特种收入基金

1.普通基金和特种收入基金的含义与会计基础

普通基金和特种收入基金通常用来为州和地方政府的绝大多数普通政府活动提供资金并进行会计核算。普通政府活动包括治安、消防、集中管理、街道维护,以及独立学区和特区的一般运营活动。特种收入基金是为了核算普通政府财务资源中被法律或合同安排限定用于特定目的的一部分,其财务资源来源于特定收入;而普通基金则用于核算未限定用于特定目的,也没有要求采用其他基金来核算的所有财务资源。这两类基金通常是每年使用完后每年补充。

普通基金和特种收入基金一般不用于资本支出或偿还债务,但由这些基金支付的大额资本支出或偿债支出通常会转账到资本项目基金和偿债基金,然后通过那些基金开支。不过日常的资本支出(如购买汽车和设备)和偿债支出(如资本租赁和设备应付票据),一般直接从普通基金和特种收入基金中支付。

普通基金和特种收入基金的会计计量焦点是当期财务资源的流动和平衡,会计基础是修正的应计制,即要求:收入应该在它们可支配并且可计量的会计期间确认;支出如果可计量,应该在基金负债发生的会计期间确认,但普通长期负债未到期的利息及本金在到期时确认支出。

2.普通基金和特种收入基金的收入来源和支出分类

1)收入来源

在政府基金中,收入是指除来自期间补偿、基金间转账、资本资产出售或损失补偿以及长期债务发行以外的所有的基金净资产的增加。普通基金的收入来源主要有:①税收,包括财产税、所得税和其他税收,以及逾期税款的滞纳金和利息;②执照和许可证收入;③政府间收入(包括补助、共享收入以及其他政府部门的代税支付);④服务收费(普通政府活动);⑤罚款和罚

没；⑥杂项收入(包括利息收入、租金和使用费、某些代税支付、无主物以及私人捐款)。

特种收入基金的收入来源主要有财产税及其他特定税费收入等，是根据法律、法规、行政法令、合同协议的规定收取，用于限定项目或活动的收入。使用特种收入基金进行核算的主要例子有道路维护基金、图书馆运行基金、上级政府限定性补助收入基金，可以同时动用本金和利息用于政府项目的信托基金等。

2)支出分类

在政府基金会计中，支出是指除向其他基金的基金转账以外的所有基金净资产减少(本期运营支出、资本支出或偿债支出)。支出可分类为：①资本支出。普通基金和特种收入基金的资本支出主要是购置资本资产，如设备、机器和车辆等，融资租赁资本资产，其中绝大多数的重要资本支出项目，通常是在资本项目基金中核算的，并通过“其他资金使用”转入资本项目基金。但日常购置的固定资产等，则直接在普通基金和特种收入基金中确认为支出。②偿债支出，包括偿还政府普通长期负债本金、利息支出和手续费支出，通常也是用普通基金和特种收入基金安排，并通过“其他资金使用”转入偿债基金。偿债支出采用“到期法”确认，因为相关拨款等于当年需要偿付的金额，与应计数无关。③政府间支出。在州政府和地方政府共享收入，提供补助和其他财务援助项目时，州政府通常会发生政府间支出。这类支出并非产品和服务消费。④本期运营支出。除资本支出、偿债支出和政府间支出外的所有政府基金支出都称为本期运营支出，或简称为运营支出。对多数州和地方政府而言，薪金和相关人事成本是最大一项运营支出。⑤存货和预付项目。GASB 允许存货和预付款立即借记支出(购买法)，这是使用运营资金中的“速动资产”概念。

3.普通基金核算举例

1)预算的会计核算

与企业实务不同，依法通过的收入估计和拨款对政府有控制力，所以预算是作为会计系统不可分割的一部分进行记录的。预算包括收入估计和拨款，为此，主要设置“预算收入”账户和“拨款”账户，用于记录本年任何时候的所有预算收入和拨款数。“预算收入”与实际“收入”相对照，“拨款”与实际“支出”和“保留支出”相对照，反映预算控制情况。“预算收入”账户借方表示预算期间的预估数，贷方表示结转数或调减数。“拨款”账户贷方表示预算期间的拨付款项，借方表示结转数或调减数。

【例题 20-1】 A 政府单位普通基金于预算批准通过时，收入估计数为 427 000 美元，拨款金额为 423 000 美元。

	借方	贷方
借：预算收入	427 000	
贷：未保留基金余额		427 000
借：未保留基金余额	423 000	
贷：拨款		423 000

2)普通基金日常业务核算

【例题 20-2】 20×2 年，A 政府单位课征的财产税为 200 000 美元，其中 3 000 美元预计不可收到。

	借方	贷方
借：应收税款——本期	200 000	
贷：本期税款坏账准备		3 000
收入		197 000

【例题 20-3】 20×2 年，A 政府单位开出了其他收入账单 360 000 美元，为其他服务收入，其中 1 000 美元预计不可收到。

借：应收账款　　360 000
　贷：应收账款坏账准备　　1 000
　　收入——服务收入　　359 000

【例题 20-4】 监督机构要求把 10 000 美元由特种收入基金转到普通基金。

借：应收特种收入基金款　　10 000
　贷：其他资金来源——转自特种收入基金　　10 000

【例题 20-5】 收到逾期税款 20 000 美元以及相关利息和滞纳金（未曾应计）200 美元。

借：现金　　20 200
　贷：应收税款——逾期税款　　20 000
　　收入　　200

【例题 20-6】 应向偿债基金支付 5 000 美元，用于支付本金和利息以及财务代理费；向新设立的企业基金支付 6 000 美元，作为该基金的永久资本。

借：其他资金使用——转出至偿债基金　　5 000
　贷：应付偿债基金款　　5 000
借：其他资金使用——转出至企业基金　　6 000
　贷：现金　　6 000

【例题 20-7】 A 政府单位订购大约 35 000 美元的材料和设备，用于以下职能：普通政府 2 000 美元，公共安全 8 000 美元，公路和街道 10 000 美元，资本支出 15 000 美元。实际收到材料和设备价值只有 32 000 美元。

(1)发出订单时：

借：保留支出　　35 000
　贷：保留支出储备　　35 000

同时登记支出明细账：

　　普通政府　　2 000
　　公共安全　　8 000
　　公路和街道　　10 000
　　资本支出　　15 000

(2)收到材料和设备时：

首先，冲回保留支出账户：

借：保留支出储备　　35 000
　贷：保留支出　　35 000

其次，记录实际支出：

借：支出　　32 000
　贷：应付账单　　32 000

同时按实际支出数登记明细账：

　　普通政府　　2 000
　　公共安全　　8 000

公路和街道　　9 000

资本支出　　13 000

3)年末结账业务核算

【例题 20-8】 M政府单位进行年终结账。相关收支账户余额情况如下：年初拨款贷方余额420 000美元，预算收入借方余额425 000美元；收入贷方余额437 000美元，支出借方余额398 150美元；其他资金来源贷方余额11 000美元（自特种收入基金转入），其他资金使用借方余额10 000美元（其中转出至偿债基金5 000美元，转出至企业基金5 000美元），保留支出借方余额19 000美元，保留支出储备贷方余额19 000美元。

(1)冲回预算分录：

借：拨款　　420 000

　未保留基金余额　　5 000

　贷：预算收入　　425 000

结清预算账户，并使用未保留基金余额账户变成实际结账前余额。

(2)结平收入和支出账户：

借：收入　　437 000

　贷：支出　　398 150

　　未保留基金余额　　38 850

(3)结平基金间转账：

借：其他资金来源　　10 000

　未保留基金余额　　1 000

　贷：其他资金使用　　11 000

(4)结转保留支出账户到基金余额储备账户：

借：保留支出储备　　19 000

　贷：保留支出　　19 000

借：未保留基金余额　　19 000

　贷：保留支出储备　　19 000

上两个分录也可以合并编制。(1)、(2)、(3)、(4)是对总账户的结转，除此以外还要进行相应明细账户的结转。

4.特种收入基金核算举例

【例题 20-9】 20×2年，A政府单位特种收入基金发生如下业务：

(1)预算业务如下：

年初，经批准的道路维护特种收入基金于预算批准通过时，收入估计数为27 000美元，拨款金额为26 000美元。

借：预算收入　　27 000

　贷：未保留基金余额　　27 000

借：未保留基金余额　　26 000

　贷：拨款　　26 000

(2)日常业务如下：

①2月10日，A政府单位收到道路维护特种收入基金汽车燃料税收入1 000美元。

借:现金　　1 000
　　贷:收入——汽车燃料税　　1 000

②4 月 17 日,A 政府单位完成了一条主要道路的日常修理,发生修理费 500 美元。该支出由上级州政府通过资金补助的形式提供。补助的条件是 A 政府单位完成了道路修理,且已经发生了相应的修理支出。

借:应收上级州政府款　　500
　　贷:收入——上级政府补助收入　　500

③7 月 10 日,A 政府单位决定从普通基金中转出 600 美元到道路维护特种收入基金。

在特种收入基金中:

借:应收普通基金款　　600
　　贷:其他资金来源——转自普通基金　　600

在普通基金中:

借:其他资金使用——转至特种收入基金　　600
　　贷:现金　　600

④10 月 1 日,A 政府单位采用融资租赁方式租入一台道路日常维护专用设备,该设备市价为 1 500 美元。租金在未来 5 年内付清。

借:支出　　1 500
　　贷:其他资金来源——融资租赁　　1 500

上述账务处理,表示政府单位的特种收入基金余额实际没有增加。但在政府层面"其他资金来源——融资租赁"应该调整为"融资租赁应付款"。

⑤12 月 1 日,A 政府单位发生道路日常维修 750 美元,其中 450 美元以现金支付,300 美元尚未支付。假定该条主要道路的修理资金由上级州政府通过资金补助的形式提供 200 美元,补助的条件是 A 政府单位完成了道路修理,且已经发生了相应的修理支出。

借:支出　　750
　　贷:现金　　450
　　　　应付账单　　300
借:应收上级州政府款　　200
　　贷:收入——上级政府补助收入　　200

⑥进行年末结账。

冲回预算分录:

借:拨款　　26 000
　　未保留基金余额　　1 000
　　贷:预算收入　　27 000

结转收入和支出:

借:收入　　1 700
　　未保留基金余额　　550
　　贷:支出　　2 250

结平基金间转账:

借:其他资金来源　　2 100

贷:其他资金使用　　600

　　未保留基金余额　　1 500

(二)资本项目基金

1. 含义、资金来源与预算

资本项目基金是指核算用于购置或建造主要的长期普通政府资本设施(如建筑物、公路、下水道系统和桥梁等)的财务资源。但也不是所有的普通政府资产购置都由资本项目基金提供资金。

资本项目基金的资金来源有债券或其他长期普通债务的发行收入、特种税债务发行收入、其他政府补助或共享收入、其他基金转入和项目资源短期投资利息。有时,政府需要短期的借入现金来维持在收到债券发行收入或其他资本项目基金财务资源之前发生的项目支出。这些临时借款都作为资本项目基金的流动负债,不作为“其他资金来源”。对于其他政府补助或共享收入、其他基金转入,GASB 允许采用修正的应计制基础进行确认。

在资本项目基金中筹资的项目,通常会列入政府的长期资本预算计划,并分别按项目拨款,即拨款在每个年度末并不失效。不过在有些情况下可以没有预算,这些情况包括:①一项基金只为一个项目提供资金;②约定说明书、投标、检验等已经为项目成本提供了控制。

2. 资本项目的成本

使设备达到可使用状态的所有必要支出都应正确地记入资本项目基金支出。资本项目成本包括:直接成本项目,如土地、建筑物、材料和劳动力;工程设计费、运输成本、项目引起的损害赔偿金和其他与此有关的成本项目。对于管理费用,只有在可以得到补偿的情况下才记入资本项目;对于利息费用,只有属于临时性短期票据的利息支出,才作为资本项目成本核算,那些为资本项目融资的债券和其他长期债券的利息支出通常在偿债基金中支付并核算。

3. 资本项目基金核算举例

【例题 20-10】 20×2 年 1 月,假设政府单位 M 决定建造一座预计成本为 3 100 000 美元的桥梁。有关资金来源为:联邦政府补助 1 300 000 美元;州政府补助 500 000 美元;债券发行收入 1 000 000 美元;由普通基金转入 300 000 美元。有关桥梁工程预计成本为:建造桥梁(Monkey 公司)2 500 000 美元;人力成本 300 000 美元;机器工时 180 000 美元;油料与材料 120 000 美元。

编制预算分录:

借:预计收入——联邦政府补助　　1 300 000

　　预计收入——州政府补助　　500 000

　　预计其他资金来源——债券发行收入　　1 000 000

　　预计其他资金来源——转入自普通基金　　300 000

　　贷:拨款——Monkey 公司　　2 500 000

　　　　拨款——人工　　300 000

　　　　拨款——机器工时　　180 000

　　　　拨款——油料与材料　　120 000

20×2 年,假设政府单位 M 为建造桥梁当年发生如下业务:

①与 Monkey 公司签订合同,桥梁工作开始。

借:保留支出——Monkey 公司　　2 500 000
　　贷:保留支出储备　　2 500 000

②以溢价 1%出售债券,获得款项 1 010 000 美元。

借:现金　　1 010 000
　　贷:其他资金来源——债券面值　　1 000 000
　　　　其他资金来源——债券溢价　　10 000

③订购汽油和材料 55 000 美元。

借:保留支出——汽油和材料　　55 000
　　贷:保留支出储备　　55 000

④收到州政府补助,另外监督机构批准当年由普通基金转入 140 000 美元。

借:现金　　640 000
　　贷:收入——州政府补助　　500 000
　　　　其他资金来源——转入自普通基金　　140 000

⑤收到汽油和材料发票,并开出应付账单 50 000 美元(已记录保留支出);机器工时 80 000 美元;Monkey 公司合同 1 100 000 美元(已记录保留支出)。

首先,冲减保留支出:

借:保留支出储备　　1 150 000
　　贷:保留支出——汽油和材料　　50 000
　　　　保留支出——Monkey 公司　　1 100 000

其次,记录账单付款支出:

借:支出——汽油和材料　　50 000
　　支出——机器工时　　80 000
　　支出——Monkey 公司　　1 100 000
　　贷:应付账单　　1 230 000

⑥支付应付账单 1 000 000 美元、工资 150 000 美元、投资 450 000 美元。

借:应付账单　　1 000 000
　　投资　　450 000
　　支出——人工　　150 000
　　贷:现金　　1 600 000

⑦申请联邦政府补助 510 000 美元。

借:应收联邦政府款　　510 000
　　贷:收入——联邦政府补助　　510 000

⑧年末记录投资利息 18 100 美元。

借:应计应收利息　　18 100
　　贷:收入——利息　　18 100

⑨年末结账。(注:资本项目如果当年没有完工,资本项目基金也可以选择年末不结账,但仍要求编制资本项目基金财务报表。)

年末结转预计收入和实际收入:

借:收入——利息　　18 100

收入——联邦政府补助　510 000
收入——州政府补助　500 000
其他资金来源——转入自普通基金　140 000
其他资金来源——债券面值　1 000 000
其他资金来源——债券溢价　10 000
未保留基金余额　921 900
贷:预计收入——联邦政府补助　1 300 000
预计收入——州政府补助　500 000
预计其他资金来源——债券发行收入　1 000 000
预计其他资金来源——转入自普通基金　300 000

年末将各支出账户结转到相关拨款户,以减少存续拨款:

借:拨款——油料和材料　50 000
拨款——机器工时　80 000
拨款——Monkey 公司　1 100 000
拨款——人工　150 000
贷:支出——汽油和材料　50 000
支出——机器工时　80 000
支出——Monkey 公司　1 100 000
支出——人工　150 000

同时还应在普通资本资产账户中编制如下分录:

借:在建工程　1 380 000
贷:净资产——投资于资本资产　1 380 000

年末将各保留支出账户结转到相关拨款账户的未支用余额,将其减至未保留余额,建立相应的已拨款基金余额储备:

借:拨款——Monkey 公司　1 400 000
拨款——油料与材料　5 000
贷:保留支出——Monkey 公司　1 400 000
保留支出——汽油和材料　5 000

【例题 20-11】 续上例,20×3 年政府单位 M 为建造桥梁:

首先,恢复预算资金账户、冲回 20×2 年末的保留支出与应计利息结账分录。

借:预计收入——联邦政府补助　790 000
预计其他资金来源——转入自普通基金　160 000
贷:未保留基金余额　950 000

借:保留支出——Monkey 公司　1 400 000
保留支出——汽油和材料　5 000
贷:拨款——Monkey 公司　1 400 000
拨款——油料与材料　5 000

借:收入——利息　18 100
贷:应计应收利息　18 100

其次，假设 20×3 年政府单位 M 为建造桥梁发生如下业务：

①收到并应付以下发票：汽油和材料 70 000 美元(其中 5 000 美元为保留支出)；机器工时 100 000 美元；Monkey 公司合同 1 400 000 美元。

首先，冲未清保留支出：

借：保留支出储备　　1 405 000
　贷：保留支出——Monkey 公司　　1 400 000
　　保留支出——汽油和材料　　5 000

其次，记录发生支出：

借：支出——汽油和材料　　70 000
　支出——机器工时　　100 000
　支出——Monkey 公司　　1 400 000
　贷：应付账单　　1 570 000

②收到以下现金：联邦政府补助款 1 300 000 美元；投资(包含利息)480 000 美元；普通基金转入 160 000 美元。

借：现金　　1 940 000
　贷：应收联邦政府款　　510 000
　　收入——联邦政府补助　　790 000
　　其他资金来源——转入自普通基金　　160 000
　　投资　　450 000
　　收入——利息　　30 000

③记录 20×3 年的现金支出：应付账单 1 800 000 美元；工资 150 000 美元。

借：应付账单　　1 800 000
　支出——人工　　150 000
　贷：现金　　1 950 000

④将资本项目基金的剩余基金余额转入偿债基金。

借：其他资金使用——转出至偿债基金　　40 000
　贷：现金　　40 000

⑤项目结束，结账。

结转收入：

借：收入——利息　　11 900
　收入——联邦政府补助　　790 000
　其他资金来源——转入自普通基金　　160 000
　未保留基金余额　　28 100
　贷：预计收入——联邦政府补助　　790 000
　　预计其他资金来源——转入自普通基金　　160 000
　　其他资金使用——转出至偿债基金　　40 000

结转支出：

借：拨款——Monkey 公司　　1 400 000
　拨款——人工　　150 000

拨款——机器工时　　100 000

拨款——油料与材料　　70 000

贷:支出——汽油和材料　　70 000

支出——机器工时　　100 000

支出——Monkey 公司　　1 400 000

支出——人工　　150 000

同时还应在普通资本资产账户中编制如下分录:

借:道路及其他基础设施　　3 100 000

贷:净资产——投资于资本资产　　1 720 000

在建工程　　1 380 000

(三)偿债基金

1.含义、种类与资金来源

偿债基金是用来核算偿还普通长期负债本金和利息资源的积累及债务的清偿。① 但并非所有的普通长期负债都必须通过偿债基金偿还。"只有当法律强制规定,或用于支付以后年度到期债务本金和利息的财务资源在积累时,才需要设立偿债基金。"②因此,对于融资租赁或分批偿还债券而言,如果法律或契约不要求设立偿债基金,而且除了本期所需资金外,用于偿还债务的资源并未积累,那么这些债务就可以直接在普通基金或特种收入基金中偿还,而不需要通过偿债基金来偿还。但实务中,许多政府会计人员倾向于通过一个或多个偿债基金偿还所有的普通长期债务。

偿债基金又可以分为分批偿债基金、定期偿债基金、特种税偿债基金、深折扣债券偿债基金、再筹资偿债基金等种类。

偿还长期债务的资金有许多来源。一是征收财产税或销售税;二是可以从普通基金中拨出一定金额的偿债基金;三是偿债基金资产投资收益型证券获得的收入;四是可以再筹资,如发行新债交换旧债、另外发行债券到得收入后偿还旧债。

2.偿债支出的确认

偿债基金通常有三类支出:发行在外的长期债务利息;债务到期时的本金;财务代理人的手续费。偿债基金核算的是流动负债,因此,对于普通长期负债偿债支出通常不在年末应计,而是在到期应付时记录,即"到期时"的记录方法。如在年末一般不应计应付利息,除非年末偿债基金已经收到了指定用于支付利息的资源或债务在下年初的第一个月到期。

3.偿债基金核算举例——分批偿债基金核算

【例题 20-12】 假定 M 政府单位 20×2 年 1 月 1 日发行了 1 200 000 美元、利率为 4%的 Kelly 公园分批偿还债券,为购买和开发该公园筹措资金。债券契约要求每年偿还 120 000 美元的本金并支付当年利息,并要求建立 160 000 美元的财务危机储备(20×2 年为 80 000 美元,20×3 年为 80 000 美元)并进行投资,以向债券持有人提供及时偿还的额外保证。偿还债务的资金来自为此目的征收的财产税。M 政府单位的有关监管机构同意从普通基金将所需金额

① GASB Codification, sec, 1300. 104.

② GASB Codification, sec, 1300. 104.

转入 Kelly 公园分批偿债基金。

(1)20×2 年 M 政府单位为此偿债基金安排预算收入为:财产税 165 000 美元、投资利息 8 000 美元;自普通基金转入 90 000 美元。预算拨款为:债券到期本金 120 000 美元;债券利息 48 000 美元;财务代理费用 10 000 美元。则:

借:预计收入 173 000
　预计其他资金来源——转入自普通基金 90 000
　贷:拨款 178 000
　　未保留基金余额 85 000

(2)20×2 年 M 政府单位收到普通基金转账 90 000 美元。

借:现金 90 000
　贷:其他资金来源——转入自普通基金 90 000

(3)20×2 年 M 政府单位按契约进行投资并建立财务危机储备:

借:投资 80 000
　未保留基金余额 80 000
　贷:现金 80 000
　　财务危机储备 80 000

(4)记录征收的财产税 168 000 美元(预计无法收回税款为 3 000 美元):

借:应收税款——本期 168 000
　贷:收入 165 000
　　本期税款坏账准备 3 000

借:现金 165 000
　贷:应收税款——本期 165 000

(5)记录收到投资利息 5 000 美元:

借:现金 5 000
　贷:收入——利息 5 000

(6)记录分批偿还债券第一年到期的债务:

借:支出 178 000
　贷:到期应付债券 120 000
　　到期应付利息 48 000
　　应付财务代理费 10 000

(7)记录偿付到期债务:

借:到期应付债券 120 000
　到期应付利息 48 000
　应付财务代理费 10 000
　贷:现金 178 000

(8)年末结账。

首先,冲回预算分录:

借:拨款 178 000
　未保留基金余额 85 000

贷:预计收入　173 000

　预计其他资金来源——转入自普通基金　90 000

其次,结转收支:

借:收入　170 000

　其他资金来源——转入自普通基金　90 000

　贷:支出　178 000

　　未保留基金余额　82 000

以后年份分批偿付处理与上述过程类似。

(四)永久基金

永久基金是指用来报告那些法律限定不能动用本金,而只能把收益用于政府项目的资源。其实质上是用来核算为政府自身或其公民的利益而持有的信托资源,但受益人为私人、私人组织或其他政府的信托资金,无论是否可支用本金,都应在私人目的的信托基金中核算。

要求使用永久基金报告的信托关系包括:①收到不动产或个人财产捐赠或遗赠。如一个公民将其投资组合捐赠给市政府,并要求本金保持不变,收益用于某一特定目的。②建立雇员贷款基金及类似的信托关系,如果有收益也必须保留用于补充贷款,则本金和收益均不能动用。③订立其他信托协议。如标志性建筑物或其他永久性建筑,其收益只能用于维护、修理、恢复和正常运营支出。

【例题 20-13】 某政府单位 N 收到捐赠现金 300 000 美元并建立一基金。基金收益将用于维护该县城一个新建立的运动场。

在永久基金中:

借:现金　300 000

　贷:收入——捐赠　300 000

【例题 20-14】 续上例,假定基金建立后发生如下业务:

①对收到的捐赠现金进行一项债券投资,面值 200 000 美元,应计利息 1 000 美元,总价共 201 000 美元。

在永久基金中:

借:投资　200 000

　应计应收利息　1 000

　贷:现金　201 000

②假定将原投资购买的面值为 5 000 美元证券以 5 060 美元加应计利息 50 美元的价格售出。

在永久基金中:

借:现金　5 110

　贷:投资　5 000

　　利息收入　50

　　投资出售利得　60

③发生应收投资利息收入 5 000 美元。

在永久基金中:

借:应收投资利息　　5 000
　贷:利息收入　　5 000

④将 3 000 美元的利息收入转入普通基金,用于支付运动场的维修支出。

在永久基金中:

借:其他资金使用——转出至普通基金　　3 000
　贷:现金　　3 000

在普通基金中:

借:现金　　3 000
　贷:其他资金来源——转入自永久基金　　3 000

⑤年末结账:

借:收入——捐赠　　300 000
　利息收入　　5 050
　投资出售利得　　60
　贷:其他资金使用——转出至普通基金　　3 000
　　基金余额——不可支用　　300 000
　　基金余额——可支用　　2 110

五、普通资本资产、普通长期负债

(一)普通资本资产

1. 普通资本资产的含义

资本资产是指包括土地、土地改良、附属建筑物、建筑物、建筑物改良、车辆、机器设备、艺术品及历史文物、基础设施以及其他在经营中使用且有效使用年限超过一个报告期间的有形资产和无形资产。普通资本资产是指除在权益基金和信托基金中核算的资本资产之外的所有其他资本资产。在普通资本资产账户中核算的普通资本资产,与在特定基金主体(如内部服务基金、企业基金以及某些信托基金)中核算的资本资产必须始终加以明确区分。

2. 普通资本资产与政府基金的关系

普通资本资产可通过政府基金购入,但其记录的是基金支出而非基金资产,因为政府基金核算的是流动资产等财务资源,因此由政府基金购入的资本资产一般是通过普通资本资产账户进行核算的,并在政府层面会计报表而非政府基金报表中进行反映。

3. 普通资本资产的取得与计价

普通资本资产的取得有多种方式,包括购买、融资租赁、捐赠、没收、永久占用和无主之物充公。普通资本资产一般按历史成本记录,成本是指为使资产达到可使用状态而发生的所有正常的和必要的支出。对于以往许多缺乏原始成本记录的资本资产可以采用建立在一定信息基础之上的估计原始成本记录资本资产。估值可以通过计算相似资产的当前重置成本和特价变动指数等因素的影响后取得。对于捐赠取得的资本资产和无主之物,按取得时的公允价值计价;对于没收方式取得的资本资产,按以下两者孰低者计价:①财产的评估价值;②纳税人所欠税款、相应的滞纳金和利息以及没收成本。永久占用取得的资本资产的会计处理与协议购的资本资产会计处理相同。美国 GASB 没有具体规定普通资本资产的分类标准,但实务中常将资本资产分为土地、建筑物、基础设施、机器设备和在建工程。

4.普通资本资产的折旧

对计提折旧的普通政府资本资产，其折旧费用及累计折旧在普通资本资产账户中记录。累计折旧应在政府层面净资产报表的“政务活动”一栏中报告，相应的折旧费用应在政府层面业务表的“政务活动”一栏中报告。因折旧费用不是一项支出，故不应在政府基金中记录和报告。而且对于基础设施类普通资本资产，政府可采用修正方法报告，无须在政府财务报表中报告折旧费用。如果已资本化的收藏品或个别项目是可耗竭的，应在其有效使用年限内逐年计提折旧；而对于那些非耗竭的收藏品或个别项目，则无须计提折旧。

5.普通资本资产的核算举例

1)通过普通基金或特种收入基金取得的资本资产

【例题 20-15】 假设政府单位 M 的普通基金发生资本支出 31 200 美元，用于购买设备。则：

在普通基金中：

借：支出——资本支出	31 200	
贷：应付账单		31 200

在普通资本资产账户中：

借：机器设备	31 200	
贷：净资产——投资于资本资产		31 200

2)通过资本项目基金和特种税取得的资本资产

【例题 20-16】 参见【例题 20-12】。

3)通过没收取得的资本资产

【例题 20-17】 假定政府通过没收方式取得土地，估计价值为 2 000 美元。在没收时，假定与土地相关的应收到期款共计 1 210 美元，具体如下：税款 1 000 美元；滞纳金 100 美元；利息 80 美元；没收与出售成本 30 美元。假定这笔应收款记在应收税收留置权账户中。则：

在特种收入基金中：

借：支出——资本支出	1 100	
贷：应收税收留置权		1 100

在普通资本资产账户中按孰低原则记录：

借：土地	1 100	
贷：净资产——投资于资本资产		1 100

4)通过接受捐赠取得的资本资产

【例题 20-18】 假定接受捐赠一块土地，估计公允价值 2 000 美元。则：

在普通资本资产账户中：

借：土地	2 000	
贷：净资产——投资于资本资产		2 000

同时还要注意 2 000 美元的捐赠收入还应在政府层面的业务表中报告。

5)对普通资本资产折旧

【例题 20-19】 假定对某建筑物计提折旧 51 000 美元，则在普通资本资产账户中：

借：折旧费用(按职能细分)	51 000	

　　贷：累计折旧（按折旧的资产种类细分）　　51 000

折旧费用账户将结转到"净资产——投资于资本资产"账户中。

6）出售普通资本资产

【例题 20-20】 若某一面值为 10 000 美元的消防车（成本 60 000 美元，累计折旧 50 000 美元），按 15 000 美元出售。则：

在普通基金中记录销售收入：

借：现金　　15 000

　　贷：其他资金来源——设备出售　　15 000

在普通资本资产账户中记录出售：

借：净资产——投资于资本资产　　10 000

　　累计折旧——机器设备　　50 000

　　贷：机器设备　　60 000

7）普通资本资产的报废

【例题 20-21】 假定某一消防站被拆除，其账面价值为 165 000 美元（原成本 860 000 美元，累计折旧 695 000 美元），拆除费用为 9 000 美元，残值变现收入为 12 000 美元。则：

在普通资本资产账户中记录消防站的报废：

借：净资产——投资于资本资产　　165 000

　　累计折旧——机器设备　　695 000

　　贷：机器设备　　860 000

在普通基金中记录销售收入：

借：支出——其他　　9 000

　　贷：现金　　9 000

借：现金　　12 000

　　贷：其他资金来源——残值收入　　12 000

（二）普通长期负债

1. 普通长期负债的含义

普通长期负债是指除权益基金和信托基金的负债以外的，政府所有未到期的长期负债。因此，普通长期负债包括债券、凭单、票据、融资租赁、参与证明、养老金未足额缴款、诉讼事项、带薪休假以及其他各种非任何基金主要义务的普通政府债务的未到期本金。已在偿债基金中记录并将由偿债基金偿付的到期普通债务，同由权益基金或信托基金偿付的债务一样，被排除在普通长期负债之外。因此，在实务中应严格区分由特定基金承担主要责任的长期负债和普通长期负债。普通长期负债应按修正的应计制作为会计确认基础。

2. 普通长期负债与偿债基金和资本项目的联系

可举例说明如下。如为建设某基础设施发行债券筹措资金，则发行债券形成的长期负债在普通长期负债中核算，有关资金收入在资本项目基金中核算，每年到期债务的偿还在偿债基金中核算。

【例题 20-22】 为建设 Kelly 公园按面值发行债券 1 500 000 美元，债券发行收入款项于 20×2 年 1 月已收到，当年应偿还本金 150 000 美元，支付利息 60 000 美元，支付财务代理费用 10 000 美元。则：

在资本项目基金中：

借：现金　　1 500 000

　贷：其他资金来源——债券　　1 500 000

在普通长期负债中：

借：净资产——投资于资本资产　　1 500 000

　贷：应付分批偿还债券　　1 500 000

在偿债基金中记录当期偿还债务的支出：

借：支出——本金　　150 000

　支出——债券利息　　60 000

　支出——财务代理费用　　10 000

　贷：现金　　220 000

在记录当年即将到期长期债务时，将其转出普通长期负债账户：

借：应付分批偿还债券　　150 000

　贷：净资产——投资于资本资产　　150 000

3. 普通长期负债与其他政府负债的关系

除特定负债以外的所有未到期负债均属于普通长期负债，而且这些负债“不仅限于由债务发行所引起的负债，也包括不属于应在政府基金中记录的流动负债的其他义务”[①]。因此，普通长期负债可以核算各种类型的未到期普通政府负债，既包括未到期的应付债券、票据和融资租赁款，又包括诉讼事项、累计假期和病休及其他带薪休假、养老金未足额缴款等。

【例题 20-23】 假设政府单位 M 于 20×2 年支付了诉讼事项债务 31 000 美元，年末应计诉讼事项负债总额 250 000 美元，年末应视为流动负债的诉讼事项负债为 40 000 美元。则：

在普通基金中：

借：支出——诉讼事项　　71 000

　贷：现金　　31 000

　　应计诉讼事项负债　　40 000

在普通长期负债账户中：

借：净资产——未限定用途　　250 000

　贷：应计诉讼事项负债　　250 000

六、权益基金

权益基金是用于核算政府持续性的商业型组织和活动，所有与这些商业型组织和活动有关的资产、负债、权益、收入、费用和基金间转账支付都通过权益基金来核算。权益基金采用的公认会计原则多数和私营企业是相似的，其采用的计量焦点是经济资源的流动，并采用会计的应计制基础核算收入和费用。与权益性活动相关的资本资产和长期负债也都用权益基金来核算，并且核算折旧和摊销。权益基金包括企业基金和内部服务基金。

① GASB Codification, sec. 1500. 103.

(一)企业基金

企业基金主要用于核算政府为外部公众提供产品和服务而向其收取费用的任何活动。因此,如果一项业务活动同时满足下面两个条件,就可以用企业基金核算。该活动必须:①产品和服务是提供给外部主体和个人的;②向接受产品和服务的外部使用者收费。要求采用企业基金来核算的政府活动或组织,最常见的是公用事业部门,如供水排水部门、供电部门、供气部门、污水处理部门、垃圾和其他固体废物的收集和处理部门、泊车点和停车场、飞机场等。企业基金会计核算举例如下:

【例题 20-24】 20×2 年政府单位 A 从普通基金转入 500 000 美元,用于建立企业基金。则在企业基金中编制如下分录:

借:现金　　500 000

　贷:其他资金来源——转入自普通基金　　500 000

【例题 20-25】 20×2 年以 300 000 美元收购一家私人发电站和配电厂的净资产,则在企业基金中相关账务处理如下:

借:土地　　50 000

　建筑物　　100 000

　机器设备　　500 000

　应收账款　　75 000

　材料物资存货　　12 000

　贷:应付债券　　400 000

　　坏账准备　　17 000

　　应付账单——其他　　20 000

　　应付账单——电力公司　　300 000

借:应付账单——电力公司　　300 000

　贷:现金　　300 000

【例题 20-26】 20×2 年末,结清转账账户。

借:其他资金来源——转入自普通基金　　500 000

　贷:净资产　　500 000

【例题 20-27】 续上例,20×2 年末又发生如下业务:

①收到成本为 55 000 美元的原材料。

借:存货——材料物资　　55 000

　贷:应付账单　　55 000

②年度内取得 350 000 美元的收入。

借:应收账款　　350 000

　贷:收入　　350 000

③收回应收账款 290 000 美元,收到利息 1 100 美元。

借:现金　　291 100

贷:应收账款 290 000

非营业收入——利息 1 100

④接受服务收到内部服务基金账单 15 000 美元。

借:营业费用 15 000

贷:应付内部服务基金款 15 000

⑤支付工资薪酬、办公费、保险费和公用事业费共计 215 000 美元。

借:营业费用 215 000

贷:现金 215 000

⑥年末结账。

借:收入 350 000

非营业收入——利息 1 100

贷:营业费用 230 000

净资产 121 100

(二)内部服务基金

内部服务基金是用于核算政府单位的一个部门或机构向另一个部门或机构,或向其他的政府单位,以成本补偿的基础提供产品或服务的业务活动。内部服务基金的设置目的:①更经济有效地对组织内部几个或所有部门都需要的产品及服务进行购置和分配;②便于在享受服务的不同部门间或部门内部不同基金间分配成本;③为资本项目提供期中筹资。

内部服务基金核算的各种活动的种类和复杂程度差别较大。常见的简单活动有:不同部门间分配共同成本或联合成本,如电话、电台或其他通信设施成本;取得、分配并分摊某些存货的成本;为其他基金提供短期贷款。较复杂的活动有车库管理、数据处理活动、复印打印设备、维修站和停车场、采购、仓储及配送服务、保险及其他风险管理等。

内部服务基金使用经济资源计量重点和应计制,有关内部服务基金的资本资产和长期负债在内部服务基金中分别记为基金资产和基金负债。此外,内部服务基金记录折旧费用,计算营业利润和净资产的变动。

内部服务基金的核算举例如下:

【例题 20-28】 假定某政府单位 M 已建立了一个汽车设备中心。20×2 年 10 月发生如下业务:

①支付现金 40 000 美元,用于购买设备。

借:机器设备 40 000

贷:现金 40 000

②购买原材料和物料,计 12 000 美元。

借:存货——材料物料 12 000

贷:应付账单 12 000

③支付薪酬和工资共 15 200 美元,其中技工 8 500 美元、间接人工 3 200 美元、管理者薪酬 3 500 美元。

借:费用——技工工资　　8 500
　费用——间接人工　　3 200
　费用——管理者薪酬　　3 500
　贷:应付账单　　15 200

④支付暖气费、电费 2 100 美元。

借:费用——暖气费、电费　　2 100
　贷:现金　　2 100

⑤计提折旧费:建筑物 2 500 美元、机器设备 9 300 美元。

借:费用——折旧——建筑物　　2 500
　费用——折旧——机器设备　　9 300
　贷:累计折旧——建筑物　　2 500
　　累计折旧——机器设备　　9 300

⑥向接受服务的单位开单 53 900 美元,其中应收普通基金 32 000 美元、应收企业基金 21 900 美元。

借:应收普通基金款　　32 000
　应收企业基金款　　21 900
　贷:收入——向各部门开单　　53 900

⑦期末结账:

借:收入——向各部门开单　　53 900
　贷:费用——技工工资　　8 500
　　费用——间接人工　　3 200
　　费用——管理者薪酬　　3 500
　　费用——暖气费、电费　　2 100
　　费用——折旧——建筑物　　2 500
　　费用——折旧——机器设备　　9 300
　　净资产变动　　24 800

借:净资产变动　　24 800
　贷:净资产　　24 800

七、信托代理基金

信托代理基金用于核算政府为他人利益而以受托人或代理人的身份收到或持有的资源。这些资源不能用于政府自身的项目支出。信托代理基金包括信托基金和代理基金。信托基金用于报告政府作为个人、私人组织或其他政府的受托人而持有并管理的资源;代理基金用来报告政府纯粹以代为保管方式持有的资源。代理基金通常只涉及个人、私人组织或其他政府代为收到、暂时投资和归还资源的业务。信托关系和代理关系之间的区别往往只是程度上不同。信托基金可能受到信托协议中复杂的管理和财务条款的约束,基金可能长期存在,并且可能涉及投资或对信托资产的其他管理。而代理基金是中转性质或结算性质的基金,即为其他各方代收现金,短期持有后再支付给授权的收款人,很少涉及投资和财务管理等复杂情况。代理基金的基本等式就是资产等于负债。代理基金常见类型有税收代理基金和特种税偿债代理基金;信托基金常见有养老信托基金、投资信托基金和私人目的信托基金。

信托代理基金核算的会计焦点在于政府在某个特定期间对信托代理责任的履行情况以及期末剩余的信托代理责任上。因此,对于信托和代理基金的存在与否、规模大小或其运营情况,对于评价政府完成使命的能力或评价政府资源的充分性,都不是很重要。政府只要在信托代理基金财务报表中报告其信托代理责任,就满足了这方面的会计责任。信托代理基金不在政府层面财务报表中报告。

(一)代理基金核算举例

【例题 20-29】 假定 A 市设置了税收代理基金,用于核算其所负责征收的全部税款,包括自己的税款和代为其他政府征收的税款。该市按代收税款的 2%向各单位收取代收费。20×2 年为自己和其他各单位征收的税款如下:A 市 100 000 美元;B 学区 200 000 美元;M 公园 60 000 美元;N 卫生区 70 000 美元。相关账务处理如下:

①将 20×2 年征收额列示于税收清册,并做账务处理。

税收代理基金中:

借:应收代征税款 430 000

  贷:应付征税单位款 430 000

在普通基金中:

借:应收税款——本期 100 000

  贷:本期税款坏账准备 1 000

    收入 99 000

②收到税款 300 000 美元及利息和滞纳金计 15 000 美元。

在税收代理基金中:

借:现金 315 000

  贷:应收代征税款 300 000

    收入 15 000

③从税收代理基金中将收到的款项付给各个政府单位,并向其他各政府单位收取 2%的代收费。

在税收代理基金中:

借:应付征税单位款 315 000

  贷:现金 310 165

    应付普通基金款 4 835

在普通基金中:

借:现金 73 256

  贷:应收税款——本期 73 256

④记录收到的代收费收入。

在普通基金中：

借：应收税收代理基金款　　4 835

　　贷：收入　　4 835

(二)信托基金核算举例

美国政府会计准则委员会第25号公告对养老金提出一些主要的核算和报告要求，如养老金计划的资产和负债在养老金计划净资产报表中列示；养老金计划净资产的增加和减少在养老金计划净资产变动表中列示；养老金计划净资产变动分为“增加”和“减少”，而不是收入、费用、利得和损失；按公允价值报告投资，不对固定收益证券进行摊销；用历史成本报告在计划运营过程中使用的资本资产，并对其计提折旧等。

【例题20-30】 假定A政府单位养老信托基金发生如下交易和事项：

①普通基金应计雇主缴款45 000美元，雇员缴款额130 000美元。则在养老信托基金中：

借：应收普通基金款　　175 000

　　贷：增加——雇员缴款　　130 000

　　　　增加——雇主缴款　　45 000

②投资的应计利息为50 000美元，随后收到利息。则在养老信托基金中：

借：应收利息　　50 000

　　贷：增加——利息收入　　50 000

借：现金　　50 000

　　贷：应收利息　　50 000

③有三个员工辞职，他们累计缴款额为18 000美元；A政府单位将支票寄给三位员工。

借：减少——支付给辞职员工　　18 000

　　贷：应付辞职员工　　18 000

借：应付辞职员工　　18 000

　　贷：现金　　18 000

④计提应付养老金32 000美元。

借：减少——支付养老金　　32 000

　　贷：应付养老金　　32 000

⑤追加投资200 000美元，该投资折价5 000美元；随后该项投资公允价值下降15 000美元。

借：投资　　195 000

　　贷：现金　　195 000

借：减少——投资公允价值增减净额　　15 000

　　贷：投资　　15 000

⑥年末结账。

借：增加——雇员缴款　　130 000

　　增加——雇主缴款　　45 000

增加——利息收入　　50 000
贷：减少——支付给辞职员工　　18 000
　减少——支付养老金　　32 000
　减少——投资公允价值增减净额　　15 000
　养老金计划信托净资产　　160 000

八、年度财务报告

美国政府会计准则委员会规定了财务报告的一些要求。①提交适当的有关财务状况、运营成果以及其他有关信息的中期财务报表和报告，以便于财务管理和立法监督。②应该编制并公布综合年度财务报告(CAFR)。该报告应该包括：介绍部分；管理当局讨论与分析；基本财务报表；其他必要补充信息；适当的联立基金报表和个别基金报表；附表；陈述性说明；统计部分。③基本财务报表应包括基金财务报表和政府层面报表。④报告主体应由以下部分组成：主体政府、主体政府在财务上对之负责的组织、其他一些组织。

(一)综合年度财务报告

综合年度财务报告应包括三部分：介绍部分、财务部分、统计部分。

(1)介绍部分应包括序言、目录表以及其他介绍内容。

(2)财务部分包括：①管理当局讨论与分析；②基本财务报表包括内容如表 20-1 所示；③管理当局讨论与分析以外的其他必要补充信息。

(3)统计部分包括 10 张左右的统计数据表，如按来源划分收入、按职能划分支出的信息，以及经济和人口信息。

表 20-1　基本财务报表组成

政府层面财务报表	基金层面财务报表			财务报表附注
	政府基金	权益基金	信托代理基金	
净资产报表；业务表	资产负债表；收入、支出和基金余额变动表；收入、支出和基金余额变动表：预算数和实际数	资产负债表或净资产报表；收入、费用和基金净资产变动表；现金流量表	信托代理净资产报表；信托代理净资产变动报表	

(二)个别报表和联立报表

州和地方政府财务报告的一个特色是，它使用两种类型基金财务报表和附表：个别基金报表、联立报表。

(1)个别基金报表和附表，是提供单个基金的状况和运营数据的报表，通常比较详细，并有预算与实际数比较，或是当年与以前年度比较数据。

(2)联立基金报表和附表，就是在一个报表中列示属于同一种类型(如特种收入基金)的所有基金的数据和一列合计数。

个别基金报表与联立报表、政府层面财务报表之间的关系，如图 20-2、图 20-3 所示。

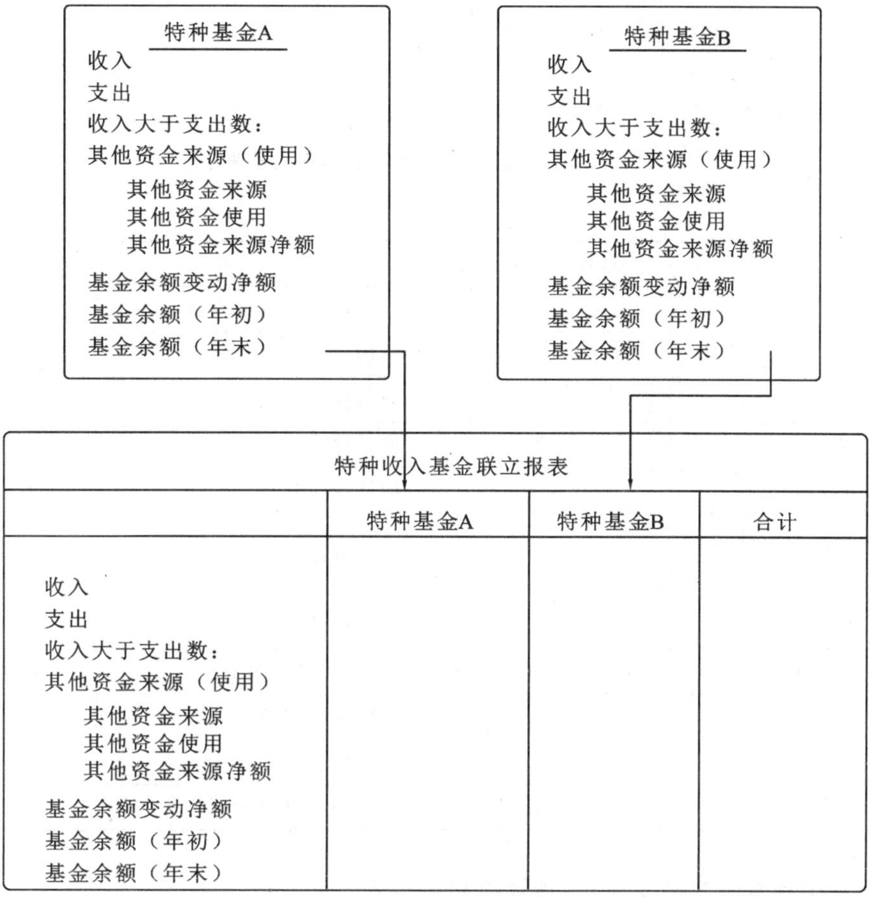

图 20-2　个别基金财务报表与联立基金报表的关系

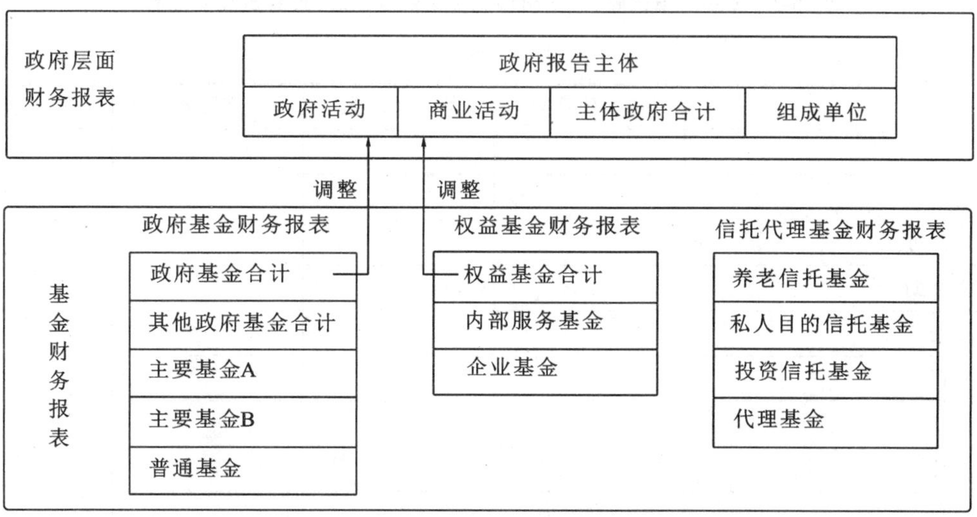

图 20-3　基金财务报表与政府层面财务报表的关系

(三)财务报表格式示例

1. 基金财务报表:普通基金财务报表

1)普通基金资产负债表

A 政府单位普通基金资产负债表如表 20-2 所示。

表 20-2 A 政府单位普通基金资产负债表

20×2 年 12 月 31 日

	年初数	年末数		年初数	年末数
资产			负债和基金余额		
现金			负债		
投资			应付账单		
应计应收利息			应付票据		
应收税款			应计应付利息		
减:逾期税款利息和滞纳金坏账准备			应付仓储基金款		
应收账款			应付偿债基金款		
减:应收账款坏账准备			基金余额		
应收特种收入基金款			保留支出储备		
			无保留支出余额		
资产合计			负债和基金余额合计		

2)收入、支出和基金余额变动表:预算数和实际数

A 政府单位收入、支出和基金余额变动表:预算数和实际数如表 20-3 所示。

表 20-3 A 政府单位收入、支出和基金余额变动表:预算数和实际数

20×2 年度

	初始预算数	修订预算数	实际数	差异数
收入				
税收				
执照和许可证				
政府间补助				
服务收费				
罚款和罚没				
其他				
收入合计				
支出				
本期运营				

续表

	初始预算数	修订预算数	实际数	差异数
普通政府				
公共安全				
高速公路与街道				
健康与卫生				
其他				
本期运营支出合计				
资本支出				
偿债支出				
支出合计				
收入大于(小于)支出数				
其他资金来源(使用)				
转入自特种收入基金				
转出至偿债基金				
转出至企业基金				
基金余额净变动				
基金余额——年初数				
基金余额——年末数				

2. 基金财务报表：主要基金财务报表

1)政府基金资产负债表

B 政府单位政府基金资产负债表如表 20-4 所示。

表 20-4　B 政府单位政府基金资产负债表

20×2 年 12 月 31 日

	普通基金	住房及城市发展规划	社区发展	9 号公路建设	政府基金合计
资产					
现金及现金等价物					
投资					
应收账款净额					
应收其他基金款					
应收其他政府款					
应收留置权					
存货					
资产合计					

续表

	普通基金	住房及城市发展规划	社区发展	9号公路建设	政府基金合计
负债和基金余额					
负债：					
应付账款					
应付其他基金款					
应付其他政府款					
递延收入					
负债合计					
基金余额：					
基金余额储备：					
存货					
非流动应收款项					
保留支出					
偿还债务					
其他用途					
未保留基金余额					
非主要基金的未保留基金余额：					
特种收入基金					
资本项目基金					
基金余额合计					
负债和基金余额合计					

2)政府基金运营表

B政府单位政府基金收入、支出和基金余额变动表如表20-5所示。

表20-5 B政府单位政府基金收入、支出和基金余额变动表

20×2年12月31日

	普通基金	住房及城市发展规划	社区发展	9号公路建设	政府基金合计
收入					
财产税					
特许权税					
公共服务税					
规费和罚款					
…					

续表

	普通基金	住房及城市发展规划	社区发展	9号公路建设	政府基金合计
投资收益					
其他收入					
收入合计					
支出					
流动：					
普通政府					
公共安全					
公共事业					
工程服务					
保健和卫生					
教育					
…					
偿还债务：					
本金					
利息和其他费用					
资本支出					
支出合计					
收入大于(小于)支出数					
其他资金来源(使用)					
发行再筹资债券					
发行资本相关债务					
…					
转入					
转出					
其他资金来源和使用合计					
特殊项目：					
出售停车场取得收入					
基金余额变动净额					
基金余额——年初数					
基金余额——年末数					

3. 政府层面财务报表

1)净资产报表

某县净资产报表如表 20-6 所示。

表 20-6　某县净资产报表

20×3 年 12 月 31 日

	主体政府			组成单位
	政务活动	商业活动	合计	
资产				
现金				
投资				
应收联邦政府款				
应收税款(净额)				
应收利息和滞纳金(净额)				
应收账款(净额)				
内部余额				
材料物资存货				
递延债券发行成本				
土地				
建筑物(净值)				
机器和设备(净值)				
基础设施(净值)				
在建工程				
资产合计				
负债				
应付账单				
应计应付工资和薪金				
应付合同款——余款				
应计应付利息				
递延运营补助收入				
递延资本补助收入				
一年内到期的非流动负债:				
…				
一年后到期的非流动负债:				
…				

续表

	主体政府			组成单位
	政务活动	商业活动	合计	
负债合计				
净资产：				
投资于资本资产，扣除相关债务后净资产				
限定以下用途的净资产				
资本项目				
偿还债务				
…				
未限定用途的净资产(赤字)				
净资产合计				

2)业务表

某县业务表如表20-7所示。

表20-7　某县业务表

截止到20×3年12月31日的年度

	费用	服务收费	运营补助	资本补助	主体政府			组成单位
					政务活动	商业活动	合计	
主体政府								
政府活动：								
普通政府								
公共安全								
高速公路								
健康和卫生								
其他								
利息和财务代理费								
政府活动合计								
商业活动：								
…								
主体政府合计								
组成单位：								
一般收入：								
税收								
未限定用途补助								
投资收益								

续表

	费用	服务收费	运营补助	资本补助	主体政府			组成单位
					政务活动	商业活动	合计	
出售资本资产利得								
其他收入								
转账								
一般收入和转账合计								
净资产变动								
净资产——年初								
净资产——年末								

第三节　西方非营利组织会计

在西方各国中，美国非营利组织会计规范的制定一直走在前列，故本节仍以美国为例进行介绍。

一、非营利组织的概念与类型

(一)非营利组织的概念

美国财务会计准则委员会(FASB)从非营利组织的特征出发，指出非营利组织应是同时具有以下三个特征的组织：①捐赠人对提供的各种资源既不期望组织返还，也不期望取得经济利益上的回报；②该组织对外提供服务或商品时不以营利或获取某种等价物为目的；③该组织不存在可以出售、转让、赎回或一旦清算可以分享剩余财产的所有者权益。

(二)非营利组织的类型

(1)按性质分类。在以市场经济为主的西方国家，非营利组织一般分为公立的和私立的两大类型。公立非营利组织主要靠政府拨款运营，视同政府单位，其核算纳入政府会计体系；私立非营利组织主要由私人提供资助，其财务收支具有特殊性。

(2)按照非营利组织所从事的业务活动分类。美国非营利组织可以分为四类。①自愿健康和福利组织。其主要以社会公众自愿捐赠、资助和政府拨款等财务资源为社会大众提供各类保健、福利和其他社会服务，如为职业女性照看孩子、指导老年人营养配餐、提供护理、出任家庭法律顾问等。②高等学校，主要从事教育活动和研究活动以及其他相关服务。③医疗保健组织的主要业务活动，主要提供医疗和健康方面的服务，包括医院、诊所、保健院、流动医疗机构、健康维护机构、家庭医疗机构等。④其他非营利组织的活动。其他非营利组织不包括医院、高等院校、自愿健康和福利组织，也不包括以股利、低成本等形式为其成员或股东谋取直接经济利益的本质上是营利性质的非营利组织。其他非营利组织主要有：公民组织、联谊组织、图书馆、博物馆、其他文化机构、艺术表演组织、政党、私人或社区基金会、私立中小学或初中、职业协会、宗教组织、科研组织、动植物保护协会等。

二、非营利组织采用的会计准则

在美国，公立非营利组织采用政府会计准则委员会制定的财务报告准则，而私立非营利组织采用财务会计准则委员会制定的财务报告准则。具体讲，对于自愿健康和福利组织以及其他非营利组织在内的一切私立非营利组织都采用《财务会计准则第 116 号公告》中的“捐赠收入和捐赠支出会计”、《财务会计准则第 117 号公告》中的“非营利组织财务报表”。而对于一切州和地方政府组织包括公立自愿健康和福利组织、高等院校以及其他非营利组织，GASB 禁止其采用上述两个准则以及 FASB 专门为非营利组织发布的其他准则。

三、会计基础和基金会计的应用

非营利组织都要求采用经济资源计量焦点和权责发生制来报告财务报表，即要求核算收入和费用，也可以采用其他基础如现金收付制，而在期末按公认会计原则基础进行调整。

在基金会计应用方面，《财务会计准则第 117 号公告》并不要求非营利组织采用基金会计，但许多自愿健康和福利组织以及其他非营利组织在接受了限定目的赠予和捐款后，都采用了基金会计；而对于有些其他非营利组织尽管在通常情况下不会有大量的限定用途资源，也会采用基金会计。

美国非营利组织类型众多，以下仅以公立高等院校为例介绍非营利组织会计。

四、公立高等院校会计

(一)应用的会计准则与基本要求

在美国，公立高等院校应根据《政府会计准则委员会第 35 号公告》“高等院校基本财务报表和管理当局讨论与分析”的要求，采用《政府会计准则委员会第 34 号公告》进行财务会计处理和报告。公立高等院校属于特殊目的政府，可能既有政务活动也有商业活动。因此，GASB 允许高等院校在判断是否适用企业基金定义时，可以把整体作为单一业务进行评价。一般来讲，高等院校是要收取学杂费的，这是其主要收入来源，因此大多数高等院校，包括仅从事商业活动的高等院校都以基金为基础建立账户，但这种基金结构不是《政府会计准则委员会第 34 号公告》所规定的，而是之前美国高等院校事务官员协会全国联合会为满足高等院校的信息需求特征所建立的，因此这种基金结构仅用于内部管理和报告，不能用于对外报告。

《政府会计准则委员会第 35 号公告》要求仅从事商业活动的公立高等院校需要对外提供三张基本财务报表：①净资产报表；②收入、费用和净资产变动表；③现金流量表。除报表以外，还要提供管理层讨论与分析、其他必要补充信息。

(二)公立高等院校会计核算示例

1. 一般经营活动

【例题 20-31】 某公立高校发生如下业务：

①本年度取得学杂费 1 500 000 美元，其中 200 000 美元没有收到；另获得 1 300 000 美元的州政府拨款。

借：现金	2 600 000
应收账款	200 000

贷:收入——学杂费　　1 500 000

收入——州政府拨款　　1 300 000

②本年度提供15 000美元的学费奖学金,对研究生助教提供3 000美元的减免学费补助。

借:收入减项——奖学金抵免　　15 000

费用——教育和常规　　3 000

贷:应收账款　　18 000

③本年度共购买材料和物资600 000美元,其中550 000美元已支付。

借:材料和物资存货　　600 000

贷:现金　　550 000

应付账款　　50 000

④本年度共使用材料和物资560 000美元,其中300 000美元属于教育和常规业务,260 000属于附属企业。

借:费用——教育和常规　　300 000

费用——附属企业　　260 000

贷:材料和物资存货　　560 000

⑤支付工资薪金2 300 000美元,学生助学金10 000美元。

借:费用——教育和常规　　2 310 000

贷:现金　　2 310 000

2.限定用于经营和资本资产的赠予

【例题20-32】 续【例题20-31】。

①收到用于图书馆运营的现金赠予200 000美元,收到用于支付本年度到期的抵押分期付款的现金捐赠10 000美元。

借:现金——限定用于特定项目　　200 000

现金——偿债用　　10 000

贷:收入——私人赠予　　210 000

②收到个人捐赠的优先股25 000美元,用于学校资本资产支出;收到赠予现金200 000美元,规定用于新建一幢教学楼支出。

借:投资——资本资产扩建　　25 000

现金——资本资产扩建　　200 000

贷:收入——资本捐赠　　225 000

③该大学建筑物、设备等资本资产折旧分别为200 000美元和23 000美元。

借:费用——教育和常规　　223 000

贷:累计折旧——建筑物　　200 000

累计折旧——设备　　23 000

3.贷款基金业务

公立高校经常收到一些资产,限定用于发放贷款给学生或在某些情况下的教职工,对这类资源应单独核算,以证明学校遵守了对该类资源用途上的限定条件,因此这类限定用于贷款的资源就称为贷款基金。对于贷款基金,只有收益才用于发放贷款,本金作为学校留本基金的一部分。

【例题 20-33】 续【例题 20-31】,该公立高校发生贷款基金业务如下:

①收到捐赠 150 000 美元,用于向学生提供贷款。

借:现金——限定用于贷款 150 000

　贷:收入——私人赠予 150 000

②提供贷款 10 000 美元。

借:应收贷款 10 000

　贷:现金——限定用于贷款 10 000

4. 留本基金业务

公立高校还经常收到相当金额的捐赠,用作一段时期或永久的留本基金,这类基金收益是可以支用的,但限定用于留本基金的资产仍作为不可支用的或至少在一段时期内不可支用的。留本基金分为永久留本基金和定期留本基金。

【例题 20-34】 续【例题 20-31】,该公立高校发生留本基金业务如下:

①收到现金捐赠 3 000 000 美元,用于建立留本基金 A。

借:现金——留本基金 A 3 000 000

　贷:收入——留本赠予 3 000 000

②将上述款项进行投资。

借:普通股投资——留本基金 A 1 000 000

　债券投资——留本基金 A 2 000 000

　贷:现金——留本基金 3 000 000

③本年度收到投资收益 89 000 美元,该部分投资收益可用于限定的特定项目和目的。

借:现金——留本基金 A 89 000

　贷:收入——投资收益 89 000

借:现金——限定用于特定目的 89 000

　贷:现金——留本基金 A 89 000

④出售账面价值为 10 000 美元的普通股,售价为 10 500 美元。

借:现金——留本基金 A 10 500

　贷:普通股投资——留本基金 A 10 000

　　收入——出售投资利得 500

(三)公立高等院校财务报表格式

1)净资产报表

某公立大学净资产报表如表 20-8 所示。

表 20-8　某公立大学净资产报表

20×3 年 12 月 31 日

项目	说明
资产	
流动资产:	
现金和现金等价物	

续表

项目	说明
应收账款净额	
存货	
流动资产合计	
非流动资产	
限定用于：	
特定项目	
发放贷款	
资本资产扩建和工程项目	
偿还债务	
留本基金	
限定用途资产合计	
土地	
建筑物(净值)	
设备(净值)	
图书馆藏书	
在建工程	
资本资产(净值)合计	
负债	
流动负债：	
应付账款和应计债务	
短期票据应付利息	
应付短期票据	
应付抵押款	
流动负债合计	
应用限定用途资产支付的负债：	
应付合同款	
非流动负债：	
…	
非流动负债合计	
负债合计	
净资产	
限定用途净资产	
不可支用部分	

续表

项目	说明
留本基金	
贷款	
可支用部分	
奖学金和院系使用	
资本资产项目	
偿还债务	
未限定用途净资产	
净资产合计	

2)收入、费用和净资产变动表

某公立大学收入、费用和净资产变动表如表 20-9 所示。

表 20-9　某公立大学收入、费用和净资产变动表

截止至 20×3 年 12 月 31 日的年度

项目	说明
收入	
营业收入：	
学杂费	
附属企业：	
住宿费	
书店	
营业收入合计	
费用	
营业费用	
教育和常规：	
教导	
研究	
学术支持	
学生服务	
机构支持	
资本资产运行和维护	
奖学金和助学金	
教育和常规费用合计	
附属企业：	
宿舍	

续表

项目	说明
书店	
附属企业费用合计	
营业费用合计	
营业利润(损失)	
非营业收入(费用)	
州政府拨款	
联邦政府拨款	
赠予	
投资收益	
资本债务利息	
贷款损失	
非营业净收入	
其他收入、费用、利得和损失前利润	
资本补助和赠予	
永久留本基金和贷款项目的增加	
其他收入合计	
净资产的增加	
净资产	
期初净资产	
期末净资产	

3)现金流量表

某公立大学现金流量表如表20-10所示。

表20-10　某公立大学现金流量表

截止至20×3年12月31日的年度

项目	说明
经营活动产生的现金流量	
学杂费	
附属企业收费	
住宿费	
书店	
支付给供应商	
支付给员工	
发放给学生和员工贷款	

续表

项目	说明
其他收入(支出)	
经营活动产生的现金流量	
非资本筹资活动产生的现金流量	
州政府拨款	
非资本债务收到的现金	
用于资本资产以外目的的赠予和补助：	
用于项目和贷款的私人赠予	
联邦经营补助	
用于留本基金的私人赠予	
非资本筹资活动产生的现金净流量	
资本及相关筹资活动产生的现金流量	
资本债务产生的收入	
资本赠予和补助	
收到的用于偿还资本债务的捐赠	
购置资本资产	
资本债务支付的本金	
资本债务支付的利息	
资本及相关筹资活动产生的现金净流量	
投资活动产生的现金流量	
投资出售和到期收到的现金	
投资利息	
购买投资	
投资活动产生的现金净流量	
现金的净增加	
期初现金	
期末现金	

复习思考题

1. 简述美国政府会计的发展概况和特点。
2. 简述英国政府会计的发展概况和特点。
3. 简述法国、加拿大、澳大利亚政府会计的基本情况。
4. 简述美国州和地方政府会计中的基金含义、基金的种类。
5. 简述美国州和地方政府会计中的基金会计要素、会计恒等式与会计确认基础。

6. 什么是普通基金和特种收入基金？它们的收入来源和支出种类是怎样的？举例说明普通基金和特种收入基金的会计核算。

7. 什么是资本项目基金？资本项目基金的收入来源是怎样的？资本项目基金的成本包括哪些？举例说明资本项目基金的会计核算。

8. 什么是偿债基金？偿债基金的资金来源有哪些？举例说明偿债基金的会计核算。

9. 什么是永久基金？永久基金报告的信托关系包括哪些？举例说明永久基金的会计核算。

10. 什么是普通资本资产？普通资本资产与政府基金的关系是怎样的？举例说明普通资本资产的会计核算。

11. 什么是普通长期负债？普通长期负债与偿债基金、资本项目的联系是怎样的？举例说明普通长期负债的会计核算。

12. 什么是权益基金？权益基金有哪些分类？举例说明企业基金、内部服务基金的会计核算。

13. 什么是信托代理基金？举例说明信托基金、代理基金的会计核算。

14. 简述美国州和地方政府会计的年度财务报告的基本内容。

15. 简述基金会计报表与基金联立报表、政府层面财务报表的关系。

16. 什么是非营利组织？其如何分类？美国不同类型的非营利组织适用的会计准则有何不同？

17. 举例说明美国公立高等院校的会计核算。